Inge Baumeister

Excel 2021

Stufe 2: Aufbauwissen

Verlag:
BILDNER Verlag GmbH
Bahnhofstraße 8
94032 Passau

http://www.bildner-verlag.de
info@bildner-verlag.de

ISBN: 978-3-8328-0524-1
Bestellnummer: 100548

Autorin: Inge Baumeister
Herausgeber: Christian Bildner

Druck: CPI Clausen & Bosse GmbH, Birkstr. 10, 25917 Leck

Bildquellen:
Cover: © contrastwerkstatt - stock.adobe.com
Kapitelbild: © DESIGN ARTS - stock.adobe.com

Vorwort

Sie arbeiten mit Excel bzw. haben bereits erste Erfahrungen mit Microsoft Excel gesammelt und möchten tiefer in die Welt der Tabellen, Formeln, Funktionen und Diagramme einsteigen? Dieses Buch zeigt Ihnen, welche Möglichkeiten Excel sonst noch bereithält und wie Sie diese im Alltag einsetzen, egal ob Sie die Software beruflich oder privat nutzen. Grundlagenkenntnisse, z. B. Erstellen und Speichern von Arbeitsmappen, Dateneingabe und Formatieren von Tabellen sollten allerdings vorhanden sein, da auf diese im Buch zugunsten weiterführender Themen bewusst nicht näher eingegangen wird.

Formeln und Funktionen spielen natürlich eine große Rolle in Excel, daher erfahren Sie gleich zu Beginn alles Wissenswerte rund um Formeln und Funktionen. Von der Verwendung von Zellbezügen bis zur Eingabe verschachtelter Funktionen, einschließlich Tipps zur Fehlersuche und -korrektur: Rechnen mit Excel ist keine Hexerei! Außerdem erspart so manche Funktion umständliche Arbeitsschritte, daher werden im Buch alle wichtigen Excel-Funktionen aus den verschiedenen Anwendungsgebieten zusammen mit praxisbezogenen Beispielen und Tipps für weitere Einsatzmöglichkeiten detailliert beschrieben. Dazu zählen z. B. die unverzichtbaren Verweisfunktionen (SVERWEIS, XVERWEIS und Co.) oder Funktionen aus den Bereichen Logik und Statistik.

Die weiteren Kapitel befassen sich mit der Verwaltung umfangreicher Datentabellen, Diagrammen und den verschiedenen Werkzeugen der Datenanalyse (Was-wäre-wenn-Analysen). Lassen Sie sich außerdem zeigen, wie Sie mit dem viel zu wenig bekannten Tool Power Query Daten aus externen Datenquellen, z. B. CSV- oder Textdateien, Datenbanken oder aus dem Web abrufen, für Ihre Zwecke aufbereiten und per Mausklick schnell aktualisieren. Die perfekte Ergänzung dazu bilden Auswertungen mit Pivot-Tabellen (PivotTable) und -Diagrammen (PivotChart), die Sie in diesem Buch ebenfalls kennenlernen und auf die Sie anschließend vielleicht nicht mehr verzichten möchten, da sie auch viele Auswertungsfunktionen überflüssig machen.

Das Buch wurde vorrangig für Excel 2021 bzw. Microsoft 365 geschrieben, eignet sich mit Einschränkungen aber auch für ältere Excel-Versionen ab 2016, allerdings müssen Sie dann auf einige der neuen Funktionen, z. B. XVERWEIS, FILTER oder LAMBDA verzichten.

Schreibweise
Befehle, Bezeichnungen von Schaltflächen und Beschriftungen von Dialogfenstern sind zur besseren Unterscheidung farbig und kursiv hervorgehoben, zum Beispiel Register *Start*, Symbol *Kopieren*.

Download der Beispiele
Die in diesem Buch verwendeten Beispiele können Sie kostenlos herunterladen unter der Adresse:

www.bildner-verlag.de/00548

Damit gelangen Sie zur Webseite des BILDNER Verlags und auf die Seite dieses Buchs. Klicken Sie ganz unten unter *Verfügbare Downloads* auf *Download Beispieldateien*. Die Dateinamen der Beispiele finden Sie im Buch in der Marginalspalte.

Viel Spaß und Erfolg mit dem Buch wünschen Ihnen
BILDNER Verlag und die Autorin Inge Baumeister

Inhalt

1 Grundlegendes zu Formeln und Funktionen

In diesem Kapitel lernen Sie ...

- Funktionen eingeben
- Zellbezüge und Namen verwenden
- Formeln und Funktionen als Argumente
- Formelkontrolle und Fehlerkorrektur
- Matrixformeln eingeben

Das sollten Sie bereits wissen

- Umgang mit Excel-Arbeitsmappen und Tabellenblättern
- Daten in Tabellen eingeben und korrigieren

1.1 Mit Excel rechnen - so geht's

Allgemeine Grundlagen

Berechnungen in Excel-Arbeitsmappen werden entweder, wie im Bild unten, durch Eingabe einer Formel ❶ oder unter Verwendung einer Excel-Funktion durchgeführt. Im Tabellenblatt bzw. in der Zelle erscheint automatisch das Formelergebnis ❷, während in der Bearbeitungsleiste ❸ oberhalb des Tabellenblattes stets die Formel sichtbar ist. In der Bearbeitungsleiste finden Sie auch die beiden Symbole *Abbrechen* ✕ und *Eingeben* ✓ zum Abschließen der Formeleingabe.

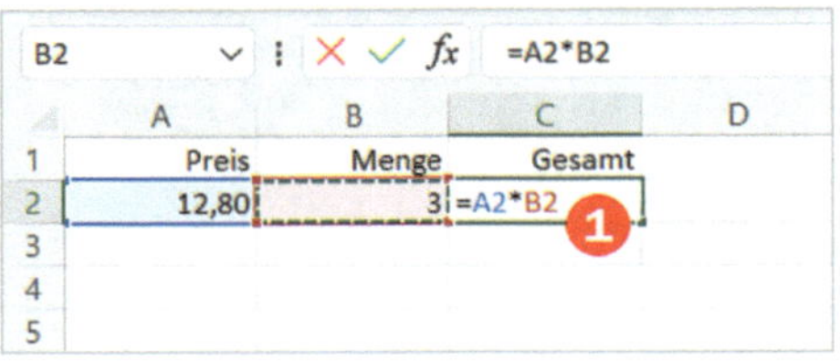

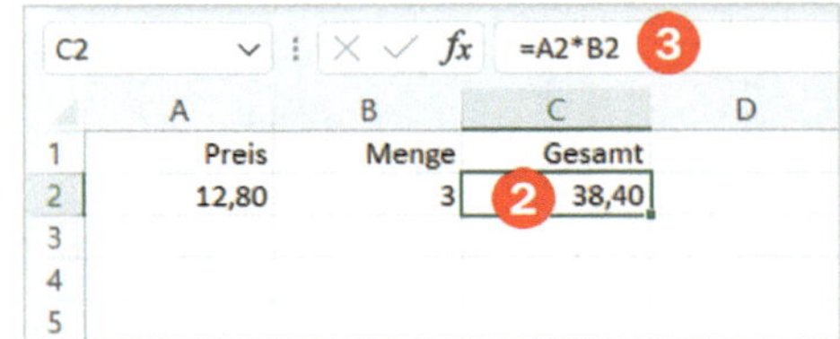

Bild 1.1 Beispiel: eine einfache Formel eingeben

Bild 1.2 Das Ergebnis erscheint im Tabellenblatt, die Bearbeitungsleiste zeigt nach wie vor die Formel an

Für einfache Berechnungen, z. B. Multiplizieren oder Addieren von zwei Zahlen, geben Sie eine Formel ein; Funktionen dagegen sind bereits vorhandene Formeln, in die Sie nur noch die Zellbezüge einfügen brauchen. Für alle Formeln und Funktionen gelten die folgenden Grundregeln:

- Formeln und Funktionen werden in Zellen eingegeben und müssen im Gegensatz zu einfachen Zellinhalten stets mit dem Gleichheitszeichen (=) beginnen.
- In Formeln und Funktionen können Zellbezüge, Zahlen, Text oder weitere Formeln bzw. Funktionen verwendet werden. Text in Formeln muss sich in Anführungszeichen befinden, z. B. "Hallo".
- Anstelle von Zahlen wird normalerweise die Adresse derjenigen Zelle verwendet, in der sich die Zahl befindet (Zellbezug). Dies hat den Vorteil, dass nachträgliche Änderungen der Zellinhalte automatisch im Ergebnis berücksichtigt werden. Ausnahmen sind sogenannte Konstanten, z. B. die 12 Monate eines Jahres, diese können natürlich auch als Zahl in eine Formel eingegeben werden.
- Zellbezüge lassen sich in eine Formel am einfachsten einfügen, indem Sie die betreffende Zelle mit der Maus anklicken. Als Alternative verwenden Sie die Pfeiltasten der Tastatur. Während der Eingabe werden in der Formel verwendete Zellen farbig umrandet hervorgehoben, siehe Bild oben.
- Mehrere Zellen umfassende Zellbereiche werden in Formeln und Funktionen in der Schreibweise ErsteZelle:LetzteZelle angegeben, zum Beispiel: A5:A25. Auch Zellbereiche können durch Markieren mit der Maus eingegeben werden.
- Die Eingabe einer Formel wird über die Tastatur mit der **Eingabetaste** oder der **Tab**-Taste abgeschlossen. Verwenden Sie dazu **nicht** die Pfeiltasten, da diese in Formeln zum Einfügen von Zellbezügen verwendet werden (siehe oben). Als zweite

Möglichkeit klicken Sie mit der Maus in der Bearbeitungsleiste auf das Symbol *Eingeben* ✓.

- Die Regelung „Punkt vor Strich“ gilt auch für Excel-Formeln, siehe Tabelle unten. Zur Steuerung der Berechnungsreihenfolge können daher in manchen Formeln runde Klammern () erforderlich werden.
- Neben Gleichheitszeichen und runden Klammern können in Formeln die folgenden Operatoren verwendet werden, ihre Eingabe erfolgt über die Tastatur.

Übersicht Operatoren und ihre Priorität bei der Berechnung

Zeichen	Bedeutung	Beispiele		Priorität
-	Negatives Vorzeichen	-25	-A3	1
%	Zahl wird durch 100 dividiert	15% = 0,15	100% = 1	2
^	Potenz	3^2 = 9	2^10 = 1024	3
^	Wurzel: Klammern beachten!	27^(1/3) = 3	9^(1/2) = 3	3
*	Multiplikation	2*3 = 6		4
/	Division	12/6 = 2		4
+	Addition	10+3 = 13		5
-	Subtraktion	8-3 = 5		5
&	Zeichenfolgen verketten (aneinanderfügen)	Abc&DE = AbcDE	1&3 = 13	6
=	Gleich	4=4 → WAHR	1=5 → FALSCH	7
<	Kleiner als	1<9 → WAHR	10<3 → FALSCH	7
<=	Kleiner oder gleich	3<=4 → WAHR	5<=5 → WAHR	7
>	Größer als	10>10 → FALSCH	7>10 → FALSCH	7
>=	Größer oder gleich	10>=10 → WAHR	5>3 → WAHR	7
<>	Ungleich, Nicht	5<>6 → WAHR		7

Eine Formel eingeben

Die Vorgehensweise bei der Eingabe einer Formel ist immer gleich:

1 Markieren Sie die Zelle, in die Sie die Formel eingeben möchten und geben Sie das Gleichheitszeichen über die Tastatur ein.

2 Klicken Sie mit der Maus auf die erste Zelle, deren Zellbezug Sie in der Formel benötigen. Sofort erscheint die Adresse in der Formel und im Tabellenblatt wird diese Zelle mit einem farbigen gestrichelten Laufrahmen hervorgehoben. Dieser Laufrahmen kennzeichnet die aktuell aktive Zelle und ihr Zellbezug in der Formel kann jederzeit durch Anklicken einer anderen Zelle geändert werden.

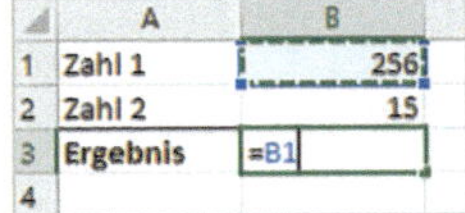

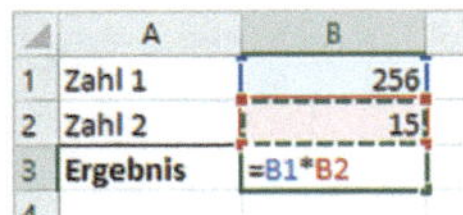

3 Geben Sie über die Tastatur einen Operator, z. B. * (Multiplikation) ein und klicken Sie anschließend auf die nächste, in der Formel benötigte Zelle, um deren Zellbezug einzufügen.

4 Schließen Sie die Formeleingabe mit der **Eingabetaste** ab oder klicken Sie in der Bearbeitungsleiste auf das Symbol *Eingeben*.

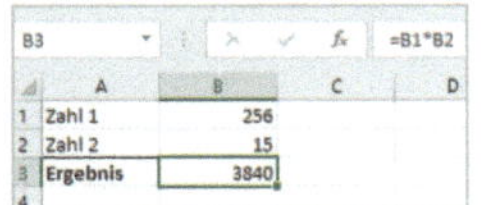

5 Im Tabellenblatt erscheint anstelle der Formel das Ergebnis, allerdings zeigt ein Blick in die Bearbeitungsleiste, dass die markierte Zelle eigentlich eine Formel enthält.

Die Funktion SUMME und andere einfache Funktionen

Summen über mehrere Zellen bzw. einen Zellbereich berechnen Sie mit der Funktion SUMME. Das Symbol Σ zum Einfügen dieser Funktion finden Sie an zwei Stellen:

- Im Register *Start*, Gruppe *Bearbeiten*
- Im Register *Formeln*, *Funktionsbibliothek*, unter der Bezeichnung *AutoSumme*.

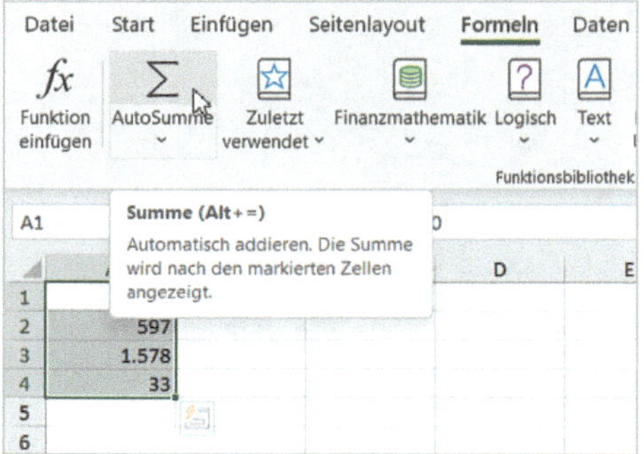

Bild 1.3 Register Formeln

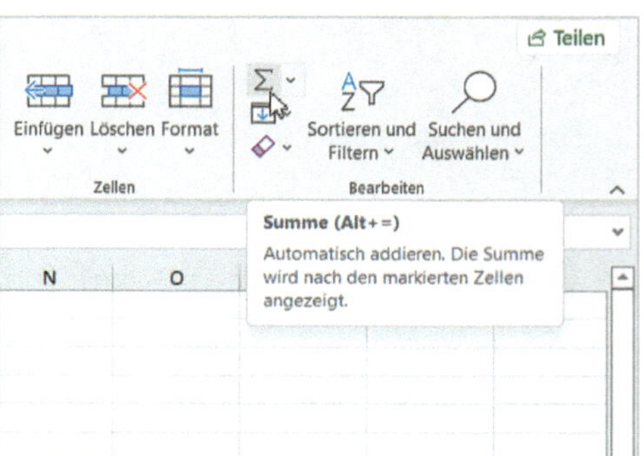

Bild 1.4 Register Start, Gruppe Bearbeiten

Zur Berechnung der Summe sind folgende Vorgehensweisen möglich:

Möglichkeit 1: Markieren Sie den Zellbereich, den Sie addieren möchten und klicken Sie auf das Symbol *Summe* bzw. *AutoSumme*. Das Ergebnis wird sofort in die Zelle unmittelbar unterhalb des markierten Zellbereichs eingefügt. Dies funktioniert nicht nur über Spalten, wie im Bild unten, sondern auch über Zeilen. Dann wird das Ergebnis in die nächste angrenzende Zelle rechts eingefügt.

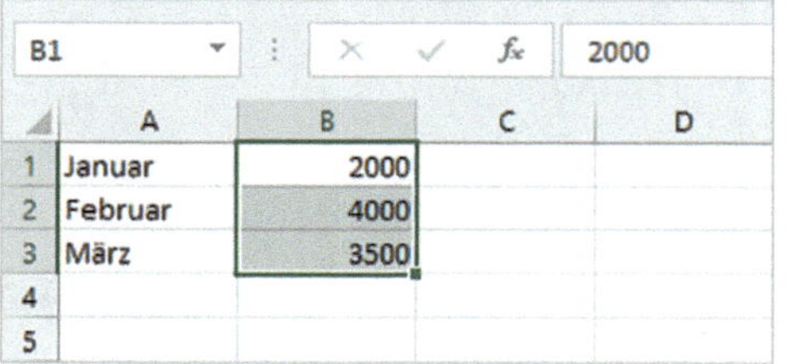

Bild 1.5 Summe über Spalte berechnen: Möglichkeit 1

Möglichkeit 2: Markieren Sie **zuerst** die Zelle, in der Sie die Summe berechnen möchten und klicken Sie danach auf die Schaltfläche *AutoSumme*. Die Funktion SUMME erscheint in der markierten Zelle, gleichzeitig schlägt Excel in den meisten Fällen einen Zellbereich zur Summenberechnung vor. Dieser Bereich ist im Tabellenblatt mit einem gestrichelten Laufrahmen versehen. Sie können nun entweder den Vorschlag übernehmen oder durch Markieren mit gedrückter Maustaste einen anderen Bereich festlegen, bevor Sie die Eingabetaste betätigen oder auf *Eingeben* klicken.

> Die zweite Methode hat den Vorteil, dass sich die Summe auch in Zellen berechnen lässt, die nicht unmittelbar an den zu addierenden Bereich angrenzen.

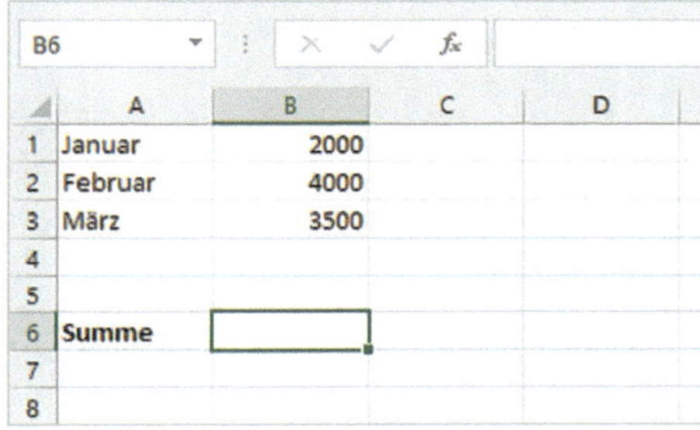

	A	B	C	D
1	Januar	2000		
2	Februar	4000		
3	März	3500		
4				
5				
6	Summe			
7				
8				

Bild 1.6 Summe berechnen: Möglichkeit 2

Funktion in mehrere Zellen gleichzeitig eingeben

Die Summe kann auch gleichzeitig für mehrere Spalten berechnet werden. Markieren Sie dazu entweder bei Möglichkeit 1 als Zellbereich gleich mehrere Spalten, wie im Bild unten, oder bei Möglichkeit 2 mehrere Ergebniszellen.

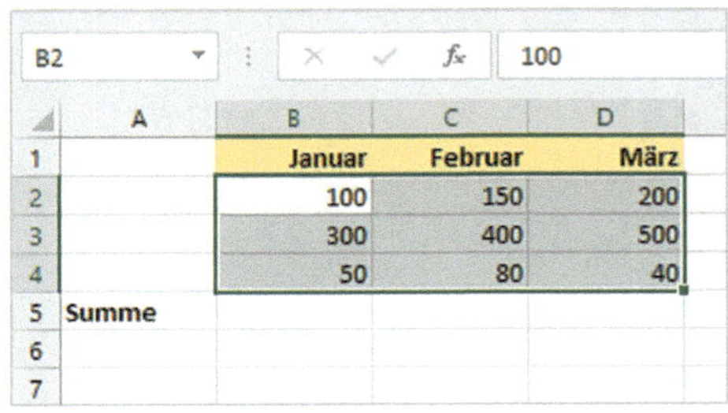

	A	B	C	D
1		Januar	Februar	März
2		100	150	200
3		300	400	500
4		50	80	40
5	Summe			
6				
7				

Bild 1.7 Summen für mehrere Spalten berechnen

Einfache_Funktionen.xlsx

Weitere einfache Funktionen

Ein Klick auf den Dropdown-Pfeil der Schaltfläche *AutoSumme* zeigt zusätzlich die Funktionen Mittelwert (Durchschnitt), Anzahl (ermittelt, wie viele Zahlen ein Zellbereich enthält), Max (größter Wert) und Min (kleinster Wert) an. Deren Eingabe unterscheidet sich nicht von der Funktion Summe. Diese und noch weitere nützliche Auswertungsfunktionen finden Sie auch in Kapitel 2.4.

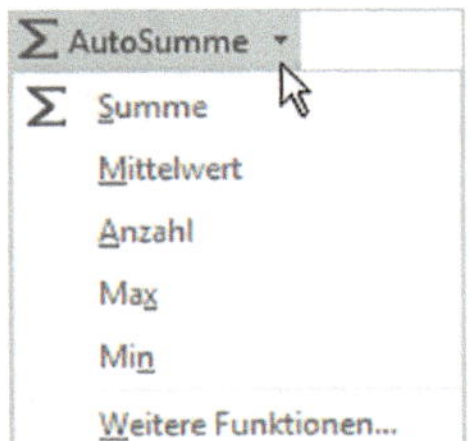

Schnelle Berechnungen mit der Schnellanalyse

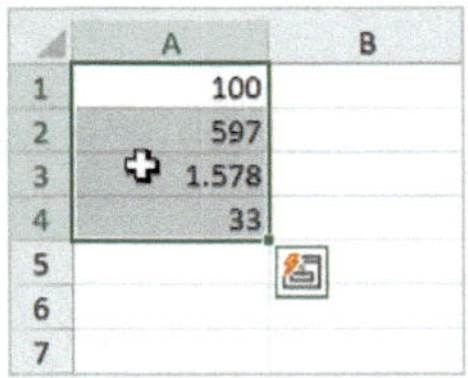

Weitere schnelle Berechnungsmöglichkeiten erhalten Sie mit dem Tool *Schnellanalyse*. Sobald Sie einen Zellbereich markiert haben, erscheint im Tabellenblatt an der unteren rechten Ecke dieses Bereichs das Symbol *Schnellanalyse*. In der Folge einige Beispiele, wie Sie dieses Tool nutzen.

Beispiel 1: Durchschnittswerte für mehrere Spalten gleichzeitig berechnen

1 Markieren Sie den auszuwertenden Zellbereich, im Beispiel unten die Spalten München und Hamburg bzw. B2:C7, und klicken Sie auf das Symbol *Schnellanalyse* ❶.

2 Klicken Sie im Schnellanalysetool auf das Register *Ergebnisse* ❷, hier erhalten Sie die häufig benötigten Berechnungsvorschläge *Summe*, *Durchschnitt* (Mittelwert), *Anzahl*, *Prozentanteil* und *Laufende Summe*. Klicken Sie auf die kleinen Pfeile nach rechts ❸ bzw. links, um weitere anzuzeigen.

   Hinweis: Die Funktionen sind sowohl zur Berechnung über Zeilen als auch über Spalten verfügbar und anhand des Symbols leicht zu unterscheiden.

3 Zeigen Sie auf *Durchschnitt* ❹ (Ergebnisse unterhalb), um im Tabellenblatt eine Vorschau zu erhalten, per Mausklick übernehmen Sie die Formel.

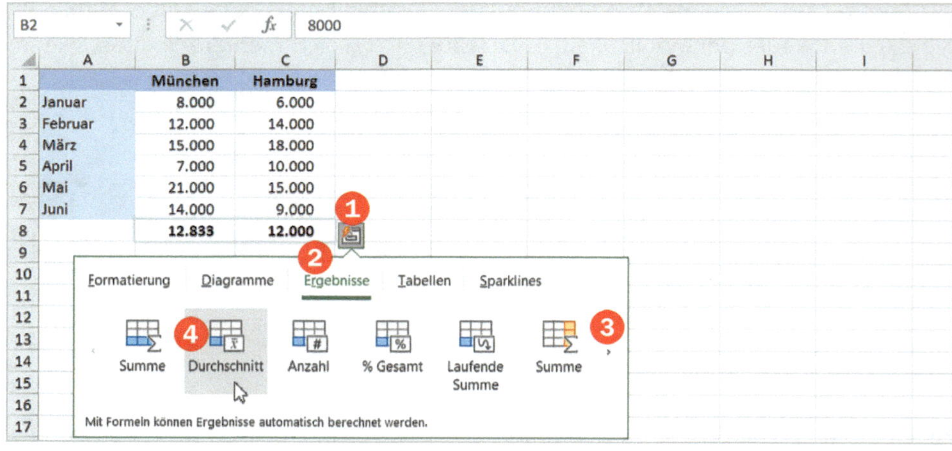

Bild 1.8 Durchschnitt für mehrere Spalten in Zeile berechnen

Info: Die Schnellanalyse fügt die Ergebnisse automatisch fett formatiert ein, dieses Schriftformat kann jedoch problemlos entfernt werden.

Beispiel 2: Laufende Summe berechnen

Als zweites Beispiel soll in Bild 1.9 in Spalte E die laufende Summe berechnet werden: Berechnen Sie dazu zuerst mit Hilfe der Schnellanalyse in Spalte D jeweils die Summen über die Werte in Spalte B und Spalte C bzw. München und Hamburg. Markieren Sie dann den Zellbereich, für den die laufende (kumulierte) Summe berechnet werden soll, hier D2:D7, und wählen Sie diesmal *Laufende Summe* (in Spalte rechts berechnen). Auch hier erhalten Sie wieder im Tabellenblatt eine Vorschau.

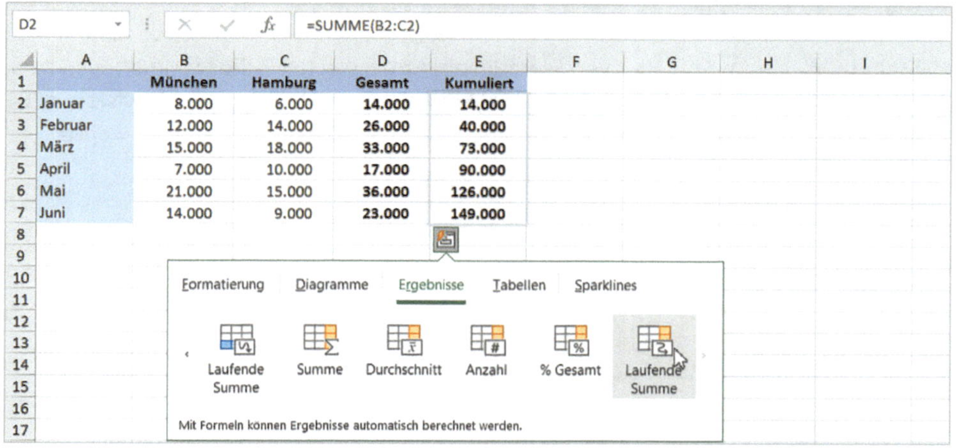

D2 =SUMME(B2:C2)

	A	B	C	D	E
1		München	Hamburg	Gesamt	Kumuliert
2	Januar	8.000	6.000	14.000	14.000
3	Februar	12.000	14.000	26.000	40.000
4	März	15.000	18.000	33.000	73.000
5	April	7.000	10.000	17.000	90.000
6	Mai	21.000	15.000	36.000	126.000
7	Juni	14.000	9.000	23.000	149.000

Bild 1.9 Laufende Summe in Spalte berechnen

1.2 Zellbezüge in Formeln und Funktionen

Formel in angrenzende Zellen kopieren

Häufig wird dieselbe Formel oder Funktion auch in angrenzenden Zellen benötigt, dazu kann die Formel durch Ziehen mit der Maus schnell kopiert werden.

1 Markieren Sie die Zelle mit der Formel und zeigen Sie mit der Maus auf das kleine Kästchen in der rechten unteren Ecke des Markierungsrahmens (AutoAusfüllen).

2 Der Mauszeiger erscheint als + und Sie können nun durch Ziehen mit gedrückter linker Maustaste die Formel nach rechts oder nach unten in die angrenzenden Zellen kopieren. Auch Kopieren nach links oder nach oben ist möglich

Hinweis: Wenn Sie den Zellbereich zuvor als Tabelle formatiert haben (Register Start), dann verwendet Excel eine etwas Schreibweise für die Zellbezüge. Näheres hierzu lesen Sie in Kapitel 3 nach.

C2 =A2*B2

	A	B	C	D
1	Einzelpreis	Menge	Gesamt	
2	12,50	3	37,50	
3	25,00	10		
4	150,00	4		
5				
6				

C4 =A4*B4

	A	B	C	D
1	Einzelpreis	Menge	Gesamt	
2	12,50	3	37,50	
3	25,00	10	250,00	
4	150,00	4	600,00	
5				
6				

Bild 1.10 Formel mit der Maus kopieren

Automatisches Anpassen von Zellbezügen beim Kopieren (relative Zellbezüge)

Beim Kopieren werden normale Zellbezüge in der Schreibweise Spalte Zeile, z. B. A1, automatisch entsprechend der Kopierrichtung angepasst. So wird im Bild oben aus der Formel =A2*B2 in Zeile 2 nach dem Kopieren in Zeile 3 die Formel =A3*B3 und in Zeile 4 =A4*B4, das Ergebnis wird also für jede Zeile korrekt berechnet.

Dies gilt auch für Spalten: Beim Kopieren um eine Spalte nach rechts würde in der Formel aus der ursprünglichen Adresse A2 die neue Adresse B2.

Die Bezeichnung Relativer Bezug stammt daher, dass die Zelladresse immer ausgehend von der aktuellen Zelle ermittelt wird.

Befindet sich z. B. in B2 eine Formel mit Bezug auf A3, so ermittelt Excel diese Zelle wie folgt: aktuelle Spalte -1 und aktuelle Zeile +1.

Anpassen der Zellbezüge durch feste Zellbezüge verhindern

Nicht immer ist beim Kopieren von Formeln ein Anpassen der Zellbezüge sinnvoll bzw. erwünscht. Im nächsten Beispiel wird zur Provisionsberechnung die Provision in B1 herangezogen. Dieser Zellbezug muss auch beim Kopieren beibehalten werden, da Sie sonst ein falsches Ergebnis erhalten.

Bild 1.11 Formel eingeben

B1 | =B4*B1

	A	B	C
1	Provision	3%	des Umsatzes
2			
3	Mitarbeiter	Umsatz	Provision
4	Maier	5.600,00	=B4*B1
5	Schmitz	4.800,00	
6	Kunz	6.200,00	
7			

Zellbezüge.xlsx

Würden Sie die Formel =B4*B1 in dieser Schreibweise von Zeile 4 nach Zeile 5 kopieren, so würde diese hier lauten: =B5*B2. Der Bezug auf B5 ist zwar korrekt, nicht aber auf B2. Damit die Formel trotzdem kopiert werden kann, muss in der Formel für die Provision in B1 ein sogenannter fester (absoluter) Zellbezug angegeben werden, der beim Kopieren nicht angepasst wird. Dies erreichen Sie, indem Sie der Spalte und der Zeile das Dollarzeichen $ voranstellen, die Formel muss also lauten: =B4*$B$1.

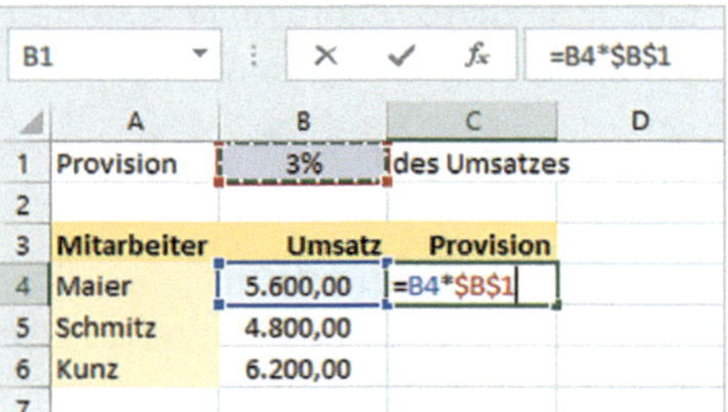

B1 | =B4*$B$1

	A	B	C
1	Provision	3%	des Umsatzes
2			
3	Mitarbeiter	Umsatz	Provision
4	Maier	5.600,00	=B4*$B$1
5	Schmitz	4.800,00	
6	Kunz	6.200,00	
7			

Bild 1.12 Absoluter Zellbezug in der Formel

RANG.GLE... | =B6*$B$1

	A	B	C
1	Provision	3%	des Umsatzes
2			
3	Mitarbeiter	Umsatz	Provision
4	Maier	5.600,00	168,00
5	Schmitz	4.800,00	144,00
6	Kunz	6.200,00	=B6*$B$1
7			

Bild 1.13 Der Zellbezug bleibt nach dem Kopieren unverändert

So wandeln Sie einen normalen Zellbezug schnell in einen festen Zellbezug um

1. Fügen Sie zunächst mit einem Klick auf die benötigte Zelle einen normalen (relativen) Zellbezug in die Formel ein.

2. Damit Sie die Dollarzeichen nicht umständlich über die Tastatur eingeben müssen, drücken Sie unmittelbar nach Einfügen des Zellbezugs auf der Tastatur die Funktionstaste **F4**. Dadurch werden Spalte und Zeile des zuletzt eingefügten Zellbezugs mit dem Dollarzeichen versehen und Sie erhalten einen festen Zellbezug.

> Mit der Taste **F4** wandeln Sie einen normalen (relativen) Zellbezug in einen festen Zellbezug um. Durch mehrmaliges Drücken der Taste F4 erzeugen Sie nacheinander auch noch gemischte Bezüge, bei denen jeweils nur die Spalte oder Zeile mit dem Dollarzeichen versehen ist, bis zuletzt wieder der normale Zellbezug erscheint. Um einen festen Zellbezug wieder in einen relativen Bezug umzuwandeln, brauchen Sie also nur mehrmals die Taste F4 drücken.

Ein relativer Zellbezug kann auch nachträglich umgewandelt werden: Editieren Sie die Formel mit Doppelklick oder F2 und klicken Sie in der Formel auf den zu ändernden Zellbezug. Ein Markieren des Zellbezugs ist nicht erforderlich, es genügt, wenn sich der Cursor unmittelbar links oder rechts bzw. innerhalb der Adresse befindet. Drücken Sie dann die Taste **F4** und übernehmen Sie die Änderung mit der Eingabetaste.

Gemischte Bezüge

Gemischte Zellbezüge verhindern ein automatisches Anpassen nur hinsichtlich der Zeile oder der Spalte. Nehmen wir als Beispiel an, Sie möchte in einer Tabelle jeweils die Zahlen in Spalte A mit den Zahlen in Zeile 1 mit einer einzigen kopierbaren Formel multiplizieren.

1 Dazu legen Sie eine Tabelle an, wie unten abgebildet. Die Zahlen von 1 bis 10 geben Sie in die Zeile 1 und in Spalte A ein.

Tipp: Dies geht am schnellsten mit dem automatischen Ausfüllen von Reihen.

2 In B2 geben Sie dann die Formel ein, diese würde mit einfachen Zellbezügen lauten =B1*A2. Da sich die erste Zahl immer in Zeile 1, aber in unterschiedliche Spalten befindet, muss der Zellbezug stattdessen lauten =B$1. Umgekehrt bleibt für die zweite Zahl die Spalte gleich, nicht aber die Zeile, also muss dieser Bezug lauten =$A2. Die Formel lautet also: =B$1*$A2.

SUMME | =B$1*$A2

	A	B	C	D	E	F	G	H	I	J	K	L	M
1		1	2	3	4	5	6	7	8	9	10		
2	1	=B$1*$A2		3	4	5	6	7	8	9	10		
3	2	2	4	6	8	10	12	14	16	18	20		
4	3	3	6	9	12	15	18	21	24	27	30		
5	4	4	8	12	16	20	24	28	32	36	40		
6	5	5	10	15	20	25	30	35	40	45	50		
7	6	6	12	18	24	30	36	42	48	54	60		
8	7	7	14	21	28	35	42	49	56	63	70		
9	8	8	16	24	32	40	48	56	64	72	80		
10	9	9	18	27	36	45	54	63	72	81	90		
11	10	10	20	30	40	50	60	70	80	90	100		
12													

Bild 1.14 Beispiel gemischte Bezüge

Hinweis: Leider kann eine Formel nicht diagonal kopiert werden, Sie müssen sie daher zuerst nach rechts und dann nach unten oder umgekehrt kopieren.

Bezüge auf Zellen in anderen Tabellenblättern

Wenn Sie in einer Formel Bezüge auf Zellen in einem anderen Tabellenblatt derselben Arbeitsmappe benötigen, so wird der Zelladresse der Blattname gefolgt von einem Ausrufezeichen ! vorangestellt und die Schreibweise lautet:

Blattname!Zelladresse

Zum Einfügen solcher Zellbezüge klicken Sie während der Formeleingabe zuerst im Blattregister auf das benötigte Tabellenblatt und anschließend in diesem Blatt auf die Zelle oder markieren einen Zellbereich. Der Blattname wird bei dieser Vorgehensweise automatisch den Zellbezügen vorangestellt. Anschließend fahren Sie mit der Formeleingabe fort bzw. beenden die Eingabe.

Beispiel Umsatzauswertung in einem gesonderten Tabellenblatt

Im unten abgebildeten Beispiel befinden sich die Umsätze der Filialen im Blatt *Umsatz Filialen*, die Umsatzsumme über alle Filialen soll dagegen im Blatt *Auswertung* derselben Mappe berechnet werden.

Bild 1.15 Tabellenblatt Umsatz Filialen

	A	B	C	D
1	Filiale	Umsatz		
2	Straubing	9.000		
3	Landshut	11.000		
4	München	54.000		
5	Nürnberg	35.000		
6	Passau	14.000		
7	Regensburg	28.000		
8				
9				

Umsatz Filialen | Auswertung

Bild 1.16 Tabellenblatt Auswertung

	A	B	C	D
1	Gesamtumsatz			
2				
3				
4				
5				
6				
7				
8				
9				

Umsatz Filialen | Auswertung

Auswertung_Filialen1.xlsx

So gehen Sie vor:

1. Markieren Sie die Zelle, in der Sie die Summe berechnen möchten, hier B1 im Blatt *Auswertung* und fügen Sie die Funktion SUMME ein ❶.

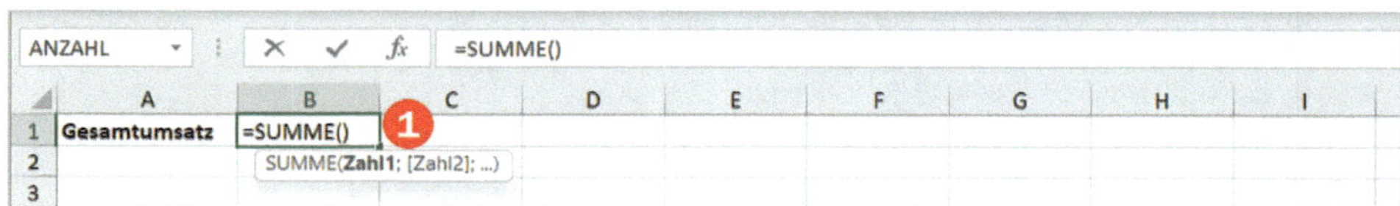

Bild 1.17 Funktion SUMME einfügen

2. Klicken Sie dann im Blattregister auf das Tabellenblatt *Umsatz Filialen* ❷. In der Bearbeitungsleiste sehen Sie, dass der Name dieses Arbeitsblattes der Formel hinzugefügt wurde.

   Hinweis: Enthält der Name des Tabellenblatts ein Leerzeichen, wie in diesem Beispiel, so wird dieser zusätzlich in Hochkommata eingeschlossen.

3. Markieren Sie nun den benötigten Zellbereich ❸.

4. Schließen Sie die Formeleingabe mit der Eingabetaste ab, **ohne** erneut auf das Blatt mit der Formel zu klicken. Excel wechselt automatisch wieder zur Formel bzw. zum Formelergebnis. In der Bearbeitungsleiste sehen Sie den vollständigen Zellbezug ❹.

Bild 1.18 Zellbezug auf ein anderes Arbeitsblatt in Formel einfügen

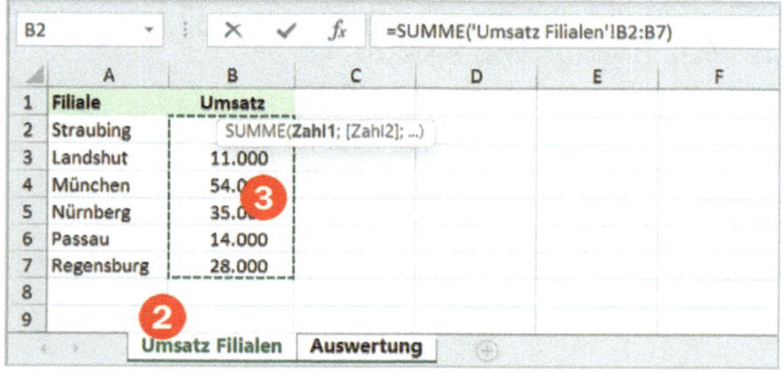

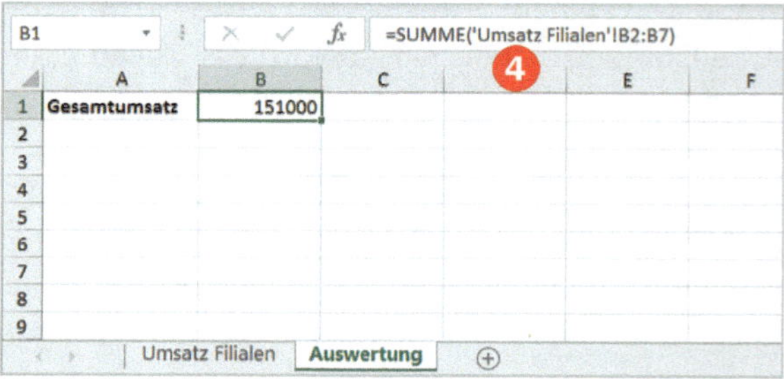

Falls Sie dagegen weitere Zellbezüge in die Formel eingeben möchten, so geben Sie **zuerst** das Operatorzeichen, z. B. + oder in Funktionen ein Semikolon (Trennzeichen für Argumente) ein, bevor Sie im Blattregister auf das nächste benötigte Blatt klicken. Sollte dies das Blatt mit der Formel sein, so wird auch hier der Blattname vorangestellt.

Achtung: So bitte nicht!

Würden Sie dagegen in diesem Beispiel nach dem Markieren des Zellbereichs B2:B7 wieder auf das Blatt *Auswertung* klicken, wie im Bild unten, dann setzt Excel automatisch den Namen dieses Arbeitsblatts vor die angegebenen Zellbezüge und Sie erhalten nicht das gewünschte Ergebnis.

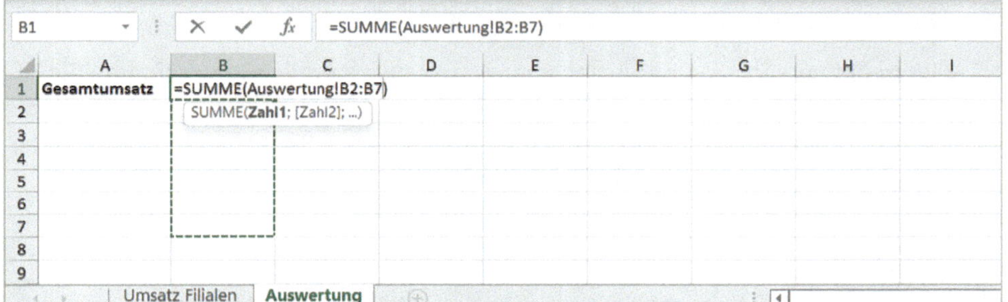

Bild 1.19 Mit Klick auf ein Tabellenblatt ersetzt Excel einen bereits vorhandenen Blattnamen

> **Achtung bei der Auswahl eines Tabellenblatts**
>
> Während der Formeleingabe stellt Excel bei jedem Klick auf ein Tabellenblatt im Blattregister der aktuellen Zelladresse (Laufrahmen) den Namen dieses Tabellenblatts voran. Klicken Sie daher erst nach Eingabe eines Operatorzeichens bzw. Semikolons (Funktion) auf ein anderes Tabellenblatt, wenn Sie eine weitere Zelladresse benötigen. Andernfalls wird in der Formel der Blattname des aktuellen Zellbezugs geändert! Spätestens nach Beenden der Formeleingabe kehrt Excel ohnehin automatisch zum Arbeitsblatt mit der Formel zurück.

Bezüge auf andere Arbeitsmappen (Arbeitsmappen verknüpfen)

Eine Formel kann auch Bezüge auf Zellen oder Zellbereiche anderer Arbeitsmappen enthalten (externe Bezüge). In diesem Fall muss bei der Formeleingabe die betreffende Arbeitsmappe geöffnet sein. Während der Formeleingabe wählen Sie dann zum Einfügen des Zellbezugs zuerst in der Taskleiste die Arbeitsmappe aus. Anschließend klicken Sie in dieser Arbeitsmappe ggf. auf das benötigte Tabellenblatt und markieren dann eine Zelle oder einen Zellbereich. Auch hier gilt: Mit Beenden der Formeleingabe kehrt Excel automatisch zur ursprünglichen Arbeitsmappe bzw. dem Tabellenblatt mit der Formel zurück.

Beachten Sie, dass zu einem vollständigen Dateinamen auch die Dateinamenerweiterung .xlsx gehört.

Der Dateiname wird automatisch dem Tabellenblatt und der Zelladresse in eckigen Klammern vorangestellt, für die eigentliche Zelladresse verwendet Excel hier automatisch feste Adressen, also z. B. $A$3. Die allgemeine Schreibweise lautet:

[Dateiname.xlsx]Tabellenblatt!Zelladresse

Bild 1.20 Beispiel Zellbezüge auf Arbeitsmappe

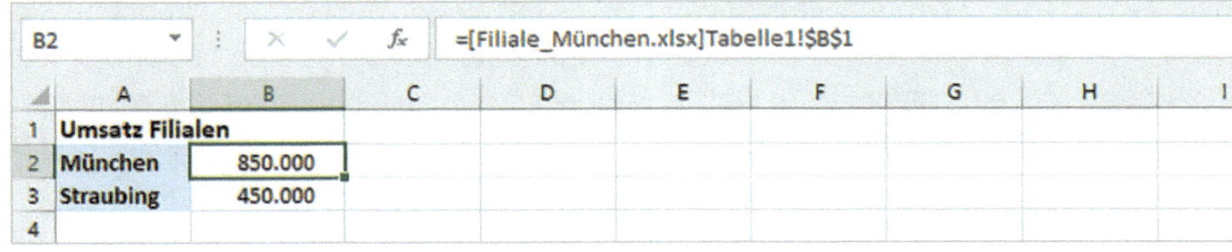

Auswertung_Filialen2.xlsx

Die Umsätze befinden sich im Ordner Umsätze-Filialen.

Achtung: Beim Öffnen der Beispielmappe müssen Sie die Verknüpfungen neu erstellen!

Hinweise zur Verwendung externer Bezüge

- Auch wenn während der Formeleingabe nur der Dateiname in der Formel erscheint: Excel speichert den gesamten Dateipfad, daher sollten die verknüpften Arbeitsmappen nachträglich weder verschoben noch umbenannt werden.
- Beim ersten Öffnen einer Arbeitsmappe mit externen Bezügen erhalten Sie die unten abgebildete Sicherheitswarnung. Damit bei etwaigen Änderungen die Verknüpfungen aktualisiert werden können, müssen Sie auf *Inhalt aktivieren* klicken. Natürlich nur, wenn Sie dieser Arbeitsmappe vertrauen.

Bild 1.21 Sicherheitswarnung bei Verwendung externer Bezüge

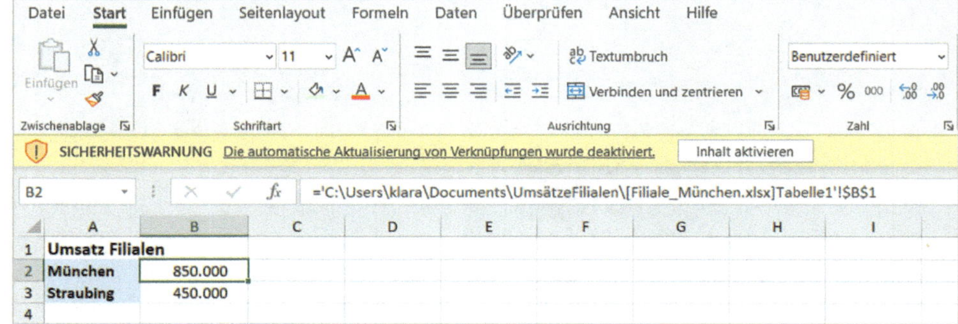

- Nachdem Sie auf *Inhalt aktivieren* geklickt haben, werden Arbeitsmappe und Datenquelle als vertrauenswürdig eingestuft und die Sicherheitswarnung erscheint künftig nicht mehr. Stattdessen sehen Sie dann beim Öffnen der Arbeitsmappe die unten abgebildete Aufforderung. Klicken Sie auf *Aktualisieren*, wenn Sie zwischenzeitlich geänderte Werte aktualisieren möchten.

  Nehmen Sie dagegen Änderungen in der verknüpften Arbeitsmappe bzw. Datenquelle vor, während gleichzeitig die Mappe mit den externen Bezügen geöffnet ist, so werden diese automatisch aktualisiert.

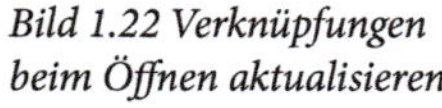

Bild 1.22 Verknüpfungen beim Öffnen aktualisieren

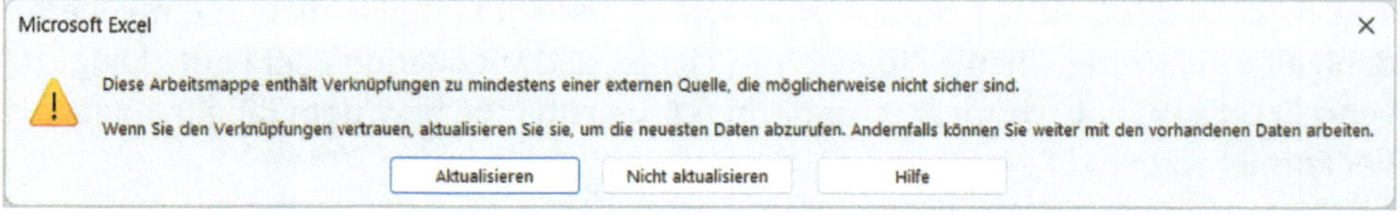

Formel als Verknüpfung einfügen

Eine andere Möglichkeit zum Erstellen externer Bezüge besteht darin, dass Sie zunächst in der Arbeitsmappe, aus der Sie die Werte beziehen möchten, die Formel oder den Wert in die Zwischenablage kopieren (z. B. mit **Strg+C**) und anschließend in der zweiten Arbeitsmappe als Verknüpfung einfügen.

Dazu markieren Sie beim Einfügen die betreffende Zelle, klicken auf den Dropdown-Pfeil der Schaltfläche *Einfügen* (Register *Start* ▶ *Zwischenablage*) und wählen unter *Weitere Einfügeoptionen* die Option *Verknüpfung einfügen* (siehe Bild unten). Alternativ fügen Sie die Formel mit **Strg+V** ein, klicken anschließend im Tabellenblatt auf das Symbol *Einfügeoptionen* und wählen hier *Verknüpfung einfügen* aus. Die Zellbezüge der Formel erhalten damit ebenfalls die oben beschriebene Schreibweise.

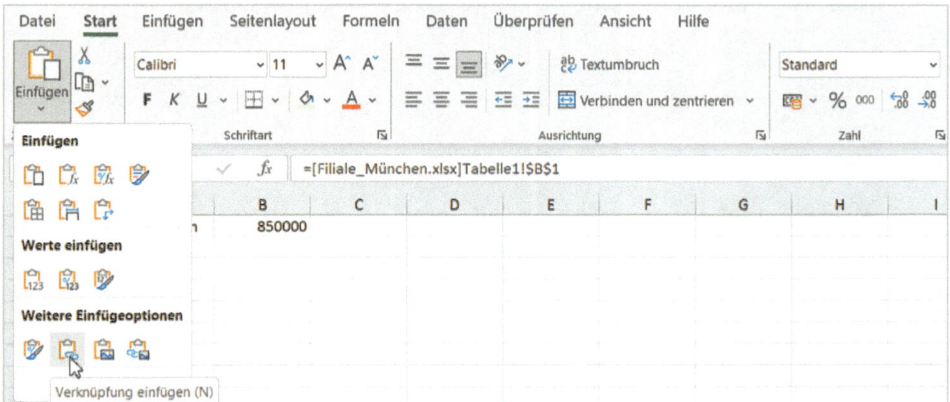

Bild 1.23 Formel als Verknüpfung einfügen

1.3 Namen anstelle von Zellbezügen verwenden

Besonders in umfangreichen Arbeitsmappen oder Tabellen werden Formeln durch feste Zellbezüge und/oder Bezüge auf andere Tabellenblätter schnell unübersichtlich. Abhilfe können hier Namen für Zellen und Zellbereiche schaffen. Diese können dann in Formeln statt fester Zellbezüge verwendet werden.

Regeln für Namen

- Namen werden in Formeln anstelle von festen Zellbezügen verwendet. Vergeben Sie daher nur Namen für solche Zellen und Zellbereiche, die Sie mit festem Zellbezug in Formeln benötigen!
- Ein Name muss mit einem Buchstaben beginnen und darf weder Leerzeichen noch Bindestrich, Punkt, Semikolon oder Doppelpunkt enthalten. Namen unterscheiden nicht zwischen Groß- und Kleinschreibung, die maximale Länge beträgt 255 Zeichen.
- Namen besitzen, wenn nichts anderes festgelegt wurde, in der gesamten Arbeitsmappe Gültigkeit. Daher darf jeder Name innerhalb der Mappe nur einmal vorkommen.

Namen für Zellen vergeben

Für die Vergabe von Namen stehen Ihnen verschiedene Möglichkeiten offen.

Namenfeld verwenden

Am einfachsten verwenden Sie zur Vergabe eines Namens das Namenfeld in der Bearbeitungsleiste, normalerweise sehen Sie hier die Zelladresse, z. B. A1. Namen, die Sie mit dieser Methode eingeben, besitzen in der gesamten Arbeitsmappe Gültigkeit.

1 Markieren Sie die Zelle, der Sie einen Namen zuweisen möchten, im Bild unten B1 ❶ mit dem normalen Mehrwertsteuersatz von 19 %.

2 Klicken Sie in das Namenfeld ❷. Überschreiben Sie die Zelladresse mit dem gewünschten Namen ❸ und schließen Sie mit der **Eingabetaste** ab.

Bild 1.24 Namen im Namenfeld eingeben

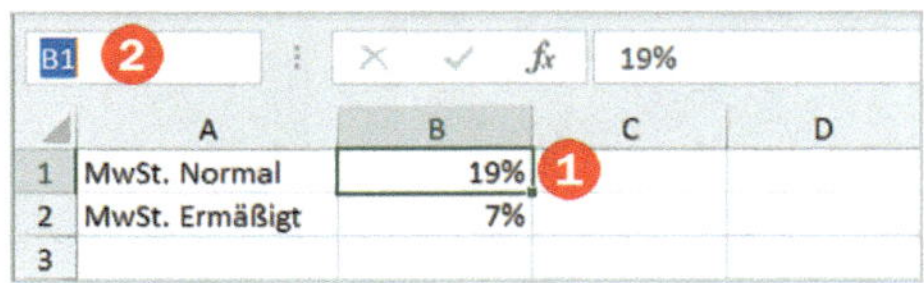

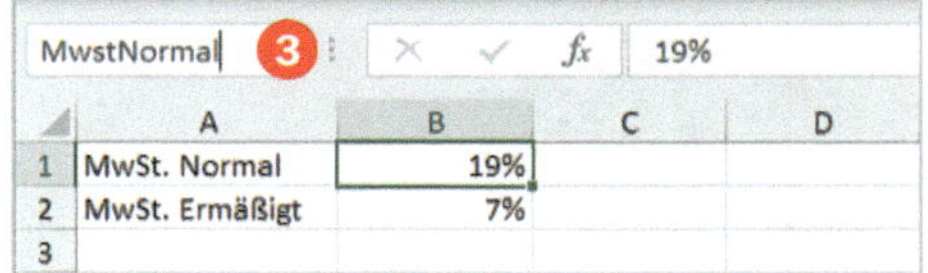

Namen für Zellbereiche: Falls Sie einem Zellbereich einen Namen geben möchten, verfahren Sie genauso: Markieren Sie den Zellbereich, klicken Sie in das Namenfeld und geben einen Namen ein. Schließen Sie auch hier die Eingabe wieder unbedingt mit der Eingabetaste ab.

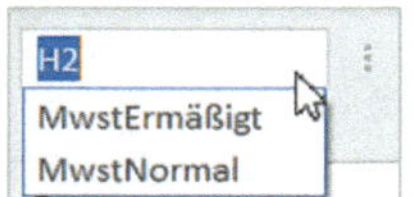

Tipp: Namen anzeigen
Wenn Sie alle Namen in der Arbeitsmappe anzeigen möchten, dann klicken Sie im Namenfeld auf den Dropdown-Pfeil. Wenn Sie außerdem wissen möchten, auf welche Zelle sich ein Name bezieht, dann klicken Sie diesen an. Excel markiert daraufhin sofort die dazugehörige Zelle. Diese kann sich auch in einem anderen Tabellenblatt befinden.

Namen definieren und Gültigkeitsbereich wählen

Statt über das Namenfeld können Sie Namen auch über ein Symbol im Menüband festlegen. Im Gegensatz zum Namenfeld lässt sich mit dieser Methode bei Bedarf auch der Gültigkeitsbereich auf ein bestimmtes Tabellenblatt einschränken.

1 Markieren Sie dazu ebenfalls die Zelle oder den Zellbereich und klicken Sie im Register *Formeln* ▶ *Definierte Namen* auf *Namen definieren* ❶ (Bild 1.25).

2 Geben Sie im Fenster *Neuer Name* den gewünschten Namen ein ❷; falls sich im Tabellenblatt in der angrenzenden Zelle bereits eine Beschriftung befindet, übernimmt Excel diese automatisch, wie im Bild.

- Im Feld *Bereich* ❸ können Sie auswählen, ob der Name in der gesamten Arbeitsmappe oder nur in einem bestimmten Tabellenblatt gültig sein soll.
- Optional kann im Feld *Kommentar* eine kurze Beschreibung hinterlegt werden. Diese erscheint später als Infotext beim Einfügen in eine Formel.

- Im Feld *Bezieht sich auf* sehen Sie die dazugehörige Zelladresse ❹, hier die aktuell markierte Zelle. Falls Sie eine andere Zelle auswählen möchten, so klicken Sie in das Feld und anschließend im Tabellenblatt auf die Zelle.

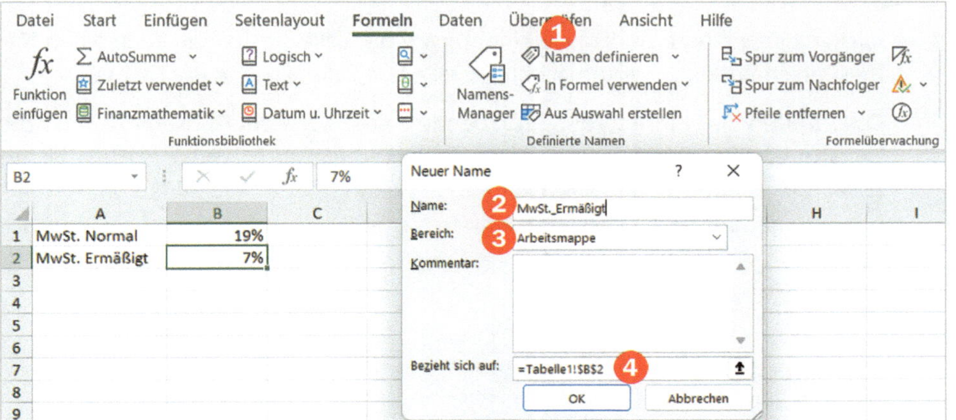

Bild 1.25 Namen definieren und Gültigkeitsbereich auswählen

Tipp: Anstelle eines Zellbezugs können Sie hier einem Namen auch einen festen Wert, z. B. 12 (Monate eines Jahres), zuordnen, diesen geben Sie einfach im Feld *Bezieht sich auf* anstelle des Zellbezugs ein.

Mehrere Namen gleichzeitig aus Tabelle übernehmen

Wenn sich, wie im Bild oben, in den angrenzenden Zellen bereits eine passende Beschriftung befindet, dann können Sie aus diesen automatisch Namen erstellen lassen. Praktischerweise funktioniert dies auch gleich für mehrere Zellen.

1 Markieren Sie dazu die Zellen samt der dazugehörigen Beschriftung, hier A4:B6 ❶, und klicken Sie im Menüband, Register *Formeln* auf *Aus Auswahl erstellen* ❷.

2 Geben Sie an, aus welchen Zellen die Namen erstellt werden sollen, hier *Linker Spalte* ❸, und klicken Sie auf *OK*.

Hinweis: Enthält die Beschriftung in Namen nicht erlaubte Zeichen, z. B. Leerzeichen, so werden diese automatisch durch Unterstrich _ ersetzt.

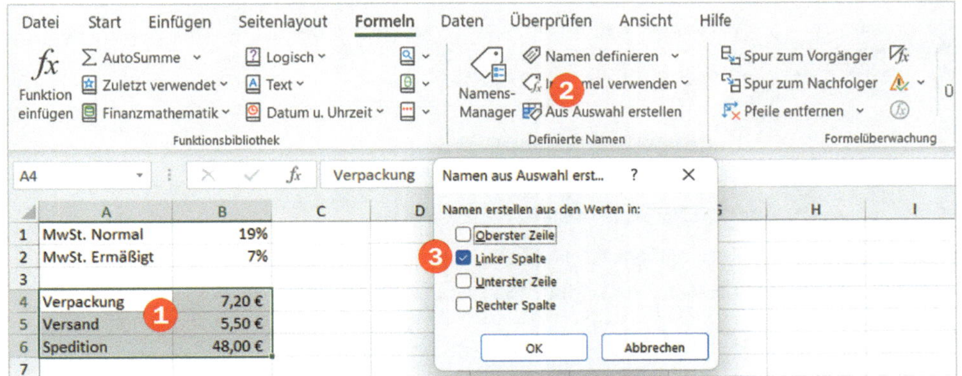

Bild 1.26 Mehrere Namen gleichzeitig aus Beschriftung im Tabellenblatt erstellen

So fügen Sie Namen in eine Formel ein

Um einen Namen in eine Formel einzufügen, verwenden Sie eine der folgenden Möglichkeiten.

- Klicken Sie während der Formeleingabe auf die Zelle. Besitzt die Zelle einen Namen, erscheint dieser automatisch anstelle des Zellbezugs in der Formel.
- Oder tippen Sie während der Eingabe die ersten Zeichen des Namens über die Tastatur ein. Es erscheint eine Liste von Funktionen und Namen, letztere lassen sich anhand ihres Symbols ▦ leicht von Funktionen unterscheiden. Zum Übernehmen genügt ein Doppelklick auf den Namen.

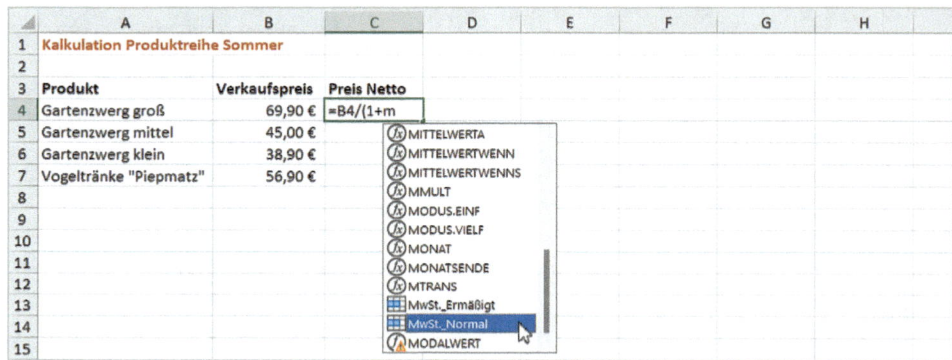

Bild 1.27 Namen aus Liste übernehmen

- Oder klicken Sie während der Formeleingabe im Menüband, Register *Formeln* auf *In Formel verwenden* und wählen hier den Namen aus. Alternativ können Sie auch mit der Taste **F3** das Fenster *Namen einfügen* öffnen.

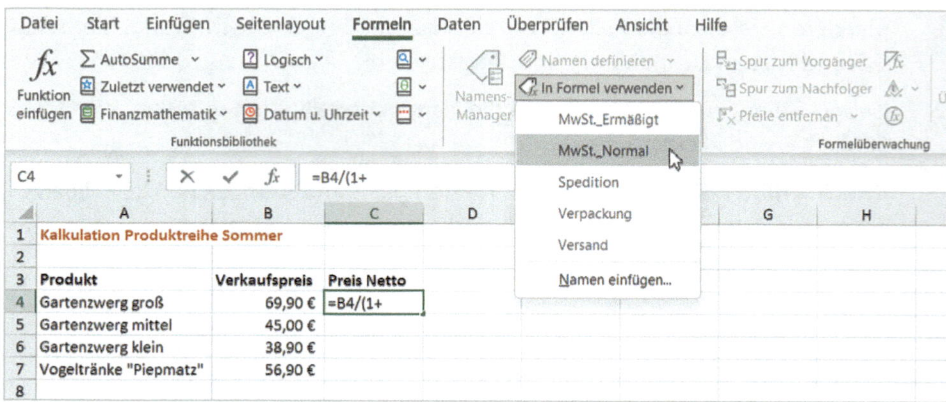

Bild 1.28 Name über das Menüband einfügen

> **Namen verhalten sich beim Kopieren wie feste Zellbezüge**
>
> Beachten Sie beim Kopieren von Formeln mit Namen, dass sich Namen immer auf eine bestimmte Zelle der Arbeitsmappe beziehen und sich daher wie feste Zellbezüge verhalten.

Namen im Namens-Manager verwalten

Leider lässt sich über das Namenfeld ein bereits vergebener Name weder ändern noch löschen. Dies erledigen Sie im Namens-Manager, hier erhalten Sie außerdem einen Überblick über alle, in der Arbeitsmappe vorhandenen Namen.

Zum Öffnen des Namens-Managers klicken Sie im Menüband, Register *Formeln* auf das gleichnamige Symbol.

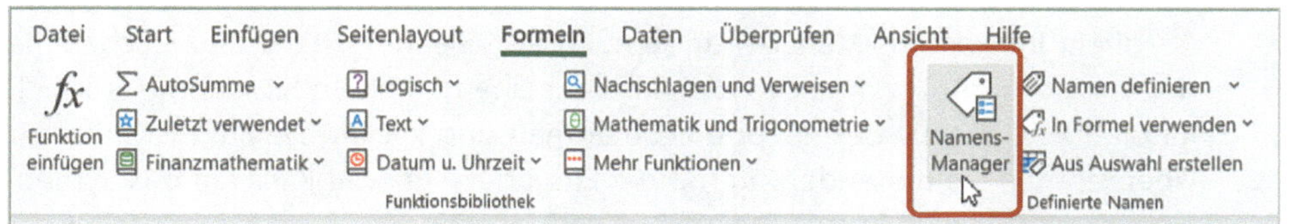

Bild 1.29 Namens-Manager öffnen

Im nachfolgenden Fenster listet Excel alle Namen der aktuellen Arbeitsmappe mit dazugehörigem Wert, Zelladresse und Gültigkeitsbereich auf, s. Bild unten.

Hinweis: Im Namens-Manager erscheinen nicht nur von Ihnen vergebene Namen von Zellen und Zellbereichen, sondern auch Namen von Tabellenbereichen. Gemeint sind damit Zellbereiche, die über das Menüband, Register *Start* als Tabelle formatiert wurden. Diese erhalten automatisch Namen und zwar, wenn nichts anderes festgelegt wird, *Tabelle1*, *Tabelle2*, usw., dürfen aber nicht mit Namen von Tabellenblättern verwechselt werden. Solche Tabellen unterscheiden sich auch durch ihr Symbol von den definierten Namen, um die es hier geht.

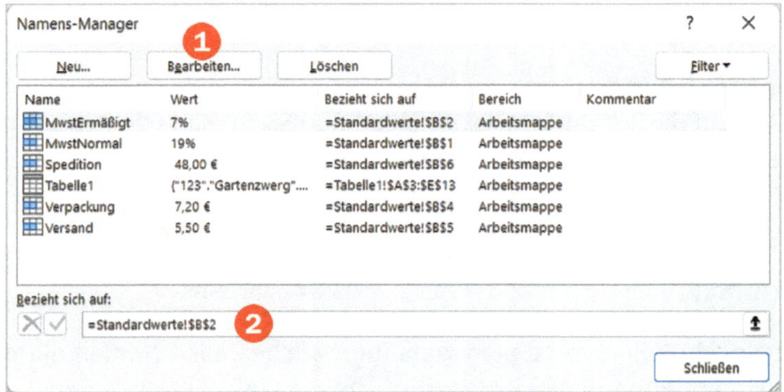

Bild 1.30 Namen der Arbeitsmappe im Namens-Manager verwalten

- **Namen bearbeiten**
  Um einen Namen zu ändern, markieren Sie diesen und klicken auf die Schaltfläche *Bearbeiten...* ❶. Im Fenster *Name bearbeiten* können Sie anschließend den Namen selbst ändern, einen Kommentar hinzufügen oder den Zellbezug ändern. Nicht mehr änderbar ist dagegen der Gültigkeitsbereich.

  Änderungen des Namens oder Zellbezugs werden automatisch in alle Formeln übernommen, die diesen Namen verwenden.

- **Namen löschen**
  Mit der Schaltfläche *Löschen* können Sie den markierten Namen entfernen.

Achtung: Falls ein gelöschter Name noch in Formeln verwendet wird, erscheint hier anstelle des Ergebnisses der Fehlerwert *#NAME?*.

- **Namen erstellen**
  Mit Klick auf die Schaltfläche *Neu...* öffnet sich das bereits beschriebene Fenster *Neuer Name* und Sie können einen neuen Namen erstellen.

- **Bezug ändern**
  Den Zellbezug des markierten Namens können Sie auch im Feld *Bezieht sich auf* ❷ direkt im Namens-Manager ändern. Klicken Sie in das Feld und löschen Sie den Inhalt mit Ausnahme des Gleichheitszeichens. Wählen Sie dann das Tabellenblatt aus, das die betreffende Zelle enthält und klicken Sie auf die Zelle ❸. Übernehmen Sie die Änderung mit der Eingabetaste oder Klick auf das Symbol *Eingeben* ❹.

Bild 1.31 Zellbezug ändern

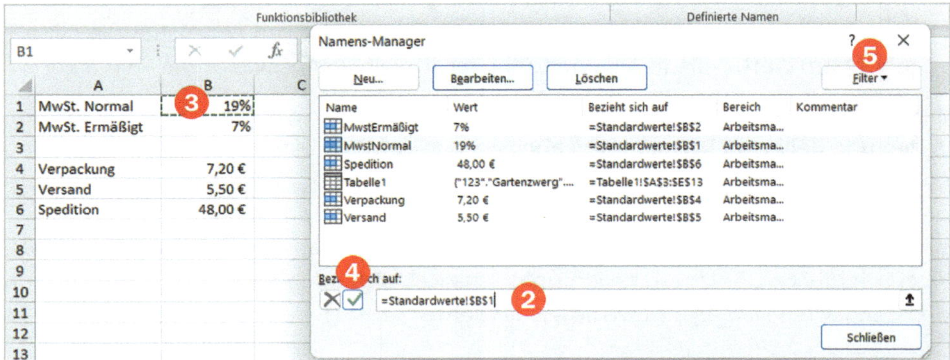

- **Namen ausblenden/filtern**
  Mit Klick auf die Schaltfläche *Filter* ❺ können Sie im Bedarfsfall die Anzeige auch auf Namen eines bestimmten Tabellenblatts beschränken oder Tabellennamen ausblenden. *Filter löschen* stellt die Anzeige aller Namen wieder her.

Namen nachträglich festlegen und in Formeln übernehmen

Falls Sie erst nachträglich feststellen, dass für manche Zellen Namen die bessere Lösung wären, dann können Sie dies noch nachholen. Nachträglich definierte Namen haben aber keinerlei Auswirkungen auf bereits vorhandene Formeln. Das bedeutet, es bleiben die ursprünglichen Zellbezüge bestehen, die Formeln liefern aber trotzdem das korrekte Ergebnis.

Zellbezüge durch Namen ersetzen

Wenn Sie Zellbezüge in Formeln nachträglich durch Namen ersetzen möchten, dann klicken Sie im Menüband, Register *Formeln* auf den Dropdown-Pfeil der Schaltfläche *Namen definieren* und wählen *Namen übernehmen...*. Markieren Sie im nachfolgenden Fenster den/die betreffenden Namen und klicken Sie auf *OK*.

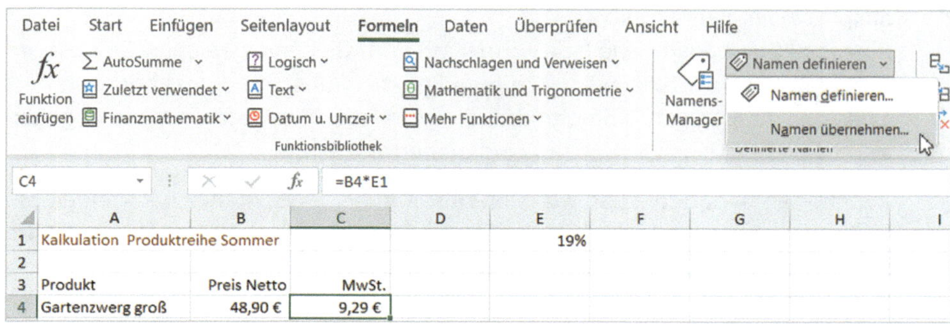

Bild 1.32 Namen nachträglich in Formeln übernehmen

Achtung: Excel kann nur Bezüge auf Zellen im selben Tabellenblatt wie die Formel ersetzen

Beachten Sie beim nachträglichen Übernehmen von Namen in Formeln: Der Name muss sich auf eine Zelle im selben Tabellenblatt wie die Formel beziehen. Ein Bezug auf ein anderes Tabellenblatt der Arbeitsmappe kann nicht nachträglich durch einen Namen ersetzt werden. In diesem Fall müssen Sie den Namen zuerst für eine beliebige Zelle im selben Tabellenblatt definieren und diesem Namen anschließend im Namens-Manager als Bezug die richtige Zelle zuweisen, siehe vorherige Seite.

1.4 Eingabe und von Aufbau von Excel-Funktionen

Neben den bereits beschriebenen einfachen Funktionen Summe bzw. AutoSumme, Mittelwert, Anzahl, Min und Max verfügt Excel über eine Vielzahl von Funktionen für verschiedene Zwecke. Eine Auswahl der wichtigsten wird Kapitel 2 detailliert zusammen mit ihren Einsatzmöglichkeiten beschrieben, eine umfassende Aufstellung aller Funktionen würde allerdings den Rahmen dieses Buches sprengen.

Um Funktionen richtig und zeitsparend zu nutzen, sollten Sie zunächst mit dem allgemeinen Aufbau und den Eingabemöglichkeiten vertraut sein. Eine Funktion kann auf folgenden Wegen eingefügt werden:

- Per Funktionsassistent (Symbol *Funktion einfügen*)
- Auswahl aus der Funktionsbibliothek
- Tastatureingabe

Aufbau und Schreibweise

Wie jede Formel beginnt auch eine Funktion stets mit dem Gleichheitszeichen =. Danach folgt der Name der Funktion und dahinter in Klammern die, zur Berechnung erforderlichen Argumente. Als Funktionsargumente können Text, Zahlen, Zellbezüge, Zellbereiche, Formeln oder weitere Funktionen verwendet werden. Die allgemeine Schreibweise (Syntax) einer Funktion:

```
=FUNKTIONSNAME(Argument1;Argument2;Argument3;...)
```

Die wichtigsten Merkmale im Überblick

- Eine Funktion beginnt wie jede Formel mit dem Gleichheitszeichen. Dieses wird automatisch eingefügt, wenn Sie eine Funktion über die Funktionsbibliothek oder den Assistenten einfügen, bei Eingabe über die Tastatur muss dagegen auch das Gleichheitszeichen mit eingegeben werden.

Text in Anführungszeichen " " erledigt der Funktionsassistent meist automatisch, ansonsten müssen die Anführungszeichen per Tastatur eingegeben werden.

- Funktionen benötigen, von wenigen Ausnahmen abgesehen, zur korrekten Berechnung weitere Angaben, die so genannten Funktionsargumente. Dies können Zellbezüge, Zahlen, Text oder Formeln bzw. Funktionen sein, Text muss in Anführungszeichen stehen. Einige Funktionen verfügen auch über vorgegebene Parameter, mit denen sich die Berechnung genauer steuern lässt.
- Erfordert eine Funktion mehrere Argumente oder Parameter, so werden diese mit Semikolon (;) getrennt. Optionale, also nicht zwingend erforderliche Argumente erkennen Sie, je nach Eingabemethode, an den eckigen Klammern [ ] (Tastatureingabe) bzw. daran, dass diese nicht fett hervorgehoben sind (Funktionsassistent).
- Die Argumente werden in runde Klammern eingeschlossen. Die Klammern sind immer erforderlich, also auch für Funktionen, die keine weiteren Argumente benötigen, z. B. HEUTE().

Funktion mit dem Funktionsassistenten einfügen

Der Funktionsassistent unterstützt Sie bei der Auswahl und Eingabe von Funktionen. Insbesondere, wenn Sie eine bestimmte Funktion suchen, deren genauen Namen Sie nicht kennen, kann der Funktionsassistent durchaus nützlich sein. Weitere Vorteile: Das Gleichheitszeichen und die runden Klammern zum Einschließen der Funktionsargumente sowie die Semikolons (;) zwischen den Funktionsargumenten werden automatisch eingefügt. Zudem erhalten Sie eine Kurzinfo zu den Argumenten und sehen bereits während der Eingabe das Ergebnis und eventuelle Zwischenergebnisse.

Da es nach meinen Erfahrungen immer wieder die WENN-Funktion ist, die weniger versierten Excel-Anwendern Probleme bereitet, wurde diese Funktion als Beispiel gewählt.

Als Beispiel die Eingabe der Funktion WENN mit Hilfe des Assistenten. Diese soll anhand der Note ermitteln, ob ein Teilnehmer die Prüfung bestanden hat (Note besser bzw. kleiner als 5) oder nicht und den Text Ja oder Nein ausgeben.

1. Schritt: Funktion auswählen/suchen

1. Markieren Sie die Zelle ❶ (Bild 1.33), in der die Funktion berechnet werden soll und klicken Sie im Register *Formeln* ▶ *Funktionsbibliothek* auf das Symbol *Funktion einfügen* ❷ oder auf dasselbe Symbol *fx* in der Bearbeitungsleiste ❸. Das Gleichheitszeichen wird vom Funktionsassistenten automatisch eingefügt, braucht also in diesem Fall nicht über die Tastatur eingegeben werden!
2. Das Fenster *Funktion einfügen* öffnet sich.
   - Wenn Sie die Funktion suchen möchten, dann tippen Sie deren Namen, hier WENN im Feld *Funktion suchen* ❹ ein und klicken daneben auf *OK*, um die Suche zu starten.

- Oder wählen Sie im Feld darunter eine Kategorie aus ❺, in diesem Beispiel *Logik*. Mit der Auswahl *Alle* werden alle Funktionen alphabetisch aufgelistet. Standardmäßig ist die Kategorie *Zuletzt verwendet* mit allen zuletzt verwendeten Funktionen aktiv.

3 Die Suchergebnisse bzw. die Funktionen der ausgewählten Kategorie erscheinen unterhalb. Klicken Sie auf die gewünschte Funktion ❻ und dann auf *OK* ❼.

Bild 1.33 Funktion suchen und auswählen

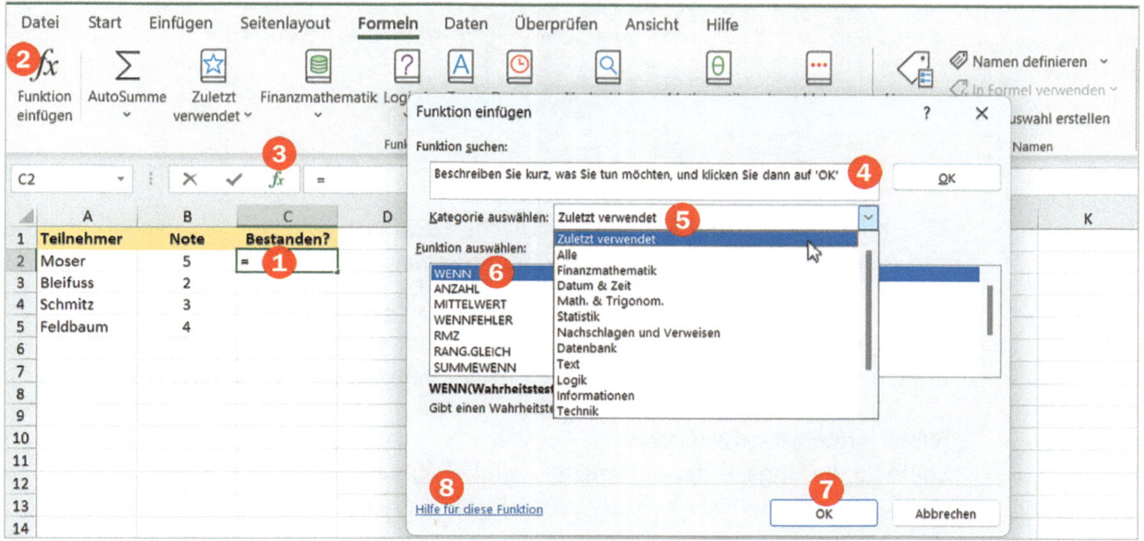

Beispiel_WENN.xlsx

Tipp: Falls Sie nicht genau wissen, welche Funktion Sie verwenden sollen: Unterhalb der Liste erhalten Sie eine Kurzbeschreibung der markierten Funktion. Oder klicken Sie auf den Link *Hilfe für diese Funktion* ❽. Damit öffnen Sie die Excel-Hilfe mit einer genaueren Beschreibung zusammen mit Beispielen.

2. Schritt: Funktionsargumente eingeben

4 Nach Auswahl der Funktion und Klick auf die Schaltfläche *OK* öffnet sich das nächste Fenster *Funktionsargumente* (Bild 1.34 auf der nächsten Seite). Hier finden für jedes Funktionsargument ein Eingabefeld vor. Für die, als Beispiel ausgewählte, Funktion WENN sind dies die Argumente *Wahrheitstest*, *Wert_wenn_wahr* und *Wert_wenn_falsch*, wobei *Wahrheitstest* fett hervorgehoben und hier somit eine Angabe zwingend erforderlich ist.

Felder, in denen eine Eingabe erforderlich ist, sind fett gekennzeichnet.

5 Zellbezüge als Funktionsargumente können Sie entweder über die Tastatur in die Eingabefelder eingeben oder wie bei der Formeleingabe durch Anklicken aus dem Tabellenblatt übernehmen. Dazu klicken Sie zuerst in das betreffende Eingabefeld ❶, hier *Wahrheitstest* und anschließend im Tabellenblatt auf die Zelle, in diesem Beispiel B2. Den Rest vervollständigen Sie durch Tastatureingabe.

6 Im Feld *Wert_wenn_wahr* geben Sie den Text "Ja" in Anführungszeichen ein, im Feld *Wert_wenn_falsch* "Nein". Unterhalb können Sie das Formelergebnis kontrollieren ❷.

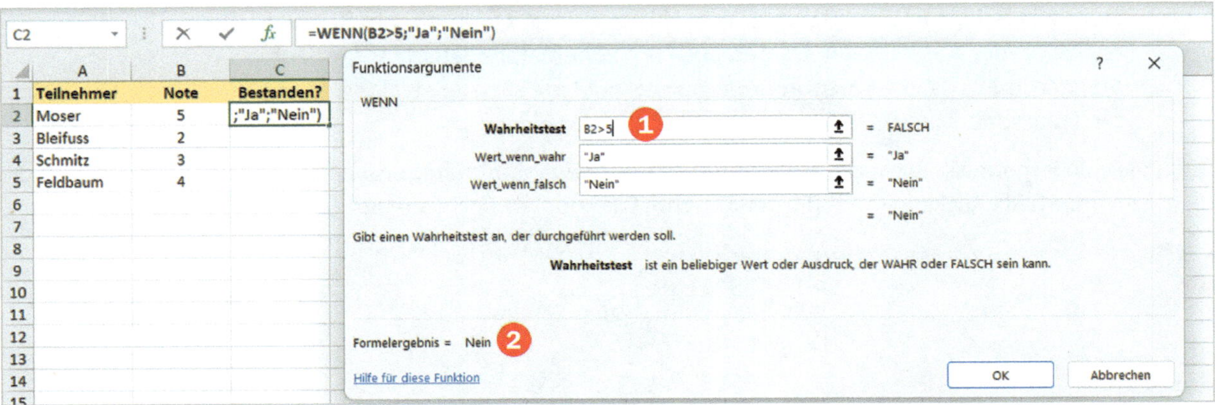

Bild 1.34 Eingabe der Funktionsargumente

7 Klicken Sie zuletzt auf die Schaltfläche *OK* um das Fenster zu schließen und die Funktion in das Tabellenblatt zu übernehmen.

Und noch ein Hinweis: In abgebildeten Beispiel erscheint beim Argument *Wahrheitstest* das Ergebnis *FALSCH*. Dies bedeutet **nicht**, dass der Ausdruck fehlerhaft ist, sondern ist das Ergebnis des Wahrheitstests; die Note des ersten Teilnehmers ist nicht kleiner als 5.

Fenster vorübergehend ausblenden

Sollte für die Eingabe der Argumente im Tabellenblatt der benötigte Zellbereich durch das Fenster *Funktionsargumente* verdeckt sein, so klicken Sie in einen freien Bereich des Fensters und ziehen es mit gedrückter Maustaste einfach beiseite. Als Alternative verwenden Sie das Symbol *Reduzieren* rechts im jeweiligen Eingabefeld: Ein Klick darauf verkleinert das Fenster auf die Größe dieses Feldes, wie im Bild unten, ein weiterer Klick auf das Symbol stellt das gesamte Fenster wieder her.

Bild 1.35 Das Fenster Funktionsargumente kann mit Klick auf den Pfeil des Eingabefeldes aus- und wieder eingeblendet werden.

Eine Funktion im Fenster Funktionsargumente erneut bearbeiten

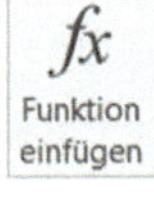

Falls Sie eine Funktion nachträglich wieder im Fenster *Funktionsargumente* zur Überprüfung oder Korrektur anzeigen möchten, so markieren Sie die Zelle mit der Funktion und klicken in der Bearbeitungsleiste oder im Register *Formeln* auf das Symbol *Funktion einfügen*.

Die Funktion selbst kann dagegen hier nicht geändert werden. Um eine andere Funktion auszuwählen, müssen Sie die vorherige Funktion zuerst entfernen.

Das Fenster *Funktionsargumente* wird zusammen mit der Funktion erneut geöffnet und Sie können bei Bedarf Änderungen an den Argumenten vornehmen. Zum Übernehmen der Änderungen klicken Sie auf *OK*, mit *Abbrechen* oder der Esc-Taste dagegen wird die ursprüngliche Funktion beibehalten. Daneben kann eine Funktion auch, wie jede Formel, in der Bearbeitungsleiste oder nach einem Doppelklick direkt im Tabellenblatt nachträglich geändert werden.

Eine Funktion in der Funktionsbibliothek auswählen

Im Register *Formeln* finden Sie in der Gruppe *Funktionsbibliothek* alle Excel-Funktionen nach Kategorien geordnet. Wenn Sie wissen, zu welcher Kategorie die benötigte Funktion gehört, können Sie eine Funktion auch auf diesem Weg einfügen. Klicken Sie auf eine Kategorie und wählen Sie eine Funktion. Anschließend öffnet Excel ebenfalls das Fenster *Funktionsargumente* (siehe oben) zur Eingabe der erforderlichen Argumente. Mit *Zuletzt verwendet* erhalten Sie auch hier schnellen Zugriff auf kürzlich verwendete Funktionen. Leider ist aber die praktische Kategorie *Alle* nicht vorhanden. Aber am Ende jeder Liste finden Sie den Befehl *Funktion einfügen…*. Dieser öffnet das gleichnamige Fenster des Funktionsassistenten.

Hinweis: Da hier nicht alle Funktionskategorien Platz haben, finden Sie die übrigen Kategorien, z. B. *Statistik* mit Klick auf *Mehr Funktionen*.

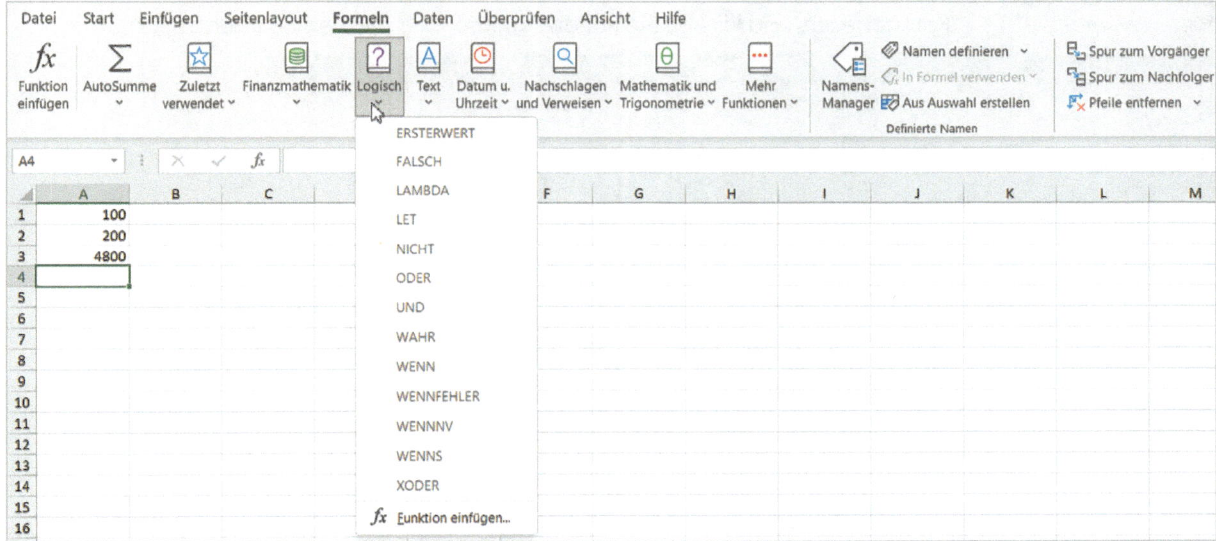

Bild 1.36 Funktionsbibliothek

Hilfe zu Funktionen allgemein, eine passende Funktion suchen

Wenn Sie den Namen einer Funktion nicht kennen, kann die Suche nach einer passenden Funktion zur Lösung eines bestimmten Problems vor allem für Excel-Einsteiger manchmal frustrierend sein, zumal die Zuordnung zu einer Kategorie nicht immer logisch und nachvollziehbar ist. Leider bieten in solchen Fällen auch der Funktionsassistent und die intelligente Hilfe von Excel bzw. das Feld *Suchen* oberhalb des Menübands keine nennenswerte Unterstützung. So kann es durchaus passieren, dass Sie überhaupt keine Treffer erhalten, wenn Sie z. B. eine Funktion zum Thema „Durchschnitt" suchen.

Suche im Hilferegister

Die umfassendsten Informationen zu Funktionen erhalten Sie im Register *Hilfe* des Menübands. Klicken Sie hier auf *Hilfe*, geben Sie im Suchfeld einen Suchbegriff ein, z. B. „Rangfolge" wie im Bild auf der nächsten Seite, und betätigen Sie die Eingabetaste oder klicken Sie auf das Symbol *Lupe*. Unterhalb erscheinen verschiedene weiterführende Hilfethemen und Vorschläge für passende Funktionen, die Sie für ausführlichere Erklärungen und Beispiele nur anklicken brauchen.

Wenn Sie zu einer bestimmten Funktion Informationen benötigen, dann geben Sie einfach den Namen der Funktion, z. B. SVERWEIS, in das Suchfeld ein.

Alle Excel-Funktionen auflisten

Einen guten Überblick über alle Excel-Funktionen erhalten Sie auch, wenn Sie auf der Startseite ⌂ der Hilfe auf *Formeln und Funktionen* klicken, anschließend das Register *Funktionen* wählen und hier entweder *Alle Funktionen (alphabetisch)* oder *Alle Funktionen (Kategorien)* anklicken. Wählen Sie dann einen Anfangsbuchstaben oder eine Kategorie aus und klicken Sie auf die Funktion, für die Sie sich interessieren.

Bild 1.37 Hilfe zu Funktionen im Register Hilfe

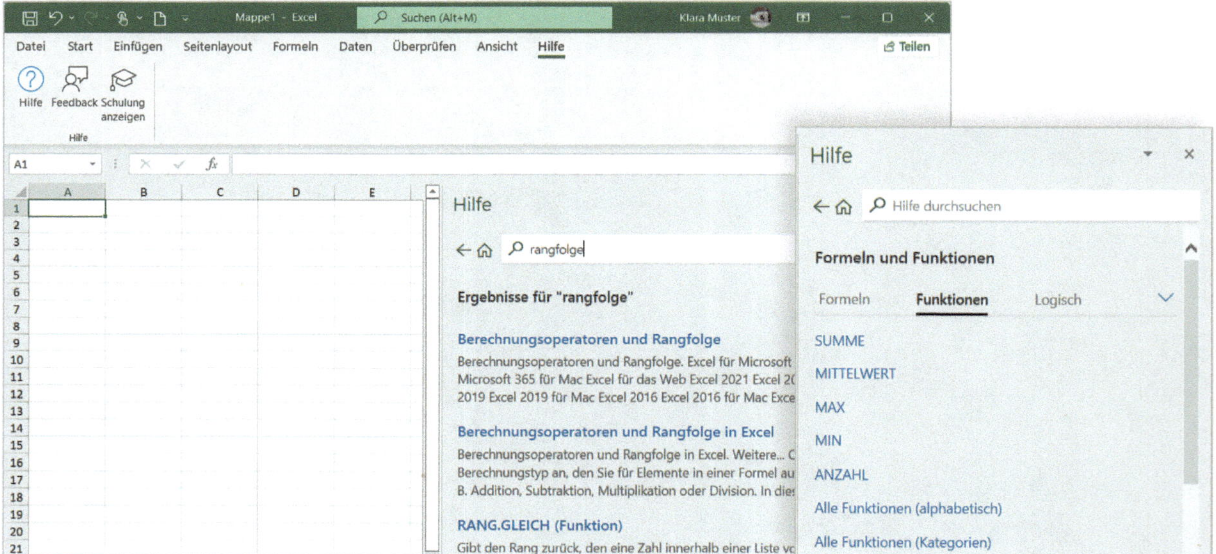

Funktion über die Tastatur eingeben

Als Alternative zum Funktionsassistenten und zum Fenster *Funktionsargumente* kann eine Funktion auch einfach in die Zelle eingetippt werden. Dies ist vor allem für fortgeschrittenere Anwender meist der schnellste Weg, zumal Sie Excel auch hier mit verschiedenen Eingabehilfen unterstützt.

1. Geben Sie das Gleichheitszeichen ein und tippen Sie die ersten Zeichen des Funktionsnamens ein, im Bild unten MITTELWERT.
2. Sofort zeigt Excel eine Liste entsprechender Funktionen an und mit Doppelklick auf den Funktionsnamen übernehmen Sie die gewünschte Funktion samt der öffnenden Klammer.

Funktion über die Tastatur auswählen: Als Alternative können Sie aus der Liste eine Funktion auch mit der Tastatur auswählen und einfügen: Markieren Sie die Funktion mit der **Pfeiltaste nach unten** bzw. oben und übernehmen Sie dann die markierte Funktion mit der **Tab**-Taste.

3. Anschließend sehen Sie im Tabellenblatt die Abfolge der erforderlichen Argumente. Das aktuell zu bearbeitende Argument ist fett hervorgehoben, optionale Argumente erkennen Sie an den eckigen Klammern. Beachten Sie, dass mehrere Argumente durch Semikolon (;) getrennt werden, diese müssen hier über die Tastatur eingegeben werden.

4. Schließen Sie die Funktionseingabe mit der Eingabetaste ab. Die Eingabe der schließenden Klammer ist sinnvoll, aber nicht zwingend erforderlich, sie wird in den meisten Fällen von Excel automatisch ergänzt.

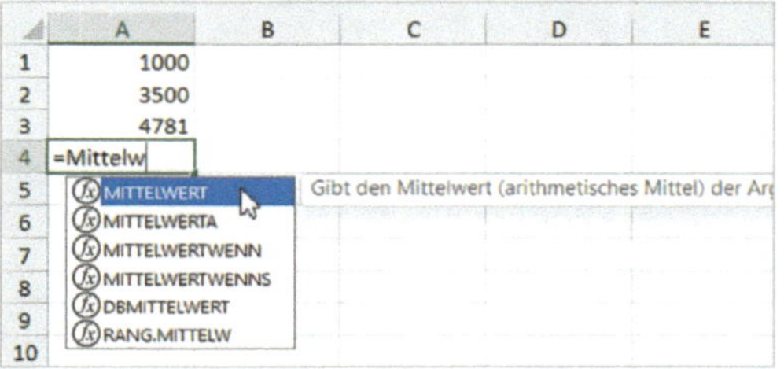

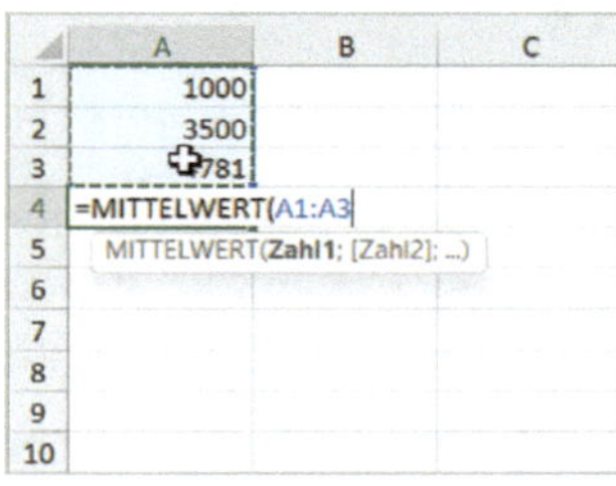

Bild 1.38 Beispiel: Eingabe der Funktion MITTELWERT über die Tastatur

> **Gleichheitszeichen, Semikolon und evtl. Klammern müssen über die Tastatur eingegeben werden**
>
> Im Gegensatz zum Fenster *Funktionsargumente* müssen Gleichheitszeichen, Semikolon (;) zum Trennen der Argumente und eventuell weitere Klammern ebenfalls per Tastatur eingegeben werden.

Diese Methode hat noch einen weiteren Vorteil

Bei manchen Funktionen kann mit zusätzlichen Parametern die Berechnungsmethode gesteuert werden. Im Gegensatz zum Fenster *Funktionsargumente* listet Excel bei der Tastatureingabe die verfügbaren Parameter samt Kurzbeschreibung auf (Bild unten) und der gewünschte Parameter kann ausgewählt und in die Funktion übernommen werden.

Als Beispiel die Funktion WOCHENTAG: Diese ermittelt aus einem Datum, hier in A1, den Wochentag als Zahl und der Parameter *Typ* steuert, mit welchem Tag die Zählung beginnt.

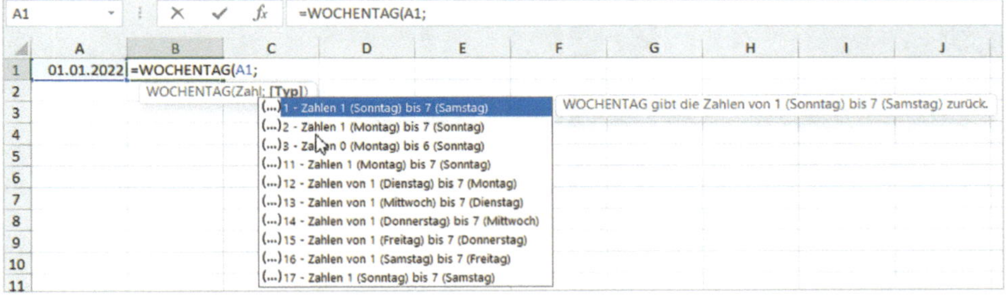

Bild 1.39 Auswahl eines Parameters am Beispiel WOCHENTAG

1.5 Mehrere Funktionen kombinieren (verschachteln)

Wie bereits erwähnt, können als Funktionsargumente auch Formeln und weitere Funktionen eingefügt werden.

Funktionen, die ihrerseits Funktionen enthalten, werden als verschachtelte Funktionen bezeichnet. Mit der aktuellen Excel-Version können bis zu 64 Ebenen ineinander verschachtelt werden. Häufig werden beispielsweise die Funktionen UND und ODER innerhalb von Funktionen verwendet.

Funktionen als Argument werden entweder manuell über die Tastatur oder im Funktionsassistent ohne Gleichheitszeichen eingefügt; wenn Sie dabei systematisch vorgehen und einige Punkte beachten, dann behalten Sie auch in verschachtelten Funktionen den Überblick.

Eine Funktion als Argument im Fenster Funktionsargumente einfügen

Wenn Sie eine Funktion mit dem Funktionsassistent bzw. im Fenster *Funktionsargumente* eingeben und als Argument ❶ eine weitere Funktion einfügen möchten, dann erfolgen Auswahl und Einfügen der zweiten Funktion über die Bearbeitungsleiste.

Hier erscheint während der Eingabe einer Formel oder Funktion anstelle der Zelladresse standardmäßig die zuletzt verwendete Funktion ❷, im Bild unten WENN. Über den Dropdown-Pfeil öffnen Sie die Liste aller zuletzt verwendeten Funktionen und ein Klick auf die gewünschte Funktion fügt diese in die aktuelle Funktion bzw. die aktuelle Eingabezeile ein. Falls sich die gesuchte Funktion nicht darunter befindet, so klicken Sie auf *Weitere Funktionen* ❸, um das Fenster *Funktion einfügen* zu öffnen und wählen hier dann die gewünschte Funktion aus.

Bild 1.40 Funktion als Argument über die Bearbeitungsleiste einfügen

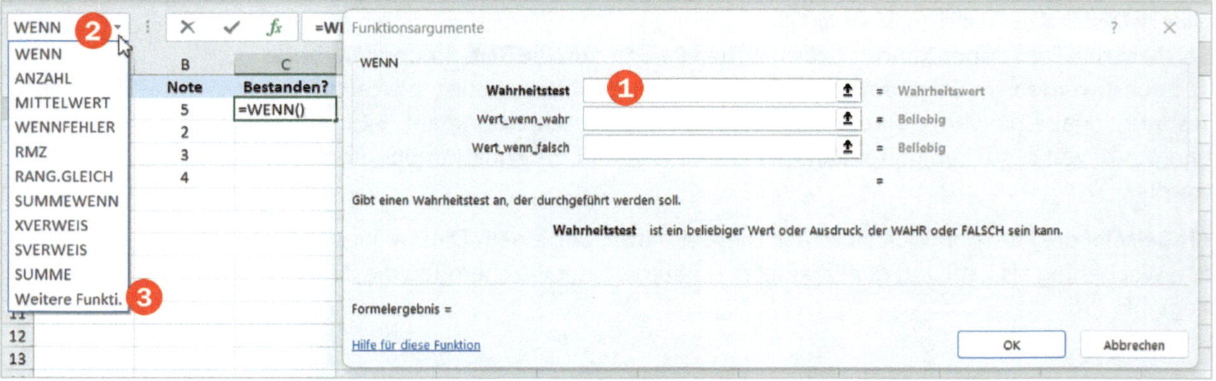

Beispiel: In der WENN-Funktion zwei Wahrheitstests mit ODER durchführen

Häufig ist es die WENN-Funktion, in der eine zweite Funktion benötigt wird. Daher fügen wir als Beispiel für die Vorgehensweise beim Erstellen verschachtelter Funktionen in eine WENN-Funktion die Logikfunktion ODER ein.

Im Bild unten sollen nur für die Produktgruppen A oder B Sonderpreise mit einem Preisnachlass von 50 % berechnet werden. Für alle anderen Produktgruppen wird kein Sonderpreis benötigt. Der Wahrheitstest der WENN-Funktion muss also als zuerst mit ODER ermitteln, ob es sich im die Produktgruppe A oder B handelt. So gehen Sie im Funktionsassistenten vor:

WENN_verschachtelt.xlsx

1 Markieren Sie die Zelle D5 und klicken Sie auf *Funktion einfügen* ❶. Wählen Sie die Funktion WENN aus und klicken Sie auf *OK*.

2 Klicken Sie im Fenster *Funktionsargumente* in das Feld *Wahrheitstest* ❷ und klicken Sie in der Bearbeitungsleiste in das Feld ganz links ❸. Hier werden Ihnen jetzt anstelle der aktuelle Zelladresse die zuletzt verwendeten Funktionen mit WENN an erster Stelle angeboten. Klicken Sie hier auf den Dropdown-Pfeil und wählen Sie die benötigte Funktion aus.

Sollte die Funktion ODER nicht aufgeführt sein, so klicken Sie auf *Weitere Funktionen* ❹ und wählen diese im nachfolgenden Fenster *Funktion einfügen* aus.

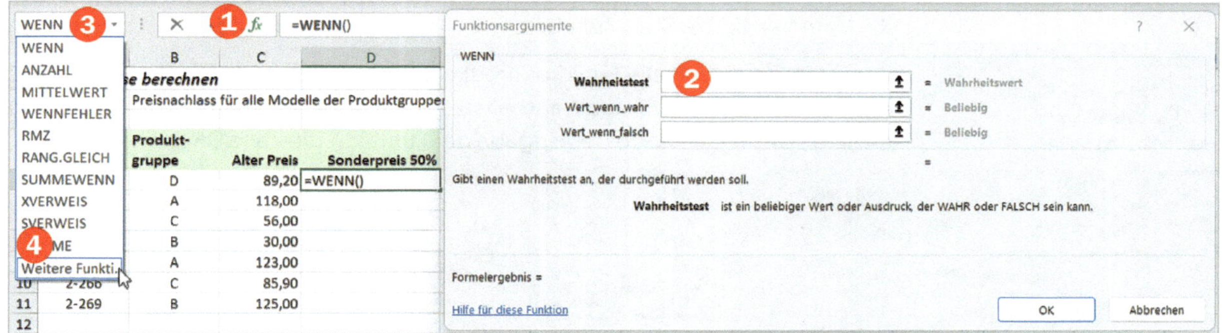

Bild 1.41 Klicken Sie in das Feld Wahrheitstest und fügen Sie die Funktion ODER ein

3 Im Fenster *Funktionsargumente* erscheint jetzt die Funktion ODER ❺ (Bild 1.42). Klicken Sie in das Feld *Wahrheitswert1* und geben Sie die erste, zu prüfende Bedingung B5="A" ein. Im Feld *Wahrheitswert2* geben Sie die zweite Bedingung ein: B5="B". Da es sich bei den Produktgruppen um Text handelt, müssen diese unbedingt in Anführungszeichen eingegeben werden.

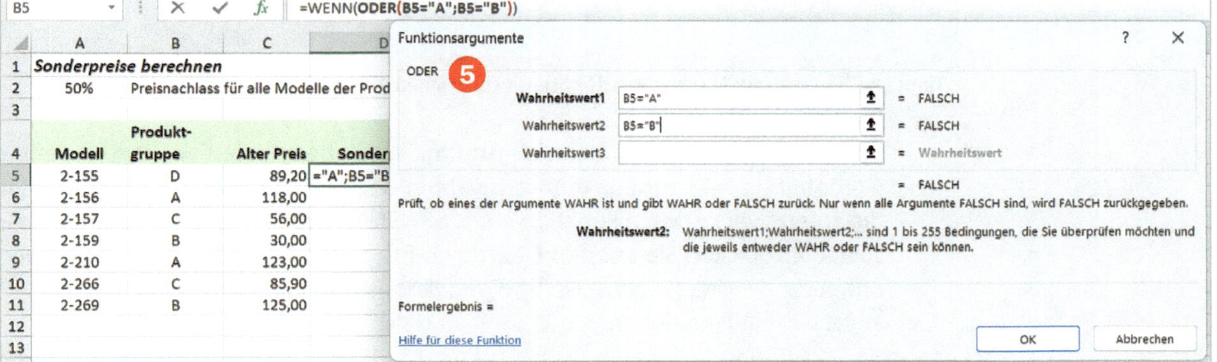

Bild 1.42 Die eingefügte Funktion ODER

Auch an den Klammern in roter Schriftfarbe erkennen Sie die, zur aktuellen Funktion gehörenden Argumente.

4 Klicken Sie anschließend **nicht** auf *OK* sondern kontrollieren Sie die Bearbeitungsleiste (Bild 1.43). Die Funktion ODER wurde in die Funktion WENN eingefügt und ist fett hervorgehoben, da sie momentan im Fenster *Funktionsargumente* bearbeitet wird. Damit im Fenster *Funktionsargumente* wieder die WENN-Funktion erscheint, brauchen Sie nur in der Bearbeitungsleiste auf den Namen dieser Funktion klicken.

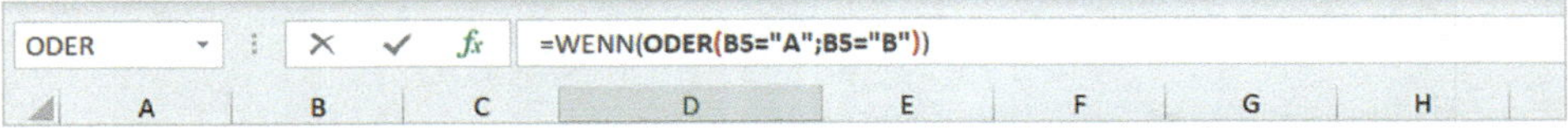

Bild 1.43 Die Funktion in der Bearbeitungsleiste

5 Das Fenster *Funktionsargumente* zeigt jetzt wieder die WENN-Funktion an und im Feld *Wahrheitstest* sehen Sie die vollständige Funktion ODER ❺ sowie deren Ergebnis rechts daneben.

6 Geben Sie als *Wert_wenn_wahr* die Formel zur Berechnung des Sonderpreises ein. Als *Wert_wenn_falsch* geben Sie zwei Anführungszeichen "" ein. Dadurch wird kein Preis berechnet und die Zelle bleibt leer. Anschließend können Sie mit Klick auf *OK* das Fenster schließen.

7 Kopieren Sie zuletzt die Funktion in die restlichen Zellen der Spalte. Da für das erste Modell in Zeile 5 der Wahrheitstest das Resultat FALSCH ergibt, bleibt in diesem Beispiel bei korrekter Eingabe der Funktion die Zelle D5 leer.

Bild 1.44 Ergänzen Sie die WENN-Funktion um die restlichen Argumente

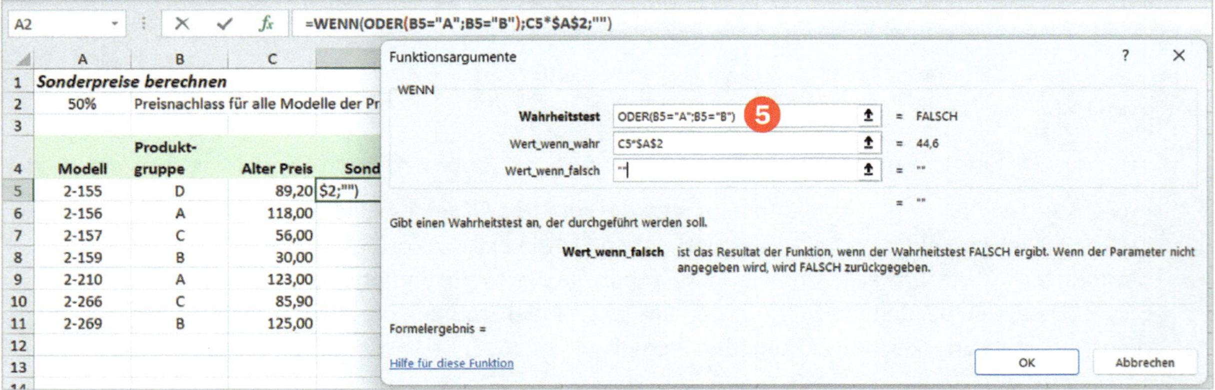

Tipps und Hinweise zur Eingabe verschachtelter Funktionen

- **Funktion auswählen**
  Im Prinzip kann jede Funktion als Argument in eine andere Funktion eingefügt werden. Das Feld zur Funktionsauswahl in der Bearbeitungsleiste zeigt immer die zuletzt verwendete Funktion an, z. B. WENN. Um eine andere Funktion auszuwählen, klicken Sie auf den Dropdown-Pfeil. Die Auswahl *Weitere Funktionen* öffnet das Fenster *Funktion einfügen* (Funktionsassistent) und erlaubt den Zugriff auf alle Excel-Funktionen.

- **Wechsel zwischen den Funktionen**
  Während das Fenster *Funktionsargumente* geöffnet ist, benutzen Sie die Bearbeitungsleiste, um eine einzelne Funktion im Fenster *Funktionsargumente* anzuzeigen und zu bearbeiten. Klicken Sie dazu einfach auf den Namen der Funktion.
- Schließen Sie das Fenster erst, bzw. klicken Sie erst dann auf *OK*, wenn alle Funktionsargumente vollständig angegeben wurden, Sie erhalten sonst eine Fehlermeldung.

Verschachtelte Funktionen per Tastatur eingeben

Die Eingabe verschachtelter Funktionen über die Tastatur ist ähnlich problemlos. Der Einfachheit halber bleiben wir beim oben verwendeten Beispiel, diesmal aber mit Tastatureingabe.

1. Beginnen Sie mit der Eingabe der WENN-Funktion bzw. übernehmen Sie diese aus der Vorschlagsliste (Bild 1.45).
2. Als erstes Argument *Wahrheitstest* fügen Sie die Funktion ODER unmittelbar nach der öffnenden Klammer ein. Die Funktion kann einschließlich der öffnenden Klammer nach Eingabe der ersten Zeichen ebenfalls aus einer Liste übernommen werden. Der Infotext zeigt nun die, für ODER erforderlichen Argumente an, wie in Bild 1.46.

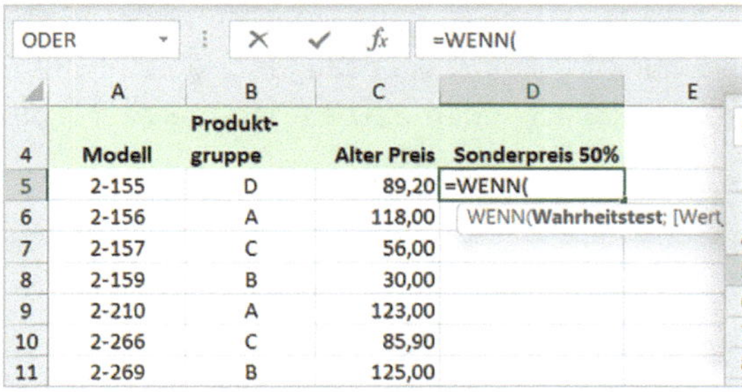

ODER | =WENN(

	A	B	C	D	E
4	Modell	Produkt-gruppe	Alter Preis	Sonderpreis 50%	
5	2-155	D	89,20	=WENN(	
6	2-156	A	118,00	WENN(**Wahrheitstest**; [Wert	
7	2-157	C	56,00		
8	2-159	B	30,00		
9	2-210	A	123,00		
10	2-266	C	85,90		
11	2-269	B	125,00		

ODER | =WENN(ODER(

	A	B	C	D	E	F
4	Modell	Produkt-gruppe	Alter Preis	Sonderpreis 50%		
5	2-155	D	89,20	=WENN(ODER(		
6	2-156	A	118,00	ODER(**Wahrheitswert1**; [Wahrheitswert2]; ...)		
7	2-157	C	56,00			
8	2-159	B	30,00			

Bild 1.45 Geben Sie die WENN-Funktion ein

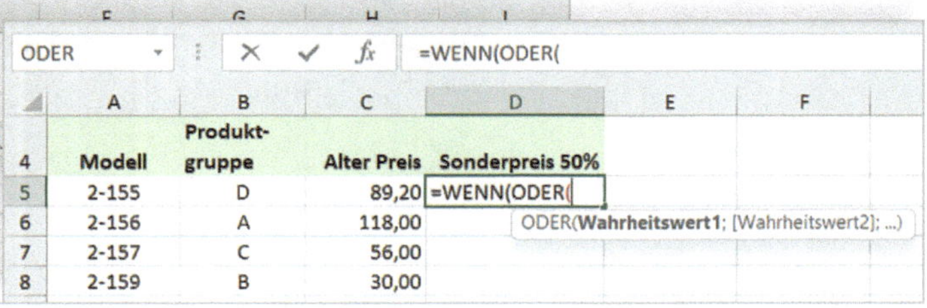

Bild 1.46 Fügen Sie als erstes Argumente die Funktion ODER ein, bzw. übernehmen Sie diese aus der Vorschlagsliste

3. Geben Sie in diese Funktion, mit Semikolon getrennt, die beiden Wahrheitswerte B5="A" und B5="B" und danach die schließende Klammer ein. Am Infotext erkennen Sie, dass Sie jetzt wieder die WENN-Funktion bearbeiten und nach Eingabe des Semikolons ; wird das nächste Argument dieser Funktion, *Wert_wenn_wahr* fett hervorgehoben.

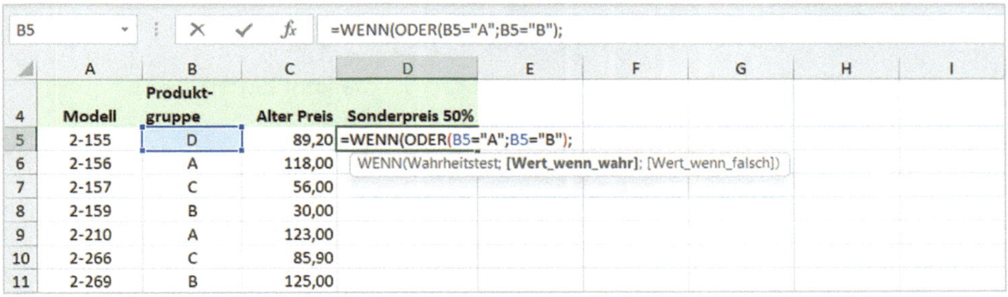

B5 | =WENN(ODER(B5="A";B5="B");

	A	B	C	D	E	F	G	H	I
4	Modell	Produkt-gruppe	Alter Preis	Sonderpreis 50%					
5	2-155	D	89,20	=WENN(ODER(B5="A";B5="B");					
6	2-156	A	118,00	WENN(Wahrheitstest; **[Wert_wenn_wahr]**; [Wert_wenn_falsch])					
7	2-157	C	56,00						
8	2-159	B	30,00						
9	2-210	A	123,00						
10	2-266	C	85,90						
11	2-269	B	125,00						

Bild 1.47 Nach Eingabe der schließenden Klammer bearbeiten Sie wieder die WENN-Funktion

4 Vervollständigen Sie dann die WENN-Funktion, wie auf Seite 40 beschrieben, geben Sie die schließende Klammer ein und übernehmen Sie die Funktion durch Betätigen der Eingabetaste.

Bild 1.48 Die vollständige Funktion

ODER | =WENN(ODER(B5="A";B5="B");C5*$A$2;"")

	A	B	C	D
1	***Sonderpreise berechnen***			
2	50%	Preisnachlass für alle Modelle der Produktgruppen A und B		
3				
4	**Modell**	**Produkt-gruppe**	**Alter Preis**	**Sonderpreis 50%**
5	2-155	D	89,20	=WENN(ODER(B5="A";B5="B");C5*$A$2;"")
6	2-156	A	118,00	

Tipps zum Umgang mit Klammern

Beim Übernehmen einer Funktion aus der Vorschlagsliste fügt Excel zwar die öffnende Klammer mit ein, nicht aber die dazugehörige schließende Klammer. Diese muss bei verschachtelten Funktionen manuell eingegeben werden. Damit Sie keine Klammer vergessen und auch in mehrfach verschachtelten Funktionen den Überblick behalten, die folgenden Tipps:

- Excel kennzeichnet während der Eingabe und auch beim nachträglichen Editieren zusammengehörende Klammerpaare farbig. Sie können also anhand der Farben kontrollieren, ob alle Klammern vollständig sind.
- In der Praxis hat es sich auch bewährt, wenn nach Eingabe einer öffnenden Klammer bzw. nach dem Einfügen einer Funktion sofort die dazugehörige schließende Klammer eingegeben wird und erst danach innerhalb des Klammerpaares die Funktionsargumente.

1.6 Formeln korrigieren und auf Fehler überprüfen

Formeln editieren und ändern

Wie alle Zellinhalte lassen sich auch Formeln in der Bearbeitungsleiste ❶ kontrollieren und nach einem Klick in die Leiste auch bearbeiten. Einfacher und übersichtlicher ist es, wenn Sie die Formel direkt im Tabellenblatt anzeigen (Editieren) und bearbeiten. Dazu verwenden Sie eine der beiden folgenden Methoden:

- Entweder mit Doppelklick auf die Zelle mit der Formel,
- oder markieren Sie die Zelle und drücken Sie die Funktionstaste **F2**.

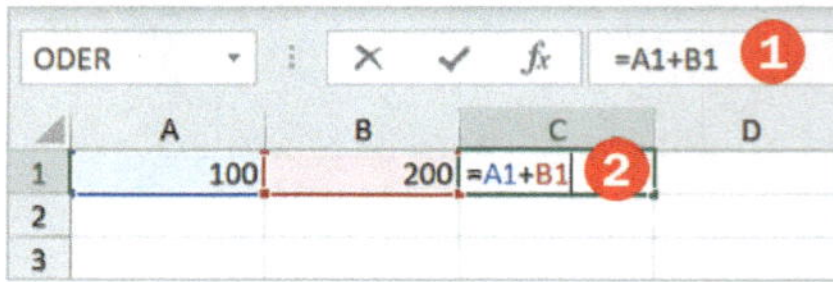

Die Formel erscheint, wie bei der Eingabe, wieder in der Zelle ❷ und kann hier auch bearbeitet werden. Zum Übernehmen nachträglicher Änderungen betätigen Sie die **Eingabetaste** oder klicken in der Bearbeitungsleiste auf das Symbol *Eingeben* ✓. Sollen dagegen versehentlich vorgenommene Änderungen nicht wirksam werden, so drücken Sie die **Esc**-Taste oder klicken auf das Symbol *Abbrechen* ✕.

Zellbezüge korrigieren

Außerdem eignet sich diese Methode zur schnellen Kontrolle aller Zellbezüge, da diese beim Editieren im Blatt farbig hervorgehoben sind. Sollte ein Zellbezug auf die falsche Zelle verweisen, wie im Bild unten links, so können Sie diesen schnell mit der Maus ändern:

Editieren Sie die Formel mit Doppelklick oder der Taste **F2** und zeigen Sie dann im Tabellenblatt auf den farbigen Rahmen des betreffenden Zellbezugs: Am Mauszeiger erscheinen vier Richtungspfeile (siehe Bild unten); verschieben Sie nun einfach mit gedrückter linker Maustaste den Rahmen auf die korrekte Zelle. Der Zellbezug in der Formel ändert sich dadurch automatisch. Übernehmen Sie anschließend die Änderung mit der Eingabetaste oder Klick auf das Symbol *Eingeben*.

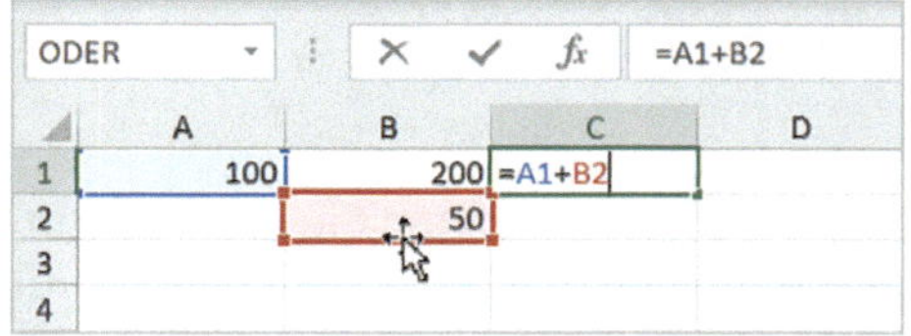

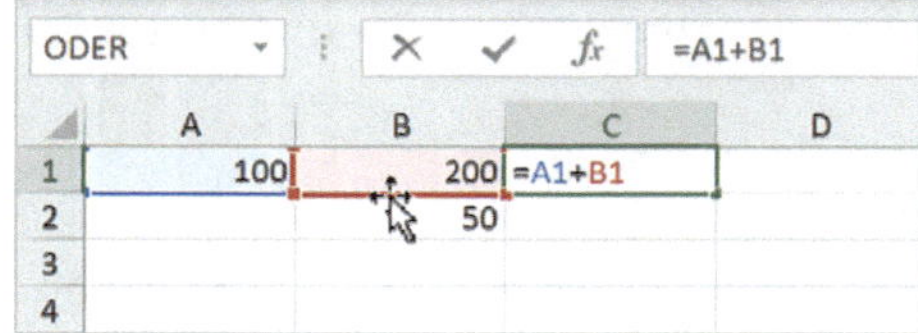

Bild 1.49 Zellbezüge mit der Maus ändern

Auch Zellbereiche in Formeln lassen sich mit der Maus verschieben, vergrößern oder verkleinern. Dazu zeigen Sie mit der Maus auf eine der Ecken der farbigen Umrandung: Der Mauszeiger verwandelt sich in einen Doppelpfeil und durch Ziehen vergrößern oder verkleinern Sie den Zellbereich.

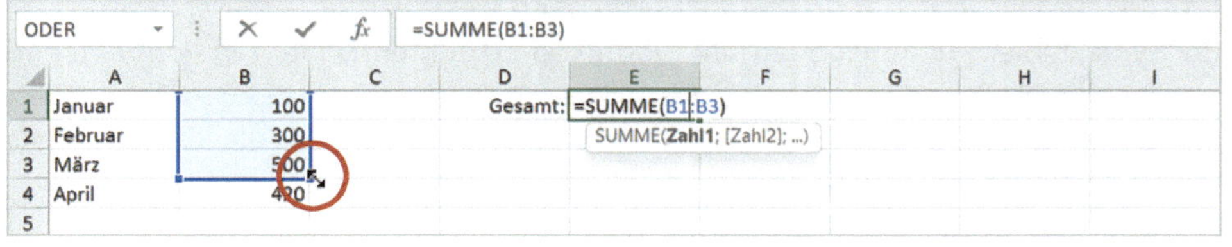

Bild 1.50 Zellbereich mit der Maus erweitern

Formeln im gesamten Tabellenblatt anzeigen

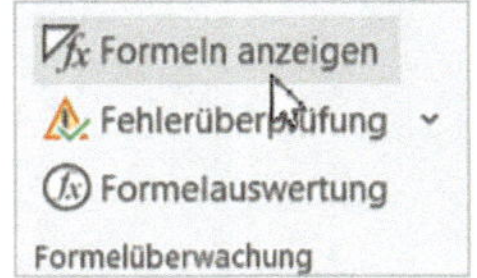

Um im gesamten Arbeitsblatt statt der Ergebnisse alle Formeln sichtbar zu machen, klicken Sie im Register *Formeln*, Gruppe *Formelüberwachung*, auf *Formeln anzeigen*.

Achtung: Mit Anzeige der Formeln werden alle Spalten automatisch verbreitert und Zahlenformate ignoriert. Mit derselben Schaltfläche deaktivieren Sie die Formelanzeige wieder und damit erhalten auch die Spalten ihre ursprüngliche Breite zurück, vorausgesetzt sie wurden zwischenzeitlich nicht geändert. Auch in dieser Anzeige lassen sich Formeln und fehlerhafte Zellbezüge korrigieren.

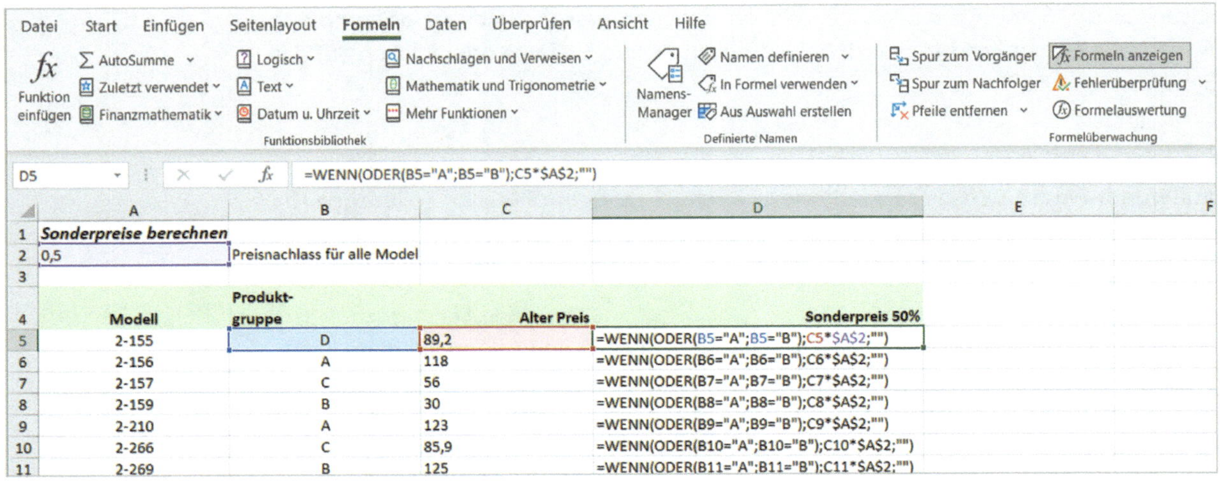

Bild 1.51 Formeln anzeigen

Tipp: Die Formeln können auch mit der Tastenkombination **Strg**+**Umschalt**+ ` (Akzentzeichen der Ziffernreihe) ein- und ausgeblendet werden.

Gitternetzlinien Überschriften
Anzeigen Anzeigen
Drucken Drucken
Blattoptionen

Formeln drucken

Wenn Sie das Blatt mit den Formeln drucken möchten, dann sollten Sie zur besseren Kontrolle auch die Zeilen- und Spaltennummerierung sowie die Gitternetzlinien drucken. Aktivieren Sie dazu im Register *Seitenlayout*, Gruppe *Blattoptionen*, unter *Gitternetzlinien* und *Überschriften* jeweils die Kontrollkästchen *Drucken*. Vergessen Sie auch nicht, diese nach dem Drucken wieder zu deaktivieren!

Die Excel-Fehlerkontrolle

Bei Syntaxfehlern in Funktionen und von Excel erkannten Fehlern in Formeln, beispielsweise Division durch 0, zeigt die Zelle anstelle eines Formelergebnisses einen Fehlerwert an und es erscheint in der linken oberen Ecke der Zelle ein kleines grünes Dreieck. Häufige Fehlerwerte sind:

Fehlerwert	Ursache
#DIV/0!	Sie dividieren eine Zahl durch 0 oder eine leere Zelle. Beides ist mathematisch nicht zulässig.
#NAME?	Die Formel enthält einen nicht existierenden Namen. Entweder wurde der Name einer Funktion nicht korrekt geschrieben oder Sie verwenden anstelle eines Zellbezugs einen nicht existierenden Namen (siehe Seite 26). Außerdem erscheint dieser Fehlerwert auch, wenn zwei Zellbezüge ohne Trennung aufeinanderfolgen, z. B. =A2B2.
#WERT!	Sie führen eine arithmetische Operation mit einer Zelle durch, die anstelle einer Zahl Text enthält, z. B. ist 12,-- keine gültige Zahl. Auch ein Leerzeichen in einer vermeintlich leeren Zelle kann die Ursache sein.
#NV	Diesen Fehlerwert erhalten Sie, wenn eine Verweisfunktion, z. B. SVERWEIS(), keinen passenden Wert findet (Nicht Verfügbar).

Fehlerwert	Ursache
#BEZUG!	In der Formel befindet sich ein Zellbezug, der beim Löschen einer Zeile oder Spalte entfernt wurde. Beim Kopieren oder Verschieben einer Formel werden die Zellbezüge dagegen automatisch angepasst. Wenn aber eine Anpassung aufgrund der Zielposition nicht möglich ist, erscheint dieser Fehlerwert ebenfalls.
#NULL!	Falls dieser Fehlerwert erscheint, kontrollieren Sie die Zellbereiche in der Formel auf fehlenden Doppelpunkt. Möglicherweise fehlt auch das Semikolon zwischen zwei Argumenten oder zwischen zwei Zellbezügen wurde anstelle eines Operators ein Leerzeichen eingegeben.

Beim Markieren einer Zelle mit einem Fehlerwert erscheint im Tabellenblatt ein kleines Warnsymbol und ein Mausklick auf das Symbol blendet die mögliche Ursache zusammen mit verschiedenen Optionen ein.

- Wenn Excel z. B. festgestellt hat, dass die Formel nicht alle angrenzenden Zellen einschließt, wie im Bild unten links, dann wählen Sie *Bezug erweitern, um alle Zellen einzuschließen*.
- Falls die Formel trotzdem korrekt ist, wie im Bild rechts, dann können Sie mit Klick auf Fehler ignorieren das grüne Dreieck ausblenden.

Bild 1.52 Beispiel Fehlerwerte

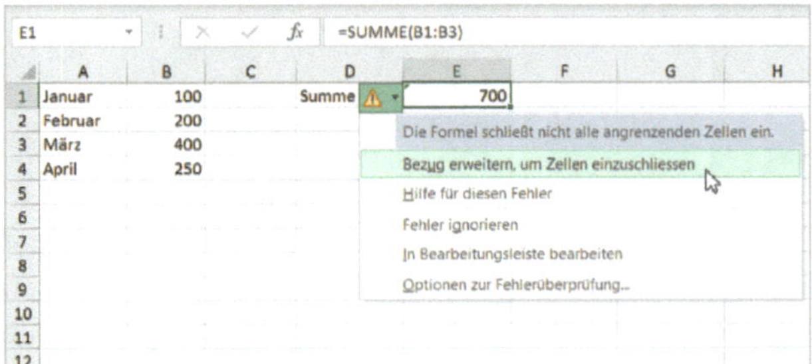

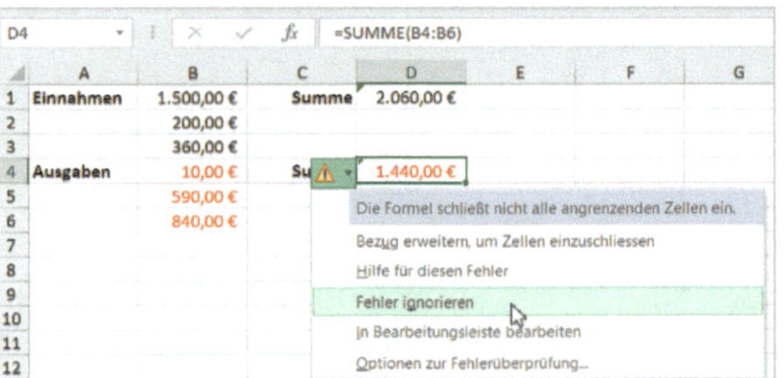

- Wenn Sie die Formel anschließend im Tabellenblatt oder in der Bearbeitungsleiste korrigieren möchten, dann klicken Sie auf *In Bearbeitungsleiste bearbeiten*.
- Die Option *Berechnungsschritte anzeigen* öffnet das Fenster *Formel auswerten*, in dem Sie in komplexen Formeln die Berechnungsschritte kontrollieren können (siehe weiter unten, Formeln schrittweise auswerten).

Der Fehler Zirkelbezug

Bild 1.53 Zirkelbezug

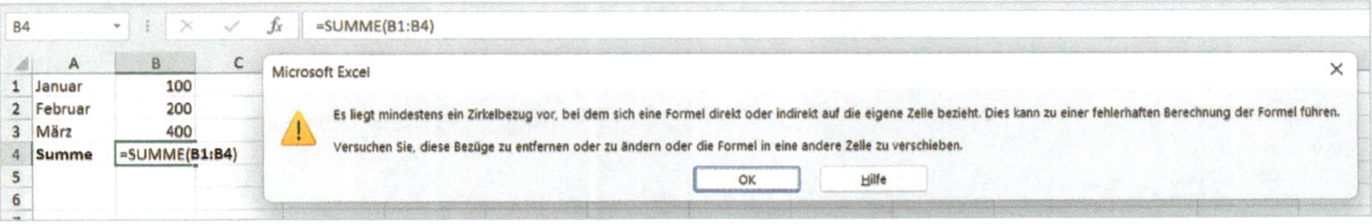

Zirkelbezug bedeutet, Sie verwenden in der Formel die Zelladresse des Formelergebnisses - zum Beispiel, wenn Sie, wie im Bild oben, in B4 die Summe über B1:B4 zu berechnen versuchen. Diese kann von Excel nicht berechnet werden und es erscheint eine Zirkelbezugswarnung. Klicken Sie in solchen Fällen auf *OK* und korrigieren Sie anschließend die Formel.

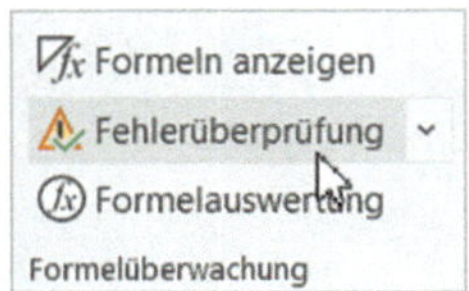

Tabellenblatt auf Fehler prüfen lassen

Um das gesamte Tabellenblatt auf die oben genannten Fehlerwerte zu überprüfen, klicken Sie im Register *Formeln*, Gruppe *Formelüberwachung*, auf *Fehlerüberprüfung*. Anschließend wird im Tabellenblatt die Zelle mit dem ersten gefundenen Fehler markiert, gleichzeitig erscheint dieser im Dialogfenster *Fehlerüberprüfung* mit einem kurzen Hinweis auf die Ursache und denselben Korrekturmöglichkeiten wie oben beschrieben. Mit einem Klick auf die Schaltfläche *Weiter* gelangen Sie zum nächsten Fehlerwert.

Bild 1.54 Das gesamte Tabellenblatt auf Fehler prüfen

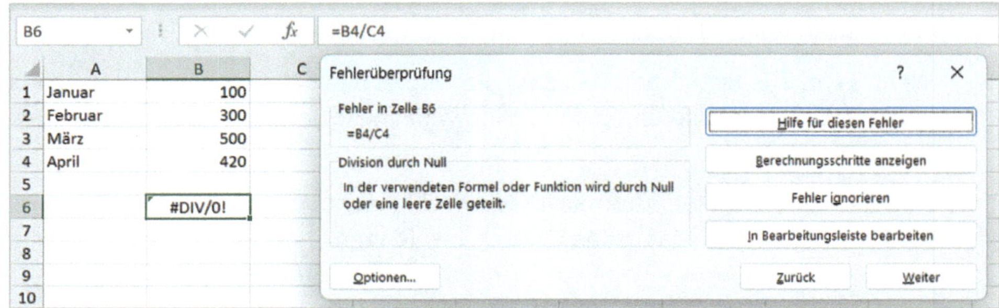

Spuren anzeigen

Wesentlich problematischer als die oben genannten Fehlerwerte sind logische Fehler in Formeln. Diese liefern kein oder im schlimmsten Fall ein falsches Ergebnis, werden aber von Excel nicht erkannt. Auch für solche Fälle finden Sie Hilfsmittel zur Kontrolle im Register *Formeln*, Gruppe *Formelüberwachung*.

Die einfachste Möglichkeit der Formelkontrolle besteht darin, dass Sie die Zelle mit der Formel markieren ❶, hier E4 und mit Klick auf das Symbol *Spur zum Vorgänger* ❷ (Register *Formeln*) Pfeile einblenden, die von den verwendeten Zellen auf die Formel weisen. Umgekehrt können Sie mit der Schaltfläche *Spur zum Nachfolger* Pfeile zu allen Zellen bzw. Formeln legen, die Bezüge auf die markierte Zelle enthalten. Zum Entfernen aller Pfeile im Arbeitsblatt klicken Sie auf *Pfeile entfernen*.

Bild 1.55 Beispiel Spur zum Vorgänger

Tipp: Enthält eine der Vorgängerzellen ebenfalls ein Formel, so können Sie mit jedem weiteren Klick auf *Spur zum Vorgänger* auch Verweise auf deren Vorgängerzellen einblenden.

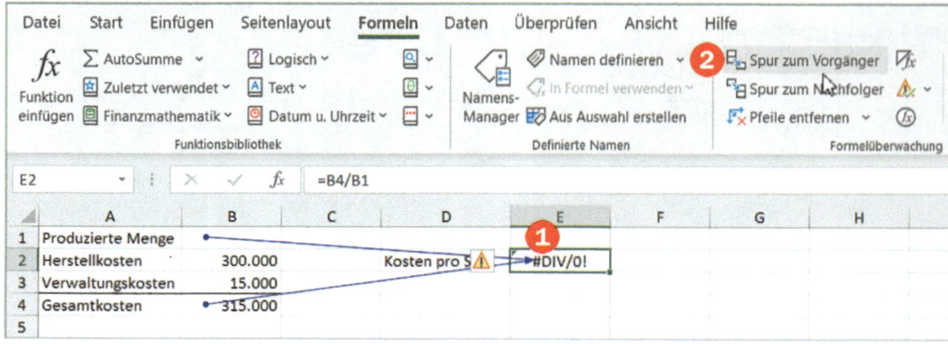

Ausgewählte Formeln im Überwachungsfenster dauerhaft anzeigen

Das Überwachungsfenster erlaubt die Anzeige ausgewählter Formeln einschließlich der Ergebnisse in einem gesonderten Fenster. Nützlich ist diese Methode insbesondere in umfangreichen Tabellen und bei Verwendung tabellenübergreifender Zellbezüge, da das Überwachungsfenster die gesamte Arbeitsmappe einbezieht. Zum Anzeigen des Fensters klicken Sie im Register *Formeln*, Gruppe *Formeln überwachen*, auf *Überwachungsfenster* ❶.

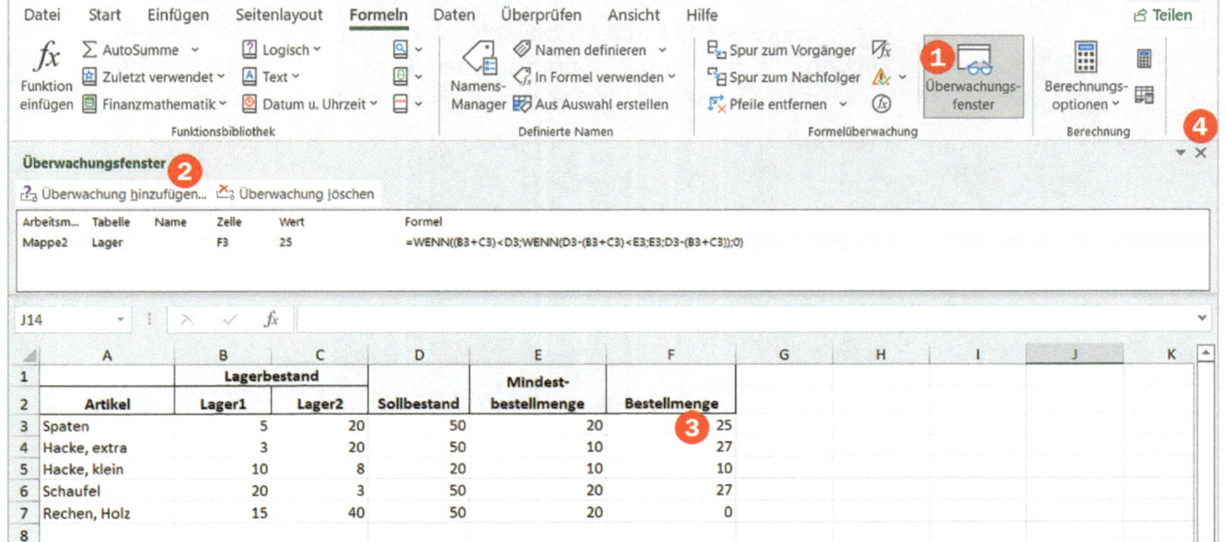

	A	B	C	D	E	F
1		Lagerbestand			Mindest-	
2	Artikel	Lager1	Lager2	Sollbestand	bestellmenge	Bestellmenge
3	Spaten	5	20	50	20	25
4	Hacke, extra	3	20	50	10	27
5	Hacke, klein	10	8	20	10	10
6	Schaufel	20	3	50	20	27
7	Rechen, Holz	15	40	50	20	0
8						

Bild 1.56 Das Überwachungsfenster

Formel hinzufügen

Um eine Formel in das Überwachungsfenster einzufügen, klicken Sie auf *Überwachung hinzufügen* ❷ und klicken anschließend die Zelle mit der Formel, im Bild F3 ❸ an, diese kann sich auch in einem anderen Tabellenblatt befinden. Mit der Schaltfläche *Überwachung löschen* entfernen Sie eine Formel wieder aus dem Überwachungsfenster. Um das Überwachungsfenster zu schließen, klicken Sie entweder erneut auf *Überwachungsfenster* oder verwenden das *Schließen*-Symbol ❹ dieses Fensters.

Tipp: Wenn Sie, wie im Bild oben, das Überwachungsfenster am oberen Rand des Arbeitsbereichs verankern möchten, dann ziehen Sie dazu einfach das Fenster mit gedrückter Maustaste in den Bereich der Bearbeitungsleiste oder doppelklicken Sie in den Titel des Fensters.

Formeln schrittweise ausführen

Einzelne komplexe Formeln lassen sich im Dialogfenster *Formel auswerten* schrittweise ausführen, auch wenn sie von Excel nicht als Fehler erkannt wurden. Auf diese Weise können Sie beispielsweise die Einzelergebnisse einer verschachtelten WENN-Funktion kontrollieren.

1 Markieren Sie im Tabellenblatt die Zelle mit der zu überwachenden Formel, hier F3 ❶, und klicken Sie im Menüband, Register *Formeln* auf *Formelauswertung* ❷.

2 Die Formel erscheint nun im Dialogfenster *Formel auswerten* ❸ und der erste Zellbezug in der Formel ist unterstrichen. Klicken Sie auf die Schaltfläche *Auswerten* ❹, um anstelle des Zellbezugs den Wert dieses Ausdrucks in der Formel anzuzeigen ❺.

Bild 1.57 Formel schrittweise ausführen und Werte bzw. Ergebnisse anzeigen

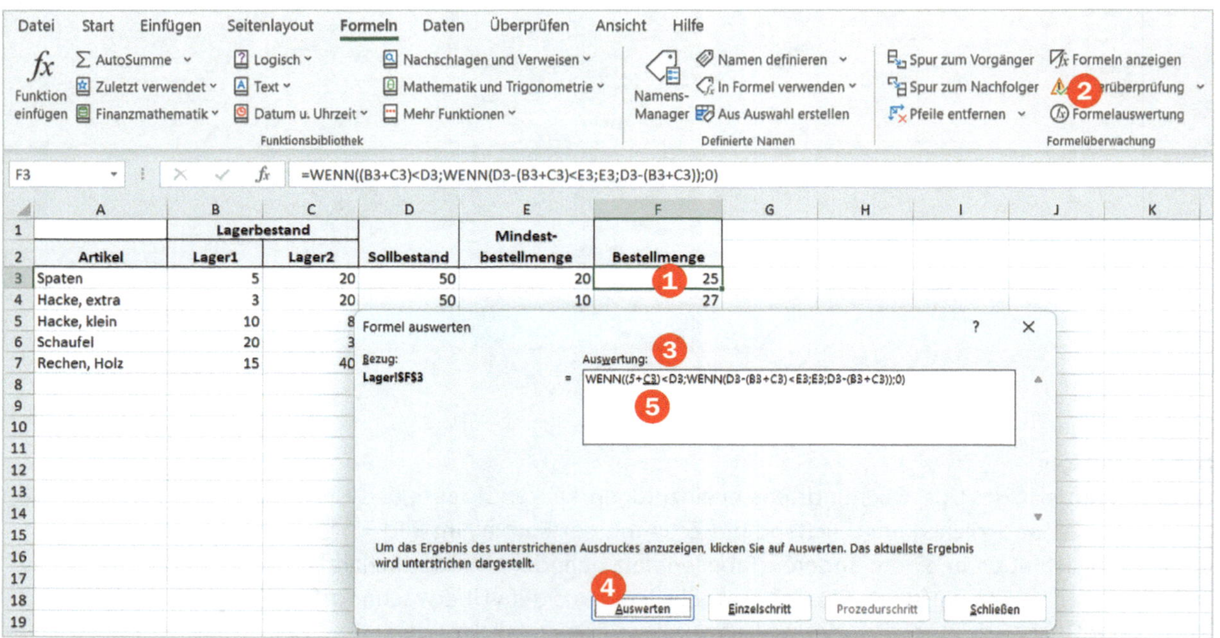

3 Mit jedem weiteren Mausklick auf die Schaltfläche *Auswerten* werten Sie den nächsten bzw. unterstrichenen Schritt der Formel aus.

Enthält die Formel oder Funktion einen Bezug auf das Ergebnis einer weiteren Formel, z. B. WENN-Funktion, dann können Sie über die Schaltfläche *Einzelschritt* einen neuen Bereich für diese Formel öffnen und diese anschließend ebenfalls überprüfen.

1.7 Formelberechnung steuern

Manuelle und automatische Neuberechnung

In der Standardeinstellung berechnet Excel eine Formel oder Funktion jedes Mal automatisch neu, wenn sich der Wert einer Zelle ändert, auf die in der Formel Bezug genommen wird. Zum Steuern der Berechnung finden Sie im Menüband, Register *Formeln* in der Gruppe *Berechnung* die Symbole *Berechnungsoptionen*, *Neu berechnen* und *Blatt berechnen*.

Bild 1.58 Symbole der Gruppe Berechnung

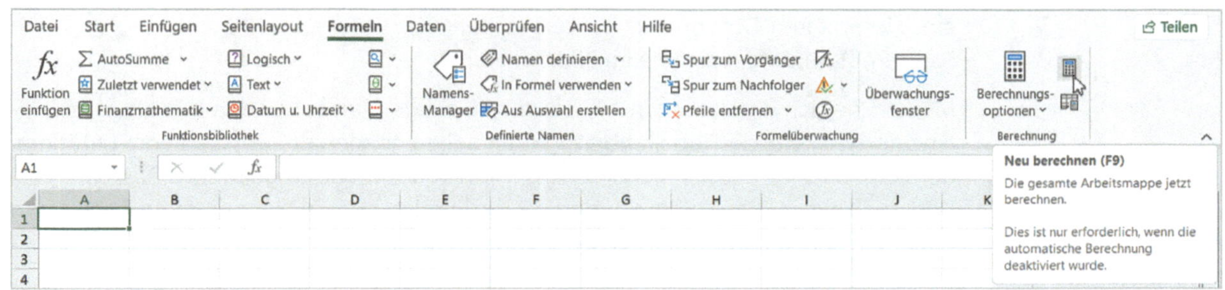

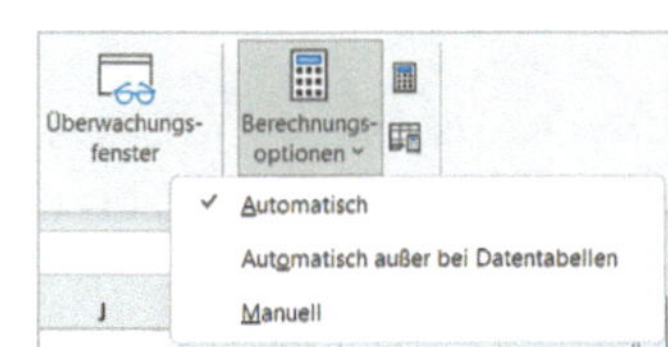

- **Automatische Neuberechnung**: Ob die automatische Neuberechnung aktiv ist, erkennen Sie mit Klick auf *Berechnungsoptionen*. Hier sollte *Automatisch* mit einem Häkchen versehen sein, wie im Bild rechts.
- **Manuelle Neuberechnung**: Mit Klick auf *Manuell* können Sie dagegen im Bedarfsfall die automatische Neuberechnung ausschalten. In diesem Fall müssen Sie zur Neuberechnung von Formeln entweder auf das Symbol *Neu berechnen* klicken oder die Funktionstaste **F9** verwenden.
  - Mit *Neu berechnen* bzw. **F9** werden alle Formeln der gesamten Arbeitsmappe neu berechnet; falls Sie nur im aktuellen Arbeitsblatt die Formeln neu berechnen möchten, dann klicken Sie auf *Blatt berechnen*.
  - Eine manuelle Berechnung ist eigentlich nur in Arbeitsmappen mit sehr vielen Formeln und/oder flüchtigen Funktionen (siehe nächster Punkt) sinnvoll, wenn sich diese negativ auf die Geschwindigkeit auswirken.

Flüchtige Funktionen

Einige Funktionen werden auch dann neu berechnet, wenn der Inhalt einer beliebigen Zelle in der Arbeitsmappe und sogar in weiteren geöffneten Arbeitsmappen geändert wird, außerdem noch bei verschiedenen weiteren Aktionen. Diese werden als volatile oder flüchtige Funktionen bezeichnet.

Neben den häufig verwendeten Funktionen HEUTE und JETZT zählen auch die Funktionen INDIREKT, ZELLE, BEREICH.VERSCHIEBEN, ZUFALLSZAHL und ZUFALLSBEREICH zu den flüchtigen Funktionen und eine Neuberechnung erfolgt unter anderem beim

Eingeben und Ändern von Zellinhalten, Einfügen oder Löschen von Zeilen/Spalten, Umbenennen von Arbeitsblättern sowie beim Sortieren und Filtern. Darüber hinaus werden natürlich auch Zellen, die abhängig sind von flüchtigen Funktionen, bei den genannten Aktionen ständig neu berechnet.

Ein kleines Beispiel

Zum Testen von flüchtigen Funktionen eignet sich am besten die Funktion JETZT. Öffnen Sie eine neue leere Arbeitsmappe und geben Sie in die Zelle A1 die Funktion JETZT() ein. Sie erhalten Datum und Uhrzeit in der Form TT.MM.JJJJ hh:mm, wie im Bild.

Merken Sie sich die Uhrzeit in A1, warten Sie einige Minuten und geben Sie in irgendeine andere Zelle des Tabellenblatts einen beliebigen Inhalt ein. Nach dem Betätigen der Eingabetaste hat sich auch in A1 der Inhalt automatisch geändert. Dasselbe passiert auch, wenn Sie in einem anderen Tabellenblatt oder in einer anderen geöffneten Arbeitsmappe Inhalte eingeben oder entfernen.

Formelergebnis in einen festen Wert umwandeln

Näheres zu dieser Funktion lesen Sie in Kapitel 2 nach.

Falls Sie Formelergebnisse in feste Werte umwandeln möchten, z. B. Ergebnisse flüchtiger Funktionen oder um eine Tabelle ohne Rückschlüsse auf die Berechnung weiterzugeben, dann leistet die Zwischenablage gute Dienste. Hier ein kleines Beispiel, das mit der Funktion ZUFALLSBEREICH erzeugte Zahlen ❶ in feste Zahlen umwandelt.

1. Markieren die betreffende Zelle oder den Zellbereich und kopieren Sie die Inhalte in die Zwischenablage, z. B. mit der Tastenkombination **Strg+C** oder Klick auf das Symbol *Kopieren* im Menüband, Register *Start*.
2. Wenn die Formel durch die Zahl ersetzt werden soll, dann behalten Sie die Markierung bei, klicken im Menüband, Register *Start* ▶ *Zwischenablage* auf den Pfeil des Symbols *Einfügen* und wählen *Wert* ❷. Anstelle der Funktion erscheint nun in der Bearbeitungsleiste die Zahl ❸.

Bild 1.59 Beispiel: Zufallszahlen in dauerhafte Zahlen umwandeln

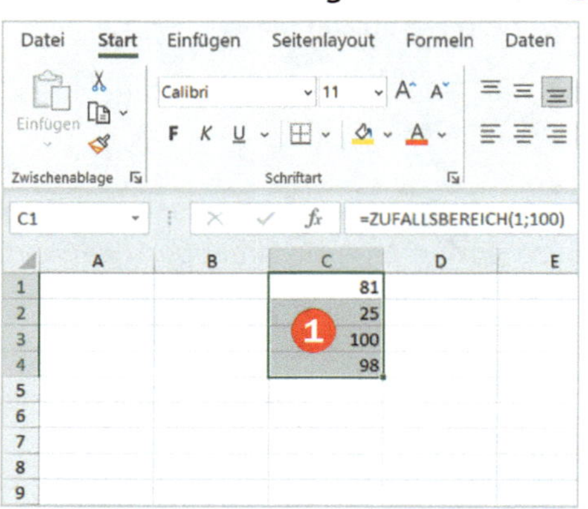

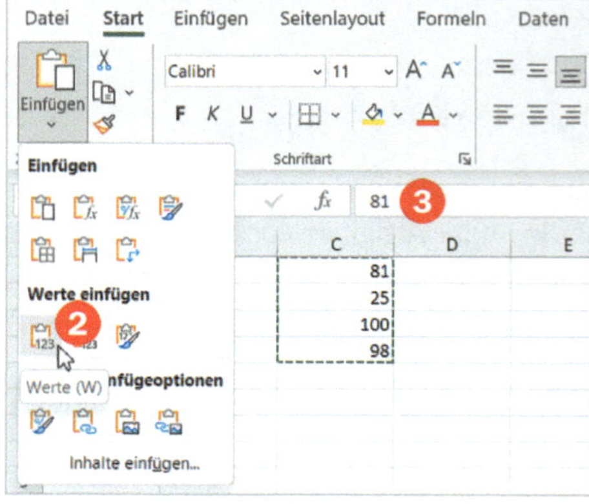

Handelt es sich um einen größeren Tabellenbereich, können Sie mit **Strg+A** auch gleich das gesamte Tabellenblatt markieren.

Statt Ersetzen der Formel können Sie natürlich auch einen anderen Zielbereich wählen.

Achtung: Falls später Zahlen geändert werden, ändern sich auf diese Weise „eingefrorene" Ergebnisse natürlich nicht mehr und es gibt auch keine Möglichkeit, die Formeln wiederherzustellen. Bei wichtigen Tabellen und Formeln sollten Sie also nicht vergessen, vorher eine Kopie anzufertigen.

Eine einzelne Formel umwandeln

Handelt es sich nur um eine einzelne Zelle bzw. Formel die in einen dauerhaften Wert umgewandelt werden soll, dann können Sie auch so vorgehen: Markieren Sie die betreffende Zelle und klicken Sie in der Bearbeitungsleiste in die Funktion. Betätigen Sie die Funktionstaste **F9** und anschließend die **Eingabetaste**. Dadurch wird ebenfalls die Funktion entfernt und der letzte Wert beibehalten.

Einfache Rechenoperationen beim Einfügen aus Zwischenablage

Sie möchten für mehrere Zellen eine einfache Rechenoperation durchführen und als Ergebnis feste Werte erhalten? Auch hierzu nutzen Sie die Zwischenablage, indem Sie beim Einfügen einen Wert addieren, subtrahieren, multiplizieren oder dividieren. Dies kann zum Beispiel sinnvoll sein, wenn Sie neue Preise berechnen wollen und gleichzeitig verhindern möchten, dass sich bei versehentlichen Änderungen am alten Preis auch der neue Preis noch nachträglich ändert.

Als Beispiel sollen im Bild unten alle Preise um 2 % erhöht werden. Da beim Einfügen nur einfache Rechenoperationen möglich sind, müssen Sie die Prozentzahl 102 % (oder die Zahl 1,02) in eine beliebige Zelle des Tabellenblatts eintragen, hier in B1.

1 Markieren Sie die Zelle B1 ❶ und kopieren Sie den Inhalt in die Zwischenablage, z. B. mit **Strg+C**.

2 Markieren Sie den Zielbereich ❷, hier die Preise in B4:B8, klicken Sie im Menüband, Register *Start* ▶ *Zwischenablage* auf den Pfeil der Schaltfläche *Einfügen* und wählen Sie *Inhalte einfügen...* ❸.

3 Wählen Sie im Fenster *Inhalte einfügen* unter *Vorgang* die gewünschte *Rechenoperation*, in diesem Beispiel *Multiplizieren* ❹ und klicken Sie auf *OK*.

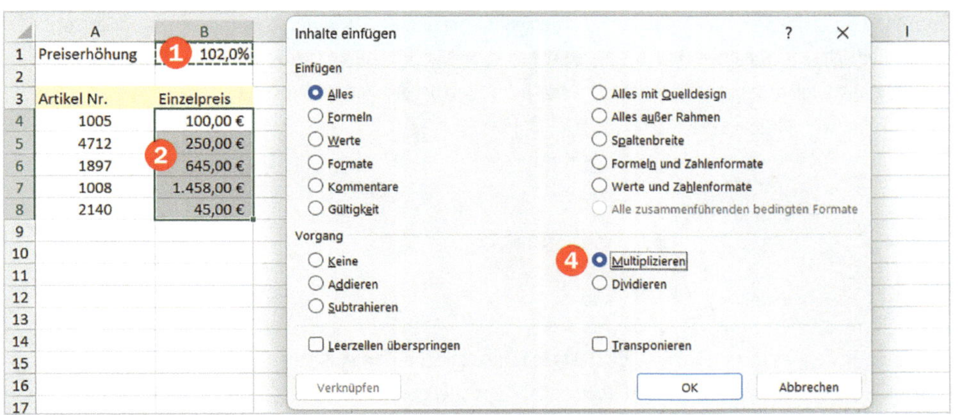

Bild 1.60 Beispiel: Beim Einfügen aus der Zwischenablage mit vorhandenen Werten multiplizieren

Abhängig vom Zahlenformat der kopierten Zahl, müssen Sie zuletzt eventuell noch die Preise wieder mit dem Zahlenformat *Währung* formatieren. Die Zahl in B1 wird nun nicht mehr benötigt und kann wieder gelöscht werden.

Auch hier gilt: Im Zielbereich werden Zahlen statt Formeln eingefügt; falls die alten Werte noch benötigt werden, sollte zuvor eine Sicherungskopie angefertigt werden.

Tipp: Zahlen schnell in negative Zahlen umwandeln oder umgekehrt
Diese Methode eignet sich auch, um schnell mehrere Zahlen in negative Zahlen umzuwandeln. Dazu brauchen Sie ja bekanntlich nur alle Zahlen mit -1 multiplizieren. Tragen Sie also die Zahl -1 in eine beliebige Zelle ein. Kopieren Sie diese anschließend in die Zwischenablage und wählen Sie beim Einfügen in den markierten Zellbereich *Einfügen* ▶ *Inhalte einfügen* und den Vorgang *Multiplizieren*.

Bild 1.61 Alle Zahlen mit -1 multiplizieren

A2 | 100

	A	B	C	D
1	Zahl		-1	
2	100			
3	12			
4	18			
5	455			
6	300			
7				

A2 | -100

	A	B	C	D
1	Zahl		-1	
2	-100			
3	-12			
4	-18			
5	-455			
6	-300			
7				

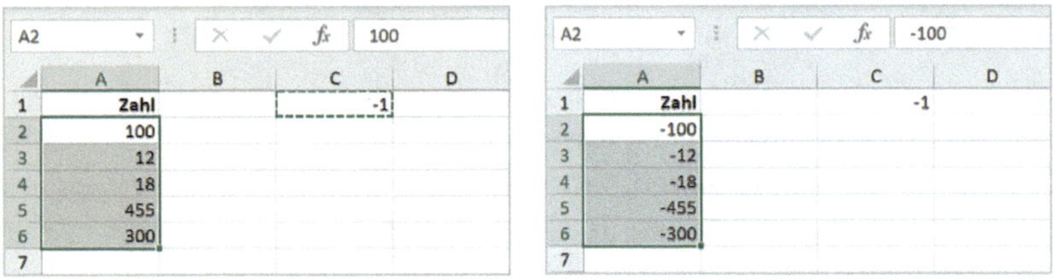

Umgang mit Matrixformeln

Achtung: Matrixformeln dürfen nicht verwechselt werden mit den Matrixfunktionen älterer Excel-Versionen.

Als Matrix bezeichnet man (nicht nur in Excel) eine Tabelle oder einen rechteckigen zusammenhängenden Zellbereich über mehrere Zeilen und/oder Spalten. Matrixformeln sind in Excel Formeln, die statt in eine einzelne Zelle gleich in einen größeren, zuvor markierten zusammenhängenden Zellbereich eingegeben werden. Anschließendes Kopieren und die Berücksichtigung eventuell erforderlicher absoluter Zellbezüge erübrigen sich dadurch. Auch einige Funktionen von Excel, z. B. XVERWEIS können gleich mehrere Ergebnisse gleichzeitig in einem Zellbereich ausgeben.

Beachten Sie die Besonderheiten von Matrixformeln

Enthält ein Zellbereich eine Matrixformel, so erkennen Sie dies an der Umrandung (Ausgabebereich), sobald Sie eine Zelle innerhalb des Bereichs markiert haben, wie im Bild unten. Der Ausgabebereich wird von Excel automatisch festgelegt, alle Zellen dieses Bereichs müssen bei der Formeleingabe leer sein, sonst erhalten Sie den Fehlerwert #ÜBERLAUF!.

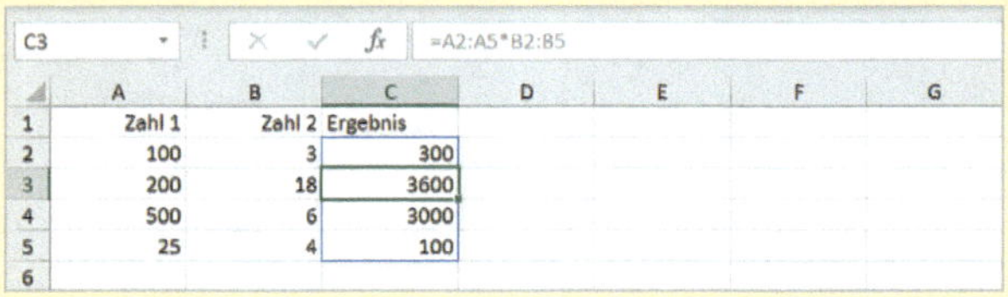

C3 | =A2:A5*B2:B5

	A	B	C	D	E	F	G
1	Zahl 1	Zahl 2	Ergebnis				
2	100	3	300				
3	200	18	3600				
4	500	6	3000				
5	25	4	100				
6							

Eine Matrixformel über mehrere Zellen stellt eine Einheit dar und innerhalb dieses Bereichs kann nur die erste ursprünglich eingegebene Formel bearbeitet, geändert oder gelöscht werden.

Matrixformel eingeben

Eine Matrixformel können Sie ab Excel 2021 bzw. mit Microsoft 365 wie jede andere Formel eingeben und mit der Eingabetaste abschließen, der Ausgabebereich wird automatisch erweitert.

Info: Im Gegensatz älteren Excel-Versionen braucht der Ausgabebereich vorher nicht markiert werden und auch ein Abschließen der Eingabe mit **Strg+Umschalt+Eingabe** ist nicht mehr nötig.

Auch die geschweiften Klammern erscheinen nicht mehr in der Bearbeitungsleiste.

Beispiel 1: Werte zweier Spalten miteinander multiplizieren

Im Bild unten ein einfaches Beispiel für die Eingabe einer Matrixformel. Die Werte der Spalten A und B sollen in Spalte C miteinander multipliziert werden.

1 Klicken Sie auf die Zelle C4 und geben Sie hier die folgende Formel ein:

```
C4: =A4:A7*B4:B7
```

2 Nach Betätigen der **Eingabetaste** gibt Excel automatisch die Ergebnisse in den Zellen C4 bis C7 aus. Dieser Ausgabebereich wird am Bildschirm durch einen Rahmen hervorgehoben, sobald eine Zelle des Bereichs markiert ist.

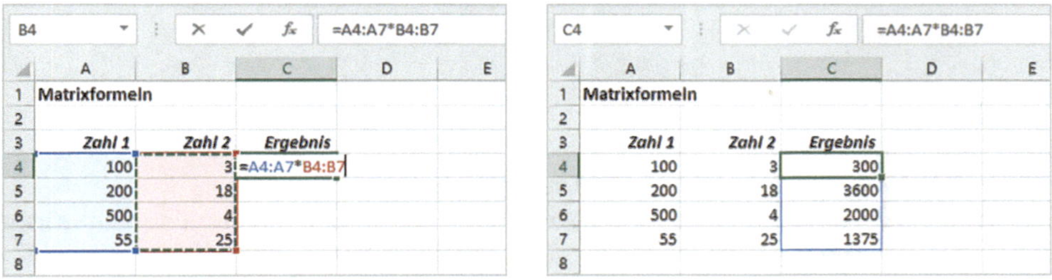

Bild 1.62 Zwei Spalten miteinander multiplizieren

Matrixformeln.xlsx

Matrixformel nachträglich bearbeiten oder entfernen

Der Ausgabebereich einer Matrixformel bildet eine Einheit, aus der einzelne Zellen weder gelöscht noch geändert werden können. Sämtliche Änderungen müssen stets in der ersten Zelle des Ausgabebereichs, d. h. der Zelle in der Sie auch die Formel eingegeben haben vorgenommen werden.

> In der Bearbeitungsleiste erscheint nur die Formel der ersten Zelle normal, bei allen übrigen Zellen des Ausgabebereichs ist die Formel ausgegraut, d. h. inaktiv wie im Bild unten rechts.

- **Formel ändern, Zellbereich erweitern**: Markieren Sie die erste Zelle des Ausgabebereichs, editieren Sie hier die Formel mit Doppelklick und nehmen Sie hier Ihre Änderungen vor, z. B. Erweitern des Zellbereichs wie im Bild unten. Nach Betätigen der Eingabetaste wird auch der Ausgabebereich erweitert.

Bild 1.63 Matrixformel nachträglich ändern

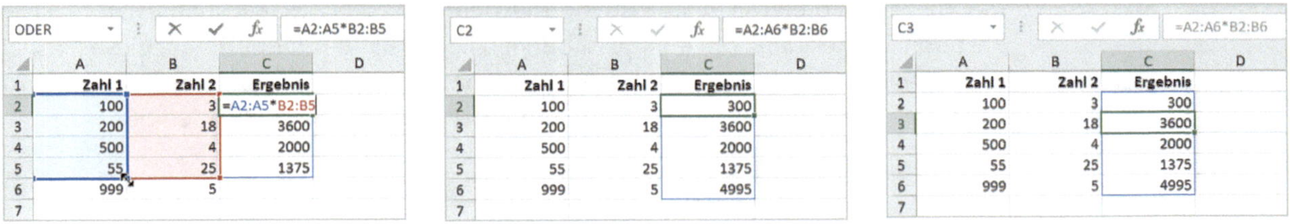

- **Formel entfernen**: Auch zum Entfernen einer Matrixformel genügt es, wenn Sie diese aus der ersten Zelle des Ausgabebereichs löschen, entweder mit der **Entf**-Taste oder über das Menüband, Register *Start* ▶ *Bearbeiten* ▶ Symbol *Löschen*.

Beispiel 2: Werte aus zwei Tabellen miteinander multiplizieren

Auch die Werte aus zwei Tabellen lassen sich mit einer einzigen Matrixformel miteinander multiplizieren, vorausgesetzt beide Tabellen besitzen dieselbe Anzahl Zeilen und Spalten. Hierzu geben Sie in die erste Zelle des Ausgabebereichs, hier A7 die folgende Formel ein und schließen mit der Eingabetaste ab:

```
A7: =A2:C4*E2:G4
```

Bild 1.64 Spalten und Zeilen aus zwei Tabellen miteinander multiplizieren

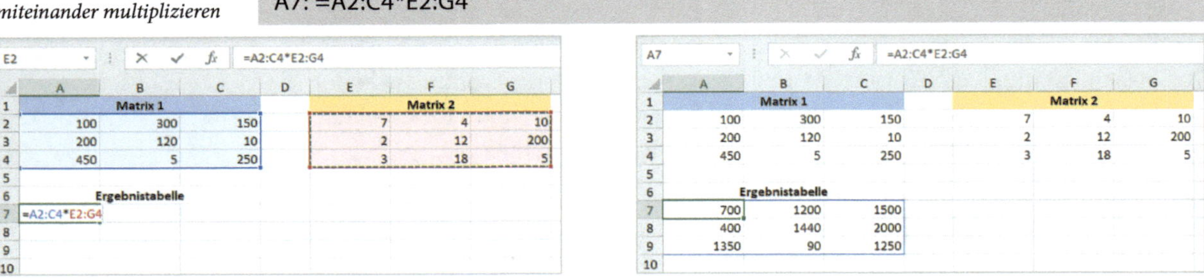

E2 =A2:C4*E2:G4

	A	B	C	D	E	F	G
1		Matrix 1				Matrix 2	
2	100	300	150		7	4	10
3	200	120	10		2	12	200
4	450	5	250		3	18	5
5							
6		Ergebnistabelle					
7	=A2:C4*E2:G4						
8							
9							
10							

A7 =A2:C4*E2:G4

	A	B	C	D	E	F	G
1		Matrix 1				Matrix 2	
2	100	300	150		7	4	10
3	200	120	10		2	12	200
4	450	5	250		3	18	5
5							
6		Ergebnistabelle					
7	700	1200	1500				
8	400	1440	2000				
9	1350	90	1250				
10							

Beispiel 3: Mehrere Werte mit demselben Wert multiplizieren

Das Verhalten relativer und absoluter Zellbezüge beim Kopieren von Formeln dürfte bekannt sein, Matrixformeln verhalten sich in dieser Hinsicht anders, wie das nachfolgende Beispiel zeigt. Hier werden alle Zahlen eines Zellbereichs mit dem Inhalt einer einzigen Zelle, hier B1 multipliziert und im Gegensatz zu einer normalen Formel, die anschließend kopiert wird, benötigen Sie hier für B1 keinen festen Zellbezug. Geben Sie also in B4 einfach die folgende Formel ein:

```
B4: =B3:F3*B1
```

Bild 1.65 Mehrere Werte mit derselben Zelle multiplizieren

B1 =B3:F3*B1

	A	B	C	D	E	F	G	H	I
1	Zahl 1	10							
2									
3	Zahl 2	18	24	177	3	94			
4	Ergebnis	=B3:F3*B1							
5									

Hinweis: Bei diesem Beispiel könnte die Summe in B7 auch mit der Funktion SUMMENPRODUKT berechnet werden. Näheres zu dieser Funktion finden Sie in Kapitel 2 auf Seite 80.

Beispiel 4: Gesamtsumme über mehrere Formelergebnisse berechnen

Umgekehrt kann auch ein einzelnes Ergebnis, z. B. wie hier die Gesamtsumme aus Menge * Einzelpreis mit einer Matrixformel berechnet werden (Bild 1.66). Statt in einer weiteren Spalte zuerst die Menge mit dem Einzelpreis zu multiplizieren, diese Formel anschließend nach unten zu kopieren und dann aus diesen Ergebnissen die Summe zu berechnen, können Sie dies auch mit folgender Matrixformel in B7 erledigen.

```
B7: =SUMME(A2:A5*B2:B5)
```

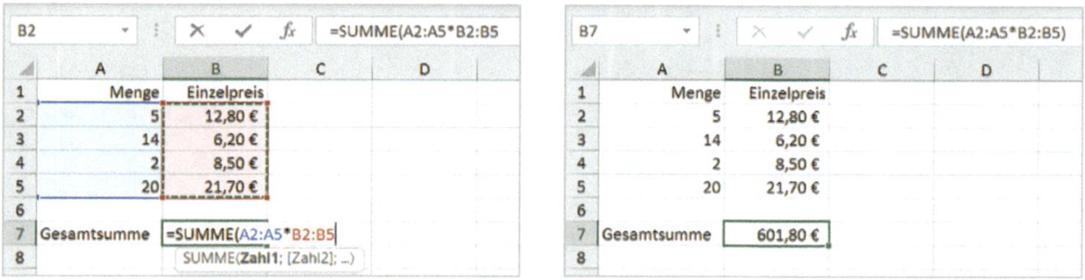

*Bild 1.66 Summe aus Menge*Einzelpreis mit Matrixformel berechnen*

Mögliche Probleme beim Erweitern des Ausgabebereichs

Excel kann den Ausgabebereich nur erweitern, wenn die entsprechenden angrenzenden Zellen leer sind. Ist dies nicht der Fall, erscheint statt des Formelergebnisses der Fehlerwert #ÜBERLAUF! und beim Zeigen auf das Warnsymbol erhalten Sie die Meldung *Der Überlaufbereich ist nicht leer*.

Als Abhilfe entfernen Sie alle Inhalte aus den betreffenden Zellen mit der **Entf**-Taste, und sofort erscheinen auch die Formelergebnisse.

Tipp: Manchmal blockiert auch nur ein unsichtbares Leerzeichen oder anderes Zeichen die Ausgabe, dann klicken Sie am einfachsten auf das Warnsymbol und wählen *Blockierende Zellen auswählen*. Diese werden markiert und Sie können anschließend deren Inhalte mit **Entf** löschen.

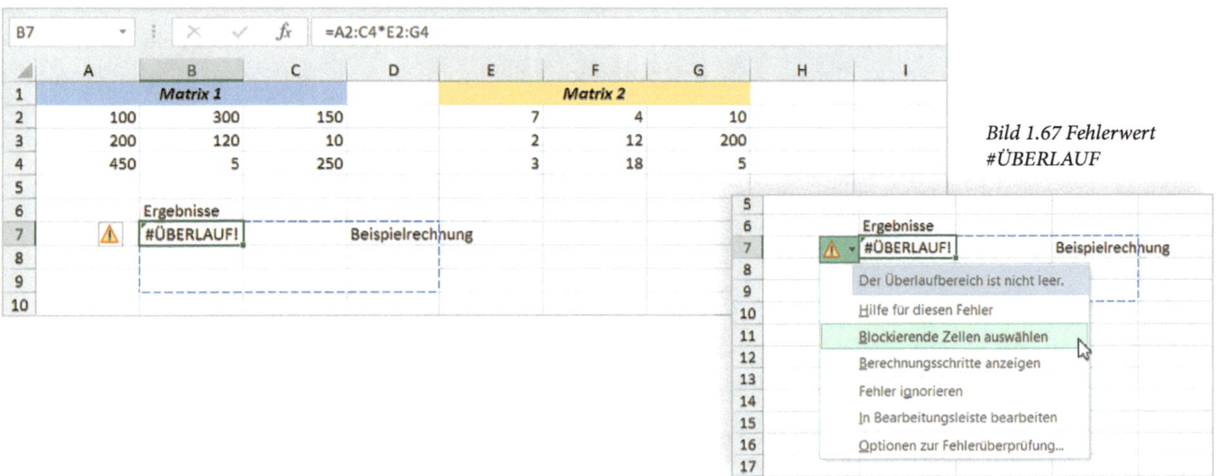

Bild 1.67 Fehlerwert #ÜBERLAUF

Info: Matrixformeln aus älteren Excel-Versionen

In älteren Excel-Versionen bis einschließlich Excel 2019 muss noch der gesamte Ausgabebereich zuvor markiert und dann die Eingabe die Matrixformel mit den Tasten **Strg+Umschalt+Eingabe** abgeschlossen werden. Falls Sie eine Arbeitsmappe mit Matrixformeln öffnen, die auf diesem Weg eingegeben wurden, so erscheint die Formel in der Bearbeitungsleiste in geschweiften Klammern, wie in Bild 1.68.

C4: {=A4:A7*B4:B7}

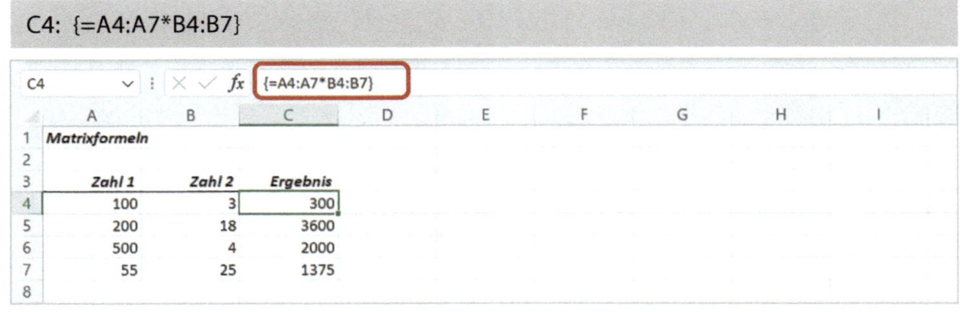

Bild 1.68 Matrixformel aus älterer Excel-Version

1.8 Mathematische Formeln darstellen

Eine visuelle Darstellung von mathematischen Formeln statt der Excel-Formel oder Funktion kann in vielen Fällen hilfreich sein. Da mathematische Formeln zahlreiche Sonderzeichen beinhalten, stellt Excel, genau wie auch die Office-Anwendungen Word und PowerPoint, einen speziellen Formel-Editor mit einem umfassenden Katalog an Bausteinen (z. B. für Brüche, Wurzeln, hoch- oder tiefgestellte Zeichen oder Integrale) zur Verfügung, zusammen mit einer Sammlung mathematischer Symbole, Operatoren und vieles mehr.

Statt in eine Zelle werden mit dem Formel-Editor erstellte Formeln in ein Textfeld eingefügt, dieses kann anschließend beliebig im Tabellenblatt verschoben, vergrößert oder verkleinert werden.

Formeln des Formel-Editors werden von Excel nicht berechnet!

Mit dem Formel-Editor fügen Sie mathematische Formeln nur zu visuellen Zwecken in ein Tabellenblatt ein, es erfolgt keine Berechnung durch Excel.

1 Zum Einfügen klicken Sie im Menüband, Register *Einfügen* ▶ *Symbole* auf *Formel*, es spielt keine Rolle, welche Zelle gerade markiert ist.

Beachten Sie: Wenn Sie die Formel in ein Diagramm einfügen möchten, dann markieren Sie zuvor das Diagramm. Damit wird das eingefügte Textfeld als Diagrammelement behandelt und z. B. zusammen mit diesem verschoben.

Bild 1.69 Formel einfügen

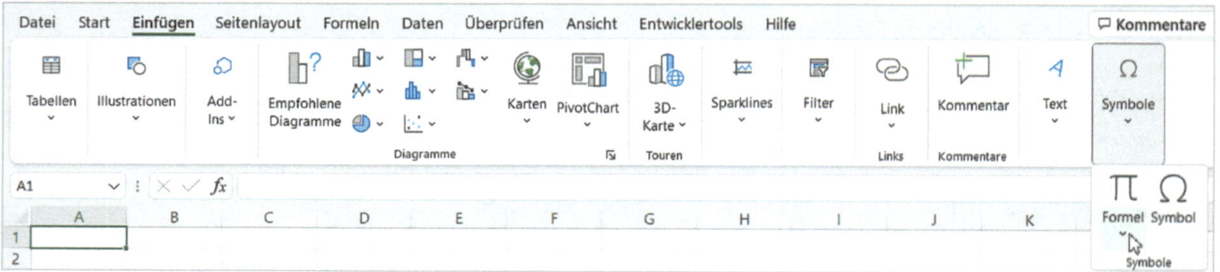

Tipp: Mit Klick auf den Dropdown-Pfeil des Symbols erhalten Sie verschiedene integrierte Formeln, z. B. Kreisoberfläche, zur Auswahl, ein Klick direkt auf das Symbol fügt dagegen zunächst eine leere Formel ein.

2 Excel fügt ein Textfeld mit dem Hinweis *Geben Sie hier eine Formel ein* in das aktuelle Arbeitsblatt ein. Haben Sie dagegen über den Dropdown-Pfeil eine Formel ausgewählt, so erscheint diese hier.

Bild 1.70 Das Register Formel

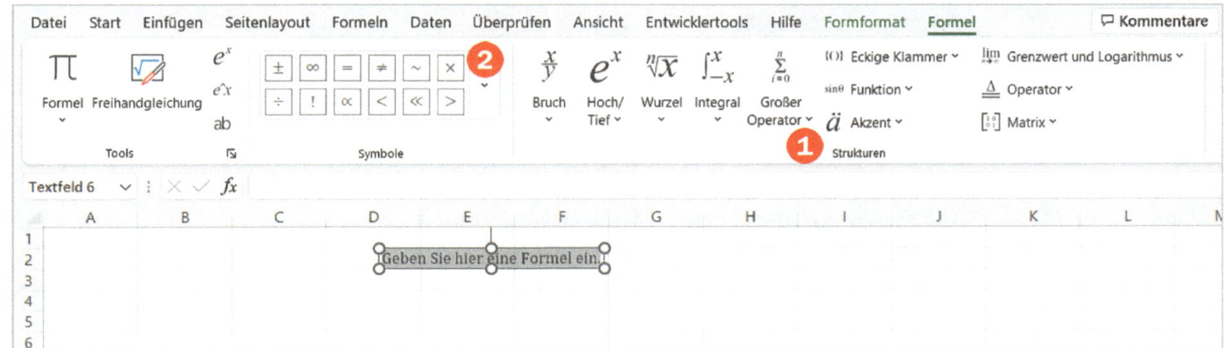

3 Zur weiteren Bearbeitung klicken Sie in den Platzhalter und sofort erscheint im Menüband das Register *Formel*. Hier finden Sie die folgenden Möglichkeiten:

- **Bruch, Wurzel, hoch- oder tiefgestellte Zeichen, Klammern usw.**
  Klicken Sie in der Gruppe *Strukturen* ❶ auf das entsprechende Symbol, z. B. *Bruch* oder *Wurzel*, und wählen Sie das genauere Aussehen. Bild 1.71 zeigt als Beispiel verschiedene Wurzeln. Die ausgewählte Struktur wird mit kleinen Platzhaltern in das Textfeld eingefügt. Klicken Sie anschließend der Reihe nach auf die Platzhalter, um hier Ihre Eingaben vorzunehmen.

  Tipp: Die Pfeiltasten nach rechts bzw. nach links markieren schnell den nächsten bzw. vorherigen Platzhalter.

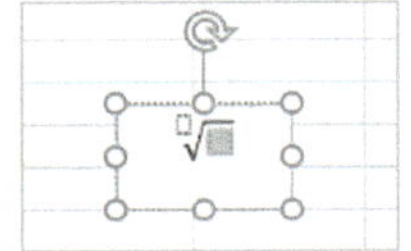

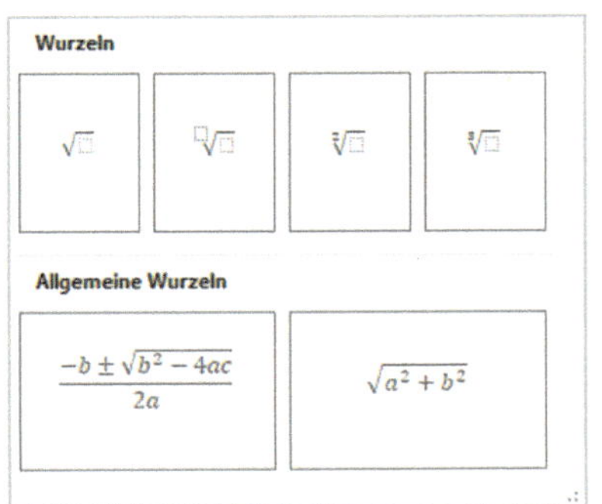

Bild 1.71 Beispiel Struktur Wurzel

Bild 1.72 Sonderzeichen bzw. Zeichenkategorie auswählen

- **Mathematische Symbole, griechische Buchstaben**
  Klicken Sie in der Gruppe *Symbole* auf den Pfeil ❷, um den gesamten Katalog zu öffnen. Standardmäßig erscheinen zunächst grundlegende mathematische Sonderzeichen wie in Bild 1.71. Mit Klick auf den Pfeil in der rechten obe-

ren Ecke ❸ erhalten Sie weitere Zeichensätze, z. B. griechische Buchstaben, Operatoren, Pfeile usw. zur Auswahl. Zahlen, einfache Buchstaben, Gleichheitszeichen und gängige Operatoren, z. B. +, -, >, < usw., geben Sie dagegen am einfachsten über die Tastatur ein.

Weitere Möglichkeiten

Formel per Stift eingeben

Falls Ihr Gerät die Eingabe per Touchpad oder Stift unterstützt, können Sie eine Formel auch per Hand eingeben: Klicken Sie dazu im Register *Formel* ▶ *Tools* auf *Freihandgleichung*.

Lineares oder professionelles Format?

In der Gruppe *Tools* finden Sie auch die Symbole *Professionell* und *Linear*, mit denen Sie die Darstellung der Formel ändern können.

2 Ausgewählte Funktionen und ihre Verwendung

In diesem Kapitel lernen Sie ...

- Bedingungen und Logikfunktionen
- Zellinhalte abfragen
- Rundungsfehler vermeiden
- Auswertungs- und Statistikfunktionen
- Werte in Tabellen mit Nachschlage- und Verweisfunktionen finden
- Einfache Finanzmathematische Funktionen
- Wichtige Datums- und Zeitfunktionen
- Textfunktionen
- Fehlerwerte unterdrücken

Das sollten Sie bereits wissen

- Daten in Tabellen eingeben
- Zahlenformate
- Eingabe und Aufbau von Funktionen

Die wichtigsten Excel-Funktionen, nämlich SUMME und MITTELWERT, dürften den meisten Anwendern geläufig sein. Excel stellt jedoch mit seiner umfangreichen Funktionsbibliothek zahlreiche weitere Funktionen auch für komplexe Berechnungen und spezielle Einsatzzwecke bereit. Eine ausführliche Beschreibung aller Funktionen würde jedoch den Rahmen dieses Buches sprengen. Stattdessen werden in diesem Kapitel aus jeder Kategorie einige wichtige und in der Praxis bewährte Funktionen vorgestellt, die sich für fast jeden Zweck eignen. Nebenbei helfen Ihnen ausführliche Erklärungen und Beispiele auch bei der Wahl der passenden Funktion.

2.1 Logikfunktionen

Info: Logikfunktionen liefern die Wahrheitswerte WAHR oder FALSCH (Boolesche Werte) statt Ja oder Nein.

In Excel entspricht der Wert WAHR der Zahl 1 und FALSCH der Zahl 0. Das bedeutet, Sie können die beiden Werte auch für Berechnungen heranziehen, so liefert z. B. die Formel =WAHR+WAHR das Ergebnis 2.

Logikfunktionen, die eine oder mehrere Bedingungen prüfen, sind in vielen Fällen unverzichtbar. Eine Liste dieser Funktionen erhalten Sie im Menüband, Register *Formeln* mit Klick auf *Logisch* oder wenn Sie im Funktionsassistent bzw. Fenster *Funktion einfügen* die Kategorie *Logik* auswählen.

Die Funktion WENN

Eine der wichtigsten Funktionen, nämlich die Funktion WENN, dürfte den meisten Anwendern zumindest in Grundzügen bekannt sein. Diese Funktion macht die Verwendung von Werten oder Berechnung von Formeln davon abhängig, ob eine angegebene Bedingung WAHR oder FALSCH ergibt. Aufgrund ihrer vielfältigen Einsatzmöglichkeiten befassen wir uns zunächst mit dieser Funktion genauer. Ihre Syntax lautet:

```
WENN(Wahrheitstest;Wert_wenn_wahr;Wert_wenn_falsch)
```

- **Wahrheitstest**
  Als Wahrheitstest formulieren Sie eine Bedingung unter Verwendung der bekannten Vergleichsoperatoren, z. B. Größer (>), Kleiner (<) oder Gleich (=). Diese liefert als Ergebnis die Werte WAHR oder FALSCH (als Zahl: 1 oder 0).
- **Wert_wenn_wahr**
  Das Argument *Wert_wenn_wahr* gibt an, was passiert, wenn der Wahrheitstest das Ergebnis WAHR, also zutreffend ergibt.
- **Wert_wenn_falsch**
  Liefert der Wahrheitstest das Ergebnis FALSCH, so wird das Argument *Wert_wenn_falsch* verwendet.
- **Beachten Sie außerdem**
  - Die Argumente *Wert_wenn_wahr* und *Wert_wenn_falsch* können eine Zahl, Text, eine Formel oder eine weitere Funktion sein.
  - Wenn das Argument *Wert_wenn_wahr* nicht angegeben wird und der Wahrheitstest ergibt WAHR, dann erscheint als Funktionsergebnis 0. Wird dagegen

Wert_wenn_falsch nicht angegeben, so liefert die Funktion WENN das Ergebnis des Wahrheitstests, also FALSCH. Wenn in diesem Fall stattdessen die Zelle leer bleiben soll, dann geben Sie als Argument zwei Anführungszeichen "" ein.

> Beachten Sie, dass der Wahrheitstest als Ergebnis die Wahrheitswerte, WAHR oder FALSCH, liefert. Die Anzeige FALSCH als Zwischenergebnis im Fenster *Funktionsargumente* weist also nicht auf einen Syntaxfehler bei der Eingabe hin.

Beispiel Provision abhängig vom Umsatz berechnen

In der unten abgebildeten Tabelle soll für die Mitarbeiter im Außendienst die Höhe der monatlichen Provision berechnet werden. Bei einem Umsatz von 5.000 Euro oder mehr erhält der Mitarbeiter 5 % des Umsatzes als Provision, sonst 3 %.

Sie könnten zwar theoretisch bei jedem einzelnen Mitarbeiter anhand seines Umsatzes die Provision in die Tabelle eintragen und anschließend in einer weiteren Spalte den Provisionsbetrag berechnen. Was aber, wenn Sie diese Tabelle kopieren und auch für die nachfolgenden Monate, aber mit anderen Umsätzen nutzen möchten? Zudem ist diese Methode in einer umfangreichen Tabelle arbeitsaufwändig und fehleranfällig. Bei der Berechnung mit der Funktion WENN genügt dagegen eine einzige Formel, die Sie nur kopieren brauchen.

1 Im ersten Schritt sollten Sie im Tabellenblatt alle, in der Funktion benötigten Werte, jeweils in eine gesonderte Zelle eintragen, im Bild unten in G2, H2 und H3.

	A	B	C	D	E	F	G	H	I
1	Name	Umsatz	Provision %	Provisions-betrag			Umsatz	Provision	
2	Knilch	4.800,00				ab	5.000,00	5%	
3	Sauerbier	5.600,00					sonst	3%	
4	Winkelmann	6.200,00							
5	Grusel	3.450,00							
6	Höpfli	2.900,00							
7	Knopp	5.100,00							
8									

Bild 2.1 Beispiel Provision abhängig vom Umsatz

WENN.xlsx, Blatt WENN-Provision

2 Markieren Sie die erste Zelle, in der die Provision berechnet werden soll, hier C2, und fügen Sie die Funktion *WENN* ein, entweder mit Klick auf das Symbol *Funktion einfügen* *fx* und dem Funktionsassistenten (Kategorie *Logik*) oder per Tastatureingabe wie im Bild unten.

3 Geben Sie anschließend die Funktionsargumente ein. **Achtung**: Damit die Funktion später kopiert werden kann, muss sind für die Bezüge auf G2, H2 und H3 feste Zellbezüge mit $-Zeichen erforderlich!

C2 | fx =WENN(B2>=$G$2;$H$2;$H$3

	A	B	C	D	E	F	G	H	I
1	Name	Umsatz	Provision %	Provisions-betrag			Umsatz	Provision	
2	Knilch	4.800,00	=WENN(B2>=$G$2;$H$2;$H$3			ab	5.000,00	5%	
3	Sauerbier	5.600,00	WENN(Wahrheitstest; [Wert_wenn_wahr]; **[Wert_wenn_falsch]**)				sonst	3%	
4	Winkelmann	6.200,00							

Bild 2.2 Die Wenn-Funktion

Hier nochmals die WENN-Funktion in C2:

```
C2: =WENN(B2>=$G$2;$H$2;$H$3)
```

4 Anschließend kopieren Sie die Funktion in die restlichen Zeilen der Tabelle und formatieren die Ergebnisse im Prozentformat. Berechnen Sie dann in D2 den Provisionsbetrag mit der Formel =C2*B2 und kopieren Sie diese Formel ebenfalls.

Bild 2.3 Die Ergebnisse in der Tabelle

D2 | fx =B2*C2

	A	B	C	D	E	F	G	H	I
1	Name	Umsatz	Provision %	Provisions-betrag			Umsatz	Provision	
2	Knilch	4.800,00	3,0%	144,00		ab	5.000,00	5%	
3	Sauerbier	5.600,00	5,0%	280,00			sonst	3%	
4	Winkelmann	6.200,00	5,0%	310,00					
5	Grusel	3.450,00	3,0%	103,50					
6	Höpfli	2.900,00	3,0%	87,00					
7	Knopp	5.100,00	5,0%	255,00					
8									

Hinweis: Sie können sich natürlich auch die Spalte Provision % sparen und den Provisionsbetrag gleich in der WENN-Funktion berechnen. Dann müsste die Funktion in C2 wie folgt lauten:

```
C2: =WENN(B2>=$G$2;B2*$H$2;B2*$H$3)
```

Ergebniszelle soll unter einer bestimmten Bedingung leer bleiben

In manchen Fällen wird eines der Argumente *Wert-wenn_wahr* und *Wert_wenn_Falsch* nicht benötigt z. B. wenn, wie im Bild unten, nur für Artikel einer bestimmten Warengruppe Sonderpreise berechnet werden sollen. Wenn Sie allerdings das Argument *Wert_wenn_falsch* weglassen, dann liefert Excel als Funktionsergebnis das Resultat des Wahrheitstests, im Beispiel in Bild 2.4 FALSCH. Dies lässt sich vermeiden, wenn Sie das fehlende Argument nicht einfach weglassen, sondern hier entweder die Zahl 0 eingeben oder zwei Anführungszeichen ohne Leerzeichen dazwischen (""), wenn die Zelle leer bleiben soll, wie in Bild 2.5. Dies gilt natürlich auch für das Argument *Wert_wenn_wahr*.

Bild 2.4 Fehlt das Argument Wert_wenn_falsch, dann erscheint das Ergebnis des Wahrheitstests

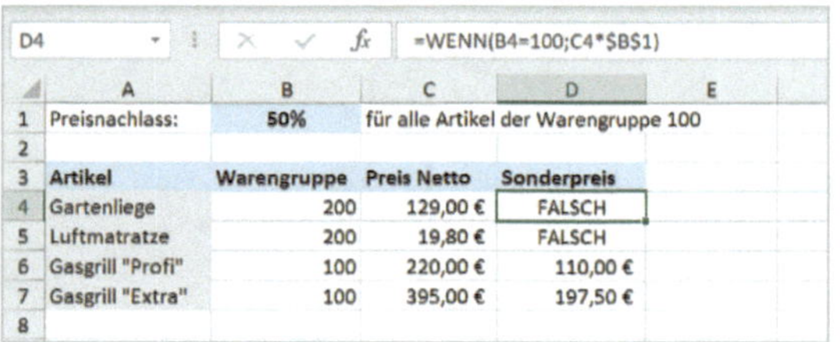

D4 | fx =WENN(B4=100;C4*$B$1)

	A	B	C	D	E
1	Preisnachlass:	50%	für alle Artikel der Warengruppe 100		
2					
3	Artikel	Warengruppe	Preis Netto	Sonderpreis	
4	Gartenliege	200	129,00 €	FALSCH	
5	Luftmatratze	200	19,80 €	FALSCH	
6	Gasgrill "Profi"	100	220,00 €	110,00 €	
7	Gasgrill "Extra"	100	395,00 €	197,50 €	
8					

Bild 2.5 Zelle bleibt leer

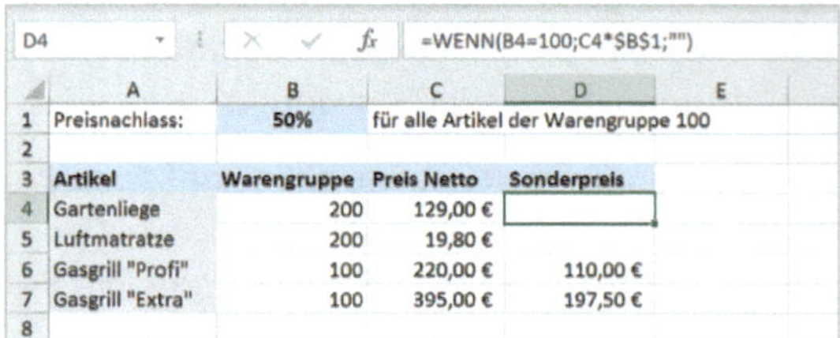

D4 | fx =WENN(B4=100;C4*$B$1;"")

	A	B	C	D	E
1	Preisnachlass:	50%	für alle Artikel der Warengruppe 100		
2					
3	Artikel	Warengruppe	Preis Netto	Sonderpreis	
4	Gartenliege	200	129,00 €		
5	Luftmatratze	200	19,80 €		
6	Gasgrill "Profi"	100	220,00 €	110,00 €	
7	Gasgrill "Extra"	100	395,00 €	197,50 €	
8					

Beachten Sie beim Weglassen nicht benötigter optionaler Argumente

Wenn Sie ein Argument weglassen, auf das ein weiteres Argument folgt, dann muss das Trennzeichen Semikolon trotzdem angegeben werden. Nicht erforderlich ist dies dagegen beim letzten Argument.

Tipp: Vergleich ohne WENN-Funktion

Vergleichsoperatoren liefern als Ergebnis die Wahrheitswerte WAHR oder FALSCH, diese entsprechen den Zahlen 1 und 0 (FALSCH). Aufgrund dieser Tatsache lassen sich die Sonderpreise aus dem Beispiel in Bild 2.4 auf Seite 62 auch ohne WENN Funktion mit folgender Formel in D4 berechnen:

```
D4: =(B4=100)*C4*$B$1
```

Ergibt der Ausdruck (B4=100) 0, so wird dieser mit dem Sonderpreis multipliziert und ergibt ebenfalls 0, im Buchhaltungszahlenformat dargestellt mit - €, wie im Bild.

D4 =(B4=100)*C4*$B$1

	A	B	C	D	E
1	Preisnachlass:	50%	für alle Artikel der Warengruppe 100		
2					
3	Artikel	Warengruppe	Preis Netto	Sonderpreis	
4	Gartenliege	200	129,00 €	- €	
5	Luftmatratze	200	19,80 €	- €	
6	Gasgrill "Profi"	100	220,00 €	110,00 €	
7	Gasgrill "Extra"	100	395,00 €	197,50 €	
8					

Mehrere Bedingungen mit WENNS prüfen

Manchmal werden mehrere Wahrheitstests benötigt, weil gleich mehrere Bedingungen zu prüfen sind. Für solche Fälle stellt Excel die Funktion WENNS bereit. WENNS kann in einer einzigen Funktion bis zu 127 Wahrheitstests nacheinander durchführen, der Aufbau ist einfach:

Die Alternative zu WENNS wäre, in eine WENN-Funktion als *Wert_wenn_wahr* oder *Wert_wenn_falsch* eine weitere WENN-Funktion einzufügen (mehrfach verschachtelte WENN-Funktionen).

```
WENNS(Wahrheitstest1;Wert_wenn_wahr1; Wahrheitstest2;Wert_wenn_wahr2;
Wahrheitstest3;Wert_wenn_wahr3; ...)
```

Beispiel Mengenstaffel

Als Beispiel die Rabattberechnung anhand einer Mengenstaffel. Wenn die Eingabe im Fenster *Funktionsargumente* (Funktionsassistent) erfolgt, dann sieht die Formel wie unten abgebildet aus.

Bild 2.6 Die Eingabe der Funktion WENNS im Funktionsassistenten

D4 =WENNS(C4>=$G$2;$H$2;C4>=$G$3;H3;C4>=$G$4;$H$4)

	A	B	C	D	E	F	G	H
1	Beispiel Mengenrabatte						Stück	Rabatt
2						Bestellmenge ab	50	20%
3	Artikel-Nr.	Einzelpeis	Bestellmenge	Rabatt			25	10%
4	A-100	9,90	12	$G$4;$H$4)			10	5%
5	A-101	12,90	26				1	0%
6	A-102	5,80	3					
7	A-103	24,90	1					

Funktionsargumente

WENNS

Wahrheitstest1	C4>=$G$2	=	FALSCH
Wert_wenn_wahr1	$H$2	=	0,2
Wahrheitstest2	C4>=$G$3	=	FALSCH
Wert_wenn_wahr2	H3	=	0,1
Wahrheitstest3	C4>=$G$4	=	WAHR

= 0,05

Überprüft, ob mindestens eine Bedingung erfüllt ist, und gibt einen Wert entsprechend der ersten erfüllten Bedingung (WAHR) zurück.

Wahrheitstest3: ist ein beliebiger Wert oder Ausdruck, der zu WAHR oder FALSCH ausgewertet werden kann.

Formelergebnis = 0,05

Hilfe für diese Funktion

OK Abbrechen

WENN.xlsx, Blatt WENNS

Hier nochmals die Formel in D4, zur besseren Übersicht ohne die eigentlich erforderlichen festen Zellbezüge.

```
D4: =WENNS(C4>=G2;H2;C4>=G3;H3;C4>=G4;H4;C4>=G5;H5)
```

Beachten Sie bei der Eingabe

- Im Fenster *Funktionsargumente* werden während der Eingabe die Zeilen für weitere Funktionsargumente automatisch hinzugefügt.
- Bei einer Vielzahl von Argumenten müssen Sie eventuell die Bildlaufleiste des Fensters *Funktionsargumente* benutzen, um alle Argumente anzuzeigen.
- WENNS bietet im Gegensatz zu WENN kein Argument *Wert_wenn_falsch* an. Als Ersatz können Sie aber einfach anstelle des letzten Wahrheitstests gleich *WAHR* als dessen Ergebnis und den dazugehörigen Wert angeben (im Bild unten H5). Dieser wird dann verwendet, wenn die vorangegangenen Bedingungen nicht erfüllt wurden. Für dieses Beispiel könnte also die Formel in D4 auch lauten:

```
D4: =WENNS(C4>=G2;H2;C4>=G3;H3;C4>=G4;H4;WAHR;H5)
```

Bild 2.7 Geben Sie statt des Wahrheitstests einfach das Ergebnis WAHR und den dazugehörigen Wert an

WENNS | =WENNS(C4>=$G$2;$H$2;C4>=$G$3;$H$3;C4>=$G$4;$H$4;WAHR;$H$5)

	A	B	C	D	E	F	G	H	I
1	Beispiel Mengenrabatte						Stück	Rabatt	
2						Bestellmenge ab	50	20%	
3	Artikel-Nr.	Einzelpeis	Bestellmenge	Rabatt			25	10%	
4	A-100	9,90	12	=WENNS(C4>=$G$2;$H$2;C4>=$G$3;$H$3;C4>=$G$4;$H$4;WAHR;$H$5)					
5	A-101	12,90	26	10,00%			1	0%	
6	A-102	5,80	3	0,00%					
7	A-103	24,90	1	0,00%					

Zwei und mehr Wahrheitstests mit Logikfunktionen verknüpfen

Nicht selten müssen zwei oder mehr Bedingungen gleichzeitig anstatt nacheinander geprüft werden. Dann kommen weitere Logikfunktionen zum Einsatz. Mit ihnen können Bedingungen auch unterschiedlich kombiniert werden: Genügt es, wenn eine der Bedingungen erfüllt ist oder müssen beide bzw. alle zutreffen?

Zum Verknüpfen mehrerer Wahrheitstests (maximal 30) verwenden Sie die Funktionen UND, ODER, XODER und NICHT aus der Kategorie *Logik*. Diese liefern als Ergebnis die Wahrheitswerte WAHR oder FALSCH. Sie werden nur selten direkt im Arbeitsblatt eingesetzt, sondern dienen hauptsächlich dazu, innerhalb einer Formel oder Funktion mehrere Bedingungen miteinander zu verknüpfen. Folgende Funktionen sind zu unterscheiden, wobei alle denselben Aufbau besitzen.

Funktion	Beschreibung
UND(Wahrheitswert1;Wahrheitswert2)	Liefert das Ergebnis WAHR, wenn alle Bedingungen WAHR ergeben.
ODER(Wahrheitswert1;Wahrheitswert2)	Liefert das Ergebnis WAHR, wenn mindestens eine der Bedingungen WAHR ist.

Funktion	Beschreibung
XODER(Wahrheitswert1;Wahrheitswert2)	Liefert das Ergebnis WAHR, wenn maximal eine der Bedingungen WAHR ist (ausschließendes ODER).
NICHT(Wahrheitswert)	Liefert das Ergebnis WAHR, wenn die Bedingung FALSCH ergibt (kehrt also das Ergebnis um).

Beispiele

- Verknüpfen Sie zwei oder mehr Bedingungen mit UND, so erhalten Sie nur dann das Ergebnis WAHR, wenn alle Bedingungen erfüllt sind, z. B.:

  UND(100>10;12>10) WAHR
  UND(100>10;8>10) FALSCH

- Bei einer ODER-Verknüpfung unterscheidet Excel zwischen zwei Möglichkeiten: Die Funktion ODER liefert das Ergebnis WAHR, wenn mindestens eine der Bedingungen erfüllt ist. Mit XODER dagegen erhalten Sie nur dann WAHR, wenn maximal eine der Bedingungen erfüllt ist (ausschließendes ODER).

  ODER(99>10;28>10) WAHR
  ODER(99>10;5>10) WAHR
  XODER(99>10;5>10) WAHR
  XODER(99>10;33>10) FALSCH

Achtung: In Excel ist XODER nur bis maximal drei Argumenten ein ausschließendes ODER.

Bei mehr Argumenten gilt: Das Ergebnis ist WAHR, wenn die Anzahl der Argumente eine ungerade Zahl ist und FALSCH bei einer geraden Anzahl von Argumenten.

- Die Funktion NICHT kehrt das Ergebnis um, liefert also das Ergebnis WAHR, wenn die Bedingung das Ergebnis FALSCH ergibt.

  NICHT(100>3) FALSCH

Beispiel: Versandkosten, abhängig von zwei Bedingungen

Häufig ist es die WENN-Funktion, in der zwei oder mehr Wahrheitstests benötigt werden. Daher hier als Beispiel, wie Sie in der WENN-Funktion mit ODER zwei Wahrheitstests kombinieren.

Ausgangssituation: Ab einem Bestellwert von mindestens 300 Euro **oder** einer Entfernung unter 75 km erfolgt die Lieferung kostenlos. Für alle anderen Lieferungen werden 10 Euro Lieferkosten berechnet. Dazu muss die Funktion wie folgt lauten:

Logik.xlsx

H4: =WENN(ODER(Bestellwert>=300;Entfernung<75);0;10)

Bild 2.8 Beispiel ODER

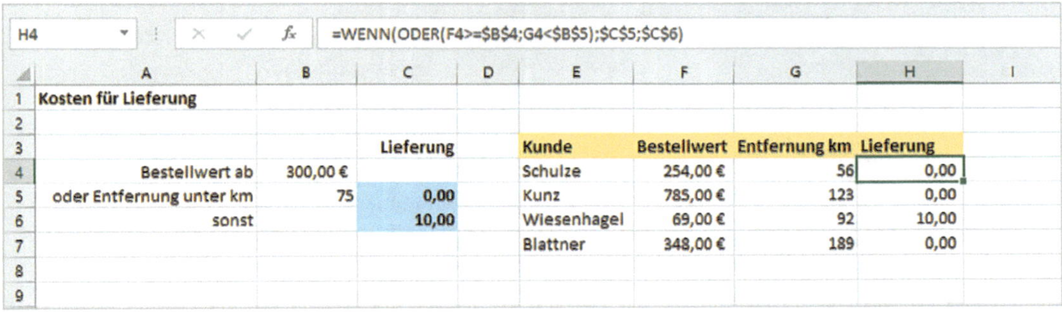

H4 =WENN(ODER(F4>=$B$4;G4<$B$5);$C$5;$C$6)

	A	B	C	D	E	F	G	H	I
1	Kosten für Lieferung								
2									
3			Lieferung		Kunde	Bestellwert	Entfernung km	Lieferung	
4	Bestellwert ab	300,00 €			Schulze	254,00 €	56	0,00	
5	oder Entfernung unter km	75	0,00		Kunz	785,00 €	123	0,00	
6	sonst		10,00		Wiesenhagel	69,00 €	92	10,00	
7					Blattner	348,00 €	189	0,00	
8									
9									

Tipp: Statt der Funktionen UND und ODER können zwei Wahrheitstests auch mit den Operatoren + (Oder) und * (Und) verknüpft werden. Beachten Sie aber dabei unbedingt die Klammern. Die Funktion in Bild 2.8 in H4 könnte also auch so lauten:

```
H4: =WENN((G4<$B$5)+(F4>=$B$4);$C$5;$D$6)
```

Fehlerwerte und überflüssige Ergebnisse mit Logikfunktionen vermeiden

Häufig dienen Excel-Tabellen auch als Vorlagen, in die später nur noch die Daten eingegeben werden. Solche Vorlagen enthalten auch bereits alle, zur Berechnung erforderlichen Formeln. Mit Logikfunktionen vermeiden Sie, dass eine Vorlage auch überflüssige Formelergebnisse und durch leere Zellen verursachte Fehlerwerte anzeigt, die unerfahrene Anwender nur verwirren.

Nicht benötigte Formelergebnisse unterdrücken

Überflüssige Formelergebnisse können mit der Funktion WENN vermieden werden, z. B. bei einer Übersicht über Einnahmen und Ausgaben.

Hier als einfaches Beispiel eine Ausgabenliste, in der für spätere Zusammenfassungen in Spalte A aus dem eingegebenen Datum in Spalte B der Monat mit der Funktion MONAT ermittelt wird. Damit die Funktion nicht jedes Mal neu eingegeben werden muss, wird die Formel gleich über die gesamte Spalte kopiert. Leider entsteht dadurch das Problem, dass die Funktion MONAT bei einem nicht vorhandenen Datum bzw. leeren Zellen statt 0 den Wert 1 (Januar) ausgibt, wie in Bild 2.9.

Zur Erklärung: Eine leere Zelle wird von Excel gleichgesetzt mit 0 und das bedeutet als Datum den 00.01.1900.

Als Abhilfe prüfen Sie in Spalte A mit Hilfe einer WENN-Funktion zunächst, ob ein Datum vorhanden ist. Wenn die Zelle leer ist, dann soll auch in Spalte A leer bzw. "" als Ergebnis erscheinen, ansonsten wird der Monat ausgegeben. Dazu geben Sie in A4 eine der folgenden Formeln ein und kopieren diese anschließend (Bild 2.10).

```
=WENN(B4="";"";MONAT(B4))
=WENN(ISTLEER(B4);"";MONAT(B4))
=WENN(ISTZAHL(B4);MONAT(B4);"")
```

Bild 2.9 Die Funktion MONAT liefert für leere Zellen den Wert 1 bzw. Januar

A11 =MONAT(B11)

	A	B	C	D	E
1	**Ausgabenbuch**				
2					
3	**Monat**	**Datum**	**Text**	**Betrag**	
4	1	04.01.2022	Tanken	81,30 €	
5	1	05.01.2022	Pizzaessen	54,20 €	
6	1	12.01.2022	Einkauf Supermarkt	87,84 €	
7	2	01.02.2022	Zeitschrift	5,20 €	
8	2	05.02.2022	Getränke	23,00 €	
9	2	18.02.2022	Kino	25,00 €	
10	2	19.02.2022	Schuhe	63,90 €	
11	1				
12	1				
13	1				
14	1				
15	1				
16	1				

Bild 2.10 Abhilfe: Nur für nicht leere Zellen berechnen

A11 =WENN(B11="";"";MONAT(B11))

	A	B	C	D	E
1	**Ausgabenbuch**				
2					
3	**Monat**	**Datum**	**Text**	**Betrag**	
4	1	04.01.2022	Tanken	81,30 €	
5	1	05.01.2022	Pizzaessen	54,20 €	
6	1	12.01.2022	Einkauf Supermarkt	87,84 €	
7	2	01.02.2022	Zeitschrift	5,20 €	
8	2	05.02.2022	Getränke	23,00 €	
9	2	18.02.2022	Kino	25,00 €	
10	2	19.02.2022	Schuhe	63,90 €	
11					
12					
13					
14					
15					
16					

Zur Erklärung: Die Prüfung, ob eine Zelle leer ist, wird relativ häufig benötigt. Dazu lässt sich neben dem einfachen Ausdruck B4="" auch die Funktion ISTLEER (Kategorie *Informationen*) einsetzen. Noch besser eignet sich für dieses Beispiel die Funktion ISTZAHL. Diese liefert WAHR, wenn die angegebene Zelle eine Zahl oder ein Datum enthält und hilft so gleichzeitig, Fehlerwerte bei einem ungültigen Datum bzw. Text zu vermeiden.

Beispiel Kassenbuch

Wenn Sie zwei oder mehr Zellen auf Inhalte überprüfen möchten, dann verknüpfen Sie diese mit UND oder mit ODER. So ist zum Beispiel in einem Kassenbuch die Berechnung des Saldos nur sinnvoll, wenn ein Eingangs- oder Ausgangsbetrag vorhanden ist, wie im Bild unten. Auch dieses Problem lässt sich mit ISTLEER oder ISTZAHL lösen, wobei ISTZAHL wieder die bessere Lösung darstellt. Wenn Sie zusätzlich die Berechnung ausschließen möchten, falls in beide Zellen ein Betrag eingegeben wurde, dann verwenden Sie XODER statt ODER.

```
=WENN(UND(ISTLEER(D5);ISTLEER(E5));"";F4+D5-E5)
=WENN(ODER(ISTZAHL(D5);ISTZAHL(E5));F4+D5-E5;"")
```

F10 =WENN(ODER(ISTZAHL(D10);ISTZAHL(E10));F9+D10-E10;"")

	A	B	C	D	E	F	G	H
1	Kassenbuch							
2								
3	lfd. Nr.	Datum	Text	Eingang	Ausgang	Neuer Saldo		
4		01.02.2019	Übertrag Vormonat			1.200,00		
5	1	01.02.2019	Porto		20,00	1.180,00		
6	2	02.02.2019	Benzin		79,00	1.101,00		
7	3	02.02.2019	Zeitschriften		8,00	1.093,00		
8	4	03.02.2019	Bank	300,00		1.393,00		
9								
10								

Bild 2.11 Kassenbuch - Berechnung unterdrücken

Logik.xlsx, Blatt Kassenbuch

Die Anzeige von Fehlerwerten unterdrücken

Die Anzeige von Excel-Fehlerwerten, wie z. B. #NV oder #DIV/0!, lässt sich ebenfalls mit Hilfe von Funktionen unterdrücken. Dies ist z. B. sinnvoll, wenn der Fehlerwert auf leere Zellen zurückzuführen ist, in die erst später Werte eingegeben werden. Die wichtigsten Funktionen für diesen Zweck sind WENNFEHLER und ISTFEHLER.

WENNFEHLER

Die Funktion WENNFEHLER prüft, ob die angegebene Formel einen Fehlerwert liefert und gibt stattdessen eine Zahl oder beliebigen Text aus. Berücksichtigt werden alle Fehlerwerte wie #DIV/0, #NV, #WERT oder #BEZUG. Die Syntax dieser Funktion:

```
WENNFEHLER(Wert bzw. Formel;Wert_falls_Fehler)
```

Wenn Sie also beispielsweise bei der Berechnung des Mittelwerts im Fall leerer Zellen statt des Excel-Fehlerwerts #DIV/0 einen entsprechenden Hinweis ausgeben möchten, dann brauchen Sie nur die Formel in die Funktion WENNFEHLER einschließen.

Im unten abgebildeten Beispiel erhalten Sie in der mittleren Tabelle für das zweite Quartal anstelle des Mittelwerts den Fehlerwert #DIV/0!, da hier noch keine Zahlen vorliegen. Als Abhilfe wurde in der rechten Tabelle die Berechnung des Mittelwerts in die Funktion WENNFEHLER eingeschlossen. Wenn die Funktion MITTELWERT einen Fehlerwert liefert, dann wird als Ergebnis der, als *Wert_falls_Fehler* angegebene Wert angezeigt, hier „Keine Werte vorhanden".

Bild 2.12 Mittelwertberechnung ohne Werte

K6 =WENNFEHLER(MITTELWERT(K1:K3);"Keine Werte vorhanden")

	A	B	C	D	E	F	G	H	I	J	K	L
1	1. Quartal	Januar	5.000		2. Quartal	April			2. Quartal	April		
2		Februar	6.800			Mai				Mai		
3		März	8.000			Juni				Juni		
4												
5		Summe	19.800			Summe	0			Summe	0	
6		Mittelwert	6.600			Mittelwert	#DIV/0!			Mittelwert	Keine Werte vorhanden	
7												

ISTFEHLER

Als zweite Möglichkeit kann in solchen Fällen stattdessen auch die Funktion ISTFEHLER (Kategorie *Information*) eingesetzt werden. Diese Funktion prüft ebenfalls, ob das Ergebnis einer Formel ein Fehlerwert ist, liefert aber nur die Werte WAHR oder FALSCH. Daher müssen Sie diese Funktion noch mit einer WENN-Funktion verbinden, für das vorherige Beispiel wäre die Formel also wesentlich komplexer und müsste lauten:

```
=WENN(ISTFEHLER(MITTELWERT(K1:K3))=WAHR;"Keine Werte";MITTELWERT(K1:K3))
```

Ja oder Nein bzw. 1 oder 0 statt WAHR oder FALSCH ausgeben

Die Wahrheitswerte WAHR und FALSCH entsprechen den Zahlen 1 und 0 und können auch für Berechnungen herangezogen werden. Als einfaches Beispiel dafür werden in Bild 2.13 in Spalte C die Wahrheitswerte in Spalte A und Spalte B addiert und Sie erhalten eine Zahl als Ergebnis.

Leider funktioniert dies nur in Formeln, nicht jedoch mit Wahrheitswerten als Argumente in Funktionen, z. B. wenn Sie mit der Funktion SUMME ermitteln möchten, wie oft in einer Spalte WAHR vorkommt. In diesem Fall erhalten Sie das Ergebnis 0, wie in Bild 2.14. Als Abhilfe kommen mehrere Möglichkeiten in Frage:

- Die Wahrheitswerte mit 1 multiplizieren, dann lautet die Formel in B6:

```
B6: =SUMME((B1:B5)*1)
```

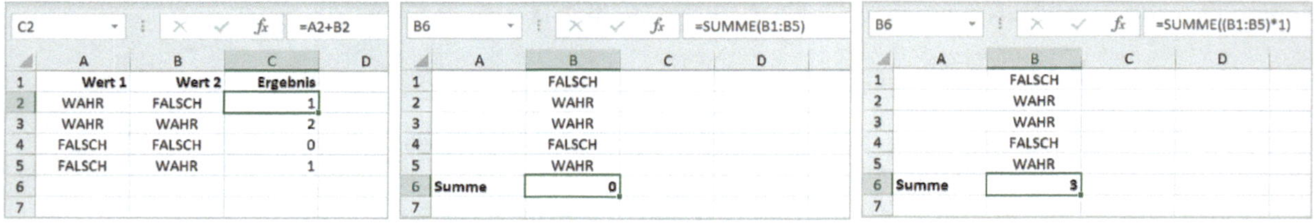

C2 =A2+B2

	A	B	C	D
1	Wert 1	Wert 2	Ergebnis	
2	WAHR	FALSCH	1	
3	WAHR	WAHR	2	
4	FALSCH	FALSCH	0	
5	FALSCH	WAHR	1	
6				
7				

B6 =SUMME(B1:B5)

	A	B	C	D
1		FALSCH		
2		WAHR		
3		WAHR		
4		FALSCH		
5		WAHR		
6	Summe	0		
7				

B6 =SUMME((B1:B5)*1)

	A	B	C	D
1		FALSCH		
2		WAHR		
3		WAHR		
4		FALSCH		
5		WAHR		
6	Summe	3		
7				

Bild 2.13 Wahrheitswerte addieren

Bild 2.14 Die Funktion SUMME liefert kein Ergebnis

Bild 2.15 Multiplizieren mit 1

- Als Alternative können Sie in B6 die Summe auch mit der Funktion SUMMENPRODUKT berechnen:

Näheres zur Funktion SUMMENPRODUKT lesen Sie auf Seite 80.

```
B6: =SUMMENPRODUKT(B1:B5*1)
```

- Sind die Wahrheitswerte das Ergebnis einer Formel, in Bild 2.16 der einfachen Formel =A2>B2, dann können Sie auch gleich die Formelergebnisse mit 1 multiplizieren (Klammern nicht vergessen) oder die Funktion N einsetzen, in beiden Fällen erhalten Sie die Zahlen 0 und 1 als Ergebnis. Die Formeln in C2 und D2:

Näheres zur Funktion N lesen Sie weiter unten auf Seite 71.

```
C2: =(A2>B2)*1
D2: =N(A2>B2)
```

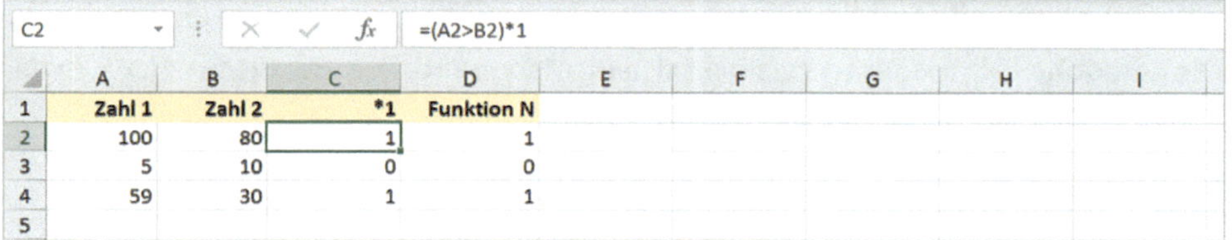

Bild 2.16 Wahrheitswerte in Zahlen umwandeln

Ja oder Nein ausgeben

Falls in der Tabelle statt eines Wahrheitswerts das Ergebnis Ja oder Nein erscheinen soll, dann wandeln Sie diese zuerst mit einer der oben beschriebenen Methoden in Zahlen um und versehen die Zellen anschließend mit einem benutzerdefinierten Zahlenformat.

Eine Abfrage mit der Funktion WENN funktioniert natürlich auch, ist aber umständlicher.

1 Dazu markieren Sie den Bereich, im Bild E2:E4, klicken mit der rechten Maustaste in diesen Bereich und auf *Zellen formatieren*.

2 Klicken Sie im nachfolgenden Dialogfenster auf das Register *Zahlen* ❶ und hier auf die Kategorie *Benutzerdefiniert* ❷. Geben Sie dann das folgende benutzerdefinierte Format ein: [=1]"Ja";[=0]"Nein" ❸.

Bild 2.17 Ja oder Nein anzeigen

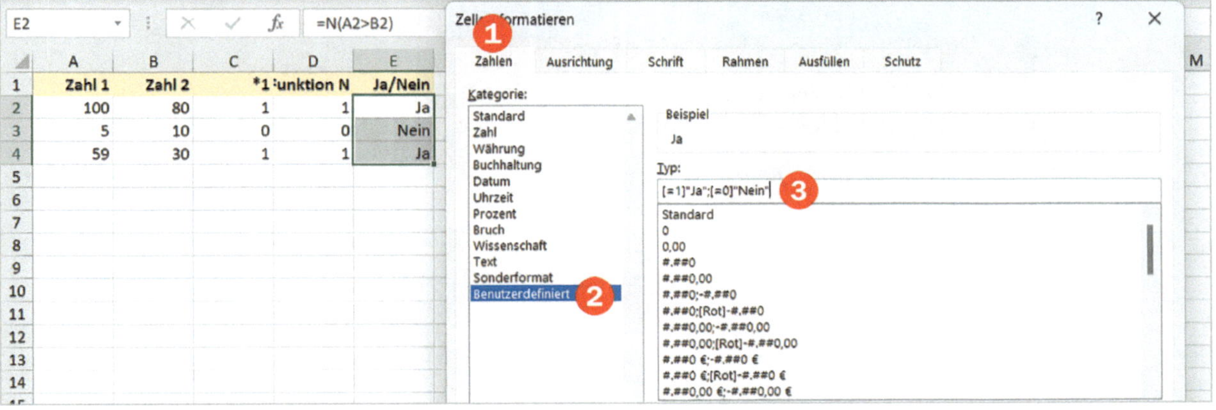

2.2 Informationen und Zellinhalte abfragen

Die IST-Funktionen

Manche Formeln können nur mit gültigen Zahlen berechnet werden, in anderen Fällen sind (noch) leere Zellen die Ursache für Fehlerwerte, siehe Beispiel auf Seite 66. Um in solchen Fällen Fehlerwerte als Formelergebnis, insbesondere in Vorlagen, zu vermeiden, können Sie in der Formel vor der eigentlichen Berechnung prüfen, ob die angegebene Zelle leer ist oder eine Zahl enthält. Zur Überprüfung von Zellinhalte stellt Excel in der Kategorie *Informationen* mehrere Funktionen bereit, die alle mit IST beginnen. Auch diese Funktionen kommen meist in Verbindung mit anderen Funktionen, z. B. WENN zum Einsatz.

Die Kategorie *Informationen* versteckt sich im Menüband, Register *Formeln* bzw. in der Funktionsbibliothek hinter dem Symbol *Mehr Funktionen*.

Bild 2.18 Klicken Sie in der Funktionsbibliothek auf Mehr Funktionen

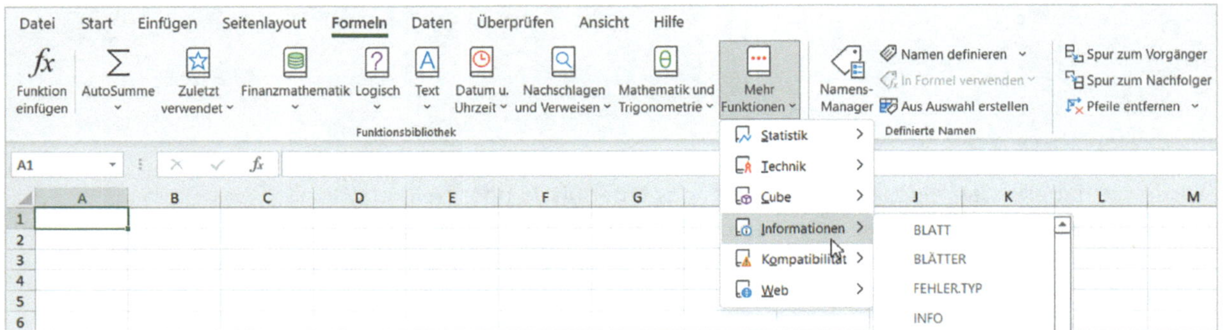

Alle IST-Funktionen besitzen denselben Aufbau und liefern als Ergebnis die Wahrheitswerte WAHR oder FALSCH. Als Beispiel die Syntax der Funktion ISTLEER, diese prüft, ob die angegebene Zelle leer ist, als Argument *Wert* kann ein Zellbezug oder ein Name angegeben werden.

```
=ISTLEER(Wert)
```

Übersicht IST-Funktionen

Hier eine kleine Übersicht über ausgewählte nützliche Funktionen dieser Kategorie.

Funktion	Beschreibung	Beispiel
ISTTEXT	Liefert WAHR, wenn es sich um Text handelt.	ISTTEXT("Otto")=WAHR
ISTKTEXT	Liefert WAHR, wenn es sich um keinen Text handelt.	ISTKTEXT(25)=WAHR
ISTZAHL	Liefert das Ergebnis WAHR, wenn es sich um eine Zahl handelt. Da Datumswerte serielle Zahlen sind, erhalten Sie auch bei einem Datum das Ergebnis WAHR.	ISTZAHL(25)=WAHR ISTZAHL(01.01.2023) = WAHR
ISTLEER	Ergibt WAHR, wenn die Zelle leer ist	ISTLEER(A1)

Funktion	Beschreibung	Beispiel
ISTGERADE ISTUNGERADE	Liefert WAHR, wenn es sich um eine gerade bzw. ungerade Zahl handelt	ISTGERADE(25)=FALSCH ISTUNGERADE(25)=WAHR
ISTBEZUG	Liefert WAHR, wenn es sich um einen Zellbezug handelt	ISTBEZUG(A1)=WAHR ISTBEZUG(5)=FALSCH
ISTFORMEL	Ergibt WAHR, wenn die angegebene Zelle eine Formel enthält	ISTFORMEL(A1)=WAHR
ISTFEHLER	WAHR, wenn die Zelle einen beliebigen Fehlerwert enthält (#NV, #WERT!, #BEZUG!, #DIV/0!, #ZAHL!, #NAME?, #NULL!).	

Achtung: ISTLEER gibt FALSCH aus, wenn die angegebene Zelle (unsichtbare) Leerzeichen oder eine Formel enthält! Zellen mit Formeln werden von Excel grundsätzlich nicht als leer betrachtet. ISTLEER liefert daher auch FALSCH, wenn eine scheinbar leere Zelle das Resultat einer Formel, z. B. der WENN-Funktion ist. In solchen Fällen müssen Sie den Inhalt der Zelle abfragen, z. B. A1 mit A1="" oder ISTZAHL(A1).

Informationen zu Arbeitsmappe und Zelle

Neben den IST-Funktionen finden Sie in der Kategorie *Information* noch einige andere nützliche Funktionen, hier eine kleine Übersicht.

Funktion	Beschreibung	Beispiel
BLATT	Liefert die relative Position des angegebenen Tabellenblattes innerhalb der Arbeitsmappe als Zahl. Sie erhalten z. B. das Ergebnis 2, wenn sich das angegebene Blatt an zweiter Stelle befindet.	BLATT("Februar") =2
BLÄTTER	Wird diese Funktion ohne Argumente verwendet, so erhalten Sie die Anzahl der Arbeitsblätter in der aktuellen Arbeitsmappe. Das Ergebnis schließt auch eventuell ausgeblendete Blätter mit ein.	BLÄTTER() =3
N	Wandelt WAHR in die Zahl 1 und FALSCH in 0 um. Außerdem kann damit ein Datum in eine fortlaufende Zahl umgewandelt werden.	N(WAHR) =1 N(01.01.2020) =43466
ZELLE	Liefert, abhängig vom Argument Infotyp, Informationen zur angegebenen Zelle, z. B. die Zeile oder Spalte als Zahl oder den Dateinamen und Pfad der aktuellen Mappe.	ZELLE("Spalte";B5) =2

Dateinamen mit der Funktion ZELLE ermitteln

Informationen zur aktuellen Arbeitsmappe und einzelnen Zellen erhalten Sie mit der Funktion ZELLE, der Aufbau:

```
ZELLE(Infotyp;Bezug)
```

Der Parameter *Infotyp* legt die gewünschte Information fest, z. B. Zelladresse, Zeile, Spalte, Dateiname oder Inhalt. Unter *Bezug* geben Sie die betreffende Zelle oder einen Zellbereich an. Interessant ist diese Funktion vor allem deshalb, weil sie mit dem Infotyp *"dateiname"* den Dateinamen einschließlich Suchpfad zusammen mit dem Namen des aktuellen Tabellenblatts in eine Zelle ausgibt. Als Bezug wählen Sie einfach eine beliebige Zelle des Tabellenblatts. Beachten Sie außerdem, dass die Formel nur ein Ergebnis liefert, wenn die Mappe zuvor gespeichert wurde.

Bild 2.19 Dateiname und Blattname mit der Funktion Zelle einfügen

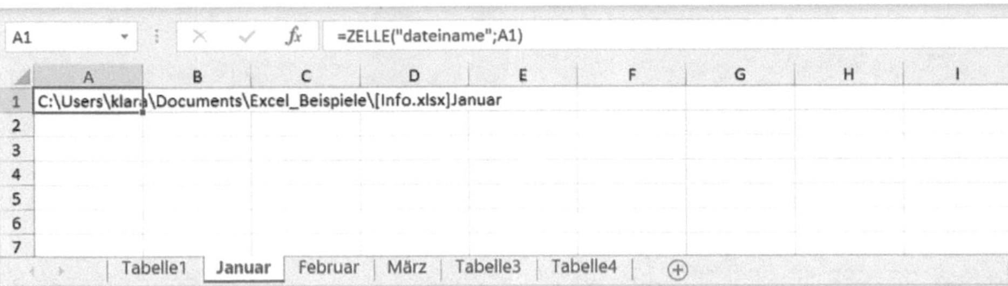

Informationen.xlsx

A1
=ZELLE("dateiname";A1)
C:\Users\klara\Documents\Excel_Beispiele\[Info.xlsx]Januar
Tabelle1 Januar Februar März Tabelle3 Tabelle4

Tipp: Blattname per Formel in einer Zelle ausgeben

Mit der Funktion ZELLE können Sie auch nur den Namen des aktuellen Tabellenblatts per Formel in einer Zelle ausgeben lassen. Um den Blattnamen aus dem Dateinamen herauszulösen, sind aber noch weitere Funktionen erforderlich.

Details zu den Funktionen TEIL und FINDEN lesen Sie in Punkt 2.8 nach.

Die Funktion TEIL gibt aus einer Zeichenfolge ab der angegebenen Position eine bestimmte Anzahl Zeichen zurück.

```
TEIL(Text;Erstes_Zeichen;Anzahl_Zeichen)
```

Erstes_Zeichen gibt an, ab welcher Stelle der Blattname beginnt, dies ist die schließende eckige Klammer] nach dem Dateinamen. Deren Position kann mit der Funktion FINDEN ermittelt werden.

```
FINDEN(Suchtext;Text;Erstes_Zeichen)
```

Suchtext bzw. das gesuchte Zeichen ist die schließende eckige Klammer und *Text* die zu durchsuchende Zeichenfolge, hier der Rückgabewert der Funktion ZELLE. *Erstes_Zeichen* wird nicht benötigt, wenn die Suche beim ersten Zeichen beginnen soll.

Zuletzt benötigt die Funktion TEIL noch die Anzahl der zu ermittelnden Zeichen, diese kann ganz einfach mit 31 angegeben werden, da dies die maximal zulässige Anzahl Zeichen für Tabellenblattnamen ist. Daraus ergibt sich die folgende Formel, hier in A2:

```
A2: =TEIL(ZELLE("dateiname";A1);FINDEN("]";ZELLE("dateiname";A1))+1;31)
```

Bild 2.20 Blattnamen in Zelle ausgeben

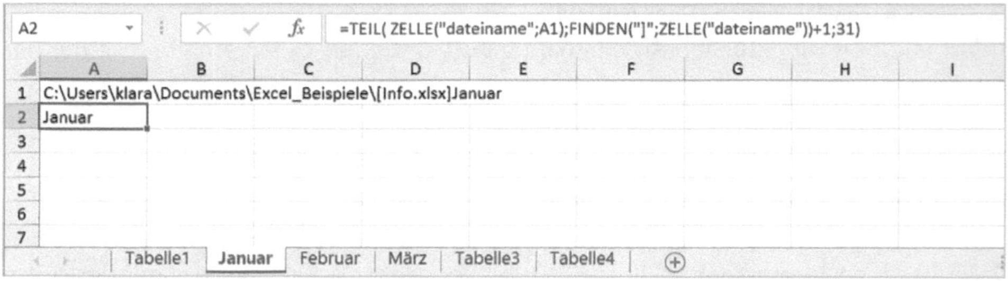

A2
=TEIL(ZELLE("dateiname";A1);FINDEN("]";ZELLE("dateiname"))+1;31)
C:\Users\klara\Documents\Excel_Beispiele\[Info.xlsx]Januar
Januar
Tabelle1 Januar Februar März Tabelle3 Tabelle4

2.3 Werte runden und Rundungsfehler vermeiden

Standardmäßig bezieht Excel in Berechnungen alle Nachkommastellen einer Zahl ein, unabhängig davon, mit wie vielen Stellen Sie die Anzeige formatiert haben. Dies kann daher bei Nachberechnungen mit der sichtbaren Anzahl von Dezimalstellen zu abweichenden Ergebnissen, den Rundungsfehlern, führen. Runden Sie dagegen Zahlen mit einer Funktion, so erfolgen alle weiteren Berechnungen mit der angegebenen Anzahl Dezimalstellen. Zu diesem Zweck finden Sie in der Kategorie *Mathematik und Trigonometrie* gleich mehrere Rundungsfunktionen.

Kaufmännisches Runden

Die wichtigste Funktion zu diesem Zweck dürfte die Funktion RUNDEN sein. Sie rundet eine Zahl kaufmännisch auf die angegebene Anzahl Nachkommastellen auf bzw. ab, wobei das Argument *Zahl* die zu rundende Zahl angibt und *Anzahl_Stellen* die Anzahl Nachkommastellen, auf die gerundet werden soll. Wird hier 0 angegeben, so wird auf die nächste ganze Zahl gerundet.

```
RUNDEN(Zahl;Anzahl_Stellen)
```

Beispiel Preisberechnung mit Skonto und Mehrwertsteuer

Runden.xlsx

Als Beispiel wurden in Bild 2.21 unten in der linken Tabelle in B4 der Skontobetrag und in B8 der Mehrwertsteuerbetrag berechnet und zur Verdeutlichung mit mehreren Nachkommastellen formatiert. Zur Kontrolle wurden beide Formelergebnisse mit je zwei Stellen in die mittlere Tabelle (Nachberechnung mit 2 Stellen) manuell eingegeben und der Endbetrag berechnet. Dieser weicht um 0,01 ab. Die Differenz entsteht dadurch, dass Excel in der ersten Tabelle alle Nachkommastellen zur Berechnung verwendet.

In der dritten Tabelle ganz rechts wurden dagegen Skontobetrag und Mehrwertsteuerbetrag mit der Funktion RUNDEN auf zwei Stellen mit folgenden Formeln kaufmännisch gerundet.

Skonto in H4: =RUNDEN(H2*H3;2)	Ergebnis: 0,250000
MwSt. in H8: =RUNDEN(H5*H7;2)	Ergebnis: 0,630000

H4 =RUNDEN(H2*H3;2)

	A	B	C	D	E	F	G	H
1	Nicht gerundet			Nachberechnung mit 2 Stellen			Gerundet	
2	Peis Netto	9,19		Peis Netto	9,19		Peis Netto	9,19
3	Skonto	2,75%		Skonto	2,75%		Skonto	2,75%
4	Skontobetrag	0,252725		Skontobetrag	0,25		Skontobetrag	0,250000
5	Ergebnis	8,94		Ergebnis	8,94		Ergebnis	8,94
6								
7	MwSt.	7%		MwSt.	7%		MwSt.	7%
8	MwSt. Betrag	0,625609		MwSt. Betrag	0,63		MwSt. Betrag	0,630000
9		9,56			9,57			9,57
10								

Bild 2.21 Beispiel Beträge RUNDEN

Weitere Rundungsfunktionen

Zum Runden von Werten werden neben RUNDEN noch die folgenden Funktionen häufig benötigt, alle sind in der Kategorie Mathematik und Trigonometrie zu finden.

- Die Funktion KÜRZEN schneidet Dezimalstellen bis auf die angegebene Anzahl einfach ab. Die Zahl wird dabei **nicht** gerundet!
- Mit der Funktion GANZZAHL wird eine Zahl auf die **nächstkleinere** ganze Zahl abgerundet. **Achtung**: Negative Zahlen werden von 0 weg gerundet und aus -6,3 wird -7. Verwenden Sie daher für positive und negative Zahlen besser KÜRZEN.
- Die Funktion AUFRUNDEN rundet eine Zahl auf die angegebene Anzahl Dezimalstellen **auf**. Im Gegensatz zur Funktion RUNDEN wird immer aufgerundet.
- Die Funktion ABRUNDEN rundet eine Zahl auf die angegebene Anzahl Stellen **ab**.

In der Tabelle unten ein Vergleich der Funktionen zusammen mit Beispielen.

Syntax	Beispiel	Ergebnis
RUNDEN(Zahl;Anzahl_Stellen)	=RUNDEN(12,14709315;2)	12,15000
KÜRZEN(Zahl;Anzahl_Stellen)	=KÜRZEN(12,14709315;1) =KÜRZEN(-1,23;0)	12,10000 -1
GANZZAHL(Zahl)	=GANZZAHL(12,14709315) =GANZZAHL(12,89451) =GANZZAHL(-1,23)	12,00000 12,00000 -2
AUFRUNDEN(Zahl;Anzahl_Stellen)	=AUFRUNDEN(12,14709315;1)	12,20000
ABRUNDEN(Zahl;Anzahl_Stellen)	=ABRUNDEN(12,14709315;2)	12,14000

2.4 Wichtige Auswertungs- und Statistikfunktionen

Leider ist die Zuordnung mancher Funktionen zu einer Kategorie nicht immer nachvollziehbar. So finden Sie z. B. die häufig genutzte Funktion SUMMEWENN in der Kategorie *Mathematik und Trigonometrie*, die verwandte Funktion ZÄHLENWENN dagegen in der Kategorie *Statistik*.

Häufig werden in Excel neben der Summe noch weitere zusammenfassende Auswertungen über kleinere und mittlere Tabellen benötigt. Zu diesem Zweck stellt Excel zahlreiche Auswertungsfunktionen zur Verfügung, angefangen von einfachen Tabellenauswertungen bis hin zu speziellen statistischen Funktionen. Alle zu beschreiben, würde den Rahmen dieses Buches sprengen, zumal die meisten Statistikfunktionen auch gute Kenntnisse auf diesem Gebiet voraussetzen. Aus diesem Grund beschränken wir uns auf universell einsetzbare Auswertungsfunktionen und die Berechnung wichtiger Kennzahlen, z. B. Standardabweichung. Die meisten der hier vorgestellten Funktionen finden Sie im Register *Formeln* ▶ Funktionsbibliothek über die Schaltfläche *Mehr Funktionen*, Auswahl *Statistik*, einige davon allerdings auch in der Kategorie *Mathematik und Trigonometrie*.

Für umfangreiche Tabellen mit 1.000 und mehr Datensätzen können die, in diesem Kapitel beschriebenen Funktionen, ebenfalls eingesetzt werden. Allerdings sollten Sie sich in solchen Fällen auch mit den Pivot-Tabellen näher befassen, da diese im Vergleich zu den hier beschriebenen Funktionen und aufgrund interaktiver Filtermöglichkeiten wesentlich flexibler sind. Näheres zum Thema Pivot-Tabellen lesen Sie in Kapitel 6.

Zellen oder Werte zählen

Ausgangssituation: Sie möchten ermitteln, wie viele Werte ein Zellbereich umfasst, z. B. die Anzahl der in einer Excel Tabelle gespeicherten Kunden. Dazu gibt es verschiedene Möglichkeiten bzw. Funktionen.

Anzahl der Zellen oder Werte ermitteln (ANZAHL und ANZAHL2)

Im Menüband finden Sie mit Klick auf den Dropdown-Pfeil der Schaltfläche *AutoSumme* die Funktion ANZAHL. Diese besitzt denselben Aufbau wie SUMME und erlaubt auch die Auswahl nicht zusammenhängender Zellbereiche, wenn Sie diese nacheinander mit gedrückter **Strg**-Taste markieren.

Achtung: Die Funktion ANZAHL berücksichtigt ausschließlich Zahlen, wozu in Excel auch Datumswerte zählen und ignoriert Text und leere Zellen. Damit lassen sich also beispielsweise Kunden anhand der Kundennummer zählen.

Was aber, wenn Kunden- oder Artikelnummern Buchstaben oder sonstige Zeichen enthalten und es sich somit um Text handelt? In diesem Fall müssen Sie die Funktion ANZAHL2 einsetzen, da diese die Anzahl aller nichtleeren Zellen eines Zellbereichs ermittelt und im Gegensatz zu ANZAHL alle Inhalte, also Text und Zahlen berücksichtigt.

Als Beispiel im Bild unten eine Artikelübersicht. Die Artikelnummern in Spalte A setzen sich aus Buchstaben und Zahlen zusammen, werden also von Excel als Text behandelt. Würden Sie die Anzahl der Artikel anhand der Artikelnummer und mit der Funktion ANZAHL berechnen, so würden Sie trotz korrekter Syntax das Ergebnis 0 erhalten. Also muss in F2 die Gesamtzahl aller Artikel mit ANZAHL2 berechnet werden.

F2 =ANZAHL2(A2:A10)

	A	B	C	D	E	F	G	H
1	Artikel-Nr.	Lagernd	Bestellt		Anzahl Artikel	Ergebnis	Formel	
2	AA-1001	800	2.000		Insgesamt	9	=ANZAHL2(A2:A10)	
3	AA-1002	239	500		Lagernd	6	=ANZAHL(B2:B10)	
4	AA-1006	1.700	2.000		Bestellt	8	=ANZAHL(C2:C10)	
5	AB-1034	*	100					
6	AB-1055	450	1.500					
7	CA-3007	23	100					
8	CA-3019	*	*					
9	DX-2891	*	500					
10	DX-2510	120	1.000		* Auslaufartikel			
11								

Bild 2.22 ANZAHL und ANZAHL2 im Vergleich

ANZAHL_ZÄHLENWENN.xlsx

Anders verhält es sich dagegen mit der Anzahl aller lagernden und bestellten Artikel in F3 und F4: Hier muss die Funktion ANZAHL eingesetzt werden, damit Text, in diesem Fall der Stern *, im angegebenen Zellbereich nicht mitgezählt wird.

> **Beachten Sie den Unterschied:** Die Funktion ANZAHL berücksichtigt ausschließlich Zahlen, während ANZAHL2 grundsätzlich alle nichtleeren Zellen, also alle Inhalte, mitzählt.

Leere Zellen zählen

Die Funktion ANZAHLLEEREZELLEN liefert das Gegenteil von ANZAHL und ANZAHL2, nämlich die Anzahl aller leeren Zellen im angegebenen Zellbereich.

ANZAHLLEEREZELLEN(Bereich)

Bereich kann ein beliebiger, auch mehrere Zeilen und Spalten umfassender Zellbereich sein. Gezählt werden ausschließlich leere Zellen oder leere Zeichenfolgen "" die aus Formeln resultieren. Die Zahl 0 wird nicht als leere Zelle gewertet, s. Bild unten.

Bild 2.23 ANZAHLLEERE-ZELLEN

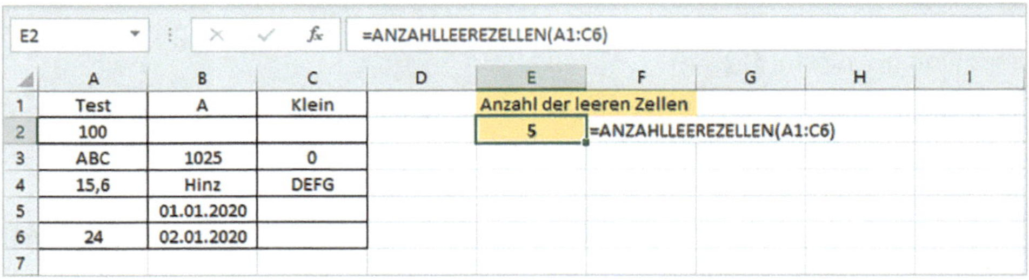

E2 | =ANZAHLLEEREZELLEN(A1:C6)

	A	B	C	D	E	F	G	H	I
1	Test	A	Klein		Anzahl der leeren Zellen				
2	100				5	=ANZAHLLEEREZELLEN(A1:C6)			
3	ABC	1025	0						
4	15,6	Hinz	DEFG						
5		01.01.2020							
6	24	02.01.2020							
7									

Zur Erinnerung: Ganze Spalten oder Zeilen markieren Sie mit Klick auf den Spalten- oder Zeilenkopf.

Tipp: Wenn Sie ermitteln möchten, wie viele Zeilen ein Excel-Tabellenblatt umfasst, dann geben Sie ANZAHLLEEREZELLEN in eine Zelle, hier B1 ein und achten darauf, als Bereich eine garantiert leere Spalte als Bereich anzugeben. Umgekehrt können Sie natürlich auch anhand einer leeren Zeile, im Bild unten Zeile 4 die Anzahl aller Spalten im Tabellenblatt ermitteln.

Bild 2.24 Beispiele: Anzahl der leeren Zellen

ZELLE | =ANZAHLLEEREZELLEN(4:4)

	A	B	C	D	E	F	G	H
1	Anzahl Zeilen im Tabellenblatt	1048576						
2	Anzahl Spalten	=ANZAHLLEEREZELLEN(4:4)						
3								
4								
5								

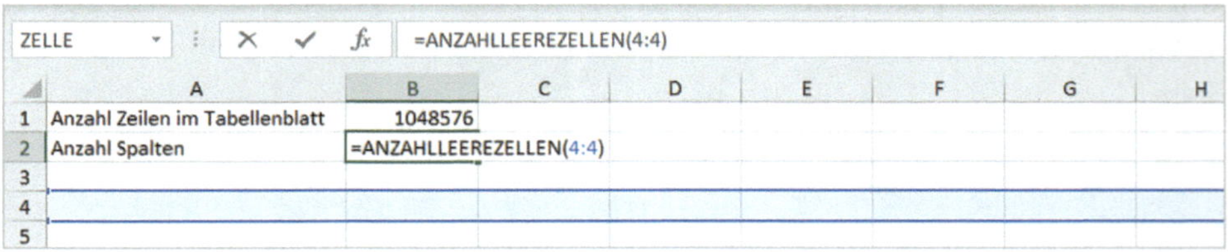

Mit ZÄHLENWENN nur bestimmte Inhalte berücksichtigen

Ausgangssituation: Sie möchten wissen, wie oft ein bestimmter Wert in einer Tabelle vorkommt bzw. die Anzahl abhängig von einer Bedingung ermitteln, z. B. die Anzahl aller Kunden mit einem Umsatz über 500 €. Für solche Fälle verwenden Sie die Funktion ZÄHLENWENN.

Diese Funktion ermittelt aus einem Zellbereich die Anzahl aller nichtleeren Zellen, deren Inhalt mit dem angegebenen Suchkriterium übereinstimmt. Als Suchkriterium kann eine Zahl, eine Zeichenfolge oder ein Ausdruck mit einem Vergleichsoperator verwendet werden, die Syntax der Funktion lautet:

```
ZÄHLENWENN(Bereich;Suchkriterien)
```

Einfaches Suchkriterium verwenden

Mit ZÄHLENWENN und Angabe eines Suchkriteriums können Sie beispielsweise, wie im Bild unten, ermitteln, wie oft eine bestimmte Warengruppe innerhalb eines Zellbereichs vorkommt, um so die Anzahl der Artikel je Warengruppe zu erhalten.

ZELLE | =ZÄHLENWENN(B2:B10;E2)

	A	B	C	D	E	F	G	H	I
1	Artikel-Nr.	Warengruppe	Lagerbest.		Warengruppe	Anzahl Artikel			
2	AA-1001	A	800		A	=ZÄHLENWENN(B2:B10;E2)			
3	AA-1002	A	239		C	2			
4	AA-1006	A	172		D	2			
5	AB-1034	A	0						
6	AB-1055	A	450						
7	CA-3007	C	1.188						
8	CA-3019	C	0						
9	DX-2891	D	0						
10	DX-2510	D	120						
11									

Bild 2.25 Beispiel: Anzahl Artikel je Warengruppe

ANZAHL_ZÄHLENWENN.xlsx

Vorsicht Falle! Machen Sie bitte nicht den Fehler, als Suchkriterium einen Bezug auf einen passenden Wert in der Tabelle zu verwenden, im Bild oben z. B. B2 für Warengruppe A. Dies funktioniert zwar vorerst, aber möglicherweise kommt später jemand auf die Idee, die Tabelle z. B. nach Lagerbestand zu sortieren, dann steht in B2 unter u. U. eine andere Warengruppe. Legen Sie also besser eine gesonderte Auswertungstabelle mit den benötigten Kriterien an.

Vergleichsoperatoren als Suchkriterium

Als Suchkriterium können in der Funktion ZÄHLENWENN auch Vergleichsoperatoren eingesetzt werden, z. B. um mit >0 alle Nullwerte auszuschließen. **Achtung**: Ausdrücke mit Vergleichsoperatoren müssen in Anführungszeichen stehen, z. B. ">0".

Beispiel: Im Bild unten soll die Anzahl der Teilnehmer mit mindestens 50 Punkten ermittelt werden. Dazu geben Sie als Suchkriterium ein: ">=50".

E1 | =ZÄHLENWENN(B2:B7;">=50")

	A	B	C	D	E	F	G
1	Teilnehmer	Punkte		Anzahl Teilnehmer mit mindestens 50 Punkten	4		
2	Müller	98					
3	Lehner	51					
4	König	62					
5	Baumholtz	38					
6	Kabelschacht	71					
7	Hurtig	23					
8							

Bild 2.26 Anzahl Teilnehmer mit mindestens 50 Punkten

Wenn sich der Vergleichswert in einer Zelle befindet, wie im etwas abgewandelten Beispiel unten, dann müssen Sie Vergleichsoperator und Zellbezug mit dem &-Operator verknüpfen und das Suchkriterium lautet dann ">="&D2.

Bild 2.27 Vergleichsoperator und Zellbezug verknüpfen

D2 | =ZÄHLENWENN(B2:B7;">="&D2

	A	B	C	D	E	F
1	Teilnehmer	Punkte		Anzahl Teilnehmer		
2	Müller	98		50	Punkte und mehr	=ZÄHLENWENN(B2:B7;">="&D2
3	Lehner	51				ZÄHLENWENN(Bereich; **Suchkriterien**)
4	König	62				
5	Baumholtz	38				
6	Kabelschacht	71				
7	Hurtig	23				
8						

Mehrere Auswahlkriterien mit ZÄHLENWENNS verwenden

Info: ZÄHLENWENNS unterstützt bis zu 127 Kriterienbereiche samt Kriterien.

Wenn Sie mehrere Such- bzw. Auswahlkriterien zum Zählen heranziehen wollen, dann verwenden Sie die Funktion ZÄHLENWENNS. Bei dieser Funktion geben Sie nacheinander jeweils Kriterienbereich und das dazugehörige Suchkriterium an, die Syntax:

ZÄHLENWENNS(Kriterienbereich1;Kriterien1;Kriterienbereich2; Kriterien2;Kriterienbereich3;Kriterien3;...)

Achtung: Alle Kriterienbereiche müssen dieselbe Anzahl Zeilen und Spalten umfassen!

Bild 2.28 ZÄHLENWENNS mit mehreren Kriterien

Als Beispiel wird aus der Tabelle im Bild unten mit ZÄHLENWENNS ermittelt, wie viele Teilnehmer eines Lehrgangs mit zwei Prüfungen beide Prüfungen bestanden haben.

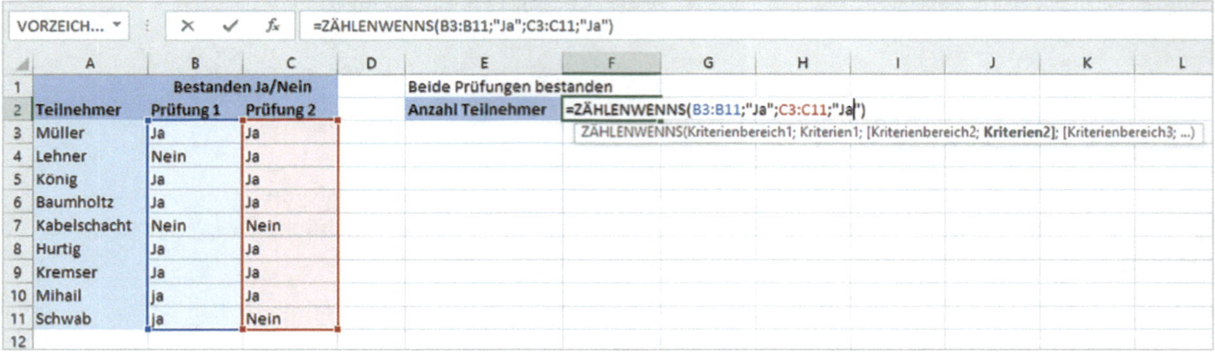

VORZEICH... | =ZÄHLENWENNS(B3:B11;"Ja";C3:C11;"Ja")

	A	B	C	D	E	F
1		Bestanden Ja/Nein			Beide Prüfungen bestanden	
2	Teilnehmer	Prüfung 1	Prüfung 2		Anzahl Teilnehmer	=ZÄHLENWENNS(B3:B11;"Ja";C3:C11;"Ja")
3	Müller	Ja	Ja			ZÄHLENWENNS(Kriterienbereich1; Kriterien1; [Kriterienbereich2; **Kriterien2**]; [Kriterienbereich3; ...)
4	Lehner	Nein	Ja			
5	König	Ja	Ja			
6	Baumholtz	Ja	Ja			
7	Kabelschacht	Nein	Nein			
8	Hurtig	Ja	Ja			
9	Kremser	Ja	Ja			
10	Mihail	ja	Ja			
11	Schwab	ja	Nein			
12						

ZÄHLENWENNS arbeitet die Kriterien zeilenweise ab, beginnt also mit der ersten Zeile der angegebenen Kriterienbereiche (im abgebildeten Beispiel Zeile 3), vergleicht diese miteinander und liefert das Ergebnis 1, wenn in dieser Zeile alle Zellen den Kriterien entsprechen. Anschließend wird die Prüfung in der nächsten Zeile fortgesetzt; wenn auch hier alle Zellen den Kriterien entsprechen, erhöht sich das Zwischenergebnis um 1 usw., bis alle Zellen ausgewertet sind.

Summe über bestimmte Werte berechnen (SUMMEWENN)

Info: SUMMEWENN und die verwandten Funktionen finden Sie in der Kategorie *Mathematik und Trigonometrie.*

Wenn die Summe nur über bestimmte Werte berechnet werden soll, dann setzen Sie dazu die Funktion SUMMEWENN ein. Die Syntax lautet:

```
SUMMEWENN(Bereich;Suchkriterien;Summe_Bereich)
```

- *Bereich* gibt an, welcher Bereich der Tabelle nach dem angegebenen Suchkriterium durchsucht werden soll.
- Als *Suchkriterien* können Zahlen, Text oder Ausdrücke angegeben werden.
- *Summe_Bereich* ist der Zellbereich an, dessen Werte addiert werden sollen.

Beispiel 1: Umsatzsumme je Warengruppe berechnen

Hier ein Beispiel, bei dem in F2 und F3 die Umsatzsumme je Warengruppe berechnet wird. *Bereich* ist die Spalte mit den Warengruppen, hier B2:B7 und das Suchkriterium befindet sich in E2 bzw. E3. *Summe_Bereich* sind die Umsätze in C2:C7.

Bild 2.29 Beispiel 1

F2 =SUMMEWENN(B2:B7;E2;C2:C7)

	A	B	C	D	E	F	G	H
1	Artikel	Warengruppe	Umsatz			Umsatzsumme		
2	Notebook	Computer	120.000		Computer	200.000	=SUMMEWENN(B2:B7;E2;C2:C7)	
3	Monitor	Computer	30.000		Haushaltsgeräte	244.000	=SUMMEWENN(B2:B7;E3;C2:C7)	
4	Drucker	Computer	50.000					
5	Waschmaschine	Haushaltsgeräte	110.000					
6	Geschirrspüler	Haushaltsgeräte	96.000					
7	Kaffeemaschine	Haushaltsgeräte	38.000					
8								

SUMMEWENN.xlsx

Beispiel 2: SUMMEWENN mit Vergleichsoperator

Falls das Suchkriterium einen Vergleichsoperator enthält, dann muss der gesamte Ausdruck in Anführungszeichen (" ") stehen, also z. B. ">50000". Wenn Sie statt des festen Werts einen Zellbezug verwenden möchten, dann verketten Sie Vergleichsoperator und Zellbezug mit dem &-Zeichen, im Bild unten ">"&E2.

Bild 2.30 Beispiel 2

F2 =SUMMEWENN(C2:C7;">"&E2;C2:C7)

	A	B	C	D	E	F	G	H	I	J
1	Artikel	Warengruppe	Umsatz		Summe der Umsätze über					
2	Notebook	Computer	120.000		50.000	326.000	=SUMMEWENN(C2:C7;">"&E2;C2:C7)			
3	Monitor	Computer	30.000							
4	Drucker	Computer	50.000							
5	Waschmaschine	Haushaltsgeräte	110.000							
6	Geschirrspüler	Haushaltsgeräte	96.000							
7	Kaffeemaschine	Haushaltsgeräte	38.000							
8										

Mehrere Kriterien mit SUMMEWENNS berücksichtigen

Die Funktion SUMMEWENNS erlaubt die Verwendung mehrerer Suchkriterien aus verschiedenen Spalten, wobei Kriterienbereich und das dazugehörige Suchkriterium jeweils nacheinander eingegeben werden und ein Paar bilden. Wie bei ZÄHLENWENNS müssen außerdem Summenbereich und alle Kriterienbereiche denselben Umfang haben bzw. dieselbe Anzahl Zellen umfassen und es werden nur Werte addiert, für die in allen angegebenen Kriterienbereichen die jeweilige Bedingung erfüllt ist. Auf diese Weise lassen sich maximal 127 Kriterienbereiche miteinander vergleichen.

Passend dazu gibt es auch noch die Funktionen MAXWENNS und MINWENNS zur Ermittlung des größten und kleinsten Werts unter Vorgabe von Bedingungen. Der Aufbau ist identisch mit SUMMEWENNS.

```
SUMMEWENNS(SummeBereich; Kriterien_Bereich1;Kriterien1;Kriterien_Bereich2;
Kriterien2;...)
```

Beispiel: Summe für einen bestimmten Artikel und Monat

Als Beispiel wird Bild 2.31 aus einer Verkaufsstatistik für einen bestimmten Artikel (hier Artikelnummer 4812) die Summe aller verkauften Mengen des Monats Januar (1) berechnet. *SummeBereich* sind die Verkaufsmengen in Spalte D. *Kriterien_Bereich1* ist die Spalte A mit der Artikelnummer und das dazugehörige Suchkriterium (*Kriterien1*) befindet sich in F4. *Kriterien_Bereich2* sind die Monate in Spalte C und der gesuchte Monat (*Kriterien2*) ist in G4 angegeben.

Bild 2.31 Summe unter Verwendung mehrerer Kriterien berechnen

H4 | =SUMMEWENNS(D4:D17;A4:A17;F4;C4:C17;G4)

	A	B	C	D	E	F	G	H	I
1	Verkaufsstatistik								
2						Anzahl verkaufte Artikel pro Monat			
3	Artikel-Nr.	Warengruppe	Monat	Menge		Artikel-Nr.	Monat	Menge	
4	4812	A	1	15		4812	1	20	
5	5012	B	1	3					
6	4811	A	1	26					
7	4811	A	1	18					
8	4812	A	1	4					
9	4812	A	1	1					
10	5110	B	2	7					
11	5012	B	2	25					
12	4811	A	2	13					
13	3001	D	2	75					
14	5012	B	2	21					
15	4812	A	3	17					
16	5110	B	3	11					
17	4811	A	3	8					
18									

Die Funktion SUMMENPRODUKT

Nützliche Dienste bei komplexen Formeln leistet manchmal die Funktion SUMMENPRODUKT (Kategorie *Mathematik und Trigonometrie*). Grob vereinfacht, multipliziert diese Funktion zwei oder mehr Zellbereiche miteinander, diese werden als Matrizen bzw. Arrays bezeichnet, miteinander und berechnet anschließend die Summe der Ergebnisse (Produkte). Alle Arrays müssen hinsichtlich der Anzahl Zeilen und Spalten identisch sein.

```
SUMMENPRODUKT(Array1;Array2;Array3;...)
```

Zwei Bereiche miteinander multiplizieren und Summe berechnen

Um die Funktionsweise von SUMMENPRODUKT zu verdeutlichen, wurden in Bild 2.32 die Werte aus Spalte A (Zahl 1) und Spalte B (Zahl 2) in Spalte D miteinander multipliziert und anschließend darunter in D8 die Summe berechnet. Die Funktion SUMMENPRODUKT in Bild 2.33 rechnet genauso, aber in einer einzigen Formel.

Bild 2.32 Zahlen miteinander multiplizieren und Summe berechnen

Bild 2.33 Das Ergebnis mit der Funktion SUMMENPRODUKT

	A	B	C	D	E
1	Zahl 1	Zahl 2		Produkte	Formel
2	10	5		50	=A2*B2
3	50	2		100	=A3*B3
4	5	24		120	=A4*B4
5	2	18		36	=A5*B5
6	15	3		45	=A6*B6
7					
8			Summe	351	=SUMME(D2:D6)
9					

	A	B	C	D
1	Zahl 1	Zahl 2		
2	10	5		
3	50	2		
4	5	24		
5	2	18		
6	15	3		
7				
8	Summe	351	=SUMMENPRODUKT(A2:A6;B2:B6)	
9				

SUMMENPRODUKT mit einer Bedingung

SUMMENPRODUKT.xlsx

SUMMENPRODUKT kann auch zusammen mit einer Bedingung verwendet werden, als Beispiel in Bild 2.34 die Umsätze eines bestimmten Verkaufsbezirks. In C12 wurde mit SUMMENPRODUKT wieder die Gesamtsumme berechnet. Die Formel in C13 soll dagegen nur diejenigen Zeilen berücksichtigen, bei denen der Wert in B2:B11 mit B13 (VK-Bezirk Mitte) übereinstimmt.

- Die Bedingung lautet daher: (B2:B11=B13). Allerdings liefert diese die Wahrheitswerte WAHR bzw. FALSCH. Da Sie aber stattdessen 0 und 1 als Ergebnis benötigen, muss das Ergebnis des Ausdrucks mit der Funktion N umgewandelt werden oder Sie multiplizieren das Ergebnis des Ausdrucks mit 1.
- Die Bedingung wird als erstes Argument der Funktion SUMMENPRODUKT eingegeben, anschließend folgen die beiden miteinander zu multiplizierenden Arrays Einzelpreis und Menge bzw. C2:C11 und D2:D11.

Die Funktion N wandelt die Wahrheitswerte WAHR und FALSCH um in 0 und 1, siehe Seite 71.

Die Funktion in C13 lautet also:

```
C13: =SUMMENPRODUKT((N(B2:B11=B13));C2:C11;D2:D11)      oder
C13: =SUMMENPRODUKT((B2:B11=B13)*1;C2:C11;D2:D11)
```

C13 =SUMMENPRODUKT((N(B2:B11=B13));C2:C11;D2:D11)

	A	B	C	D	E	F	G	H
1	Verkäufer	VK-Bezirk	Einzelpreis	Menge				
2	Huber	Nord	78,90	10				
3	Berger	Süd	123,00	3				
4	Müller	Mitte	56,00	5				
5	Kohlschratt	Nord	396,00	4				
6	Marger	Nord	213,00	1				
7	Schmidt	Mitte	65,00	5				
8	Fünfziger	Nord	25,00	15				
9	Ammer	Süd	369,00	6				
10	Vogel	Süd	78,90	18				
11	Franz	Mitte	427,00	7				
12	Gesamtsumme		10.558,20	=SUMMENPRODUKT(C2:C11;D2:D11)				
13	Summe	Mitte	3.594,00	=SUMMENPRODUKT((N(B2:B11=B13));C2:C11;D2:D11)				
14								

Bild 2.34 SUMMENPRODUKT mit Bedingung

Hinweis: Alternativ erzielen Sie das dasselbe Ergebnis mit folgender, etwas abgewandelter Funktion:

```
C13: =SUMMENPRODUKT((B2:B11=B13)*C2:C11*D2:D11)
```

SUMMENPRODUKT mit einer Konstanten

Das nächste Beispiel berechnet in C8 und C9 die Summe der Umsatzsteuer getrennt nach 19 % (USt.=1) und 7 % (USt.=2). Wenn die Bedingung zutrifft, dann soll der Einzelpreis mit B8 bzw. B9 multipliziert werden. Auch hier geben Sie die Formel A2:A6*B8 im Argument mit an und die vollständige Funktion in C8 lautet:

```
C8: =SUMMENPRODUKT((B2:B6=2)*1;A2:A6*B8)
```

Bild 2.35 SUMMENPRODUKT mit einer Konstanten

	A	B	C	D	E	F
1	Einzelpreis	Ust.				
2	4,80	2				
3	5,95	2				
4	12,80	1				
5	34,90	1				
6	2,50	2				
7						
8	Summe Ust. Betrag 1	19%	9,06	=SUMMENPRODUKT((B2:B6=1)*1;A2:A6*B8)		
9	Summe Ust. Betrag 2	7%	0,93	=SUMMENPRODUKT((B2:B6=2)*1;A2:A6*B9)		
10						

Durchschnittswerte berechnen

Durchschnitt mit MITTELWERT berechnen

Was umgangssprachlich meist als Durchschnitt bezeichnet wird, ist eigentlich das sogenannte arithmetische Mittel. Es wird berechnet, indem man alle Zahlen der angegebenen Gruppe addiert und dann durch die Anzahl der Zahlen dividiert. In Excel verwenden Sie dafür die Funktion MITTELWERT, diese dürfte den meisten Excel-Anwendern geläufig sein. Am schnellsten lässt sich der Mittelwert mit Klick auf den Dropdown-Pfeil *AutoSumme* berechnen. Um mehrere Mittelwerte über mehrere Spalten oder Zeilen gleichzeitig einzufügen, markieren Sie die dazugehörigen, noch leeren Zielzellen, klicken auf den Pfeil *AutoSumme* und dann auf *Mittelwert*.

Bild 2.36 Mittelwerte für mehrere Zeilen berechnen

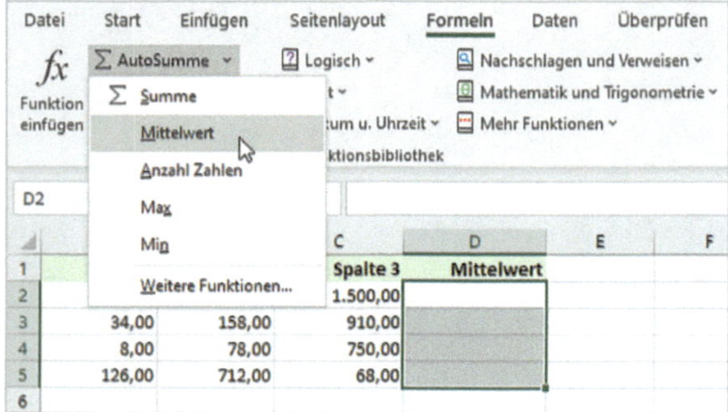

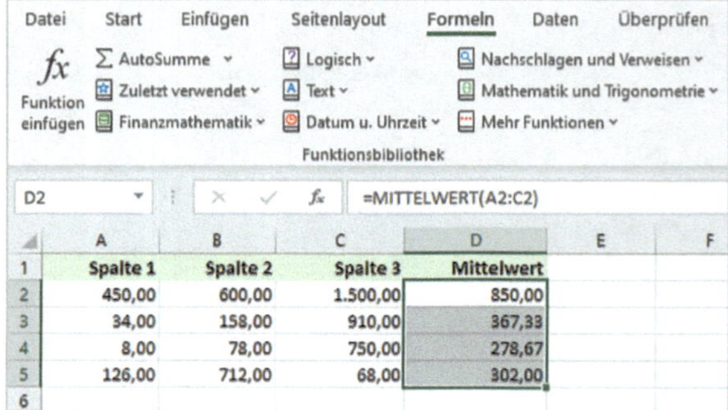

Median

Neben dem arithmetischen Mittel kennt die Statistik noch weitere Möglichkeiten, Mittelwerte zu berechnen, zum Beispiel den Median. Dieser halbiert die Verteilung aller Werte, d. h. die eine Hälfte der Zahlenwerte ist größer als der Median, und die andere Hälfte kleiner als der Median. In der Statistik wird der Median beispielsweise zur Darstellung der Einkommensverteilung herangezogen. Die dazugehörige Excel-Funktion MEDIAN besitzt die gleiche Syntax wie die Funktion MITTELWERT, liefert aber ein etwas anderes Ergebnis, wie ein Vergleich im Bild darunter zeigt.

```
MEDIAN(Zahl1;[Zahl2];...)
```

E2 | =MEDIAN(B2:B9)

	A	B	C	D	E	F	G	H
1	Name	Note		Mittelwert	3,0	=MITTELWERT(B2:B9)		
2	Schwab	1,3		Median	2,6	=MEDIAN(B2:B9)		
3	Bergmann	6,0						
4	Baumholtz	1,2						
5	Moser	1,5						
6	Wiese	3,5						
7	Faller	5,0						
8	Sarov	2,8						
9	Lienitz	2,4						
10								

Bild 2.37 Beispiel Mittelwert und Median

Mittelwerte.xlsx

Standardabweichung, STABW.N

Die Standardabweichung berechnet zwar keinen Durchschnitt, wird aber in der Statistik häufig zur Beurteilung der Aussagefähigkeit des Mittelwerts herangezogen. Die Standardabweichung ermittelt die Streuung der Einzelwerte d. h., wie stark die einzelnen Werte vom Mittelwert abweichen, dabei gilt: Je kleiner die Standardabweichung, desto näher befinden sich alle Werte am Mittelwert.

Bei Schulnoten von 1 bis 6 kann beispielsweise ein Mittelwert von 3,0 im Extremfall bedeuten, dass alle Prüfungsteilnehmer dieselbe Note, in diesem Fall 3, erreicht haben, dann beträgt die Standardabweichung 0. Denselben Mittelwert 3,0 erhalten Sie aber auch, wenn die Ergebnisse einerseits sehr gute und andererseits sehr schlechte Noten umfassen, wie im Bild unten in Gruppe 1. Die Standardabweichung ist für diese Gruppe allerdings wesentlich höher als in Gruppe 2 mit weitgehend homogenen Noten.

F4 | =STABW.N(B3:B10)

	A	B	C	D	E	F	G	H
1	Vergleich Prüfungsergebnisse							
2	Gruppe 1	Gruppe 2			Gruppe 1	Gruppe 2		
3	1,3	2,9		Mittelwert	3,0	3,0		
4	6,0	3,0		Standardabweichung	1,659	0,060	=STABW.N(B3:B10)	
5	1,2	3,0						
6	1,5	2,9						
7	3,5	3,0						
8	5,0	3,1						
9	2,8	3,0						
10	2,4	3,0						
11								

Bild 2.38 Der Mittelwert ist für Gruppe 1 und Gruppe 2 gleich. Der Unterschied zeigt sich erst bei Betrachtung der Standardabweichung. Diese ist bei Gruppe 1 wesentlich höher als bei den weitgehend homogenen Noten in Gruppe 2.

Zur Berechnung der Standardabweichung verwenden Sie in Excel die Funktion STABW.N, diese besitzt denselben Aufbau wie MITTELWERT.

```
STABW.N(Zahl1;[Zahl2];...)
```

Hinweis: Excel verfügt über zwei Methoden zur Berechnung der Standardabweichung. STABW.S wird eingesetzt, wenn die Standardabweichung anhand einer Stichprobe berechnet wird, STABW.N sollte dagegen verwendet werden, wenn die Werte gleichzeitig die Grundgesamtheit bilden. In sehr umfangreichen Tabellen liefern beide Funktionen etwa gleiche Ergebnisse. Daneben existieren mit STABW und STABWN noch zwei weitere Funktion zur Berechnung der Standardabweichung. Diese wurden aus Kompatibilitätsgründen mit älteren Excel-Versionen beibehalten, sollten aber laut Microsoft nicht mehr verwendet werden. Alle Funktionen haben dieselbe Syntax.

Mittelwert mit einer Bedingung verknüpfen, MITTELWERTWENN

Auch die Berechnung des Mittelwerts lässt sich mit einem oder mehreren Suchkriterien bzw. Bedingungen verknüpfen, dazu verwenden Sie die Funktionen MITTELWERTWENN und MITTELWERTWENNS. Beide berechnen den Mittelwert von Zellen, die vorgegebenen Kriterien entsprechen, wobei MITTELWERTWENN nur ein einziges Kriterium unterstützt, MITTELWERTWENNS dagegen bis zu 127 Kriterien. Ihr Aufbau unterscheidet sich kaum von SUMMEWENN und SUMMEWENNS.

SUMMEWENN und SUMMEWENNS, siehe Seite 79.

```
MITTELWERTWENN(Bereich;Kriterien;Mittelwert_Bereich)
```

- *Bereich* ist der Zellbereich, der nach den angegebenen Kriterien durchsucht wird.
- Als *Kriterien* können Zahlen, Text oder Ausdrücke angegeben werden.
- *Mittelwert_Bereich* gibt an, aus welchen Werten der Mittelwert berechnet wird.

Wird ein Ausdruck mit Vergleichsoperator, z. B. ">0" als Argument *Kriterien* verwendet, so muss dieser in Anführungszeichen " " stehen!

```
MITTELWERTWENNS(Mittelwert_Bereich; Kriterien_Bereich1;Kriterien1;Kriterien_Bereich2;Kriterien2;...)
```

- *Mittelwert_Bereich* ist der Zellbereich, für den der Mittelwert berechnet wird.
- *Kriterien_Bereich1* ist der Bereich, der nach *Kriterien1* durchsucht wird. *Kriterien_Bereich1* und *Kriterien1* bilden jeweils ein Paar.

Hinweise: Im Gegensatz zur Funktion MITTELWERTWENN müssen für MITTELWERTWENNS *Mittelwert_Bereich* und alle *Kriterienbereiche* dieselbe Anzahl Zellen umfassen. Entspricht keine der Zellen den angegebenen Kriterien, wird das Ergebnis #DIV/0! ausgegeben.

Beispiel: Mittelwert für Männer und Frauen getrennt berechnen

Bei der Auswertung eines Sportwettbewerbs soll die durchschnittliche Punktzahl für Männer (m) und Frauen (w) getrennt berechnet werden. Hierzu verwenden Sie die Funktion MITTELWERTWENN: Als *Bereich* werden die Werte der Spalte Gender (hier B2:B9) angegeben und als *Mittelwert_Bereich* die erzielte Punktezahl in C2:C9.

ZELLE | =MITTELWERTWENN(B2:B9;E3;C2:C9)

	A	B	C	D	E	F	G	H	I
1	Name	Gender	Punkte		Durchschnittliche Punktzahl				
2	Schwab	m	46		m	33,8			
3	Bergmann	w	33		w	=MITTELWERTWENN(B2:B9;E3;C2:C9)			
4	Baumholtz	m	29						
5	Moser	w	38						
6	Wiese	w	21						
7	Faller	w	26						
8	Sarov	m	42						
9	Lienitz	m	18						
10									

Bild 2.39 Beispiel MITTELWERTWENN

Beispiel: 0-Werte ausschließen

Enthält der, als Bereich angegebene Zellbereich leere Zellen, so werden diese von MITTELWERT ignoriert, nicht aber die Zahl 0. Wenn 0-Werte nicht in die Berechnung einfließen sollen, dann berechnen Sie den Mittelwert mit MITTELWERTWENN und verwenden als Kriterien "<>0". Damit also im unten abgebildeten Beispiel der Feiertag mit 0 Stunden bei der Berechnung der durchschnittlichen täglichen Arbeitszeit nicht berücksichtigt wird, geben Sie in F4 die folgende Formel ein:

```
F4: =MITTELWERTWENN(C3:C7;"<>0";C3:C7)
```

Bild 2.40 Mittelwert ohne 0-Werte

F4 | =MITTELWERTWENN(C3:C7;"<>0";C3:C7)

	A	B	C	D	E	F	G	H	I
1	Geleistete Arbeitsstunden								
2	Datum	Wochentag	Stunden		Durchschnittlich geleistete Stunden pro Tag				
3	15.08.2022	Montag	0,0	Feiertag	mit Nullwerten	6,50	=MITTELWERT(C3:C7)		
4	16.08.2022	Dienstag	9,0		ohne Nullwerte	8,13	=MITTELWERTWENN(C3:C7;"<>0";C3:C7)		
5	17.08.2022	Mittwoch	8,5						
6	18.08.2022	Donnerstag	7,0						
7	19.08.2022	Freitag	8,0						
8									

Rangfolge bestimmen

Im einfachsten Fall lässt sich der Rang einer Zahl innerhalb einer Liste von Zahlen durch auf- oder absteigendes Sortieren der Tabelle ermitteln. Komfortabler und unabhängig von der Anordnung in der Tabelle, ist die Erstellung von Ranglisten mit einer einfachen Excel-Funktion. Ein weiterer Vorteil gegenüber dem Sortieren: Bei nachträglichen Änderungen wird der Rang automatisch neu berechnet.

Hinweis: Excel bietet in der Kategorie *Statistik* mehrere Funktionen zur Rangermittlung an. Wählen Sie hier RANG.GLEICH statt der älteren Funktion RANG. Diese wurde nur aus Kompatibilitätsgründen beibehalten und sollte nach Empfehlung von Microsoft nicht mehr verwendet werden. Aufbau und Syntax:

Im Aufbau sind beide Funktionen identisch.

```
RANG.GLEICH(Zahl;Bezug;Reihenfolge)
```

- Als *Zahl* geben Sie den Wert an, für den der Rang ermittelt werden soll.
- *Bezug* ist der Bereich aller Werte, innerhalb derer der Rang ermittelt werden soll.
- Das optionale Argument *Reihenfolge* legt auf- oder absteigende Reihenfolge fest. 0 oder keine Angabe bedeutet, der höchste Wert erhält Rang 1, 1 bedeutet, der kleinste Wert erhält Rang 1.

Rangliste.xlsx

Als Beispiel die Einwohnerzahlen der deutschen Bundesländer. *Zahl* ist die Einwohnerzahl des jeweiligen Bundeslandes, als *Bezug* werden alle Zahlen in B2:B17 herangezogen und die *Reihenfolge* 0 weist dem Bundesland mit den meisten Einwohnern den Rang 1 zu. Die Formel in C2 lautet:

```
C2: =RANG.GLEICH(B2;$B$2:$B$17;0)
```

Bild 2.41 Rangliste der deutschen Bundesländer nach Einwohnerzahl

Quelle: Wikipedia

C2 | =RANG.GLEICH(B2;$B$2:$B$17;0)

	A	B	C	D	E	F
1	**Bundesland**	**Einwohner 2019**	**Rang**			
2	Baden-Württemberg	11.100.394	3			
3	Bayern	13.124.737	2			
4	Berlin	3.669.491	8			
5	Brandenburg Brandenburg	2.521.893	10			
6	Bremen	681.202	16			
7	Hamburg	1.847.253	13			
8	Hessen	6.288.080	5			
9	Mecklenburg-Vorpommern	1.608.138	14			
10	Niedersachsen	7.993.608	4			
11	Nordrhein-Westfalen	17.947.221	1			
12	Rheinland-Pfalz	4.093.903	6			
13	Saarland	986.887	15			
14	Sachsen	4.071.971	7			
15	Sachsen-Anhalt	2.194.782	11			
16	Schleswig-Holstein	2.903.773	9			
17	Thüringen	2.133.378	12			
18						

Hinweis: Falls dieselbe Zahl zwei Mal in der Liste enthalten ist, erhalten beide Zahlen denselben Rang und der nachfolgende Rang wird weggelassen.

Häufigkeit ermitteln

Die Funktion HÄUFIGKEIT fasst Daten in Klassen zusammen und berechnet für diese die Häufigkeit ihres Vorkommens. Sie kann beispielsweise zur Einteilung in Altersklassen verwendet werden. Die Syntax:

```
HÄUFIGKEIT(Daten;Klassen)
```

Beachten Sie bei dieser Funktion außerdem:

- Die Funktion HÄUFIGKEIT benötigt eine Ergebnistabelle, die gleichzeitig auch die Klasseneinteilung festlegt. Die Ergebnistabelle sollte außerdem eine zusätzliche Zelle für Werte enthalten, die oberhalb der höchsten angegebenen Klassengrenze liegen.

- HÄUFIGKEIT ist eigentlich eine Matrixformel und gibt gleich mehrere Ergebnisse aus. Im Gegensatz zu älteren Excel-Versionen brauchen Sie die Formel nur in die erste Zelle eingeben, der Ausgabebereich wird nach dem Übernehmen der Eingabe automatisch erweitert, erkennbar am Erweiterungsrahmen, s. Bild unten
- Als Argument *Daten* geben Sie den auszuwertenden Zellbereich an. Berücksichtigt werden ausschließlich Zahlen, Text und leere Zellen werden dagegen ignoriert.
- Das Argument *Klassen* umfasst die Klasseneinteilung in der Auswertungstabelle. Den Klassen werden alle Werte zugeordnet, die kleiner oder gleich der angegebenen Klassengrenze sind. Über der obersten Klassengrenze liegende Werte werden automatisch in einer zusätzlichen Zelle ausgegeben.

Beispiel Altersklassen

Sie möchten eine Umfrage auswerten und dazu die Anzahl der Teilnehmer je Altersklasse ermitteln. Dazu benötigen Sie zunächst eine Ergebnistabelle, die gleichzeitig die Altersklassen festlegt. In unserem Beispiel gehören zu Altersklasse 1 alle Personen bis einschließlich 20 Jahre, Altersklasse 2 umfasst alle zwischen 21 und einschließlich 30 usw. und zu Altersklasse 6 gehören alle, die älter sind als 60. Die Formel in F2 lautet:

```
F2: =HÄUFIGKEIT(B2:B16;E2:E6)
```

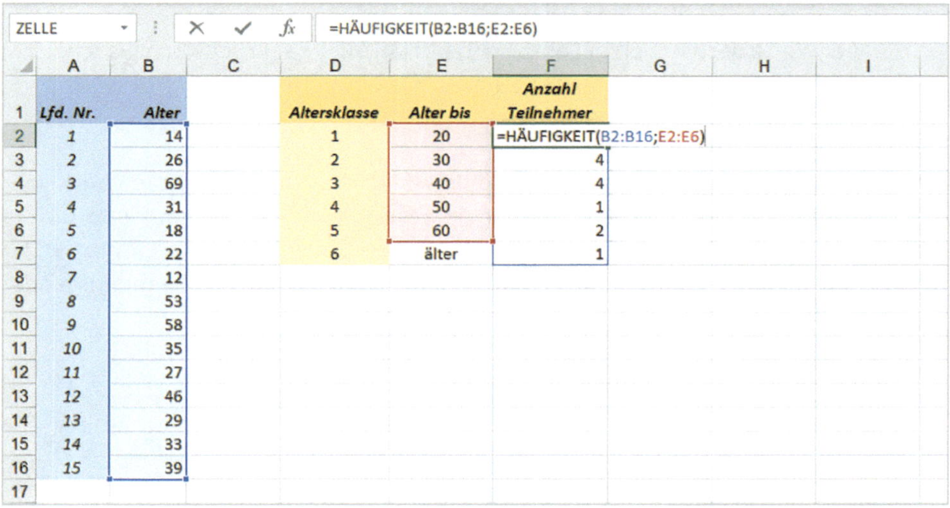

ZELLE | =HÄUFIGKEIT(B2:B16;E2:E6)

	A	B	C	D	E	F	G	H	I
1	*Lfd. Nr.*	*Alter*		*Altersklasse*	*Alter bis*	*Anzahl Teilnehmer*			
2	*1*	14		1	20	=HÄUFIGKEIT(B2:B16;E2:E6)			
3	*2*	26		2	30	4			
4	*3*	69		3	40	4			
5	*4*	31		4	50	1			
6	*5*	18		5	60	2			
7	*6*	22		6	älter	1			
8	*7*	12							
9	*8*	53							
10	*9*	58							
11	*10*	35							
12	*11*	27							
13	*12*	46							
14	*13*	29							
15	*14*	33							
16	*15*	39							
17									

Bild 2.42 Beispiel Einteilung in Altersklassen

Häufigkeit.xlsx

- Als Argument *Daten* legen Sie den Zellbereich mit dem jeweiligen Alter fest, also B2:B16.
- Die Einteilung in Altersklassen (Argument *Klassen*) wird durch den Zellbereich E2:E6 der Ergebnistabelle festgelegt. E7 (älter) braucht nicht mit angegeben werden, da die dazugehörige Ergebniszelle F7 automatisch die Anzahl aller Personen aufnimmt, deren Alter über der höchsten angegebenen Klassengrenze liegt, in unserem Beispiel 60.

Korrelationskoeffizient berechnen

Korrelationen werden in der Statistik eingesetzt, um den Zusammenhang zwischen zwei Variablen zu messen. Sie liefern einen Hinweis auf mögliche Zusammenhänge, aus einem starken Zusammenhang folgt jedoch nicht zwingend, dass auch eine eindeutige Ursache-Wirkungs-Beziehung vorliegt. Manchmal liegen auch so genannte Scheinkorrelationen vor. Zur Berechnung des Korrelationskoeffizienten stellt Excel die beiden folgenden Funktionen zur Verfügung, die sich in ihren Ergebnissen nicht unterscheiden.

```
KORREL(Matrix1;Matrix2)
PEARSON(Matrix1;Matrix2)
```

Bei beiden Funktionen geben Sie als *Matrix1* den ersten Zellbereich mit Werten und als *Matrix2* den zweiten Zellbereich mit Werten an, deren Zusammenhang Sie untersuchen möchten. Beide Zellbereiche müssen gleich groß sein.

Beide Funktionen liefern ein Ergebnis zwischen -1 und +1. Hinsichtlich der Stärke des vermuteten Zusammenhangs zwischen den Zellbereichen gilt als Orientierungshilfe:

- 0 = kein Zusammenhang
- -1 = perfekter negativer Zusammenhang
- +1 = perfekter positiver Zusammenhang
- Für Werte dazwischen gilt entsprechend: 0,1 - 0,4 = sehr schwach bis schwach; 0,4 - 0,6 = mittel und 0,6 - unter 1 = stark bis sehr stark.

Beispiel: Testvergleich von Kaffeesorten

Zwei Personen testen 10 Kaffeesorten und bewerten diese mit einer Note von 1 (sehr gut) bis 6 (sehr schlecht). Die Bewertungen der Tester weichen voneinander ab und Sie möchten feststellen, ob trotzdem eine weitgehende Übereinstimmung im Urteil der beiden Personen besteht. Dazu wurde in F1 der Korrelationskoeffizient mit folgender Formel berechnet.

```
F1: =KORREL(B3:B12;C3:C12)
```

Bild 2.43 Korrelationskoeffizient berechnen

Korrelationskoeffizient.xlsx

Alternativ wurde in F2 die Funktion PEARSON eingesetzt, diese liefert dasselbe Ergebnis.

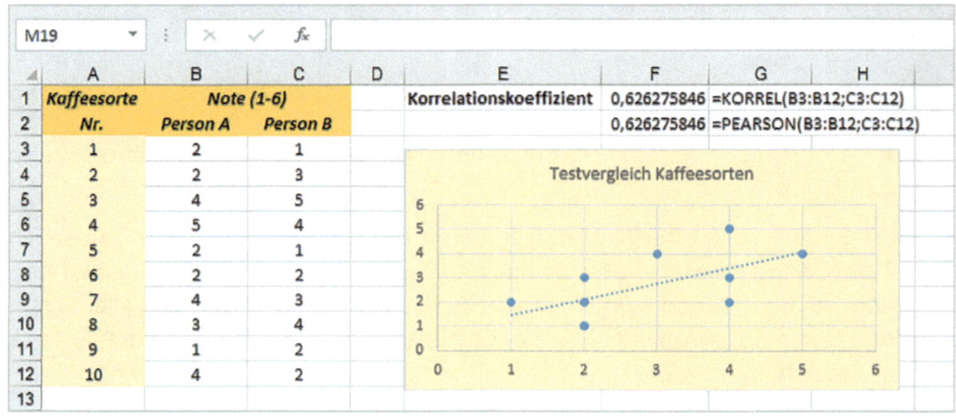

M19

	A	B	C	D	E	F	G
1	Kaffeesorte	Note (1-6)			Korrelationskoeffizient	0,626275846	=KORREL(B3:B12;C3:C12)
2	Nr.	Person A	Person B			0,626275846	=PEARSON(B3:B12;C3:C12)
3	1	2	1				
4	2	2	3				
5	3	4	5				
6	4	5	4				
7	5	2	1				
8	6	2	2				
9	7	4	3				
10	8	3	4				
11	9	1	2				
12	10	4	2				
13							

Das Ergebnis von 0,63 ist so zu interpretieren, dass zwischen den Bewertungen der beiden Kaffeetester ein stärkerer Zusammenhang besteht, als es die abweichenden Einzelergebnisse auf den ersten Blick vermuten lassen. Zur Verdeutlichung wurde dem Beispiel in Bild 2.43 außerdem ein Punktdiagramm mit Trendlinie hinzugefügt.

Hinweis: Eine umfassende Korrelationsanalyse in Form einer Korrekationsmatrix erhalten Sie außerdem mit der Analyse-Funktion *Korrelation*. Da ihre Verwendung tiefergehende statistische Kenntnisse voraussetzt, wird auf diese Möglichkeit hier nicht weiter eingegangen. Die Analyse-Funktion Korrelation gehört zum Excel-Add-In *Analyse-Funktionen*, das standardmäßig nicht installiert ist, aber nachträglich hinzugefügt werden kann. Näheres hierzu im letzten Punkt dieses Kapitels.

Wie Sie die Excel-Add-Ins installieren, lesen Sie auf Seite 142.

Trendberechnungen, Regressionsanalysen mit Excel

Mit einer Regressionsanalyse lassen sich in der Statistik Beziehungen zwischen zwei oder mehr Variablen beschreiben. Voraussetzung ist ein linearer gerichteter Zusammenhang zwischen den Variablen, d.h. es muss eine unabhängige und mindestens eine abhängige Variable existieren. Regressionsanalysen werden häufig für Variablen eingesetzt, für die zuvor ein statistischer Zusammenhang ermittelt wurde, die also miteinander korrelieren, siehe oben.

Zur Regressionsanalyse stellt Excel die folgenden Funktionen zur Verfügung.

Funktion	Kurzbeschreibung
RGP	Diese Funktion liefert die Parameter eines linearen Trends, der sich mit der bekannten Gleichung y=mx+b beschreiben lässt.
RKP	Ähnlich der Funktion RGP, beschreibt aber eine exponentielle Regressionsfunktion der Form y=b*e(a*x).
TREND	TREND(Y_Werte;[X_Werte];[neue X-Werte];Konstante) Diese Funktion berechnet aus den Wertepaaren (Y,X) nach der Methode der kleinsten Quadrate eine Gerade, die auf der Punktwolke liegt. Zudem berechnet die Funktion aus den X-Werten die zugehörigen Schätzwerte ŷ=ys.
PROGNOSE.LINEAR SCHÄTZER	PROGNOSE.LINEAR(x;Y_Werte;X_Werte) Beide Funktionen liefern dieselben Werte wie die Funktion TREND(), wobei SCHÄTZER in Excel 2021 bzw. Microsoft 365 nur noch aus Kompatibilitätsgründen mit älteren Versionen vorhanden ist.

Hinweis: Eine Zusammenstellung erhalten Sie außerdem über die Analyse-Funktion *Regression*, auch diese steht erst nach Installation des Excel-Add-Ins *Analyse-Funktionen* zur Verfügung, siehe oben.

Trend berechnen

Häufig wird auf der Basis vorhandener Zahlen eine Hochrechnung auf künftige Werte benötigt, diese Aufgabe lässt sich in Excel auf verschiedenen Wegen erledigen. Beachten Sie aber, dass aufgrund weiterer Einflussgrößen und unvorhersehbarer Ereignisse das tatsächliche Ergebnis von der Prognose abweichen kann, da Excel lediglich auf der Basis der linearen Regression eine Schätzung vornimmt.

Hinweis: Eine Vorhersage künftiger Datentrends erhalten Sie auch mit dem Tool *Prognoseblatt*. Näheres hierzu erfahren Sie in Kapitel 4.5.

Beispiel: Prognose künftiger Verkaufszahlen

Als Beispiel die Verkaufszahlen eines Fahrradhändlers über ein, in Kalenderwoche 15 neu auf den Markt gekommenes E-Bike. Für künftige Nachbestellungen soll aus den Zahlen von KW 15 bis 27 die voraussichtliche Entwicklung bis Kalenderwoche 35 berechnet werden.

- **Trend als Datenreihe ausfüllen**
  Im einfachsten Fall nutzen Sie einfach die AutoAusfüllfunktion von Excel: Markieren Sie die vorhandenen Verkaufszahlen in B2:B4, zeigen Sie in der rechten unteren Ecke der Markierung auf das Ausfüllkästchen und ziehen Sie die Reihe nach unten bis einschließlich B22 wie im Bild unten.

Bild 2.44 Trend als Datenreihe ausfüllen

Trendberechnung.xslx

N28

	A	B	C	D
1	KW	Verkauft		
2	15	12		
3	16	15		
4	17	14		
5	18	27		
6	19	28		
7	20	30		
8	21	40		
9	22	42		
10	23	36		
11	24	41		
12	25	52		
13	26	48		
14	27	47		
15	28			
16	29			
17	30			
18	31			
19	32			
20	33			
21	34			
22	35			
23				
24				

B2 12

	A	B	C	D
1	KW	Verkauft		
2	15	12		
3	16	15		
4	17	14		
5	18	27		
6	19	28		
7	20	30		
8	21	40		
9	22	42		
10	23	36		
11	24	41		
12	25	52		
13	26	48		
14	27	47		
15	28	56,1923077		
16	29	59,4725275		
17	30	62,7527473		
18	31	66,032967		
19	32	69,3131868		
20	33	72,5934066		
21	34	75,8736264		
22	35	79,1538462		
23				
24				

- **Berechnung mit der Funktion TREND**
  Die Funktion TREND liefert dieselben Ergebnisse wie AutoAusfüllen, die Syntax:

```
TREND(Y_Werte;X_Werte;Neue_X_Werte;Konstante)
```

Argument	Beschreibung
Y-Werte	Die vorhandenen Zahlen, aus denen der Trend berechnet werden soll.
X-Werte	Optionale, zu den Y-Werten dazugehörige Werte, in diesem Beispiel die Kalenderwochen. Ohne Angabe der X-Werte werden diese einfach durchnummeriert.
Neue-X-Werte	Die neuen X-Werte, für die die Funktion die dazugehörigen Y-Werte ausgeben soll.
Konstante	Optional, lassen Sie dieses Argument leer, so wird die Ursprungsverschiebung beibehalten.

Zur Eingabe der Funktion markieren Sie die erste Zelle, ab der die neuen Werte Berechnet werden sollen, hier B15 und geben hier die folgende Formel ein. Der Ausgabebereich wird nach dem Übernehmen der Formel automatisch erweitert.

```
B15: =TREND(B2:B14;A2:A14;A15:A22)
```

Bild 2.45 Trendberechnung mit der Funktion TREND

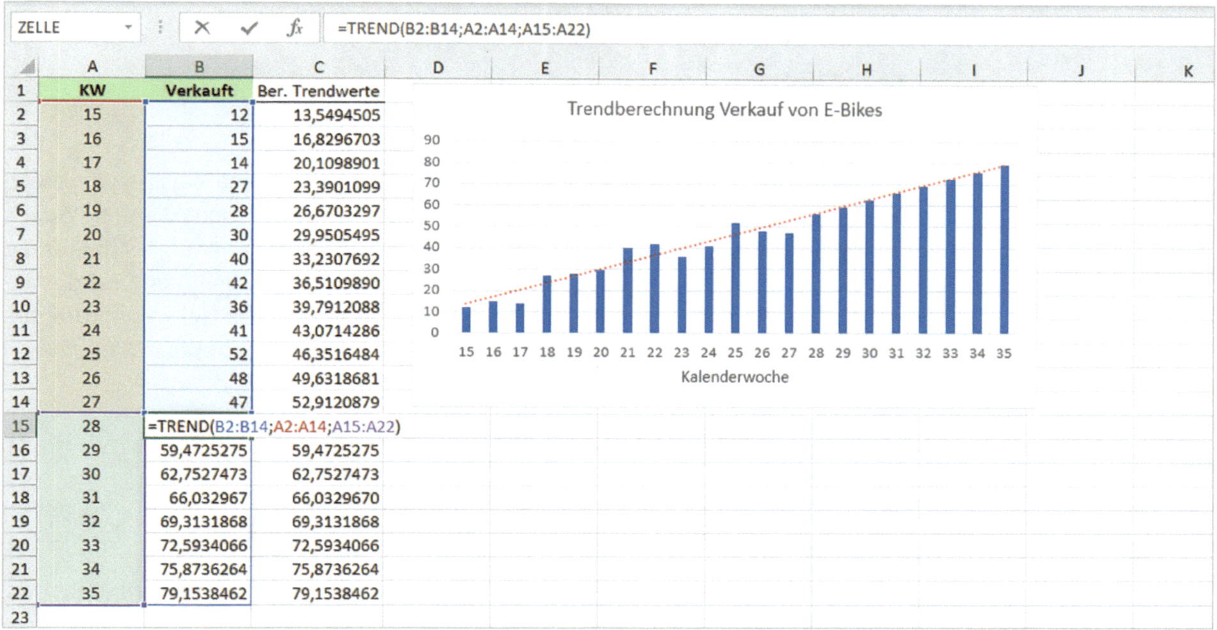

ZELLE | =TREND(B2:B14;A2:A14;A15:A22)

	A	B	C
1	KW	Verkauft	Ber. Trendwerte
2	15	12	13,5494505
3	16	15	16,8296703
4	17	14	20,1098901
5	18	27	23,3901099
6	19	28	26,6703297
7	20	30	29,9505495
8	21	40	33,2307692
9	22	42	36,5109890
10	23	36	39,7912088
11	24	41	43,0714286
12	25	52	46,3516484
13	26	48	49,6318681
14	27	47	52,9120879
15	28	=TREND(B2:B14;A2:A14;A15:A22)	
16	29	59,4725275	59,4725275
17	30	62,7527473	62,7527473
18	31	66,032967	66,0329670
19	32	69,3131868	69,3131868
20	33	72,5934066	72,5934066
21	34	75,8736264	75,8736264
22	35	79,1538462	79,1538462
23			

Trendberechnung Verkauf von E-Bikes

Kalenderwoche

Tipp: Werte der Trendlinie berechnen

Zur Verdeutlichung wurden in Bild 2.45 die Verkaufszahlen als Säulendiagramm mit dargestellt und zusätzlich eine Trendlinie hinzugefügt (Register *Diagrammentwurf* ▶ *Diagrammelement hinzufügen* ▶ *Trendlinie* ▶ *Linear*). Wenn Sie auch für die vorhandenen Verkaufszahlen Trendwerte berechnen möchten, im Bild oben in Spalte C, dann geben Sie in C2 die folgende Formel ein. Wenn Sie diese anschließend als Datenreihe dem Diagramm hinzufügen und in eine Linie umwandeln (Kombidiagramm), dann entspricht diese exakt der Trendlinie.

Diagramme, siehe Kapitel 7.

```
C2: =TREND(B2:B14;A2:A4;A2:A22)
```

Hinweis: Statt mit Trend könnten die Trendwerte auch mit der Funktion PROGNOSE.LINEAR berechnet werden. Diese erweitert im Gegensatz zu TREND den Ausgabebereich nicht automatisch, sondern die Formel muss anschließend kopiert werden. Dann würde die Formel in C2 lauten:

```
PROGNOSE.LINEAR(x;Y-Werte;X_Werte)
C2: =PROGNOSE.LINEAR(A2;$B$2:$B$22;$A$2:$A$22)
```

2.5 Werte mit Nachschlage- und Verweisfunktionen finden

Die Nachschlage- und Verweisfunktionen von Excel dienen dazu, einen Zellbereich (Matrix) zu durchsuchen und bestimmte Inhalte oder die Position eines Inhalts zu ermitteln. Sie finden diese Funktionen in der Kategorie *Nachschlagen und Verweisen.*

Tabellenspalte mit SVERWEIS durchsuchen

Aufbau und Funktionsweise von SVERWEIS

SVERWEIS = Senkrecht Verweis

Die Funktion SVERWEIS (Senkrecht-Verweis) gehört zu den am häufigsten eingesetzten Nachschlage- und Verweisfunktionen von Excel. Sie durchsucht die erste Spalte einer Tabelle (Matrix) von oben nach unten nach einem vorgegebenen Suchkriterium und liefert bei der ersten Übereinstimmung einen Wert aus dieser Zeile und der angegebenen Spalte (Spaltenindex). Wird kein Wert gefunden, der dem Suchkriterium entspricht, erscheint der Fehlerwert #NV (nicht verfügbar) als Ergebnis. Die Funktion besitzt folgenden Aufbau:

```
SVERWEIS(Suchkriterium;Matrix;Spaltenindex;Bereich_Verweis)
```

- *Suchkriterium*: Der Wert, nach dem die Tabelle (Matrix) durchsucht wird. Dieser muss sich unbedingt in der ersten Spalte der Tabelle befinden.
- *Matrix*: Geben Sie hier den gesamten zu durchsuchenden Tabellenbereich an, auch ein Bereichsname ist möglich. Die erste Spalte der Matrix muss den gesuchten Wert enthalten, dies können Zahlen, Datumswerte oder Zeichenfolgen sein. Bei Text wird nicht zwischen Groß- und Kleinbuchstaben unterschieden.
- Der *Spaltenindex* gibt an, in der wievielten Spalte der Matrix sich der gesuchte Wert befindet. Der Spaltenindex ist eine fortlaufende Zahl und beginnt mit der ersten Spalte der Matrix, darf also nicht verwechselt werden mit der Spaltennummerierung des Arbeitsblatts! Der Spaltenindex 3 bedeutet z. B. den Wert aus der dritten Spalte des Tabellenbereichs.
- *Bereich_Verweis*: Legt fest, ob nur bei genauer Übereinstimmung mit dem Suchkriterium ein Ergebnis ausgegeben wird oder ob auch der nächstliegende Wert als Ergebnis verwendet werden darf.
  - **Genaue Übereinstimmung**: Wird eine exakte Übereinstimmung mit dem Suchkriterium benötigt, z. B. bei der Suche nach einem bestimmten Namen, dann geben Sie als *Bereich_Verweis* der Wert FALSCH oder 0 an. Achtung: Falls die erste Spalte der Matrix zwei oder mehr übereinstimmende Werte enthält, wird nur der erste Wert zurückgegeben.
  - **Nächstgelegener Wert**: Handelt es sich beim Suchkriterium um einen Wert innerhalb eines Bereichs, z. B. zwischen 10 und 20, und ist keine exakte Übereinstimmung mit dem Suchkriterium erforderlich, dann geben Sie als *Bereich_Verweis* WAHR oder 1 an oder lassen das Argument weg. Damit liefert SVERWEIS den

nächstgelegenen Wert aus der darüber liegenden Zeile der Matrix. Achtung: Diese muss dazu unbedingt nach der ersten Spalte sortiert sein!

- **Tipp**: Hilfe zu *Bereich_Verweis* erhalten Sie sowohl im Funktionsassistent als auch bei der Eingabe über die Tastatur. Hier bietet Excel die Werte WAHR bzw. FALSCH auch zur Übernahme in die Funktion an.

Beachten Sie beim Einsatz von SVERWEIS

- SVERWEIS durchsucht nur die erste Spalte der Matrix nach dem Suchkriterium. Wenn sich das Suchkriterium in einer anderen Spalte befindet, dann verwenden Sie stattdessen die Funktion XVERWEIS.
- Enthält die erste Spalte der Matrix das Suchkriterium mehrfach, so wird nur der erste Wert gefunden. Falls alle vorkommenden Werte berücksichtigt werden sollen, sollten Sie besser die Funktion FILTER (s. Seite 99 verwenden.

Details zur Funktion XVERWEIS, s. Seite 96.

Beispiel 1: Genaue Übereinstimmung mit dem Suchkriterium

SVERWEIS.xlsx

Ein typischer Fall für den Einsatz der Funktion SVERWEIS: Sie benötigen für eine Auswertung zusätzliche Daten oder Informationen, diese befinden sich allerdings in einer anderen Tabelle oder in einem anderen Arbeitsblatt. Im unten abgebildeten Beispiel sind im Blatt *Auswertung* für die monatliche Auswertung der Arbeitsstunden zusätzlich zur Personalnummer noch Nachname, Kostenstelle und Standort erforderlich. Diese Angaben befinden sich in der Personalliste im Blatt *Personal*. Anhand des Suchkriteriums Personalnummer können in diesem Fall mit SVERWEIS die fehlenden Daten ermittelt und eingefügt werden.

Bild 2.46 Die Arbeitsblätter Person und Auswertung

	A	B	C	D	E	F	G
1	Personal-Nr.	Nachname	Vorname	Kostenstelle	Eintrittsdatum	Standort	
2	75	Moser	Karl	300	01		
3	76	Kabelschacht	Alfred	100	15		
4	77	Hinterleitner	Sandra	100	12		
5	79	Thomas	Sabine	200	01		
6	80	Baumholtz	Philipp	100	23		
7	81	Bleifuss	Tobias	300	18		
8	83	Nordhoff	Silke	400	01		
9	84	Leutz	Sven	400	19		
10	86	Mumpitz	Nicole	300	21		
11	87	Rumpenhorst	Walter	300	01		
12	89	Weber	Wolfgang	200	14		
13	90	Pförtner	Max	200	15		
14	91	Winzig	Peter	300	15		
15	93	Zauner	Irene	400	01		
16	94	Flegel	Katrin	200	01		
17							

Personal | Auswertung

	A	B	C	D	E
1	Geleistete Arbeitsstunden				
2	Monat:	Januar			
3					
4	Personal-Nr.	Geleistete Stunden	Nachname	Kostenstelle	Standort
5	77	120			
6	84	134			
7	75	89			
8	93	115			
9	80	125			
10	87	145			
11	81	91			
12	94	138			
13	90	126			
14	79	109			
15	86	152			
16	91	136			
17	76	140			
18	89	144			
19	83	76			

Personal | Auswertung

Zur Ermittlung des Nachnamens markieren Sie im Blatt *Auswertung* die Zelle C5 und geben hier die Funktion SVERWEIS wie folgt ein.

Tipp: Mit Pivot-Tabellen können Sie solche Tabellen auch ohne SVERWEIS auswerten, Näheres hierzu in Kap. 6.8.

```
C5: =SVERWEIS(A5;Personal!$A$2:$F$16;2;FALSCH)
```

- *Suchkriterium* ist die Personalnummer in A5,
- *Matrix* ist der Bereich A2:F16 im Blatt Personal,
- der gesuchte Nachname befindet sich in der zweiten Spalte der Matrix, daher *Spaltenindex* 2.
- Welcher Wert soll zurückgegeben werden, falls die angegebene Personalnummer nicht in der Matrix gefunden wird? Da in diesem Beispiel der nächstgelegene Wert, also der Nachname aus der darüber liegenden Zeile ein falsches Ergebnis liefern würde, muss als *Bereich_Verweis* unbedingt FALSCH oder 0 angegeben werden.

Kopieren Sie anschließend die Formel in die restlichen Zeilen der Spalte. Mit derselben Funktion ermitteln Sie auch in Spalte D die Kostenstelle und in Spalte E den Standort, der einzige Unterschied: Für die Kostenstelle geben Sie Spaltenindex 4 und für den Standort Spaltenindex 6 an.

Tipp: Sie sparen Arbeit, wenn Sie für das Suchkriterium in Spalte A einen gemischten Zellbezug, also $A5 verwenden. Damit können Sie die Funktion in C5 in die Spalten D und E kopieren und brauchen anschließend nur jeweils den Spaltenindex ändern.

Bild 2.47 Die Ergebnisse im Blatt Auswertung

C5 =SVERWEIS($A5;Personal!$A$2:$F$16;2;FALSCH)

	A	B	C	D	E	F	G	H
1	**Geleistete Arbeitsstunden**							
2	Monat:	**Januar**						
3								
4	**Personal-Nr.**	**Geleistete Stunden**	**Nachname**	**Kostenstelle**	**Standort**			
5	77	120	Hinterleitner	100	München			
6	84	134	Leutz	400	Regensburg			
7	75	89	Moser	300	München			
8	93	115	Zauner	400	Regensburg			
9	80	125	Baumholtz	100	Ulm			
10	87	145	Rumpenhorst	300	Pfarrkirchen			
11	81	91	Bleifuss	300	München			
12	94	138	Flegel	200	Ulm			
13	90	126	Pförtner	200	Ulm			
14	79	109	Thomas	200	Ulm			
15	86	152	Mumpitz	300	Ulm			
16	91	136	Winzig	300	München			
17	76	140	Kabelschacht	100	Regensburg			
18	89	144	Weber	200	Pfarrkirchen			
19	83	76	Nordhoff	400	Regensburg			
20								

Beispiel 2: Einen Näherungswert finden

Anders verhält es sich, wenn Sie beispielsweise anhand des Prüfungsergebnisses in Punkten die dazugehörige Note aus einer zweiten Tabelle, der Notentabelle, ermitteln möchten, wie in Bild 2.48. Da die Notentabelle statt einzelner Punktzahlen nur die Untergrenzen enthält, muss als *Bereich_Verweis* der Wert WAHR angegeben werden, alternativ können Sie in diesem Fall das Argument auch leer lassen. Wird die genaue Punktzahl in der Notentabelle nicht gefunden, so liefert SVERWEIS die nächstgelegene Note aus der Zeile darüber. Die Notentabelle muss also außerdem unbedingt nach der ersten Spalte (hier *ab Punkte*) sortiert sein. Als Suchkriterium verwenden Sie die jeweils erzielte Punktzahl, die Notentabelle bildet die Matrix. Die Note befindet sich in der zweiten Spalte der Matrix, daher Spaltenindex 2.

> **Da SVERWEIS in Verbindung mit einem Bereichsverweis den nächstgelegenen Wert immer aus der darüber liegenden Zeile der Matrix liefert, muss diese unbedingt auf- oder absteigend sortiert sein!**

ZELLE | =SVERWEIS(B2;$F$2:$G$7;2;WAHR)

	A	B	C	D	E	F	G	H	I
1	Name	Punkte	Note			ab Punkte	Note		
2	Baumholtz	14	=SVERWEIS(B2;$F$2:$G$7;2;WAHR)			0	6		
3	Bockel	36	3			10	5		
4	Hofer	55	1			20	4		
5	Kniffel	43	2			30	3		
6	Wiesenfeld	32	3			40	2		
7	Zwerg	59	1			50	1		
8	Müller	32	3						
9	Karg	26	4						
10									

Bild 2.48 Mit SVERWEIS anhand der Punktzahl die Note ermitteln

SVERWEIS.xlsx,

Blatt: Bereich_Verweis

Tabellenzeile mit WVERWEIS durchsuchen

Die Funktion WVERWEIS (Waagrecht-Verweis) hat den gleichen Aufbau wie die Funktion SVERWEIS, durchsucht aber im Gegensatz zu dieser waagrecht von links nach rechts die erste Zeile einer Matrix und liefert den Wert aus der angegebenen Zeile (Zeilenindex). Diese Funktion setzen Sie daher ein, wenn die erste Zeile der zu durchsuchenden Tabelle das Suchkriterium enthält.

```
WVERWEIS(Suchkriterium;Matrix;Zeilenindex;Bereich_Verweis)
```

Das hier verwendete Beispiel im Bild unten kennen Sie vielleicht aus Katalogen von Reiseveranstaltern, in denen Hotels je nach Saison zu verschiedenen Preisen angeboten werden. In C13 soll aus der Hotelpreisliste der Preis der jeweiligen Hotels zum angegebenen Datum ermittelt werden.

C13 | =WVERWEIS(C11;A3:H8;C12;WAHR)

	A	B	C	D	E	F	G	H
1	Preis pro Tag (Übernachtung, Frühstück & Halbpension)							
2			ab Datum					
3	Zeile	Hotel	01.01.2022	15.04.2022	15.06.2022	10.09.2022	11.11.2022	31.12.2022
4	2	Bella Vista	33 €	45 €	65 €	75 €	55 €	40 €
5	3	Club Amigo	42 €	48 €	80 €	69 €	55 €	50 €
6	4	Sole mio	50 €	60 €	75 €	85 €	60 €	55 €
7	5	Mare Club	63 €	75 €	105 €	110 €	95 €	85 €
8	6	Casa sole	79 €	85 €	119 €	125 €	110 €	90 €
9								
10	Preis ermitteln							
11	Anreisedatum		01.07.22					
12	gewünschtes Hotel Zeile		3					
13	Preis pro Übernachtung		80	=WVERWEIS(C11;A3:H8;C12;WAHR)				
14								

Bild 2.49 Beispiel WVERWEIS

Sowohl WVERWEIS als auch SVERWEIS funktionieren auch mit Datumswerten als Suchkriterium, wie das Beispiel zeigt.

WVERWEIS.xlsx

Suchkriterium ist das Anreisedatum in C11. Außerdem wird hier der Zeilenindex nicht in der Formel sondern in C12 angegeben, so dass auch nach anderen Hotels gesucht werden kann. Als Matrix geben Sie den Bereich A3:H8 an und da der Anreisetermin meist zwischen den angegebenen Datumswerten liegt, ist außerdem als *Bereich_Verweis* WAHR erforderlich.

Mit XVERWEIS eine beliebige Spalte oder Zeile durchsuchen

Einziger Nachteil: Auch XVERWEIS liefert genau wie SVERWEIS und WVERWEIS nur den ersten gefundenen Wert.

Statt SVERWEIS und WVERWEIS kann auch die Funktion XVERWEIS eingesetzt werden. Sie vereint alle Eigenschaften der genannten Funktionen und kann sogar noch mehr, die Syntax:

```
XVERWEIS(Suchkriterium; Suchmatrix; Rückgabematrix; [wenn_nicht_gefunden];
[Vergleichsmodus]; [Suchmodus])
```

- *Suchkriterium*: Nach welchem Inhalt soll gesucht werden (siehe SVERWEIS)?
- *Suchmatrix*: Zellbereich, der durchsucht werden soll, dies kann im Gegensatz zu SVERWEIS bzw. WVERWEIS eine beliebige Spalte oder Zeile sein. Auch die Angabe mehrerer Spalten/Zeilen ist möglich, ein Beispiel finden Sie weiter unten.
- *Rückgabematrix*: Zellbereich, der den benötigten Wert enthält (Rückgabewert). Dieser muss ein zusammenhängender Zellbereich sein und kann auch mehrere Spalten oder Zeilen umfassen.
- *Wenn_nicht_gefunden*: Mit diesem optionalen Argument können Sie angeben, welcher Wert zurückgegeben wird, wenn keine Übereinstimmung mit dem Suchkriterium gefunden wird. Dies kann eine Zahl oder beliebiger Text sein. Wird dieses Argument weggelassen, erhalten Sie #NV.
- Standardmäßig liefert XVERWEIS nur bei genauer Übereinstimmung mit dem Suchkriterium ein verwertbares Ergebnis. Mit dem optionalen Argument *Vergleichsmodus* können Sie den Übereinstimmungstyp festlegen:
  - **Genaue Übereinstimmung erforderlich**: Keine Angabe oder 0 bedeutet, Sie erhalten nur bei genauer Übereinstimmung ein Ergebnis, ansonsten #NV. Dasselbe Ergebnis erhalten Sie auch, wenn Sie als Suchmodus 0 angeben.
  - **Nächstkleineres Element**: Mit -1 erhalten Sie das nächstkleinere Element aus der Zeile darüber, falls keine genaue Übereinstimmung gefunden wird.
  - **Nächstgrößeres Element**: 1 liefert dagegen den nächstgrößeren Wert aus der Zeile darunter, falls keine Übereinstimmung vorliegt.
  - **Verwendung von Platzhalterzeichen**: 2 erlaubt für Suchkriterien die Verwendung der Platzhalterzeichen * und ?. Die Verwendung dieser Zeichen dürfte den meisten Anwendern bekannt sein: ? steht für ein einzelnes Zeichen und * ersetzt eine beliebige Anzahl von Zeichen.

- Mit *Suchmodus* kann optional die Suchrichtung vorgegeben werden: 1 oder keine Angabe bedeutet, die Suche erfolgt von oben nach unten bzw. von links nach rechts. Mit -1 beginnt dagegen die Suche unten oder ganz rechts.

XVERWEIS bietet im Vergleich zu SVERWEIS und WVERWEIS gleich mehrere Vorteile.

- Das Suchkriterium muss sich nicht in der ersten Spalte der zu durchsuchenden Tabelle (Matrix) befinden.
- Suchmatrix kann sowohl eine Zeile als auch eine Spalte sein.
- Die Rückgabematrix kann sich auch links vom Suchkriterium befinden. Werden mehrere Rückgabewerte benötigt, können statt Kopieren der Formel die betreffenden Spalten (oder Zeilen) als Rückgabematrix angegeben werden, vorausgesetzt diese bilden einen zusammenhängenden Zellbereich.

Beispiel 1: Einwohnerzahl eines Bundeslandes anzeigen

Sie haben eine Excel-Tabelle aller deutschen Bundesländern mit Einwohnerzahl und Fläche, s. Bild unten, und möchten aus dieser in G2 die Einwohnerzahl eines bestimmten Bundeslandes anzeigen lassen.

- Suchkriterium ist in F2 die Abkürzung für das Bundesland, z. B. BY für Bayern,
- als Suchmatrix geben Sie die Spalte mit den Abkürzungen an, hier D2:D17,
- und als Rückgabematrix die Spalte mit den Einwohnerzahlen, also B2:B17.

Die übrigen Argumente können vorerst weggelassen werden und die Formel lautet:

```
G2: =XVERWEIS(F2;D2:D17;B2:B17)
```

ZELLE | =XVERWEIS(F2;D2:D17;B2:B17)

	A	B	C	D	E	F	G	H
1	Bundesland	Einwohner	Fläche (km²)	Abk.		Bundesland	Einwohner	
2	Baden-Württemberg	11.100.394	35.748	BW		BY	=XVERWEIS(F2;D2:D17;B2:B17)	
3	Bayern	13.124.737	70.542	BY				
4	Berlin	3.669.491	891	BE				
5	Brandenburg	2.521.893	29.654	BB				
6	Bremen	681.202	419	HB				
7	Hamburg	1.847.253	755	HH				
8	Hessen	6.288.080	21.116	HE				
9	Mecklenburg-Vorpommern	1.608.138	23.295	MV				
10	Niedersachsen	7.993.608	47.710	NI				
11	Nordrhein-Westfalen	17.947.221	34.112	NW				
12	Rheinland-Pfalz	4.093.903	19.858	RP				
13	Saarland	986.887	2.571	SL				
14	Sachsen	4.071.971	18.450	SN				
15	Sachsen-Anhalt	2.194.782	20.454	ST				
16	Schleswig-Holstein	2.903.773	15.804	SH				
17	Thüringen	2.133.378	16.202	TH				
18								

Bild 2.50 Wert aus Tabelle mit XVERWEIS ausgeben

Quelle: Wikipedia.de

XVERWEIS.xlsx

Falls Sie für das Bundesland auch noch die Fläche ausgeben lassen möchten, müssten Sie mit SVERWEIS die Formel kopieren, bei XVERWEIS brauchen Sie nur beide Spalten als Rückgabematrix festlegen, also B2:C17 wie in Bild 2.51. Bei diesem Beispiel kein

Problem, da diese unmittelbar nebeneinander liegen. Der Ausgabebereich wird automatisch um die entsprechende Spaltenanzahl erweitert, sofern die angrenzenden Zellen leer sind. Sie brauchen nur noch die Spaltenüberschriften in G1 und H1 entsprechend ergänzen. Falls Sie auch noch den Namen des Bundeslandes mit ausgeben lassen möchten, erweitern Sie einfach die Rückgabematrix auch noch um diese Spalte.

Bild 2.51 XVERWEIS mit zwei Rückgabewerten

G2 =XVERWEIS(F2;D2:D17;B2:C17)

	A	B	C	D	E	F	G	H
1	**Bundesland**	**Einwohner**	**Fläche (km²)**	**Abk.**		Bundesland	Einwohner	Fläche
2	Baden-Württemberg	11.100.394	35.748	BW		BY	13.124.737	70.542
3	Bayern	13.124.737	70.542	BY				
4	Berlin	3.669.491	891	BE				
5	Brandenburg	2.521.893	29.654	BB				
6	Bremen	681.202	419	HB				
7	Hamburg	1.847.253	755	HH				
8	Hessen	6.288.080	21.116	HE				

Beispiel 2: Suche mit Platzhalter

Bei XVERWEIS kann der Suchbegriff auch die Platzhalterzeichen ? und * (siehe Seite 96) enthalten. Als Beispiel im Bild unten die Suche in einer Telefonliste, wenn nur ein Teil des Nachnamens angegeben wird. Zur Kontrolle, ob es sich um den richtigen Namen handelt, werden hier die Nachnamen nochmals in die Rückgabematrix einbezogen und die Formel in F2 lautet:

```
F2: XVERWEIS(E2;A2:A9;A2:C9;"nicht vorhanden";2)
```

*Bild 2.52 Suche mit Platzhalter **

F2 =XVERWEIS(E2;A2:A9;A2:C9;"nicht vorhanden";2)

	A	B	C	D	E	F	G	H	I
1	**Nachname**	**Vorname**	**Telefon**		**Suchbegriff**	**Nachname**	**Vorname**	**Telefon**	
2	Moser	Karl-Heinz	2256		Mu*	Muster	Otto	1545	
3	Baumann	Viola	3041						
4	Norgel	Philipp	1478						
5	Müller	Jochen	7801						
6	Muster	Otto	1545						
7	Behring	Klara	3351						
8	Hübner	Horst	1044						
9	Kringel	Sabine	2145						
10									

Beispiel 3: Eine Tabelle senkrecht und waagrecht durchsuchen

Ob eine Tabelle waagrecht oder senkrecht durchsucht wird, hängt bei XVERWEIS nur von der angegebenen Suchmatrix ab. Wenn Sie eine Tabelle sowohl waagrecht als auch senkrecht durchsuchen möchten, dann setzen Sie dazu eine verschachtelte XVERWEIS-Funktion ein. Als Beispiel in Bild 2.53 die Zimmerpreise eines Hotels: In E2 soll abhängig von Datum und Zimmerkategorie der Preis ermittelt werden.

- Erstes Suchkriterium ist die Zimmerkategorie in D2, nach dieser wird der Bereich B6:B10 durchsucht (Suchmatrix).
- Die Rückgabematrix wird hier mit der zweiten XVERWEIS-Funktion anhand des Datums in C2 aus dem Bereich C5:G5 ermittelt. Rückgabematrix für diese

Funktion ist der Bereich C6:G10. **Achtung**: Genaue Übereinstimmung mit dem Suchkriterium ist nicht erforderlich, sondern es soll der Wert links davon, das nächstkleinere Datum verwendet werden, daher muss als Vergleichsmodus -1 angegeben werden.

```
E2: =XVERWEIS(D2;B6:B10;XVERWEIS(C2;C5:G5;C6:G10;;-1))
```

E2 | =XVERWEIS(D2;B6:B10;XVERWEIS(C2;C5:G5;C6:G10;;-1))

	A	B	C	D	E	F	G	H	I
1			Datum	Kategorie	Preis				
2			03.04.2023	B	100				
3									
4			ab Datum						
5		Zimmerkategorie	01.01.2023	15.03.2023	01.06.2023	20.09.2023	05.11.2023		
6		A	135	120	160	140	120		
7		B	110	100	130	115	100		
8		C	95	90	100	110	90		
9		D	80	85	100	95	80		
10		E	75	79	90	85	80		
11									

Bild 2.53 Zimmerpreis ermitteln

Mehrere Rückgabewerte mit der Funktion FILTER erhalten

Alle oben beschriebenen Verweisfunktionen haben einen Nachteil: Sie liefern nur den ersten gefundenen Wert. Was aber, wenn der gesuchte Wert mehrmals in der Tabelle vorkommt und Sie alle Ergebnisse auflisten möchten?

Für solche Fälle stellt Excel die neue Funktion FILTER zur Verfügung. Diese filtert einen Tabellenbereich anhand von Kriterien und listet die Ergebnisse in einem gesonderten Bereich auf. Im Gegensatz zu den üblichen Excel-Filtermethoden erhalten Sie also die Ergebnisse in einer gesonderten Tabelle.

```
FILTER(Matrix;einschließen;[wenn_leer])
```

Argument	Beschreibung
Matrix	Der zu filternde Tabellenbereich
einschließen	Hier geben Sie die Filterkriterien an, z. B. B5:B10>100
wenn_leer	Rückgabewert, wenn keine Werte vorhanden sind, die dem angegebenen Kriterium entsprechen. Wird nichts angegeben, erscheint in solchen Fällen der Fehlerwert #KALK!.

Beispiel: Alle Bundesländer mit mehr 10 Mio. Einwohnern

Als einfaches Beispiel sollen aus einer Liste der deutschen Bundesländer mit Einwohnerzahlen (Bild 2.54) alle Bundesländer 10 Mio. oder mehr Einwohnern angezeigt werden. Dazu geben Sie in D4 die folgende Funktion ein:

```
D4: =FILTER(A2:B17;B2:B17>=E1)
```

- Da in der Ergebnistabelle Bundesland und Einwohnerzahl ausgegeben werden sollen, wird als Matrix die gesamte Tabelle (ohne Überschriften), also A2:B17 angegeben.
- Verglichen werden die Einwohnerzahlen im Bereich B2:B17 und der Vergleichswert befindet sich in E1, also lautet der Ausdruck B2:B17>=E1.

FILTER liefert wie XVERWEIS mehrere Rückgabewerte und nach dem Übernehmen mit der Eingabetaste wird der Ausgabebereich wieder automatisch erweitert.

Bild 2.54 Die Funktion FILTER

Quelle: Wikipedia.de

FILTER.xlsx

D4 =FILTER(A2:B17;B2:B17>=E1)

	A	B	C	D	E	F
1	**Bundesland**	**Einwohner**		Einwohner über	10.000.000	
2	Baden-Württemberg	11.100.394				
3	Bayern	13.124.737		**Bundesland**	**Einwohner**	
4	Berlin	3.669.491		Baden-Württemberg	11.100.394	
5	Brandenburg Brandenburg	2.521.893		Bayern	13.124.737	
6	Bremen	681.202		Nordrhein-Westfalen	17.947.221	
7	Hamburg	1.847.253				
8	Hessen	6.288.080				
9	Mecklenburg-Vorpommern	1.608.138				
10	Niedersachsen	7.993.608				
11	Nordrhein-Westfalen	17.947.221				
12	Rheinland-Pfalz	4.093.903				
13	Saarland	986.887				
14	Sachsen	4.071.971				
15	Sachsen-Anhalt	2.194.782				
16	Schleswig-Holstein	2.903.773				
17	Thüringen	2.133.378				
18						
19	Quelle: Wikipedia					

Achtung: Matrix und der Zellbereich, mit dem das Suchkriterium verglichen wird, müssen dieselben Zeilen umfassen. Achten Sie außerdem darauf, dass ausreichend Platz für die Ergebnistabelle vorhanden ist. Sie erhalten sonst den Fehler #ÜBERLAUF!

Tipp: Filterergebnisse sortieren

Falls die Filterergebnisse auch gleich sortiert ausgegeben werden sollen, dann setzen Sie dazu die Funktion SORTIEREN ein.

SORTIEREN(Matrix;[Sortierindex];[Sortierreihenfolge];[nach_Spalte])

Argument	Beschreibung
Matrix	Tabelle oder Bereich, der sortiert werden soll, dabei kann es sich um den dynamischen Rückgabebereich einer Matrixformel handeln (z. B. FILTER).
Sortierindex	Zahl, die die Spalte (oder Zeile, s. Argument nach_Spalte) angibt, nach der sortiert werden soll, z. B. 2 = zweite Spalte. Fehlt das Argument, dann wird nach der ersten Spalte sortiert.
Sortierreihenfolge	1 = aufsteigende Sortierung, -1 = absteigende Sortierung. Die Standardeinstellung ist aufsteigend.
nach_Spalte	Gibt an, ob spaltenweise (WAHR) oder zeilenweise (FALSCH) sortiert wird. Die Standardeinstellung ist Sortieren nach Zeilen (FALSCH).

In diesem Beispiel brauchen Sie nur die Funktion FILTER in die Funktion SORTIEREN einschließen.

D4: = SORTIEREN(FILTER(A2:B17;B2:B17>=E1);2;-1)

D4 =SORTIEREN(FILTER(A2:B17;B2:B17>=E1);2;-1)

	A	B	C	D	E	F
1	**Bundesland**	**Einwohner**		Einwohner über	10.000.000	
2	Baden-Württemberg	11.100.394				
3	Bayern	13.124.737		**Bundesland**	**Einwohner**	
4	Berlin	3.669.491		Nordrhein-Westfalen	17.947.221	
5	Brandenburg Brandenburg	2.521.893		Bayern	13.124.737	
6	Bremen	681.202		Baden-Württemberg	11.100.394	
7	Hamburg	1.847.253				
8	Hessen	6.288.080				

Bild 2.55 Filterergebnisse sortieren

Filter mit mehreren Kriterien

Die Funktion FILTER erlaubt auch mehrere Kriterien:

- Wenn alle Kriterien erfüllt sein müssen (**Und**), werden diese im Argument *einschließen* mit dem Operator für Multiplikation * verbunden.
- Wenn die Kriterien dagegen mit dem + Operator verbunden werden, dann genügt es, wenn mindestens eines der Kriterien erfüllt ist (**Oder**).

Und-Verbindung

FILTER.xlsx, Blatt Weinlager

Als Beispiel für eine Und-Verbindung das Weinlager in Bild 2.56: Es sollen alle Rotweine (Kategorie Rot) aus Italien herausgefiltert werden, die Filterkriterien befinden sich in G1 und G2. Beachten Sie außerdem die Klammern:

F5: =FILTER(A2:D24;(D2:D24=G1)*(C2:C24=G2);"Nicht vorhanden")

Bild 2.56 Zwei Filterkriterien verwenden

F5 =FILTER(A2:D24;(D2:D24=G1)*(C2:C24=G2);"Nicht vorhanden")

	A	B	C	D	E	F	G	H	I	J	K
1	**BestellNr**	**Bezeichnung**	**Land**	**Kategorie**		Kategorie:	Rot				
2	A-123	Steile Kellertreppe	Deutschland	Weiß		Land	Italien				
3	K-399	Merlot, DOC Montepulciano	Italien	Rot							
4	A-129	Müller Thurgau	Deutschland	Weiß		**Bestellnr.**	**Bezeichnung**				
5	K-445	Vino Montepulciano	Italien	Rot		K-399	Merlot, DOC Montepulciano	Italien	Rot		
6	K-780	Rosso de Gran Sasso	Italien	Rot		K-445	Vino Montepulciano	Italien	Rot		
7	D-788	Rheingau Schattenhang	Deutschland	Weiß		K-780	Rosso de Gran Sasso	Italien	Rot		
8	D-902	Riesling "Kirchenspiel"	Deutschland	Weiß		H-002	Vino de la Casa, Umbrien	Italien	Rot		
9	G-770	Chateau la Fleur	Frankreich	Rot		K-444	Sangiovese Riserva	Italien	Rot		
10	H-111	Pinot Noir	Frankreich	Rot							
11	H-356	Sauvignon	Italien	Weiß							
12	U-400	Chardonnay	Frankreich	Weiß							
13	U-700	Château Moulin Rouge	Frankreich	Rot							
14	H-002	Vino de la Casa, Umbrien	Italien	Rot							
15	B-003	Kremser Kiesgrube trocken	Österreich	Rot							
16	H-555	Chardonnay	Italien	Weiß							
17	K-444	Sangiovese Riserva	Italien	Rot							
18	B-222	Grüner Veltliner "Arkadenhof"	Österreich	Weiß							
19	B-231	Grüner Veltliner, Landwein	Österreich	Weiß							
20	B-333	Blaufränkischer Schädelbrecher	Österreich	Rot							
21	B-777	Hinterdörfer Kiesgrube	Österreich	Weiß							
22	C-455	Wiener Hinterhof, Spätlese Extra	Österreich	Rot							
23	H-123	Blauer Zweigelt, Auslese	Österreich	Rot							

Als Matrix geben Sie die Spalten an, die in der Ergebnistabelle benötigt werden, in diesem Beispiel alle Spalten, also A2:D24. Diese müssen einen zusammenhängenden Zellbereich bilden. Die Spalten, nach denen gefiltert wird, müssen dagegen nicht zwingend in der Matrix angegeben werden. Matrix und zu durchsuchende Spalten müssen aber unbedingt dieselben Zeilen umfassen.

Oder-Verbindung

Benötigen Sie dagegen alle Weine aus Frankreich **oder** Italien, dann lautet die Funktion:

```
F5: =FILTER(A2:D24;(C2:C24=G1)+(C2:C24=G2);"Nicht vorhanden")
```

Bild 2.57 Oder-Verbindung

F5 =FILTER(A2:D24;(C2:C24=G1)+(C2:C24=G2);"Nicht vorhanden")

	A	B	C	D	E	F	G	H	I	J	K
1	**BestellNr**	**Bezeichnung**	**Land**	**Kategorie**		Land	Frankreich				
2	A-123	Steile Kellertreppe	Deutschland	Weiß		Land	Italien				
3	K-399	Merlot, DOC Montepulciano	Italien	Rot							
4	A-129	Müller Thurgau	Deutschland	Weiß		**Bestellnr**	**Bezeichnung**	**Land**	Kategorie		
5	K-445	Vino Montepulciano	Italien	Rot		K-399	Merlot, DOC Montepulciano	Italien	Rot		
6	G-770	Chateau la Fleur	Frankreich	Rot		K-445	Vino Montepulciano	Italien	Rot		
7	K-780	Rosso de Gran Sasso	Italien	Rot		G-770	Chateau la Fleur	Frankreich	Rot		
8	D-788	Rheingau Schattenhang	Deutschland	Weiß		K-780	Rosso de Gran Sasso	Italien	Rot		
9	D-902	Riesling "Kirchenspiel"	Deutschland	Weiß		H-111	Pinot Noir	Frankreich	Rot		
10	H-111	Pinot Noir	Frankreich	Rot		H-356	Sauvignon	Italien	Weiß		
11	H-356	Sauvignon	Italien	Weiß		U-400	Chardonnay	Frankreich	Weiß		
12	U-400	Chardonnay	Frankreich	Weiß		U-700	Château Moulin Rouge	Frankreich	Rot		
13	U-700	Château Moulin Rouge	Frankreich	Rot		H-002	Vino de la Casa, Umbrien	Italien	Rot		
14	H-002	Vino de la Casa, Umbrien	Italien	Rot		H-555	Chardonnay	Italien	Weiß		
15	B-003	Kremser Kiesgrube trocken	Österreich	Rot		K-444	Sangiovese Riserva	Italien	Rot		
16	H-555	Chardonnay	Italien	Weiß							

Tabellen mit XVERGLEICH und VERGLEICH durchsuchen

Position eines Werts mit XVERGLEICH finden

Genau wie die oben beschriebenen Verweisfunktionen durchsucht auch die Funktion XVERGLEICH eine Matrix bzw. Tabelle, liefert aber im Gegensatz zu diesen keinen Wert, sondern die relative Position des gesuchten Elements innerhalb der Tabelle. Berücksichtigt wird nur das erste gefundene Element, die Syntax:

Hinweis: Im Gegensatz zu Microsoft 365 verwendet Excel 2021 für die Argumente dieser Funktion die englischen Bezeichnungen.

```
=XVERGLEICH(Suchkriterium;Suchmatrix;[Vergleichsmodus];[Suchmodus])
```

Argument	Beschreibung
Suchkriterium *lookup_value*	Der Wert, nach dem gesucht wird.
Suchmatrix *lookup_array*	Der zu durchsuchende Bereich, dies kann eine Tabellenzeile oder -spalte sein. Beachten Sie, dass dieser nur eine einzelne Zeile oder Spalte umfassen darf! Geben Sie beispielsweise A1:D25 als Suchmatrix an, so erhalten Sie als Ergebnis den Fehler #NV.
Vergleichsmodus *match_mode*	Das optionale Argument *Vergleichsmodus* steuert die Art der Suche: 0 oder keine Angabe erfordert genaue Übereinstimmung mit dem Suchkriterium, -1 liefert das nächstkleinere Element und 1 das nächstgrößere Element, beide Fälle setzen aufsteigende Sortierung der Suchmatrix voraus. 2 erlaubt die Verwendung der Platzhalterzeichen * und ? im Suchkriterium.

Argument	Beschreibung
Suchmodus *search_mode*	Gibt die Suchrichtung vor: 1 = vom ersten zum letzten Element; -1 = vom letzten zum ersten Element.

Zur Verdeutlichung der Arbeitsweise dieser Funktion im Bild unten ein einfaches Beispiel, das die Position der Zahl kleiner und größer 5 ermittelt, die Zahlen in Spalte B sind in beiden Fällen aufsteigend sortiert.

```
D3: =XVERGLEICH(5;A1:A7;1;1)          bzw. =XVERGLEICH(5;A1:A7;-1;1)
```

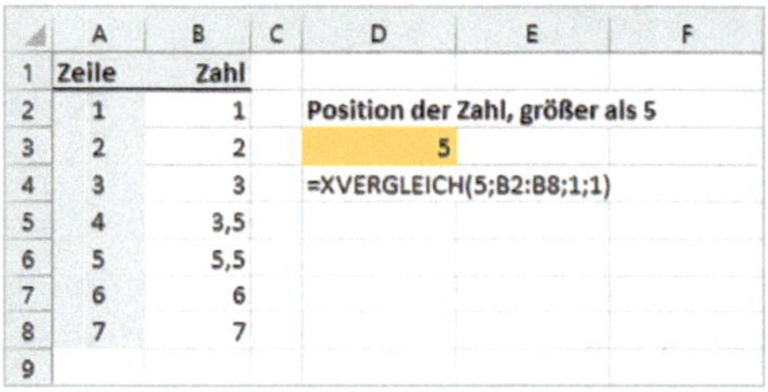

	A	B	C	D	E	F
1	Zeile	Zahl				
2	1	1		Position der Zahl, größer als 5		
3	2	2		5		
4	3	3		=XVERGLEICH(5;B2:B8;1;1)		
5	4	3,5				
6	5	5,5				
7	6	6				
8	7	7				
9						

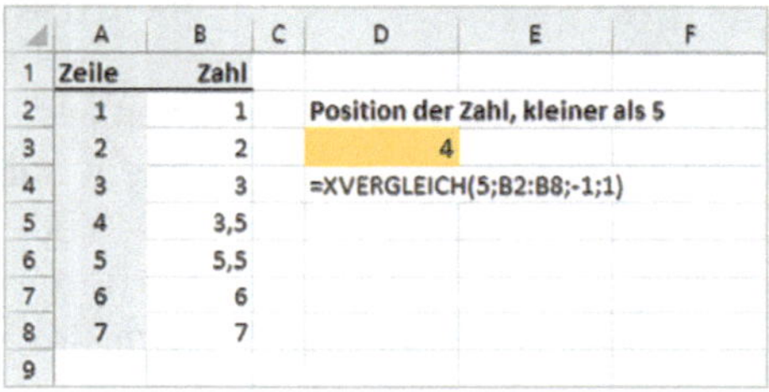

	A	B	C	D	E	F
1	Zeile	Zahl				
2	1	1		Position der Zahl, kleiner als 5		
3	2	2		4		
4	3	3		=XVERGLEICH(5;B2:B8;-1;1)		
5	4	3,5				
6	5	5,5				
7	6	6				
8	7	7				
9						

Bild 2.58 XVERGLEICH nächstgrößeres Element

Bild 2.59 XVERGLEICH nächstkleineres Element

Hinweis: Daneben existiert auch noch die Funktion VERGLEICH aus älteren Excel-Versionen. Diese unterscheidet sich von XVERGLEICH durch das Argument *Vergleichstyp*, das beim nächstkleineren Wert (Vergleichstyp 1) aufsteigende Sortierung der Suchmatrix voraussetzt und beim nächstgrößeren Wert (Vergleichstyp -1) absteigende Sortierung. Die Suche erfolgt immer vom ersten zum letzten Element.

Tipp: Ist genaue Übereinstimmung erforderlich, so ist es eigentlich egal, welche Funktion Sie verwenden. Werden dagegen das nächstkleinere oder das nächstgrößere Element benötigt, setzen Sie besser XVERGLEICH ein.

```
VERGLEICH(Suchkriterium;Suchmatrix;Vergleichstyp)
```

Beispiel: Preis aus einer Preistabelle ermitteln

Als Beispiel soll aus einer, nach Mengen gestaffelten Preistabelle anhand von Artikelnummer und Menge der dazugehörige Preis ermittelt werden (Bild 2.60). Dieser befindet sich in der Preistabelle am Schnittpunkt der gesuchten Zeile mit der gesuchten Spalte, daher wird XVERGLEICH zweimal benötigt. Die relative Zeile wird in D10 mit folgender Formel ermittelt:

```
D10: =XVERGLEICH(B10:A4:A7;0)          Ergebnis: 3
```

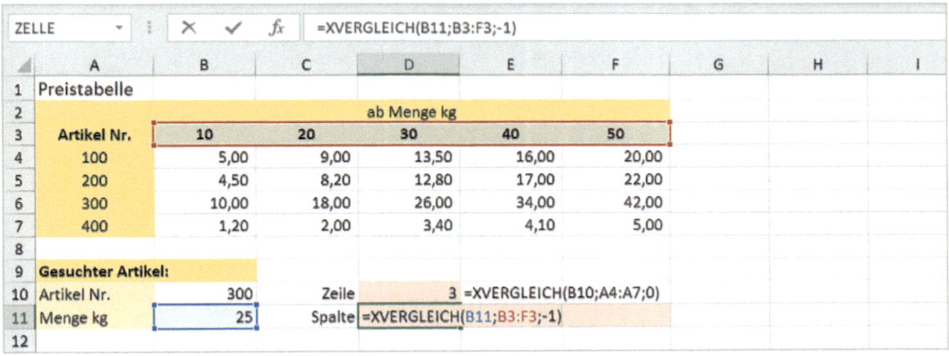

ZELLE | =XVERGLEICH(B11;B3:F3;-1)

	A	B	C	D	E	F	G	H	I
1	Preistabelle								
2				ab Menge kg					
3	Artikel Nr.	10	20	30	40	50			
4	100	5,00	9,00	13,50	16,00	20,00			
5	200	4,50	8,20	12,80	17,00	22,00			
6	300	10,00	18,00	26,00	34,00	42,00			
7	400	1,20	2,00	3,40	4,10	5,00			
8									
9	Gesuchter Artikel:								
10	Artikel Nr.	300	Zeile	3	=XVERGLEICH(B10;A4:A7;0)				
11	Menge kg	25	Spalte	=XVERGLEICH(B11;B3:F3;-1)					
12									

Bild 2.60 Beispiel XVERGLEICH

INDEX_XVERGLEICH.xlsx

Die zweite Formel in D11 liefert die relative Spalte. Da für die Menge der nächstkleinere Wert benötigt wird, muss Vergleichstyp -1 angegeben werden.

```
D11: =XVERGLEICH(B11;B3:F3;-1)                    Ergebnis: 2
```

Leider erhalten Sie mit diesen Formeln noch nicht das gewünschte Ergebnis, den Preis, sondern nur dessen relative Position in der Matrix, angegeben in Zeile und Spalte. Anhand dieser Positionsangaben ermitteln Sie nun mit der Funktion INDEX den gesuchten Wert.

Mit INDEX einen Wert anhand seiner Position ermitteln

Hinweis: INDEX existiert in zwei Versionen, als Matrix- und als Bezugsfunktion, für dieses Beispiel benötigen Sie die Matrixfunktion.

Die Funktion INDEX ermittelt ebenfalls einen Wert aus einer Tabelle, allerdings nicht anhand eines Suchbegriffs, sondern aufgrund seiner Position innerhalb der Matrix, d. h. unter Angabe der Zeile (Zeilenindex) und Spalte (Spaltenindex). Im vorherigen Beispiel (Bild 2.60) haben wir Zeile und Spalte eines Artikels mit XVERGLEICH ermittelt, damit liegen alle Informationen vor, um mit der Funktion INDEX den Preis zu erhalten, der Aufbau ist einfach:

```
INDEX(Matrix;Zeilenindex;Spaltenindex)
```

Sie brauchen also für unser Beispiel nur noch in B12 mit INDEX den Preis ermitteln, die Formel dazu lautet:

```
B12: =INDEX(B4:F7;D10;D11)
```

Natürlich ist dies auch mit verschachtelten Funktionen in einer einzigen Formel möglich, dann sieht die Formel so aus:

```
B12: =INDEX(B4:F7;XVERGLEICH(B10;A4:A7;0); XVERGLEICH(B11;B3:F3;-1))
```

Bild 2.61 Beispiel INDEX

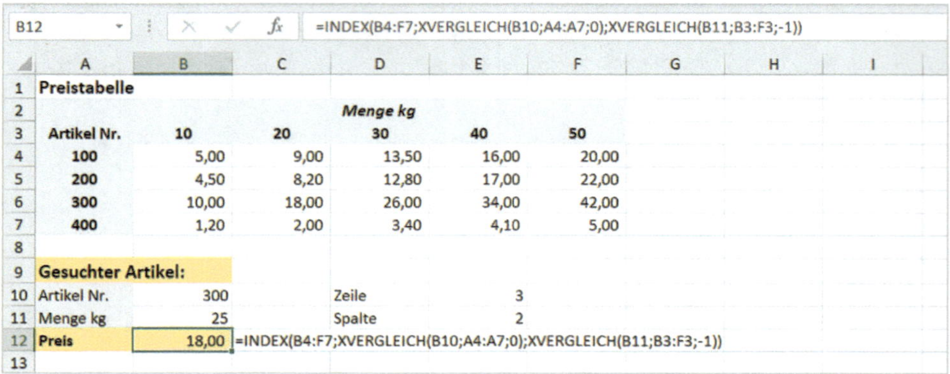

B12 | fx =INDEX(B4:F7;XVERGLEICH(B10;A4:A7;0);XVERGLEICH(B11;B3:F3;-1))

	A	B	C	D	E	F
1	**Preistabelle**					
2				***Menge kg***		
3	**Artikel Nr.**	**10**	**20**	**30**	**40**	**50**
4	**100**	5,00	9,00	13,50	16,00	20,00
5	**200**	4,50	8,20	12,80	17,00	22,00
6	**300**	10,00	18,00	26,00	34,00	42,00
7	**400**	1,20	2,00	3,40	4,10	5,00
8						
9	**Gesuchter Artikel:**					
10	Artikel Nr.	300		Zeile	3	
11	Menge kg	25		Spalte	2	
12	**Preis**	18,00	=INDEX(B4:F7;XVERGLEICH(B10;A4:A7;0);XVERGLEICH(B11;B3:F3;-1))			
13						

Funktion XVERWEIS, siehe Seite 96.

Hinweis: Alternativ lässt sich der Preis auch mit XVERWEIS und folgender Formel in B12 ermitteln:

```
B12: =XVERWEIS(B10;A4:A7;XVERWEIS(B11;B3:F3;B4:F7;;-1))
```

Tipp: Ganze Zeile oder Spalte ausgeben

Wenn in der Funktion INDEX mehr als eine Zeile oder Spalte als *Matrix* angegeben und das Argument *Zeilenindex* oder *Spaltenindex* weggelassen wird, dann gibt INDEX die gesamte Zeile oder Spalte zurück.

Auch diese Aufgabe kann mit XVERWEIS ebenfalls berechnet werden.

Zur Verdeutlichung ein Beispiel, in dem aus einer Tabelle mit den Arbeitsstunden der Mitarbeiter nur die Stunden einer bestimmten Kalenderwoche ausgegeben werden sollen. Dies erledigt in N3 die folgende Formel, da die Kalenderwoche mit der Spaltenabfolge in der Tabelle übereinstimmt, kann diese als Spaltenindex verwendet werden.

```
N3: =INDEX(B3:K6;;N2)
```

Die Formel braucht nicht kopiert werden, da Excel in diesem Fall den Ausgabebereich automatisch erweitert (Matrixformel).

Bild 2.62 Beispiel INDEX

ZELLE | =INDEX(B3:K6;;N2)

	A	B	C	D	E	F	G	H	I	J	K	L	M	N	O
1		Kalenderwoche												KW	
2	Mitarbeiter	1	2	3	4	5	6	7	8	9	10		Mitarbeiter	4	
3	Moser	15,0	35,0	40,0	42,0	20,0	35,0	45,0	48,0	38,0	41,0		Moser	=INDEX(B3:K6;;N2)	
4	Brösel	0,0	0,0	20,0	25,0	25,0	38,0	20,0	32,0	26,0	22,0		Brösel	25,0	
5	Humpler	23,0	30,0	35,0	36,0	29,0	39,0	22,0	23,0	25,0	24,0		Humpler	36,0	
6	Meinich	30,0	40,0	40,0	20,0	45,0	41,0	38,0	40,0	42,0	41,0		Meinich	20,0	
7															

Zellbezüge mit INDIREKT herstellen

Wenn Sie in einer Formel auf den Inhalt einer bestimmten Zelle zugreifen, dann verwenden Sie vermutlich einen Zellbezug in der Schreibweise A1, also Spalte und Zeile oder $A$1. Befindet sich die Zelle in einem anderen Arbeitsblatt, dann muss noch der Blattname, gefolgt von einem Ausrufezeichen davor gesetzt werden, z. B. Tabelle1!A1. Um also z. B. in einer beliebigen Zelle den Inhalt von A3 auszugeben, genügt die einfache Formel = A3.

Achtung: INDIREKT verwendet keine relativen Angaben, sondern die Zeilen- und Spalten des Arbeitsblatts.

Mit der Funktion INDIREKT lassen sich Zellbezüge aus den Inhalten von Zellen und damit als variable Bezüge herstellen, die Schreibweise:

```
INDIREKT(Bezug;[A1]
```

- *Bezug* gibt die Zelle an.
- Der optionale Parameter *A1* legt die Schreibweise fest: WAHR oder keine Angabe steht für die gewohnte Schreibweise A1 (Spalte, Zeile), während mit FALSCH auch die Schreibweise Zeile, Spalte (Z1,S1) verwendet werden kann.

Ein einfaches Beispiel: In Bild 2.63 soll in E4 der Lagerbestand eines bestimmten Artikels ermittelt werden. Die Spalte ist in E2 vorgegeben und in E3 die Zeilennummer, in diesem Beispiel 5. Mit INDIREKT setzen Sie nun in E4 den Zellbezug aus den Inhalten der Zellen E2 und E3 mit folgendem Ausdruck zusammen: E2&E3 und erhalten als Ergebnis den Inhalt der Zelle B5.

Bild 2.63 Mit INDIREKT Zellbezug aus Zellinhalten erzeugen

INDIREKT_1.xlsx

E4 =INDIREKT(E2&E3)

	A	B	C	D	E	F	G	H
1								
2	Artikel	Lagerbestand		Spalte	B			
3	Gartenzwerg	500		Zeile	5			
4	Zierkugeln	1.800		Lagerbestand	120	=INDIREKT(E2&E3)		
5	Vogelhäuschen	120						
6	Vogeltränke	290						
7	Budha klein	20						
8	Budha mittel	120						
9	Budha groß	55						
10								

Variabler Zugriff auf Tabellenblätter

Gute Dienste leistet die Funktion INDIREKT auch, wenn Sie auf andere Tabellenblätter derselben Arbeitsmappe zugreifen möchten. Hierzu ein praktisches Beispiel:

Sie führen Buch über Ihre Ausgaben und tragen alle monatlichen Ausgaben jeweils in ein Tabellenblatt mit dem Namen Januar, Februar, usw. ein. Alle Tabellen besitzen denselben Aufbau und die Ausgabenbeträge befinden sich stets in derselben Spalte, nämlich C. Als Beispiel im Bild unten das Blatt Januar.

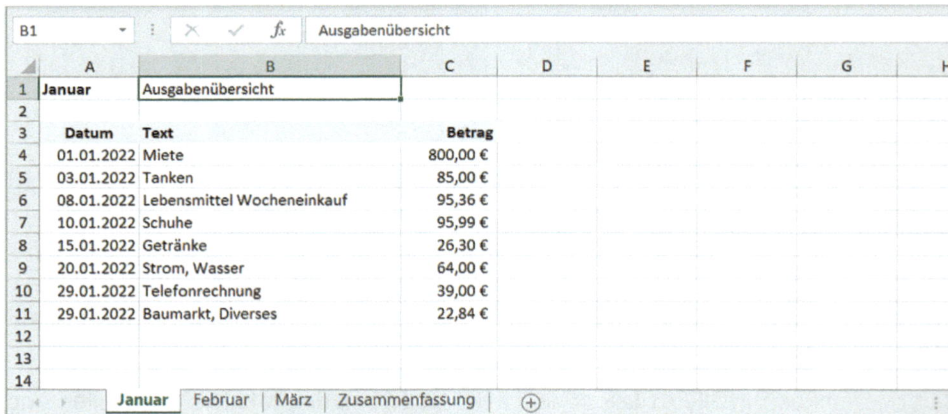

B1 Ausgabenübersicht

	A	B	C
1	Januar	Ausgabenübersicht	
2			
3	Datum	Text	Betrag
4	01.01.2022	Miete	800,00 €
5	03.01.2022	Tanken	85,00 €
6	08.01.2022	Lebensmittel Wocheneinkauf	95,36 €
7	10.01.2022	Schuhe	95,99 €
8	15.01.2022	Getränke	26,30 €
9	20.01.2022	Strom, Wasser	64,00 €
10	29.01.2022	Telefonrechnung	39,00 €
11	29.01.2022	Baumarkt, Diverses	22,84 €
12			
13			
14			

Januar | Februar | März | Zusammenfassung

Bild 2.64 Monatliche Ausgabenliste, Beispiel Januar

INDIREKT_Ausgaben.xlsx

In einem weiteren Tabellenblatt möchten Sie nun die jeweilige Summe der monatlichen Ausgaben berechnen. Da im Blatt *Zusammenfassung* die Monatsnamen mit den Namen der Tabellenblätter übereinstimmen, können Sie hier anstatt die Formeln einzeln einzugeben, z. B. =SUMME(Januar!C:C), den Bezug auf das jeweilige Tabellenblatt auch mit INDIREKT herstellen und die Formel anschließend kopieren. Geben Sie also im Blatt *Zusammenfassung* in B2 die folgende Formel ein und kopieren Sie diese anschließend nach unten für die restlichen Monate:

```
B2: =SUMME(INDIREKT(A2&"!C:C")
```

Achtung: Es muss für jeden Monat ein Tabellenblatt vorhanden sein, auch wenn die Beträge vorerst noch leer sind, sonst erhalten Sie beim Kopieren den Fehler #BEZUG!

Bild 2.65 Blattbezug mit INDIREKT ermitteln

Variable Zellbereiche mit BEREICH.VERSCHIEBEN

Sie kennen sicher das folgende Problem: Sie möchten mit einer Funktion eine Liste auswerten, allerdings soll der Zellbereich dynamisch sein, also automatisch z. B. alle vorhandenen Zeilen einer Spalte berücksichtigen. Eine einfache Lösung dieses Problems sind intelligente Tabellenbereiche, die Sie über *Einfügen* ▶ *Tabelle* erstellen. Eine Alternative ist die Funktion BEREICH.VERSCHIEBEN, damit Sie den Datenbereich nicht nach jeder Änderung manuell anpassen müssen.

BEREICH.VERSCHIEBEN verschiebt und/oder vergrößert einen Zellbereich um die angegebene Anzahl Spalten und/oder Zeilen und liefert als Ergebnis einen Zellbereich. Die Funktion eignet sich als Argument überall dort, wo Sie Bezüge auf Zellbereiche benötigen, deren Größe variabel ist, und kann in vielen Fällen die oben beschriebenen Funktionen ZEILEN, SPALTEN und INDIREKT ersetzen. Die Syntax:

```
BEREICH.VERSCHIEBEN(Bezug;Zeilen;Spalten;[Höhe];[Breite])
```

Argument	Beschreibung
Bezug	Bezug gibt den Ausgangspunkt des zu verschiebenden Bereichs an, hier genügt die linke obere Ecke des Zellbereichs.
Zeilen	Anzahl der Zeilen, um die der Bezug nach unten verschoben werden soll, negative Werte verschieben den Bereich nach oben.
Spalten	Anzahl der Spalten, um die der Bezug nach rechts verschoben werden soll, negative Angaben verschieben nach links.
Höhe	Optional, die Anzahl der Zeilen des neuen Bereichs; wenn nichts angegeben ist, wird die ursprüngliche Höhe verwendet.
Breite	Optional, die Anzahl der Spalten des neuen Bereichs; wenn nichts angegeben ist, wird die ursprüngliche Breite verwendet.

Beispiel 1: Ausschnitt aus einer Tabelle

Als einfaches Beispiel für die Funktionsweise von BEREICH.VERSCHIEBEN soll aus der unten abgebildeten Tabelle in A3:C9 der Zellbereich A6:C7 an anderer Stelle, hier ab E1, angezeigt werden.

Bild 2.66 Zellbereich aus Tabelle mit BEREICH. VERSCHIEBEN

E1 | =BEREICH.VERSCHIEBEN(A3;3;;2;3)

	A	B	C	D	E	F	G	H	I
1	**Beispieltabelle**				Sabine	300	Kartoffeln		
2					Julia	400	Zitronen		
3	**Spalte 1**	**Spalte 2**	**Spalte 3**						
4	Otto	100	Äpfel						
5	Emil	200	Birnen						
6	Sabine	300	Kartoffeln						
7	Julia	400	Zitronen						
8	Max	500	Bananen						
9	Moritz	600	Kiwi						
10									

BEREICH.VERSCHIEBEN.xlsx

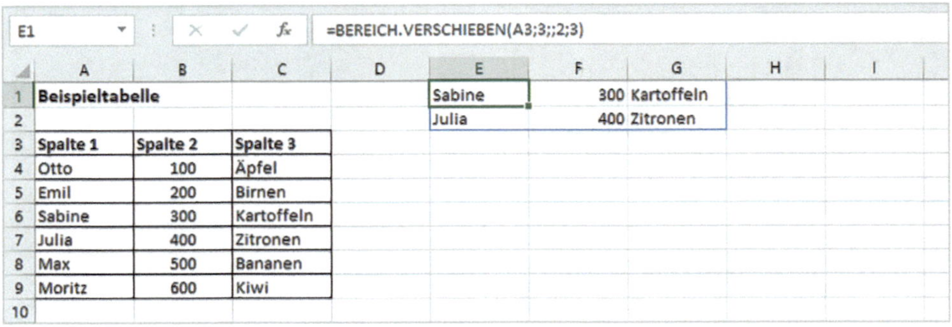

Dazu geben Sie in E1 die folgende Formel ein:

```
E1: =BEREICH.VERSCHIEBEN(A3;3;;2;3)
```

- Als *Bezug* kann theoretisch jede beliebige Zelle der Tabelle angegeben werden. In der Praxis ist der Bezug auf die obere linke Ecke der Tabelle am leichtesten nachvollziehbar, also geben Sie in diesem Beispiel A3 an.
- Der Bezug soll um 3 *Zeilen* nach unten verschoben werden.
- Die *Spalten* werden beibehalten, also geben Sie hier 0 ein oder lassen das Argument *Spalten* leer, in diesem Fall muss das Semikolon trotzdem angegeben werden.
- Da 2 Zeilen aus der Tabelle benötigt werden, beträgt die neue *Höhe* 2.
- Als *Breite* geben Sie 3 (Spalten) an.

Beispiel 2: Börsenkurse auswerten

In einer Tabelle werden die Börsenkurse täglich aktualisiert, es kommen also jeden Tag am Ende der Tabelle neue Werte hinzu. Der Mittelwert in D4 (Bild 2.67) soll aber immer nur für die letzten Tage berechnet werden, deren Anzahl ist in D3 angegeben. Zur Lösung der Aufgabe verwenden Sie in der Funktion MITTELWERT anstelle eines festen Zellbereichs die Funktion BEREICH.VERSCHIEBEN.

Geben Sie die nachfolgende Formel in D4 ein und testen Sie anschließend, was passiert, wenn Sie am Ende der Tabelle weitere Zeilen mit beliebigen Kursen eingeben oder die Anzahl der Tage in D3 ändern.

```
D4: =MITTELWERT(BEREICH.VERSCHIEBEN(B4;ANZAHL(B:B)-D3;0;D3))
```

- *Bezug* ist die linke obere Ecke des zu verschiebenden Bereichs, hier B4.
- Nun benötigen Sie die Anzahl der Zeilen, um die der Bezug nach unten verschoben werden soll. Dazu ermitteln Sie mit der Funktion ANZAHL zunächst

die Anzahl der nicht leeren Zellen im angegebenen Bereich. Da ANZAHL ausschließlich Zahlen berücksichtigt, kann als Bereich die gesamte Spalte B (B:B) angegeben werden. Allerdings werden nur die letzten fünf Werte des Zellbereichs benötigt, Sie müssen also vom Ergebnis noch 5 Zeilen bzw. den Inhalt von D3 abziehen.

- Da der Bereich ausschließlich um Zeilen nach unten verschoben wird, kann das Argument *Spalten* leer bleiben oder geben Sie 0 an.
- Die *Höhe* des neuen Bereichs befindet sich in D3.

D4 | =MITTELWERT(BEREICH.VERSCHIEBEN(B4;ANZAHL(B:B)-D3;0;D3))

	A	B	C	D	E	F	G	H	I
1	Börsenkurse XY AG						Kontrolle	Mittelwert	
2				Mittelwert der letzen			8,945	9,4848	
3	Datum	Kurs (€)		5	Tage		9,135		
4	01.01.	12,456		9,4848			9,87		
5	02.01.	12,569					10,02		
6	03.01.	11,974					9,454		
7	04.01.	10,216							
8	05.01.	9,205							
9	06.01.	10,115							
10	07.01.	11,126							
11	08.01.	10,978							
12	09.01.	9,321							
13	10.01.	9,568							
14	11.01.	9,881							
15	12.01.	8,945							
16	13.01.	9,135							
17	14.01.	9,870							
18	15.01.	10,020							
19	16.01.	9,454							
20									

Bild 2.67 Mittelwert der letzten 5 Tage

BEREICH.VERSCHIEBEN.xlsx

Tipp: Falls Sie das Ergebnis der Funktion BEREICH.VERSCHIEBEN kontrollieren möchten, geben Sie diese (ohne MITTELWERT) in einen beliebigen Zellbereich ein, siehe Beispiel 1. Anschließend brauchen Sie die Funktion nur in die Zwischenablage kopieren (**Achtung:** In der Bearbeitungsleiste markieren und kopieren) und in die Funktion MITTELWERT als Argument einfügen.

Mit BEREICH.VERSCHIEBEN Namen für Zellbereiche definieren

Die Funktion BEREICH.VERSCHIEBEN kann auch zur Definition von Bereichsnamen verwendet werden, indem anstelle eines festen Zellbereichs die Funktion BEREICH.VERSCHIEBEN angegeben wird. Als Beispiel im Bild unten die Verkaufszahlen eines Autohauses nach Kalenderwochen, wobei die Liste wöchentlich aktualisiert und somit vergrößert wird.

	A	B	C	D	E	F	G	H	I
1	Verkaufszahlen								
2									
3	Kalenderwoche	PKW	Nutzfahrzeuge						
4	KW 1	12	28						
5	KW 2	18	33						
6	KW 3	22	28						
7	KW 4	35	19						
8	KW 5	42	25						

Bild 2.68 Die Ausgangstabelle (Auszug)

Bei der Erstellung eines Namens für einen Zellbereich, der sich mit Hilfe der Funktion BEREICH.VERSCHIEBEN automatisch anpasst, gehen Sie wie folgt vor:

1 Da sich im Namensmanager zwar Formeln und Funktionen eingeben lassen, hier aber keinerlei Eingabehilfen zur Verfügung stehen, sollten Sie die Formel zunächst in eine beliebige Zelle eingeben, am besten in einem leeren Tabellenblatt um Zirkelbezüge oder Überlauf zu vermeiden. Hier wurde sie dagegen zwecks besserer Nachvollziehbarkeit im selben Blatt in F5 eingegeben.

```
F4: =BEREICH.VERSCHIEBEN($A$4;0;0;ANZAHL($B:$B);ANZAHL2($4:$4))
```

Zur Erklärung:

- Als Bezug oder Ausgangspunkt wird die linke obere Ecke des Bereichs verwendet, hier A4 bzw. $A$4. Da der Zellbereich nicht verschoben wird, geben Sie bei den beiden Argumenten *Zeilen* und *Spalten* jeweils 0 ein oder lassen diese leer.
- Die Höhe des neuen Bereichs wird mit der Funktion ANZAHL anhand der Spalte B ermittelt. Diese berücksichtigt ausschließlich Zahlen und ignoriert Text in der Spaltenüberschrift. Die Breite des neuen Bereichs ermitteln Sie dagegen mit der Funktion ANZAHL2 für die Zeile 4, da diese auch Text enthält.

Bild 2.69 Geben Sie die Formel zunächst in eine beliebige Zelle ein

ZELLE | =BEREICH.VERSCHIEBEN($A$4;;;ANZAHL($B:$B);ANZAHL2($4:$4))

	A	B	C	D	E	F	G	H	I	J	K
1	**Verkaufszahlen**										
2											
3	**Kalenderwoche**	**PKW**	**Nutzfahrzeuge**								
4	KW 1	12	28								
5	KW 2	18	33			=BEREICH.VERSCHIEBEN($A$4;;;ANZAHL($B:$B);ANZAHL2($4:$4))					
6	KW 3	22	28			KW 2	18	33			
7	KW 4	35	19			KW 3	22	28			
8	KW 5	42	25			KW 4	35	19			
9	KW 6	45	29			KW 5	42	25			
10	KW 7	33	35			KW 6	45	29			
11	KW 8	28	45			KW 7	33	35			
12	KW 9	31	48			KW 8	28	45			
13	KW 10	41	39			KW 9	31	48			
14	KW 11	32	33			KW 10	41	39			
15	KW 12	22	37			KW 11	32	33			
16						KW 12	22	37			
17											

2 Testen Sie die Formel: Wenn Sie an die Ausgangstabelle eine weitere Kalenderwoche, hier KW 13 mit beliebigen Zahlen hinzufügen, dann müssten diese sofort auch im Ergebnisbereich erscheinen.

3 Markieren Sie die vollständige Funktion in der Bearbeitungsleiste und kopieren Sie diese mit **Strg+C** in die Zwischenablage. Brechen Sie danach die Formelbearbeitung mit **Esc** ab.

4 Klicken Sie im Menüband, Register *Formeln* auf *Namen definieren* oder auf *Namens-Manager* und hier auf die Schaltfläche *Neu*. Geben Sie einen Namen ein, hier *Verkaufstabelle* und wählen Sie Arbeitsmappe als *Bereich*, in dem der Name

Gültigkeit besitzt. Klicken Sie dann in das Feld *Bezieht sich auf*, löschen Sie den Inhalt und fügen Sie mit **Strg+V** die kopierte Formel aus der Zwischenablage ein. Bei Bedarf können Sie auch noch einen kurzen Kommentar hinzufügen. Schließen Sie zuletzt das Fenster mit *OK*.

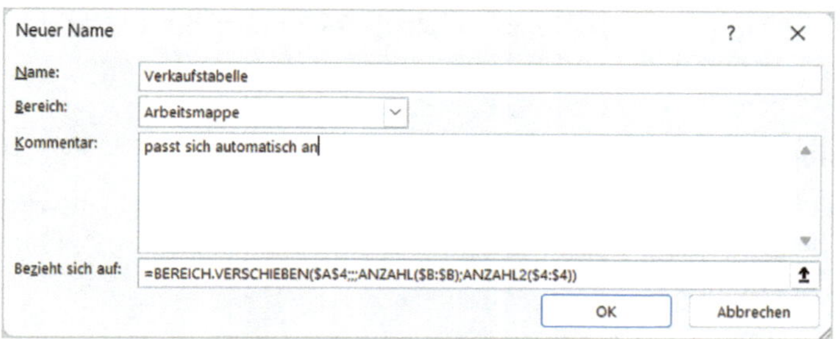

Bild 2.70 Fügen Sie die Formel im Feld Bezieht sich auf ein

5 Die Formel BEREICH.VERSCHIEBEN bzw. die Ergebnistabelle im Tabellenblatt wird ab jetzt nicht mehr benötigt und kann gelöscht werden.

Bereichsnamen testen

- **Tabellenbereich einfügen**: Anschließend können Sie die Ergebnistabelle jederzeit an beliebiger Stelle in ein Arbeitsblatt der Mappe einfügen: Geben Sie in die Zelle einfach ein Gleichheitszeichen zusammen mit dem Bereichsnamen ein, hier =Verkaufstabelle.
- **Anzahl Zeilen und Spalten**: Wenn Sie nur wissen möchten, wie viele Zeilen und/oder Spalten der Bereich umfasst, dann benutzen Sie die Funktionen SPALTEN und ZEILEN und geben die Formeln wie in Bild 2.71 ein.

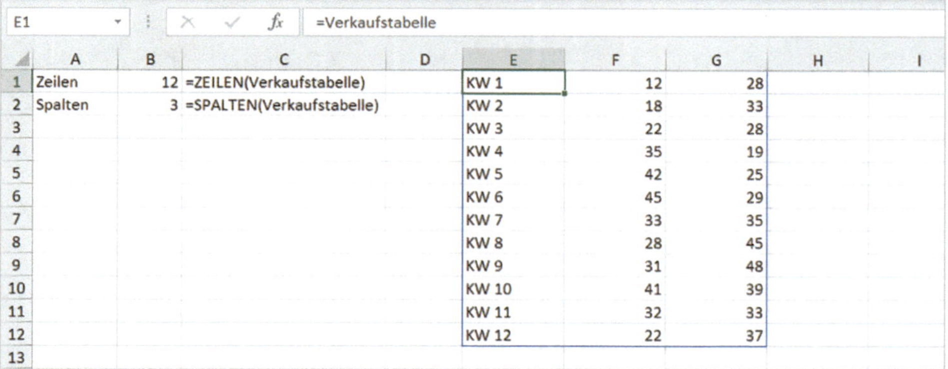

	A	B	C	D	E	F	G	H	I
1	Zeilen	12	=ZEILEN(Verkaufstabelle)		KW 1	12	28		
2	Spalten	3	=SPALTEN(Verkaufstabelle)		KW 2	18	33		
3					KW 3	22	28		
4					KW 4	35	19		
5					KW 5	42	25		
6					KW 6	45	29		
7					KW 7	33	35		
8					KW 8	28	45		
9					KW 9	31	48		
10					KW 10	41	39		
11					KW 11	32	33		
12					KW 12	22	37		
13									

Bild 2.71 Anzahl Zeilen und Spalten und Tabellenbereich einfügen

Mit Hyperlink zu Zellen, Arbeitsblättern und Webseiten navigieren

Im Gegensatz zu den übrigen Funktionen liefert die Funktion HYPERLINK in der Zelle kein Ergebnis, sondern erlaubt über eine Verknüpfung das schnelle Navigieren zu einer bestimmten Zelle oder einem Zellbereich oder zu einem bestimmten Arbeitsblatt. Außerdem lassen sich auf diese Weise auch Dateien öffnen oder Webseiten im Intranet oder Internet anzeigen. Der Aufbau der Funktion:

```
HYPERLINK(Hyperlink_Adresse;[Freundlicher_Name])
```

- Als *Hyperlink_Adresse* geben Sie den vollständigen Pfad und Dateinamen bzw. den Zellbezug an, z. B. D:\Daten\Mitarbeiter\Beispieldatei.xlsx.
- *Freundlicher_Name* ist die optionale Bezeichnung, die später statt des eigentlichen und oft wenig aussagefähigen Hyperlinks erscheint.

Hyperlink einfügen

Ein Hyperlink lässt sich durch Eingabe der Funktion HYPERLINK, entweder über den Funktionsassistenten oder direkte Eingabe in die Zelle, erzeugen. Der einfachste Weg führt jedoch über einen kleinen Assistenten:

- Klicken Sie mit der rechten Maustaste auf die Zelle, in die der Hyperlink eingefügt werden soll, und auf den Befehl *Link*. Oder markieren Sie die Zelle und klicken im Register *Einfügen* ▶ *Link* auf *Link einfügen...*, oder drücken Sie die Tasten **Strg**+**K**.

> **Tipp:** Falls Sie zu einer Zelle oder einem Zellbereich navigieren möchten, sollten Sie Namen vergeben. Dies ist zwar nicht zwingend notwendig, da auch eine Zelladresse angegeben werden kann, erleichtert aber den Überblick in umfangreichen Tabellenblättern und Arbeitsmappen.

Navigation innerhalb der aktuellen Arbeitsmappe

Wählen Sie links *Aktuelles Dokument* ❶ und danach entweder unter *Zellbezug* ❷ ein Arbeitsblatt oder unter *Festgelegte Namen* ❸ den Namen der gewünschten Zelle.

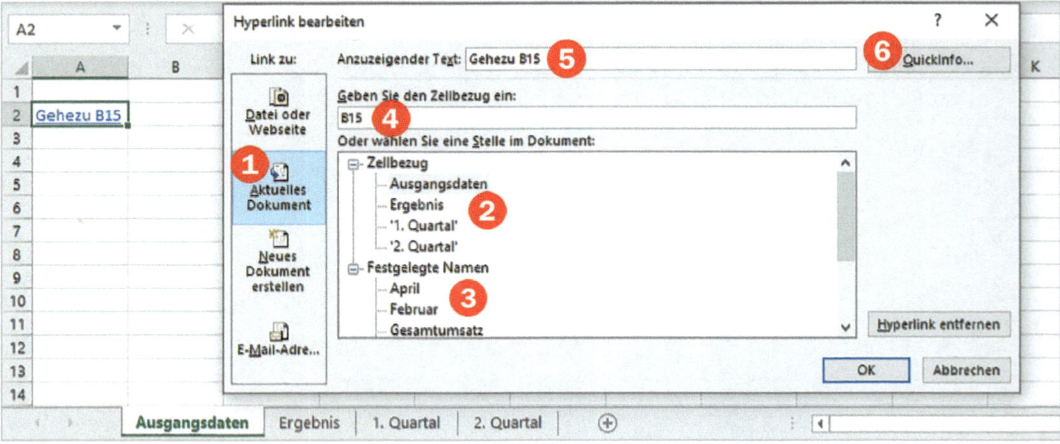

Bild 2.72 Hyperlink einfügen

- Wenn Sie nur ein bestimmtes Arbeitsblatt auswählen, gilt in diesem Blatt standardmäßig der Zellbezug A1. Sie können jedoch im Feld *Geben Sie den Zellbezug ein* ❹ jederzeit auch eine andere Adresse, z. B. B15, eingeben.
- Wählen Sie dagegen einen Namen (*Festgelegte Namen*) aus, so spielt es keine Rolle, in welchem Blatt sich die Zelle oder der Zellbereich befindet.

- In der Standardeinstellung erscheint in der Zelle als Hyperlinktext der ausgewählte Name bzw. der Name des Arbeitsblatts zusammen mit der Zelladresse in der Schreibweise *Blattname!A1*. Im Feld *Anzuzeigender Text* ❺ können Sie jedoch optional angeben, welcher Text stattdessen angezeigt werden soll.
- Falls im Tabellenblatt weitere Informationen zum Hyperlink benötigt werden, dann klicken Sie auf *Quickinfo...* ❻ und geben Ihren Text ein. Dieser erscheint beim Zeigen anstelle des Standardtexts, siehe Bild unten.

Wie im Browser werden Hyperlinks zumeist in blauer Schrift und unterstrichen dargestellt, beim Zeigen erscheint der Mauszeiger als Hand und beim Anklicken gelangen Sie zu der betreffenden Stelle. Bereits besuchte Hyperlinks sind an der geänderten Schriftfarbe zu erkennen, im Bild unten einige Beispiele.

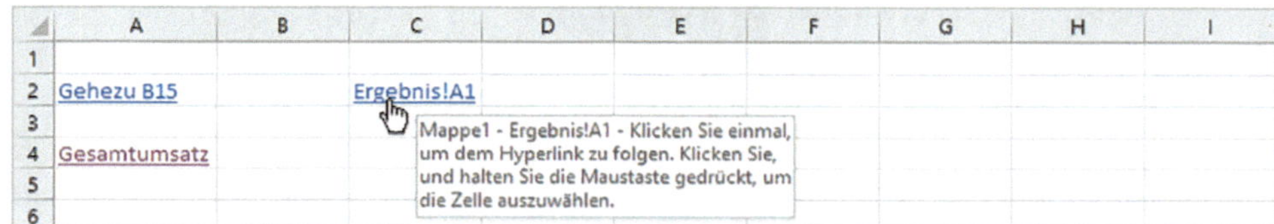

Bild 2.73 Beispiele Hyperlinks

Andere Datei öffnen und anzeigen

Um mittels Hyperlink eine andere Datei zu öffnen und anzuzeigen, klicken Sie im Fenster *Link einfügen* auf *Datei oder Webseite* ❶. Es erscheinen alle Unterordner des Ordners *Dokumente*, öffnen Sie den gewünschten Ordner mit Doppelklick oder wählen Sie mit Klick auf den Dropdown-Pfeil *Suchen in* ❷ einen Ordner oder ein anderes Laufwerk aus. Klicken Sie auf die Datei ❸, geben Sie im Feld *Anzuzeigender Text* statt des kompletten Suchpfads einen aussagefähigeren Hinweis ein und klicken Sie auf *OK*.

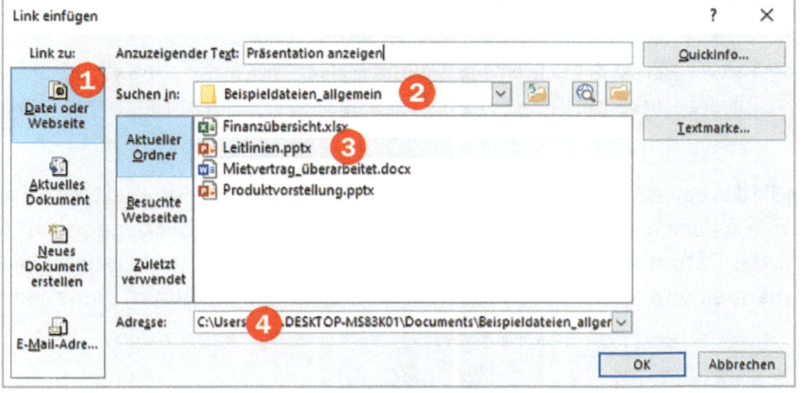

Bild 2.74 Datei auswählen

Achtung: Die Adresse ❹ darf nicht überschrieben werden!

Eine Datei, auf die per Hyperlink verwiesen wird, darf außerdem weder umbenannt, verschoben oder gelöscht werden sollte, da sonst der Hyperlink ins Leere läuft.

Genauso gehen Sie auch vor, wenn Sie per Hyperlink eine bestimmte Webseite anzeigen möchten. In diesem Fall geben Sie im Feld *Adresse* die URL der benötigten Seite ein. **Tipp**: Am einfachsten kopieren Sie diese im Browser mit Klick in das Adressfeld und **Strg+C** in die Zwischenablage und fügen diese anschließend hier ein.

2.6 Datums und Uhrzeitfunktionen

Wenn Sie also wissen möchten, wie viele Tage seit dem 01.01.1900 vergangen sind, dann brauchen Sie nur das aktuelle Datum in eine beliebige Zelle eingeben und als Zahl formatieren.

Alle Datumswerte sind für Excel serielle (fortlaufende) Zahlen, die als Datum formatiert sind. Ausnahme: Datumsangaben vor dem 01.01.1900 werden als Text behandelt, da dieser Tag den Beginn der „Excel-Zeitrechnung" darstellt. Daher entspricht der 01.01.1900 der Zahl 1, der 02.01.1900 der Zahl 2 usw. und aus diesem Grund werden Datumswerte von Excel auch korrekt sortiert. Uhrzeiten sind Dezimalzahlen auf der Basis eines Tages, wobei die Zahl 1 für 24 Stunden steht, 0,5 bedeutet also 12 Stunden oder 12 Uhr mittags.

Berechnungen mit Datums- und Zeitwerten sind daher problemlos möglich. Über die Schaltfläche *Datum und Uhrzeit* stehen Ihnen in der Funktionsbibliothek des Registers *Formeln* verschiedene Funktionen zur Verfügung.

Sämtliche folgenden Datumsbeispiele finden Sie in der Mappe

Datum_und_Uhrzeit.xlsx

Aktuelles Datum bzw. aktuelle Uhrzeit

Die beiden Funktionen HEUTE und JETZT benötigen keine weiteren Argumente und liefern das aktuelle Datum (Systemdatum), allerdings mit einem kleinen Unterschied:

Funktion	Beschreibung	Beispiel Ergebnis
=HEUTE	Liefert das aktuelle Datum (Systemdatum)	11.04.2022
=JETZT	Liefert Datum und Uhrzeit	11.04.2022 15:46

F9 berechnet eine Formel oder Funktion neu.

Beide Funktionen werden beim Öffnen der Excel-Arbeitsmappe automatisch aktualisiert. Um die Uhrzeit in einer geöffneten Mappe zu aktualisieren, klicken Sie im Register *Formeln*, Gruppe Berechnung, auf das Symbol *Neu berechnen* oder verwenden die Funktionstaste **F9**.

Achtung: Wenn Sie das aktuelle Datum für Datumsberechnungen oder Vergleiche benötigen, dann sollten Sie ausschließlich die Funktion HEUTE verwenden, da Sie sonst unter Umständen falsche Ergebnisse erhalten.

Beachten Sie den Unterschied: Ein Datum, das mit einer Funktion eingefügt wird, ist veränderbar, d. h. es erscheint stets das aktuelle Datum. Benötigen Sie dagegen im Arbeitsblatt z. B. das Datum der Eingabe als gleichbleibendes Datum, dann müssen Sie dieses Datum manuell über die Tastatur oder mit den Tasten Strg+. (Punkt) eingeben.

Teilwerte eines Datums

Tag, Monat und Jahr als Zahl

Die folgenden Datumsfunktionen geben einen Teil eines Datums als Zahl zurück und werden immer dann benötigt, wenn es etwa darum geht, eine Tabelle, unabhängig vom Jahr, nach Monaten zu sortieren oder zu filtern. Beispielsweise lässt sich mit Hilfe der Funktion MONAT und dem Geburtsdatum ein, nach Monaten sortierter, Geburtstagskalender zusammenstellen, der das Jahr ignoriert.

Funktion	Beschreibung	Beispiel	Ergebnis
TAG(Datum)	Liefert aus einem Datum den Tag als Zahl	=TAG(23.01.2022)	23
MONAT(Datum)	Liefert aus einem Datum den Monat als Zahl	=MONAT(23.01.2022)	1
JAHR(Datum)	Liefert aus einem Datum das Jahr als Zahl	=JAHR(23.01.2022)	2022

Datumswerte zusammensetzen

Die Funktion DATUM erlaubt es umgekehrt, ein Datum aus Zahlen zusammenzusetzen, wie in Bild 2.75. Die Syntax:

```
DATUM(Jahr;Monat;Tag)
```

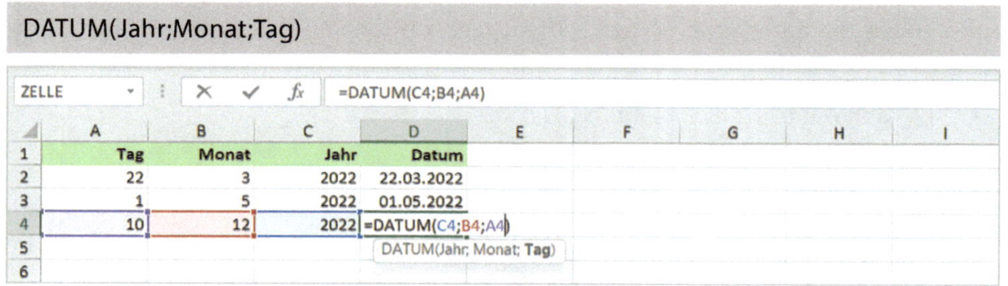

Bild 2.75 Beispiel: Die Zahlen der Spalten A, B und C zu einem Datum zusammenfügen

Wochentag ermitteln

Mit welchem Tag beginnt die Zählung?

Die Funktion WOCHENTAG liefert aus einem Datum den Wochentag als Zahl von 1 bis 7. **Achtung**: Das Argument *Typ* legt fest, mit welchem Wochentag die Woche beginnt. Sie müssen hier 2 angeben, da Excel die Zählung sonst mit dem Sonntag (=1) beginnt.

```
WOCHENTAG(Datum;Typ)
```

Bild 2.76 Wochentag als Zahl ermitteln

ZELLE =WOCHENTAG(A2;

	A	B
1	Datum	Wochentag als Zahl
2	01.01.2022	=WOCHENTAG(A2;
3	02.01.2022	
4	03.01.2022	1
5	04.01.2022	2
6	05.01.2022	3
7	06.01.2022	4
8	07.01.2022	5
9	08.01.2022	6

WOCHENTAG(Zahl; [Typ])

(...) 1 - Zahlen 1 (Sonntag) bis 7 (Samstag)
(...) 2 - Zahlen 1 (Montag) bis 7 (Sonntag)
(...) 3 - Zahlen 0 (Montag) bis 6 (Sonntag)
(...) 11 - Zahlen 1 (Montag) bis 7 (Sonntag)
(...) 12 - Zahlen von 1 (Dienstag) bis 7 (Montag)
(...) 13 - Zahlen von 1 (Mittwoch) bis 7 (Dienstag)
(...) 14 - Zahlen von 1 (Donnerstag) bis 7 (Mittwoch)
(...) 15 - Zahlen von 1 (Freitag) bis 7 (Donnerstag)
(...) 16 - Zahlen von 1 (Samstag) bis 7 (Freitag)
(...) 17 - Zahlen 1 (Sonntag) bis 7 (Samstag)

WOCHENTAG gibt die Zahlen von 1 (Sonntag) bis 7 (Samstag) zurück.

Kalenderwoche (ISOKALENDERWOCHE)

Um die Kalenderwoche eines Datums zu ermitteln, verwenden Sie in Excel die Funktion ISOKALENDERWOCHE.

```
ISOKALENDERWOCHE(Datum)
```

ISOKALENDERWOCHE ermittelt die Kalenderwoche nach dem europäischen Wochennummerierungssystem. Demnach beginnt eine Woche mit dem Montag und die Woche mit dem ersten Donnerstag des Jahres ist die Kalenderwoche 1.

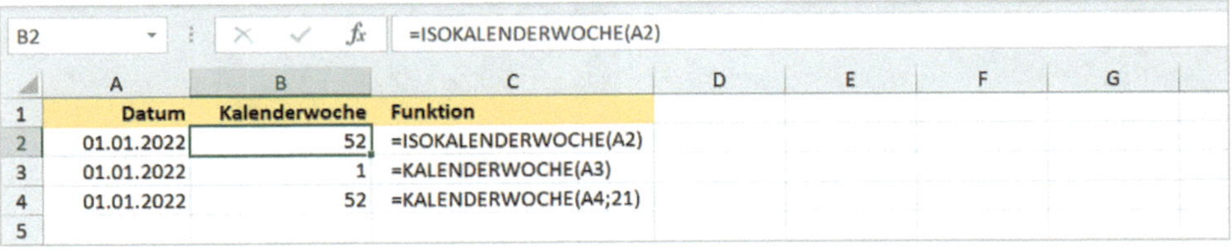

Bild 2.77 Berechnung der Kalenderwoche im Vergleich

B2 =ISOKALENDERWOCHE(A2)

	A	B	C
1	Datum	Kalenderwoche	Funktion
2	01.01.2022	52	=ISOKALENDERWOCHE(A2)
3	01.01.2022	1	=KALENDERWOCHE(A3)
4	01.01.2022	52	=KALENDERWOCHE(A4;21)
5			

Achtung: Daneben existiert in Excel auch noch die Funktion KALENDERWOCHE. Hier müssen Sie die Berechnungsmethode mit dem optionalen Parameter *Zahl_Typ* festlegen.

```
KALENDERWOCHE(Datum;Zahl_Typ)
```

In der Standardeinstellung bzw. wenn *Zahl_Typ* nicht angegeben wird erfolgt die Berechnung nach System 1, d. h. die Woche mit dem 1. Januar ist auch die erste Kalenderwoche. System 2 bzw. Typ 21 entspricht dagegen ebenfalls der europäischen Norm. Im Bild 2.77 oben sehen Sie die unterschiedlichen Ergebnisse beider Funktionen.

Quartal berechnen

Zur Berechnung des Quartals gibt es in Excel keine gesonderte Funktion. Statt einer Formel mit WENN oder WENNS genügt aber auch die folgende kurze Formel:

```
=AUFRUNDEN(MONAT(15.04.2022)/3;0)          Ergebnis: 2
```

Monat oder Wochentag als Text

Neben der Möglichkeit, ein Datum mit einem geeigneten Datumsformat so zu formatieren, dass Wochentag oder Monat als Text angezeigt werden, kann auch die Funktion TEXT eingesetzt werden. Diese wandelt eine Zahl entsprechend dem angegebenen Textformat in Text um, die Syntax:

```
TEXT(Wert;Textformat)
```

Tipp: TEXT kann auch für Zahlenformate verwendet werden, z. B. "0,00%".

Das Textformat muss in Anführungszeichen " " angegeben werden und entspricht den Regeln für benutzerdefinierte Zahlenformate. Eine Übersicht über die Datumsformate finden Sie in der Tabelle unten. Beachten Sie, dass Monatsformate stets mit Großbuchstaben (M) angegeben werden müssen, um Verwechslungen mit dem Uhrzeitformat Minuten zu vermeiden, diese werden in Kleinbuchstaben (m) angegeben.

Textformat	Ergebnis	Beispiel
"M"	Monat als ein- oder zweistellige Zahl	1; 12
"MM"	Monat als zweistellige Zahl	01; 02

Textformat	Ergebnis	Beispiel
"MMM"	Monat als Text, auf drei Zeichen abgekürzt	Jan; Feb
"MMMM"	Vollständiger Monatsname	Januar; Februar
"MMMMM"	Monat als einzelner Buchstabe (J - D)	J
"T"	Wochentag als Zahl von 1 bis 7	1; 2
"TT"	Wochentag als zweistellige Zahl mit führender 0	01; 02
"TTT"	Wochentag als Text , auf zwei Zeichen abgekürzt	Mo; Di; Mi
"TTTT"	Vollständiger Wochentag als Text	Montag; Dienstag

Im Bild unten zwei Beispiele: In Spalte B wurde der Monat mit dem Textformat "MMMM" in Text umgewandelt, in Spalte C der Wochentag mit dem Textformat "TTT".

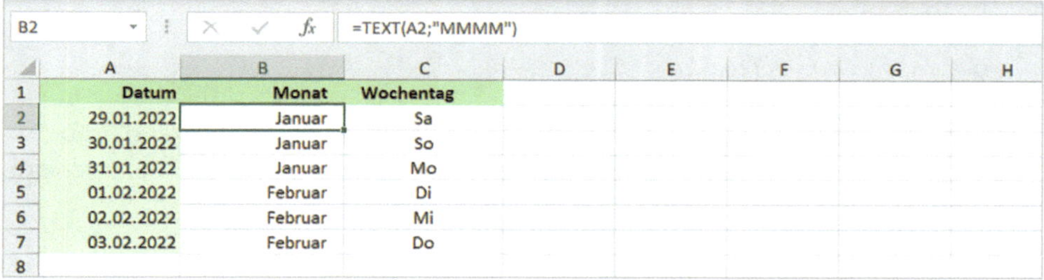

B2 =TEXT(A2;"MMMM")

	A	B	C	D	E	F	G	H
1	Datum	Monat	Wochentag					
2	29.01.2022	Januar	Sa					
3	30.01.2022	Januar	So					
4	31.01.2022	Januar	Mo					
5	01.02.2022	Februar	Di					
6	02.02.2022	Februar	Mi					
7	03.02.2022	Februar	Do					
8								

Bild 2.78 Wochentag und Monat als Text.

Differenz zwischen Datumswerten berechnen

Differenz in Tagen berechnen

Um die Differenz zwischen zwei Datumswerten in Tagen zu ermitteln, genügt eine einfache Formel. Als Beispiel soll berechnet werden, wie viele Tage bis Weihnachten sind: Mit der folgenden Formel erhalten Sie allerdings ein Ergebnis, das ausschließlich für das angegebene Jahr gilt, da das Datum entweder in die Formel oder in eine Zelle eingegeben wird.

```
=24.12.2022 – HEUTE()
```

Tipp: Wenn die Formel nicht nur im angegebenen Jahr, sondern immer für das jeweils aktuelle Jahr Gültigkeit besitzen soll, dann müssen Sie den 24.12. des aktuellen Jahres angeben. Dazu setzen Sie mit der Funktion DATUM das Weihnachtsdatum aus den Zahlen 12 und 24 und dem aktuellen Jahr zusammen. Die Formel lautet dann:

```
=DATUM(JAHR(HEUTE());12;24) – HEUTE()
```

Vorsicht bei negativen Datumswerten

Excel kann zwar bei Datumsberechnungen negative Zahlen, z. B. Tage, berechnen und anzeigen, nicht aber, wenn diese als Datum formatiert sind. Dann erscheint stattdessen das #-Zeichen.

Differenz in Jahren, Alter berechnen

Eine häufige Aufgabe ist die Berechnung des Alters mit Excel. Dies lässt sich auf verschiedenen Wegen lösen; welche Lösung Sie wählen, hängt von der geforderten Genauigkeit ab.

Möglichkeit 1: Aus Jahren berechnen

Im einfachsten Fall und wenn das Alter nicht tagesgenau benötigt wird, dann berechnen Sie es einfach als Differenz zwischen dem aktuellen Jahr und dem Geburtsjahr mit folgender Formel:

```
=JAHR(HEUTE())-JAHR(Geburtsdatum)
```

Das Ergebnis müssen Sie in der Regel anschließend noch mit dem Standardformat oder als Zahl ohne Dezimalstellen formatieren, da es meist im Datumsformat erscheint.

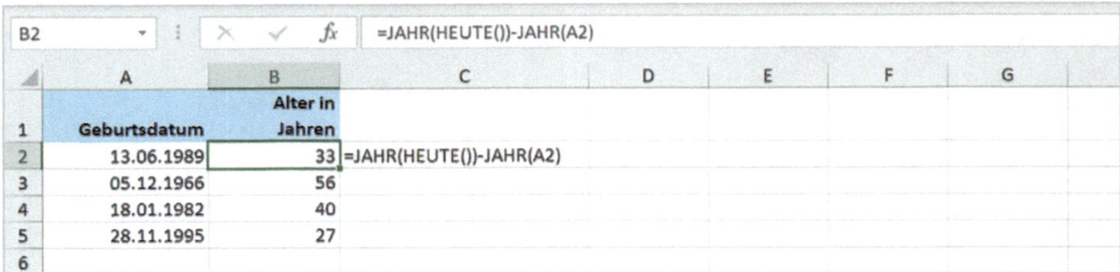

B2 | fx =JAHR(HEUTE())-JAHR(A2)

	A	B	C	D	E	F	G
1	Geburtsdatum	Alter in Jahren					
2	13.06.1989	33	=JAHR(HEUTE())-JAHR(A2)				
3	05.12.1966	56					
4	18.01.1982	40					
5	28.11.1995	27					
6							

Bild 2.79 Das Alter einfach als Differenz der Jahre berechnen

Hinweis: Die Ergebnisse im Bild gehen vom 01.06.2022 als aktuelles Datum aus.

Möglichkeit 2: Mit der Funktion BRTEILJAHRE

Die Funktion BRTEILJAHRE berechnet die Differenz zwischen zwei Datumswerten in Bruchteilen von Jahren und ermittelt somit das Alter wesentlich genauer. Die Syntax:

```
BRTEILJAHRE(Anfangsdatum; Enddatum; Basis)
```

Das Argument *Basis* ist optional und eigentlich nur zur Berechnung von Zinstagen erforderlich: Damit können Sie festlegen, auf welcher Basis die Tage gezählt werden.

Mit BRTEILJAHRE erhalten Sie ein Ergebnis mit Dezimalstellen, also Bruchteilen von Jahren. Um das Alter als ganze Zahl zu erhalten, dürfen Sie das Ergebnis nicht einfach kaufmännisch runden, z. B. mit einem Zahlenformat ohne Nachkommastellen, da Sie sonst unter Umständen ein falsches Alter erhalten. Die nicht benötigten Nachkommastellen müssen in diesem Fall mit der Funktion KÜRZEN abgeschnitten werden.

B2 =BRTEILJAHRE(A2;HEUTE())

	A	B	C	D
1	Geburtsdatum	Alter in Bruchhteilen von Jahren	Alter	
2	13.06.1989	32,94722222	32	=KÜRZEN(BRTEILJAHRE(A2;HEUTE());0)
3	05.12.1966	55,46944444	55	
4	18.01.1982	40,35	40	
5	28.11.1995	26,48888889	26	
6				

Bild 2.80 Alter mit BRTEILJAHRE berechnen

Möglichkeit 3: Mit der Funktion DATEDIF

Als dritte Möglichkeit können Sie die Funktion DATEDIF zur Altersberechnung einsetzen. Leider ist diese Funktion nicht dokumentiert und kann daher auch nicht in der Formelbibliothek ausgewählt werden. Sie muss vollständig über die Tastatur eingegeben werden, die Syntax:

Tipp: In der Excel-Hilfe wird DATEDIF mit einer Beschreibung aufgeführt.

```
DATEDIF(Ausgangsdatum;Enddatum;Einheit)
```

Argument	Beschreibung
Ausgangsdatum	Startdatum, z. B. das Geburtsdatum
Enddatum	Das Enddatum, z. B. das aktuelle Datum
Einheit	Wie soll die Differenz berechnet werden: "y" in vollständigen Jahren "m" in Monaten "d" in Tagen "ym" in Monaten, ohne Berücksichtigung des Jahres "md" in Tagen, ohne Berücksichtigung des Monats

Die weiteren Möglichkeiten der Funktion DATEDIF

Die Funktion DATEDIF unterstützt mit dem Argument *Einheit* verschiedene Zeiteinheiten. Daher erweist sich diese Funktion auch in anderen Situationen als sehr praktisch.

Als Beispiel die Dauer der Betriebszugehörigkeit in Jahren, Monaten und Tagen. Die entsprechenden Formeln in Zeile 4 lauten wie folgt, wobei sich hier das aktuelle Datum in B1 befindet:

Zur besseren Nachvollziehbarkeit wurde hier das Datum in B1 fest eingetragen. Ersetzen Sie in der Formel den Bezug B1 durch HEUTE(), so erhalten Sie jeweils aktuelle Ergebnisse!

```
=DATEDIF(B4;$B$1;"y")      Jahre
=DATEDIF(B4;$B$1;"ym")     Monate
=DATEDIF(B4;$B$1;"md")     Tage
```

D4 =DATEDIF(B4;$B$1;"ym")

	A	B	C	D	E
1	Aktuelles Datum:	01.06.2022			
2			Mitarbeiter ist im Unternehmen:		
3	Mitarbeiter	Eintritt Firma	Jahre	Monate	Tage
4	Moser Franz	01.02.2021	1	4	0
5	Baumholtz Ulf	15.04.2010	12	1	17
6	Tauwetter Irene	08.03.2012	10	2	24
7					

Bild 2.81 Betriebszugehörigkeit mit DATEDIF berechnen

Differenz in Arbeitstagen berechnen

Häufig sollen bei der Berechnung der Datumsdifferenz in Tagen ausschließlich Arbeitstage berücksichtigt werden, nicht aber Wochenenden und Feiertage, z. B. zur Berechnung von Urlaubstagen oder Soll-Arbeitszeiten. Dazu verwenden Sie die Funktion NETTOARBEITSTAGE.INTL.

Seit der Version 2013 verfügt Excel über zwei Funktionen zur Berechnung der Nettoarbeitstage. Die neuere Funktion NETTOARBEITSTAGE.INTL berechnet die Anzahl der vollen Arbeitstage zwischen zwei Datumsangaben, wobei im Gegensatz zur älteren Funktion NETTOARBEITSTAGE angegeben werden kann, welche und wie viele Tage auf Wochenenden fallen. Die Syntax:

```
NETTOARBEITSTAGE.INTL(Ausgangsdatum;Enddatum;Wochenende; Freie_Tage)
```

Beachten Sie außerdem:

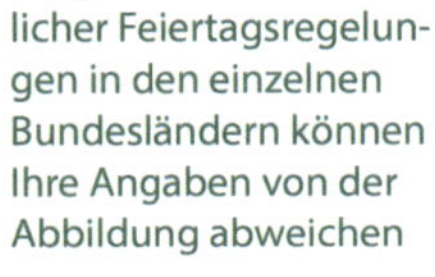
Aufgrund unterschiedlicher Feiertagsregelungen in den einzelnen Bundesländern können Ihre Angaben von der Abbildung abweichen

- Ausgangs- und Enddatum werden bei der Berechnung mitgezählt.
- Während der Eingabe des Parameters *Wochenende* erscheint eine Liste zulässiger Angaben, *1* bedeutet *Samstag und Sonntag*.
- Mit *Freie_Tage* geben Sie an, welche Tage z. B. als Feiertage berücksichtigt werden sollen. Diese müssen in eine gesonderte Tabelle, am besten in einem anderen Tabellenblatt, eingetragen werden. Im abgebildeten Beispiel erhielt die Liste den Namen *Feiertage*. Aufgrund.

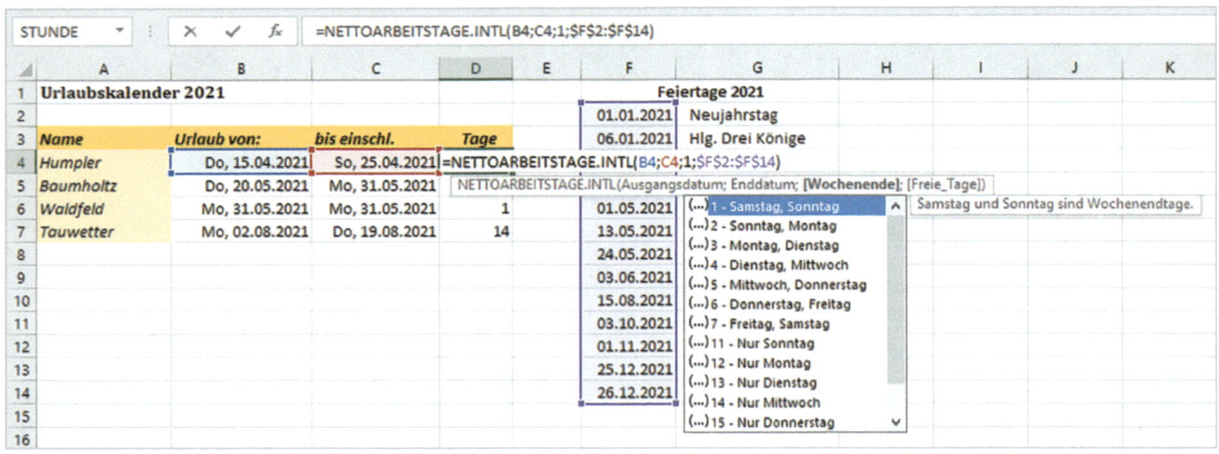

Bild 2.82 Beispiel Urlaubstage berechnen

Beispiel: Die Arbeitstage eines Monats berechnen

Mit der Funktion NETTOARBEITSTAGE.INTL können Sie auch die Anzahl der Arbeitstage eines Monats berechnen. Als Beispiel wurde in Bild 2.83 in Spalte B mit der Funktion MONATSENDE zunächst das Ende des jeweiligen Monats berechnet, der Monatsanfang ist in Spalte A vorgegeben, die Syntax der Funktion MONATSENDE:

```
=MONATSENDE(Ausgangsdatum;Monate)
```

Hinweis: Das Argument *Monate* gibt an, wie viele Monate vor oder nach dem Ausgangsdatum liegen sollen. Handelt es sich um den selben Monat wie das Ausgangsdatum, wie in unserem Beispiel, dann muss 0 angegeben werden.

C2 =NETTOARBEITSTAGE.INTL(A2;B2;1;$E$2:$E$14)

	A	B	C	D	E	F	G
1	Monatsanfang	Monatsende	Anzahl Arbeitstage		Feiertage 2021		
2	01.01.2021	31.01.2021	19		01.01.2021	Neujahrstag	
3	01.02.2021	28.02.2021	20		06.01.2021	Hlg. Drei Könige	
4	01.03.2021	31.03.2021	23		02.04.2021	Karfreitag	
5	01.04.2021	30.04.2021	20		05.04.2021	Ostermontag	
6	01.05.2021	31.05.2021	19		01.05.2021	Tag der Arbeit	

Bild 2.83 Arbeitstage eines Monats berechnen

Damit das Monatsende auch gleich als Datum formatiert ausgegeben wird, verwenden wir zusätzlich die Funktion TEXT, dann lautet die Formel in B2:

```
B2: =TEXT(MONATSENDE(A2;0);"TT.MM.JJJJ")
```

Berechnungen mit Zeitwerten

Genauso können auch Zeitangaben für Berechnungen herangezogen werden. Beachten Sie aber, dass das Standard-Uhrzeitformat von Excel nicht mehr als 24 Stunden anzeigt. Daher können einige Ergebnisse, wie z. B. die Summe der Arbeitszeiten in G9 im Bild unten, auf den ersten Blick nicht stimmen. Liefert ein Formelergebnis, in diesem Beispiel die Summe der Arbeitszeiten, mehr als 24 Stunden, so müssen Sie ein anderes Uhrzeitformat, nämlich Stunden in der Form [h] verwenden.

Bild 2.84 Das Ergebnis in G9 kann auf den ersten Blick nicht stimmen!

G9 =SUMME(G4:G8)

	A	B	C	D	E	F	G	H	I	J
1	Arbeitszeiten									
2					Pause					
3	Datum	Wochentag	Arbeitsbeginn	Arbeitsende	von:	bis:	Stunden			
4	04.04.2022	Montag	08:00	17:30	12:15	13:00	8:45	=(D4-C4)-(F4-E4)		
5	05.04.2022	Dienstag	07:45	18:00	12:30	13:15	9:30	=(D5-C5)-(F5-E5)		
6	06.04.2022	Mittwoch	08:15	17:30	12:30	13:00	8:45	=(D6-C6)-(F6-E6)		
7	07.04.2022	Donnerstag	08:00	17:45	12:45	13:15	9:15	=(D7-C7)-(F7-E7)		
8	08.04.2022	Freitag	07:30	15:00	12:00	12:15	7:15	=(D8-C8)-(F8-E8)		
9						Summe	19:30			
10										

Sie finden dieses Format im Dialogfenster *Zellen formatieren*, das Sie entweder über den Befehl aus dem Kontextmenü der rechten Maustaste öffnen oder über einen Klick auf den kleinen Pfeil in der rechten unteren Ecke der Gruppe *Zahl* (Register *Start*). Klicken Sie hier auf das Register *Zahlen* und wählen Sie die Kategorie *Benutzerdefiniert*. Weisen Sie den Zellen das Format [h]:mm:ss zu und löschen Sie :ss (Bild 2.85).

Achtung bei Zeitangaben

Das Standard-Uhrzeitformat von Excel zeigt maximal 24 Stunden an. Wenn mehr Stunden berücksichtigt werden sollen, müssen Sie den Stunden ein benutzerdefiniertes Format zuweisen, bei dem die Stunden in eckigen Klammern stehen [h].

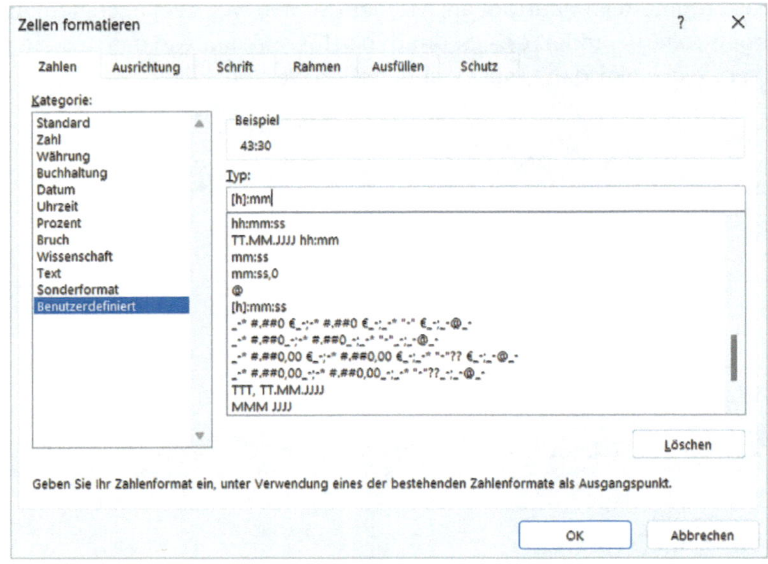

Bild 2.85 Uhrzeitformat mit mehr als 24 Stunden

Die Sekunden (ss) dieses Formats können Sie einfach löschen

Uhrzeit in Dezimalzahl (Industriezeit) umwandeln

Standardmäßig wird bei Berechnungen mit der Uhrzeit auch das Formelergebnis im Uhrzeitformat ausgegeben. Häufig benötigen Sie aber für weitere Berechnungen eine Dezimalzahl (Industriezeit), z. B. wenn Sie Arbeitszeiten mit dem Stundenlohn multiplizieren möchten.

- In solchen Fällen formatieren Sie die Ergebnisse in G4 bis G8 als Zahl mit zwei Nachkommastellen. Da das Datums- und Uhrzeitformat auf Tagen basiert, erhalten Sie allerdings zunächst Bruchteile von Tagen anstelle von Stunden.
- Um Stunden zu erhalten, müssen Sie daher noch die Formeln ändern und das Formelergebnis mit 24 multiplizieren (1 Tag = 24 Stunden).

Bild 2.86 Beispiel Arbeitszeiten

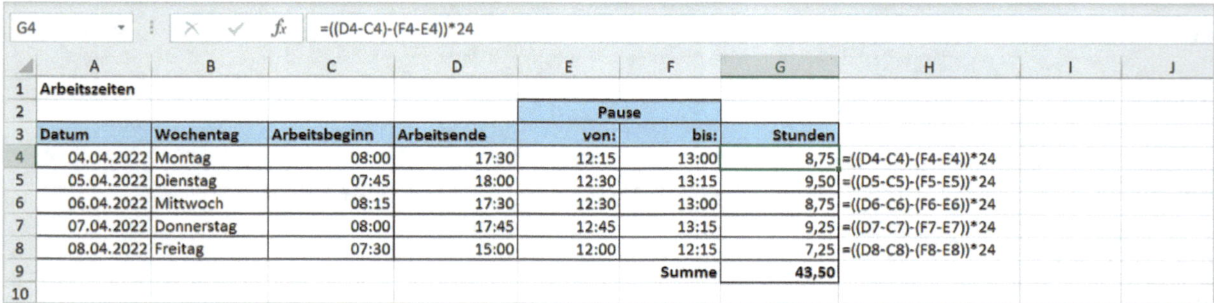

G4 =((D4-C4)-(F4-E4))*24

	A	B	C	D	E	F	G	H
1	Arbeitszeiten							
2					Pause			
3	Datum	Wochentag	Arbeitsbeginn	Arbeitsende	von:	bis:	Stunden	
4	04.04.2022	Montag	08:00	17:30	12:15	13:00	8,75	=((D4-C4)-(F4-E4))*24
5	05.04.2022	Dienstag	07:45	18:00	12:30	13:15	9,50	=((D5-C5)-(F5-E5))*24
6	06.04.2022	Mittwoch	08:15	17:30	12:30	13:00	8,75	=((D6-C6)-(F6-E6))*24
7	07.04.2022	Donnerstag	08:00	17:45	12:45	13:15	9,25	=((D7-C7)-(F7-E7))*24
8	08.04.2022	Freitag	07:30	15:00	12:00	12:15	7,25	=((D8-C8)-(F8-E8))*24
9						Summe	43,50	
10								

Teile von Zeitangaben als Zahl

Wie beim Datum können Sie auch Teile von Zeitangaben, nämlich Stunden, Minuten und Sekunden als Zahl ermitteln. Dazu setzen Sie die folgenden Funktionen ein, wobei es sich bei Zahl jeweils um eine gültige Zeitangabe handeln muss:

```
STUNDE(Zahl)

MINUTE(Zahl)

SEKUNDE(Zahl)
```

Im Bild unten einige Beispiele und rechts daneben die dazugehörigen Formeln.

Bild 2.87 Stunden, Minuten und Sekunden aus Uhrzeit

	A	B	C	D	E
1	Uhrzeit	Stunde	Minute	Sekunde	
2	12:35	12	35	0	
3	09:15:04	9	15	4	
4	02.06.2021 11:15:31	11	15	31	
5					

	A	B	C	D	E
1	Uhrzeit	Stunde	Minute	Sekunde	
2	12:35	=STUNDE(A2)	=MINUTE(A2)	=SEKUNDE(A2)	
3	09:15:04	=STUNDE(A3)	=MINUTE(A3)	=SEKUNDE(A3)	
4	02.06.2021 11:15:31	=STUNDE(A4)	=MINUTE(A4)	=SEKUNDE(A4)	
5					

Stunden in Minuten umrechnen

Liegt die Zeitangabe im Format hh:mm vor, wie im Bild unten links, dann verwenden Sie zum Umrechnen in Minuten in B2 die folgende Formel:

```
=STUNDE(A2)*60+MINUTE(A2)
```

Zum Umrechnen einer Uhrzeit, die als Dezimalzahl vorliegt, bietet sich dagegen die Funktion UMWANDELN an:

```
=UMWANDELN(A2;"hr";"mm")
```

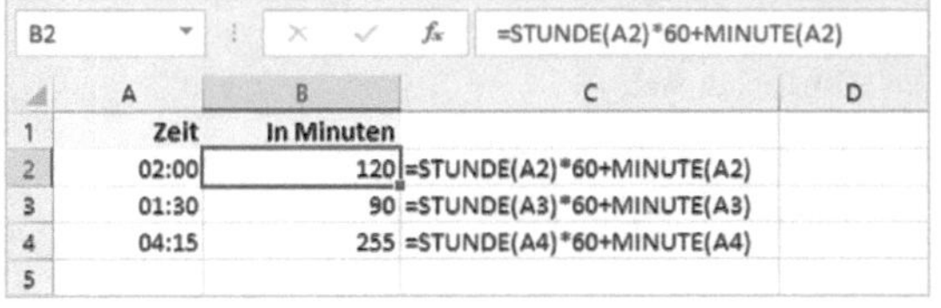

B2 | =STUNDE(A2)*60+MINUTE(A2)

	A	B	C	D
1	Zeit	In Minuten		
2	02:00	120	=STUNDE(A2)*60+MINUTE(A2)	
3	01:30	90	=STUNDE(A3)*60+MINUTE(A3)	
4	04:15	255	=STUNDE(A4)*60+MINUTE(A4)	
5				

Bild 2.88 Uhrzeitformat in Minuten umrechnen

B2 | =UMWANDELN(A2;"hr";"mn")

	A	B	C	D
1	Zeit	In Minuten		
2	2	120	=UMWANDELN(A2;"hr";"mn")	
3	1,5	90	=UMWANDELN(A3;"hr";"mn")	
4	4,25	255	=UMWANDELN(A4;"hr";"mn")	
5				

Bild 2.89 Dezimalzahl in Minuten umrechnen

2.7 Zinsberechnungen mit finanzmathematische Funktionen

Auch in der Kategorie Finanzmathematik stellt Excel eine Vielzahl von Funktionen zur Verfügung. Da die meisten dieser Funktionen einschlägige Kenntnisse voraussetzen, soll hier nur die Zinsberechnung näher betrachtet werden.

Zahlungen und Verzinsung

In den Funktionen rund um Zahlungen und Verzinsung kommen immer wieder die folgenden Funktionsargumente zum Einsatz, die meisten davon sind aber auch eigenständige Funktionen. Steuern, Provisionen und andere anfallende Gebühren von Excel nicht berücksichtigt.

Argument	Beschreibung
Rmz	**Regelmäßige Zahlung (zu zahlende Annuität)** Ein konstanter, meist monatlicher Betrag, den Sie entweder zur Rückzahlung eines Kredits oder als Sparbetrag aufwenden. Der Betrag bzw. die Annuität setzt sich zusammen aus Tilgung und Zinsen.
Zzr	**Zahlungszeitraum** Anzahl der Perioden, in denen der Betrag gezahlt wird. Läuft beispielsweise ein Kredit über 2 Jahre und wird monatlich zurückgezahlt, dann ist Zzr=2*12 gleich 24. Bei einer Laufzeit von 2 Jahren und vierteljährlicher Zahlung beträgt die Anzahl der Zahlungen 8 (Zzr=2*4).
Zins	**Fester Zinssatz** Der Zinssatz wird normalerweise für ein Jahr angegeben. Wenn die Zahlung/Rückzahlung monatlich erfolgt, muss der Zins durch 12 (Monate) dividiert werden.
Bw	**Barwert, Anfangswert** Der aktuelle Gesamtwert zukünftiger Zahlungen. Nehmen Sie beispielsweise einen Kredit auf, ist der Barwert gleich der Kredithöhe inklusive der Zinsen.
Zw	**Zukünftiger Wert, Endwert** Der zukünftige Wert einer Investition bzw. der Wert, der nach den Zahlungen erreicht werden soll. Bei Krediten ist Zw gleich 0, bei Ansparungen ist das der Betrag, der am Ende vorhanden sein soll.
F	**Fälligkeit** Der Parameter Fälligkeit gibt an, ob die regelmäßige Zahlung zu Beginn einer Periode (1) erfolgt oder am Ende (0 oder keine Angabe):

Beachten Sie bei diesen Funktionen die folgenden Grundregeln

- Alle Funktionsargumente müssen sich auf dieselbe Periodeneinheit beziehen. Bei monatlichen Zahlungen bedeutet dies beispielsweise, dass auch Zins und Zahlungszeitraum in Monaten angegeben werden müssen.
- Von Ihnen aufzuwendende Beträge, z. B. Rückzahlungsbeträge müssen mit negativem Vorzeichen eingegeben werden, da Sie sonst ein Ergebnis mit einem negativen Vorzeichen erhalten.
- Alle genannten Funktionen gehen von einer konstanten regelmäßigen Zahlung und einem gleichbleibenden Zinssatz aus.

Beispiel Kreditrückzahlung: Die Höhe der monatlichen Zahlungen berechnen (RMZ)

Zinsberechnungen.xlsx

Sie möchten wissen, wie hoch die monatliche Belastung bei der Rückzahlung eines Kredits in Höhe von 10.000 Euro, einer Laufzeit von 3 Jahren und einem jährlichen Zins von 5,3% ist? Zur Berechnung der konstanten regelmäßigen Zahlung setzen Sie die Funktion RMZ (Regelmäßige Zahlung) ein, sie besitzt folgende Syntax:

```
RMZ(Zins;Zzr;Bw;[Zw];[F])
```

- *Zins* und *Zzr*: Da die monatliche Rückzahlung berechnet wird, müssen auch Zins und Zahlungszeitraum umgerechnet werden, also 5,3%/12 und 3*12.

- *Bw* und *Zw*: Als Barwert (*Bw*) geben Sie den Kreditauszahlungsbetrag, hier 10.000, an. *Zw* dagegen ist der Zinswert, also der Wert, der am Ende der Rückzahlung erreicht werden soll. Tragen Sie hier 0 ein, wenn am Ende der Kredit abbezahlt sein soll.
- Als Fälligkeit (*F*) wurde 1 angegeben, d. h. die Zahlung erfolgt am Monatsbeginn.

Da die monatlichen Rückzahlungsbeträge von Ihnen aufzuwenden sind, erscheint das Formelergebnis rot mit negativem Vorzeichen.

Bild 2.90 Beispiel Kreditrückzahlung

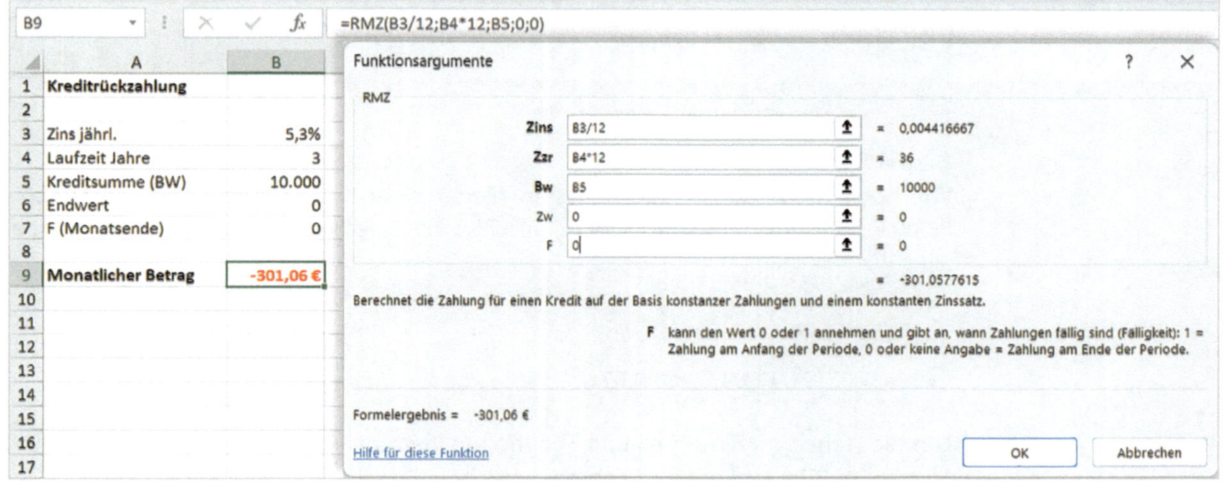

Beispiel: Regelmäßig einen gleichbleibenden Betrag ansparen

Den zukünftigen oder Endwert laufender Zahlungen berechnen Sie mit der Funktion ZW. Hier die Syntax:

```
ZW(Zins;Zzr;Rmz;[Bw];[F])
```

Angenommen, Sie legen jeden Monat 100 € zurück und möchten wissen, wie hoch ist der angesparte Betrag nach 2 Jahren bei einer Verzinsung von 2%. Dazu geben Sie in B7 die folgende Formel ein. Da die Zahlungen monatlich erfolgen, muss auch der Zins in Monate umgerechnet werden, also 2%/12. Die Fälligkeit wird mit 1, also zu Beginn der Periode angegeben; wäre F=0, so würde das Ergebnis 2.446,57 lauten.

Hinweis: Der monatliche Betrag sollte mit negativem Vorzeichen eingegeben werden, andernfalls erhalten Sie zwar dasselbe Ergebnis aber mit negativem Vorzeichen.

```
B7: =ZW(C2;B3;B1;;B5)          Ergebnis: 2.450,64
```

Bild 2.91 Zukünftigen Wert mit ZW berechnen

	A	B	C	D	E	F	G	H
1	Betrag	-100,00						
2	Zins jährl.	2%	0,0016667					
3	Monate	24						
4	Anfangswert							
5	Fälligkeit	1						
6								
7	Endwert	2.450,64 €	=ZW(C2;B3;B1;;B5)					
8								

Tilgung und Zinszahlung berechnen

Die Funktion RMZ (s. Beispiel auf Seite 124) berechnet nur die gesamte Höhe der monatlichen Rückzahlung. Diese besteht jeweils aus einem Zins- und einem Tilgungsanteil. Diese Werte lassen sich mit den Funktionen ZINSZ (Zins) und KAPZ (Tilgung) berechnen.

Beide erfordern, neben den bereits erläuterten, noch ein weiteres Argument, nämlich mit *Zr* die Zahlungsperiode für die die Zinszahlung bzw. die Kapitelrückzahlung berechnet werden soll. Diese muss zwischen 1 und Zzr liegen.

```
ZINSZ(Zins;Zr;Zzr;BW;ZW;F)
KAPZ(Zins;Zr;Zzr;BW;ZW;F)
```

Beispiel 1: Kreditrückzahlung
Wie hoch ist der Zinsanteil im ersten Monat einer Kreditrückzahlung? Kredithöhe 8.000 €, Laufzeit 3 Jahre (36 Monate) und Zins 7,5 %, Fälligkeit jeweils am Monatsende.

```
E3: =RMZ(B3/12;B5;B6;0;B7)              Ergebnis: -155,53
E4: =ZINSZ(B3/12;B4;B5;B6;0;B7)         Ergebnis:   -31,25
E5: =KAPZ(B3/12;B4;B5;B6;0;B7)          Ergebnis: -124,28
```

Um die Höhe von Zinsanteil und Tilgung in einem beliebigen Monat, z. B. im letzten Monat der Rückzahlung zu erfahren, brauchen Sie nur den betreffenden Monat in B4 eintragen.

	A	B	C	D	E	F	G
1	**Zins und Tilgung (Kapitalrückzahlung) berechnen**						
2							
3	Zins	7,5%		Monatl. Rückzahlung (RMZ)	-155,53 €	=RMZ(B3/12;B5;B6;0;B7)	
4	Monat (Zr)	1		Zinsanteil (ZINSZ)	-31,25 €	=ZINSZ(B3/12;B4;B5;B6;0;B7)	
5	Laufzeit (Mon)	36		Tilgung (KAPZ)	-124,28 €	=KAPZ(B3/12;B4;B5;B6;0;B7)	
6	Kredithöhe	5.000					
7	Fälligkeit	0					

Bild 2.92 Rückzahlungsbetrag, Zinsanteil und Tilgung im ersten Monat berechnen

Beispiel 2: Monatlicher Tilgungsplan eines Darlehens
Mit den Formeln RMZ, ZINSZ und KAPZ lässt sich auch problemlos ein Tilgungsplan in Tabellenform aufstellen und Zins und Tilgung für jeden Monat berechnen, wie in Bild 2.93. Als Beispiel im Bild unten ebenfalls eine Kreditrückzahlung: Kredithöhe 5.000 €, Zins 7,5 % und Laufzeit 1 Jahr.

Die Formeln in B9, B10 und B11 können anschließend nach C9:M11 kopiert werden:

```
B9: =RMZ(B4/12;B5;B6;0;B7)
B10: =ZINSZ(B4/12;B3;B5;B6;0;B7)
B11: =KAPZ(B4/12;B3;B5;B6;0;B7)
```

B10 =ZINSZ(B4/12;B3;B5;B6;0;B7)

	A	B	C	D	E	F	G	H	I	J	K	L	M	N
1	**Zins und Tilgung (Kapitalrückzahlung) berechnen**													
2														
3	Monat (Zr)	1	2	3	4	5	6	7	8	9	10	11	12	
4	Zins	7,5%	7,5%	7,5%	7,5%	7,5%	7,5%	7,5%	7,5%	7,5%	7,5%	7,5%	7,5%	
5	Laufzeit (Mon)	12	12	12	12	12	12	12	12	12	12	12	12	
6	Kredithöhe	5.000	5.000	5.000	5.000	5.000	5.000	5.000	5.000	5.000	5.000	5.000	5.000	
7	Fälligkeit	0	0	0	0	0	0	0	0	0	0	0	0	
8														
9	Monatl. Rückzahlung (RMZ)	-433,79	-433,79	-433,79	-433,79	-433,79	-433,79	-433,79	-433,79	-433,79	-433,79	-433,79	-433,79	
10	Zinsanteil (ZINSZ)	-31,25	-28,73	-26,20	-23,66	-21,09	-18,51	-15,92	-13,31	-10,68	-8,03	-5,37	-2,69	
11	Tilgung (KAPZ)	-402,54	-405,05	-407,58	-410,13	-412,70	-415,27	-417,87	-420,48	-423,11	-425,75	-428,42	-431,09	

Bild 2.93 Tabelle über Zinsen und Tilgung

2.8 Wichtige Textfunktionen

Text oder Zeichenfolgen aneinanderfügen

Die Inhalte aus zwei oder mehr Spalten mit einer Formel zusammenfügen, wird in der Praxis manchmal benötigt, um z. B. Adressen platzsparend auszudrucken. Excel kennt gleich mehrere Möglichkeiten zum Aneinanderfügen von Zeichenfolgen. Auch Zahlen lassen sich auf diese Weise miteinander verketten, allerdings behandelt dann Excel das Ergebnis als Text.

Die nachfolgenden Beispiele finden Sie in der Mappe **Textfunktionen_1_Textverketten.xlsx**

Beachten Sie, dass in vielen Fällen noch ein zusätzliches Trennzeichen dazwischen eingefügt werden muss, zum Beispiel im Bild unten jeweils ein Leerzeichen zwischen Anrede, Vorname und Nachname.

Verketten mit dem kaufmännischen &-Zeichen

Im einfachsten Fall fügen Sie in einer Formel die Zeichenfolgen sowie die Leerzeichen dazwischen mit dem kaufmännischen &-Zeichen aneinander. Für das unten abgebildete Beispiel lautet die Formel in D2 lauten =C2&" "&B2&" "&A2

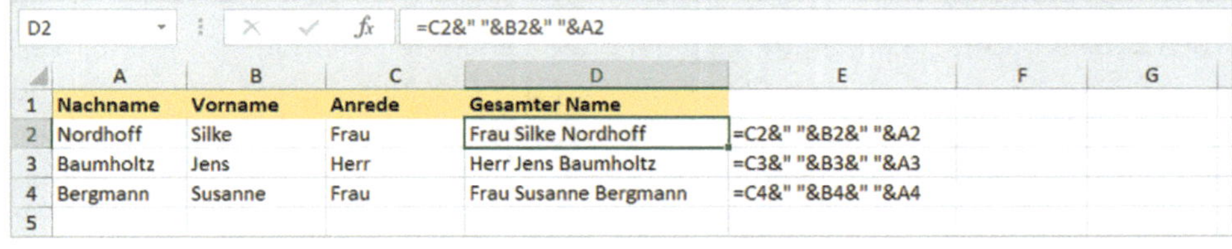

D2 =C2&" "&B2&" "&A2

	A	B	C	D	E	F	G
1	Nachname	Vorname	Anrede	Gesamter Name			
2	Nordhoff	Silke	Frau	Frau Silke Nordhoff	=C2&" "&B2&" "&A2		
3	Baumholtz	Jens	Herr	Herr Jens Baumholtz	=C3&" "&B3&" "&A3		
4	Bergmann	Susanne	Frau	Frau Susanne Bergmann	=C4&" "&B4&" "&A4		
5							

Bild 2.94 Verketten mit dem &-Operator

Zeichenfolgen mit Funktionen verketten (TEXTKETTE und TEXTVERKETTEN)

Dasselbe Ergebnis erzielen Sie auch mit der Funktion TEXTKETTE (Kategorie *Text*).

Hinweis: Statt TEXTKETTE kann auch die ältere Funktion VERKETTEN verwendet werden. Diese besitzt dieselbe Syntax.

```
TEXTKETTE(Text1;Text2;Text3;...)

D2: =TEXTKETTE(C2;" ";B2;" ";A2)
```

Tipp Zellbereich markieren: Wird beim Aneinanderfügen von Zeichenfolgen kein zusätzliches Zeichen dazwischen benötigt und liegen diese in der richtigen Reihenfolge vor, wie im Bild unten, dann können Sie mit der Funktion TEXTKETTE auch gleich den gesamten Zellbereich markieren.

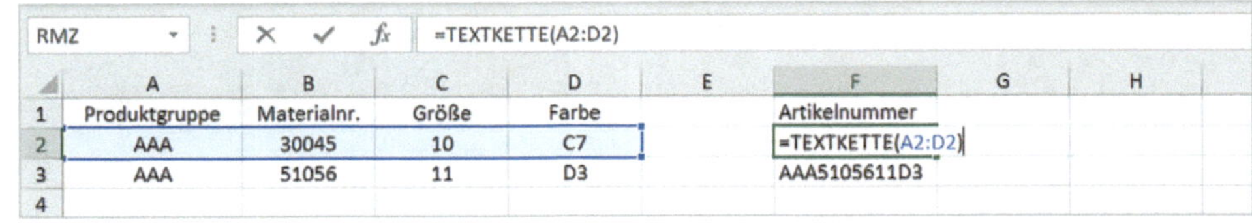

	A	B	C	D	E	F	G	H
1	Produktgruppe	Materialnr.	Größe	Farbe		Artikelnummer		
2	AAA	30045	10	C7		=TEXTKETTE(A2:D2)		
3	AAA	51056	11	D3		AAA5105611D3		
4								

Bild 2.95 Markierten Zellbereich verketten

Die Funktion TEXTVERKETTEN

Die Funktion TEXTVERKETTEN bietet sich an, wenn mehrere Zeichenfolgen immer mit demselben Zeichen dazwischen verkettet werden sollen. Sie bietet gegenüber dem &-Operator und TEXTKETTE einige Vorteile:

- Sie brauchen das Trennzeichen nur einmal eingeben.
- Aus leeren Zellen resultierende überflüssige Trennzeichen lassen sich mit dem Parameter *Leer_ignorieren* vermeiden (WAHR = leere Zellen ignorieren).

```
TEXTVERKETTEN(Trennzeichen;Leer_ignorieren;Text1;Text2;...)
```

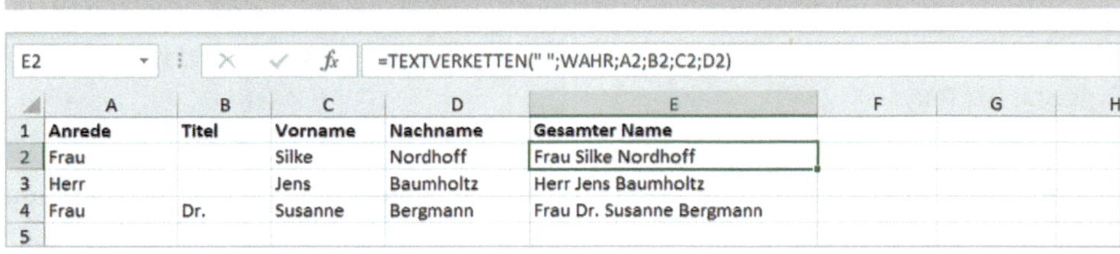

	A	B	C	D	E	F	G	H
1	Anrede	Titel	Vorname	Nachname	Gesamter Name			
2	Frau		Silke	Nordhoff	Frau Silke Nordhoff			
3	Herr		Jens	Baumholtz	Herr Jens Baumholtz			
4	Frau	Dr.	Susanne	Bergmann	Frau Dr. Susanne Bergmann			
5								

Bild 2.96 Beispiel: Mit TEXTVERKETTEN überflüssige Trennzeichen vermeiden

Tipp: Liegen die zu verkettenden Zellen in der richtigen Reihenfolge nebeneinander vor wie in diesem Beispiel, dann ist statt einzelner Zellangaben auch eine Bereichsangabe zulässig, hier A2:D2 statt A2;B2;C2;D2.

Text mit Zahlen verketten

Näheres zur Funktion TEXT finden Sie auf Seite 116.

Auch Zahlen und Text können mit den der oben genannten Methoden verkettet werden, z. B. mit dem &-Operator. Allerdings wird das Ergebnis als Text behandelt und kann nicht für weitere Berechnungen verwendet werden. **Achtung**: Zahlenformate werden beim Verketten nicht übernommen. Falls Sie beim Verketten z. B. das Datumsformat beibehalten möchten, wie im Bild unten, dann müssen Sie zusätzlich die Zahl mit der Funktion TEXT als Datum formatieren.

Bild 2.97 Text mit formatiertem Datum verketten

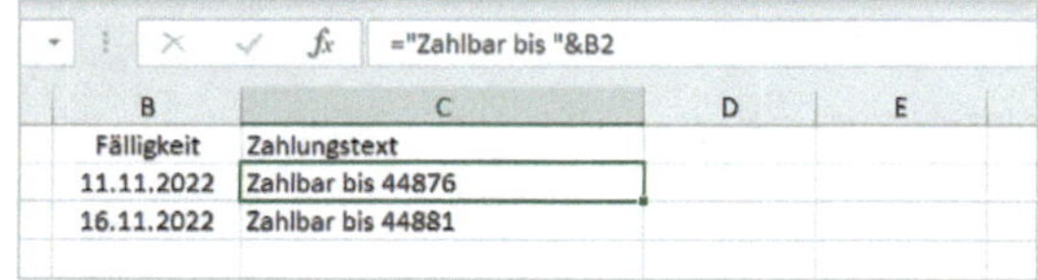

B	C	D	E
Fälligkeit	Zahlungstext		
11.11.2022	Zahlbar bis 44876		
16.11.2022	Zahlbar bis 44881		

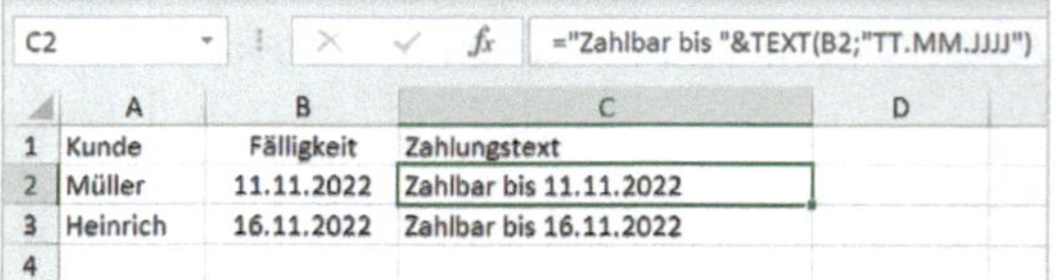

	A	B	C	D
1	Kunde	Fälligkeit	Zahlungstext	
2	Müller	11.11.2022	Zahlbar bis 11.11.2022	
3	Heinrich	16.11.2022	Zahlbar bis 16.11.2022	
4				

Zeichenfolgen aus Text extrahieren

Häufig muss in einer Tabelle der Inhalt einer Spalte in zwei oder mehr Spalten aufgeteilt werden. Wenn die Aufteilung anhand eines bestimmten Zeichens, z. B. Komma oder Leerzeichen, vorgenommen werden kann, dann stellt Excel dazu das Tool *Text in Spalten* bereit. Daneben solche Aufgaben auch mit Funktionen erledigen, insbesondere wenn kein Trennzeichen vorhanden ist oder nur ein bestimmter Teil benötigt wird.

Text in Spalten, siehe Seite 185.

Zeichenfolgen anhand von Länge und Position ermitteln

Manchmal enthalten Zellinhalte gleich mehrere Informationen in einer einzigen Zeichenkette. So können beispielsweise Artikelnummern aus Modell, Warengruppe und Farbe zusammengesetzt sein. Damit nach einem dieser Merkmale sortiert oder gefiltert werden kann, müssen Sie die benötigten Informationen zunächst herausziehen.

Wenn die gesuchte Zeichenfolge eine feste Länge besitzt und an einer bestimmten Position beginnt, dann setzen Sie zum Extrahieren die Textfunktionen LINKS, RECHTS und TEIL ein, Beispiele dazu finden Sie in Bild 2.98.

Funktion	Beschreibung und Syntax
LINKS	=LINKS(Text;Anzahl_Zeichen) Liefert die angegebene Anzahl Zeichen, beginnend mit dem ersten Zeichen **links.**
RECHTS	=RECHTS(Text;Anzahl_Zeichen) Liefert die angegebene Anzahl Zeichen, beginnend mit dem ersten Zeichen **rechts.**
TEIL	=TEIL(Text;Erstes_Zeichen;Anzahl_Zeichen) Liefert die angegebene Anzahl Zeichen, beginnend ab der unter Erstes_Zeichen festgelegten Position. Damit erhalten Sie Zeichenfolgen, die sich innerhalb einer anderen Zeichenfolge befinden.

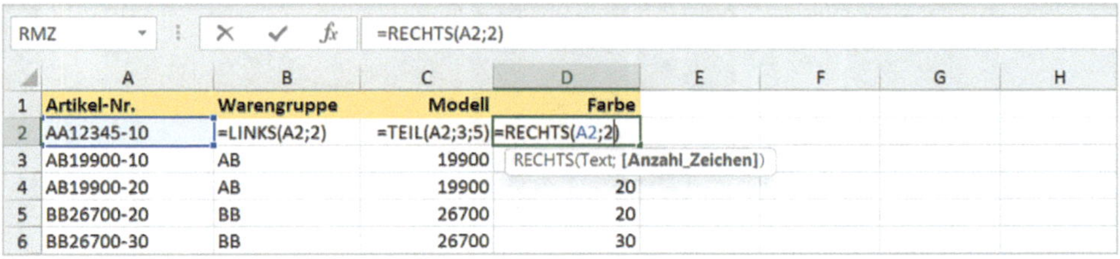

RMZ | =RECHTS(A2;2)

	A	B	C	D
1	Artikel-Nr.	Warengruppe	Modell	Farbe
2	AA12345-10	=LINKS(A2;2)	=TEIL(A2;3;5)	=RECHTS(A2;2)
3	AB19900-10	AB	19900	RECHTS(Text; [Anzahl_Zeichen])
4	AB19900-20	AB	19900	20
5	BB26700-20	BB	26700	20
6	BB26700-30	BB	26700	30

Bild 2.98 Beispiele Zeichenfolgen ermitteln

Textfunktionen_2.xlsx

Position einer Zeichenfolge ermitteln

Ist die Position der gesuchten Zeichenfolge nicht bekannt, dann setzen Sie entweder die Funktion FINDEN oder SUCHEN ein. Der Aufbau beider Funktionen ist identisch, der einzige Unterschied: FINDEN unterscheidet zwischen Groß- und Kleinschreibung, SUCHEN dagegen nicht.

FINDEN unterscheidet zwischen Groß- und Kleinschreibung.

SUCHEN ignoriert Groß- und Kleinschreibung.

```
FINDEN(Suchtext;Text;Erstes_Zeichen)
SUCHEN(Suchtext;Text;Erstes_Zeichen)
```

- Als *Suchtext* geben Sie die gesuchte Zeichenfolge in Anführungszeichen ein.

- *Text* legt die zu durchsuchende Zeichenfolge fest.
- Unter *Erstes_Zeichen* geben Sie die Position an, ab der die Suche im Text beginnen soll.

Beispiel Telefonnummern trennen

Dieses Beispiel funktioniert nur, wenn ein einheitliches Trennzeichen verwendet wird.

Sie möchten Telefonnummern in Ortsvorwahl und Rufnummer trennen, als Trennzeichen wird der Schrägstrich verwendet. Da FINDEN nur die Position des gesuchten Zeichens liefert, benötigen Sie zusätzlich noch die Funktion LINKS. Um das Beispiel besser nachvollziehbar zu machen, wurde im Bild unten zuerst in Spalte C die Position des Trennzeichens ermittelt und in Spalte E dann die eigentliche Vorwahlnummer.

Bild 2.99 Vorwahl ermitteln

VORZEICH... =LINKS(B2;C2-1)

	A	B	C	D	E	F
1	*Name*	*Telefon*	Position des ges. Zeichens		*Vorwahl*	
2	Silke Nordfhoff	089/123456789	4	=FINDEN("/";B2;1)	=LINKS(B2;C2-1)	
3	Jens Tauwetter	0851/7788991	5	=FINDEN("/";B3;1)	0 LINKS(Text; [Anzahl_Zeichen])	
4	Alfred Kabelschacht	0723/120144	5	=FINDEN("/";B4;1)	0723	=LINKS(B4;C4-1)

Natürlich lassen sich beide in einer einzigen Funktion zusammenfassen, dann lautet der Ausdruck in E2:

```
=LINKS(B2;FINDEN("/";B2;1)-1)
```

Anstatt RECHTS lässt sich auch die Funktion TEIL einsetzen.

Nun muss noch die Rufnummer ermittelt werden, dies geschieht am besten mit Hilfe der Funktion RECHTS. Da allerdings nicht bekannt ist, ab welcher Position von Rechts sich der Schrägstrich befindet, benötigen Sie außerdem die Anzahl der Zeichen der gesamten Telefonnummer. Dazu verwenden Sie die Funktion LÄNGE(Text).

Bild 2.100 Rufnummer ermitteln

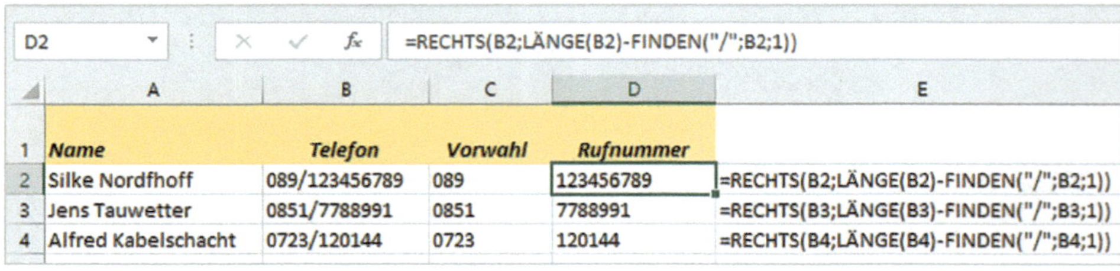

D2 =RECHTS(B2;LÄNGE(B2)-FINDEN("/";B2;1))

	A	B	C	D	E
1	*Name*	*Telefon*	*Vorwahl*	*Rufnummer*	
2	Silke Nordfhoff	089/123456789	089	123456789	=RECHTS(B2;LÄNGE(B2)-FINDEN("/";B2;1))
3	Jens Tauwetter	0851/7788991	0851	7788991	=RECHTS(B3;LÄNGE(B3)-FINDEN("/";B3;1))
4	Alfred Kabelschacht	0723/120144	0723	120144	=RECHTS(B4;LÄNGE(B4)-FINDEN("/";B4;1))

Zeichenfolgen ersetzen

Textteile austauschen mit WECHSELN

Um in einer Zelle eine bestimmte Zeichenfolge durch eine andere zu ersetzen, verwenden Sie die Funktion WECHSELN. Die Länge der jeweiligen Zeichenfolgen spielt keine Rolle:

```
WECHSELN(Text;Alter_Text;Neuer_Text;[ntes_Auftreten]
```

Das optionale Argument *ntes_Auftreten* regelt die Vorgehensweise, wenn die zu ersetzende Zeichenfolge in der Zelle mehrmals vorkommt. Wird das Argument weggelassen, werden alle Zeichenfolgen ersetzt. Geben Sie hier dagegen *1* an, so wird nur das erste Vorkommen ersetzt, mit *2* das zweite Vorkommen usw. Hier ein Beispiel, in dem das Wort *Werbe* durch Marketing ersetzt wird.

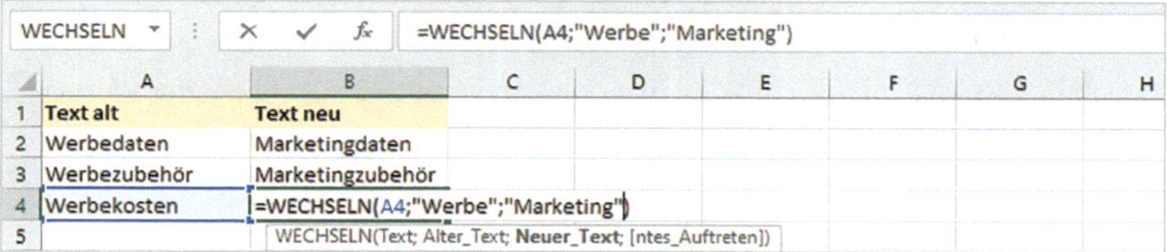

WECHSELN | =WECHSELN(A4;"Werbe";"Marketing")

	A	B	C	D	E	F	G	H
1	**Text alt**	**Text neu**						
2	Werbedaten	Marketingdaten						
3	Werbezubehör	Marketingzubehör						
4	Werbekosten	=WECHSELN(A4;"Werbe";"Marketing")						
5		WECHSELN(Text; Alter_Text; **Neuer_Text**; [ntes_Auftreten])						

Bild 2.101 Beispiel Zeichenfolge ersetzen

Hinweise: Sie können die Funktion WECHSELN auch einsetzen, um nicht erwünschte Zeichen aus einem Text zu entfernen. Dazu verwenden Sie als Argument *Neuer_Text* einfach nur zwei Anführungszeichen "". Zum Entfernen nicht druckbarer Zeichen verwenden Sie dagegen besser die Funktion SÄUBERN, siehe Seite 132.

Mit ERSETZEN eine feste Anzahl Zeichen ersetzen

Wenn Sie eine feste Anzahl Zeichen in einer Zeichenfolge ersetzen möchten, dann können Sie auch die Funktion ERSETZEN verwenden.

```
=ERSETZEN(Alter_Text;Erstes_Zeichen;Anzahl_Zeichen;Neuer_Text)
```

Argument	Beschreibung
Alter_Text	Gibt die Zelle bzw. den Text an, in dem Sie Zeichen ersetzen möchten.
Erstes_Zeichen	Legt die Position fest, ab der mit dem Ersetzen begonnen werden soll.
Anzahl_Zeichen	Anzahl der Zeichen, die innerhalb von *Alter_Text* ersetzt werden soll.
Neuer_Text	Hier geben Sie den neuen Text ein. Die Anzahl der Zeichen muss nicht mit der, unter *Anzahl_Zeichen* angegebenen Zahl übereinstimmen.

Beispiel: Sie möchten Telefonnummern so ändern, dass anstelle der beiden führenden Nullen das + Zeichen angezeigt wird, also z. B. +49 statt 0049. Die Funktion lautet in C2: =ERSETZEN(B2;1;2;"+")

ERSETZEN | =ERSETZEN(B2;1;2;"+")

	A	B	C	D	E	F	G
1	***Name***	***Telefon***	***Telefon***				
2	Silke Nordfhoff	0049 89 123456789	=ERSETZEN(B2;1;2;"+")				
3	Jens Tauwetter	0049 0851 7788991	+ ERSETZEN(Alter_Text; Erstes_Zeichen; Anzahl_Zeichen; **Neuer_Text**)				
4	Georg Krattler	0043 455 4571122	+43 455 4571122				
5	Jean Baguette	0033 1459 4567888	+33 1459 4567888				

Bild 2.102 Beispiel ERSETZEN

In Groß- oder Kleinbuchstaben umwandeln

Mit den beiden Funktionen GROSS und KLEIN können Sie angegebenen Text in Groß oder Kleinbuchstaben umwandeln, die Syntax ist einfach:

```
GROSS (Text)
KLEIN(Text)
```

Tipp: Eine weitere Funktion, GROSS2 wandelt den ersten Buchstaben jedes Wortes innerhalb einer Zeichenfolge in einen Großbuchstaben um.

Leerzeichen, Zeilenumbrüche und andere Steuerzeichen aus Text entfernen

Textfunktionen_2.xlsx

Der Text importierter Tabellen enthält manchmal Zeilenumbrüche oder andere, unsichtbare Steuerzeichen. Mit der Funktion SÄUBERN bereinigen Sie Text von derartigen Zeichen. Überflüssige Leerzeichen **vor** oder **nach** dem eigentlichen Text dagegen lassen sich schnell mit der Funktion GLÄTTEN entfernen. Beispiele dazu finden Sie unterhalb der Tabelle.

Funktion	Beschreibung und Syntax
GLÄTTEN	=GLÄTTEN(Text) Entfernt alle Leerzeichen vor und hinter einem Text. Wortzwischenräume werden nicht gelöscht. Beim Import aus anderen Programmen enthält Text manchmal unerwünschte Leerzeichen, die sich mit Hilfe dieser Funktion entfernen lassen.
SÄUBERN	=SÄUBERN(Text) Entfernt alle nicht druckbaren Zeichen, z. B. Absatzende, aus dem Text, auch diese Funktion leistet bei importierten Daten manchmal gute Dienste.

Bild 2.103 Zeilenumbrüche mit SÄUBERN entfernen. Der Text in Spalte B ist aufgrund des Zeilenumbruchs am Beginn abgeschnitten.

C2 =SÄUBERN(B2)

	A	B	C	D
1	ArtikelID	Artikelbezeichnung	Bezeichnung ohne Zeilenumbruch	
2	100411	Tischleuchte schwenkbar, Halogen	Tischleuchte schwenkbar, Halogen	
3	100503	Glas mundgeblasen 10 St.	Christbaumkugeln rot, Glas mundgeblasen 10 St.	
4	100510	Kunststoff H 1,20 m	Weihnachtsbaum aufblasbar, Kunststoff H 1,20 m	
5	200503	Kunststoff, 6 St.	Christbaumkugeln silber, Kunststoff, 6 St.	
6	307001	Standardqualität 500 Blatt	Kopierpapier weiss A4, Standardqualität 500 Blatt	
7	307002	Standardqualität,	Kopierpapier weiss A3, Standardqualität, 500 Blatt	
8	307003	Kopierpapier gelb A4,	Kopierpapier gelb A4, Standardqualität, 500 Blatt	

Bild 2.104 Leerzeichen mit GLÄTTEN entfernen. Vor den Namen in Spalte A und B befindet sich teilweise ein Leerzeichen.

D2 =GLÄTTEN(A2)

	A	B	C	D	E	F	G	H
1	Name	Vorname		Name bereinigt	Vorname bereinigt			
2	Muster	Rainer		Muster	Rainer			
3	Baumholtz	Philipp		Baumholtz	Philipp			
4	Meier-Lustig	Irene		Meier-Lustig	Irene			
5	Zimmermann	Sabine		Zimmermann	Sabine			
6	Kabelschacht	Alfred		Kabelschacht	Alfred			

Text in Zahl umwandeln

Beim Import aus anderen Anwendungen kommt es häufig vor, dass Zahlen, die Sie in Excel für Berechnungen benötigen, als Text interpretiert werden. Auch länderabhängige Schreibweisen von Zahlen, Datum und Uhrzeit bereiten häufig Probleme. Zum Umwandeln in gültige Zahlen gibt es in Excel mehrere Möglichkeiten.

> **Tipp: Abrufen und transformieren (Power Query)**
>
> Statt mit umständlichen und fehleranfälligen Formeln lassen sich derartige Probleme am einfachsten mit *Abrufen und Transformieren* lösen, auch bekannt unter der Bezeichnung Power Query. Wenn Daten regelmäßig importiert und aufbereitet werden müssen, spart diese Methode außerdem Arbeit, da Power Query die Arbeitsschritte speichert und beim nächsten Aktualisieren automatisch ausführt.

Eine Einführung in den Umgang mit Power Query finden Sie in Kapitel 5.

Automatische Fehlererkennung von Excel

Im einfachsten Fall sind Zellen, die als Text gespeicherte Zahlen enthalten, mit einem grünen Dreieck gekennzeichnet. Sobald Sie eine dieser Zellen markieren, erscheint außerdem das Symbol *Ausrufezeichen*, welches Sie auf den Fehler hinweist und nach einem Klick darauf verschiedene Lösungen und Hilfen anbietet.

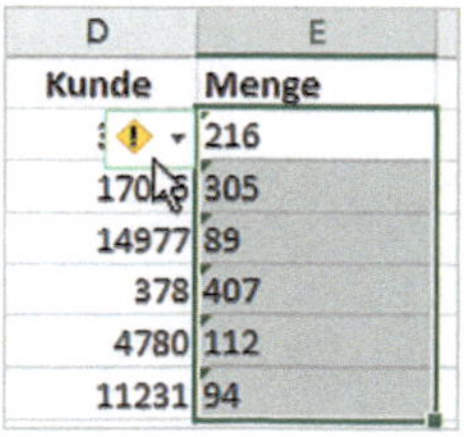

- Markieren Sie alle Zellen der betreffenden Spalte und klicken Sie auf dieses Fehlersymbol. Sie erhalten den Hinweis, dass als Text gespeicherte Zahlen vorliegen. Klicken Sie auf *In eine Zahl umwandeln*.

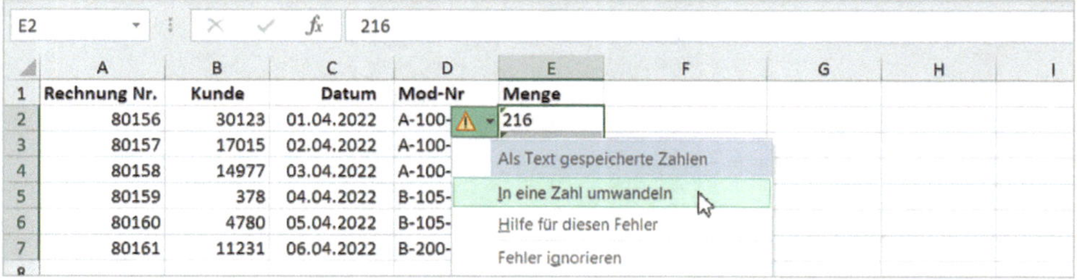

D	E
Kunde	Menge
	216
170[illegible]5	305
14977	89
378	407
4780	112
11231	94

E2 | 216

	A	B	C	D	E
1	Rechnung Nr.	Kunde	Datum	Mod-Nr	Menge
2	80156	30123	01.04.2022	A-100-	216
3	80157	17015	02.04.2022	A-100-	
4	80158	14977	03.04.2022	A-100-	
5	80159	378	04.04.2022	B-105-	
6	80160	4780	05.04.2022	B-105-	
7	80161	11231	06.04.2022	B-200-	

Als Text gespeicherte Zahlen
In eine Zahl umwandeln
Hilfe für diesen Fehler
Fehler ignorieren

Bild 2.105 In Zahl umwandeln

Textfunktionen_3_Text_in_Zahl.xlsx

Mit der Funktion WERT in eine Zahl umwandeln

Als Alternative können Sie mit der Funktion WERT ein, als Text vorliegendes Argument oder den Inhalt einer Zelle in eine Zahl umwandeln. Am einfachsten geschieht dies in einer zusätzlichen Hilfsspalte. Der Aufbau der Funktion ist einfach:

```
WERT(Text)
```

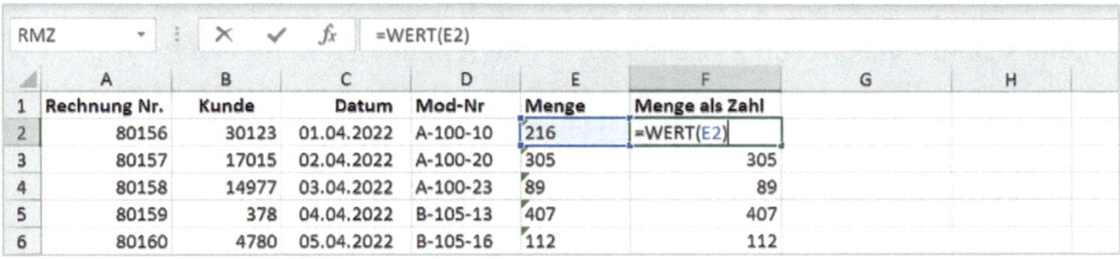

RMZ | =WERT(E2)

	A	B	C	D	E	F
1	Rechnung Nr.	Kunde	Datum	Mod-Nr	Menge	Menge als Zahl
2	80156	30123	01.04.2022	A-100-10	216	=WERT(E2)
3	80157	17015	02.04.2022	A-100-20	305	305
4	80158	14977	03.04.2022	A-100-23	89	89
5	80159	378	04.04.2022	B-105-13	407	407
6	80160	4780	05.04.2022	B-105-16	112	112

Bild 2.106 Die Funktion WERT verwenden

Mit 1 multiplizieren

Als weitere Möglichkeit können Sie auch als Text gespeicherte Zahlen mit 1 multiplizieren. Wenn Sie dann noch die zusätzliche Hilfsspalte vermeiden möchten, dann nehmen Sie die Zwischenablage zu Hilfe. So gehen Sie vor:

1. Geben Sie in eine beliebige Zelle die Zahl 1 ein, markieren Sie diese Zelle und kopieren Sie den Inhalt mit Strg+C in die Zwischenablage ❶. Diese Zahl können Sie später wieder löschen, da sie nur zum Kopieren benötigt wird.
2. Markieren Sie den Zellbereich mit den umzuwandelnden Zahlen, im Bild unten E2:E7 ❷.
3. Klicken Sie im Menüband, Register *Start* ▶ *Zwischenablage* auf den Dropdown-Pfeil der Schaltfläche *Einfügen* ❸ und auf *Inhalte einfügen...* ❹.
4. Wählen Sie im gleichnamigen Fenster unter *Vorgang* die Option *Multiplizieren* ❺ und klicken Sie dann auf *OK*.

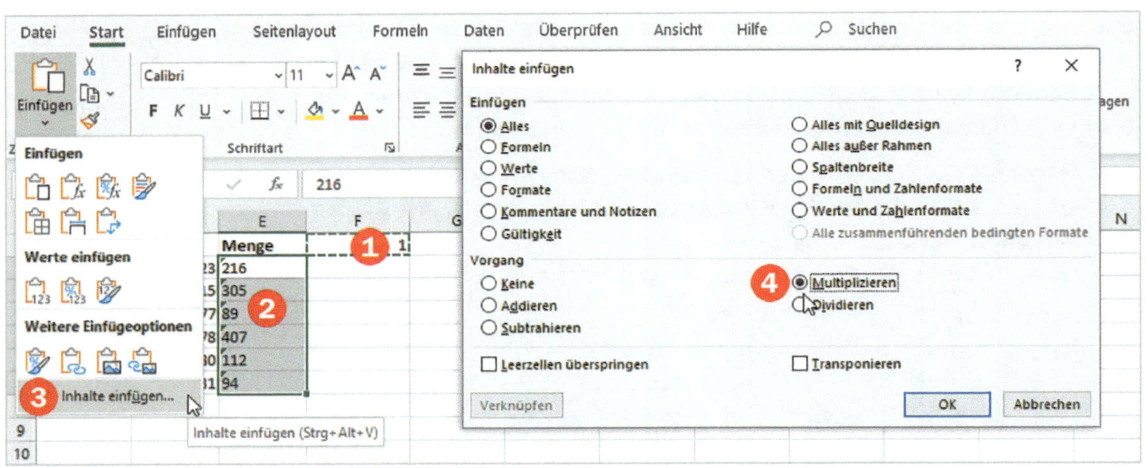

Bild 2.107 Als Text gespeicherte Zahlen über die Zwischenablage mit 1 multiplizieren

Länderabhängige Zahlen aus Text konvertieren

Häufig bereitet bei importierten Daten die unterschiedliche länderspezifische Schreibweise von Zahlen Probleme. So wird im angelsächsischen Raum als Dezimalzeichen der Punkt und als Tausendertrennzeichen das Komma verwendet, also z. B. 1,789.25 statt 1.789,25. Zahlen aus dem Web enthalten dagegen mitunter ein Leerzeichen als Tausendertrennzeichen, z. B. 1 000. Beides wird von Excel als Text behandelt, leider versagt hier aber auch die automatische Fehlererkennung, so dass Sie den Text auf andere Weise in eine Zahl konvertieren müssen.

Abhilfe schafft die Funktion ZAHLENWERT (Kategorie *Text*) mit folgender Syntax, wobei als *Dezimaltrennzeichen* und *Gruppentrennzeichen* das im ursprünglichen Zahlenformat verwendete Zeichen angegeben wird.

```
ZAHLENWERT(Text;[Dezimaltrennzeichen];[Gruppentrennzeichen])
```

Tipp Leerzeichen entfernen: Die Funktion ZAHLENWERT ignoriert zudem Leerzeichen innerhalb von Zahlen, so dass sich mit ihrer Hilfe auch Leerstellen aus Zahlen entfernen lassen, wie im Bild unten. Die optionalen Argumente *Dezimaltrennzeichen* und *Gruppentrennzeichen* werden in diesem Fall nicht benötigt.

C2 =ZAHLENWERT(B2;".";",")

	A	B	C	D	E
1	ProduktID	Umsatz	Umsatz als Zahl		
2	A500	11,235.20	11235,2		
3	A4520	2,5087.00	25087		
4	A459	81,057.69	81057,69		
5	A332	17,456.67	17456,67		
6	A299	31,451.50	31451,5		
7					

Bild 2.108 Komma und Punkt vertauschen

C2 =ZAHLENWERT(B2)

	A	B	C	D	E
1	ProduktID	Verkauft	Verkauft als Zahl		
2	A400	15 355	15355		
3	A410	2 789	2789		
4	A459	11 045	11045		
5	A332	23 123	23123		
6	A299	19 951	19951		
7					

Bild 2.109 Leerzeichen entfernen

Formel in Zahl umwandeln

Wenn Sie statt der Funktionen WERT oder ZAHLENWERT (siehe oben) im Tabellenblatt eine Zahl benötigen, dann wandeln Sie ganz einfach die Formeln mithilfe der Zwischenablage in einen Wert um. Markieren Sie alle Zellen mit der Formel und kopieren Sie den Inhalt in die Zwischenablage, z. B. mit **Strg+C**. Behalten Sie die Markierung bei, klicken Sie zum Einfügen auf den Dropdown-Pfeil der *Einfügen*-Schaltfläche (Register *Start*, Gruppe *Zwischenablage*) und auf *Werte* bzw. *Werte und Zahlenformat*.

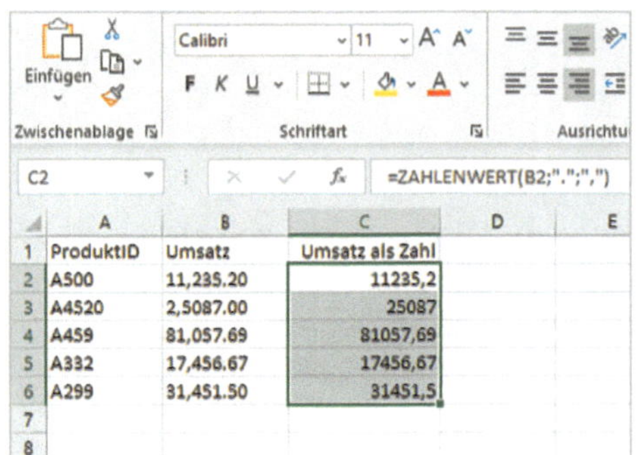

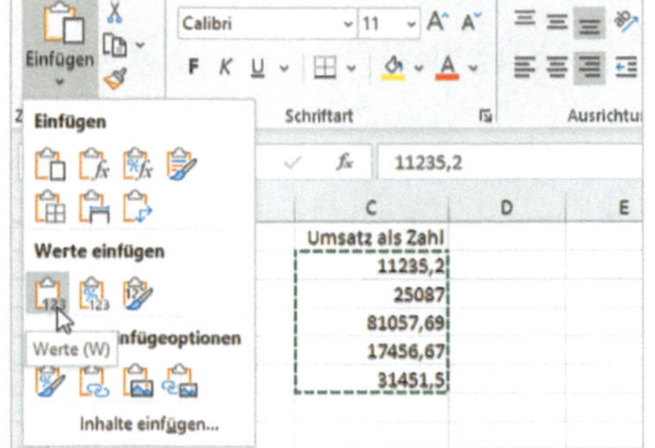

Bild 2.110 Formel in Wert umwandeln

Die Formeln wurden durch die Formelergebnisse bzw. Werte ersetzt, wie ein Blick in die Bearbeitungsleiste zeigt. Die ursprüngliche Spalte mit den Zahlen als Text, hier in Spalte B, kann anschließend gelöscht werden, wenn sie nicht mehr benötigt wird.

2.9 Weitere nützliche Funktionen

Um Situationen durchzuspielen, kann es sinnvoll sein, eine Zelle oder einen größeren Zellbereich mit zufälligen Zahlen zu füllen. Zu diesem Zweck lassen sich in Excel Zufallszahlen mit folgenden Funktionen erzeugen.

Zufallszahlen generieren

ZUFALLSZAHL

Zufallszahlen.xlsx

Die Funktion ZUFALLSZAHL erfordert keine weiteren Argumente und liefert als Ergebnis eine Zahl zwischen 0 und 1, also eine Zahl mit mehreren Nachkommastellen.

```
ZUFALLSZAHL()
```

Möchten Sie eine größere Zahl erhalten, z. B. zwischen 0 und 100, dann müssen Sie das Ergebnis mit 100 multiplizieren und die Formel lautet:

```
=ZUFALLSZAHL()*100
```

Wird eine ganze Zahl als Ergebnis benötigt, dann verwenden Sie die Formel in Verbindung mit der Funktion GANZZAHL. Je nach Einsatzzweck können Sie alternativ auch eine der anderen Rundungsfunktionen, z. B. KÜRZEN oder RUNDEN verwenden.

```
=GANZZAHL(ZUFALLSZAHL()*100)
```

Zufallszahl aus einem bestimmten Wertebereich generieren

Um eine Zufallszahl innerhalb eines vorgegebenen Wertebereichs zu erzeugen, verwenden Sie die Funktion ZUFALLSBEREICH, wobei *Untere_Zahl* die kleinste und *Obere_Zahl* die größtmögliche Zahl darstellt, die als Ergebnis zurückgegeben wird. Beachten Sie außerdem, dass ZUFALLSBEREICH im Gegensatz zu ZUFALLSZAHL eine ganze Zahl zurückgibt.

```
ZUFALLSBEREICH(Untere_Zahl;Obere_Zahl)
```

Beispiel: eine Zufallszahl zwischen 1 und 100 erzeugen.

```
=ZUFALLSBEREICH(1;100)
```

Tipp: Zufällige Datumswerte erzeugen
Mit der Funktion ZUFALLSBEREICH lassen sich auch zufällige Datumswerte erzeugen. Um z. B. ein zufälliges Datum zwischen dem 01.01.2022 und dem 31.12.2022 zu erhalten, geben Sie die folgende Formel ein:

```
=ZUFALLSBEREICH("01.01.2022";"31.12.20212")
```

Achtung: Das Ergebnis erscheint zunächst im Standardzahlenformat und muss noch als Datum formatiert werden!

Die Funktion ZUFALLSMATRIX

Wesentlich flexibler als die Funktionen ZUFALLSZAHL und ZUFALLSBEREICH ist die Funktion ZUFALLSMATRIX. Diese erzeugt bei Bedarf auch eine ganze Matrix bzw. Tabelle aus Zufallszahlen, so dass sich Kopieren erübrigt.

Hinweis: Diese Funktion ist nur ab Excel 2021 verfügbar.

```
=ZUFALLSMATRIX([Zeilen],[Spalten],[min],[max],[ganze_Zahl])
```

Argument	Beschreibung	Hinweise
Zeilen	Die Anzahl der Zeilen, die zurückgegeben werden soll.	**Hinweis**: Bleiben die beiden Argumente Zeilen und Spalten leer, dann erhalten Sie nur eine einzige Zufallszahl.
Spalten	Anzahl der gewünschten Spalten.	
min	Kleinster möglicher Rückgabewert.	Fehlen die Argumente min und/oder max, dann setzt Excel diese auf 0 und 1.
max	Größter möglicher Rückgabewert.	
ganze_Zahl	Legt fest, ob eine ganze oder eine Dezimalzahl zurückgegeben wird. WAHR= Ganze Zahl; FALSCH= Dezimalzahl.	Standardeinstellung FALSCH.

Beispiele: Um wie in Bild 2.111 eine Tabelle mit 5 Zeilen und 3 Spalten mit zufällig erzeugten Dezimalzahlen zwischen 10 und 20 zu füllen, geben Sie in A2 folgende Funktion ein und übernehmen diese mit der Eingabetaste. Der Ausgabebereich wird automatisch erweitert.

```
A2: =ZUFALLSMATRIX(5;3;10;20;FALSCH)
```

Um eine Matrix mit 5 Zeilen und 4 Spalten aus ganzen Zahlen zwischen 1 und 1000 zu erhalten, geben Sie in E2 die folgende Formel ein:

```
E2: =ZUFALLSMATRIX(5;4;1;1000;WAHR)
```

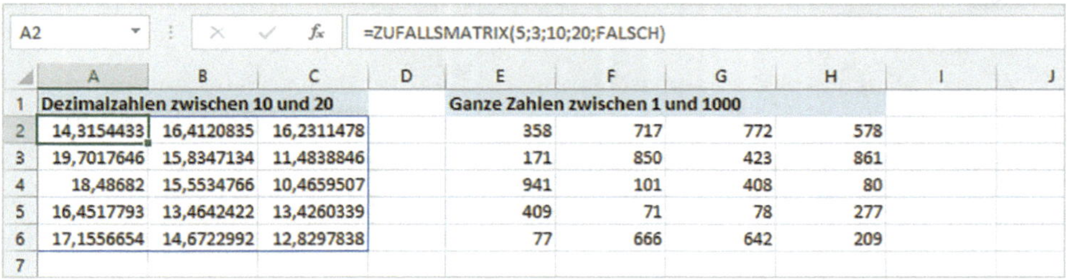

A2 =ZUFALLSMATRIX(5;3;10;20;FALSCH)

	A	B	C	D	E	F	G	H	I	J
1	Dezimalzahlen zwischen 10 und 20				Ganze Zahlen zwischen 1 und 1000					
2	14,3154433	16,4120835	16,2311478		358	717	772	578		
3	19,7017646	15,8347134	11,4838846		171	850	423	861		
4	18,48682	15,5534766	10,4659507		941	101	408	80		
5	16,4517793	13,4642422	13,4260339		409	71	78	277		
6	17,1556654	14,6722992	12,8297838		77	666	642	209		
7										

Bild 2.111 Zufallsmatrix erzeugen

Auch mit ZUFALLSMATRIX lassen sich Datumswerte erzeugen.

Neuberechnung von Zufallszahlen

Alle Funktionen zur Erzeugung von Zufallszahlen sind flüchtige oder volatile Funktionen, d. h. bei jeder Änderung in der Arbeitsmappe wie beispielsweise Eingeben oder Löschen von Zellinhalten erfolgt automatisch eine Neuberechnung. Zur manuellen Neuberechnung betätigen Sie die Funktionstaste **F9**. Ein Markieren der Zelle ist nicht nötig, da automatisch die gesamte Arbeitsmappe neu berechnet wird.

Neuberechnung unterbinden

Um die automatische Neuberechnung von Zufallszahlen zu unterbinden, gibt es folgende Möglichkeiten:

- **Zufallszahl beim Eingeben in eine Zahl umwandeln**: Dazu geben Sie die Funktion ZUFALLSZAHL oder ZUFALLSBEREICH in die Zelle ein, wandeln anschließend mit der Taste **F9** die Formel in eine Zahl um und übernehmen erst dann das Ergebnis mit der Eingabetaste.

  Mit dieser Methode können Sie auch nachträglich noch die Funktion in eine Zahl umwandeln: Markieren Sie die Zelle mit der Funktion und klicken Sie in die Bearbeitungsleiste. Drücken Sie die Taste **F9** und anschließend die Eingabetaste.

Bild 2.112 Zufallszahl bzw. Formel in Zahl umwandeln

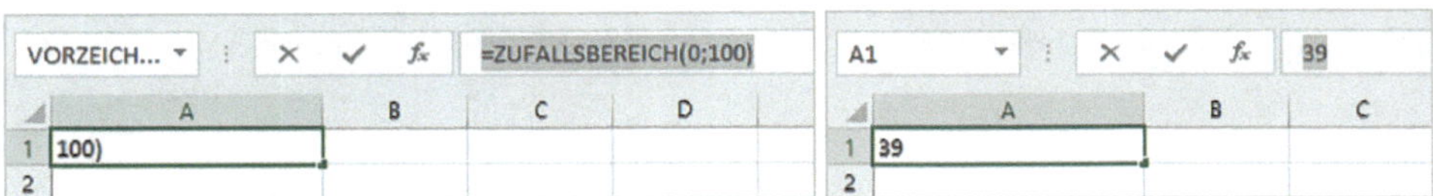

  Hinweis: Diese Methode lässt sich auch auf die Funktion ZUFALLSMATRIX anwenden. Haben Sie dagegen eine Tabelle durch Kopieren der Funktionen ZUFALLSZAHL oder ZUFALLSBEREICH erstellt, dann müssen Sie jede Formel einzeln umwandeln oder die zweite Methode, den Weg über die Zwischenablage einsetzen.

- **Formeln über die Zwischenablage als Werte einfügen**: Größere Tabellen mit Zufallszahlen wandeln Sie über die Zwischenablage in Zahlen um. Die Vorgehensweise wurde auf Seite 135 beschrieben.

Aktuelle Börsen- und Wechselkurse abrufen (nur Microsoft 365)

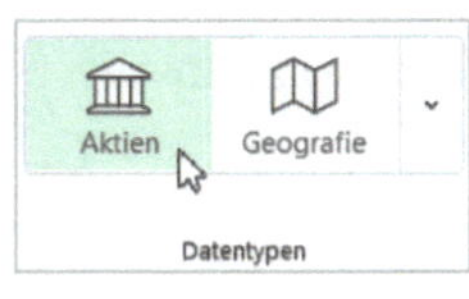

Info: Beim Umwandeln in den Datentyp *Aktien* erstellt Excel eine Verknüpfung zu einer Online-Datenquelle. Das bedeutet, zum Hinzufügen oder Aktualisieren von Informationen ist eine Internetverbindung erforderlich.

Achtung: Die nachfolgend beschriebenen Datentypen *Aktien* und *Geografie* sind derzeit ausschließlich mit Microsoft 365 verfügbar.

Nutzer von Microsoft 365 finden im Menüband, Register *Daten* die Datentypen *Aktien* und *Geografie*. Mit ihrer Hilfe können Sie aktuelle Börsen- oder Wechselkurse und andere Informationen aus Excel heraus abrufen und in die Tabelle übernehmen. Beachten Sie aber, dass für die zur Verfügung gestellten Finanzmarktinformationen keine Haftung übernommen wird und diese daher nicht für gewerbliche Zwecke oder Beratungen eingesetzt werden sollten.

Beispiel: Aktuelle Wechselkurse in Tabellenblatt einfügen

1. Geben Sie dazu die Währungen in den entsprechenden offiziellen Abkürzungen, mit Schrägstrich getrennt, in eine Zelle ein, z. B. EUR/CHF wenn Euro in Schweizer Franken umgerechnet werden sollen oder USD/EUR, um US-Dollar in Euro umzurechnen, wie in Bild 2.113.
2. Im nächsten Schritt müssen Sie diese Angaben in den Datentyp *Aktien* umwandeln: Markieren Sie die Zellen und klicken Sie im Menüband, Register *Daten* ▶

Datentypen auf *Aktien*. Die markierten Zellen sind nun mit dem Symbol dieses Datentyps versehen.

3 Um die aktuellen Kurse abzurufen, behalten Sie die Markierung bei und klicken im Tabellenblatt in der rechten oberen Ecke der Markierung auf das Symbol *Daten einfügen*. Klicken Sie danach auf die gewünschte Information, hier *Preis*. Die Kurse werden automatisch im entsprechenden Währungsformat eingefügt.

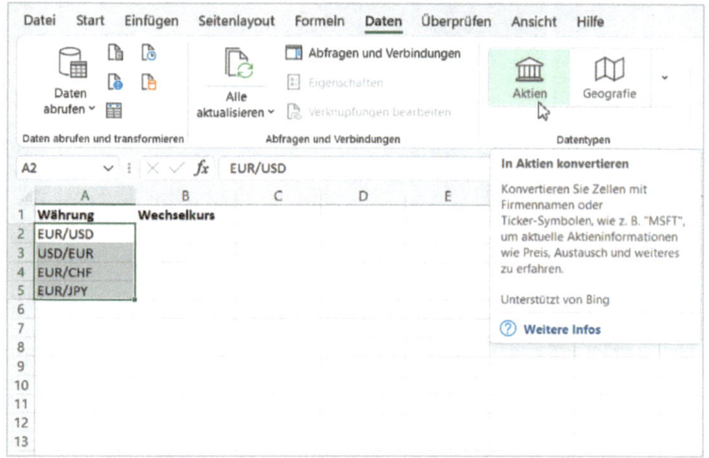

Bild 2.113 In Datentyp Aktien umwandeln

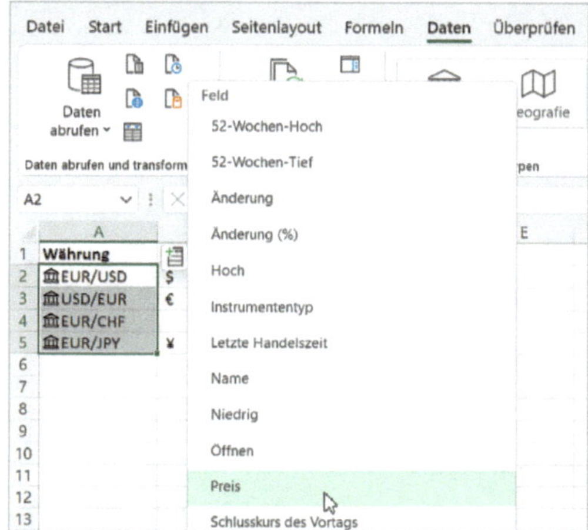

Bild 2.114 Aktuelle Wechselkurse einfügen

Tipp mehrere Werte in Tabelle einfügen: Wenn Sie nicht nur die aktuellen Kurse, sondern in weiteren Spalten noch andere Informationen einfügen möchten, dann sollten Sie zuvor den Zellbereich als Tabelle formatieren (Register *Start* ▶ *Formatvorlagen*). Dadurch werden die ausgewählten Werte automatisch als Spalten rechts hinzugefügt und außerdem die Bezeichnung als Spaltenüberschrift übernommen.

Datentyp_Aktien.xlsx

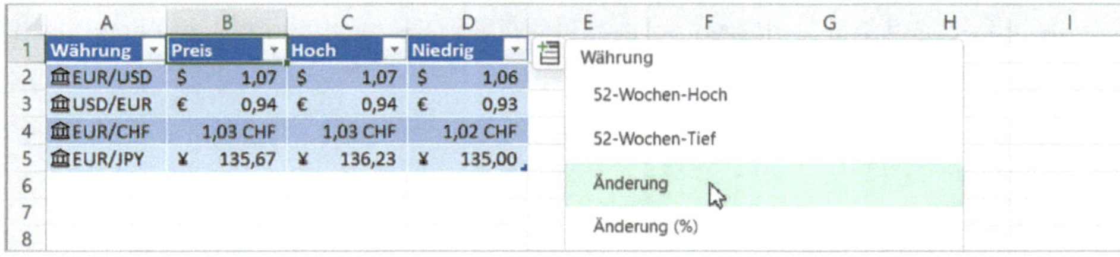

Bild 2.115 Weitere Informationen in Spalten hinzufügen

Daten aktualisieren

Um die Daten zu aktualisieren, klicken Sie mit der rechten Maustaste auf die Zelle mit dem Datentyp, zeigen auf *Datentyp* und wählen *Aktualisieren*.

Aktienkurse und Wertpapierinformationen abrufen

Auf dieselbe Weise können Sie auch Aktienkurse im Tabellenblatt einfügen. Tragen Sie dazu die Firmennamen in eine Tabelle ein und achten Sie auf möglichst eindeutige Bezeichnungen. Markieren Sie dann die Namen und klicken Sie auf *Aktien*.

Idealerweise geben Sie Börsenplatz und Tickersymbol mit Doppelpunkt getrennt an, z. B. XFRA:SIE wenn Sie den Kurs der Siemens Aktie an der Deutschen Börse Frankfurt benötigen.

Wenn eine Aktie nicht eindeutig erkannt wurde, dann erscheint statt des *Aktien*-Symbols ein Fragezeichen ❶ und es öffnet sich der Bereich *Datenauswahl* mit Vorschlägen zu Aktie und Börsenplatz. Weitere Informationen erhalten Sie mit Klick auf einen Vorschlag und um Aktie und Börsenplatz zu übernehmen klicken Sie auf *Auswahl* ❷.

Bild 2.116 Aktie und Börsenplatz auswählen

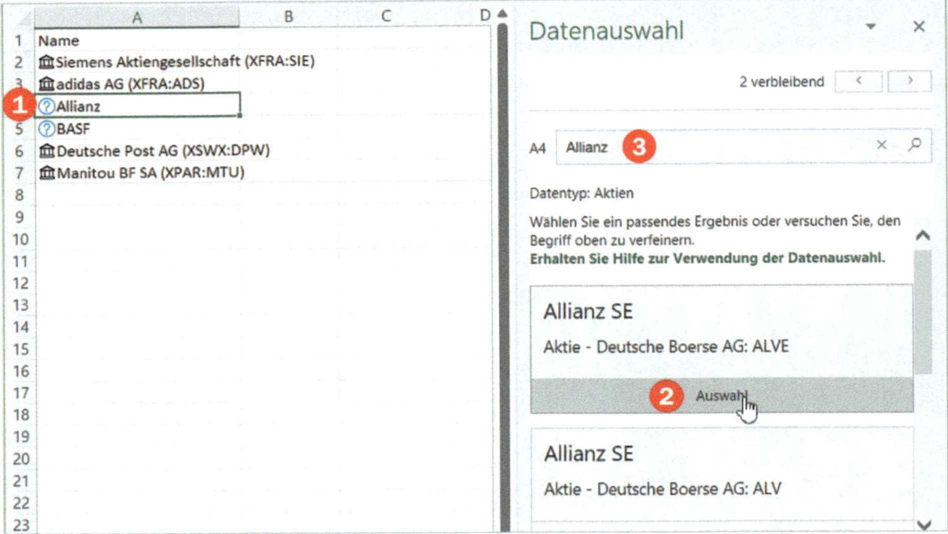

Aktie falsch erkannt: Falls eine Aktie falsch erkannt wurde, so klicken Sie diese mit der rechten Maustaste an, zeigen auf *Datentyp* und wählen *Ändern...*. Damit öffnet sich ebenfalls der Bereich *Datenauswahl*: Geben Sie im Suchfeld ❸ eine genauere Bezeichnung ein und klicken Sie auf das Symbol *Lupe*.

Wenn alle Bezeichnungen korrekt sind, dann markieren Sie alle Namen einschließlich Überschrift und formatieren den Zellbereich als Tabelle (Register *Start* ▶ *Als Tabelle formatieren*). Klicken Sie dann auf eine beliebige Zelle der Tabelle und rechts von der Tabelle auf das Symbol *Spalte hinzufügen*. Wählen Sie nacheinander die gewünschten Informationen aus.

Bild 2.117 Spalte hinzufügen

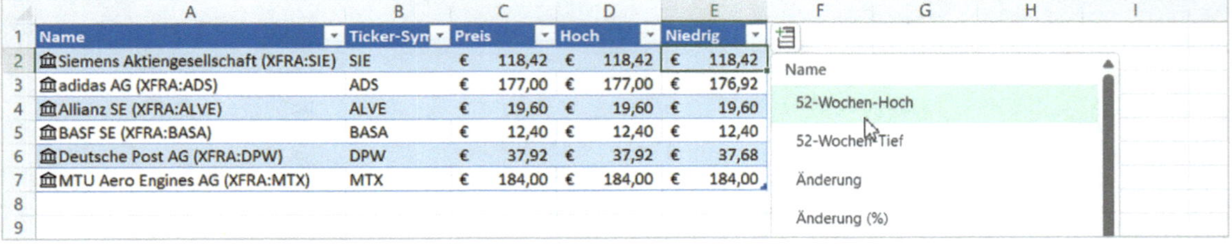

Name	Ticker-Sym	Preis	Hoch	Niedrig
Siemens Aktiengesellschaft (XFRA:SIE)	SIE	€ 118,42	€ 118,42	€ 118,42
adidas AG (XFRA:ADS)	ADS	€ 177,00	€ 177,00	€ 176,92
Allianz SE (XFRA:ALVE)	ALVE	€ 19,60	€ 19,60	€ 19,60
BASF SE (XFRA:BASA)	BASA	€ 12,40	€ 12,40	€ 12,40
Deutsche Post AG (XFRA:DPW)	DPW	€ 37,92	€ 37,92	€ 37,68
MTU Aero Engines AG (XFRA:MTX)	MTX	€ 184,00	€ 184,00	€ 184,00

Kursentwicklung mit BÖRSENHISTORIE abrufen

Wurde ein Firmenname in den Datentyp *Aktien* konvertiert, dann können Sie auch die Funktion BÖRSENHISTORIE zum Abrufen den Kursentwicklung über einen bestimmten Zeitraum nutzen. Die Funktion BÖRSENHISTORIE verwendet folgende Argumente:

```
BÖRSENHISTORIE(Aktie;Start_Datum;[End_Datum];[Intervall];[Überschriften];[Eigenschaften1];[Eigenschaften2];...)
```

Argument	Beschreibung
Aktie	Legt das Wertpapier fest, dieses muss im Datentyp *Aktien* vorliegen.
Start_Datum	Das Datum, ab dem die Daten abgerufen werden.
End_Datum	Das letzte Datum, bis zu dem Daten abgerufen werden.
Intervall	Gibt das Intervall der Daten an, 0 = täglich (Standardwert); 1 = wöchentlich; 2 = monatlich.
Überschriften	Legt fest, ob Spaltenüberschriften zurückgegeben werden. 0 = keine Überschriften; 1 = Überschriften anzeigen (Standardeinstellung); 2 = Überschriften und Wertpapierkennz.
Eigenschaften1 usw.	Für jede Aktie können bis zu sechs Spalten abgerufen werden, die Sie unter Angabe der Zahl und in der gewünschten Reihenfolge mit den Argumenten *Eigenschaften1* bis *Eigenschaften6* angeben. 0 Datum = Erster Handelstag im angegebenen Zeitraum 1 Schluss = Schlusskurs am letzten Handelstag im angegebenen Zeitraum 2 Eröffnung = Eröffnungskurs am letzten Handelstag im angegebenen Zeitraum 3 Hoch = Höchster Preis 4 Tief = Niedrigster Preis 5 Volumen = Während des Zeitraums gehandeltes Volumen

1 Im ersten Schritt geben Sie den Firmennamen ein und weisen diesem den Datentyp *Aktien* zu. Außerdem benötigen Sie Start- und Enddatum, hier in C1 und E1.

2 Im Bild unten sollen Datum, Hoch und Tief sowie Spaltenüberschriften ab B3 eingefügt werden. Achten Sie daher darauf, dass rechts, oberhalb und unterhalb genügend Platz zur Verfügung steht und geben Sie in B3 die folgende Funktion ein:

```
=BÖRSENHISTORIE(A3;C1;E1;1;1;0;3;4)
```

Bild 2.118 Funktion BÖRSENHISTORIE einfügen

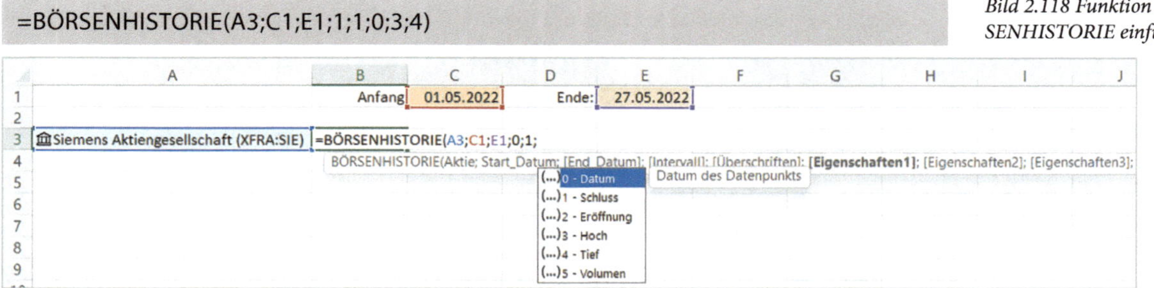

Geografische Informationen

Mit dem Datentyp *Geografie* lassen sich geografische Informationen abrufen, z. B. zu Ländern, wie im Bild unten. Auch hier gilt: Benötigen Sie gleich mehrere Informationen in Spalten nebeneinander, dann sollten Sie die Länder zuvor als Tabelle formatieren.

Bild 2.119 Beispiele Datentyp Geografie

Land	Abkürzung	Fläche	Bevölkeru	Hauptstadt/Großst	Währungs
Deutschland	DE	357.022	83.132.799	Berlin	EUR
Österreich	AT	83.879	8.877.067	Wien	EUR
Frankreich	FR	643.801	67.059.887	Paris	EUR
Schweiz	CH	41.285	8.574.832	Bern	CHF
Italien	IT	301.230	60.297.396	Rom	EUR
Dänemark	DK	42.933	5.818.553	Kopenhagen	DKK

Zusätzliche Funktionen in Form von Add-Ins laden

Weitere Werkzeuge und Funktionen, wie beispielsweise Solver oder eine Regressionsanalyse, sind als Excel-Add-Ins verfügbar. Dabei handelt es sich um Programmergänzungen, die auf dem Gerät zwar vorhanden, aber nicht zusammen mit Excel installiert sind. Sie müssen vor der ersten Verwendung erst geladen werden.

Bild 2.120 Excel-Optionen: Add-Ins

Bild 2.121 Add-Ins auswählen

1. Klicken Sie auf das Register *Datei* ▶ *Optionen* und auf die Kategorie *Add-Ins* ❶.
2. Achten Sie darauf, dass im Feld *Verwalten* ❷ *Excel-Add-Ins* ausgewählt ist und klicken Sie daneben auf die Schaltfläche *Los...*. 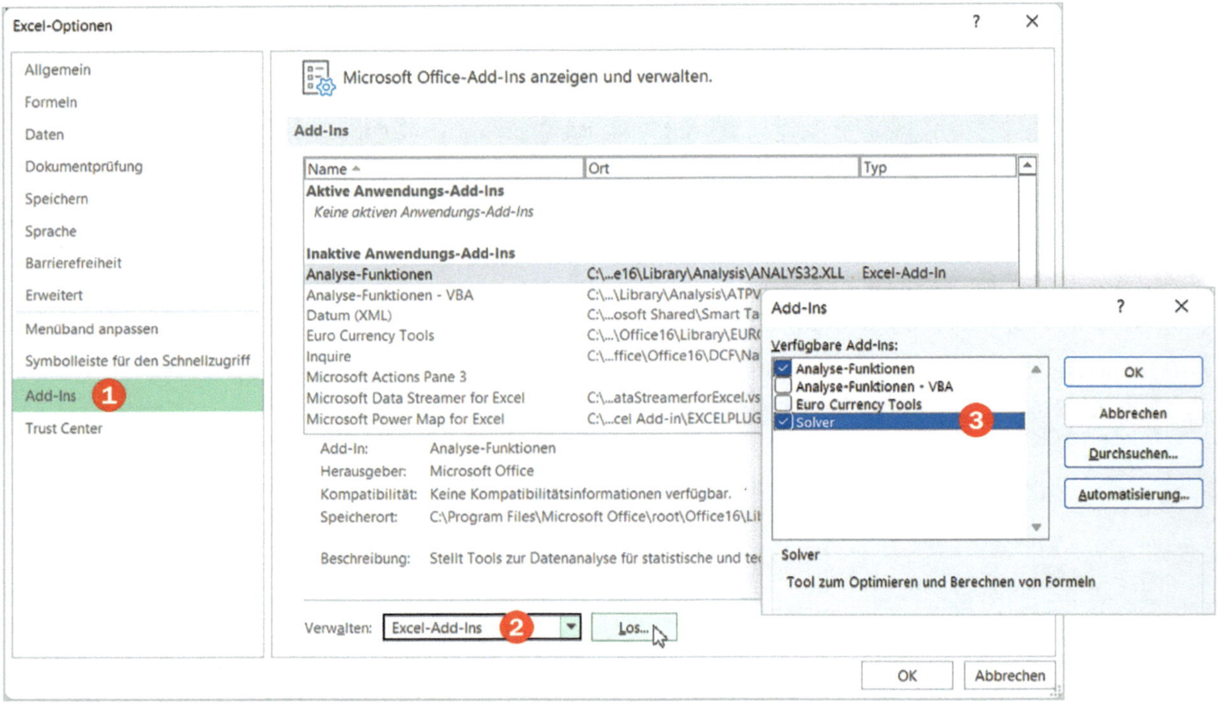
3. Aktivieren Sie im Fenster *Add-Ins* die Kontrollkästchen der gewünschten Add-Ins, z. B. *Analyse-Funktionen* und/oder *Solver* und bestätigen Sie mit *OK*. Die Add-Ins werden geladen, dies dauert einige Sekunden.
4. Anschließend stehen Ihnen die Add-Ins dauerhaft zur Verfügung, zumindest solange, bis Sie diese auf demselben Weg wieder entfernen: Dazu brauchen Sie nur die Kontrollkästchen deaktivieren. **Achtung**: Sie finden die Add-Ins im Register *Daten* in der Gruppe *Analyse* ❹ und nicht im Register *Formeln*!

Bild 2.122 Die Add-Ins finden Sie im Register Daten

Eigene Funktionen mit Hilfe der Funktion LAMBDA erzeugen

Haben Sie sich auch schon manchmal eine Formel als Funktion gewünscht, z. B. wenn Sie zum x-ten Mal den Mehrwertsteuerbetrag herausgerechnet haben oder in der Arbeitsmappe eine verschachtelte Funktion mehrmals benötigen?

Eine weitere Möglichkeit, eigene Funktionen zu erstellen bietet VBA (Visual Basic for Applications). Diese können als Add-In gespeichert und auch anderen Arbeitsmappen zur Verfügung gestellt werden. Wie Sie benutzerdefinierte Funktionen mit VBA erstellen, finden Sie unter anderem im Buch „VBA mit Excel, der leichte Einstieg: Vom ersten Makros zur eigenen Eingabemaske"

BILDNER Verlag
ISBN 978-3-8328-0303-2

Für solche Fälle stellt Excel seit der Version 2021 die Funktion LAMBDA bereit. Dahinter steckt folgendes Prinzip: Sie definieren mit der Funktion LAMBDA alle erforderlichen Werte bzw. Funktionsargumente sowie die Formel zur Berechnung und weisen dann dem Ganzen einen Namen zu. Unter diesem Namen können Sie anschließend Ihre Funktion an jeder beliebigen Stelle der Arbeitsmappe aufrufen. Einschränkung: Auf diese Weise erstellte Funktionen stehen ausschließlich in der Arbeitsmappe oder Vorlage, in der sie definiert wurden, zur Verfügung.

Die Funktion LAMBDA besitzt folgenden Aufbau:

```
=LAMBDA([Parameter1, Parameter2, ...,] Berechnung)
```

- Als Parameter definieren Sie die, zur Berechnung erforderlichen Werte. Dies kann ein Zellbezug, eine Zahl oder Zeichenfolge sein.
- Als letztes Argument folgt die Formel zur Berechnung des Ergebnisses.

LAMBDA unterstützt bis zu 253 Parameter.

Beispiel: Zwei Zahlen mit einer benutzerdefinierten Funktion addieren
Zur Verdeutlichung ein einfaches Beispiel zum Addieren von zwei Zahlen. Die Formel =LAMBDA(zahl1;zahl2;zahl1+zahl2) definiert die Parameter *zahl1* und *zahl2* und addiert diese anschließend. Wenn Sie allerdings diese Formel in ein Excel-Tabellenblatt eingeben, wie im Bild unten, dann erhalten Sie als Ergebnis den Fehlerwert #KALK!.

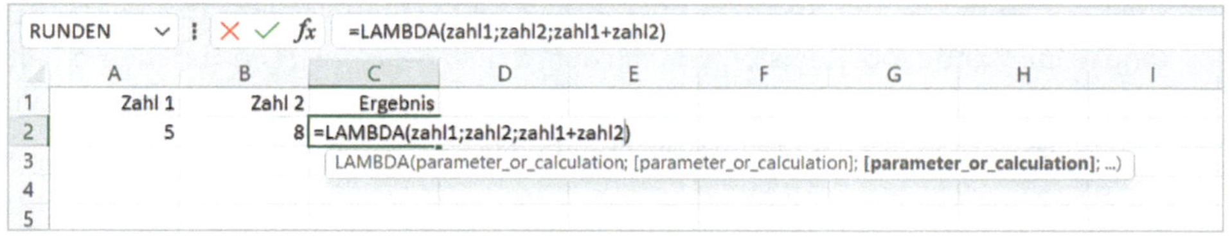

Bild 2.123 Beispiel: Zwei Zahlen addieren

LAMBDA.xlsx

Um ein Ergebnis zu erhalten, müssen Sie die beiden Zellbezüge, mit Semikolon getrennt ebenfalls in der Formel und zwar unmittelbar nach der Funktion in Klammern übergeben, dann lautet die Formel:

```
=LAMBDA(zahl1;zahl2;zahl1+zahl2)(A2;B2)          Ergebnis: 13
```

Wirklich zielführend ist dies aber nicht. Damit Sie diese Funktion in einer Zelle nur mit Übergabe der beiden Zellbezüge verwenden können, müssen Sie einen Namen definieren und diesem dann die Funktion zuweisen.

Namen erstellen
Dazu klicken Sie im Menüband, Register *Formeln* ▶ *Definierte Namen* auf *Namen definieren*. Geben Sie dann im Feld *Name* den Namen ein, unter dem Sie die Funktion später aufrufen möchten, hier verwenden wir den Namen ZAHLENTEST (Bild 2.124).

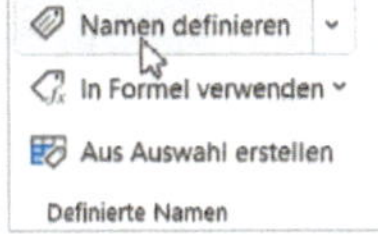

Löschen Sie im Feld *Bezieht sich auf* den vorhandenen Inhalt und geben Sie nach dem Gleichheitszeichen die Funktion LAMBDA ein.

```
=LAMBDA(Zahl1;Zahl2;Zahl1+Zahl2)
```

Geben Sie außerdem im Feld *Kommentar* einen kurzen Hinweistext ein, dieser erscheint später bei der Auswahl der Funktion im Tabellenblatt und klicken Sie abschließend auf *OK*. Danach können Sie die Funktion wie jede andere Funktion im Tabellenblatt auswählen und verwenden.

Bild 2.124 Der Funktion einen Namen zuweisen

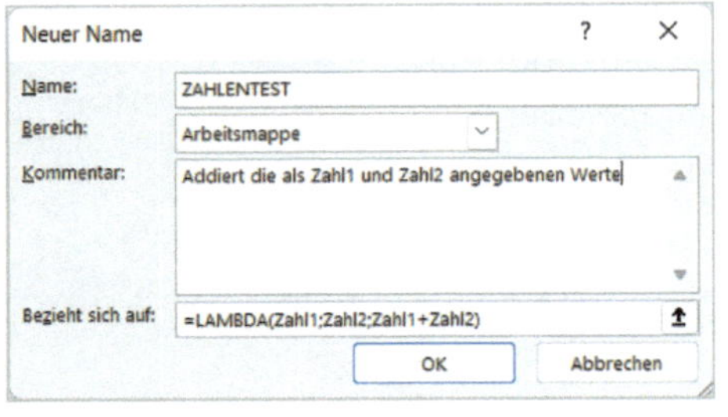

Bild 2.125 Die Funktion auswählen

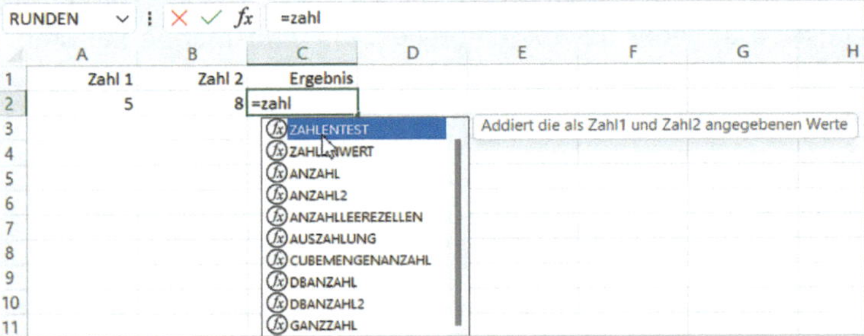

> **Achten Sie auf aussagekräftige Namen**
>
> Vergeben Sie für die Funktionsargumente „sprechende" Bezeichnungen, da diese später der einzige Anhaltspunkt dafür sind, welcher Wert an welcher Stelle in der Funktion einzusetzen ist.

Beispiel: Quartal mit einer Funktion berechnen

Als zweites Beispiel eine Funktion zur Berechnung des Quartals eines Datums. Dazu klicken Sie im Menüband, Register *Formeln* auf *Namen definieren*. Die Funktion erhält den Namen QUARTAL und im Feld *Bezieht sich auf* geben Sie die folgende Funktion ein, wobei das Datum das erforderliche Argument darstellt:

```
=LAMBDA(Datum;AUFRUNDEN(MONAT(Datum)/3;0))
```

Bild 2.126 Beispiel: Quartal mit einer benutzerdefinierten Funktion ermitteln

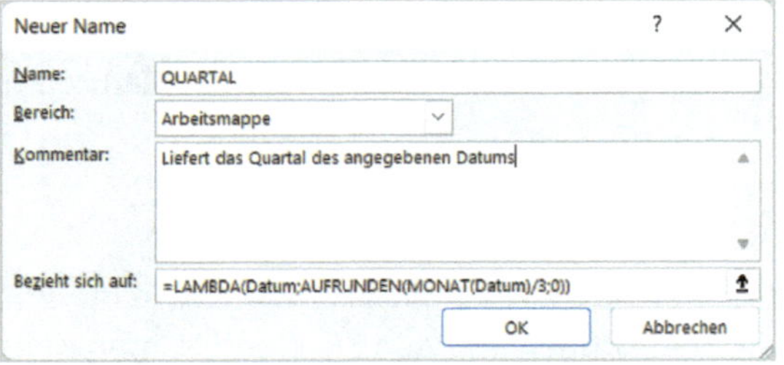

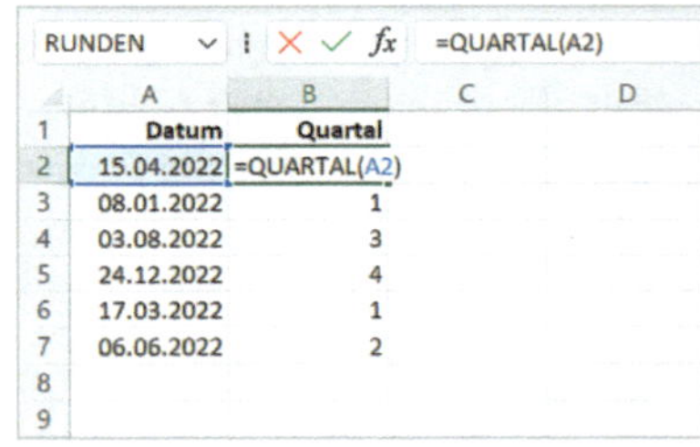

Namen verwenden, siehe Kap. 1.3, Namen anstelle von Zellbezügen verwenden.

Tipp: Da es sich eigentlich um einen Namen handelt, sind solche benutzerdefinierten Funktionen nicht im Fenster *Funktion einfügen* verfügbar. Stattdessen können Sie die Funktionen auch mit der Taste **F3** im Fenster *Namen einfügen* anzeigen bzw. in eine Zelle einfügen oder im Menüband, Register *Formeln* ▶ *Definierte Namen* mit Klick auf *In Formel verwenden*.

Maßeinheiten umrechnen (UMWANDELN)

Ein Jahr in Monate oder Stunden in Minuten umzurechnen, dürften jedem geläufig sein, aber können Sie auch im Handumdrehen Lichtjahre in Kilometer oder Zentimeter in Zoll und umgekehrt umrechnen? Hier leistet die Excel-Funktion UMWANDELN nützliche Dienste. Die Syntax ist einfach:

```
UMWANDELN(Zahl;Von_Maßeinheit;In_Maßeinheit)
```

- *Zahl* ist der Wert, der umgewandelt werden soll.
- *Von_Maßeinheit* legt die Einheit des umzuwandelnden Werts fest.
- *In_Maßeinheit* gibt an, in welche Einheit *Zahl* umgerechnet werden soll.

Von_Maßeinheit und *In_Maßeinheit* müssen als Text in Anführungszeichen " " eingegeben werden. Akzeptiert werden alle gängigen Maßeinheiten bzw. Abkürzungen, wie z. B. "cm", "ha", "m^2", "u" (Atommasseeinheit), "ft" (Fuß), "yd" (Yard), "ly" (Lichtjahr) usw. Beachten Sie bei der Eingabe unbedingt Groß- und Kleinschreibung. Im Bild unten sehen Sie einige Umrechnungsbeispiele.

Tipp: Die vollständige Liste aller Maßeinheiten und ihrer gängigen Abkürzungen schlagen Sie am besten in der Excel-Hilfe nach, die Sie z. B. während der Eingabe der Funktion mit Klick auf den Funktionsnamen schnell aufrufen können.

B3 =UMWANDELN(A3;"m2";"ha")

	A	B	C	D	E	F
1	Ausgangswert					
2	m²	ha (Hektar)		Morgen		
3	15.000	1,5	=UMWANDELN(A3;"m2";"ha")	6,0	=UMWANDELN(A3;"m2";"Morgen")	
4	289.000	28,9	=UMWANDELN(A4;"m2";"ha")	115,6	=UMWANDELN(A4;"m2";"Morgen")	
5						
6	cm	Fuß		Zoll		
7	200	6,56	=UMWANDELN(A7;"cm";"ft")	78,74	=UMWANDELN(A7;"cm";"in")	
8	33	1,08	=UMWANDELN(A8;"cm";"ft")	12,99	=UMWANDELN(A8;"cm";"in")	
9						

Bild 2.127 Beispiele Maßeinheiten umrechnen

Masseinheiten_umrechnen.xlsx

Die Maßeinheiten können auch als Zellbezüge eingegeben werden, wie unten:

D2 =UMWANDELN(A2;B2;C2)

	A	B	C	D	E	F	G
1	Ausgangswert	Maßeinheit	In_Maßeinheit	Ergebnis			
2	15.000	m^2	ha	1,5	=UMWANDELN(A2;B2;C2)		
3	100	cm	ft	3,280839895	=UMWANDELN(A3;B3;C3)		
4	26	C	F	78,26	=UMWANDELN(A4;B4;C4)		
5	350	bit	byte	43,75	=UMWANDELN(A5;B5;C5)		
6	1.200	byte	bit	9600	=UMWANDELN(A6;B6;C6)		
7	100	kn	km/h	185,2	=UMWANDELN(A7;B7;C7)		
8	1	ly	km	9,46073E+12	=UMWANDELN(A8;B8;C8)		
9							

Bild 2.128 Weitere Maßeinheiten

Zeiteinheiten umrechnen

UMWANDELN beinhaltet auch Umrechnungsmöglichkeiten für Zeiteinheiten, z. B. Stunden ("hr") in Minuten ("mn" oder "min"). Beachten Sie aber, dass hierzu sämtliche Zeitangaben als Dezimalzahl vorliegen müssen. Das Uhrzeitformat hh:mm führt hingegen zu falschen Ergebnissen. In diesem Fall müssen Sie die Stunden gesondert umrechnen und die Minuten hinzuaddieren, wie in F8 im Bild unten. Die Formel in F8 lautet dann:

```
F8: =UMWANDELN(STUNDE(A8);C8;E8)+MINUTE(A8)
```

Bild 2.129 Umrechnung von Zeitwerten

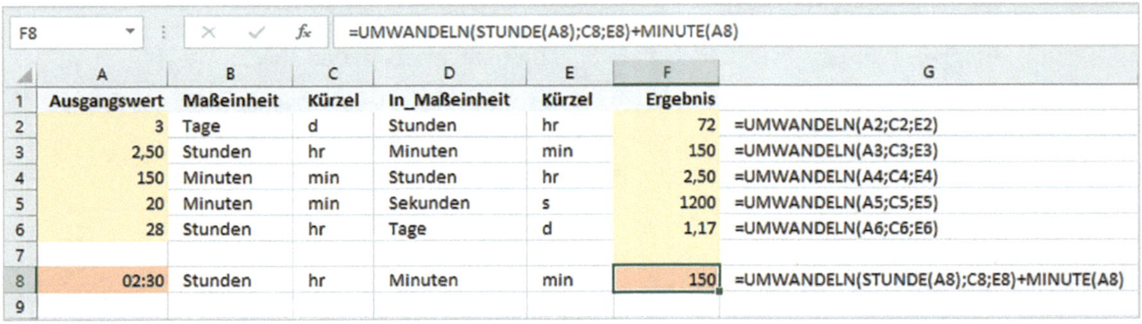

F8 | =UMWANDELN(STUNDE(A8);C8;E8)+MINUTE(A8)

	A	B	C	D	E	F	G
1	Ausgangswert	Maßeinheit	Kürzel	In_Maßeinheit	Kürzel	Ergebnis	
2	3	Tage	d	Stunden	hr	72	=UMWANDELN(A2;C2;E2)
3	2,50	Stunden	hr	Minuten	min	150	=UMWANDELN(A3;C3;E3)
4	150	Minuten	min	Stunden	hr	2,50	=UMWANDELN(A4;C4;E4)
5	20	Minuten	min	Sekunden	s	1200	=UMWANDELN(A5;C5;E5)
6	28	Stunden	hr	Tage	d	1,17	=UMWANDELN(A6;C6;E6)
7							
8	02:30	Stunden	hr	Minuten	min	150	=UMWANDELN(STUNDE(A8);C8;E8)+MINUTE(A8)
9							

3 Umfangreiche Tabellen und Datenbanken

In diesem Kapitel lernen Sie ...

- Tipps zur Planung von Tabellen
- Fehlerhafte Eingaben verhindern
- Intelligente Tabellenbereiche nutzen
- Tabellen sortieren und filtern
- Gliederung und Teilergebnisse
- Duplikate finden und entfernen

Das sollten Sie bereits wissen

- Formeln und Funktionen einsetzen
- Zellbezüge verwenden

3.1 Eine Excel-Datenbank planen

Häufig werden mit Excel auch größere Datenmengen verwaltet. Allerdings lassen sich mit Excel nur einfache Datenbanken verwirklichen, die meist aus einer einzigen Tabelle z. B. zur Verwaltung von Adressen bestehen. Zudem sind Excel-Datenbanken beschränkt auf die maximale Anzahl der Zeilen eines Excel-Tabellenblattes, in der aktuellen Version Excel 2021 bzw. Microsoft 365 sind dies 1.048.576, also etwas mehr als 1 Mio Zeilen. Fallen größere Datenmengen an oder müssen zusätzlich auch noch Bewegungsdaten erfasst werden, dann sollte besser eine spezielle Datenbankanwendung, z. B. Microsoft Access gewählt werden. Darüber hinaus eignet sich eine Datenbank mit Excel nur als Einzelplatzlösung, da gleichzeitiges Eingeben und Bearbeiten von mehreren Benutzern nicht unterstützt wird.

Überlegungen zum Tabellenaufbau

Dieses Buch verwendet die gebräuchlichen Datenbankbegriffe, daher zunächst eine kurze Erläuterung der beiden wichtigsten Begriffe.

- **Datensatz**: Ein Datensatz entspricht einer Tabellenzeile und bildet eine Einheit. So stellt beispielsweise in einer Tabelle mit Kundenadressen jeder Kunde einen Datensatz dar.
- **Datenfeld**: Als Datenfelder oder Felder werden die Spalten einer Tabelle bezeichnet. Sie enthalten Eigenschaften, die jeden Datensatz näher beschreiben. In einer Tabelle mit Kundenadressen könnten dies z. B. Name, Postleitzahl, Ort und Geburtsdatum usw. sein.

Welche Datenfelder bzw. Spalten werden benötigt?

Am Beginn steht die Frage nach dem Einsatzzweck der Tabelle bzw. Datenbank und welche Informationen in späteren Auswertungen benötigt werden. Folgende Aspekte sollten Sie beim Anlegen der Spalten berücksichtigen:

Straße und Hausnummer trennen ist dagegen meist nicht erforderlich.

- **Der Inhalt einer Spalte sollte nicht weiter zerlegbar sein**
  So sollten in einer Adressentabelle beispielsweise Vorname und Nachname oder Postleitzahl und Ort jeweils in eigenen Spalten erfasst werden, da sonst eine Sortierung nach Nachname oder Ort unmöglich ist. Zudem verhindern Sie dadurch, dass Vor- und Nachname in beliebiger Reihenfolge eingegeben werden, also z. B. innerhalb der Spalte einmal Hans Moser und ein andermal Weber Sabine gespeichert ist.

  Außerdem lassen sich nachträglich die Inhalte mehrerer Spalten jederzeit zusammenfügen. Ein späteres Aufteilen von Spalten ist dagegen zwar möglich, z. B. mit Hilfe der Blitzvorschau, aber in der Praxis nicht ganz so einfach und zudem fehleranfällig, denken Sie beispielsweise an Doppelnamen und/oder Namen mit vorangestelltem Titel. Zudem ist für die Trennung ein eindeutiges Zeichen erforderlich.

- **Erfassen und speichern Sie keine Inhalte, die sich aus vorhandenen Feldern berechnen lassen**
  So lässt sich beispielsweise das Alter anhand des Geburtsdatums berechnen.
- **Vermeiden Sie Mehrfachspeicherung von Daten**
  Zum Beispiel ist es in einer Artikelbestandsliste überflüssig, zu jedem Artikel Name, Anschrift und Telefonnummer des jeweiligen Lieferanten zu speichern. Speichern Sie stattdessen hier nur eine eindeutige Lieferantennummer und legen Sie eine zweite Tabelle an, in der Sie der Lieferantennummer Name und Anschrift zuordnen. Dies erleichtert auch nachträgliche Änderungen an einer Adresse, da diese dann nur ein einziges Mal geändert werden muss. Die Inhalte der zweiten Tabelle lassen sich später über Verweisfunktionen (SVERWEIS/XVERWEIS), Power Query (Kapitel 5.2) oder beim Erstellen einer Pivot-Tabelle (Kapitel 6.8) einbinden.

Mehrfachspeicherung wird auch als Datenredundanz bezeichnet.

Wie Sie Daten aus mehreren Tabellen anhand eines Schlüsselfeldes zusammenführen, lesen Sie in Kapitel 5.2 oder 6,8 dieses Buches.

- **Verwenden Sie, wenn möglich ein Schlüsselfeld**
  In den meisten Fällen ist es sinnvoll, in der Tabelle zusätzlich ein so genanntes Schlüsselfeld zu verwenden. Schlüsselfelder dienen dazu, einen Datensatz eindeutig zu identifizieren, dies kann z. B. die Artikelnummer oder die Kundennummer sein. Nachname und Vorname sind dagegen nicht geeignet, da diese auch mehrfach vorkommen können.

Regeln für Datenbanktabellen

Die Datenbank sollte sich in einem eigenen Arbeitsblatt der Excel-Arbeitsmappe befinden. Dagegen spielt es keine Rolle, ob die Auswertung in derselben oder einer gesonderten Arbeitsmappe erfolgt. Idealerweise beginnen Sie mit der Datentabelle in der ersten Zeile und Spalte des Tabellenblatts. Beachten Sie auch die folgenden Regeln:

Keine leeren Zeilen und Spalten!

Die Datenbanktabelle darf auf keinen Fall leere Zeilen und Spalten innerhalb des Datenbereichs aufweisen. Excel interpretiert leere Zeilen/Spalten als Tabellenende und berücksichtigt dann bei Auswertungen unter Umständen nur einen Teil der Daten. Zusammenhängende Zellbereiche werden dagegen von Excel in der Regel automatisch erkannt und brauchen nicht extra markiert werden, es genügt, wenn eine beliebige einzelne Zelle innerhalb des Zellbereichs markiert ist.

- Die erste Zeile der Tabelle oder Datenbank muss eindeutige Spaltenüberschriften, die Feldnamen, enthalten.
- Ein Datensatz darf sich nicht über zwei oder mehr Zeilen erstrecken.
- Innerhalb einer Spalte bzw. eines Datenfeldes müssen alle Inhalte vom selben Typ, z. B. Zahl, Datum oder Text sein, da sonst Probleme beim Sortieren und Filtern auftauchen. Wurde z. B. die Postleitzahl einmal als Zahl und einmal als Text eingegeben bzw. formatiert, dann ordnet Excel beim Sortieren Zahlen vor Zeichenfolgen ein. Mit Hilfe von Gültigkeitsregeln lässt sich die Dateneingabe entsprechend überprüfen und steuern.

Im Bild unten als Beispiel eine Adressenliste. Einzelne leere Zellen, z. B. fehlende Telefonnummern stellen kein Problem dar, die Kundennummer dagegen muss für jeden Datensatz vorhanden sein, da sie gleichzeitig als Schlüsselfeld dient.

Bild 3.1 Beispiel Adressenliste

	A	B	C	D	E	F	G	H	I	J	K	L
1	Kunden-Nr.	Nachname	Vorname	Anrede	Land	PLZ	Ort	Strasse	Telefon	Geburtsdatum	Rabatt	Kategorie
2	202	Kabelschacht	Alfred	Herr	DE	12345	Musterstadt	Holzweg 3	0171-555555	15.08.1978	10%	A
3	203	Müller	Frieda	Frau	DE	82024	Taufkirchen	Goethestr. 17		01.03.1984	0%	B
4	204	Nordhoff	Silke	Frau	DE	78464	Konstanz	Tuplenstr. 21	0150-7777777	23.04.1981	7%	A
5	208	Waldleitner	Georg	Herr	AT	4600	Wels	Dachsteinweg 5		03.11.1963	0%	A

3.2 Intelligente Tabellenbereiche nutzen

Ein häufiges Problem bei der Auswertung von Tabellen, egal welcher Größe ist die Anpassung des Tabellenbereichs beim Hinzufügen neuer Datensätze. Dies lässt sich am einfachsten vermeiden, indem Sie den Zellbereich als Tabelle formatieren. Darunter versteht man in Excel nicht nur die Formatierung dieses Bereichs, sondern Sie erzeugen eine dynamische Tabelle, deren Bereich beim Anfügen neuer Zeilen und/ oder Spalten automatisch erweitert wird. Auch Formate und Formeln werden beim Anfügen neuer Daten übernommen. Dies ist äußerst nützlich, insbesondere wenn die Tabelle als Datengrundlage für Diagramme, Auswertungen oder Pivot-Tabellen dienen werden soll.

Was unterscheidet eine Tabelle von einem normalen Zellbereich?

Der Begriff Tabelle wird sogar von Excel nicht immer eindeutig verwendet, daher an dieser Stelle zunächst eine kurze Klarstellung:

Zellbereich

Eine Tabelle ist in Excel nicht immer gleich Tabelle. Wenn Sie in einem Excel-Arbeitsblatt Spaltenüberschriften und Datensätze eingeben und die Tabelle mit Rahmenlinien, Füllfarben, Zahlenformaten usw. gestalten, dann betrachtet Excel diese Tabelle trotzdem als normalen Zellbereich.

Tabellenbereich

Ältere Excel-Versionen bezeichnen dynamische Tabellenbereiche auch als Listen.

Wenn Sie dagegen einen Zellbereich in eine Tabelle umwandeln, bzw. diesen als Tabelle formatieren so erhalten Sie einen dynamischen oder intelligenten Tabellenbereich. Darunter versteht Excel einen Bereich, der beim Anfügen weiterer Zeilen und/oder Spalten automatisch erweitert wird und eine Reihe weiterer Vorteile bietet:

- Sobald Sie unterhalb der Tabelle in eine leere Zeile klicken und hier einen weiteren Datensatz eingeben, wird der Tabellenbereich automatisch angepasst. Dies gilt auch beim Anfügen weiterer Spalten.
- Neue Datensätze erhalten automatisch das Format der jeweiligen Spalte und auch Formeln werden automatisch übernommen.

- Verwenden Sie in Formeln Bezüge auf einen Tabellenbereich, so beziehen diese immer den gesamten Datenbereich ein, berücksichtigen also auch nachträglich hinzugefügte Datensätze und Spalten. Dies gilt auch für Auswertungen mit Pivot-Tabellen.
- Beim Sortieren und Filtern bezieht Excel grundsätzlich den gesamten Tabellenbereich mit ein.

Die Begriffe in diesem Buch

Um Verwechslungen mit normalen Zellbereichen zu vermeiden, verwendet dieses Buch für dynamische Tabellen den Begriff **Tabellenbereich**.

Tabellenbereich erstellen

Einen Tabellenbereich können Sie bereits mit dem Anlegen einer neuen Tabelle erzeugen, aber auch das nachträgliche Umwandeln ist jederzeit möglich.

Zellbereich umwandeln

Wenn Sie eine Tabelle als normalen Zellbereich erstellt haben, dann können Sie diesen jederzeit in einen Tabellenbereich umwandeln. Die Tabelle sollte mindestens die Spaltenüberschriften und einen ersten Datensatz umfassen. Idealerweise ist dieser auch bereits mit allen erforderlichen Zahlen- und Datumsformaten formatiert. Schrift- und sonstige Zellenformate sollten dagegen nicht verwendet werden, da diese dem Tabellenbereich automatisch zugewiesen werden.

1 Um aus dem Zellbereich einen Tabellenbereich zu erstellen, markieren Sie eine beliebige Zelle innerhalb der Tabelle, im Bild unten A2, und klicken im Register *Einfügen* ▶ *Tabellen* auf *Tabelle* ❶ oder drücken Sie die Tasten **Strg**+**T**.

Bild 3.2 Klicken Sie auf Tabelle oder drücken Sie die Tastenkombination Strg+T

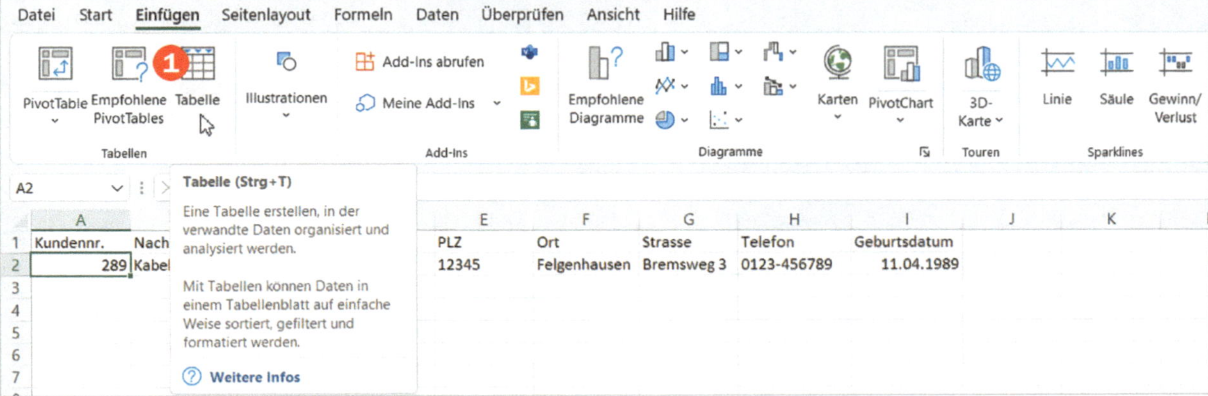

2 Das Fenster *Tabelle erstellen* öffnet sich; kontrollieren Sie anhand des gestrichelten Markierungsrahmens im Tabellenblatt ❷, ob der Zellbereich korrekt erkannt

wurde. Falls nicht, so klicken Sie in das Feld *Wo sind die Daten für die Tabelle?* ❸ und markieren im Tabellenblatt den Zellbereich einschließlich der Überschriften.

Achtung: Besitzt die Tabelle Überschriften in der ersten Zeile, dann muss unbedingt das Kontrollkästchen *Tabelle hat Überschriften* ❹ aktiviert sein, da Excel sonst eine zusätzliche Überschriftzeile hinzufügt. Klicken Sie dann auf *OK*.

Bild 3.3 Legen Sie den Tabellenbereich fest

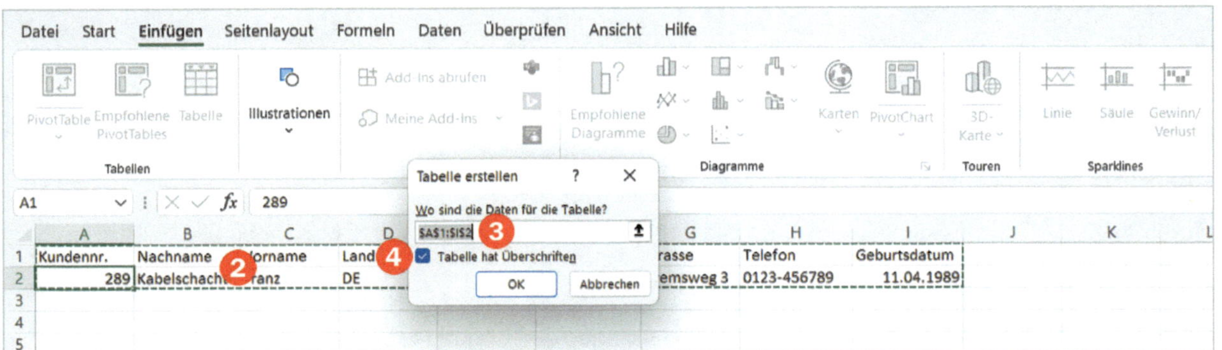

3 Der Zellbereich wird in einen Tabellenbereich umgewandelt und erhält gleichzeitig automatisch eine Formatierung. Die Farben richten sich nach dem aktuellen Design (Register *Seitenlayout* ▶ *Designs*), das Tabellenformat können Sie jederzeit ändern, siehe Seite 153. Außerdem haben die Spaltenüberschriften Schaltflächen mit einem Dropdown-Pfeil zum Filtern und Sortieren erhalten.

Bild 3.4 Der Zellbereich wurde in einem Tabellenbereich umgewandelt

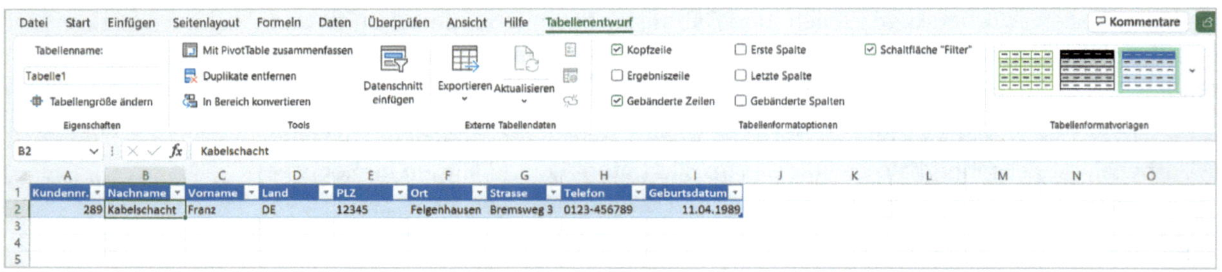

Bild 3.5 Register Start: Als Tabelle formatieren und Formatvorlage wählen

Als Alternative wandeln Sie einen Zellbereich in einen Tabellenbereich um, indem Sie im Register *Start* ▶ *Formatvorlagen* auf *Als Tabelle formatieren* klicken und dann eine Formatvorlage wählen.

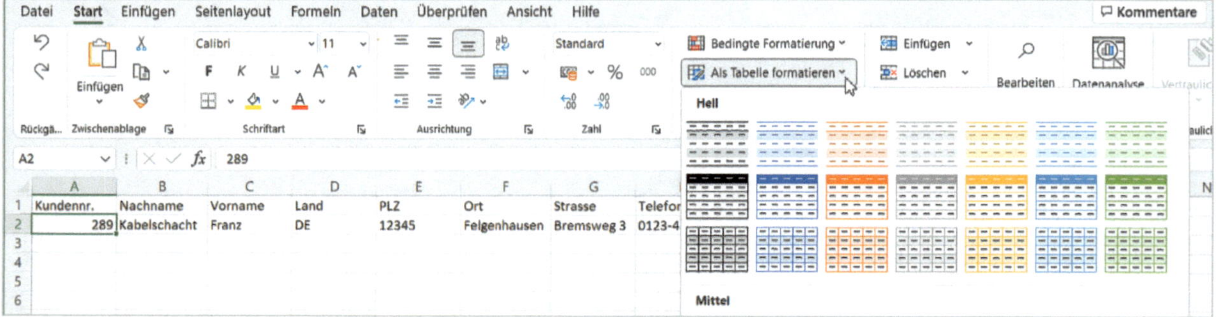

Tabelle vor der ersten Eingabe erstellen

Sie können mit den beiden oben genannten Methoden auch vor der ersten Eingabe einen Tabellenbereich erstellen. In diesem Fall markieren Sie die Zelle in der linken oberen Ecke Ihrer zukünftigen Tabelle, z. B. A1 und klicken auf *Einfügen* ▶ *Tabelle* bzw. *Start* ▶ *Als Tabelle formatieren*. In diesem Fall fügt Excel automatisch eine Überschriftzeile hinzu, das Kontrollkästchen *Tabelle hat Überschriften* muss also nicht zwingend aktiviert werden. Anschließend überschreiben Sie die erste Spaltenüberschrift und geben rechts davon die weiteren Spaltenüberschriften ein. Der Tabellenbereich wird automatisch erweitert, sobald Sie die Eingabe mit der **Eingabetaste**, der **Tab**-Taste oder einer Pfeiltaste abschließen.

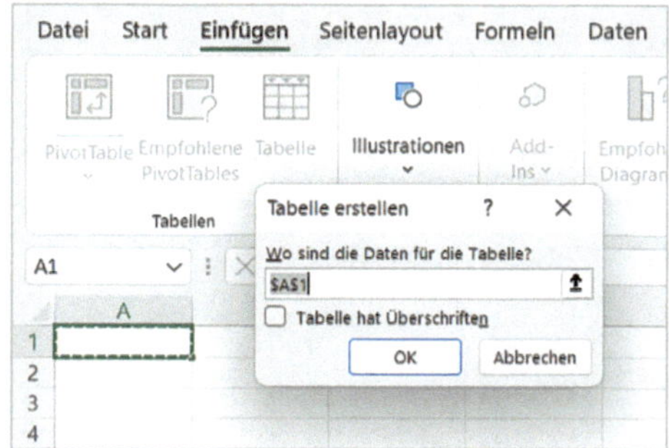

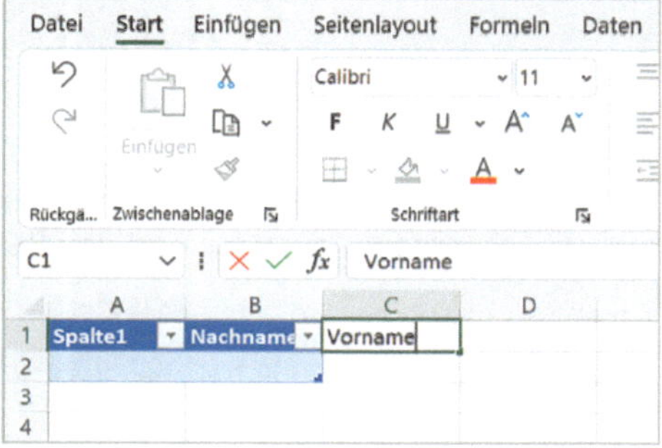

Bild 3.6 Markieren Sie die erste Zelle der Tabelle

Bild 3.7 Geben Sie die weiteren Spaltenüberschriften ein

Tabellenformat ändern

Zusammen mit der Tabelle stellt Excel im Menüband das Register *Tabellenentwurf* zur Verfügung, allerdings nur, wenn eine Zelle innerhalb der Tabelle markiert ist.

Wenn Sie ein anderes Tabellenformat wählen möchten, dann markieren Sie eine beliebige Zelle der Tabelle und öffnen im Register *Tabellenentwurf* ▶ *Tabellenformatvorlagen* mit Klick auf den Dropdown-Pfeil *Weitere* bzw. auf *Schnellformatvorlagen* den Vorlagenkatalog. Abwechselnde Zeilenfarben werden beim Anfügen neuer Datensätze automatisch fortgeführt.

Bild 3.8 Tabellenformat auswählen

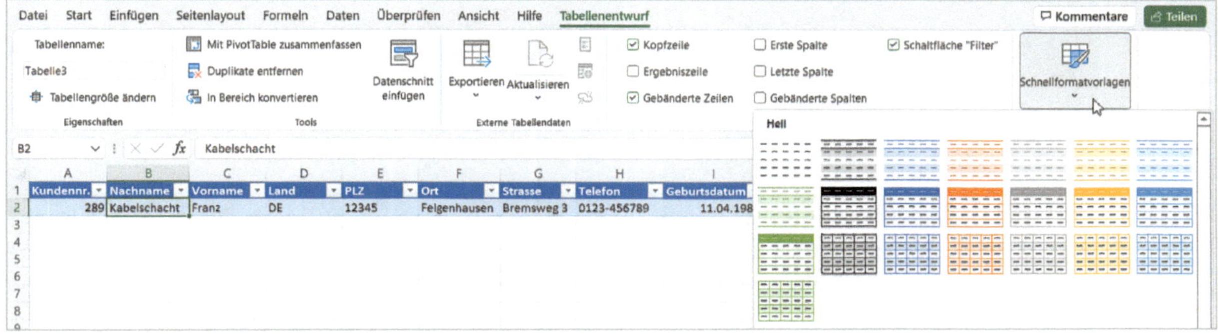

Tipp: Falls Sie eine Tabelle ohne Linien und sonstige Farbeffekte wünschen, dann wählen Sie im Katalog die erste Vorlage links oben aus.

Optionen für Tabellenformate

Über die Kontrollkästchen der Gruppe *Tabellenformatoptionen* steuern Sie, ob Sie besondere Formate, beispielsweise für die erste oder letzte Spalte oder abwechselnde Zeilenfarben (*Gebänderte Zeilen*) übernehmen möchten. Empfinden Sie die Filterschaltflächen als störend, dann deaktivieren Sie diese über das Kontrollkästchen *Schaltfläche "Filter"* oder über die Schaltfläche *Filter* im Register *Daten*.

Bild 3.9 Sonderformate übernehmen

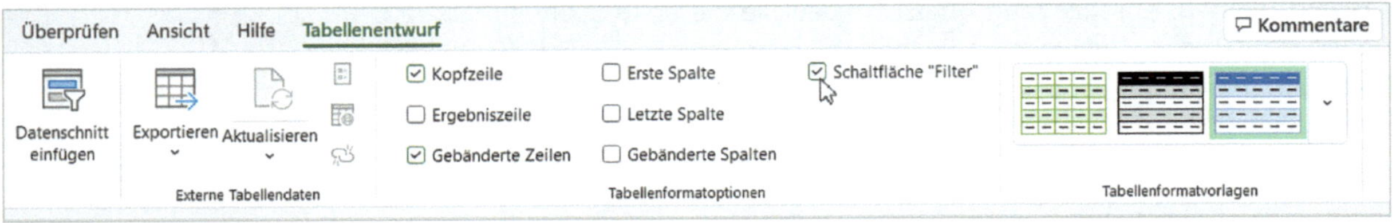

Datums- und Zahlenformate, die horizontale Ausrichtung in der Zelle und weitere Formate weisen Sie, wie gewohnt, über die Symbole im Register *Start* oder das Kontextmenü der rechten Maustaste und den Befehl *Zellen formatieren* zu.

Tabellenbereich manuell erweitern/verkleinern

Die Begrenzung des Tabellenbereichs ist in der rechten unteren Ecke des Bereichs in Form einer kleinen blauen Markierung sichtbar (Bild 3.10). Beim Hinzufügen neuer Daten am Ende der Tabelle erweitert sich der Bereich automatisch und alle Formate und Formeln werden in die neue Zeile übernommen. Dies gilt auch, wenn Sie nachträglich neue Spalten anfügen.

Sollte der Tabellenbereich trotzdem einmal nicht automatisch erweitert werden, so zeigen Sie mit der Maus in der rechten unteren Ecke auf die Markierung und erweitern den Bereich durch Ziehen mit gedrückter Maustaste in die gewünschte Richtung. Auf dieselbe Weise können Sie auch, falls nötig, den Tabellenbereich verkleinern.

Bild 3.10 Tabellenbereich erweitern

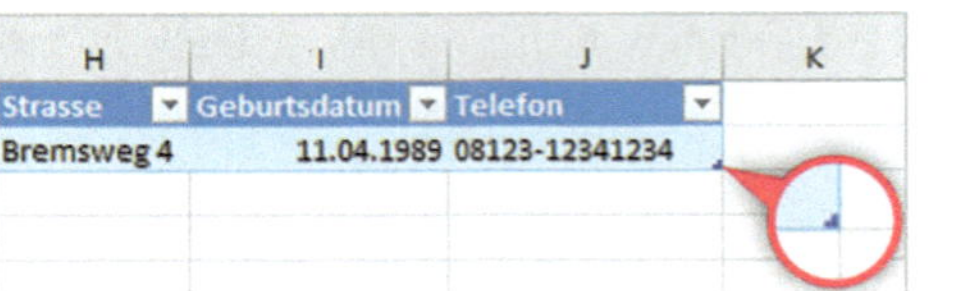

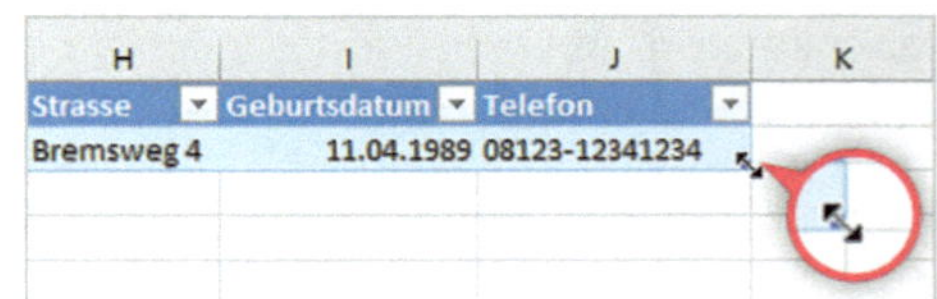

Ergebniszeile anzeigen

Mit dem Kontrollkästchen *Ergebniszeile* ❶ (*Tabellenentwurf* ▶ *Tabellenformatoptionen*) können Sie unterhalb der Tabelle eine zusätzliche Zeile für zusammenfassende Ergebnisse ein- und wieder ausblenden.

Meist ist diese Zeile zunächst leer. Um beispielsweise die Summe über eine Spalte anzuzeigen, klicken Sie in der Ergebniszeile unterhalb der betreffenden Spalte auf die Zelle und anschließend auf den Dropdown-Pfeil ❷. Wählen Sie dann die gewünschte

Funktion aus (siehe Bild unten). Leider erscheint im Tabellenblatt keinerlei Information über die verwendete Funktion, da Excel als Beschriftung immer nur *Ergebnis* anzeigt.

Bild 3.11 Wählen Sie eine Funktion

Hinweis: Die Ergebniszeile braucht vor der Eingabe weiterer Datensätze nicht ausgeblendet werden. Wenn Sie zum Hinzufügen weiterer Zeilen die letzte Zelle der Tabelle markieren und die **Tab**-Taste betätigen, dann wird die neue Zeile oberhalb der Ergebniszeile eingefügt. Neu hinzugefügten Werte werden automatisch in die Ergebnisse einbezogen.

Tabellenbereich.xlsx

Tabelle umbenennen

Jeder, als Tabellenbereich formatierter Zellbereich erhält automatisch einen Namen; die erste Tabelle der Arbeitsmappe *Tabelle1*, die nächste *Tabelle2* usw.. Diesen Namen können Sie für Bezüge auf den Tabellenbereich verwenden, z. B. in Formeln oder beim Erstellen einer Pivot-Tabelle. Sie sollten daher für die weitere Verwendung solchen Tabellen einen aussagefähigen Namen geben.

Dazu klicken Sie auf eine beliebige Zelle des Tabellenbereichs und im Register *Tabellenentwurf* ▶ *Eigenschaften* in das Feld *Tabellenname* ❶. Überschreiben Sie den vorhandenen Namen ❷ und schließen Sie mit der **Eingabetaste** ab.

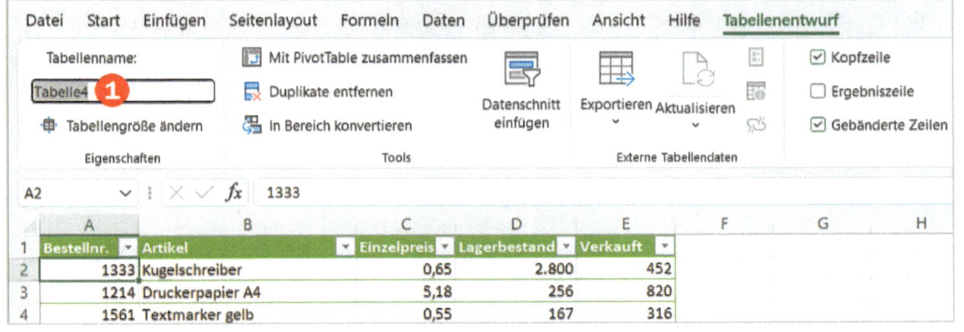

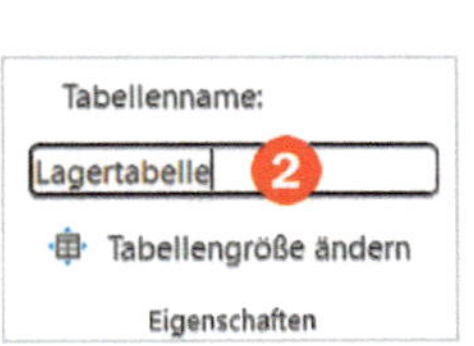

Bild 3.12 Tabellennamen ändern

Für Namen von Tabellen gelten dieselben Regeln, wie für Namen von Zellen und Zellbereichen.

Tabellennamen besitzen, genau wie Namen für Zellbereiche, innerhalb der gesamten Arbeitsmappe Gültigkeit.

Beachten Sie folgende Regeln für Tabellennamen:

- Ein Tabellenname muss eindeutig sein, darf also in der Mappe nicht doppelt vorkommen. Excel unterscheidet dabei nicht zwischen Groß- und Kleinschreibung.
- Der Tabellenname darf maximal 255 Zeichen lang sein und mit Ausnahme des Unterstrichs keine Sonder- oder Leerzeichen enthalten.
- Der Name kann Buchstaben und Ziffern enthalten, muss aber mit einem Buchstaben beginnen.

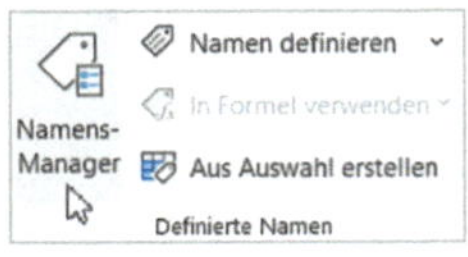

Tipp: Einen Überblick über alle vorhandenen Tabellen- und Bereichsnamen erhalten Sie im Namens-Manager von Excel. Klicken Sie dazu im Register *Formeln* ▶ *Definierte Namen* auf die Schaltfläche *Namens-Manager*. Hier können Sie alle Namen kontrollieren und nach einem Klick auf die Schaltfläche *Bearbeiten* auch ändern. Im Gegensatz zu normalen Zellen- und Bereichsnamen kann allerdings der Name eines Tabellenbereichs weder gelöscht noch der Bezug auf den Zellbereich geändert werden.

Bild 3.13 Tabellennamen im Namens-Manager bearbeiten

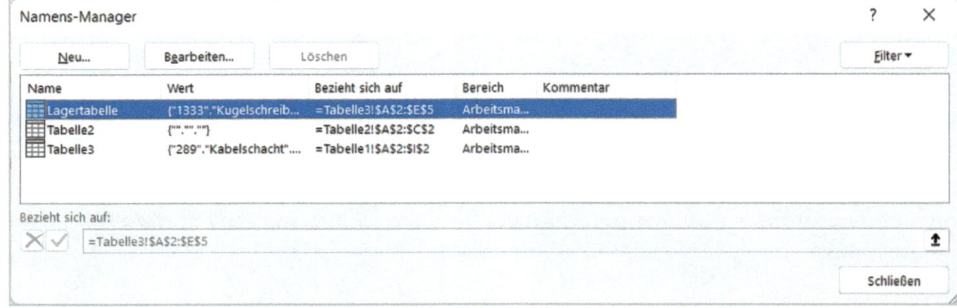

Tabelle zurück in normalen Bereich konvertieren

Falls Sie einen Tabellenbereich zurück in einen normalen Zellbereich konvertieren möchten, dann klicken Sie auf eine beliebige Zelle innerhalb des Tabellenbereichs und im Register *Tabellenentwurf* ▶ *Tools* auf *In Bereich konvertieren*, oder verwenden aus dem Kontextmenü der rechten Maustaste den Befehl *Tabelle - In Bereich konvertieren*.

Sämtliche Formate bleiben beim Konvertieren in einen normalen Zellbereich erhalten!

Alle Daten, Formate und Formeln bleiben beim Konvertieren erhalten, strukturierte Verweise in Formeln werden in normale Zellbezüge umgewandelt. Wenn Sie auch die Tabellenformate, z. B. Linien und abwechselnde Zeilenfarben entfernen möchten, dann wählen Sie zuerst die Formatvorlage *Keine* (siehe oben) und konvertieren erst danach die Tabelle in einen normalen Zellbereich.

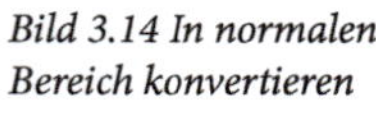

Bild 3.14 In normalen Bereich konvertieren

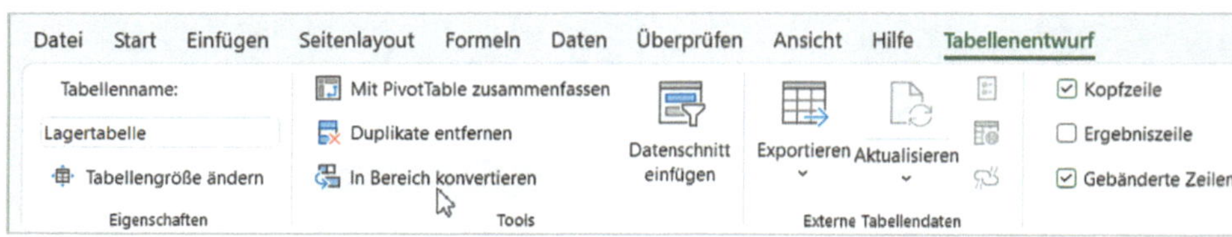

Strukturierte Verweise auf Tabellenbereiche in Formeln

Neben dem Tabellennamen für Verweise auf den gesamten Tabellenbereich können in Formeln auch Verweise auf bestimmte Elemente eines Tabellenbereichs eingesetzt werden. Diese unterscheiden sich etwas von normalen Zellbezügen und werden als strukturierte Verweise bezeichnet.

Strukturierte Verweise in Formeln

Wenn Sie in einem Tabellenbereich eine Spalte mit einer Formel berechnen, dann verwendet Excel automatisch strukturierte Verweise statt Zelladressen. Als Beispiel im Bild unten die Berechnung des Lagerwerts aus Einzelpreis und Lagerbestand.

1. Markieren Sie die erste Zelle der zu berechnenden Spalte, geben Sie das Gleichheitszeichen = ein und klicken Sie auf die erste benötigte Zelle, im Bild unten den Einzelpreis in C2. Excel fügt statt eines Zellbezugs den Feldnamen bzw. die Spaltenüberschrift in eckigen Klammern in der Schreibweise [@Einzelpreis] in die Formel ein.
2. Geben Sie dann den Operand * ein und klicken Sie auf die zweite Zelle, den Lagerbestand. Auch hier erhalten Sie einen Verweis in der Form [@Lagerbestand].
3. Nach Abschluss der Eingabe wird die Formel automatisch in die gesamte Spalte übernommen und Kopieren erübrigt sich.

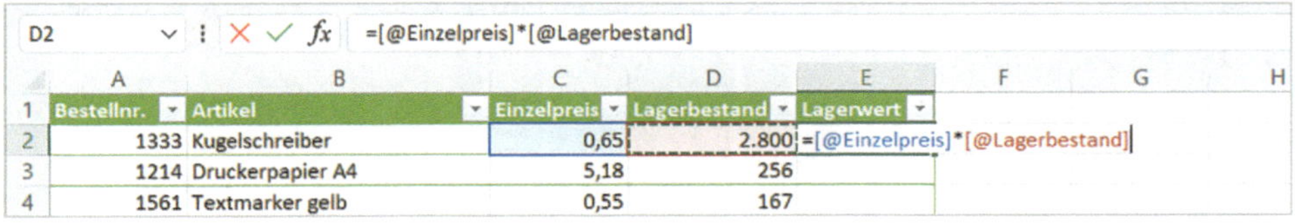
D2 | fx =[@Einzelpreis]*[@Lagerbestand]

	A	B	C	D	E
1	Bestellnr.	Artikel	Einzelpreis	Lagerbestand	Lagerwert
2	1333	Kugelschreiber	0,65	2.800	=[@Einzelpreis]*[@Lagerbestand]
3	1214	Druckerpapier A4	5,18	256	
4	1561	Textmarker gelb	0,55	167	

Bild 3.15 Formeleingabe in einem Tabellenbereich

Tabellenbereich.xlsx

Hinweis: Wurde dagegen ein Zellbereich mit Formeln nachträglich in einen Tabellenbereich umgewandelt, so behalten die Formeln ihre ursprüngliche Schreibweise und werden in dieser Form auch in neu angefügte Datensätze übernommen.

Verweise per Tastatur eingeben

Diese Schreibweise ist auch zu beachten, wenn Sie strukturierte Verweise per Tastatur in eine Formel eingeben möchten. Geben Sie daher zuerst die öffnende eckige Klammer [und danach das @-Zeichen ein. Excel öffnet eine Liste aller vorhandenen Feldnamen, aus der Sie den benötigten mit Doppelklick übernehmen können. Die schließende eckige Klammer muss dagegen wieder über die Tastatur eingegeben werden.

Zur Erklärung: das @-Zeichen steht für den jeweiligen Wert in der aktuellen Zeile und könnte ebenfalls aus der Liste übernommen werden (*Diese Zeile*).

RUNDEN | fx =[@

	A	B	C	D	E
1	Bestellnr.	Artikel	Einzelpreis	Lagerbestand	Lagerwert
2	1333	Kugelschreiber	0,65	2.800	=[@
3	1214	Druckerpapier A4	5,18	256	
4	1561	Textmarker gelb	0,55	167	
5	2023	Büroklsammern farbig sortiert	1,07	52	
6					
7					

(...)Bestellnr.
(...)Artikel
(...)Einzelpreis
(...)Lagerbestand
(...)Lagerwert

Bild 3.16 Strukturierte Verweise in Formel eingeben

Verweise auf Tabellenelemente

Strukturierte Verweise verwendet Excel auch in Formeln außerhalb des Tabellenbereichs, wenn sich diese auf Tabellendaten beziehen. In diesem Fall wird der Tabellenname vorangestellt; z. B. wird in einer beliebigen Zelle des Arbeitsblatts die Summe der Spalte *Lagerbestand* mit folgender Formel berechnet:

Bild 3.17 Summe Lagerbestand mit strukturierten Verweisen berechnen

```
=SUMME(Lagertabelle[Lagerbestand])
```

RUNDEN | =SUMME(Lagertabelle[Lagerwert])

	A	B	C	D	E	F	G	H
1	Bestellnr.	Artikel	Einzelpreis	Lagerbestand	Lagerwert		Summe:	=SUMME(Lagertabelle[Lagerwert])
2	1333	Kugelschreiber	0,65	2.800	1820			
3	1214	Druckerpapier A4	5,18	256	1326,08			
4	1561	Textmarker gelb	0,55	167	91,85			
5	2023	Büroklsammern farbig sortiert	1,07	52	55,64			
6								

Achtung: *Lagertabelle* ist hier der Name des Tabellenbereichs und nicht des Arbeitsblatts!

Für Verweise auf bestimmte Elemente verwendet Excel zusätzlich zu Tabellenname und Feldname die folgenden Bezeichner. Diese stehen ebenfalls in eckigen Klammern und beginnen mit dem #-Zeichen.

Bezeichner	Verweist auf...	Beispiel
#Alle	die gesamte Tabelle, einschließlich Spaltenüberschriften und Daten	=ANZAHL2(Tabelle1[[#Alle];[Bestell-Nr.]]) liefert die Anzahl der Zellen der Spalte Bestell-Nr. einschließlich Überschriften
#Daten	nur die Datenzellen der Tabelle Wenn nur der Tabellenname angegeben wird, erhalten Sie dasselbe Ergebnis.	=ANZAHL2(Tabelle1[#Daten]) liefert die Anzahl der Zellen des Datenbereichs (ohne Überschriften)
#Kopfzeilen	die Kopfzeile mit den Spaltenüberschriften	gibt sämtliche Spaltenüberschriften zurück
#Ergebnisse	die Ergebniszeile, falls vorhanden	gibt die Ergebnisse aus der Ergebniszeile zurück
@ - Diese Zeile	die Daten der aktuellen Zeile	=SUMME(UmsatzQuartal[@[Januar]:[März]]) Berechnet die Zeilensumme über die Spalten Januar bis März wobei die Monate die Spaltenüberschriften bilden, siehe Bild unten.

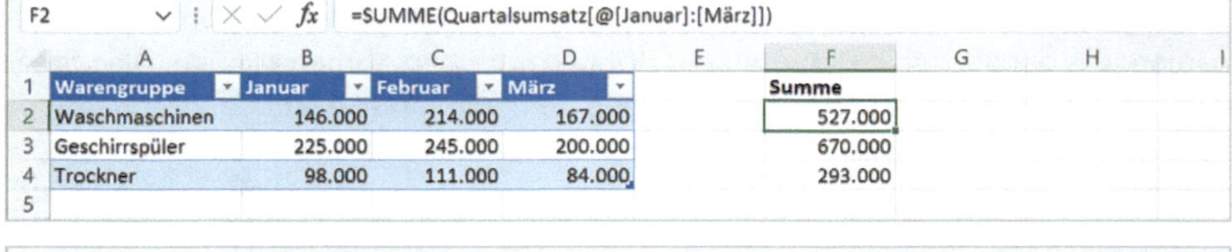

F2 | =SUMME(Quartalsumsatz[@[Januar]:[März]])

	A	B	C	D	E	F
1	Warengruppe	Januar	Februar	März		Summe
2	Waschmaschinen	146.000	214.000	167.000		527.000
3	Geschirrspüler	225.000	245.000	200.000		670.000
4	Trockner	98.000	111.000	84.000		293.000
5						

Bild 3.18 Beispiel: Zeilensumme außerhalb des Tabellenbereichs berechnen

Quartalsumsatz = Tabellenname

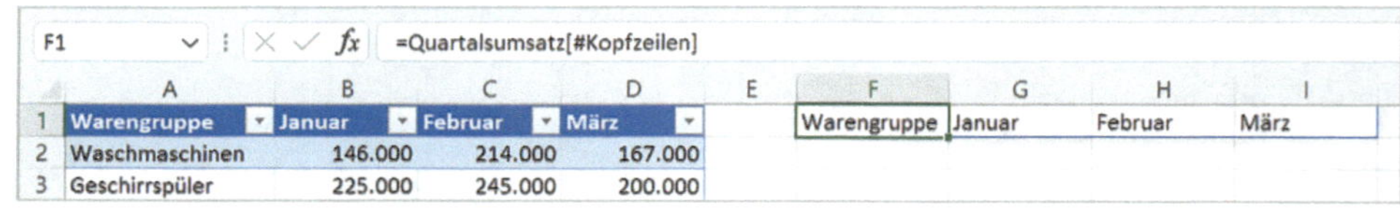

F1 | =Quartalsumsatz[#Kopfzeilen]

	A	B	C	D	E	F	G	H	I
1	Warengruppe	Januar	Februar	März		Warengruppe	Januar	Februar	März
2	Waschmaschinen	146.000	214.000	167.000					
3	Geschirrspüler	225.000	245.000	200.000					

Bild 3.19 Spaltenüberschriften ausgeben

3.3 Fehler durch Eingabekontrollen vermeiden

Bei der Speicherung großer Datenmengen ist es wichtig, dass die Daten bei der Eingabe korrekt erfasst werden, da sich fehlerhafte Datensätze nachträglich nur schwer aufspüren und korrigieren lassen. Um Eingabefehler zu vermeiden, können Sie mit Hilfe der *Datenüberprüfung* für ausgewählte Zellen Regeln für zulässige Eingaben festlegen. Es spielt keine Rolle, ob es sich um einen normalen Zellbereich handelt oder einen Tabellenbereich (siehe oben). Folgende Möglichkeiten sind verfügbar:

- Beschränkung auf einen Wertebereich, wobei dieser auch mit einer Formel berechnet werden kann.
- Vorgabe eines Datentyps, z. B. Zahl oder Datum.
- Auswahl aus einer Liste (Dropdown-Liste).
- Zusätzlich können Sie eine Meldung definieren, die bei falschen bzw. nicht zulässigen Eingaben erscheint, und die weitere Vorgehensweise bei falschen Eingaben festlegen.

Die Werkzeuge dazu finden Sie im Register *Daten* ▶ *Datentools*. Klicken Sie hier auf das Symbol *Datenüberprüfung* oder auf den Dropdown-Pfeil des Symbols und auf *Datenüberprüfung...*.

Bild 3.20 Datenüberprüfung

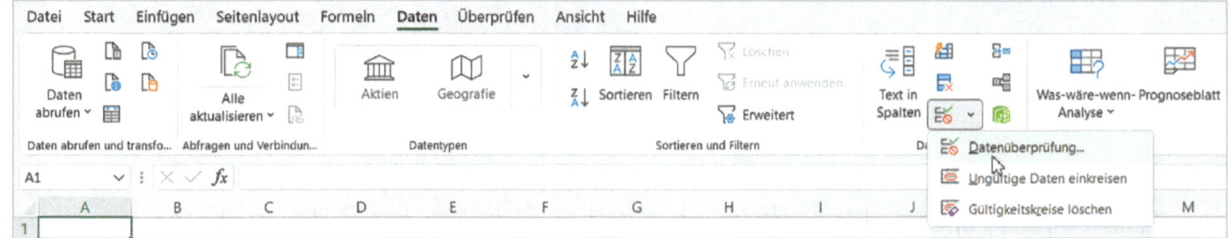

> **Wichtig zu wissen!**
>
> Die Gültigkeitskriterien der Datenüberprüfung werden für einzelne Zellen festgelegt und wie Formeln behandelt. Sie haben zwei Möglichkeiten, die Gültigkeitsprüfung für die gesamte Tabellenspalte festzulegen:
>
> - Entweder markieren Sie zuerst die betreffenden Zellen bzw. die gesamte Spalte und legen dann die Gültigkeitskriterien fest.
> - Oder markieren Sie zunächst die erste Zelle der Spalte, weisen dieser Gültigkeitskriterien zu und kopieren diese anschließend wie eine Formel mit Hilfe von *AutoAusfüllen* bzw. durch Ziehen mit gedrückter Maustaste auf die angrenzenden Zellen der Spalte
>
> Wenn es sich um einen Tabellenbereich handelt, dann markieren Sie die vorhandenen Zellen und definieren die Datenüberprüfung für diese. Die Gültigkeitskriterien werden dann automatisch in neu hinzugefügte Zeilen dieser Spalte übernommen.

Wertebereich und Datentyp vorgeben

Markieren Sie die Zelle oder den Zellbereich und klicken Sie im Register *Daten* ▶ *Datentools* auf *Datenüberprüfung*. Im Dialogfenster *Datenüberprüfung* legen Sie im Register *Einstellungen* die Gültigkeitskriterien fest.

- Im Feld *Zulassen* wählen Sie den zulässigen Datentyp aus ❶.
- Das Feld *Daten* bietet mehrere Vergleichsoperatoren ❷ zur Auswahl an. Die dazugehörigen Vergleichswerte geben Sie darunter ein.
- Das Kontrollkästchen *Leere Zellen ignorieren* ❸ steuert, ob die Zelle auch leer bleiben darf. Deaktivieren Sie es, wenn eine Eingabe zwingend erforderlich ist.
- Das Kontrollkästchen *Änderungen auf alle Zellen mit den gleichen Einstellungen anwenden* ❹ bewirkt bei nachträglichen Änderungen, dass diese in allen Zellen mit diesen Gültigkeitskriterien wirksam werden. Beim Erstellen einer neuen Datenüberprüfung ist es dagegen inaktiv.

Bild 3.21 Gültigkeitskriterien festlegen

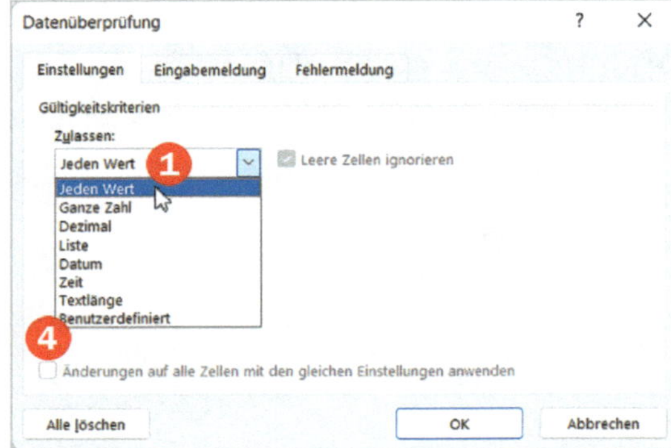

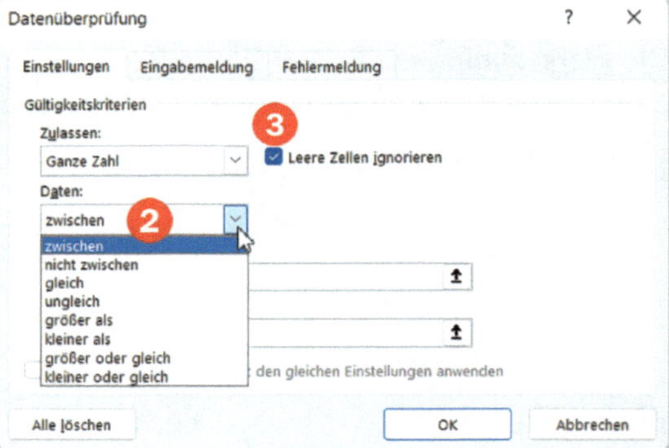

Beispiel: Die Bestellnummer muss eine vierstellige ganze Zahl sein
Markieren Sie die Spalte, im Bild unten Spalte A (A:A). Wählen Sie *Ganze Zahl* und den Vergleichsoperator *Zwischen*. Im Feld *Minimum* geben Sie als kleinsten Wert die Zahl 1000 und im Feld *Maximum* den größten zulässigen Wert 9999 ein.

Bild 3.22 Datentyp und Wertebereich festlegen

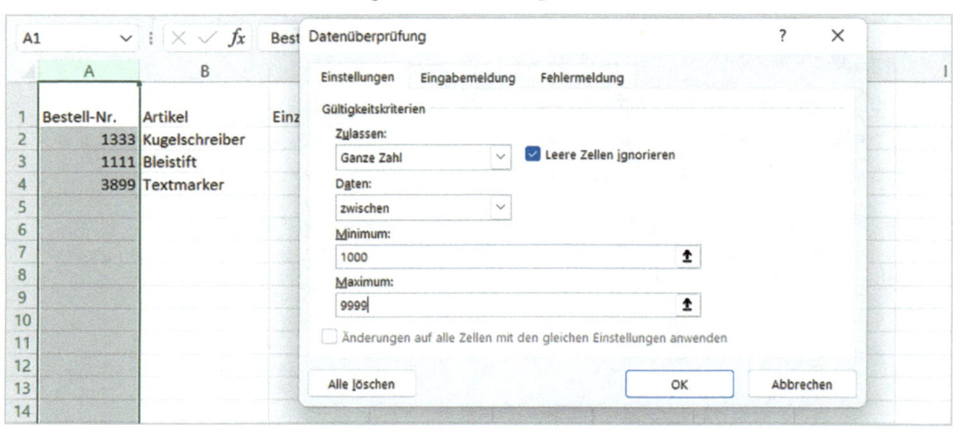

Hinweis: Die Datenüberprüfung gilt nur für Neueingaben und Änderungen. Bereits bestehende Inhalte, wie die Spaltenüberschrift im Bild in A1, werden ignoriert.

Zellbezüge statt fester Werte

Statt fester Werte wie im Beispiel oben, sind auch Bezüge auf Zellen im selben oder einem anderen Arbeitsblatt der Mappe erlaubt. Beachten Sie aber, dass feste Zellbezüge erforderlich sein können, z. B. wenn Sie die Datenüberprüfung anschließend kopieren möchten.

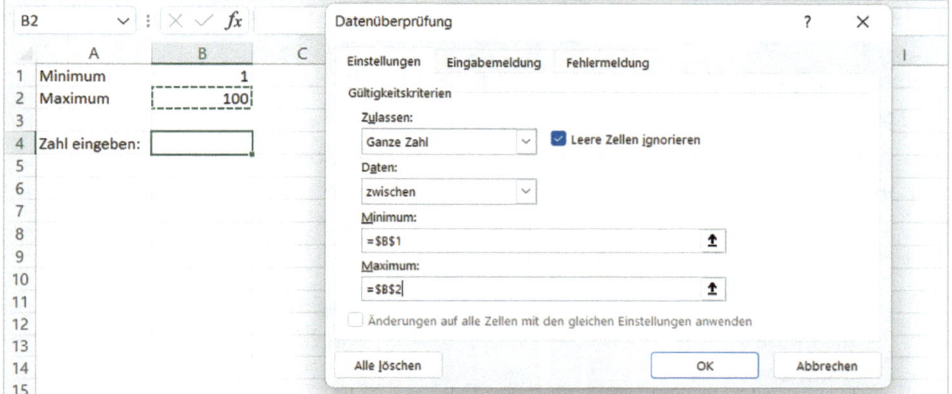

Bild 3.23 Vergleichswerte als Zellbezug

Datenüberprüfung.xlsx

Datum einschränken

Ist die Eingabe eines Datums erforderlich, dann können Sie als Vergleichswert auch Datumsfunktionen einsetzen. Im Bild 3.24 darf beispielsweise das eingegebene Datum nicht größer als das aktuelle Datum plus 3 Tage sein.

Textlänge begrenzen

Mit der Auswahl *Textlänge* können Sie die Eingabe auf eine feste Anzahl Zeichen beschränken, im Bild 3.25 zwischen 1 und maximal 10 Zeichen.

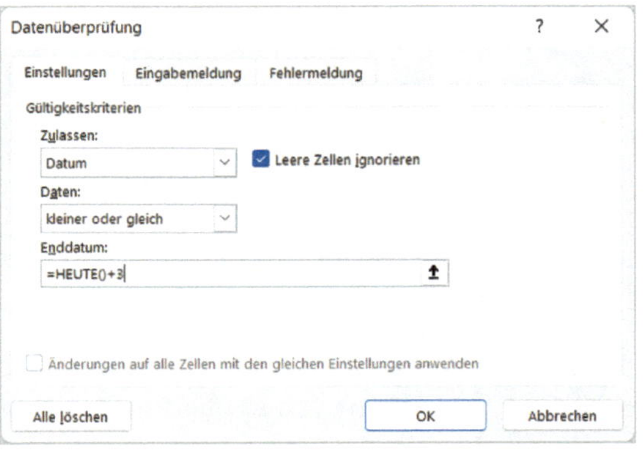

Bild 3.24 Datumseingabe

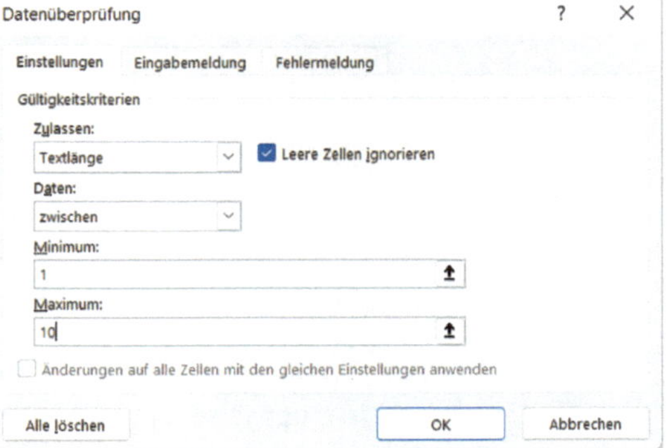

Bild 3.25 Textlänge

Regeln und Meldungen entfernen

Falls Sie bestehende Gültigkeitskriterien und Meldungen (siehe nächster Punkt) zur Datenüberprüfung löschen möchten, so markieren Sie die betreffenden Zellen, öffnen im Menüband, Register *Daten* ▶ *Datentools* mit Klick auf *Datenüberprüfung* das gleichnamige Fenster und klicken auf die Schaltfläche *Alle löschen*.

Meldungen ausgeben

Eingabehinweise anzeigen

Im Register *Eingabemeldung* des Fensters *Datenüberprüfung* (Bild 3.26) können Sie optional einen kurzen Hinweistext für die Eingabe formulieren. Diese Meldung erscheint im Tabellenblatt, sobald auf die Zelle geklickt wird bzw. wenn die Zelle markiert ist.

Fehlermeldung und weitere Vorgehensweise bei nicht zulässigen Eingaben

Bei Eingaben, die nicht der festgelegten Regel entsprechen, erscheint eine Standardfehlermeldung. Da diese wenig aussagefähig ist, insbesondere für ungeübte Nutzer, sollten Sie auch eine Meldung für Falscheingaben formulieren. Diese geben Sie im Register *Fehlermeldung* ein, siehe Bild 3.27. **Wichtig**: Die Auswahl des *Typs* steuert das Verhalten bei Eingabe eines nicht zulässigen Werts:

- *Stopp* verhindert, dass der Wert übernommen wird. Dieser wird entfernt und die Eingabe muss entweder mit einem zulässigen Wert wiederholt oder abgebrochen werden.
- *Warnung* zeigt die Fehlermeldung zusammen mit der Frage an, ob mit der Eingabe fortgefahren werden soll, und *Information* liefert nur die Fehlermeldung. **Achtung**: In beiden Fällen ist ein Beibehalten der ungültigen Eingabe möglich.

Bild 3.26 Eingabemeldung

Bild 3.27 Fehlermeldung

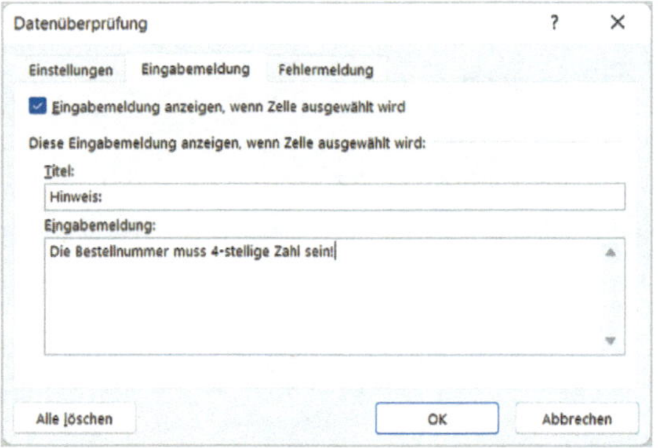

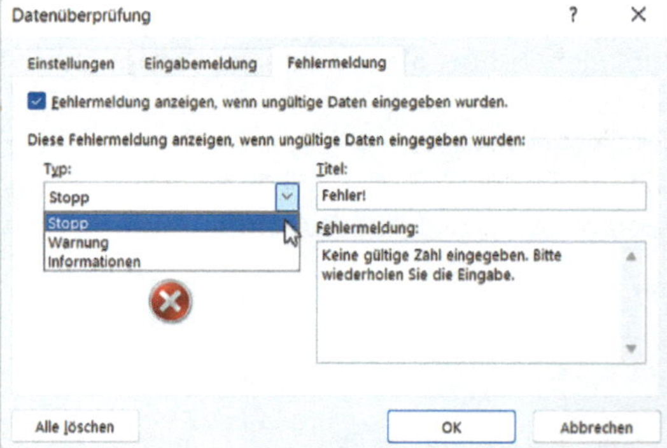

Die Eingabe auf die Auswahl aus einer Liste beschränken

Sie können die Eingabe auch auf bestimmte Werte einschränken, indem Sie eine Dropdown-Liste vorgeben. Die Werte einer solchen Liste sollten sich am besten in einem gesonderten Arbeitsblatt befinden. Sie können dann später dieses Tabellenblatt ausblenden und so unbeabsichtigte Änderungen anderer Benutzer verhindern.

Tipp: Wenn Sie die Liste später um weitere Elemente ergänzen möchten, dann sollten Sie diese als Tabellenbereich formatieren (Register *Start* ▶ *Als Tabelle formatieren*). Auf diese Weise werden auch nachträglich hinzugefügte Tabellenzeilen automatisch in der Dropdown-Liste berücksichtigt.

Beispiel: Bei der Eingabe von Artikeln soll der Hersteller aus einer Liste ausgewählt werden

Im ersten Schritt wird die Liste der Hersteller als Tabellenbereich formatiert: Klicken Sie in die Liste und im Register *Einfügen* auf *Tabelle* (oder im Register *Start* auf *Als Tabelle formatieren*). Aktivieren Sie das Kontrollkästchen *Tabelle hat Überschriften* ❶ und klicken Sie auf *OK*. Geben Sie danach dem Datenbereich einen aussagefähigen Namen: Markieren Sie die Hersteller (ohne Überschrift) ❷, klicken Sie in der Bearbeitungsleiste in das Namenfeld und geben Sie einen aussagekräftigen Namen ein ❸, z. B. Hersteller.

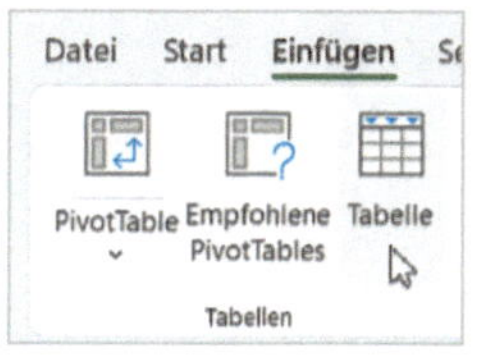

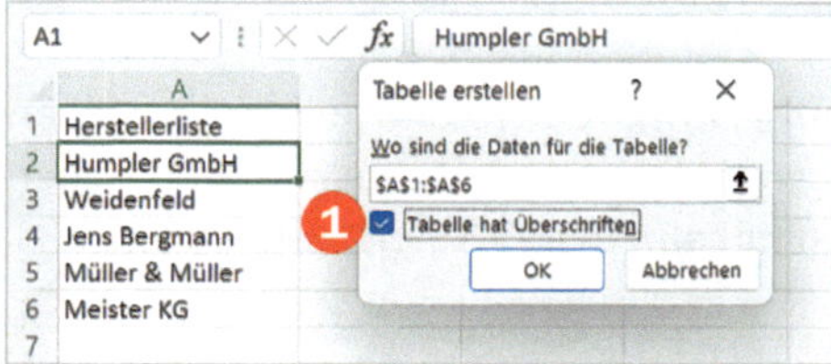

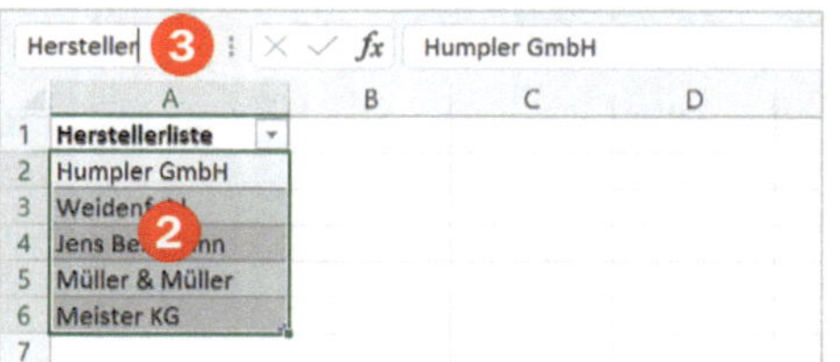

Bild 3.28 Tabellenbereich erstellen

Bild 3.29 Tabelle umbenennen

Markieren Sie in der Artikeltabelle die Spalte D (*Hersteller*), klicken Sie auf *Datenüberprüfung* und wählen Sie im Register *Einstellungen*, Feld *Zulassen* den Eintrag *Liste* ❹ aus. **Achtung**: Das Kontrollkästchen *Zellendropdown* ❺ muss aktiviert sein, sonst erscheint der Dropdown-Pfeil nicht im Tabellenblatt! Im Feld *Quelle* geben Sie den Bereichsnamen zusammen mit einem Gleichheitszeichen ein ❻.

Bild 3.30 Wählen Sie Liste und geben Sie die Quelle an

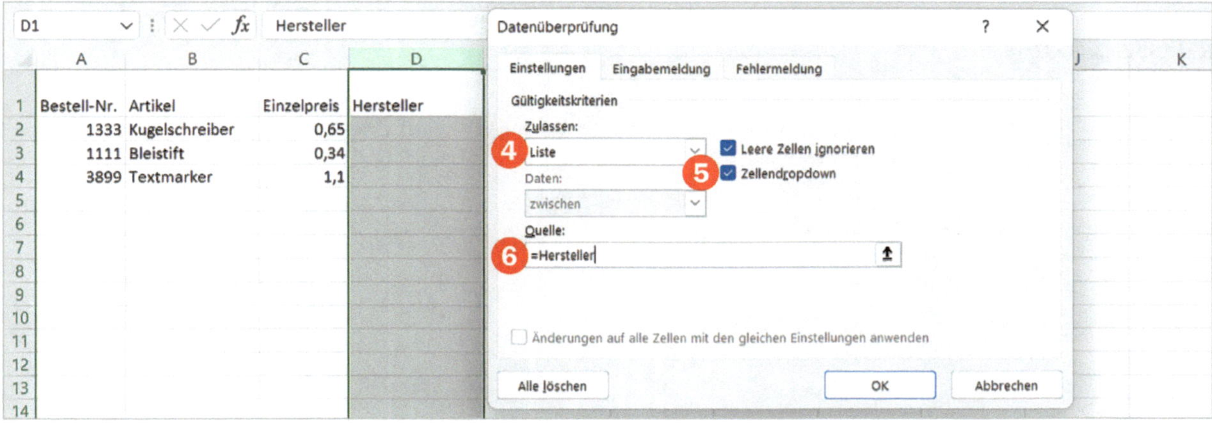

Im Tabellenblatt erscheint nun neben der Zelle ein Dropdown-Pfeil, sobald die Zelle markiert wird. **Tipp**: Um unnötiges Klicken während der Eingabe zu vermeiden, können Sie die Liste auch mit den Tasten **Alt+Pfeil nach unten** öffnen. Die Auswahl erfolgt dann per Pfeiltaste und mit der **Eingabetaste** übernehmen Sie den markierten Wert.

Datenüberprüfung.xlsx

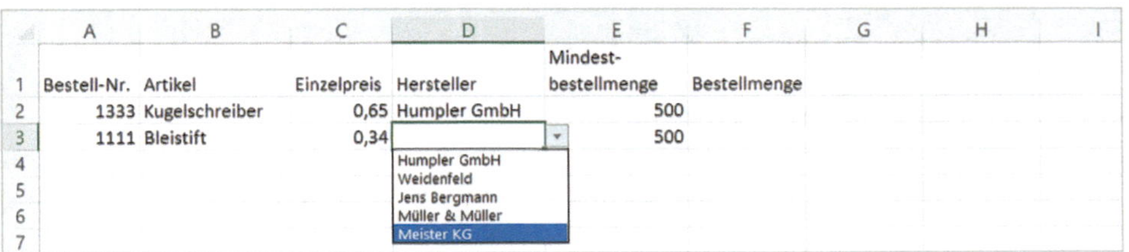

Bild 3.31 Auswahl aus Liste

Hinweise

- Die Liste darf nur eine einzige Spalte umfassen. Handelt es sich um eine Tabelle mit mehreren Spalten, dann dürfen Sie nur die benötigte Spalte angeben.
- Falls Sie statt Zellbezügen die zulässigen Einträge im Feld *Quelle* eintragen möchten, müssen Sie die Werte mit Semikolon (;) trennen, z. B. Januar;Februar;März;....

Zulässige Eingaben mit einer Formel berechnen

Wenn die zulässige Eingabe mithilfe einer Formel ermittelt werden soll, dann wählen Sie im Fenster *Datenüberprüfung* unter *Zulassen* den Eintrag *Benutzerdefiniert*. Geben Sie dann im Feld *Formel* die Formel zusammen mit einem Gleichheitszeichen ein.

> **Achtung: Die Formel muss als Ergebnis einen Wahrheitswert liefern**
>
> Die Datenüberprüfung akzeptiert ausschließlich Formeln, die als Ergebnis einen Wahrheitswert, also WAHR oder FALSCH, liefern.

Im Bild unten ein Beispiel: Bei der manuellen Eingabe von Bestellungen soll die jeweilige Mindestbestellmenge berücksichtigt werden: Die Bestellmenge in Spalte F muss größer oder gleich der Mindestbestellmenge sein, die Formel dazu: =F2>=E2

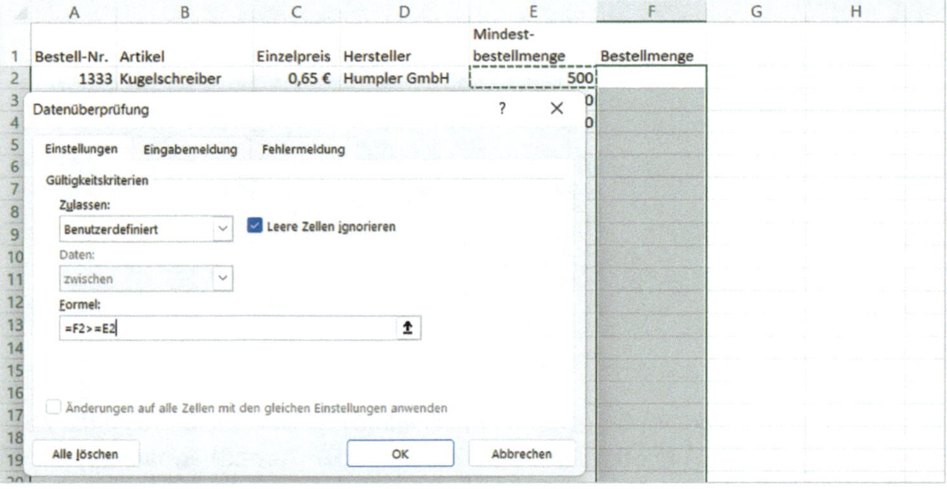

Bild 3.32 Zulässige Eingaben berechnen

Tipps zur Datenüberprüfung

Änderungen der Datenüberprüfung übernehmen

Wenn Sie nachträglich die Überprüfungseinstellungen ändern möchten, dann genügt es, wenn Sie diese für eine einzelne Zelle vornehmen. Aktivieren Sie dann das Kontrollkästchen *Änderungen auf alle Zellen mit den gleichen Einstellungen anwenden*.

Datenüberprüfung auf weitere Zellen ausweiten

Der Zellbereich, für den eine Datenüberprüfung festgelegt wurde, lässt sich problemlos mit einer der beiden folgenden Methoden erweitern.

- Entweder wie beim Kopieren einer Formel über das Kästchen *AutoAusfüllen* und Ziehen mit der Maus.
- Oder markieren Sie den Zellbereich, den Sie in die Datenüberprüfung einschließen möchten. Mindestens eine der markierten Zellen muss bereits eine Datenüberprüfung enthalten.
  - Klicken Sie auf *Datenüberprüfung* und bestätigen Sie die Rückfrage, ob die Datenüberprüfung auf die markierten Zellen erweitert werden soll mit *Ja*.
  - Das Fenster *Datenüberprüfung* öffnet sich mit den Gültigkeitskriterien. Klicken Sie zum Übernehmen auf *OK*.

Nachträglich ungültige Daten kennzeichnen

Sinnvollerweise sollten Kriterien zur Datenüberprüfung bereits vor der ersten Eingabe in die Tabelle festgelegt werden, da die Datenüberprüfung nur während der Eingabe erfolgt und bereits vorhandene Inhalte ignoriert.

Falls Sie trotzdem erst nachträglich eine Datenüberprüfung einrichten, so können Sie alle vorhandenen Werte, die gegen die Kriterien verstoßen, optisch hervorheben und so leichter korrigieren. Markieren Sie dazu den Zellbereich, klicken Sie auf den Dropdown-Pfeil des Symbols *Datenüberprüfung* und wählen Sie *Ungültige Daten einkreisen* klicken. Mit *Gültigkeitskreise löschen* entfernen Sie die Kennzeichnung wieder.

Bild 3.33 Ungültige Daten einkreisen

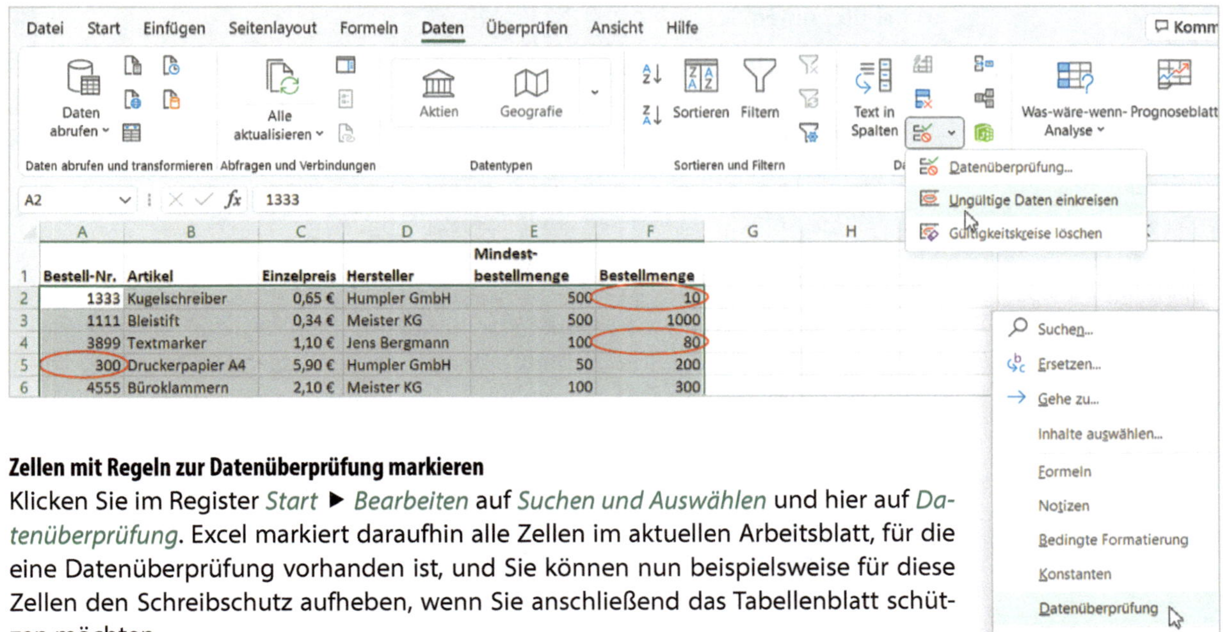

Zellen mit Regeln zur Datenüberprüfung markieren

Klicken Sie im Register *Start* ▶ *Bearbeiten* auf *Suchen und Auswählen* und hier auf *Datenüberprüfung*. Excel markiert daraufhin alle Zellen im aktuellen Arbeitsblatt, für die eine Datenüberprüfung vorhanden ist, und Sie können nun beispielsweise für diese Zellen den Schreibschutz aufheben, wenn Sie anschließend das Tabellenblatt schützen möchten.

3.4 Tabellen sortieren

Was beim Sortieren wichtig ist

- Excel unterstützt eine Sortierung nach Text, Zahlen und Datumswerten.
- Ein späteres Wiederherstellen der ursprünglichen Reihenfolge ist nur möglich, wenn eine Spalte mit entsprechenden Merkmalen vorhanden ist, beispielsweise Eingabedatum oder Kundennummer. Ist dies nicht der Fall, sollten Sie zuvor eine zusätzliche Spalte mit einer fortlaufenden Nummerierung einfügen.
- Spalten, die Sie als Sortierschlüssel verwenden, müssen einheitlich Werte vom selben Typ enthalten. So muss beispielsweise die Postleitzahl als Sortierschlüssel ausschließlich entweder als Text oder als Zahl gespeichert sein, da Excel grundsätzlich zuerst alle Zahlen und erst danach Text sortiert. Vorsicht auch bei Datumswerten, diese sollten einheitlich entweder mit oder ohne Uhrzeit vorliegen.
- Achtung Formeln! Wenn die Tabelle Formeln mit Bezügen auf andere Zeilen derselben Tabelle enthält, ist unter Umständen keine Sortierung möglich.
- Excel erkennt eine Überschriftzeile normalerweise automatisch. Enthält allerdings die Tabelle mehrere Überschriftzeilen oder bestehen die Spaltenüberschriften aus Zahlen bzw. werden Spaltenüberschriften aus anderen Gründen nicht korrekt erkannt, dann müssen Sie vor dem Sortieren den Tabellenbereich markieren und dürfen dabei nur eine einzige Überschriftzeile einbeziehen. Am besten verwenden Sie in solchen Fällen die benutzerdefinierte Sortierung, siehe weiter unten.
- Dasselbe gilt auch für zusammenfassende Ergebnisse in Zeilen, die sich unmittelbar unterhalb der letzten Tabellenzeile befinden und nicht in die Sortierung einbezogen werden dürfen.

Einfaches Sortieren nach einer einzigen Spalte

Tabellenbereich sortieren

Tabellenbereich, siehe Seite 150.

Wurde ein Zellbereich als Tabellenbereich formatiert, dann gestaltet sich die Sortierung einfach und Excel berücksichtigt automatisch den gesamten Tabellenbereich. Klicken Sie dazu in der Spaltenüberschrift der Spalte, nach der Sie sortieren möchten, auf den Dropdown-Pfeil (Filterschaltfläche), im Bild unten *Bestellnr*, und wählen Sie zwischen aufsteigender (*Von A bis Z sortieren*) und absteigender Sortierung.

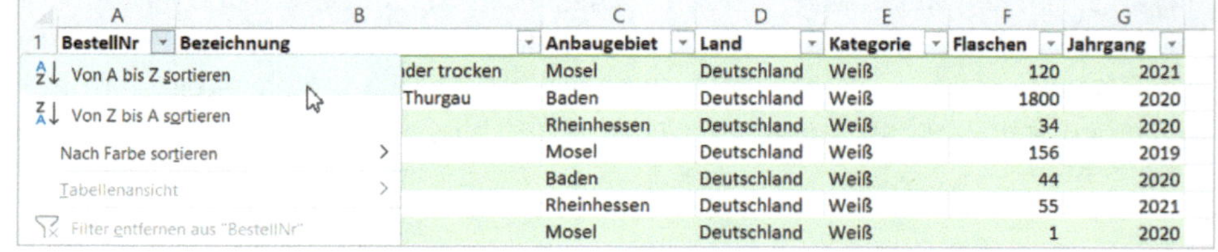

Bild 3.34 Sortieren über Filterschaltfläche

Weinlager.xlsx

Alternativ klicken Sie in der Tabelle auf eine beliebige Zelle der betreffenden Spalte und danach...

- entweder im Menüband, Register *Start* ▶ *Bearbeiten* auf *Sortieren und Filtern*,
- oder im Register *Daten*, *Sortieren und Filtern*, auf die Symbole *Aufsteigend* oder *Absteigend* sortieren (Bild 3.35).

Bild 3.35 Sortierungen

Vorhandene Sortierungen sind am zusätzlichen Pfeil auf der Filterschaltfläche schnell zu erkennen.

Normalen Zellbereich sortieren

Ähnlich gehen Sie vor, wenn Sie statt eines Tabellenbereichs einen normalen Zellbereich sortieren möchten. Für einfaches Sortieren nach einer einzigen Spalte, klicken Sie einfach auf eine beliebige Zelle in der betreffenden Spalte und verwenden zum Sortieren dieselben Befehle im Register *Start* oder Register *Daten*, siehe oben. Beachten Sie aber die folgenden Einschränkungen:

Enthält die Tabelle Leerzeilen, dann verwenden Sie besser Benutzerdefiniertes Sortieren.

- Die Tabelle darf keine Leerzeilen enthalten, da sonst die Sortierung hier endet.
- Markieren Sie nur eine Zelle innerhalb der betreffenden Spalte, nicht aber die gesamte Spalte, sonst erscheint die unten abgebildete Sortierwarnung.

Bild 3.36 So bitte nicht sortieren!

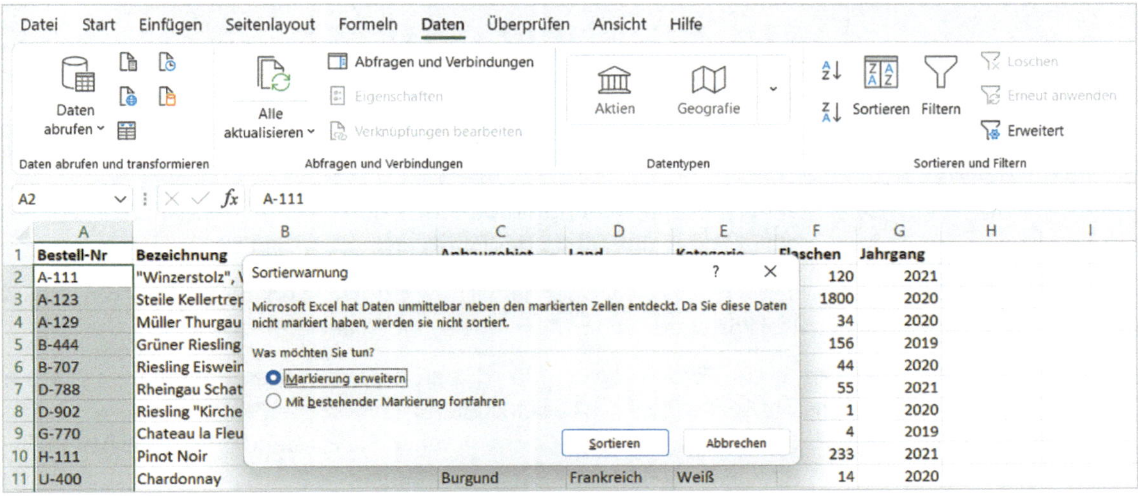

Falls eine Tabelle trotzdem einmal falsch sortiert wurde, so machen Sie die Sortierung unmittelbar danach wieder rückgängig. Ein späteres Wiederherstellen der ursprünglichen Tabelle ist nicht mehr möglich, sobald die Arbeitsmappe geschlossen und Änderungen gespeichert wurden.

So bitte nicht sortieren!

Markieren Sie niemals die Zellen einer einzigen Spalte. In diesem Fall werden nur die Werte innerhalb der Markierung sortiert, nicht aber die vollständigen Zeilen bzw. Datensätze. Zudem erscheint zuvor eine Sortierwarnung. Wenn Sie hier die Option *Markierung erweitern* wählen, dann können Sie anschließend mit Klick auf die Schaltfläche *Sortieren* mit der Sortierung fortfahren. Mit der Option *Mit bestehender Markierung fortfahren* erfolgt dagegen die Sortierung ausschließlich innerhalb der Markierung!

Tipp: Sortieren über Filterschaltflächen

Wenn Sie sichergehen möchten, dass die Tabelle korrekt sortiert wird, dann klicken Sie auf eine beliebige Zelle innerhalb der zu sortierenden Tabelle und klicken im Register *Daten* auf *Filtern*. Die Tabelle wird anschließend nicht gefiltert, sondern neben jeder Spaltenüberschrift erscheint zunächst eine Filterschaltfläche und mit Klick auf diese können Sie ebenfalls eine Sortierfolge wählen (siehe Tabellenbereich sortieren). Zum Ausblenden der Filterschaltflächen klicken Sie erneut auf *Filtern*.

Bild 3.37 Filterschaltflächen ein- und ausblenden

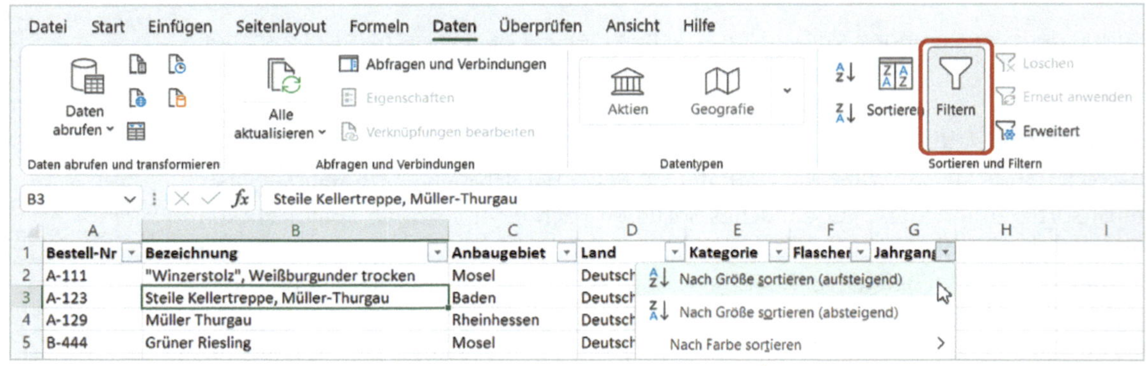

Nach mehreren Spalten sortieren

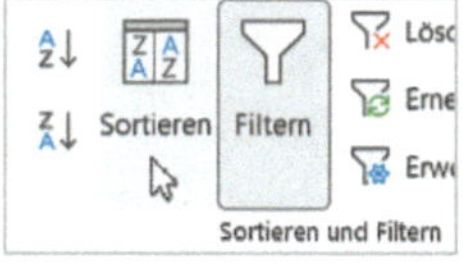

Wenn Sie nach mehreren Spalten sortieren möchten, dann wählen Sie das benutzerdefinierte Sortieren, hierbei werden maximal 64 Sortierkriterien unterstützt.

1. Klicken Sie dazu auf eine beliebige Zelle innerhalb der zu sortierenden Tabelle und im Register *Daten* ▶ *Sortieren und Filtern*, auf die Schaltfläche *Sortieren* ❶.
2. Excel markiert im Hintergrund automatisch den gesamten zusammenhängenden Tabellenbereich und öffnet das Fenster *Sortieren* (Bild 3.27).
3. Überprüfen Sie, ob eine vorhandene Überschriftzeile erkannt wurde, dazu muss das Kontrollkästchen *Daten haben Überschriften* aktiviert sein ❷.
4. Wählen Sie im Feld *Sortieren nach* das erste Sortierkriterium, im abgebildeten Beispiel die Spalte *Land* ❸. Die Einstellung *Zellwerte* im Feld *Sortieren nach* kann beibehalten werden, unter *Reihenfolge* sehen Sie als standardmäßige Reihenfolge *A bis Z*, diese kann mit Klick auf den Pfeil geändert werden.

Bei Tabellenbereichen ist das Kontrollkästchen ausgegraut, da hier die Überschriften ohnehin feststehen.

5 Klicken Sie dann auf *Ebene hinzufügen* ❹ und wählen Sie das zweite Sortierkriterium, hier *Anbaugebiet* ❺.

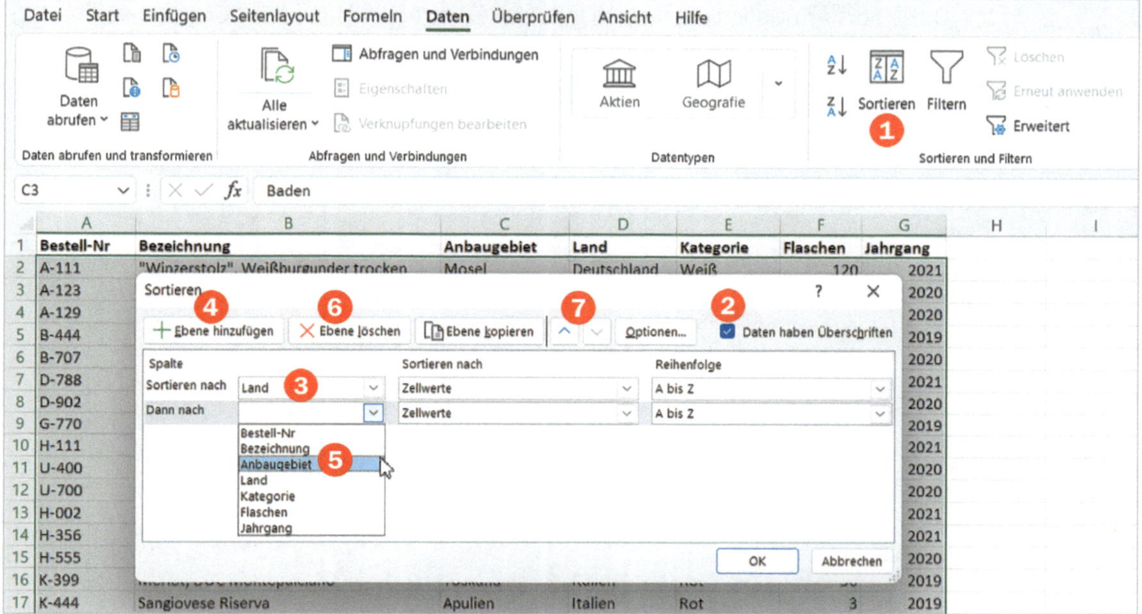

Bild 3.38 Sortierung nach mehreren Ebenen

Die weiteren Möglichkeiten:

- Wenn Sie eine Sortierung entfernen möchten, dann markieren Sie die betreffende Ebene und klicken auf die Schaltfläche *Ebene löschen* ❻.
- Mit den Schaltflächen *Nach oben*/*Nach unten* ❼ können Sie die markierte Sortierung jeweils eine Ebene höher oder tiefer stufen.
- Die Schaltfläche *Optionen* erlaubt das Sortieren nach Spalten, siehe weiter unten.

Nach Farben sortieren

Haben Sie in einer Tabelle Zellen in unterschiedlichen Farben formatiert, entweder manuell oder mit der bedingten Formatierung, dann können Sie auch nach Zellenfarben, Schriftfarben und Symbolen der bedingten Formatierung sortieren.

Zellensymbole werden von der bedingten Formatierung verwendet.

1 Öffnen Sie dazu das Dialogfenster *Sortieren*, siehe oben, und wählen Sie zuerst die entsprechende Spalte aus, im abgebildeten Beispiel die *Modellnr* ❶. Klicken Sie dann unter *Sortieren nach* auf den Dropdown-Pfeil und wählen Sie zwischen *Zellenfarbe* ❶, *Schriftfarbe* und *Symbol für bedingte Formatierung* (Bild 3.39). Für das abgebildete Beispiel klicken Sie auf *Zellenfarbe*.

Sortieren_Sonstige.xlsx

2 Klicken Sie dann auf den Dropdown-Pfeil *Reihenfolge* ❸. Es öffnet sich ein Auswahlfeld mit allen Farben der ausgewählten Spalte, klicken Sie auf die Farbe, die an erster Stelle erscheinen soll, hier rot.

3 Für jede weitere Farbe klicken Sie auf *Ebene hinzufügen* ❹, wählen wieder dieselbe Spalte und dazu die nächste Farbe.

Diese Sortiermöglichkeit lässt sich auch hervorragend in Verbindung mit der bedingten Formatierung einsetzen, siehe nächstes Kapitel.

Bild 3.39 Nach Farbe sortieren

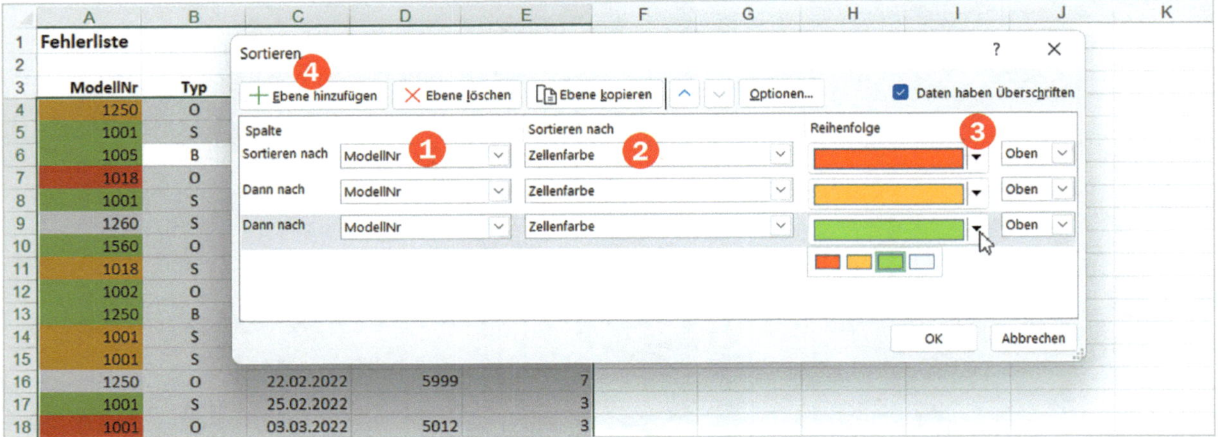

Besondere Sortierungen

Spalten sortieren

Standardmäßig sortiert Excel die Zeilen einer Tabelle. Falls Sie abweichend die Spalten sortieren möchten, also z. B. alphabetisch nach den Überschriften der ersten Zeile, dann nehmen Sie dies ebenfalls im Fenster *Sortieren* vor.

1 Markieren Sie eine Zelle der Tabelle, klicken Sie im Register *Daten* auf *Sortieren* und anschließend auf die Schaltfläche *Optionen...* ❶ (Bild 3.40).

2 Aktivieren Sie die Option *Spalten sortieren* ❷ und klicken Sie auf *OK*. Anschließend wählen Sie die Zeile ❸, z. B. *Zeile 1* wenn Sie nach Überschriften sortieren möchten und klicken abschließend auf *OK*.

Bild 3.40 Spalten sortieren

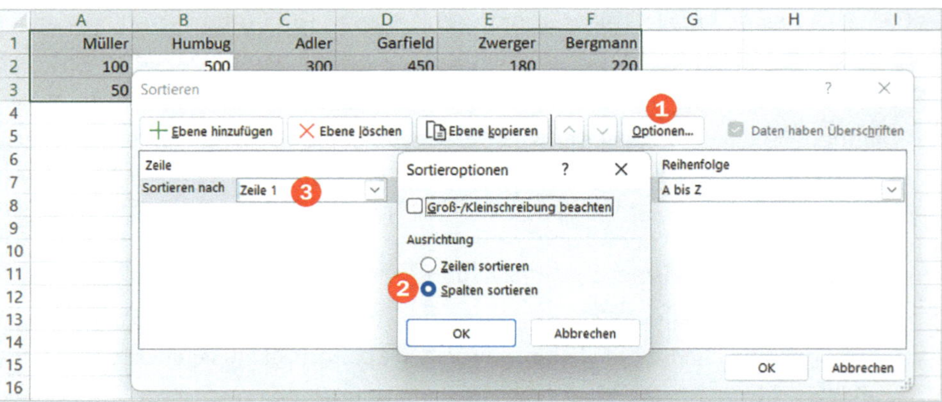

Tabellen mit mehreren Überschriftzeilen sortieren

Enthält Ihre Tabelle zwei oder mehr Überschriftzeilen oder unmittelbar unterhalb Summen oder andere Ergebnisse, dann markieren Sie den zu sortierenden Tabellenbereich entweder zusammen mit nur einer einzigen Überschriftzeile oder ohne Überschriften und öffnen ebenfalls das Fenster *Sortieren*. Achten Sie auf das Kontrollkästchen *Daten haben Überschriften* und aktivieren bzw. deaktivieren Sie es entsprechend!

> **Zahlen als Überschriften werden von Excel nicht immer erkannt!**
>
> Bestehen die Überschriften Ihrer Tabelle ausschließlich aus Zahlen, z. B. Jahreszahlen, dann werden diese von Excel meist nicht erkannt. Auch in diesem Fall müssen Sie die Sortierung im Fenster *Sortieren* vornehmen.

Benutzerdefinierte Sortierfolge

Nicht immer ist eine auf- oder absteigende Sortierung sinnvoll bzw. erwünscht, z. B. wenn Sie eine Tabelle nach Monaten sortieren wollen und diese in Textform statt in Zahlen vorliegen. Abhilfe schaffen in solchen Fällen benutzerdefinierte Listen, die Sie vielleicht vom AutoAusfüllen her kennen.

Beispiel: Tabelle nach Monaten sortieren

Als Beispiel im Bild unten eine Tabelle, bei der die Monate durcheinander geraten sind und nun wieder sortiert werden sollen. Da bei aufsteigender Sortierung die Tabelle mit April beginnen würde, müssen Sie auf eine benutzerdefinierte Liste zurückgreifen.

Klicken Sie in die Tabelle und im Menüband, Register *Daten* auf *Sortieren*. Wählen Sie im Fenster *Sortieren* die Spalte *Monat* aus und klicken Sie im Feld *Reihenfolge* auf *Benutzerdefinierte Liste....*

Bild 3.41 Benutzerdefinierte Liste als Sortierreihenfolge auswählen

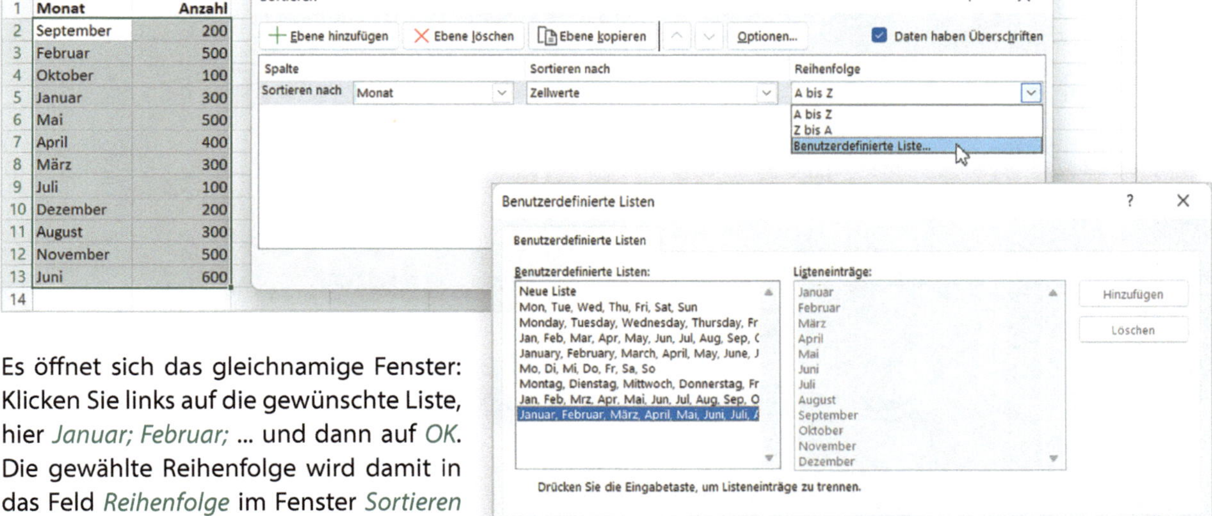

Es öffnet sich das gleichnamige Fenster: Klicken Sie links auf die gewünschte Liste, hier *Januar; Februar;* ... und dann auf *OK*. Die gewählte Reihenfolge wird damit in das Feld *Reihenfolge* im Fenster *Sortieren* übernommen. Klicken Sie abschließend auf *OK*.

Info: Benutzerdefinierte Listen dienen zum automatischen Ausfüllen von Reihen (AutoAusfüllen) und zum Sortieren. Wochentage und Monate sind als in Excel standardmäßig bereits hinterlegt, eigene Listen können Sie über die Schaltfläche *Hinzufügen* jederzeit definieren. Um das Fenster *Benutzerdefinierte Listen* zu öffnen, klicken Sie im Register *Datei* auf *Optionen*, wählen die Kategorie *Erweitert* und klicken im Abschnitt *Allgemein* auf die Schaltfläche *Benutzerdefinierte Listen bearbeiten....*

3.5 Tabellen filtern

Excel kennt verschiedene Möglichkeiten, um bestimmte Werte aus einer Tabelle herauszufiltern. Das Praktische dabei: Die gefilterten Werte lassen sich anschließend beliebig kopieren, z. B. in ein neues Tabellenblatt oder in eine neue Arbeitsmappe.

Filterschaltflächen benutzen (AutoFilter)

Der einfache oder AutoFilter besteht zunächst nur aus Filterschaltflächen in den Spaltenüberschriften (s. Bild 3.42), über die Sie schnell Filterkriterien auswählen können. Wurde ein Zellbereich als Tabellenbereich formatiert, dann sind die Filterschaltflächen meist automatisch sichtbar. Sie können diese aber auch im Register *Daten* mit der Schaltfläche *Filtern*, ein- und ausblenden oder im Register *Start* ▶ *Bearbeiten* über die Schaltfläche *Filtern und Sortieren*, Auswahl *Filtern*.

Zum Filtern klicken Sie auf die Filterschaltfläche derjenigen Spalte, nach der Sie filtern möchten, im Bild unten Land, und wählen die Filterkriterien anhand der Kontrollkästchen aus. Sie können auch nach mehreren Spalten filtern.

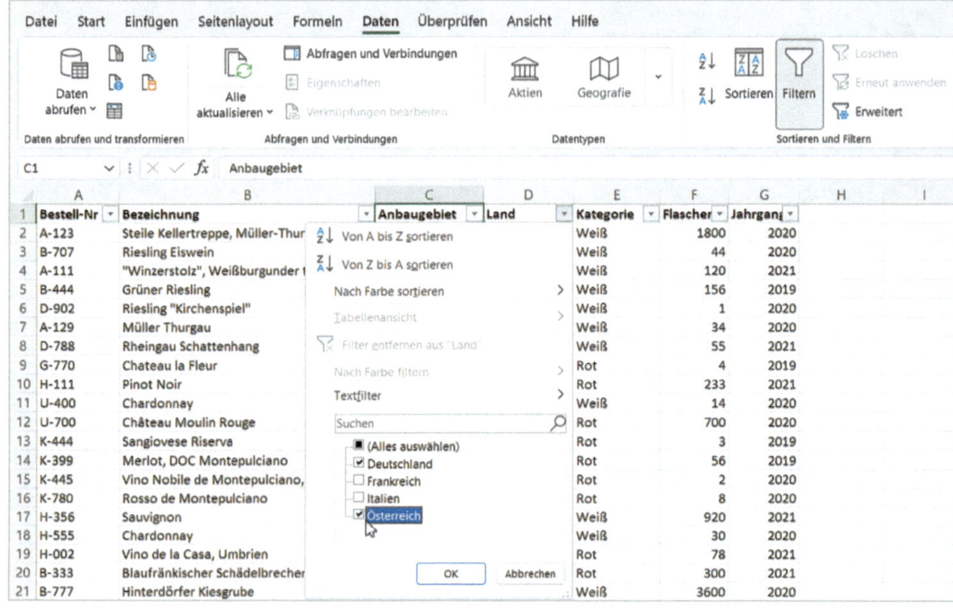

Bild 3.42 Beispiel: Nach Land filtern

Tipp: Am einfachsten deaktivieren Sie zunächst das Kontrollkästchen *(Alles auswählen)*, bevor Sie dann einzelne Kriterien aktivieren.

In Spalten mit umfangreichem Text können Sie auch das Eingabefeld *Suchen* benutzen, um Vorschläge für Filterkriterien zu erhalten.

Filtern.xlsx

Tipp: Die Filterschaltflächen aktiver Filter sind mit dem Filtersymbol gekennzeichnet und die verwendeten Kriterien werden als Infotext sichtbar, wenn Sie mit der Maus auf die Schaltfläche zeigen.

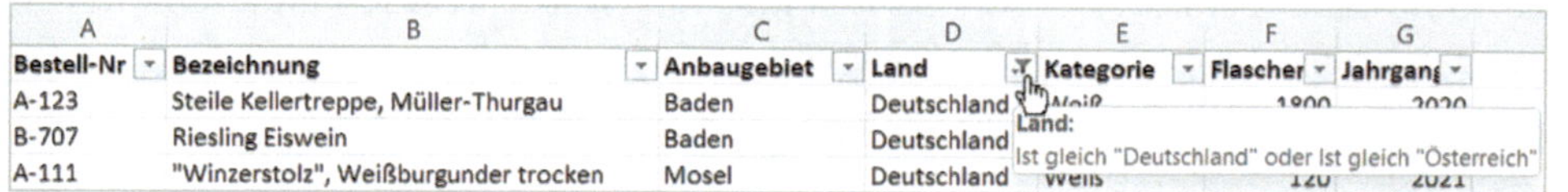

Bild 3.43 Filterkriterien werden beim Zeigen sichtbar

Filter entfernen

- Zum Entfernen des Filters aus einer Spalte klicken Sie auf den Dropdown-Pfeil der betreffenden Spaltenüberschrift und aktivieren entweder das Kontrollkästchen *(Alles auswählen)* oder klicken hier auf den Befehl *Filter löschen aus xxx*.
- Sollen alle Filter aus der Tabelle entfernt werden, so klicken Sie im Register *Daten*, Gruppe *Sortieren und Filtern*, auf *Löschen*.

Weitere Filtermöglichkeiten

Über die Filterschaltflächen sind, abhängig vom Datentyp, mit *Textfilter*, *Zahlenfilter* und *Datumsfilter* noch zahlreiche weitere Möglichkeiten verfügbar, siehe Bild unten. **Tipp**: Der Datumsfilter *Alle Datumswerte im Zeitraum* erlaubt die Auswahl eines Quartals oder Monats unabhängig vom Jahr und lässt sich beispielsweise einsetzen, um schnell zu filtern, wer in einem bestimmten Monat Geburtstag hat.

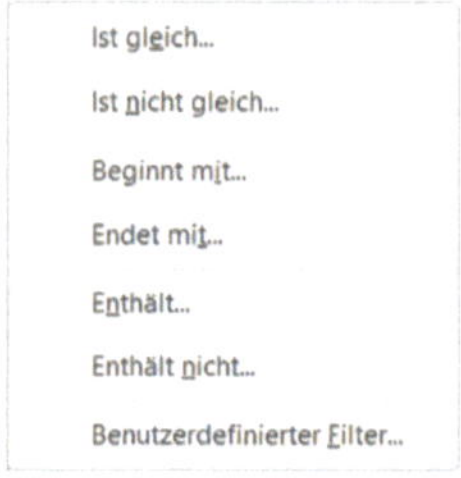

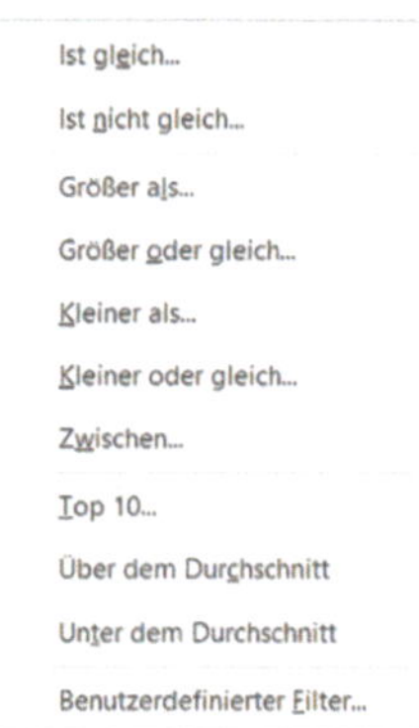

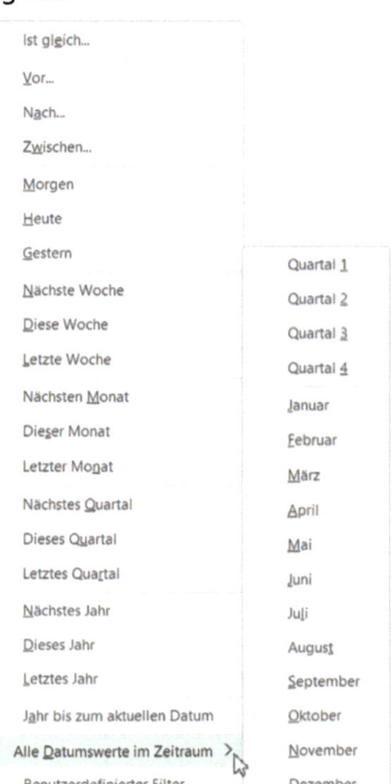

Bild 3.44 Textfilter, Zahlenfilter und Datumsfilter

Tabelle anhand eines Kriterienbereichs filtern

Komplexe und/oder öfter benötigte Filterkriterien können auch in Form eines gesonderten Kriterienbereichs im Arbeitsblatt angegeben werden. Diese werden zusammen mit der Arbeitsmappe gespeichert und können jederzeit wieder verwendet werden.

Folgende Punkte sind beim Anlegen des Kriterienbereichs berücksichtigen:

- Der Kriterienbereich besteht aus mindestens zwei Zeilen, wobei die erste Zeile die Spaltenüberschriften enthält. Die Spaltenüberschriften müssen exakt mit den Überschriften der Tabelle übereinstimmen, daher kopieren Sie diese am besten. Ab der zweiten Zeile geben Sie für jede Spalte die Filterkriterien ein, wobei Sie auch mehrere Kriterien eingeben können. Nicht benötigte Spalten des Kriterienbereichs können Sie entfernen oder einfach leer lassen.
- Erstellen Sie den Kriterienbereich oberhalb oder unterhalb, aber nicht neben der Liste, da er sonst beim Filtern unter Umständen ausgeblendet wird. Am besten legen Sie den Kriterienbereich gleich in einem gesonderten Tabellenblatt an.

Folgende Operatoren und Platzhalter können verwendet werden:

>	größer als	<	kleiner als
>=	größer oder gleich	<=	kleiner oder gleich
=	gleich	<>	ungleich, nicht
*	Platzhalter für beliebige Zeichen	?	Platzhalter für genau 1 Zeichen

Filtern.xlsx

Als Beispiel sollen aus der Tabelle eines Weinlagers alle Weißweine aus Österreich oder Deutschland gefiltert werden, von denen noch100 Flaschen oder mehr (Deutschland) bzw. 70 Flaschen und mehr (Österreich) vorhanden sind.

1. Kopieren Sie die Überschriften in den Kriterienbereich, dieser wurde in Bild 3.45 zur besseren Übersicht oberhalb der zu filternden Tabelle ab A1 angelegt. Nicht benötigte Spalten wie z. B. Bestellnr und Bezeichnung könnten auch weggelassen werden.
2. Geben Sie dann unterhalb der betreffenden Spalten die Filterkriterien wie in Bild 3.45 ein.
   - Wenn ein Datensatz alle angegebenen Kriterien erfüllen muss, damit er berücksichtigt wird, dann müssen alle Kriterien in derselben Zeile nebeneinander stehen. Hier Land *Österreich*, Kategorie *weiß* und Flaschen *>=70*.
   - Für das Land Deutschland gilt ebenfalls die Kategorie weiß, außerdem Flaschen >=100. Diese Kriterien geben Sie in der nächsten Zeile an.

3. Klicken Sie dann auf eine beliebige Zelle innerhalb der Tabelle und im Menüband, Register *Daten* ▶ *Sortieren und Filtern* auf *Erweitert*.

4 Das Fenster *Spezialfilter* wird geöffnet. Kontrollieren Sie im Feld *Listenbereich* bzw. anhand des gestrichelten Rahmens im Tabellenblatt, ob der zu filternde Tabellenbereich korrekt erkannt wurde, andernfalls müssen Sie den Bereich (einschließlich der Spaltenüberschriften) nochmals festlegen.

5 Klicken Sie in das Feld *Kriterienbereich* und markieren Sie mit der Maus den gesamten Kriterienbereich einschließlich der Überschriften.

6 Achten Sie darauf, dass die Option *Liste an gleicher Stelle filtern* ausgewählt ist und klicken Sie auf *OK*, um den Filter anzuwenden.

Mit Klick auf *Löschen* (*Daten* ▶ *Sortieren und Filtern*) heben Sie den Filter wieder auf.

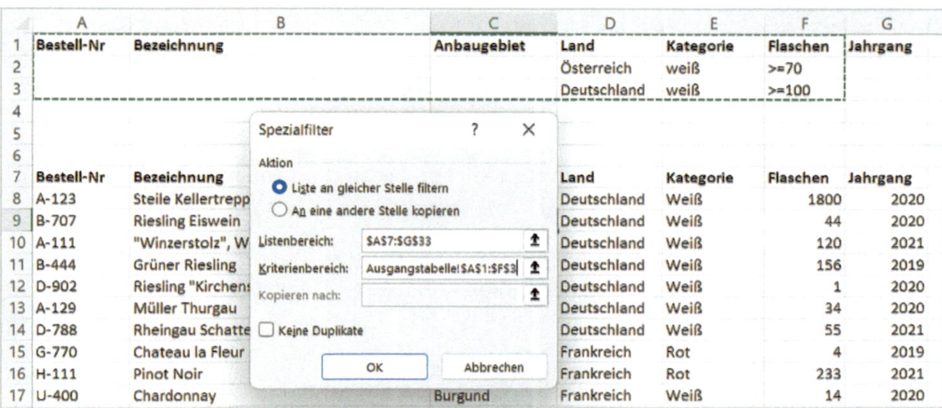

Bild 3.45 Kriterienbereich und Spezialfilter

Beachten Sie bei der Verwendung von Filterkriterien

- Wenn ein Datensatz alle angegebenen Kriterien erfüllen muss, damit er berücksichtigt wird, dann müssen alle Kriterien in derselben Zeile **nebeneinander** stehen. Hier z. B. Land *Österreich*, Kategorie *weiß* und Flaschen *>=70*.
- Genügt es, wenn eines der angegebenen Kriterien erfüllt ist, dann geben Sie die Kriterien in der betreffenden Spalte **untereinander** an, hier die Länder Österreich und Deutschland. Allerdings müssen dann für das zweite Land die weiteren Kriterien nochmals angegeben werden, hier *Kategorie* und *Flaschen*. Würden Sie z. B. die Kategorie leer lassen, dann erhalten Sie für Deutschland auch Rotweine.
- Falls eine Spalte zwei oder mehr Bedingungen gleichzeitig erfüllen soll, dann fügen Sie die Spaltenüberschrift mehrmals in den Kriterienbereich ein. Beispiel: Der unten abgebildete Kriterienbereich filtert alle Weine, von denen zwischen 50 und 500 Flaschen auf Lager sind.

	A	B	C	D	E	F	G
1	Bestell-Nr	Bezeichnung	Anbaugebiet	Land	Kategorie	Flaschen	Flaschen
2				Deutschland		>=50	<=500
3							

Bild 3.46 Zwei Bedingungen für eine Spalte

> **Gefilterte Liste kopieren**
>
> Normalerweise wird eine Liste an gleicher Stelle gefiltert. Im Dialogfenster *Spezialfilter* findet sich aber auch mit der Option *An eine andere Stelle kopieren* eine Möglichkeit, die gefilterten Daten an eine andere Stelle zu kopieren. Leider ist das Einfügen der Kopie nur im selben Arbeitsblatt möglich, daher ist es in den meisten Fällen einfacher, wenn Sie die Liste zunächst an gleicher Stelle filtern und die gefilterte Liste anschließend in die Zwischenablage kopieren und dann an beliebiger Stelle einfügen.

Mit Datenschnitten filtern

Zellbereich als Tabelle formatieren, siehe Seite 150.

Optisch übersichtlicher und leicht bedienbar, vor allem auf Touchscreens, sind Filter mittels Datenschnitt. Beachten Sie aber, dass Datenschnitte nur für Tabellen zur Verfügung stehen, die als Tabellenbereich formatiert wurden.

Datenschnitte.xlsx

1 Zum Einfügen von Datenschnitten klicken Sie in die Tabelle und im Register *Tabellenentwurf*, Gruppe *Tools*, auf *Datenschnitt einfügen* ❶.

2 Wählen Sie anschließend im Fenster *Datenschnitt auswählen* die Spalten aus, nach denen Sie filtern möchten, hier *Anbaugebiet*, *Land* und *Kategorie* und klicken Sie auf *OK*.

Bild 3.47 Datenschnitt auswählen

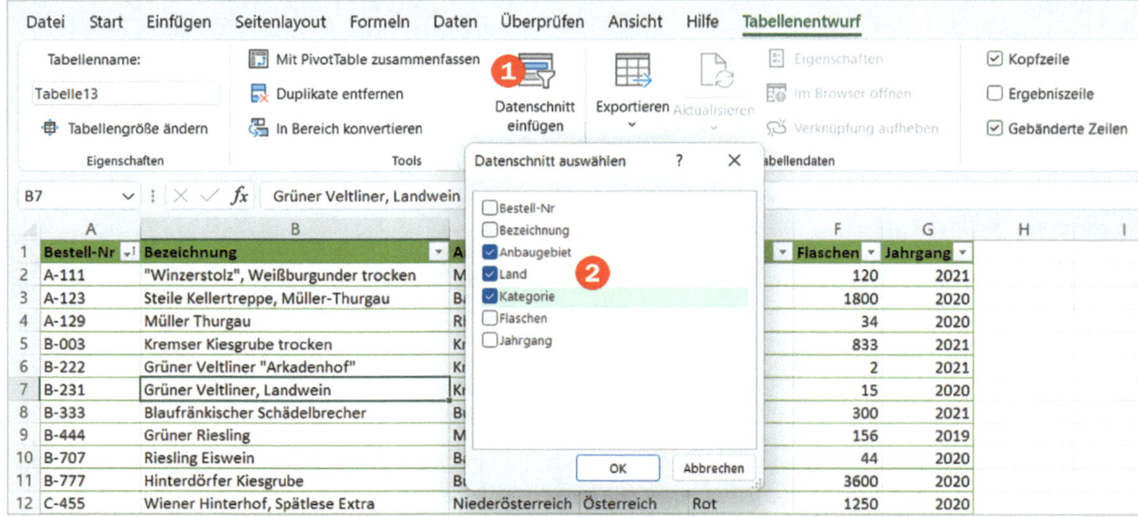

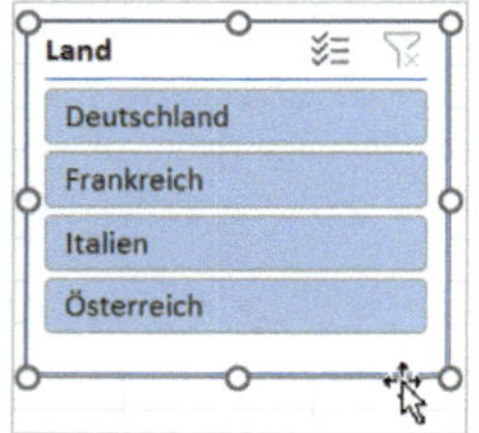

3 Excel fügt für jede der ausgewählten Spalten einen Datenschnitt ein, s. Bild 3.48. Diese können Sie anschließend wie Grafikobjekte durch Anklicken markieren und mit der Maus anhand der Markierungspunkte beliebig vergrößern oder verkleinern. Zum Verschieben benutzen Sie die vier Richtungspfeile am Mauszeiger. Diese erscheinen beim Zeigen auf den Rahmen.

4 Zum Filtern klicken Sie im Datenschnitt auf den gewünschten Inhalt, z.B. Deutschland und Anbaugebiet Mosel. Die Tabelle passt sich augenblicklich an.

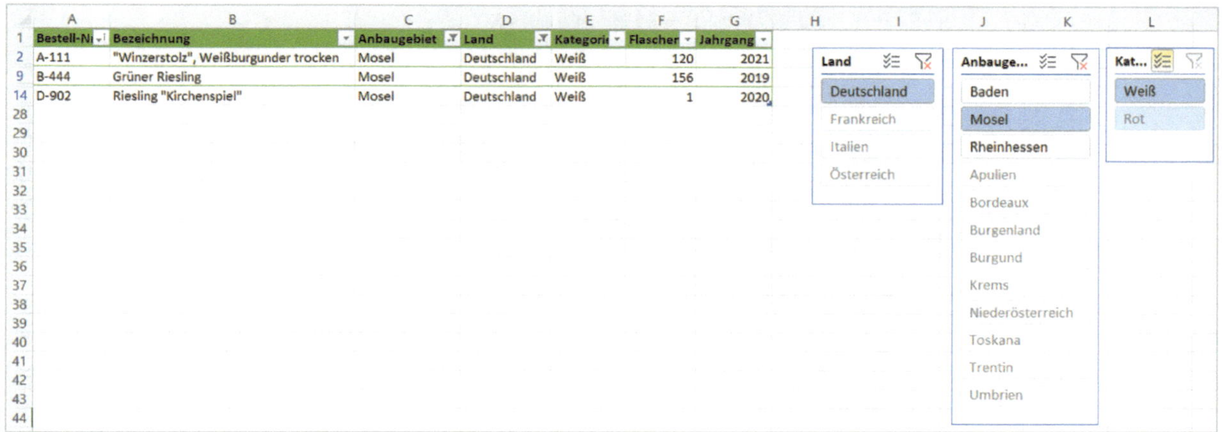

	A	B	C	D	E	F	G
1	Bestell-Nr	Bezeichnung	Anbaugebiet	Land	Kategorie	Flaschen	Jahrgang
2	A-111	"Winzerstolz", Weißburgunder trocken	Mosel	Deutschland	Weiß	120	2021
9	B-444	Grüner Riesling	Mosel	Deutschland	Weiß	156	2019
14	D-902	Riesling "Kirchenspiel"	Mosel	Deutschland	Weiß	1	2020

Bild 3.48 Tabelle filtern

Mehrere Kriterien auswählen

Wenn Sie in einem Datenschnitt mehrere Filterkriterien gleichzeitig aktivieren möchten, dann klicken Sie oben rechts auf das Symbol *Mehrfachauswahl* und klicken oder tippen anschließend die gewünschten Kriterien der Reihe nach an. Oder klicken Sie diese nacheinander mit gedrückter **Strg**-Taste an (Mehrfachmarkierung).

Filter löschen/Datenschnitt entfernen

- Um einen Filter aufzuheben, klicken Sie in der rechten oberen Ecke des Datenschnitts auf das Symbol *Filter löschen*.
- Wenn Sie einen Datenschnitt aus dem Tabellenblatt entfernen möchten, dann sollten Sie zunächst eventuell noch aktive Filter dieses Datenschnitts löschen, da diese nicht automatisch mit entfernt werden. Falls Sie allerdings das Löschen des Filters vergessen haben, können Sie diesen auch über die Filterschaltfläche der betreffenden Spalte oder das Symbol *Löschen* im Menüband, Register *Daten* aufheben.

  Klicken Sie dann auf den Rahmen des Datenschnitts, dieser ist markiert und kann anschließend mit der **Entf**-Taste der Tastatur gelöscht werden. Oder klicken Sie mit der rechten Maustaste in den Datenschnitt und auf *„xxx" entfernen*.

Bild 3.49 Datenschnitt aus Tabellenblatt entfernen

	A	B	C	D	E	F	G
1	Bestell-Nr	Bezeichnung	Anbaugebiet	Land	Kategorie	Flaschen	Jahrgang
2	A-111	"Winzerstolz", Weißburgunder trocken	Mosel	Deutschland	Weiß	120	2021
3	A-123	Steile Kellertreppe, Müller-Thurgau	Baden	Deutschland	Weiß	1800	2020
4	A-129	Müller Thurgau	Rheinhessen	Deutschland	Weiß	34	2020
5	B-003	Kremser Kiesgrube trocken	Krems	Österreich	Weiß	833	2021
6	B-222	Grüner Veltliner "Arkadenhof"	Krems	Österreich	Weiß	2	2021
7	B-231	Grüner Veltliner, Landwein	Krems	Österreich	Weiß	15	2020
8	B-333	Blaufränkischer Schädelbrecher	Burgenland	Österreich	Rot	300	2021
9	B-444	Grüner Riesling	Mosel	Deutschland	Weiß	156	2019
10	B-707	Riesling Eiswein	Baden	Deutschland	Weiß	44	2020
11	B-777	Hinterdörfer Kiesgrube	Burgenland	Österreich	Weiß	3600	2020
12	C-455	Wiener Hinterhof, Spätlese Extra	Niederösterreich	Österreich	Rot	1250	2020
13	D-788	Rheingau Schattenhang	Rheinhessen	Deutschland	Weiß	55	2021

Land
Deutschl...
Frankreic...
Italien
Österreic...

Von A bis Z sortieren
Von Z bis A sortieren
Filter aus "Land" entfernen
Mehrfachauswahl von "Land"
Berichtsverbindungen...
"Land" entfernen
Gruppieren
In den Vordergrund
In den Hintergrund

Tipps zum Umgang mit Datenschnitten

- Beim Drucken werden Datenschnitte zusammen mit der Tabelle gedruckt.
- Falls Sie einen Datenschnitt mit Formatierungen versehen möchten, finden Sie dazu mehrere Formatvorlagen ❶ im kontextbezogenen Register *Datenschnitt*. So können Sie beispielsweise zur besseren Übersicht jedem Datenschnitt eine andere Farbe zuweisen.
- Zum Anordnen oder exakten Ausrichten von Datenschnitten benutzen Sie die Symbole der Gruppe *Anordnen* ❷.
- Bei umfangreichen Datenschnitten kann es sinnvoll sein, die Kriterien in Spalten anzuordnen. Die Anzahl der Spalten geben Sie im Register *Datenschnitte* im Feld *Spalten* ❸ ein.

Bild 3.50 Das Register Datenschnitttools

Bestell-Nr	Bezeichnung	Anbaugebiet	Land	Kategorie	Flaschen	Jahrgang
A-111	"Winzerstolz", Weißburgunder trocken	Mosel	Deutschland	Weiß	120	2021
A-123	Steile Kellertreppe, Müller-Thurgau	Baden	Deutschland	Weiß	1800	2020
A-129	Müller Thurgau	Rheinhessen	Deutschland	Weiß	34	2020
B-003	Kremser Kiesgrube trocken	Krems	Österreich	Weiß	833	2021
B-222	Grüner Veltliner "Arkadenhof"	Krems	Österreich	Weiß	2	2021
B-231	Grüner Veltliner, Landwein	Krems	Österreich	Weiß	15	2020
B-333	Blaufränkischer Schädelbrecher	Burgenland	Österreich	Rot	300	2021
B-444	Grüner Riesling	Mosel	Deutschland	Weiß	156	2019
B-707	Riesling Eiswein	Baden	Deutschland	Weiß	44	2020
B-777	Hinterdörfer Kiesgrube	Burgenland	Österreich	Weiß	3600	2020
C-455	Wiener Hinterhof, Spätlese Extra	Niederösterreich	Österreich	Rot	1250	2020

3.6 Tabellen gliedern und Teilergebnisse anzeigen

Gliederungen erstellen

Hinweis: Statt einer Zusammenfassung in Form einer Gliederung kommt in vielen Fällen auch eine Pivot-Tabelle in Frage. Näheres hierzu lesen Sie in Kapitel 6.

Für mehr Übersicht in umfangreichen Tabellen sorgen Gruppierungen bzw. Gliederungen. Mit ihrer Hilfe können Sie in Tabellen, die sowohl Einzelwerte als auch Zusammenfassungen über Gruppen enthalten, einzelne Details schnell aus- und wieder einblenden.

Beispiel Quartalssummen berechnen und Monate ausblenden

Als Beispiel eine Tabelle mit Monatsumsätzen, Summen über Quartale und Verkaufsbereiche sowie Gesamtsummen (Bild 3.51). Mit Formatierungen wie im Bild lassen sich zwar die jeweiligen Summen hervorheben, dagegen können Sie mit Gruppierungen bzw. Gliederungen zusätzlich die Einzelwerte beliebig aus- und einblenden. Excel unterstützt bis zu acht Gliederungsebenen.

	Deutschland	Österreich	Schweiz	Summe 1	USA	China	Summe 2	Summe Gesamt
Januar	150	220	85	455	200	120	320	775
Februar	160	210	90	460	210	150	360	820
März	200	230	80	510	190	130	320	830
1. Quartal	510	660	255	1.425	600	400	1.000	2.425
April	140	240	70	450	200	110	310	760
Mai	130	220	60	410	210	120	330	740
Juni	110	230	80	420	230	140	370	790
2. Quartal	380	690	210	1.280	640	370	1.010	2.290
Juli	130	240	90	460	190	160	350	810
August	140	250	110	500	180	120	300	800
September	160	220	120	500	200	130	330	830
3. Quartal	430	710	320	1.460	570	410	980	2.440
Oktober	180	210	90	480	230	150	380	860
November	150	200	80	430	140	140	280	710
Dezember	160	190	85	435	200	140	340	775
4. Quartal	490	600	255	1.345	570	430	1.000	2.345
Summe	1.810	2.660	1.040	5.510	2.380	1.610	3.990	9.500

Bild 3.51 Die Tabelle enthält Einzelwerte und Summen über Gruppen

Gliederung.xlsx

Automatische Gliederung

Im Idealfall, wie im Bild oben, ist Excel sogar in der Lage, eine automatische Gliederung zu erstellen, allerdings muss dazu die Tabelle einige Voraussetzungen erfüllen.

Die Voraussetzungen für eine automatische Gliederung

- Die Tabelle darf nicht als Tabellenbereich formatiert sein.
- Die Tabelle muss Formeln enthalten und die Formeln müssen einheitliche Bezüge auf Zellen in derselben Zeile oder Spalte enthalten.

Gliederung erstellen: Markieren Sie die Tabelle; bei einem zusammenhängenden Bereich genügt es, wenn eine beliebige Zelle der Tabelle markiert ist. Anschließend klicken Sie im Register *Daten* ▶ *Gliederung* auf den Dropdown-Pfeil der Schaltfläche *Gruppieren* und hier auf *AutoGliederung* ❶.

Einstellungen manuell festlegen

Falls Sie die Einstellungen zur automatischen Gliederung kontrollieren möchten, so klicken Sie stattdessen im Register *Daten* auf das Pfeilsymbol der Gruppe *Gliederung* ❷. Das nachfolgende Fenster *Einstellungen* ❸ erlaubt die folgenden Vorgaben:

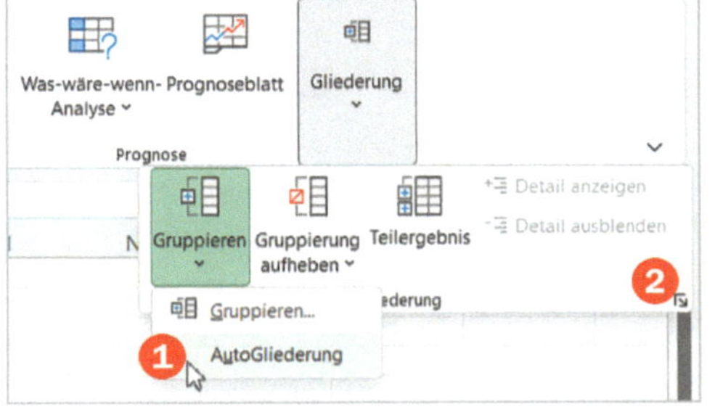

Bild 3.52 AutoGliederung

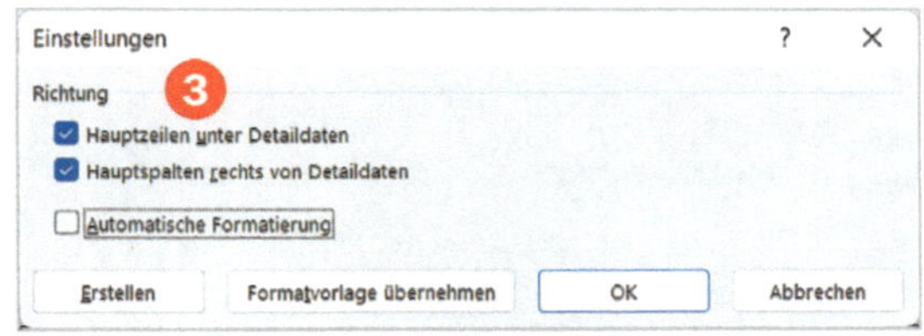

Bild 3.53 Manuelle Einstellungen

Sie können natürlich auch eine Gliederung nur nach Zeilen und/oder Spalten wählen. Dazu deaktivieren Sie einfach das entsprechende Kontrollkästchen.

- *Richtung* legt fest, wo sich die zusammenfassenden Zeilen und/oder Spalten befinden. Die Standardeinstellung *Hauptzeilen unter Detaildaten* und *Hauptspalten rechts von Detaildaten* trifft auf das hier verwendete Beispiel zu und kann beibehalten werden.
- Das Kontrollkästchen *Automatische Formatierung* bewirkt, dass außerdem automatisch eine Formatvorlage zugewiesen wird.
- Klicken Sie abschließend auf *Erstellen*, um für die Tabelle eine automatische Gliederung zu erstellen, die Schaltfläche *OK* schließt dagegen nur das Fenster.

Das Ergebnis: Links von der Zeilennummerierung und oberhalb der Spalten erscheint ein Gliederungsbereich mit Symbolen zum Ein- (+) und Ausblenden (-) der Details.

Bild 3.54 Die automatisch erstellte Gliederung

	A	B	C	D	E	H	I
1							
2		Deutschland	Österreich	Schweiz	Summe 1	Summe 2	Summe Gesamt
6	1. Quartal	510	660	255	1.425	1.000	2.425
10	2. Quartal	380	690	210	1.280	1.010	2.290
11	Juli	130	240	90	460	350	810
12	August	140	250	110	500	300	800
13	September	160	220	120	500	330	830
14	3. Quartal	430	710	320	1.460	980	2.440
15	Oktober	180	210	90	480	380	860
16	November	150	200	80	430	280	710
17	Dezember	160	190	85	435	340	775
18	4. Quartal	490	600	255	1.345	1.000	2.345
19	Summe	1.810	2.660	1.040	5.510	3.990	9.500
20							
21							

Gliederungsebenen aus- und einblenden

Zum Aus- und Einblenden einzelner Gliederungsebenen benutzen Sie den Gliederungsbereich links von den Zeilen- und oberhalb der Spaltennummern. Klicken Sie einfach auf die jeweilige Gliederungsebene der Spalten und/oder Zeilen ❶, z. B. *2*, um nur die Ebenen 1 und 2 anzuzeigen. Mit den Symbolen + (Einblenden) und - (Ausblenden) ❷ können Sie dagegen auch einzelne Details in der Gliederung anzeigen und ausblenden.

Detail anzeigen
Detail ausblenden

Als Alternative können Sie auch auf eine Ergebniszelle klicken und die Symbole *Detail anzeigen* und *Detail ausblenden* im Menüband (*Daten* ▶ *Gliederung*) verwenden.

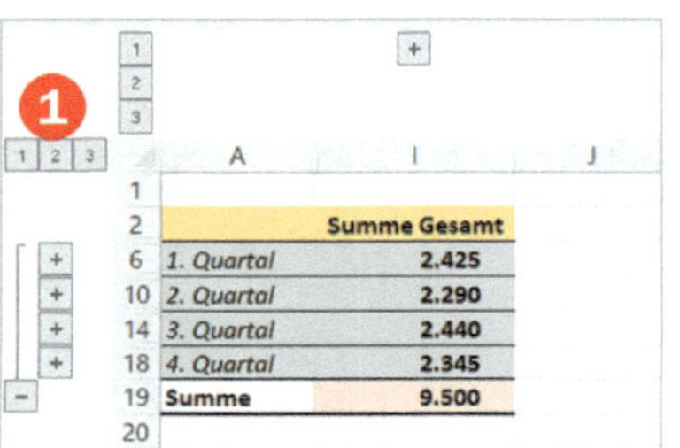

	A	I
1		
2		Summe Gesamt
6	1. Quartal	2.425
10	2. Quartal	2.290
14	3. Quartal	2.440
18	4. Quartal	2.345
19	Summe	9.500
20		
21		

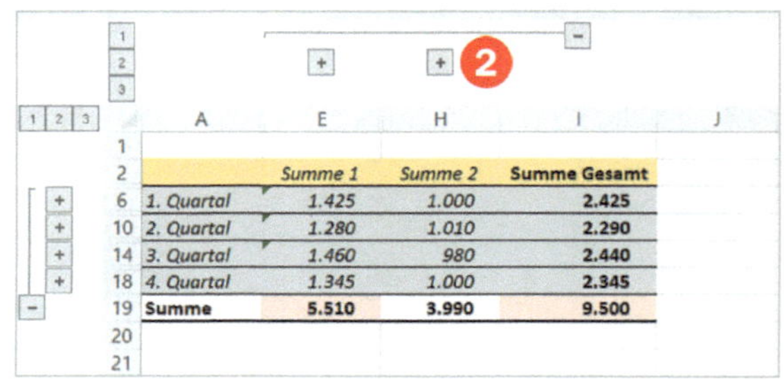

	A	E	H	I
1				
2		Summe 1	Summe 2	Summe Gesamt
6	1. Quartal	1.425	1.000	2.425
10	2. Quartal	1.280	1.010	2.290
14	3. Quartal	1.460	980	2.440
18	4. Quartal	1.345	1.000	2.345
19	Summe	5.510	3.990	9.500
20				
21				

Bild 3.55 Zeilen: Gliederungsebene 1 und 2, Spalten: Gliederungsebene 1

Bild 3.56 Spalten: Ebenen 1 und 2

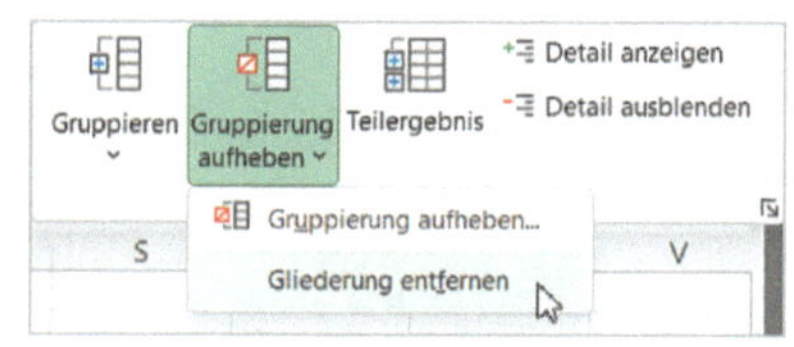

Gliederung wieder entfernen

Wenn Sie aus einer Tabelle die automatische Gliederung wieder entfernen möchten, dann klicken Sie in die Tabelle bzw. markieren die Tabelle und klicken im Register *Daten* ▶ *Gliederung* auf den Pfeil der Schaltfläche *Gruppierung aufheben* und hier auf *Gliederung entfernen*.

Tipp: Diagramm aus Zusammenfassung erstellen

Aus Gliederungsebenen lassen sich auch Diagramme erstellen, die ausschließlich die sichtbaren Ebenen berücksichtigen. So können Sie z. B. aus den Werten der Gliederungsebene 1 ein Diagramm erstellen, indem Sie nur die erste Ebene einblenden. Markieren Sie dann den Bereich mit Ausnahme der Summe und klicken Sie im Register *Einfügen* ▶ *Diagramme* auf den gewünschten Diagrammtyp, z. B. Säulendiagramm.

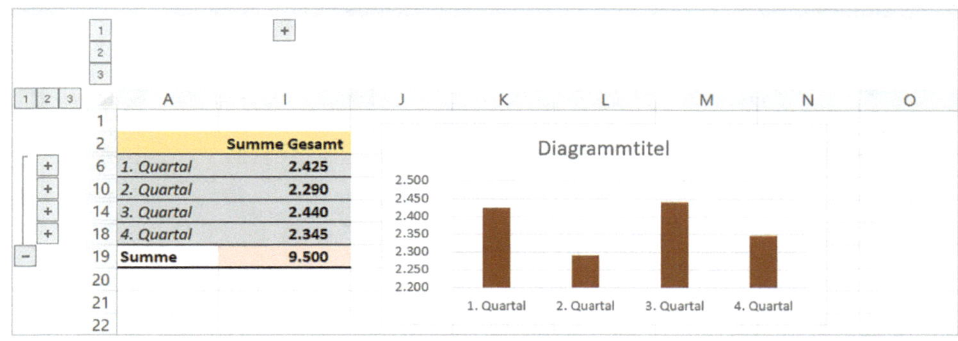

	A	I
2		Summe Gesamt
6	1. Quartal	2.425
10	2. Quartal	2.290
14	3. Quartal	2.440
18	4. Quartal	2.345
19	Summe	9.500

Bild 3.57 Diagramm aus Zusammenfassung erstellen

Tabelle manuell gruppieren

Statt einer automatischen Gliederung können Sie eine Tabelle auch manuell gliedern. Als Beispiel soll aus der Tabelle in Bild 3.58 manuell eine Gliederung nach Zeilen, also nach Bezirken und Monaten erstellt werden:

1. Zuerst erstellen die Gliederungsebene 1, also nach Bezirken. Dazu markieren Sie den Bereich A2 bis C17. **Wichtig**: Die Gesamtergebnisse, in diesem Fall in Zeile 18, dürfen nicht mit markiert werden!

	A	B	C
1	Bezirk	Monat	Umsatz
2	Nord	Januar	490
3	Nord	Februar	500
4	Nord	März	400
5	Summe 1. Quartal		1.390
6	Nord	April	300
7	Nord	Mai	450
8	Nord	Juni	620
9	Summe 2. Quartal		1.370
10	Mitte	Januar	340
11	Mitte	Februar	280
12	Mitte	März	300
13	Summe 1. Quartal		920
14	Mitte	April	420
15	Mitte	Mai	410
16	Mitte	Juni	380
17	Summe 2. Quartal		1.210
18	Gesamtergebnis		4.890
19			

Bild 3.58 Die Ausgangstabelle

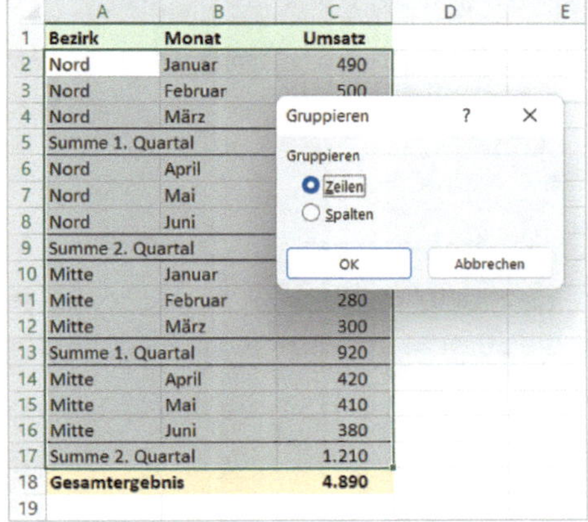

Bild 3.59 Wählen Sie Gruppierung nach Zeilen

	A	B	C
1	Bezirk	Monat	Umsatz
2	Nord	Januar	490
3	Nord	Februar	500
4	Nord	März	400
5	Summe 1. Quartal		1.390
6	Nord	April	300
7	Nord	Mai	450
8	Nord	Juni	620
9	Summe 2. Quartal		1.370
10	Mitte	Januar	340
11	Mitte	Februar	280
12	Mitte	März	300
13	Summe 1. Quartal		920
14	Mitte	April	420
15	Mitte	Mai	410
16	Mitte	Juni	380
17	Summe 2. Quartal		1.210
18	Gesamtergebnis		4.890
19			

Bild 3.60 Das Ergebnis

2 Klicken Sie im Register *Daten* ▶ *Gliederung* auf *Gruppieren* und wählen Sie im nachfolgenden Fenster für dieses Beispiel *Zeilen* (Bild 3.59). Nachdem Sie auf *OK* geklickt haben, erscheint der Gliederungsbereich mit Ebene 1 (s. Bild 3.60).

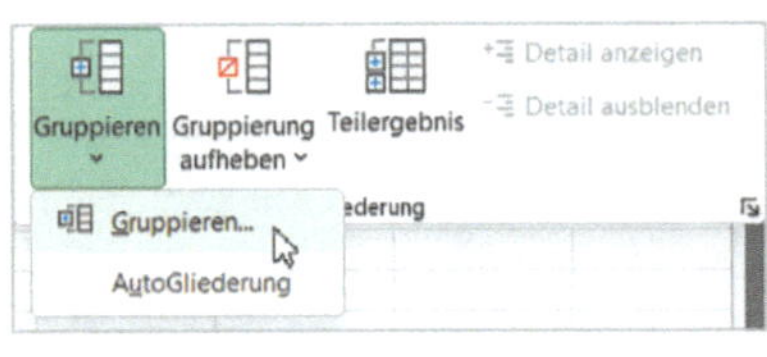

3 Die Gruppen der Ebene 2 (hier die Quartale) müssen Sie einzeln erstellen, da eine Gruppierung mit Mehrfachmarkierung nicht möglich ist. Markieren Sie daher als erste Gruppe die Monate Januar bis März, also die Zellen A2 bis C4 ohne Ergebnisse, klicken Sie dann erneut auf *Gruppieren* und wählen Sie wieder *Zeilen*.

4 Wiederholen Sie dann den letzten Schritt quartalsweise auch für die restlichen Monate.

Bild 3.61 Markieren Sie die Detailzellen der ersten Gruppe der 2. Ebene

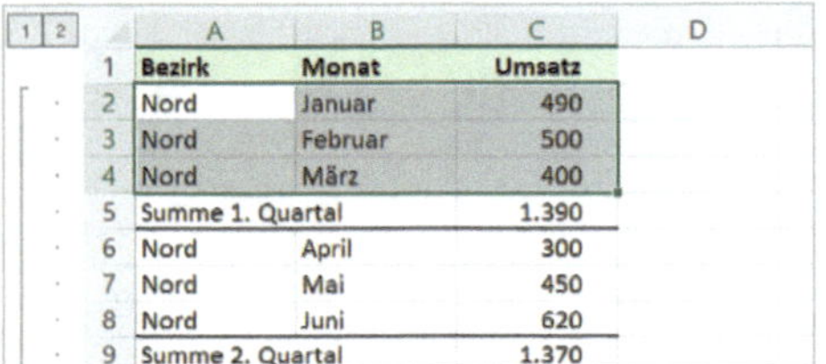

	A	B	C	D
1	Bezirk	Monat	Umsatz	
2	Nord	Januar	490	
3	Nord	Februar	500	
4	Nord	März	400	
5	Summe 1. Quartal		1.390	
6	Nord	April	300	
7	Nord	Mai	450	
8	Nord	Juni	620	
9	Summe 2. Quartal		1.370	

	A	B	C	D
1	Bezirk	Monat	Umsatz	
2	Nord	Januar	490	
3	Nord	Februar	500	
4	Nord	März	400	
5	Summe 1. Quartal		1.390	
6	Nord	April	300	
7	Nord	Mai	450	
8	Nord	Juni	620	
9	Summe 2. Quartal		1.370	

Teilergebnisse erzeugen

Satt einer manuellen Berechnung von Zwischensummen können Sie diese auch mit Hilfe von Teilergebnissen in Verbindung mit einer Gliederung berechnen lassen. Dazu benutzen Sie im Register *Daten* ▶ *Gliederung* die Schaltfläche *Teilergebnisse*. Neben der Summe können auch noch Anzahl, Mittelwert, Min, Max und die Standardabweichung berechnet werden.

Beachten Sie bei der Berechnung von Teilergebnissen

- Die Tabelle darf nicht als Tabelle (Tabellenbereich) formatiert sein (s. Seite 150) und muss nach den Spalten, aus denen Gruppen gebildet werden sollen, sortiert sein.
- Wenn Sie die Daten der Tabelle für andere Auswertungen heranziehen möchten, z. B. für Pivot-Tabellen, dann dürfen keine Teilergebnisse vorhanden sein bzw. müssen diese zuvor entfernt werden!

Einfache Teilergebnisse berechnen

Gliederung.xlsx, Blatt Weinlager-Ausgangsdaten

Als Beispiel eine Tabelle mit Weinen aus verschiedenen Ländern und Anbaugebieten. Sie möchten die Summe der Flaschen je Herkunftsland ermitteln.

1 Im ersten Schritt müssen Sie die Tabelle nach Ländern sortieren.

2 Markieren Sie eine beliebige Zelle innerhalb der Tabelle und klicken Sie im Register *Daten*, Gruppe *Gliederung*, auf *Teilergebnis.*

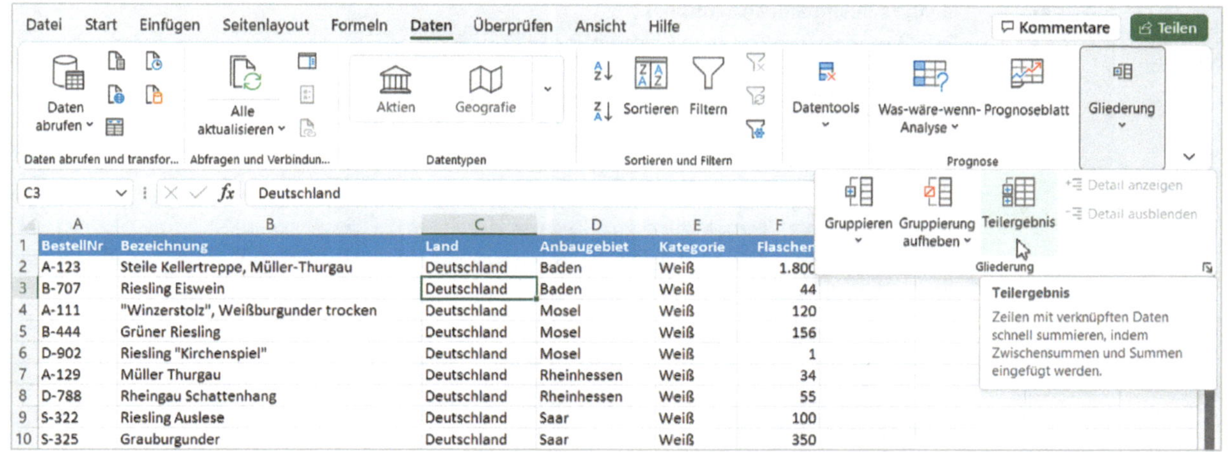

	A	B	C	D	E	F
1	BestellNr	Bezeichnung	Land	Anbaugebiet	Kategorie	Flaschen
2	A-123	Steile Kellertreppe, Müller-Thurgau	Deutschland	Baden	Weiß	1.800
3	B-707	Riesling Eiswein	Deutschland	Baden	Weiß	44
4	A-111	"Winzerstolz", Weißburgunder trocken	Deutschland	Mosel	Weiß	120
5	B-444	Grüner Riesling	Deutschland	Mosel	Weiß	156
6	D-902	Riesling "Kirchenspiel"	Deutschland	Mosel	Weiß	1
7	A-129	Müller Thurgau	Deutschland	Rheinhessen	Weiß	34
8	D-788	Rheingau Schattenhang	Deutschland	Rheinhessen	Weiß	55
9	S-322	Riesling Auslese	Deutschland	Saar	Weiß	100
10	S-325	Grauburgunder	Deutschland	Saar	Weiß	350

Bild 3.62 Klicken Sie auf Teilergebnis

3 Im Fenster *Teilergebnisse* legen Sie die Einstellungen fest:

- Wählen Sie die Spalte, nach der gruppiert werden soll, hier *Land* ❶.
- Im Feld *Unter Verwendung von* wählen Sie die gewünschte Funktion. Standardmäßig schlägt Excel die Summe vor ❷.
- Da die Summe der Flaschen benötigt wird, aktivieren Sie in der Liste *Teilergebnis addieren zu* das Kontrollkästchen der Spalte *Flaschen* ❸, alle übrigen müssen deaktiviert sein.
- Das Kontrollkästchen *Vorhandene Teilergebnisse ersetzen* spielt nur bei der Berechnung von mehreren Teilergebnissen eine Rolle. In diesem Fall muss das Kontrollkästchen deaktiviert werden, ein Beispiel finden Sie weiter unten. Ob die Ergebnisse unterhalb der Daten erscheinen und zum Drucken Seitenumbrüche zwischen den Gruppen eingefügt werden sollen, kann ebenfalls über Kontrollkästchen gesteuert werden.

Die Teilergebnisse werden unterhalb jeder Gruppe eingefügt und am Ende der Liste wird die Gesamtsumme berechnet. Gleichzeitig erscheint der Gliederungsbereich.

Bild 3.63 Teilergebnisse berechnen

Bild 3.64 Das Ergebnis

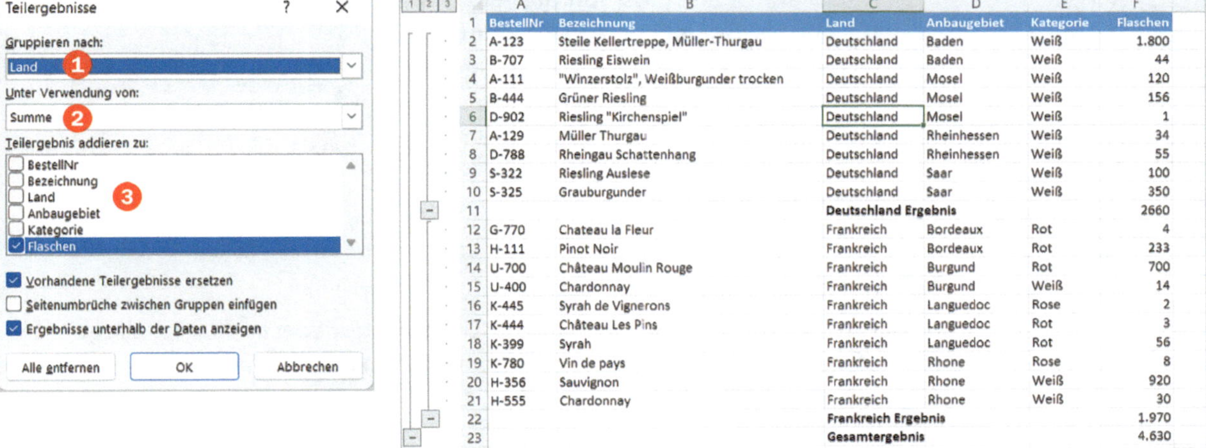

	A	B	C	D	E	F
1	BestellNr	Bezeichnung	Land	Anbaugebiet	Kategorie	Flaschen
2	A-123	Steile Kellertreppe, Müller-Thurgau	Deutschland	Baden	Weiß	1.800
3	B-707	Riesling Eiswein	Deutschland	Baden	Weiß	44
4	A-111	"Winzerstolz", Weißburgunder trocken	Deutschland	Mosel	Weiß	120
5	B-444	Grüner Riesling	Deutschland	Mosel	Weiß	156
6	D-902	Riesling "Kirchenspiel"	Deutschland	Mosel	Weiß	1
7	A-129	Müller Thurgau	Deutschland	Rheinhessen	Weiß	34
8	D-788	Rheingau Schattenhang	Deutschland	Rheinhessen	Weiß	55
9	S-322	Riesling Auslese	Deutschland	Saar	Weiß	100
10	S-325	Grauburgunder	Deutschland	Saar	Weiß	350
11			**Deutschland Ergebnis**			2660
12	G-770	Chateau la Fleur	Frankreich	Bordeaux	Rot	4
13	H-111	Pinot Noir	Frankreich	Bordeaux	Rot	233
14	U-700	Château Moulin Rouge	Frankreich	Burgund	Rot	700
15	U-400	Chardonnay	Frankreich	Burgund	Weiß	14
16	K-445	Syrah de Vignerons	Frankreich	Languedoc	Rose	2
17	K-444	Château Les Pins	Frankreich	Languedoc	Rot	3
18	K-399	Syrah	Frankreich	Languedoc	Rot	56
19	K-780	Vin de pays	Frankreich	Rhone	Rose	8
20	H-356	Sauvignon	Frankreich	Rhone	Weiß	920
21	H-555	Chardonnay	Frankreich	Rhone	Weiß	30
22			**Frankreich Ergebnis**			1.970
23			**Gesamtergebnis**			4.630

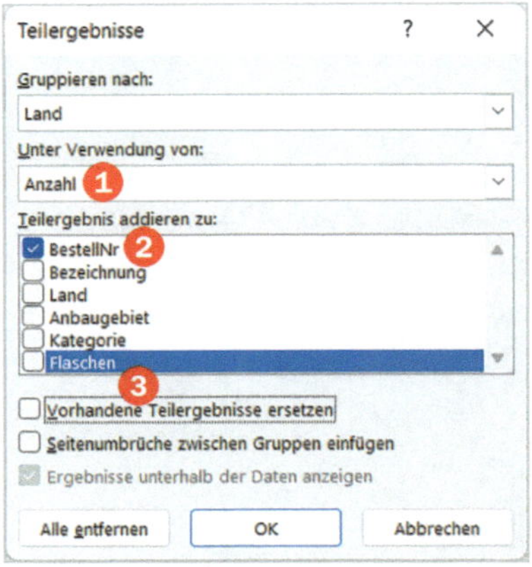

Bild 3.65 Zweites Teilergebnis für dieselbe Gruppe berechnen

Mehrere Teilergebnisse berechnen

Falls Sie mehrere Teilergebnisse mit unterschiedlichen Funktionen berechnen möchten, dann muss jede Funktion gesondert ausgewählt werden und das Kontrollkästchen *Vorhandene Teilergebnisse ersetzen* darf nicht aktiviert sein.

Wenn Sie also z. B. zusätzlich zur Summe der Flaschen auch noch die Anzahl der verschiedenen Weine je Land ermitteln möchten, dann klicken Sie erneut auf *Teilergebnisse*. Behalten Sie die Gruppierung nach Land bei und wählen diesmal die Funktion *Anzahl* ❶. Außerdem müssen Sie noch im Feld *Teilergebnis addieren zu* die *BestellNr* ❷ aktivieren und das Feld *Flaschen* deaktivieren.

Achtung: Das Kontrollkästchen *Vorhandene Teilergebnisse ersetzen* ❸ muss unbedingt deaktiviert werden.

Teilergebnisse für Untergruppen berechnen

Wenn Sie Teilergebnisse für eine zweite Gliederungsebene hinzufügen möchten, dann muss die Tabelle zusätzlich nach dieser Spalte sortiert sein. **Beispiel**: Wenn zusätzlich zur Summe der Flaschen je Land soll auch noch die Summe der Flaschen je Anbaugebiet ermittelt werden soll, dann muss die Tabelle zuerst nach Land und dann nach Anbaugebiet sortiert sein.

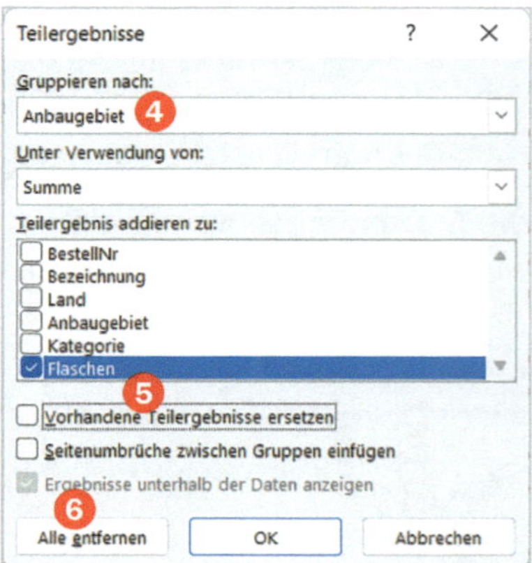

Bild 3.66 Teilergebnis für Untergruppe Anbaugebiet berechnen

1. Klicken Sie auf *Teilergebnis* und gruppieren Sie ersten Schritt nach der Spalte Land. Für die Berechnung der Summe wählen Sie wieder die Spalte *Flaschen* und klicken auf *OK*.
2. Klicken Sie anschließend erneut auf *Teilergebnis* und wählen Sie nun das *Anbaugebiet* ❹ als Gruppierung. Die Summe für das Feld *Flaschen* behalten Sie bei und deaktivieren das Kontrollkästchen *Vorhandene Teilergebnisse ersetzen* ❺, da sonst die bestehenden Teilergebnisse je Herkunftsland gelöscht würden.

Teilergebnisse und Gliederung entfernen

Um alle Teilergebnisse zusammen mit der Gliederung wieder aus der Tabelle zu entfernen, rufen Sie den Befehl *Teilergebnisse* erneut auf. Klicken Sie hier auf die Schaltfläche *Alle entfernen* ❻ (Bild 3.66).

3.7 Häufige Probleme in Datenbanken beheben

Textinhalte in mehrere Spalten aufteilen

Manchmal setzt sich eine Spalte aus zwei oder mehr Werten zusammen und macht somit eine gezielte Sortierung unmöglich. Zum Aufteilen in Spalten bietet Excel die Blitzvorschau und das Tool *Text in Spalten* an.

Aufteilen mit der Blitzvorschau

Eine einfache Möglichkeit ist die Blitzvorschau. Diese setzt ein einheitliches Trennzeichen zwischen den aufzuteilenden Inhalten, z. B. Leerzeichen oder Komma voraus und funktioniert so:

Geben Sie in einer freien Spalte rechts von der aufzuteilenden Spalte den ersten Teil, hier die Anrede ein. Beginnen Sie dann in der Zelle unterhalb mit der nächsten Anrede, nach Eingabe der ersten Zeichen zeigt die Blitzvorschau die übrigen Inhalte der Spalte an und brauchen zum Übernehmen nur die **Eingabetaste** betätigen. Genauso verfahren Sie mit den Vor- und den Nachnamen.

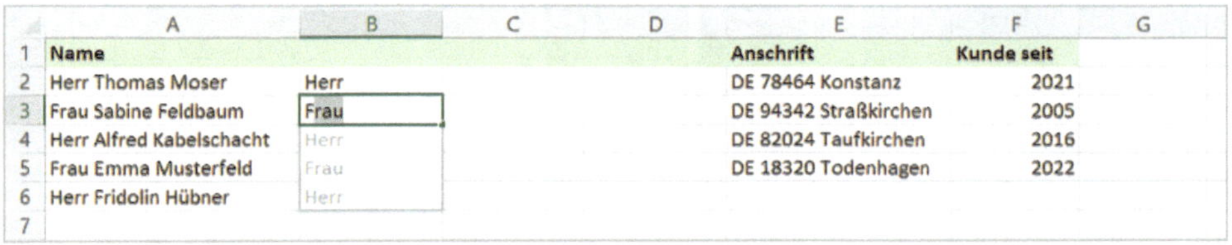

	A	B	C	D	E	F	G
1	Name				Anschrift	Kunde seit	
2	Herr Thomas Moser	Herr			DE 78464 Konstanz	2021	
3	Frau Sabine Feldbaum	Frau			DE 94342 Straßkirchen	2005	
4	Herr Alfred Kabelschacht	Herr			DE 82024 Taufkirchen	2016	
5	Frau Emma Musterfeld	Frau			DE 18320 Todenhagen	2022	
6	Herr Fridolin Hübner	Herr					
7							

Bild 3.67 Namen mit der Blitzvorschau in Spalten aufteilen

Spalten_aufteilen.xlsx

Das Tool Text in Spalten

Komfortabler ist das Tool *Text in Spalten*. Auch hier ist ein einheitliches Trennzeichen unbedingte Voraussetzung, allerdings sparen Sie im Gegensatz zur Blitzvorschau Tipparbeit.

1. Markieren Sie die aufzuteilenden Inhalte und klicken Sie im Register *Daten* ▶ *Datentools* auf *Text in Spalten* ❶ (Bild 3.68 auf Seite 186).

2. Excel startet einen kleinen Textkonvertierungs-Assistenten, der Sie durch die weiteren Schritte führt. Im ersten Schritt wählen Sie die Option *Getrennt* ❷ und klicken auf *Weiter*.

3. Im nächsten Schritt geben Sie das verwendete Trennzeichen an ❸, in diesem Beispiel Leerzeichen. Unterhalb können Sie anhand der Datenvorschau das Ergebnis vorab kontrollieren. Klicken Sie auf *Weiter*.

   Sollte das Trennzeichen nicht aufgeführt sein, so wählen Sie *Andere* und geben das Zeichen im Feld rechts daneben ein.

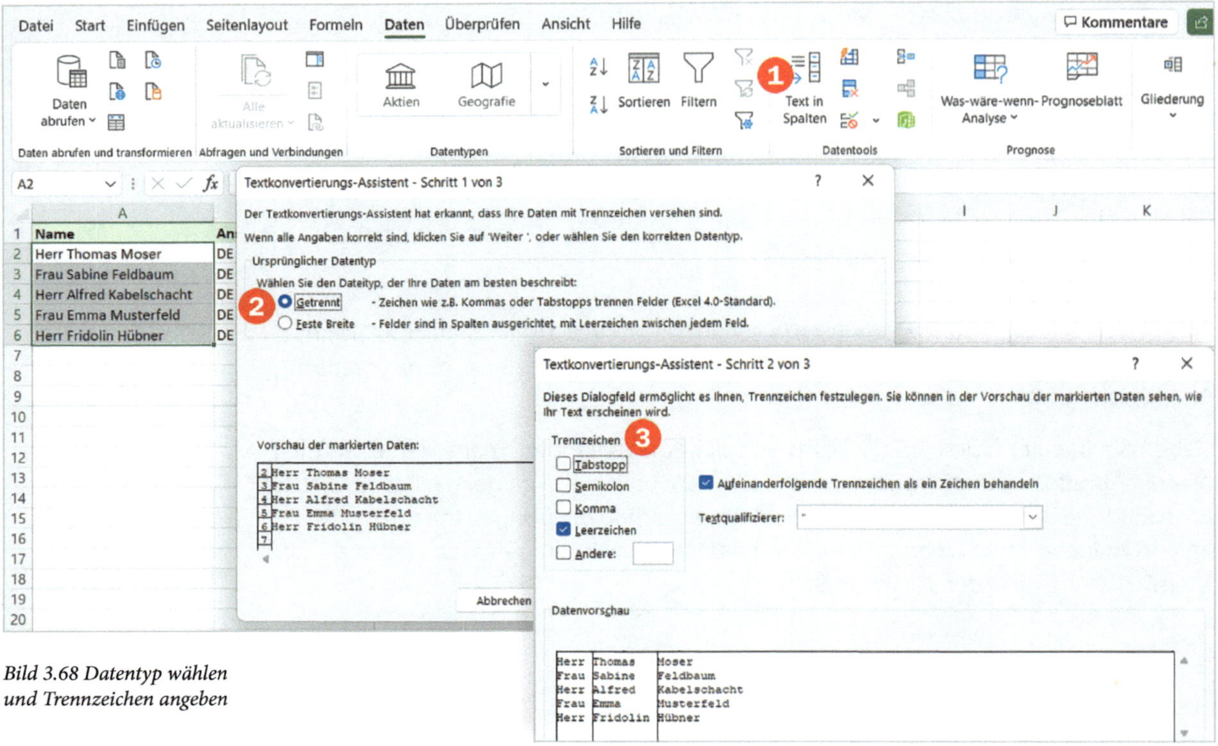

Bild 3.68 Datentyp wählen und Trennzeichen angeben

4 Im letzten Schritt können Sie, falls erforderlich, jeder der Spalten einen Datentyp zuweisen. Gleichzeitig müssen Sie den Zielbereich ❹ angeben, d. h. ab welcher Stelle die neuen Spalten eingefügt werden sollen, hier ab D2. Klicken Sie zuletzt auf *Fertig stellen*.

Achtung: Wird kein Zielbereich angegeben, so fügt Excel die neuen Spalten an der bisherigen Stelle ein und die Inhalte angrenzender Zellen werden überschrieben.

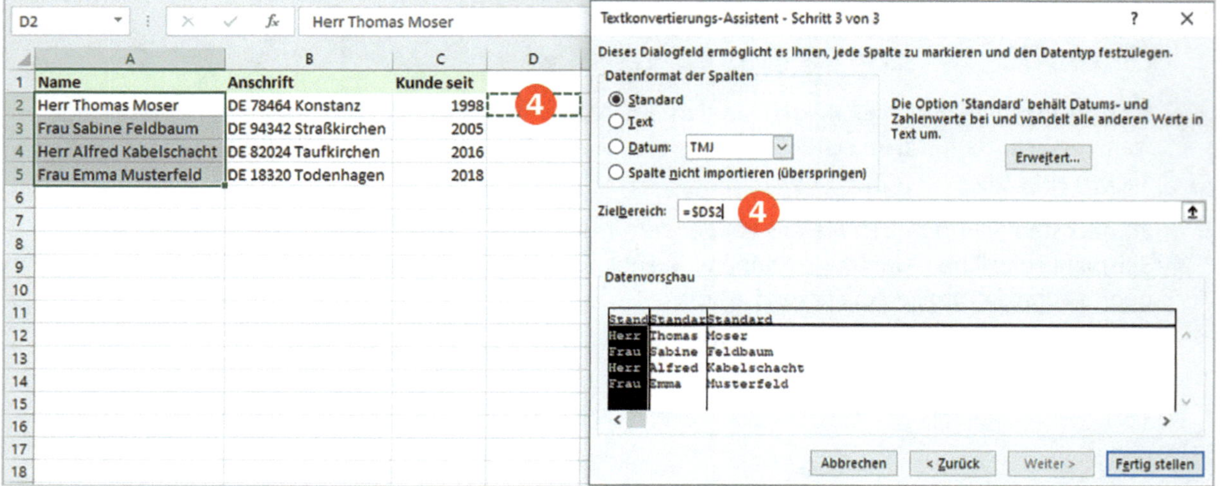

Bild 3.69 Zielbereich wählen

> **Tipp für den Einsatz in der Praxis**
>
> Was sich hier so einfach liest, kann in der Praxis erhebliche Probleme bereiten. Dies beginnt damit, dass nicht immer ein einheitliches Trennzeichen verwendet wird, beispielsweise wenn Telefonnummern nach Vorwahl und Rufnummer aufgeteilt werden sollen. In solchen Fällen empfiehlt es sich, zunächst mit Hilfe von Suchen und Ersetzen für ein einheitliches Trennzeichen zu sorgen.

Duplikate in Tabellen aufspüren und entfernen

Neben fehlerhaften Eingaben sind Duplikate, also irrtümlich doppelt erfasste Datensätze ein häufiges Problem in Datenbanken. Um sie aufzuspüren, gibt es verschiedene Möglichkeiten, jede hat ihre Vor- und Nachteile.

Symbol Duplikate entfernen

Eine Möglichkeit ist das Symbol *Duplikate entfernen* (Register *Daten* ▶ *Datentools*).

> **Achtung Duplikate werden ohne Rückfrage gelöscht!**
>
> Bei dieser Vorgehensweise haben Sie keinerlei Einfluss darauf, welches Duplikat entfernt wird, da die Duplikate sofort gelöscht werden, erst danach erhalten Sie eine Meldung über die Anzahl der gelöschten Datensätze.

Klicken Sie auf *Duplikate entfernen* und wählen Sie im nachfolgenden Dialogfenster aus, welche Spalten auf doppelte Werte überprüft werden sollen, im unten abgebildeten Beispiel alle Spalten mit Ausnahme der Kundennummer.

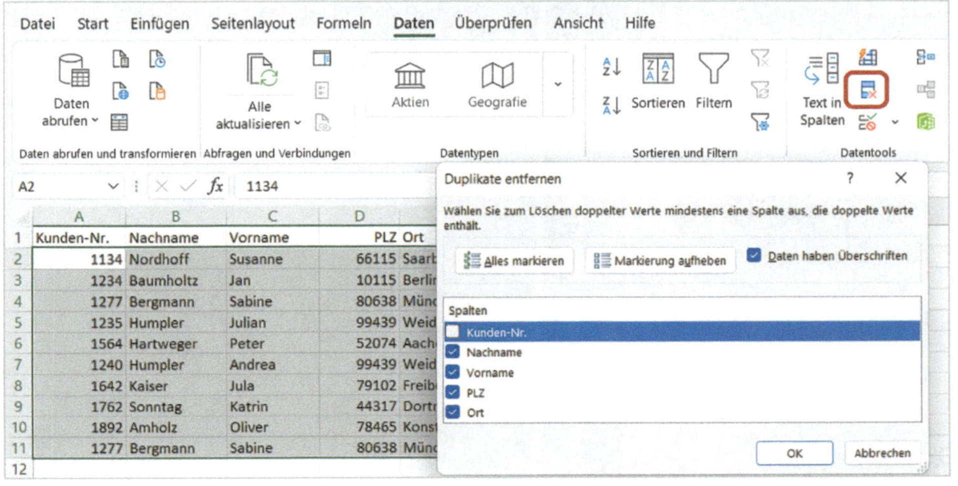

Bild 3.70 Duplikate entfernen

Duplikate.xlsx

Duplikate mit dem Spezialfilter kennzeichnen

Wenn Sie die Duplikate einstweilen nur kennzeichnen möchten, um sie dann manuell zu entfernen, dann bietet sich der Spezialfilter an. Dazu gehen Sie wie folgt vor:

Vor der Verwendung des Spezialfilters sollten Sie zuerst den gesamten Datenbereich der Tabelle markieren und mit einer auffälligen Schriftfarbe formatieren , z. B. rot. Ein Kriterienbereich wird nicht benötigt.

Rufen Sie dann den Spezialfilter auf (Register *Daten* ▶ *Sortieren und Filtern* ▶ *Erweitert*). Geben Sie keinen Kriterienbereich an, sondern aktivieren Sie das Kontrollkästchen *Keine Duplikate* (Bild 3.49). Die Tabelle wird an gleicher Stelle gefiltert, wobei die Duplikate lediglich ausgeblendet sind. Formatieren Sie jetzt die gefilterte Tabelle wieder mit der ursprünglichen Schriftfarbe und entfernen Sie dann den Filter wieder.

Bild 3.71 Duplikate mit Spezialfilter finden

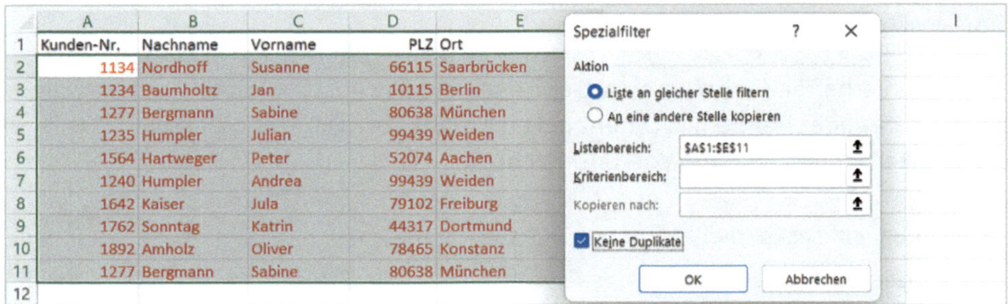

5 Nach Entfernen des Filters erscheinen nur die Duplikate in roter Schrift und durch entsprechendes Sortieren lässt sich leicht kontrollieren, ob es sich um echte Duplikate handelt. Diese müssen anschließend manuell gelöscht werden. **Nachteil**: Diese Methode bezieht alle Spalten mit ein. Ein doppelt vorhandener Kunde mit zwei unterschiedlichen Kundennummern wird nicht gefunden.

Duplikate mit der bedingten Formatierung hervorheben

Auch die bedingte Formatierung bietet das Hervorheben von Duplikaten an, allerdings nur für jeweils eine Spalte. Dazu markieren Sie die Spalte, klicken im Register *Start* auf *Bedingte Formatierung* und zeigen auf *Regeln zum Hervorheben von Zellen*. Klicken Sie auf *Doppelte Werte...* und wählen Sie anschließend eine Formatierung.

Bild 3.72 Bedingte Formatierung

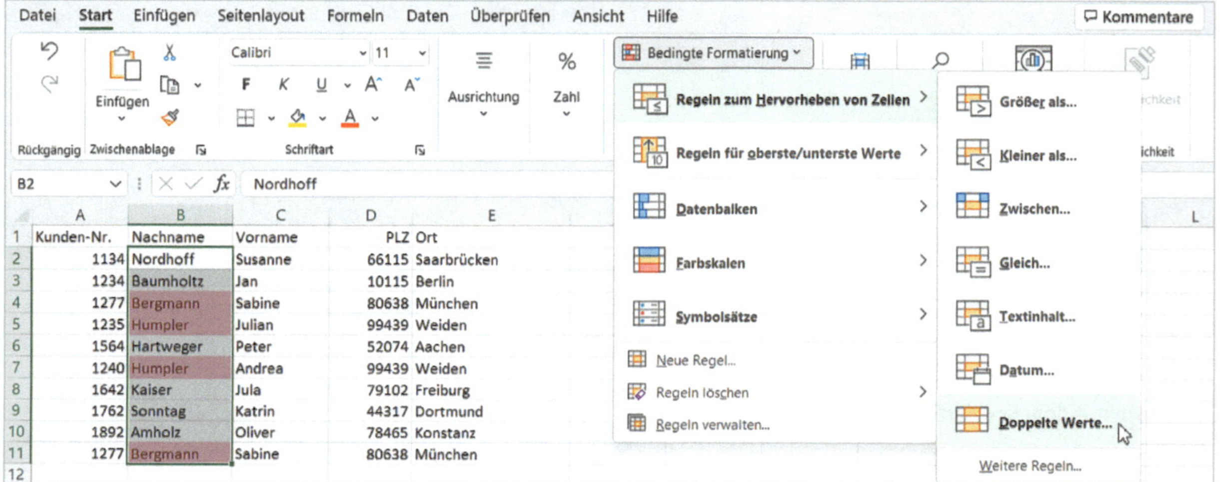

4 Werkzeuge zur Datenanalyse

In diesem Kapitel lernen Sie ...

- Mehrere Tabellen zusammenführen
- Optische Analyse mit der bedingten Formatierung
- Datentabellen mit einer oder zwei Variablen berechnen (Mehrfachoperation)
- Szenarien erstellen und verwalten (Was-wäre-wenn)
- Lösungen mit dem Add-In Solver optimieren
- Zielwertsuche und Prognoseblatt

Das sollten Sie bereits wissen

- Formeln und Funktionen einsetzen
- Namen für Zellen und Zellbereiche
- Umgang mit großen Tabellen

4.1 Daten aus mehreren Tabellen zusammenführen (Konsolidieren)

Häufig liegen die auszuwertenden Daten verteilt auf verschiedene Arbeitsblätter oder Arbeitsmappen vor und müssen vor der Auswertung erst einmal zusammengeführt werden. Dies wird auch als Konsolidieren bezeichnet. Statt zeitaufwändigem Kopieren bieten sich mit Excel die folgenden Möglichkeiten an:

- **Konsolidieren nach Spalten- und Zeilenbeschriftungen (Kategorie)**
  In diesem Fall müssen alle Tabellen identische Spalten und Zeilenbeschriftungen besitzen. Das Layout der einzelnen Tabellen dagegen, genauer gesagt die Position von Werten und Beschriftungen, spielt keine Rolle.
- **Konsolidieren mit 3D-Bezügen (nach Position)**
  Wenn die Einzeltabellen exakt den gleichen Aufbau und identische Datenbeschriftungen aufweisen, dann können sie nach Position mit sogenannten 3D-Bezügen zusammengefasst werden. Diese Methode eignet sich beispielsweise, wenn alle Tabellen auf derselben Vorlage basieren.
- **Tabellen zusammenführen mit Pivot-Tabellen und Power Query**
  Weitere Möglichkeiten zum Zusammenführen von Tabellen erhalten Sie mit Power Query und in Verbindung mit Pivot-Tabellen. Detaillierte Beschreibungen hierzu finden Sie in den Kapiteln 5 und 6.

Tabellen nach Beschriftungen konsolidieren (Kategorie)

Konsolidieren_Daten.xlsx

Am einfachsten ist das Konsolidieren anhand von Beschriftungen, zumal Excel dafür ein komfortables Werkzeug bereitstellt. Hier ein einfaches Beispiel:

Die monatlichen Umsatzberichte der Verkaufsbezirke liegen jeweils in einem eigenen Arbeitsblatt vor. Sie befinden sich alle zusammen in derselben Arbeitsmappe, könnten aber genauso gut auf mehrere Arbeitsmappen verteilt sein. Alle Umsatzberichte besitzen den gleichen Aufbau mit identischen Zeilen- und Spaltenbeschriftungen. Allerdings ist ab Februar ein weiterer Verkaufsbezirk hinzugekommen und ab März die neue Warengruppe Kleingeräte. Am Quartalsende wird nun eine Zusammenfassung aller Berichte für das gesamte Quartal, also die Monate Januar bis März benötigt.

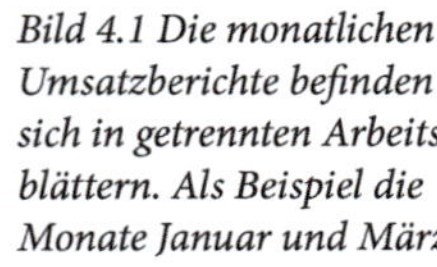

Bild 4.1 Die monatlichen Umsatzberichte befinden sich in getrennten Arbeitsblättern. Als Beispiel die Monate Januar und März.

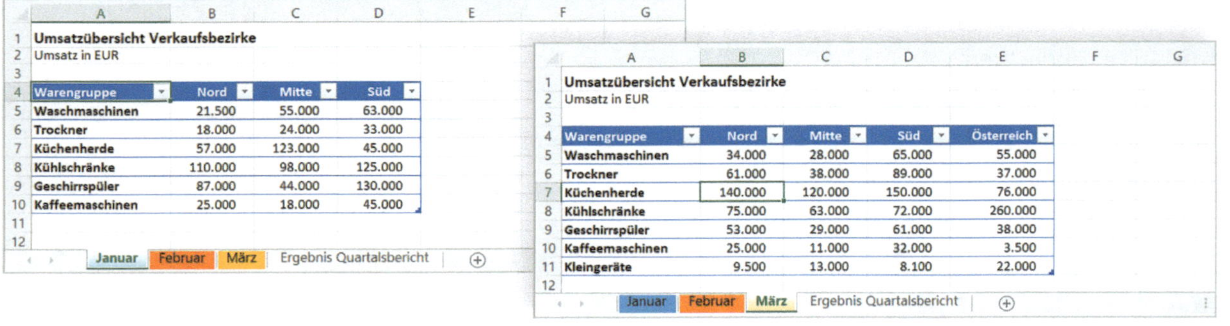

Umsatzübersicht Verkaufsbezirke
Umsatz in EUR

Warengruppe	Nord	Mitte	Süd
Waschmaschinen	21.500	55.000	63.000
Trockner	18.000	24.000	33.000
Küchenherde	57.000	123.000	45.000
Kühlschränke	110.000	98.000	125.000
Geschirrspüler	87.000	44.000	130.000
Kaffeemaschinen	25.000	18.000	45.000

Januar | Februar | März | Ergebnis Quartalsbericht

Umsatzübersicht Verkaufsbezirke
Umsatz in EUR

Warengruppe	Nord	Mitte	Süd	Österreich
Waschmaschinen	34.000	28.000	65.000	55.000
Trockner	61.000	38.000	89.000	37.000
Küchenherde	140.000	120.000	150.000	76.000
Kühlschränke	75.000	63.000	72.000	260.000
Geschirrspüler	53.000	29.000	61.000	38.000
Kaffeemaschinen	25.000	11.000	32.000	3.500
Kleingeräte	9.500	13.000	8.100	22.000

Januar | Februar | März | Ergebnis Quartalsbericht

Alle verwendeten Tabellen weisen identische Beschriftungen auf und erfüllen damit die Voraussetzung für eine Konsolidierung nach Beschriftungen. Dagegen spielt hier die unterschiedliche Anzahl Zeilen und/oder Spalten keine Rolle. Die Tabellen müssen sich auch nicht zwingend an derselben Position im Tabellenblatt befinden.

So gehen Sie bei der Konsolidierung vor

Fügen Sie ein weiteres Arbeitsblatt für die Zusammenfassung ein und markieren Sie in diesem Arbeitsblatt die Zelle, ab der Sie die Zusammenfassung einfügen möchten. Klicken Sie dann im Register *Daten*, Gruppe *Datentools*, auf *Konsolidieren*.

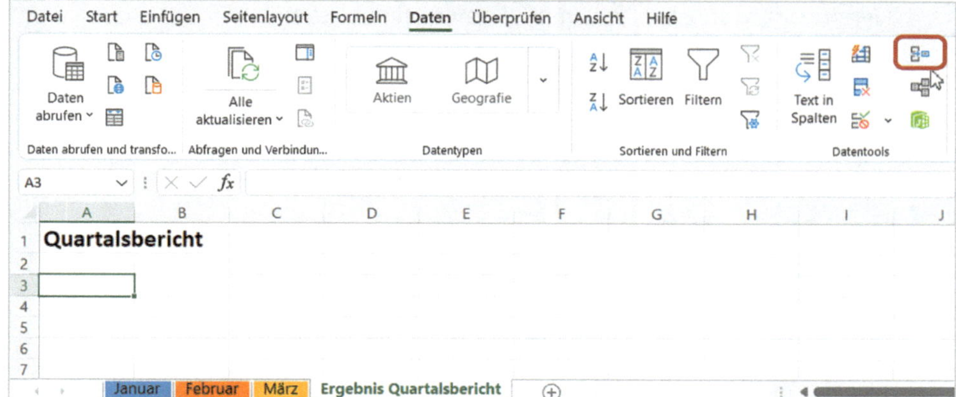

Bild 4.2 Markieren Sie in einem neuen Arbeitsblatt die Zelle, ab der die Tabelle eingefügt werden soll.

1. Das Dialogfenster *Konsolidieren* wird geöffnet. Wählen Sie im ersten Schritt die Funktion ❶ aus, mit der die Werte aus den Einzeltabellen zusammengefasst werden sollen. Die Standardeinstellung *Summe* kann für dieses Beispiel beibehalten werden.

2. Aktivieren Sie die Kontrollkästchen *Beschriftung aus Oberster Zeile* und *Linker Spalte* ❷, damit die Zeilen- und Spaltenbeschriftungen aus den Tabellen übernommen werden.

Bild 4.3 Tabellen konsolidieren

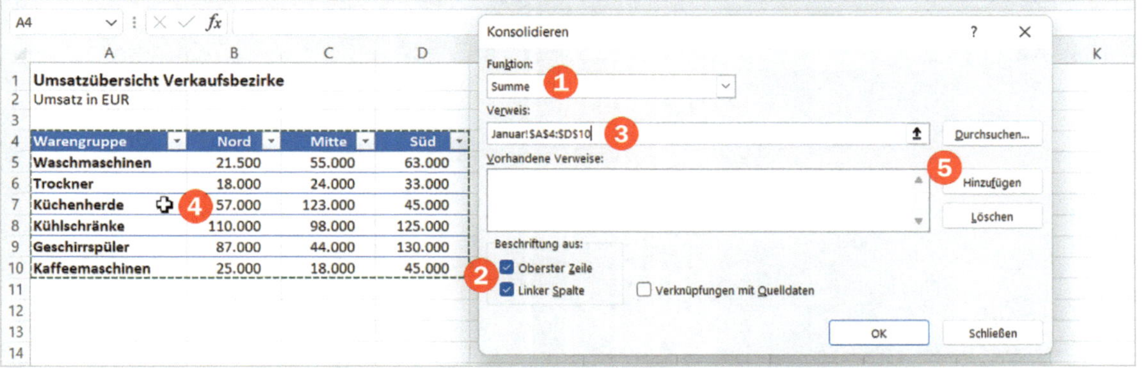

3. Klicken Sie anschließend in das Feld *Verweis* ❸ und markieren Sie im Blatt *Januar* den ersten Tabellenbereich einschließlich der Spalten- und Zeilenbeschriftun-

gen ❹, hier A4:D10. Klicken Sie dann auf die Schaltfläche *Hinzufügen* ❺. Der ausgewählte Zellbereich erscheint nun in der Liste *Vorhandene Verweise*.

Befindet sich die Tabelle in einer anderen Arbeitsmappe, so klicken Sie auf *Durchsuchen…*, um die Mappe zu öffnen und den Verweis festzulegen.

4 Wiederholen Sie den letzten Schritt für die Tabellenblätter *Februar* und *März*. Excel schlägt den zuletzt verwendeten Bereich auch für die nächste Tabelle vor; wenn diese mehr oder weniger Zeilen und Spalten umfasst oder sich an einer anderen Stelle des Arbeitsblattes befindet, dann müssen Sie diesen erneut markieren. Zuletzt müssen, wie im Bild unten, alle Tabellen in der Liste *Vorhandene Verweise* mit Blattname und Zellbezügen aufgeführt sein.

Bild 4.4 Kontrollieren Sie die Liste vorhandene Verweise: Hier müssen allen benötigten Tabellen aufgeführt sein

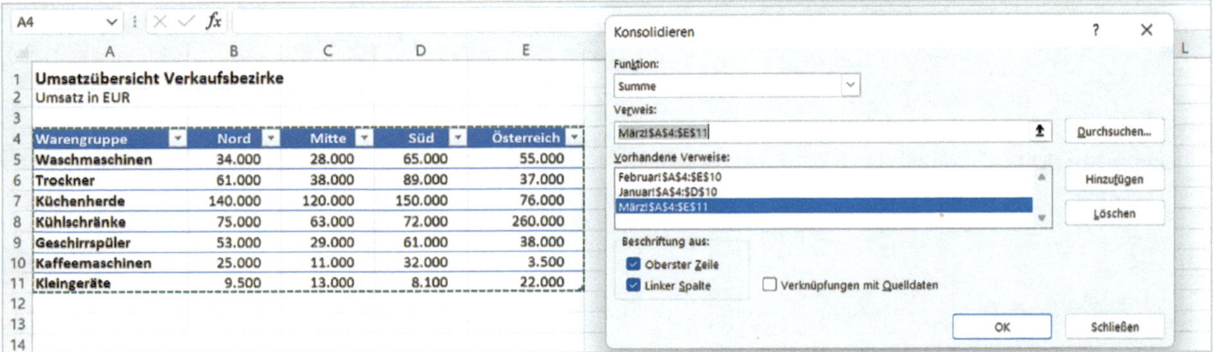

Umsatzübersicht Verkaufsbezirke
Umsatz in EUR

Warengruppe	Nord	Mitte	Süd	Österreich
Waschmaschinen	34.000	28.000	65.000	55.000
Trockner	61.000	38.000	89.000	37.000
Küchenherde	140.000	120.000	150.000	76.000
Kühlschränke	75.000	63.000	72.000	260.000
Geschirrspüler	53.000	29.000	61.000	38.000
Kaffeemaschinen	25.000	11.000	32.000	3.500
Kleingeräte	9.500	13.000	8.100	22.000

5 Wenn bei einer nachträglichen Änderung der Quelldaten die Ergebnistabelle automatisch aktualisiert werden soll, dann aktivieren Sie noch das Kontrollkästchen *Verknüpfungen mit Quelldaten*. Dies ist allerdings nur möglich, wenn die Ergebnistabelle in einem gesonderten Tabellenblatt eingefügt wird.

6 Klicken Sie abschließend auf *OK*. Excel berechnet die Ergebnistabelle und fügt sie unformatiert ab der angegebenen Position ein.

Bild 4.5 Die Ergebnistabelle wird mit dem Gliederungsbereich eingefügt.

C4 =Februar!$B$5

Quartalsbericht

		Nord	Mitte	Süd	Österreich
	Konsolidieren_2	17.800	12.000	22.000	15.000
	Konsolidieren_2	21.500	55.000	63.000	
	Konsolidieren_2	34.000	28.000	65.000	55.000
Waschmaschinen		73.300	95.000	150.000	70.000
Trockner		101.000	118.000	185.000	60.000
Küchenherde		286.000	338.000	325.000	124.000
Kühlschränke		240.000	224.000	242.000	333.000
Geschirrspüler		270.000	183.000	273.000	164.000
Kaffeemaschinen		85.000	46.300	95.000	12.000
Kleingeräte		9.500	13.000	8.100	22.000

7 Haben Sie *Verknüpfungen mit Quelldaten* ausgewählt, so erscheint links der Gliederungsbereich, in dem Sie per Mausklick auf die Kästchen + und - die Detailwerte ein- und ausblenden können. Diese erscheinen oberhalb der Zusammen-

fassung und als Beschriftung verwendet Excel die Dateinamen. Wenn, wie in diesem Beispiel, alle Werte aus derselben Arbeitsmappe stammen, so können Sie nur mit einem Blick in die Bearbeitungsleiste feststellen, aus welcher Tabelle der markierte Einzelwert stammt.

Werte aktualisieren

Enthält die Ergebnistabelle Verknüpfungen zu den Quelldaten, so werden bei nachträglichen Änderungen der Ausgangsdaten auch die Ergebnisse automatisch neu berechnet. Beachten Sie aber, dass neu angefügte Datenzeilen oder -spalten der Ausgangstabellen nicht berücksichtigt werden. In solchen Fällen müssen Sie die betreffenden Tabellen erneut konsolidieren.

Haben Sie die Ergebnistabelle ohne Verknüpfung zu den Quelldaten eingefügt, erhalten Sie anstelle der Formeln nur statische Zahlen. In diesem Fall markieren Sie zum Aktualisieren die linke obere Zelle der Tabelle und rufen erneut das Fenster *Konsolidieren* auf. Klicken Sie dann auf *OK*, um die vorhandenen Verweise erneut zu übernehmen. Wenn sich allerdings der Umfang der Einzeltabellen geändert hat, dann müssen Sie im Fenster *Konsolidieren* die einzelnen Verweise löschen und erneut hinzufügen.

Daten nach Position mit 3D-Bezügen konsolidieren

3D_Bezuege_Daten.xlsx

Wenn die Daten in identischen Tabellen vorliegen, bzw. auf derselben Vorlage beruhen und somit sichergestellt ist, dass sich alle Werte in jeder Tabelle an der gleichen Position befinden, dann können Sie die Einzelwerte auch mit Formeln zusammenfassen. Auch hierzu ein einfaches Beispiel, bei dem die Quartalsberichte mehrerer Filialen als Einzeltabellen vorliegen, im Bild unten als Beispiele die Quartalsberichte der Filialen Köln und München.

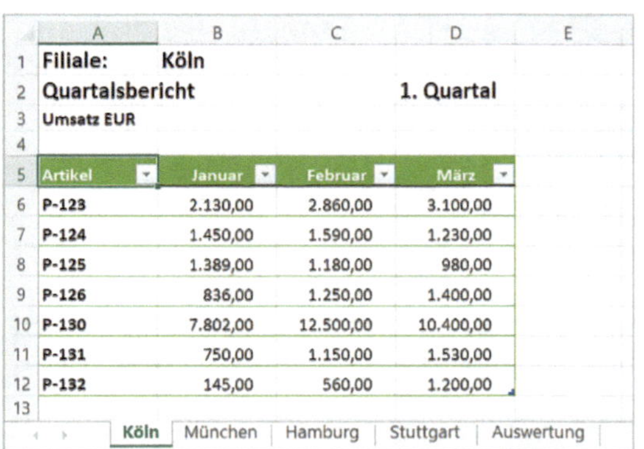

Filiale: Köln
Quartalsbericht — 1. Quartal
Umsatz EUR

Artikel	Januar	Februar	März
P-123	2.130,00	2.860,00	3.100,00
P-124	1.450,00	1.590,00	1.230,00
P-125	1.389,00	1.180,00	980,00
P-126	836,00	1.250,00	1.400,00
P-130	7.802,00	12.500,00	10.400,00
P-131	750,00	1.150,00	1.530,00
P-132	145,00	560,00	1.200,00

Köln | München | Hamburg | Stuttgart | Auswertung

Filiale: München
Quartalsbericht — 1. Quartal
Umsatz EUR

Artikel	Januar	Februar	März
P-123	1.980,00	3.500,00	3.200,00
P-124	2.650,00	2.860,00	2.340,00
P-125	1.250,00	1.790,00	2.100,00
P-126	560,00	1.200,00	1.800,00
P-130	10.500,00	11.200,00	8.500,00
P-131	950,00	1.500,00	1.200,00
P-132	350,00	800,00	750,00

Köln | München | Hamburg | Stuttgart | Auswertung

Bild 4.6 Die Quartalsberichte der Filialen besitzen denselben Aufbau

Für jeden Artikel dem Gesamtumsatz aller Filialen im Monat Januar berechnen

Zur Berechnung der Ergebnisse im Blatt *Auswertung* verwenden Sie einen 3D-Bezug auf einen Bereich von Arbeitsblättern:

Fügen Sie im Blatt *Auswertung* in B6 zunächst die Funktion *SUMME* ein. Zur Eingabe des Zellbereichs klicken Sie im Blattregister auf das erste Blatt, im Beispiel unten *Köln* und danach mit gleichzeitig gedrückter **Umschalt**-Taste auf das letzte Blatt *Stuttgart* und anschließend im Tabellenblatt auf die benötigte Zelle, in diesem Beispiel B6. Die Summenfunktion mit dem 3D-Bezug lautet dann:

```
B6: =SUMME(Köln:Stuttgart!B6)
```

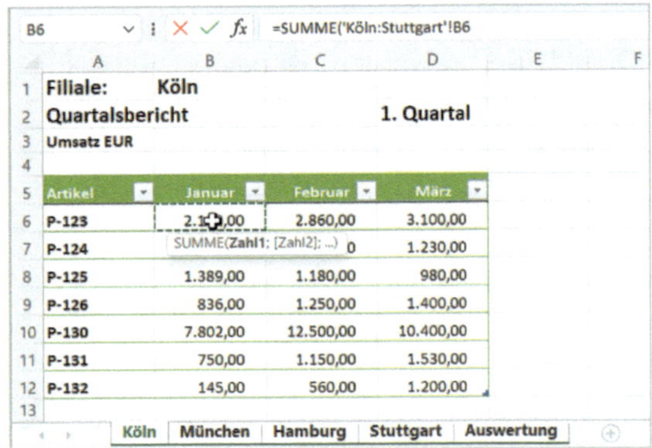

Bild 4.7 *Klicken Sie auf das erste Tabellenblatt und mit gedrückter Umschalt-Taste auf das letzte Blatt.*

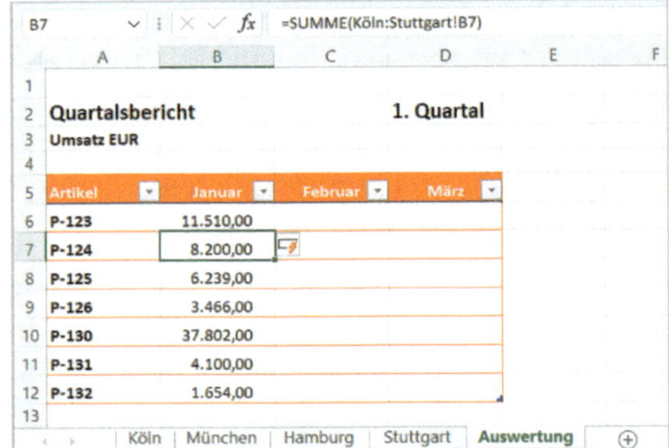

Bild 4.8 *Das Ergebnis im Blatt Auswertung*

Wenn die Ergebnistabelle als Tabelle formatiert ist bzw. einen Tabellenbereich bildet, dann kopiert Excel die Funktion automatisch in die gesamte Spalte, siehe Bild oben. Sie brauchen anschließend nur noch die Formel nach rechts in die Spalten Februar und März kopieren.

Beachten Sie bei Verwendung von 3D-Bezügen auf mehrere Arbeitsblätter

Die Werte nachträglich hinzugefügter Arbeitsblätter werden nur dann automatisch berücksichtigt, wenn diese zwischen den vorhandenen Blättern bzw. Bezügen eingefügt werden, hier z. B. zwischen den Blättern Köln und Stuttgart. Fügen Sie dagegen ein Arbeitsblatt am Beginn oder Ende ein, so müssen Sie die Funktion korrigieren bzw. neu eingeben.

Strukturierte Verweise auf Tabellen, siehe Kapitel 3 auf Seite 157.

3D-Bezüge können nur auf Arbeitsblätter, nicht aber auf Bereichsnamen angewendet werden. Wenn die Tabellen als Tabellenbereiche formatiert sind, müsste die Formel wie unten lauten, wobei Koeln, Muenchen, Hamburg und Stuttgart die Namen der Tabellen darstellen:

```
=Koeln[@Januar]+Muenchen[@Januar]+Hamburg[@Januar]+Stuttgart[@Januar]
```

Hinweis: Falls Sie nur bestimmte Werte aus mehreren Tabellen zusammenführen möchten, können Sie eventuell auch noch die Funktion INDIREKT einsetzen, Details hierzu finden Sie in Kapitel 2.5 ab Seite 105.

4.2 Inhalte mit der bedingten Formatierung hervorheben

Mit der bedingten Formatierung lassen sich Zellen oder Zellbereiche, abhängig vom Inhalt, optisch hervorheben. Die Anwendungsmöglichkeiten sind vielfältig; so visualisieren Sie beispielsweise die höchsten oder niedrigsten Werte einer Reihe, geben negativen Zahlen ein bestimmtes Format oder heben alle Zahlen hervor, die über oder unter dem Durchschnitt liegen. Neben Füll- und Schriftfarben stehen Ihnen auch Datenbalken, Farbskalen und Symbolsätze zur Verfügung. Sie finden die Schaltfläche *Bedingte Formatierung* im Menüband, Register *Start*, Gruppe *Formatvorlagen*.

Bild 4.9 Register Start, Bedingte Formatierung

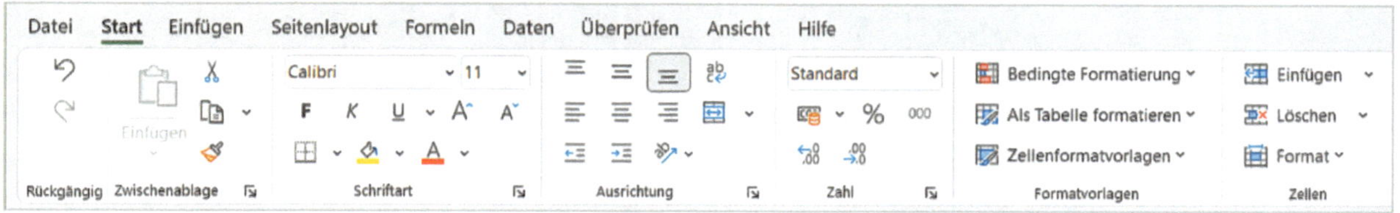

Auch die *Schnellanalyse* enthält im Register *Formatierung* eine Zusammenstellung der wichtigsten bedingten Formatierungen. Das Symbol *Schnellanalyse* erscheint im Tabellenblatt, sobald Sie einen Zellbereich markieren.

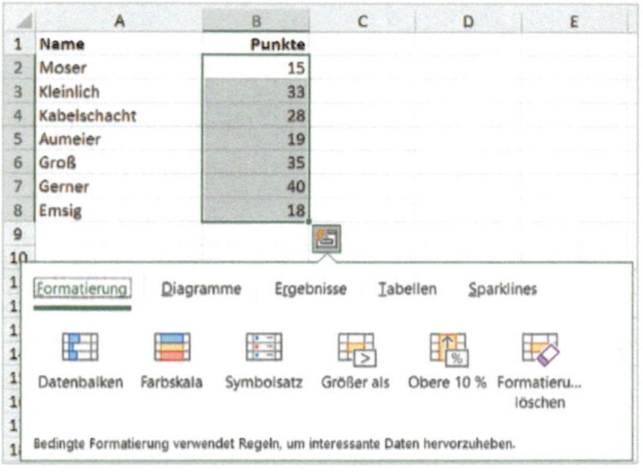

Bild 4.10 Schnellanalyse - Bedingte Formatierung

Für alle bedingten Formatierungen gilt:

- Ändert sich der Wert einer Zelle, so ändert sich auch seine Formatierung entsprechend der zugrundeliegenden Regel.
- Pro Zelle bzw. Zellbereich sind auch mehrere bedingte Formatierungen gleichzeitig möglich. Bei Überschneidungen ist die Reihenfolge der Regeln ausschlaggebend.
- Da Excel Farbabstufungen und Balkenlänge automatisch anhand des markierten Wertebereichs festlegt, dürfen Sie nur diejenigen Werte markieren bzw. zusammenfassen, die Sie unmittelbar miteinander vergleichen möchten.

Werte mit Balken, Farbskalen und Symbolen vergleichen

Am einfachsten ist die Verwendung von grafischen Vorlagen. Markieren Sie den zu formatierenden Zellbereich, klicken Sie im Register *Start* ▶ Gruppe *Formatvorlagen* auf *Bedingte Formatierung* und zeigen Sie auf *Datenbalken*, *Farbskalen* oder *Symbolsätze* (Bild 4.11). Es erscheinen verschiedene Vorlagen und bereits beim Zeigen sehen Sie in den markierten Zellen im Tabellenblatt eine Vorschau. Mit einem Klick übernehmen Sie die Vorlage.

- Mit der Auswahl *Datenbalken* werden die Zellen, entsprechend Ihres Wertes, mit farbigen Balken hinterlegt, vergleichbar einem Balkendiagramm.

- Die Auswahl *Farbskalen* hebt die höchsten und niedrigsten Werte hervor.
- Über *Symbolsätze* versehen Sie die Zellen mit Symbolen, z. B. Ampelsymbolen oder Pfeilen.

Bild 4.11 Beispiel Datenbalken und Symbolsätze

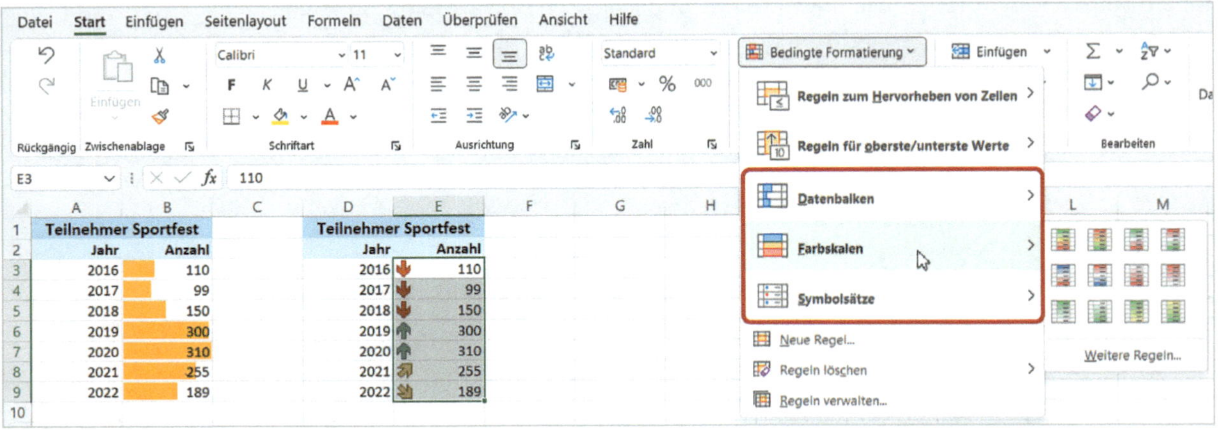

Bedingte_Formatierung.xlsx

Die Berechnungsgrundlagen für grafische Vorlagen

- **Datenbalken:** Die Balkenlänge orientiert sich an der höchsten Zahl des markierten Zellbereichs, diese entspricht 100 %.
- **Farbskalen:** Bei Farbskalen beruht die Aufteilung der Farben auf dem Median der markierten Zahlen. Bei einer 3-Farben-Skala, z. B. *Blau-Weiß-Rot-Skala*, wie im Bild rechts, entspricht die mittlere Farbe Weiß dem Median von 30. Alle Werte, die kleiner als der Median sind, werden rot dargestellt, und alle Werte darüber sind blau. Die Farbe wird umso heller, je näher sich eine Zahl am Median befindet.

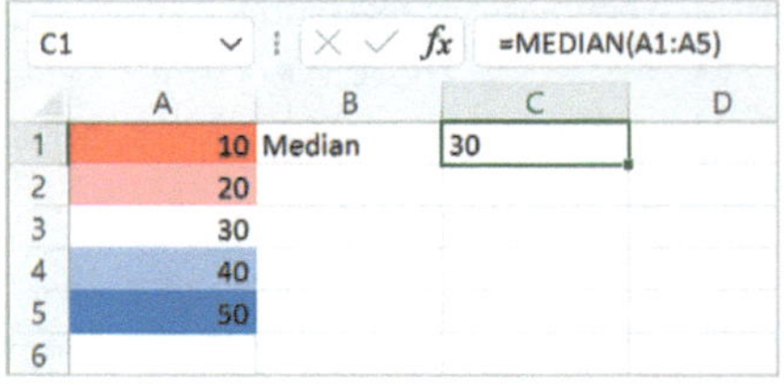

- **Symbolsätze:** Bei Symbolsätzen mit drei unterschiedlichen Symbolen z. B. in Ampelfarben, berechnet Excel die Schwellenwerte mit 33 % und 67 % (Quantile) der höchsten markierten Zahl, diese entspricht 100 %. Daraus ergibt sich die folgende Farbzuordnung:

  Grün >= 67 % (zwei Drittel) des höchsten Werts, rot < 33 % (ein Drittel) des höchsten Werts. Alle dazwischen liegenden Werte erhalten gelbe Farbe. Bei vier Symbolen bzw. Farben liegen die Schwellenwerte bei 25 %, 50 % und 75 %.

Bild 4.12 Symbolsätze und Schwellenwerte

	A	B	C	D	E	F	G	H	I	J
1	Symbolsätze									
2		Quartal 1	Quartal 2	Quartal 3	Quartal 4					
3	H. Bauer	- €	2.000 €	2.999 €	4.000 €		grün >= 67%	HöchsterWert	7.400 €	
4	M. Schneider	7.400 €	4.950 €	5.300 €	5.400 €		gelb < 67% und >= 33%	33% Quantil	2.442 €	
5	W. Wilke	3.500 €	6.100 €	2.442 €	2.441 €		rot < 33%	67% Quantil	4.958 €	
6	K. Sommer	7.100 €	7.200 €	7.300 €	4.960 €					
7										

> **Achtung**: Diese Berechnung geht nur auf, wenn der kleinste Wert 0 ist. Ist dies nicht der Fall, führt Excel eine alternative Berechnung durch. Zunächst wird vom höchsten Wert der niedrigste abgezogen. Dieses Ergebnis verwendet Excel zur Berechnung der Schwellenwerte bei 67 % und 33 %. Zu den Werten für 67 % und 33 % wird nun wieder der niedrigste Wert addiert.

Bedingte Formate wieder entfernen

Bedingte Formatierungen ließen sich auch mit der Schaltfläche Löschen - Formate löschen entfernen, allerdings werden dann auch z. B. Zahlenformate gelöscht.

Vorsicht beim Ausprobieren verschiedener Formate! Vorhandene bedingte Formatierungen werden durch das Auswählen weiterer nicht ersetzt, sondern diese werden hinzugefügt. Löschen Sie also bedingte Formatierungen, die Sie nicht mehr brauchen.

Dazu klicken Sie auf *Bedingte Formatierung* und auf *Regeln löschen*. Wählen Sie dann, ob Sie alle Regeln im markierten Zellbereich oder im gesamten Tabellenblatt löschen möchten. Den Befehl (bedingte) *Formatierungen löschen* erhalten Sie auch, wenn Sie auf die Schaltfläche *Schnellanalyse*, Register *Formatierung*, klicken.

Bild 4.13 Regeln löschen

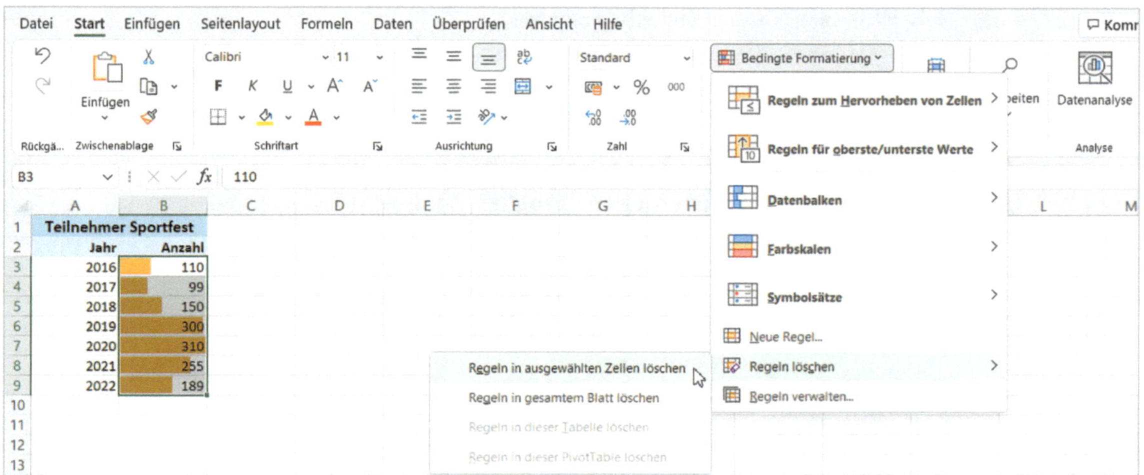

Tipp: Den besten Überblick über vorhandene Regeln erhalten Sie im Manager für Regeln zur bedingten Formatierung. Hier können Sie gezielt bestimmte Regeln auswählen und diese ändern oder löschen, Näheres hierzu weiter unten auf Seite 200.

Zellen anhand von Vergleichswerten hervorheben

Eine andere Möglichkeit besteht darin, die Zellen anhand von Vergleichswerten hervorzuheben. Auf diese Weise können beispielsweise alle Zellen farbig gekennzeichnet werden, deren Werte über oder unter einem bestimmten Wert (*Regeln zum Hervorheben von Zellen*), dem Durchschnitt oder einem bestimmten Prozentsatz (*Regeln für oberste/unterste Werte*) liegen.

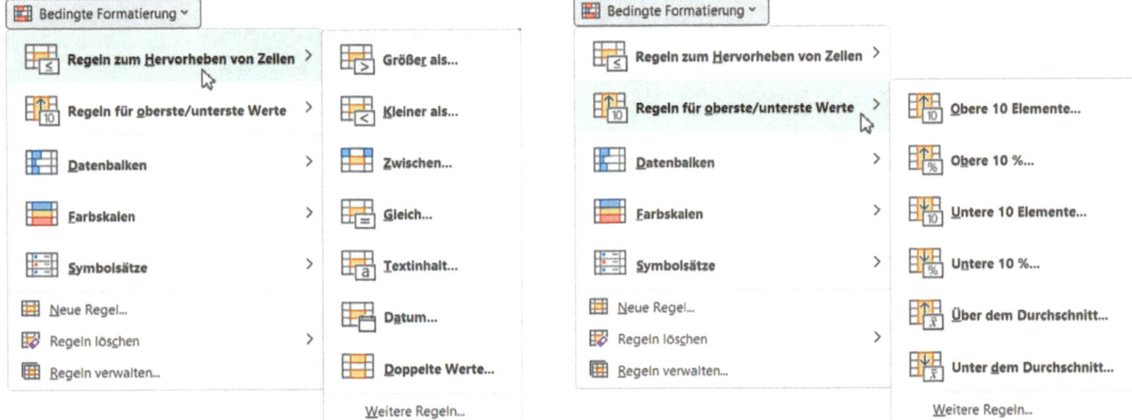

Bild 4.14 Regelkategorie wählen

Ein Beispiel für das Hervorheben von Duplikaten mit der Auswahl *Doppelte Werte...* finden Sie in Kapitel 3 auf Seite 188.

Beispiel: Die drei höchsten Zahlen hervorheben

1 Markieren Sie den Zellbereich, dem Sie die bedingte Formatierung zuweisen möchten, klicken Sie auf *Bedingte Formatierung* ▶ *Regeln für oberste/unterste Werte* und wählen Sie *Obere 10 Elemente*.

2 Geben Sie die Anzahl der hervorzuhebenden Elemente ein, hier 3 und wählen Sie im Feld daneben eine Formatierung. Die Auswahl *benutzerdefiniertem Format...* öffnet das Dialogfenster *Zellen formatieren* und Sie können Ihr eigenes Format zusammenstellen.

Bild 4.15 Obere 3 Elemente hervorheben

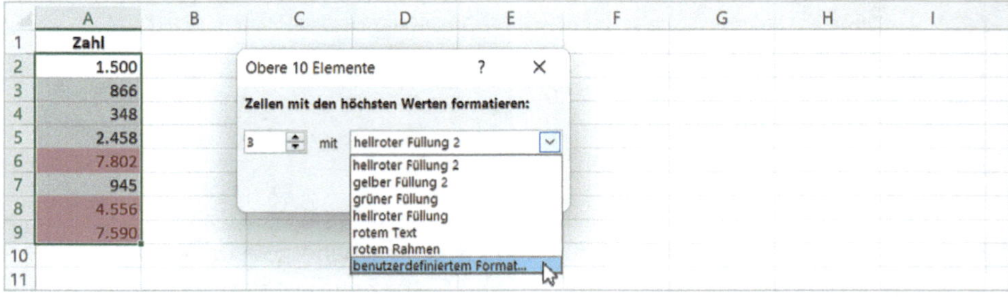

Tipp: Einfache bedingte Formatierungen können, wie alle Zellenformate, mit dem Symbol *Format übertragen* (Register *Start* ▶ *Zwischenablage*) schnell auf andere Zellbereiche kopiert werden.

Datumswerte mit bedingter Formatierung hervorheben

Die bedingte Formatierung eignet sich auch hervorragend für Datumswerte. Ein Beispiel: Sie möchten in einer Tabelle mit Datumswerten alle Tage der aktuellen Woche hervorheben. Markieren Sie die Spalte mit den Datumswerten, klicken Sie auf *Bedingte*

Formatierung und zeigen Sie auf *Regeln zum Hervorheben von Zellen*. Klicken Sie auf *Datum…* und wählen Sie aus der Dropdown-Liste den Eintrag *Diese Woche*. Daneben legen Sie die gewünschte Formatierung fest. Stattdessen oder zusätzlich lassen sich auch das aktuelle Datum und/oder der gesamte Monat hervorheben.

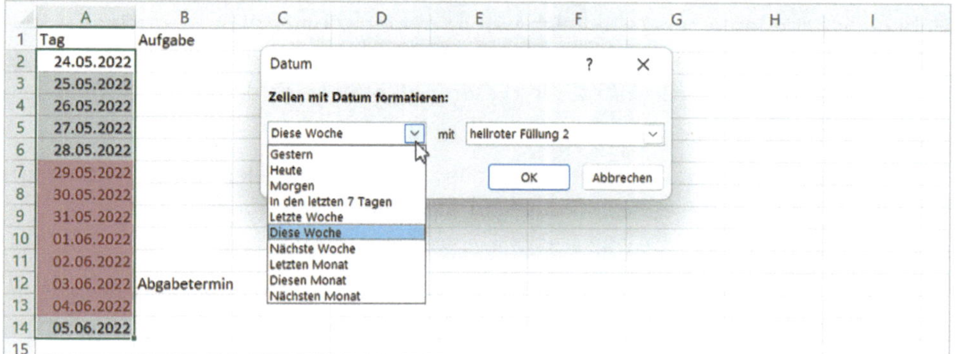

Bild 4.16 Datumswerte mit Vergleichsregeln hervorheben

Eigene Regeln festlegen

Zur Definition eigener Regeln klicken Sie auf *Bedingte Formatierung* und wählen *Neue Regel....* Im Dialogfenster *Neue Formatierungsregel* (Bild unten) können Sie zur Regelbeschreibung auch Formeln verwenden, eigene Farbskalen definieren und nicht nur einzelne Zellen, sondern auch ganze Tabellenzeilen hervorheben.

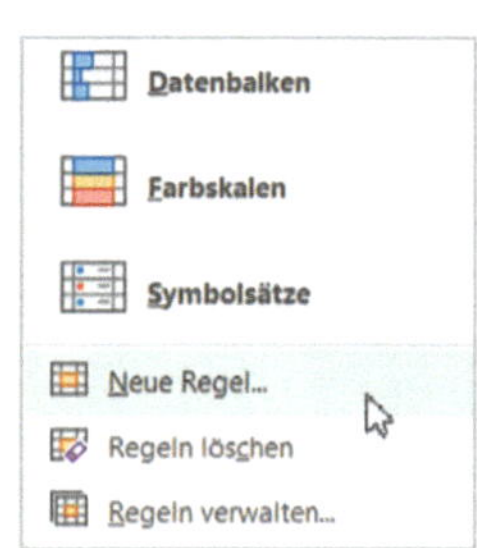

Bild 4.17 Neue Formatierungsregel

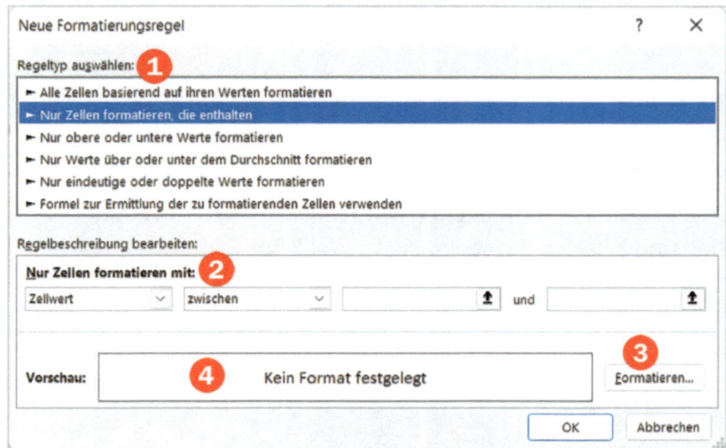

1 Zuerst wählen Sie den grundlegenden *Regeltyp* aus ❶. Der Typ *Nur Zellen formatieren, die enthalten* entspricht der Kategorie *Regeln zum Hervorheben von Zellen*. Wenn Sie eine Formel verwenden möchten, dann benötigen Sie den Typ *Formel zur Ermittlung der formatierenden Zellen verwenden*.

2 Abhängig vom gewählten Regeltyp bearbeiten Sie unterhalb die Regelbeschreibung ❷ und geben hier z. B. einen Vergleichswert, eine Formel oder eine Funktion ein.

3 Zuletzt wählen Sie über die Schaltfläche *Formatieren...* ❸ eine Formatierung. Daneben ❹ sehen Sie eine Vorschau auf das Format.

Regeln nachträglich ändern

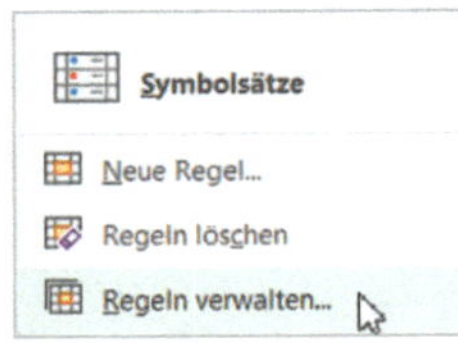

Haben Sie dagegen einen Zellbereich bereits mit einer bedingten Formatierung versehen, z. B. 3-Farben-Skala, und möchten diese ändern, dann klicken Sie auf *Bedingte Formatierung* ▶ *Regeln verwalten...*. In diesem Fall öffnet sich der *Manager für Regeln zur bedingten Formatierung*.

1 Zuerst sollten Sie dafür sorgen, dass alle Regeln im aktuellen Tabellenblatt sichtbar sind: Klicken Sie dazu in das Feld *Formatierungsregeln anzeigen für* ❶ und wählen Sie *Dieses Arbeitsblatt* statt *Aktuelle Auswahl*.

2 Klicken Sie dann auf die betreffende Regel und auf die Schaltfläche *Regel bearbeiten* ❷. Eine nicht mehr benötigte Regel können Sie hier mit Klick auf die Schaltfläche *Regel löschen* auch wieder entfernen.

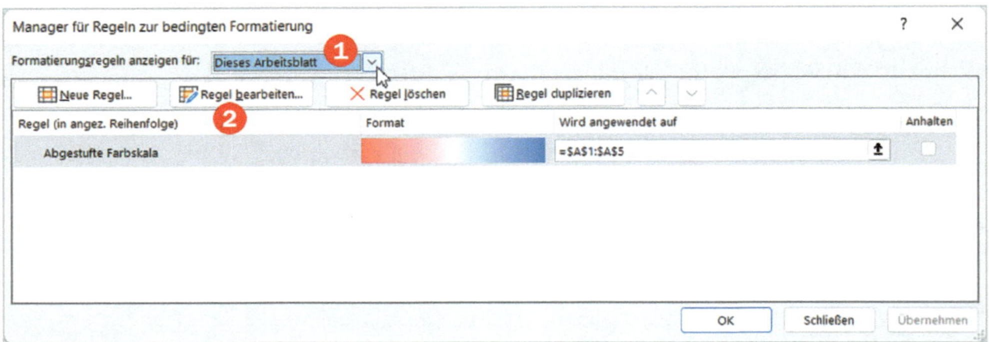

Bild 4.18 Vorhandene Regel bearbeiten

Beispiel: Eigene Farbskalen definieren

Sie möchten die mittleren monatlichen Niederschlagsmengen einiger deutscher Städte vergleichen und zwar, statt mit einer Blau-Weiß-Rot-Farbskala (3-Farben) wie im Bild unten, mit einer 2-Farben-Farbskala.

Niederschlag mittlere Monatssumme (mm)
(Quelle: Wetter.de)

	Jan	Feb	Mär	Apr	Mai	Jun	Jul	Aug	Sep	Okt	Nov	Dez
München	46	47	45	65	88	109	90	93	67	52	59	50
Kempten	83	78	79	96	115	163	141	156	103	76	94	90
Rostock	38	35	39	54	84	93	63	76	53	41	48	41
Frankfurt	44	40	51	52	61	70	63	65	48	51	59	54
Berlin	33	31	38	40	47	62	48	51	36	29	38	41

Bild 4.19 Monatliche Niederschlagsmengen als 3-Farben-Farbskala

1 Markieren Sie den Zellbereich, hier B4:M8, und klicken auf *Bedingte Formatierung* ▶ *Neue Regel...* bzw. auf *Regel verwalten...*, um eine vorhandene Regel zu ändern.

2 Klicken Sie auf den Regeltyp *Alle Zellen basierend auf Ihren Werten formatieren* ❶ und wählen Sie im Feld *Formatstil* ❷ die *2-Farben-Skala* aus.

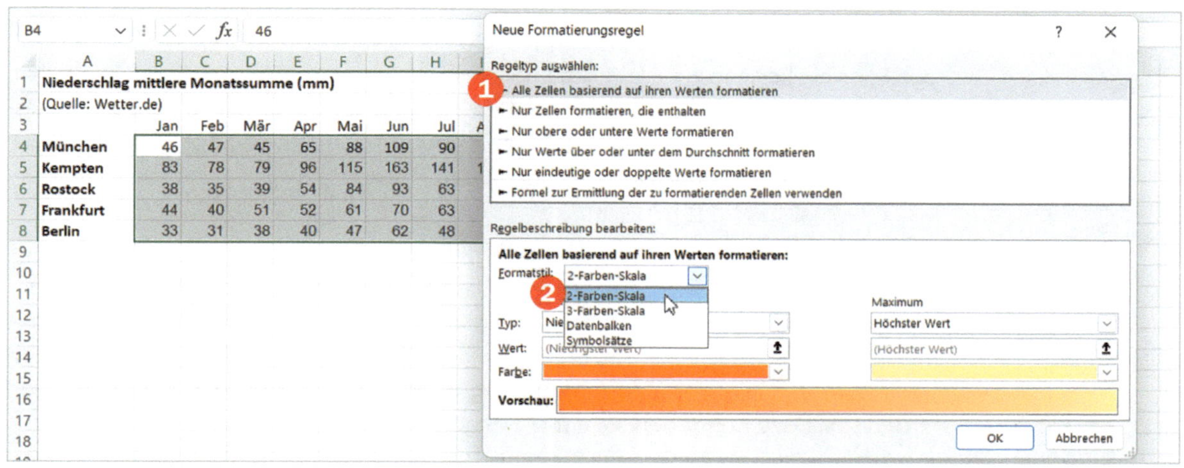

Bild 4.20 Farbskala bearbeiten

3 Anschließend legen Sie unter *Minimum* und *Maximum* fest, wie diese Werte gewählt werden sollen. Zur Auswahl stehen:

- Niedrigster bzw. höchster Wert, diese werden automatisch aus den markierten Werten ermittelt.
- Eine fest vorgegebene Zahl, die Sie im Feld *Wert* darunter eingeben.
- Prozent (Achtung: ohne Prozentzeichen eingeben),
- Formel, wobei das Formelergebnis eine Zahl oder ein Datum sein muss,
- Quantil; Quantile teilen, genau wie der Median, einen Wertebereich in zwei Teile, nur dass im Gegensatz zum Median (50% Quantil) das Quantil beliebig angegeben werden kann.

4 Für dieses Beispiel wählen wir als *Minimum* und *Maximum* jeweils *Quantil* mit den Werten 10 und 90 ❸.

5 Nun brauchen Sie unterhalb nur noch die dazugehörigen Farben auswählen ❹, hier rot als Minimum und blau als Maximum.

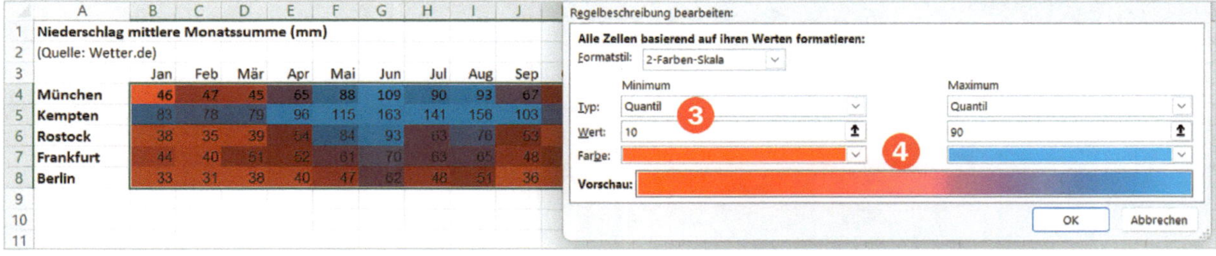

Bild 4.21 Das Ergebnis mit einer 2-Farben-Skala

Regeln anhand von Formeln definieren

Formelergebnis muss ein Wahrheitswert sein

Auch Formeln können zur Ermittlung der zu formatierenden Werte eingesetzt werden. Diese müssen, wie alle Excel-Formeln mit dem Gleichheitszeichen beginnen, außerdem eignen sich für die bedingte Formatierung nur Formeln und Funktionen, die als Ergebnis die Wahrheitswerte WAHR oder FALSCH liefern.

Die gesamte Zeile anstatt einzelner Zellen hervorheben

Sie möchten eine Tabelle so formatieren, dass nicht nur die betreffenden Zellen, sondern gleich die gesamte dazugehörige Zeile hervorgehoben wird? Hier als Beispiel eine Tabelle mit Quartalsumsätzen, in der beim höchsten Jahresumsatz in der Spalte *Summe* mit der bedingten Formatierung gleich die gesamte Zeile hervorgehoben werden soll. Dazu benötigen Sie eine Formel.

Bild 4.22 Gesamte Zeile hervorheben

	A	B	C	D	E	F	G	H	I
1	**Warengruppe**	**1. Quartal**	**2. Quartal**	**3. Quartal**	**4. Quartal**	**Summe**			
2	Waschmaschinen	15.000	66.300	39.500	41.000	161.800			
3	Trockner	12.600	7.500	12.000	12.400	44.500			
4	Küchenherde	28.000	15.000	26.000	31.000	100.000			
5	**Kühlschränke**	**20.000**	**63.000**	**48.900**	**59.000**	**190.900**			
6	Geschirrspüler	18.000	16.900	23.000	28.500	86.400			
7									

Markieren Sie den zu formatierenden Zellbereich A2:F6, klicken Sie auf *Bedingte Formatierung* und auf *Neue Regel…*. Wählen Sie den Typ *Formel zur Ermittlung der zu formatierenden Zellen verwenden* und geben Sie unter *Regelbeschreibung bearbeiten* die folgende Formel, zusammen mit einem Gleichheitszeichen (=) ein. Achten Sie auch auf die gemischten Bezüge!

=$F2:$F6=MAX($F$2:$F$6)   oder: =$F2=MAX($F$2:$F$6)

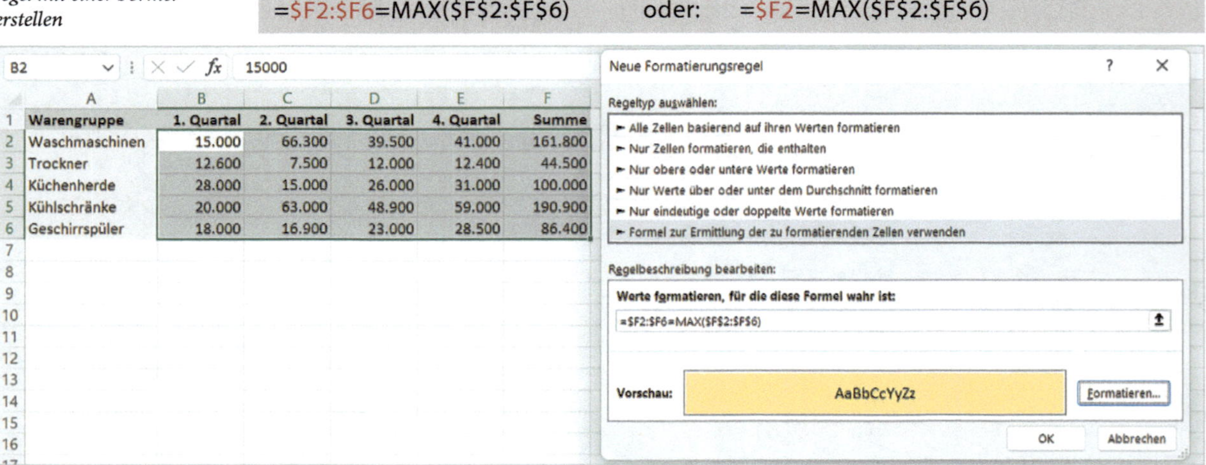

Bild 4.23 Formatierungsregel mit einer Formel erstellen

Erklärung: Um den höchsten Jahresumsatz zu ermitteln, muss in Spalte F die Summe in jeder Zeile mit dem höchsten Wert (Funktion MAX) dieser Spalte verglichen werden. Dies erreichen Sie, indem der Bezug auf die Spalte F konstant bleibt, nicht aber auf die Zeile, also $F2.

Zuletzt wählen Sie über die Schaltfläche *Formatieren...* das gewünschte Format, hier Füllfarbe und fette Schrift und bestätigen mit *OK*.

Werte in Spalten miteinander vergleichen

Eine Formel benötigen Sie auch, wenn Sie jeweils die Werte in zwei Spalten miteinander vergleichen und z. B., wie im Bild unten negative Abweichungen zwischen Plan und Ist hervorheben möchten.

Markieren Sie die Ist-Werte (C2:C12), klicken Sie auf Bedingte *Formatierung* ▶ *Neue Regel...* und wählen Sie den Regeltyp *Formel zur Ermittlung der zu formatierenden Zellen verwenden*. Geben Sie dann die folgende Formel ein: =$C2<$B2 und wählen Sie wieder über die Schaltfläche *Formatieren...* ein Format, hier fett und rote Schriftfarbe, und klicken Sie auf *OK*.

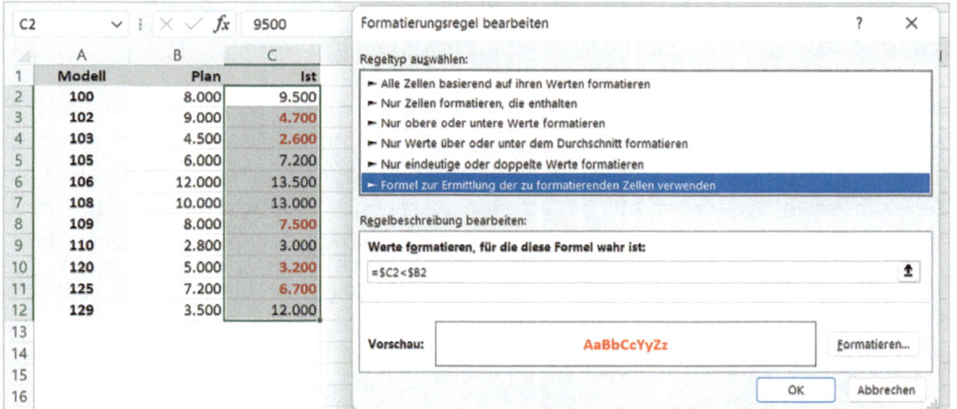

Modell	Plan	Ist
100	8.000	9.500
102	9.000	4.700
103	4.500	2.600
105	6.000	7.200
106	12.000	13.500
108	10.000	13.000
109	8.000	7.500
110	2.800	3.000
120	5.000	3.200
125	7.200	6.700
129	3.500	12.000

Bild 4.24 Spalte Ist mit Spalte Plan vergleichen

Wochentage im Kalender hervorheben

Ein weiterer häufiger Einsatzzweck für die bedingte Formatierung ist in Listen mit Datumswerten das Hervorheben der Wochenenden, wie im Bild unten. Dadurch kann das Blatt beliebig kopiert werden und Sie brauchen später nur noch die Datumswerte des entsprechenden Monats eintragen.

Einsatzkalender **Mai 2022**

Mitarbeiter	01.05.	02.05.	03.05.	04.05.	05.05.	06.05.	07.05.	08.05.	09.05.	10.05.	11.05.	12.05.	13.05.	14.05.	15.05.	16.05.	17.05.	18.05.	19.05.	20.05.	21.05.	22.05.	23.05.	24.05.	25.05.	26.05.	27.05.	28.05.	29.05.	30.05.	31.05.
Moser																															
Heinrich																															
Baumann																															
Hackstein																															
Kabelschacht																															
Brösel																															
Mumpitz																															

Bild 4.25 Wochenenden hervorheben

In diesem Fall markieren Sie wieder die gesamte zu formatierende Tabelle, hier B3:AF10 und geben die folgende Regel ein, als Format wurde grüne Füllfarbe gewählt.

Eine Beschreibung der Funktion WOCHENTAG finden Sie in Kapitel 2.6.

```
=WOCHENTAG($B3;2)>=6
```

4.3 Was-wäre-wenn-Analysen

In vielen Fällen leisten Vergleichsberechnungen oder Was-wäre-wenn-Analysen gute Dienste. Dazu stellt Excel gleich mehrere Werkzeuge zur Verfügung:

- Berechnung von Datentabellen mit ein oder zwei Variablen, auch als Mehrfachoperation bezeichnet.
- Szenarien zum Vergleich verschiedener Lösungen.
- Die Zielwertsuche, wenn ein bestimmtes Formelergebnis erzielt werden soll.
- Optimieren von Lösungen mit dem Add-In Solver.
- Prognosen für künftige Entwicklungen mit dem Tool Prognoseblatt.

Datentabellen mit ein oder zwei Variablen berechnen

Sie haben eine Formel mit mehreren Ausgangswerten berechnet und möchten testen, wie sich das Ergebnis verhält, wenn Sie für einen bestimmten Ausgangswert verschiedene Werte verwenden? Wenn Sie diese Werte nicht nur einfach nacheinander in die Zelle schreiben, sondern sämtliche Ausgangswerte und Ergebnisse in einer Tabelle zusammenfassen möchten, dann sollten Sie sich mit der Mehrfachoperation befassen.

Sie finden die Mehrfachoperation unter der Bezeichnung *Datentabelle* im Register *Daten* ▶ *Prognose*. Klicken Sie auf *Was-wäre-wenn-Analyse* und auf *Datentabelle…*.

Bild 4.26 Datentabelle

Matrixformeln, siehe Seite 52.

Hinweis: Zur Berechnung einer Datentabelle verwendet Excel die Funktion MEHRFACHOPERATION und gibt die Ergebnisse als Matrix aus.

Datentabelle mit einer Variablen

Als Beispiel eine einfache Zinsberechnung: Angenommen, Sie legen jeden Monat einen festen Betrag an und möchten wissen, mit welchem Betrag Sie in 5 Jahren rechnen können und wie unterschiedliche Zinsen das Ergebnis beeinflussen.

Eine Beschreibung der Funktion ZW finden Sie in Kapitel 2.7.

1 Im ersten Schritt berechnen Sie, wie im Bild 4.27, in C6 mit der Funktion ZW den Endwert/Zinswert. Diese benötigt die Argumente: Zinssatz (*Zins*), Zahlungszeitraum (*Zzr*) und mit *Rmz* die regelmäßige, in diesem Fall monatliche Zahlung. Beachten Sie, dass von Ihnen zu leistende Beträge mit einem negativen Vorzeichen eingegeben werden sollten, wenn Sie kein negatives Ergebnis erhalten möchten.

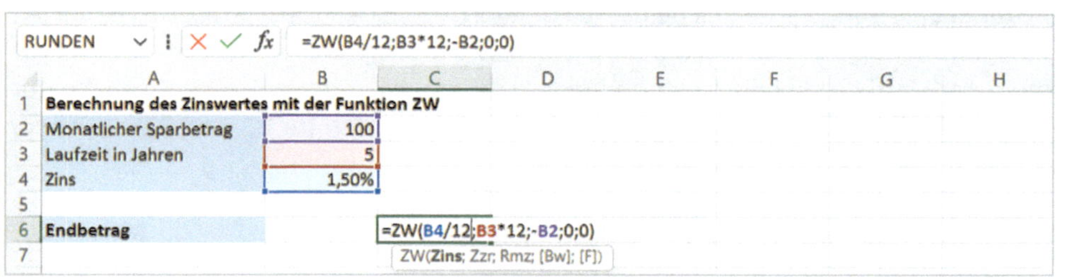

Bild 4.27 Mit ZW den Zinswert berechnen

Datentabellen.xlsx

2 Um diese Formel mit verschiedenen Zinsen zu berechnen, geben Sie diese, wie in Bild 4.28, in einer Spalte untereinander ein. Da Excel die Ergebnisse automatisch unterhalb der ursprünglichen Formel berechnet, geben Sie die Zinsen am besten in der Spalte links davon, hier ab B7 ein.

3 Im nächsten Schritt markieren Sie den gesamten Bereich der zu berechnenden Datentabelle einschließlich der Formel, hier B6 bis C16, siehe Bild unten. Klicken Sie im Menüband, Register *Daten* ▶ *Prognose*, auf *Was-wäre-wenn-Analyse* und wählen Sie *Datentabelle*....

4 Im Fenster *Datentabelle* geben Sie an, welcher Wert bzw. welches Argument der Formel durch die variablen Werte ersetzt werden soll. Im Beispiel ist dies der Zins in B4. Da sich die unterschiedlichen Zinsen in einer Spalte untereinander befinden, klicken Sie in das Feld *Spalte* und dann im Tabellenblatt auf die Zelle B4 mit dem Zins. Klicken Sie zuletzt auf *OK*.

Bild 4.28 Zins durch Werte in Spalten ersetzen

Bild 4.29 Die Ergebnisse

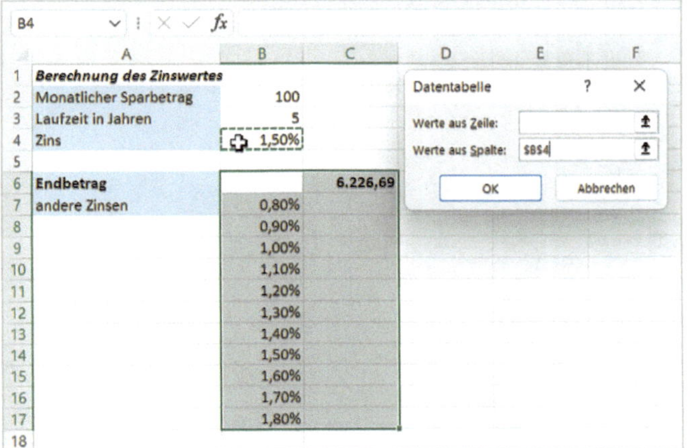

	A	B	C
1	Berechnung des Zinswertes		
2	Monatlicher Sparbetrag	100	
3	Laufzeit in Jahren	5	
4	Zins	1,50%	
5			
6	Endbetrag		6.226,69
7	andere Zinsen	0,80%	
8		0,90%	
9		1,00%	
10		1,10%	
11		1,20%	
12		1,30%	
13		1,40%	
14		1,50%	
15		1,60%	
16		1,70%	
17		1,80%	

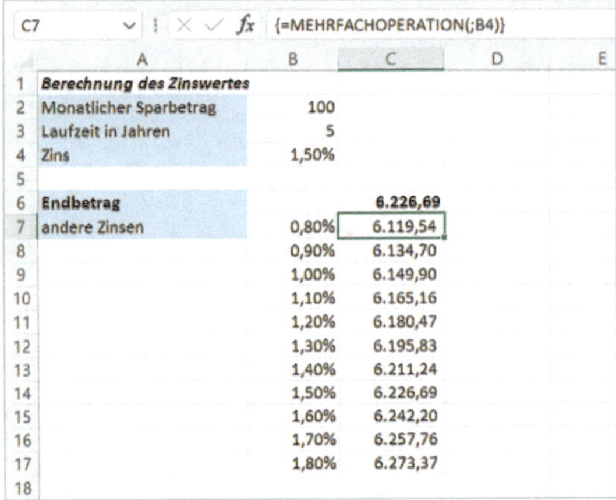

C7 {=MEHRFACHOPERATION(;B4)}

	A	B	C
1	Berechnung des Zinswertes		
2	Monatlicher Sparbetrag	100	
3	Laufzeit in Jahren	5	
4	Zins	1,50%	
5			
6	Endbetrag		6.226,69
7	andere Zinsen	0,80%	6.119,54
8		0,90%	6.134,70
9		1,00%	6.149,90
10		1,10%	6.165,16
11		1,20%	6.180,47
12		1,30%	6.195,83
13		1,40%	6.211,24
14		1,50%	6.226,69
15		1,60%	6.242,20
16		1,70%	6.257,76
17		1,80%	6.273,37

In der Bearbeitungsleiste erscheint die Funktion MEHRFACHOPERATION in geschweiften Klammern { }. Sie können die Tabelle beliebig formatieren, nicht aber einzelne Formeln der Matrixformel löschen oder ändern. Alternativ könnten Sie die Formel natürlich auch in B7 unter Verwendung von festen Zellbezügen für B2 und B3 berechnen und anschließend kopieren.

Datentabelle mit zwei Variablen

Interessanter sind Datentabellen mit zwei veränderbaren Werten. Dazu erweitern wir das vorherige Beispiel und ziehen neben den Zinsen auch noch verschiedene Laufzeiten heran. Dazu ergänzen Sie die zuvor verwendete Tabelle um eine Zeile mit den verschiedenen Laufzeiten, diese müssen sich in derselben Zeile wie die Formel befinden. Die Zinsen werden unterhalb in die gleiche Spalte wie die Formel eingetragen, die Ausgangstabelle muss also aussehen, wie in Bild 4.30.

> **Achten Sie auf die richtige Position der Formel bzw. der variablen Werte**
>
> Die ersten variablen Werte müssen sich rechts von der Ausgangsformel und in derselben Zeile befinden, die zweiten variablen Werte dagegen unterhalb und in derselben Spalte wie die Ausgangsformel. Welche Variablen in der Zeile und welche in der Spalte angeordnet werden, spielt dagegen keine Rolle.

1 Markieren Sie die gesamte künftige Datentabelle einschließlich Formel und der Zeilen- und Spaltenwerte und rufen Sie *Was-wäre-wenn-Analyse* ▶ *Datentabelle...* auf.

2 Anschließend geben Sie an, welche Ausgangswerte zu ersetzen sind. In der Zeile rechts von der Formel befinden sich die Jahre, klicken Sie also in das Feld *Werte aus Zeile* und dann auf die Laufzeit in B3. Statt des Zins in B4 sollen die Werte aus der Spalte unterhalb der Formel verwendet werden, also muss im Feld *Werte aus Spalte* die Adresse B4 angegeben werden.

3 Nachdem Sie auf *OK* geklickt haben, füllt Excel die Datentabelle mit den berechneten Werte auf, diese können Sie anschließend beliebig formatieren.

Bild 4.30 Datentabelle mit zwei variablen Werten berechnen

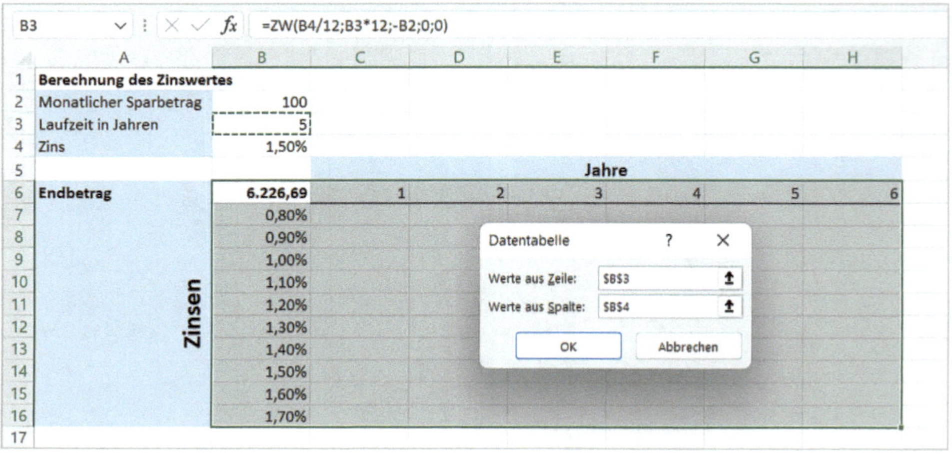

Tipp: Falls Sie die Formel in der linken oberen Ecke der Tabelle als störend empfinden, formatieren Sie diese Zelle entweder mit dem benutzerdefinierten Zahlenformat ;;; oder mit derselben Schriftfarbe wie der Hintergrund.

Was-wäre-wenn Szenarien

Im Gegensatz zu Datentabellen mit maximal zwei Variablen, berücksichtigen Szenarien auch mehr als zwei veränderbare Werte, nämlich bis zu 32. Ein Szenario ist nichts anderes als ein Planspiel, das eine Fragestellung mit mehreren veränderlichen Werten durchspielt. Die verschiedenen Szenarien lassen sich in Excel komfortabel mit dem Szenario-Manager verwalten. Als einfaches Beispiel eine kleine Umsatz- und Kostenplanung.

Ein Szenario kann maximal 32 veränderbare Werte enthalten. Sie können jedoch beliebig viele Szenarien erstellen.

Schritt 1: Tabelle erstellen und Formeln berechnen

Im ersten Schritt legen Sie eine Tabelle an und berechnen alle nötigen Formeln. Der (geplante) Umsatz errechnet sich aus Verkaufspreis * Verkaufsmenge (geplant), die Gesamtkosten aus Stückkosten * Verkaufsmenge und das Ergebnis bzw. Deckungsbeitrag 1 aus Umsatz abzüglich der variablen Gesamtkosten.

G3 | *fx* =D3-F3

	A	B	C	D	E	F	G	H
1								
2		Verkaufsmenge	Verkaufspreis Stück	Umsatz	Stückkosten	Gesamtkosten	Ergebnis (DB1)	
3	Produkt A	150	120,00 €	18.000,00 €	58,00 €	8.700,00 €	9.300,00 €	
4	Produkt B	200	99,00 €	19.800,00 €	41,00 €	8.200,00 €	11.600,00 €	
5	Produkt C	100	567,00 €	56.700,00 €	182,00 €	18.200,00 €	38.500,00 €	
6	Summe			94.500,00 €		35.100,00 €	59.400,00 €	
7								

Bild 4.31 Die Ausgangstabelle des Beispiels

Szenarien.xlsx

Nehmen wir an, in diesem Beispiel sind Verkaufspreise und Stückkosten fest vorgegeben, aber hinsichtlich der geplanten Verkaufsmenge schwanken die Annahmen zwischen optimistischen und pessimistischen Zahlen. Zudem interessiert die Frage, wie sich Veränderungen der Verkaufsanteile der Produkte auf das Gesamtergebnis auswirken, z. B. wenn Sie für Produkt A die doppelte Verkaufsmenge planen und entsprechend weniger für Produkt B und C.

Sie könnten natürlich solche Szenarien in Excel durchspielen, indem Sie einfach nacheinander verschiedene Werte in die Tabelle eintragen, oder jedes Szenario in einem eigenen Tabellenblatt erstellen. Dies erschwert allerdings den direkten Vergleich der Alternativen. Eine elegante Lösung ist der Szenario-Manager von Excel, der die einzelnen Szenarien speichert. Diese lassen sich anschließend schnell wieder aufrufen sowie in einer Ergebnistabelle zusammenfassen.

Excel unterscheidet in Szenarien zwischen veränderbaren Zellen und Ergebniszellen

- Veränderbare Zellen enthalten diejenigen Werte, die in den verschiedenen Szenarien verändert werden, in diesem Beispiel die geplanten Verkaufsmengen der Produkte (im Bild grün hervorgehoben). Diese Werte müssen unabhängig sein, dürfen also nicht durch eine Formel berechnet werden.
- Ergebniszellen enthalten dagegen Formeln, die sich auf die veränderbaren Zellen beziehen und deren Ergebnisse Sie beobachten möchten. Im Beispiel der Gesamtumsatz in D6, die Gesamtkosten in F6 und das Ergebnis (DB1) in G6.

Schritt 2: Namen vergeben

Im nächsten Schritt sollten Sie unbedingt Namen für alle Zellen vergeben, die Sie in das Szenario einbeziehen möchten, also sowohl für veränderbare Zellen als auch für Ergebniszellen. Diese Namen erscheinen später statt der Zelladressen in der Dateneingabemaske für die Werte und im zusammenfassenden Bericht.

Namen für Zellen und Zellbereiche, siehe Kapitel 1.3.

Für die Verkaufsmengen übernehmen Sie am einfachsten die Produktbezeichnungen aus der Spalte unmittelbar links daneben: Markieren Sie die Zahlen samt der Beschriftung ❶ und klicken Sie im Menüband, Register *Formeln* ▶ *Definierte Namen* auf *Aus Auswahl erstellen* ❷. Wählen Sie aus *Linker Spalte* ❸ und klicken Sie auf *OK*.

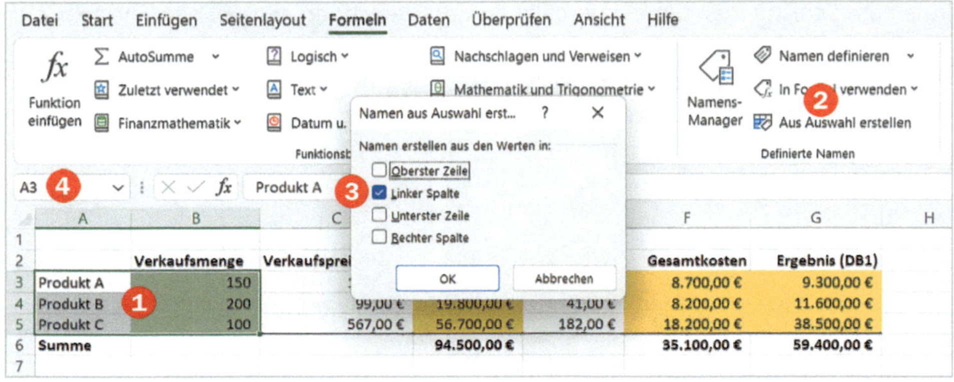

Bild 4.32 Namen aus linker Spalte erstellen

Für Gesamtumsatz, Gesamtkosten und Ergebnis müssen Sie dagegen die Namen einzeln festlegen: Dazu markieren Sie die Zelle, klicken in das Namenfeld ❹, geben hier den Namen ein und schließen mit der **Eingabetaste** ab.

Szenario erstellen

Im nächsten Schritt erstellen Sie die Szenarien. Klicken Sie im Register *Daten* ▶ auf *Was-Wäre-Wenn-Analyse* und wählen Sie *Szenario-Manager* ❶.

Bild 4.33 Szenario-Manager öffnen und erstes Szenario hinzufügen

1 Um das erste Szenario zu erstellen, klicken Sie im Szenario-Manager auf die Schaltfläche *Hinzufügen...* ❷.

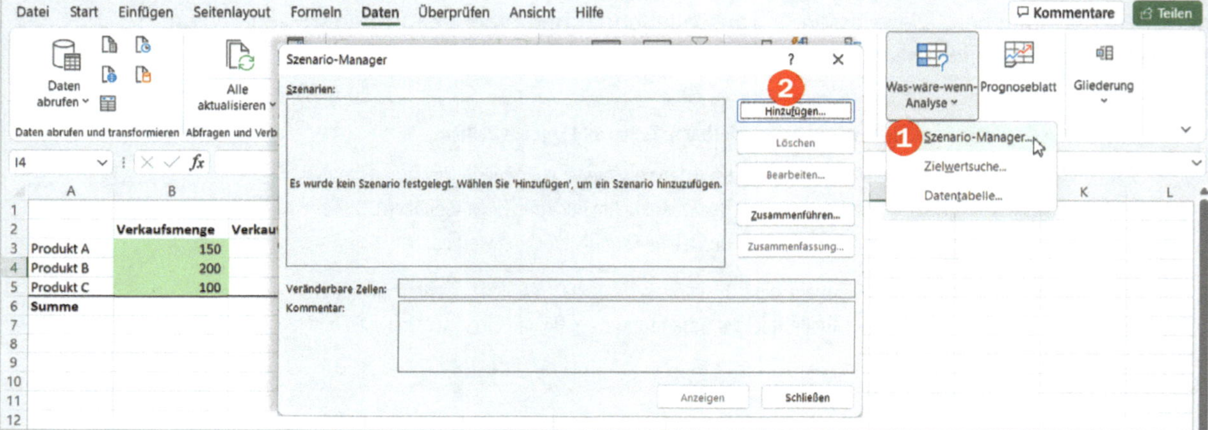

2 Im nachfolgenden Fenster *Szenarien bearbeiten* geben Sie einen aussagekräftigen und eindeutigen Namen ❸ für das erste Szenario ein, z. B. Ausgangswerte.

- Im Feld *Veränderbare Zellen* geben Sie die Adressen derjenigen Zellen an, deren Werte Sie später in den verschiedenen Szenarien verändern möchten, hier B3:B5 ❹. Dazu klicken Sie in das Feld und markieren im Tabellenblatt die entsprechenden Zellen. Nicht zusammenhängende Zellbereiche markieren Sie mit gedrückter **Strg**-Taste, diese werden mit Semikolon aneinandergefügt.
- Im Feld *Kommentar* können Sie eine kurze Beschreibung eingeben.
- Die beiden Kontrollkästchen unter *Schutz* haben nur Wirkung, wenn das Tabellenblatt geschützt ist. *Änderungen verhindern* erlaubt dann keine Änderungen am aktuellen Szenario. *Ausblenden* bewirkt, dass dieses Szenario nicht in der Liste der vorhandenen Szenarien erscheint. Bestätigen Sie mit *OK*.

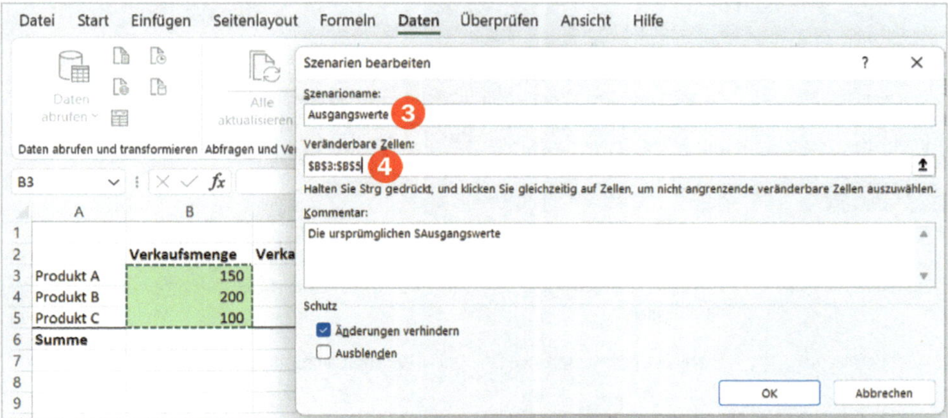

Bild 4.34 Erstes Szenario erstellen

3 Im nächsten Schritt öffnet sich eine Eingabemaske zur Eingabe der veränderbaren Werte für das erste Szenario. Sind in der Tabelle in den veränderbaren Zellen bereits Werte vorhanden, so erscheinen diese hier und können in das erste Szenario einfach übernommen werden.

Tipp: Sie können statt Zahlen auch Formeln eingeben, z. B. = 169*0,5, wenn Sie 50 % von 169 benötigen. Diese werden in Zahlen umgewandelt.

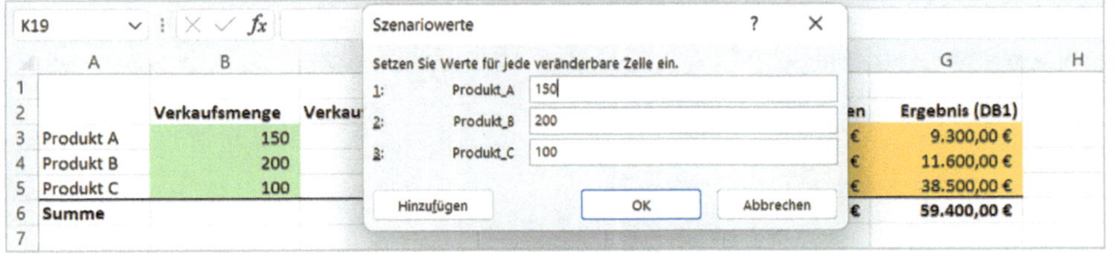

Bild 4.35 Veränderbare Werte des ersten Szenarios eingeben bzw. übernehmen

4 Klicken Sie dann auf *Hinzufügen*, wenn Sie anschließend ein weiteres Szenario erstellen möchten. Die Schaltfläche *OK* dagegen beendet die Eingabe der Werte und bringt Sie zurück zum Szenario-Manager.

5 Nun können Sie das nächste Szenario erstellen: Geben Sie wieder einen Szenarionamen und evtl. einen Kommentar ein. Die Adressen der veränderbaren Zellen werden automatisch übernommen und brauchen nicht erneut angegeben werden. Im Fenster *Szenariowerte* geben Sie anschließend die Werte für dieses Szenario ein. Diesen Schritt wiederholen Sie so oft, bis alle benötigten Szenarien erstellt sind. Mit der Schaltfläche *OK* gelangen Sie abschließend wieder zurück zum *Szenario-Manager*.

Szenarien verwalten

Über die Schaltflächen des Szenario-Managers verwalten Sie die erstellten Szenarien, bearbeiten vorhandene und fügen eventuell weitere hinzu. In der Tabelle unten finden Sie eine Übersicht aller Befehle:

Schaltfläche	Beschreibung
Schließen	Szenario-Manager beenden.
Anzeigen	Das markierte Szenario im Tabellenblatt anzeigen (der Szenario-Manager bleibt geöffnet).
Hinzufügen...	Ein weiteres Szenario erstellen.
Löschen	Entfernt das markierte Szenario.
Bearbeiten...	Die Werte des markierten Szenarios nachträglich ändern.
Zusammenführen...	Falls in der aktuellen Mappe bereits andere Szenarien existieren, können diese zusammengeführt werden.
Zusammenfassung...	Erstellt in einem gesonderten Tabellenblatt einen zusammenfassenden Bericht.

Szenarien im Tabellenblatt anzeigen

Im Szenario-Manager können Sie nun nacheinander die veränderbaren Werte im Tabellenblatt anzeigen und so die Formelergebnisse vergleichen. Dazu markieren Sie ein Szenario und klicken auf die Schaltfläche *Anzeigen*.

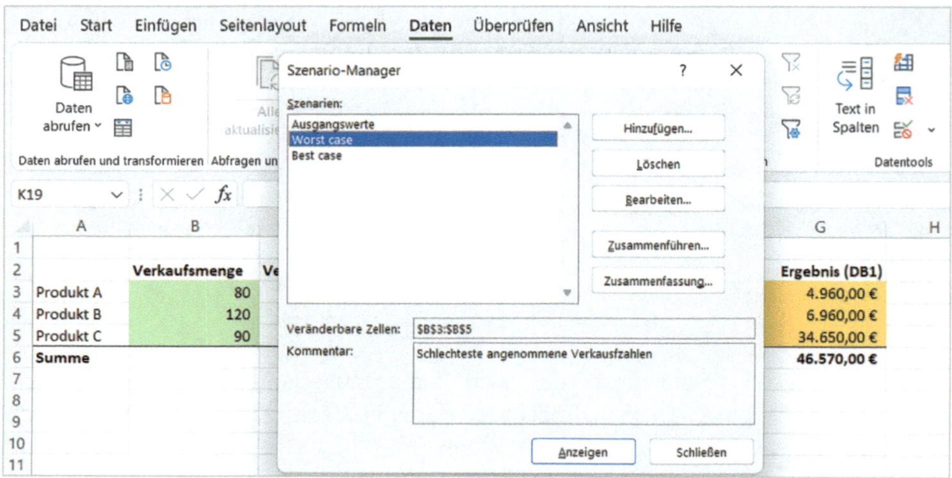

Bild 4.36 Der Szenario-Manager mit den erstellten Szenarien

Szenarien in einem Bericht zusammenfassen und vergleichen

Noch besser lassen sich Szenarien in Form einer Zusammenfassung vergleichen. Dazu klicken Sie im *Szenario-Manager* auf die Schaltfläche *Zusammenfassung....*

Da der Bericht nicht nur die veränderbaren Zellen, sondern auch die Formelergebnisse enthalten soll, müssen Sie diese noch zusätzlich angeben. Markieren Sie in der Tabelle durch Anklicken alle erforderlichen Zellen, mehrere Zellen klicken Sie wieder mit gleichzeitig gedrückter **Strg**-Taste an.

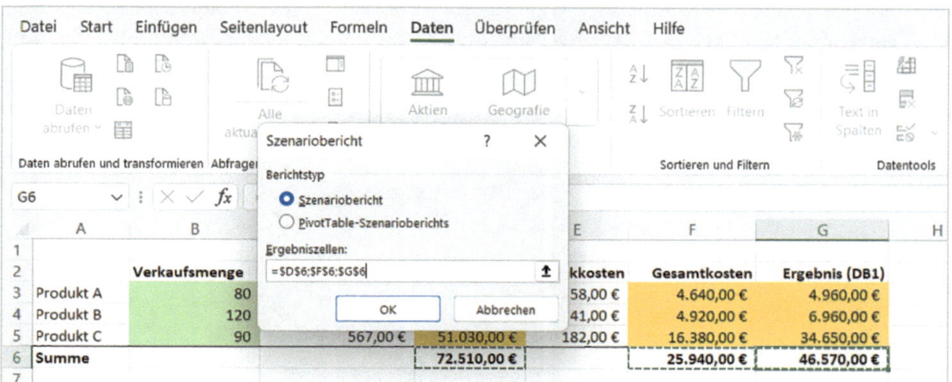

Bild 4.37 Szenariobericht: Ergebniszellen festlegen

Anschließend erstellt Excel in einem neuen Tabellenblatt mit dem Namen *Szenariobericht* eine zusammenfassende Tabelle mit allen Szenario-Werten. Haben Sie für alle verwendeten Zellen Namen vergeben, so erscheinen im Szenariobericht die Namen, andernfalls sehen Sie im Bericht die Zelladressen anstelle der Beschriftung.

Szenariobericht	Aktuelle Werte:	Ausgangswerte	Worst case	Best case
Veränderbare Zellen:				
Produkt_A	80	150	80	220
Produkt_B	120	200	120	400
Produkt_C	90	100	90	180
Ergebniszellen:				
Gesamtumsatz	72.510,00 €	94.500,00 €	72.510,00 €	168.060,00 €
Gesamtkosten	25.940,00 €	35.100,00 €	25.940,00 €	61.920,00 €
Ergebnis	46.570,00 €	59.400,00 €	46.570,00 €	106.140,00 €

Hinweis: Die Aktuelle Wertespalte repräsentiert die Werte der veränderbaren Zellen zum Zeitpunkt, als der Szenariobericht erstellt wurde. Veränderbare Zellen für Szenarien sind in grau hervorgehoben.

Datentabelle | Szenariobericht

Bild 4.38 Szenariobericht

Standardmäßig zeigt ein Szenariobericht für veränderbare Zellen und Ergebniszellen die Zelladressen an. Eine aussagefähige Beschriftung erhalten Sie nur, wenn Sie für diese Zellen Namen vergeben.

Achtung: Bei nachträglichen Änderungen an einzelnen Szenarien wird der Szenariobericht nicht automatisch aktualisiert, sondern muss neu erstellt werden.

Ausgangswerte durch die Zielwertsuche verändern

Manchmal steht das gewünschte Formelergebnis bereits fest, Sie wissen nur nicht, mit welchem Ausgangswert dieses Ergebnis erzielt wird. Beispielsweise wenn ein Produkt zu einem bestimmten Endpreis verkauft werden soll und Sie wissen möchten, mit welcher Gewinnspanne Sie kalkulieren können.

Nun könnten Sie natürlich den Endpreis zunächst mit einer beliebigen Gewinnspanne berechnen und anschließend den Gewinn solange verändern, bis das Formelergebnis den gewünschten Preis liefert. Oder Sie setzen dazu die Zielwertsuche von Excel ein. Diese arbeitet mit derselben Methode, aber wesentlich schneller. Die Verwendung der Zielwertsuche ist einfach: Sie geben an, welches Ergebnis eine Formel liefern soll und welcher Ausgangswert verändert werden soll.

Nachteil: Die Zielwertsuche kann immer nur einen einzigen Ausgangswert verändern.

Beachten Sie die Voraussetzungen für die Zielwertsuche

- Die Zelle, in der sich der gesuchte Ausgangswert befindet, wird als veränderbare Zelle bezeichnet. Diese muss zwingend einen Wert enthalten und keine Formel.
- Die Zelle, in der das gesuchte Formelergebnis erzielt werden soll, muss dagegen unbedingt eine Formel enthalten und wird als Zielzelle bezeichnet. Die Formel muss sich dabei entweder direkt oder auf dem Umweg über weitere Formeln auf die veränderbare Zelle beziehen.

Achten Sie außerdem nach dem Suchlauf auf den Status der Zielwertsuche: Wurde eine Lösung gefunden und wenn ja, ist die Lösung überhaupt zulässig?

Beispiel Break-Even-Point

Hier ein Beispiel, bei dem der Break-Even-Point mittels Zielwertsuche ermittelt werden soll: Bei welcher Stückzahl beträgt der Gewinn genau 0? Dazu legen Sie im ersten Schritt eine Tabelle an, z. B. mit verschiedenen Stückzahlen, wie in Bild 4.39, und berechnen die erforderlichen Formeln.

Bild 4.39 Die Ausgangstabelle

Zielwertsuche.xlsx

B11 =$E$2*B9

	A	B	C	D	E	F	G	H
1	**Fixe Kosten**			**Variable Kosten**				
2	Miete	3.000,00		Einkaufspreis	84,36			
3	Gehalt	5.000,00		Verkaufspreis	109,00			
4	Werbung	1.000,00						
5	Sonstiges	3.000,00						
6	**Gesamt**	12.000,00						
7								
8				**Stückzahlen**				
9		**400**	**500**	**600**	**700**	**800**		
10	**Fixkosten**	12.000,00	12.000,00	12.000,00	12.000,00	12.000,00		
11	**Variable Kosten**	33.744,00	42.180,00	50.616,00	59.052,00	67.488,00		
12	**Gesamtkosten**	**45.744,00**	**54.180,00**	**62.616,00**	**71.052,00**	**79.488,00**		
13	**Umsatz**	43.600,00	54.500,00	65.400,00	76.300,00	87.200,00		
14	**Gewinn**	**-2.144,00**	**320,00**	**2.784,00**	**5.248,00**	**7.712,00**		
15								

Klicken Sie dann im Menüband, Register *Daten* ▶ *Prognose* auf *Was-wäre-wenn-Analyse* und wählen Sie *Zielwertsuche....* Anschließend legen Sie die Zellen fest und geben das gewünschte Formelergebnis vor. *Zielzelle* ist die Zelle, in der als Gewinn 0 ausgegeben werden soll. In diesem Beispiel wählen Sie dazu am besten die Zelle, deren Ergebnis dem Ziel am nächsten kommt, nämlich bei 500 Stück in C14. Als *Zielwert* tragen Sie 0 ein und als *Veränderbare Zelle* geben Sie die Zelle mit der dazugehörigen Stückzahl an, hier C9. Klicken Sie zuletzt auf *OK*, um die Zielwertsuche zu starten.

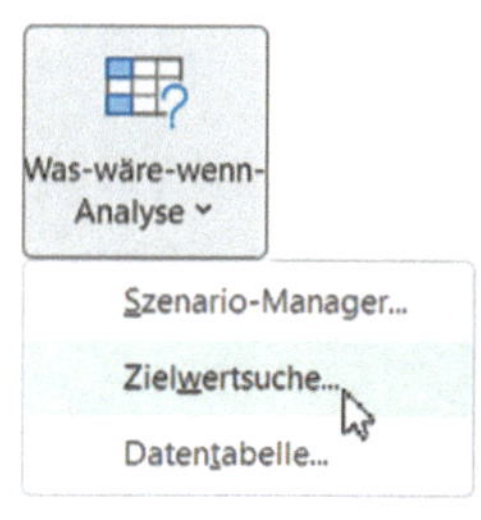

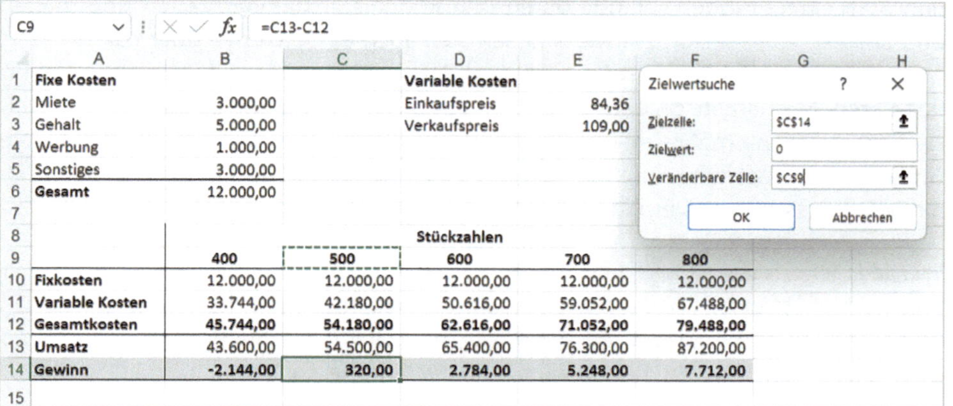
C9 =C13-C12

	A	B	C	D	E	F
1	Fixe Kosten			Variable Kosten		
2	Miete	3.000,00		Einkaufspreis	84,36	
3	Gehalt	5.000,00		Verkaufspreis	109,00	
4	Werbung	1.000,00				
5	Sonstiges	3.000,00				
6	Gesamt	12.000,00				
7						
8				Stückzahlen		
9		400	500	600	700	800
10	Fixkosten	12.000,00	12.000,00	12.000,00	12.000,00	12.000,00
11	Variable Kosten	33.744,00	42.180,00	50.616,00	59.052,00	67.488,00
12	Gesamtkosten	45.744,00	54.180,00	62.616,00	71.052,00	79.488,00
13	Umsatz	43.600,00	54.500,00	65.400,00	76.300,00	87.200,00
14	Gewinn	-2.144,00	320,00	2.784,00	5.248,00	7.712,00
15						

Bild 4.40 Zielwertsuche: Zielzelle und Veränderbare Zelle

Dieses Beispiel ließe sich auch auf den Verkaufspreis anwenden: Bei welchem Verkaufspreis ist der Gewinn bei 500 St. gleich 0?

Excel testet nun nacheinander verschiedene Werte für die veränderbare Zelle und gibt eine Meldung aus, wenn das gewünschte Formelergebnis ❶ erreicht wurde. Klicken Sie auf *OK*, um den gefundenen Wert ❷ in die Tabelle zu übernehmen. Dadurch wird der ursprüngliche Wert ersetzt, Sie können nun das Ergebnis speichern oder die Zielwertsuche wieder rückgängig machen.

Bild 4.41 Das Ergebnis der Zielwertsuche

C14 =C13-C12

	A	B	C	D	E	F
1	Fixe Kosten			Variable Kosten		
2	Miete	3.000,00		Einkaufspreis	84,36	
3	Gehalt	5.000,00		Verkaufspreis	109,00	
4	Werbung	1.000,00				
5	Sonstiges	3.000,00				
6	Gesamt	12.000,00				
7						
8			❷	Stückzahlen		
9		400	487,012987	600	700	800
10	Fixkosten	12.000,00	12.000,00	12.000,00	12.000,00	12.000,00
11	Variable Kosten	33.744,00	41.084,42	50.616,00	59.052,00	67.488,00
12	Gesamtkosten	45.744,00	53.084,42	62.616,00	71.052,00	79.488,00
13	Umsatz	43.600,00	53.084,42	65.400,00	76.300,00	87.200,00
14	Gewinn	-2.144,00	❶ 0,00	2.784,00	5.248,00	7.712,00
15						

Status der Zielwertsuche
Zielwertsuche hat für die Zelle C14 eine Lösung gefunden.
Zielwert: 0
Aktueller Wert: 0,00
Schritt
Pause
OK
Abbrechen

Die Nachteile der Zielwertsuche: Es kann immer nur einer der Eingangswerte verändert werden und beim Testen mit mehreren Werten können die verschiedenen Möglichkeiten nicht gespeichert werden. Hier ist der Szenario-Manager klar im Vorteil.

4.4 Lösungen mit dem Add-In Solver optimieren

Funktionsweise

Neben der Zielwertsuche stellt Excel mit dem Add-In Solver noch ein zweites Werkzeug zur Verfügung, mit dem Lösungen optimiert werden können. Solver (engl. to solve = etwas auflösen) bietet aber im Gegensatz zur Zielwertsuche wesentlich mehr Optionen: Statt einer einzigen veränderbaren Zelle können Sie mehrere Zellen einbeziehen und anstelle eines festen Zielwerts lassen sich auch ein Maximal- oder Minimalwert vorgeben. Zusätzlich können Sie auch noch Nebenbedingungen für die Berechnung definieren. Mathematisch betrachtet, handelt es sich beim Solver also um ein Gleichungssystem mit mehreren Unbekannten, mit dem Sie beispielsweise die optimale Größe einer Verpackung für ein bestimmtes Volumen ermitteln, bei gleichzeitiger Minimierung des Materialverbrauchs und damit der Kosten.

Das Add-In Solver laden

Siehe „Zusätzliche Funktionen in Form von Add-Ins laden" auf Seite 142.

Solver ist ein, standardmäßig nicht installiertes Add-In, das vor der ersten Nutzung in den Excel-Optionen geladen werden muss, siehe Kapitel 2. Sie finden anschließend den installierten Solver im Register *Daten* in der Gruppe *Analyse*.

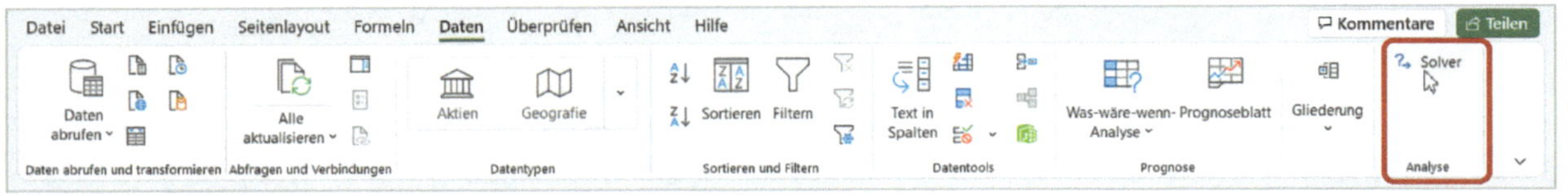

Bild 4.42 Register Daten, Analyse

Funktionsweise und Komponenten des Solver

Solver basiert auf den folgenden drei Hauptkomponenten:

- **Zielzelle**: Wie bei der Zielwertsuche (siehe Seite 212) ist dies die Zelle mit dem zu erzielenden Ergebnis, also das Ziel der Aufgabe. Dies kann z. B. der zu maximierende Gewinn sein oder die Minimierung der Materialkosten.

  Beachten Sie:
  - Die Zielzelle muss eine Formel enthalten! Diese muss sich entweder auf direktem Weg oder über weitere Formeln auf die variablen Zellen beziehen.
  - Es kann nur ein einziges Ziel festgelegt werden! Also z. B. entweder Kostenoptimierung oder Gewinnmaximierung, nicht aber beides gleichzeitig.
- **Variable Zellen** sind Zellen, die bei der Suche nach der Lösung verändert werden, damit das gewünschte Ergebnis erreicht wird.
- **Nebenbedingungen**: Hier können Einschränkungen oder Grenzen festgelegt werden, z. B. die maximalen Kapazitäten von Maschinen oder Arbeitszeiten.

Beachten Sie in allen Fällen: Solver stellt im Gegensatz zur Zielwertsuche ein äußerst komplexes Werkzeug dar, das nur mit exakter Aufgabenstellung und korrekten Ausgangsdaten brauchbare Ergebnisse liefert.

Beispiel: Materialkosten einer Dose optimieren

Als einfaches Beispiel ein oft herangezogenes Verpackungsproblem bei der Herstellung von Konservendosen. Die Dosen sollen ein vorgegebenes Volumen, hier 1.000 cm³ fassen, gleichzeitig sind die Abmessungen so zu wählen, dass die Oberfläche und damit die Materialkosten möglichst gering sind. Volumen und Oberfläche werden mit folgenden Formeln berechnet:

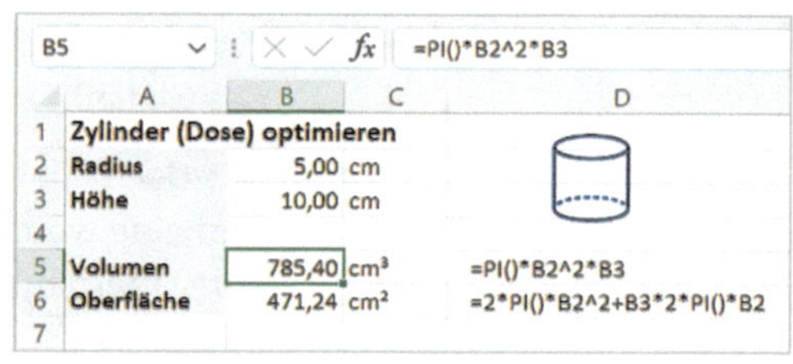

Volumen:	= r^2 * PI * h	
B5:	=B2^2*PI()*B3	Ergebnis: 785,40 cm³

Fläche:	= 2 * r^2 * PI + 2 * r * PI * h	
B6:	=2*B2^2*PI()+2*B2*PI()*B3	Ergebnis: 471,24 cm²

Solver_1.xlsx

Info: Die Funktion PI liefert die Kreiszahl Pi π und erfordert keine weiteren Argumente.

Anschließend rufen Sie den Solver auf (Register *Daten* ▶ *Analyse* ▶ *Solver*).

1 **Zielwert festlegen**: Im Feld *Ziel festlegen* ❶ geben Sie die Oberfläche in B6 an. Diese soll minimiert werden, wählen Sie daher die Option *Min* ❷.

2 **Variablenwerte**: Die zu verändernden Variablen Radius und Höhe in B2:B3 geben Sie im Feld *Durch Ändern von Variablenzellen* an ❸. Die entsprechenden Zellbezüge können durch Anklicken mit der Maus eingefügt werden.

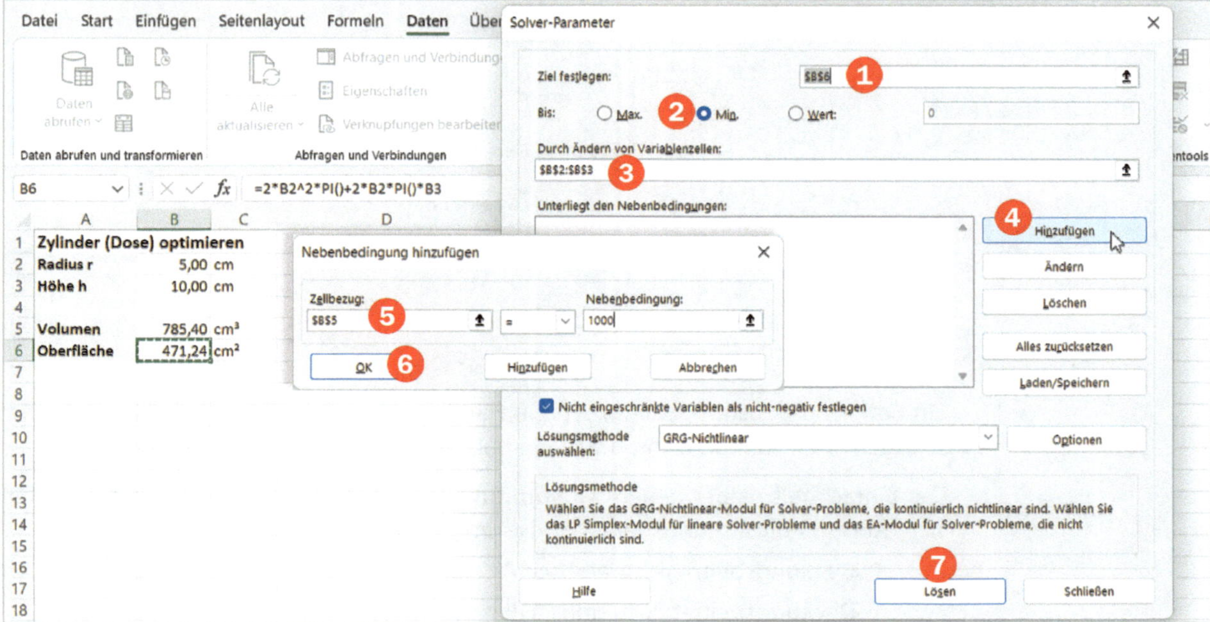

Bild 4.43 Zielvorgabe, Variablen und Nebenbedingungen im Solver festlegen

3 **Nebenbedingungen**: Damit Solver nicht einfach das naheliegende Ergebnis 0 liefert, muss das vorgegebene Volumen 1.000 cm³ als Nebenbedingung festgelegt werden. Klicken Sie auf die Schaltfläche *Hinzufügen* ❹ und legen Sie die Bedingung folgt fest:

Zellbezug ist B5 mit der Formel zur Berechnung des Volumens ❺, wählen Sie das Gleichheitszeichen = aus und geben Sie im Feld daneben die Zahl 1000 ein.

Mit der Schaltfläche *Hinzufügen* könnten Sie die Nebenbedingung speichern und eine weitere hinzufügen. Da hier nur eine einzige benötigt wird, klicken Sie zum Übernehmen und Schließen des Fensters auf *OK* ❻.

4 Klicken Sie zuletzt auf *Lösen* ❼, um den Lösungsvorgang zu starten. Anschließend erscheinen in der Tabelle die gefundenen Lösungswerte ❽ (Bild unten).

- Gleichzeitig öffnet sich das Fenster *Solver-Ergebnisse* und Sie können entscheiden, ob Sie die *Solver-Lösung akzeptieren* ❾ oder die *ursprünglichen Werte wiederherstellen* möchten.
- **Hinweis**: Solver speichert alle Angaben, auch wenn Sie die ursprünglichen Werte wiederherstellen. Sie brauchen also später nur den Solver wieder aufrufen und auf *Lösen* klicken, um wieder die Solver-Lösung zu erhalten.

Bild 4.44 Solver-Ergebnisse

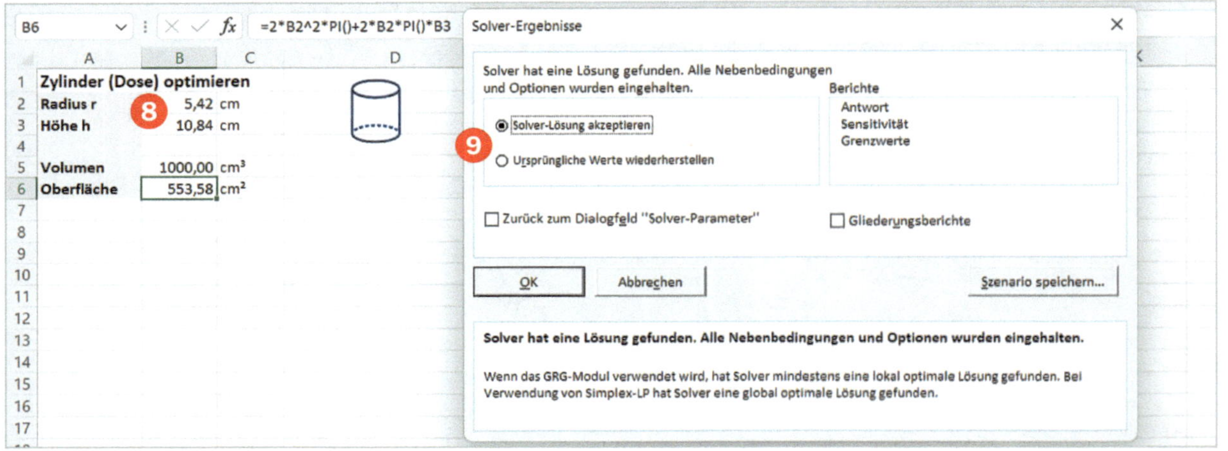

Beispiel Gewinnmaximierung

Ein Betrieb produziert Schreibtische in Handarbeit und die Aufgabenstellung lautet: Wie kann die Schreinerei ihren Gewinn bei gegebener Ausgangslage maximieren?

Der Einfachheit halber gehen wir von nur zwei Produkten aus, diese unterscheiden sich durch ihren Deckungsbeitrag (Gewinn) pro Stück:

- Deckungsbeitrag Schreibtisch A 500 €
- Deckungsbeitrag Schreibtisch B 300 €

Ohne weitere Einschränkungen wäre es naheliegend, möglichst viele Schreibtische des Modells A zu produzieren, da dieses mehr Gewinn erzielt. Allerdings sind einige Bedingungen zu berücksichtigen:

- Aus Rohstoffgründen (Materialbeschaffung und Lagerung) können täglich maximal 3 Schreibtische von Modell A und 4 von Modell B gefertigt werden.
- Pro Tag stehen nur 15 Mannstunden Schreinerkapazität zur Verfügung, von denen Schreibtisch A 2 Arbeitsstunden und Schreibtisch B 3 Stunden erfordert.

Wie viele Schreibtische jedes Modells sollen also unter Berücksichtigung der Einschränkungen täglich produziert werden, um den Gewinn zu maximieren?

Tabelle erstellen

Solver_2.xlsx

Im ersten Schritt übertragen Sie die Ausgangsdaten möglichst übersichtlich in eine Tabelle und berechnen die erforderlichen Formeln. Das Tabellenlayout kann frei gewählt werden, sofern die Aufgabenstellung aus der Tabelle ersichtlich ist. Achten Sie auch auf aussagekräftige Beschriftungen, da diese in den späteren Bericht übernommen werden. Im abgebildeten Beispiel wurden zur besseren Übersicht zusätzlich die veränderbaren bzw. variablen Zellen, hier B2 und B3, mit rotem Hintergrund ❶ und der Gewinn in der Zielzelle C5 ❷ mit gelber Hintergrundfarbe versehen.

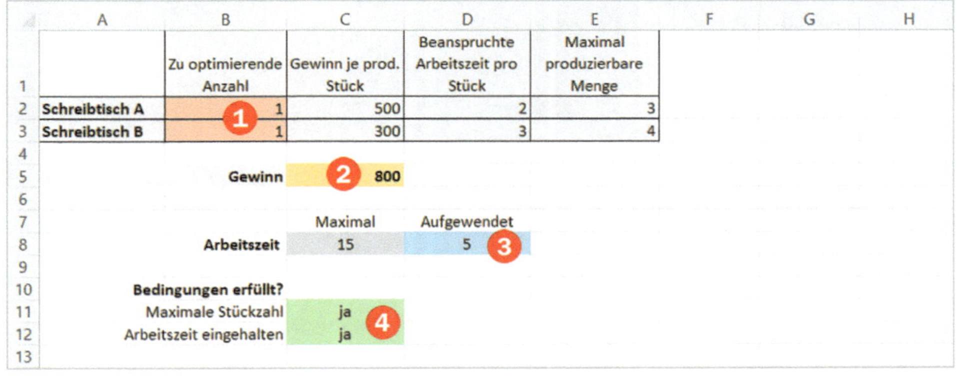

	A	B	C	D	E
1		Zu optimierende Anzahl	Gewinn je prod. Stück	Beanspruchte Arbeitszeit pro Stück	Maximal produzierbare Menge
2	Schreibtisch A	1	500	2	3
3	Schreibtisch B	1	300	3	4
4					
5		Gewinn	800		
6					
7			Maximal	Aufgewendet	
8		Arbeitszeit	15	5	
9					
10		Bedingungen erfüllt?			
11		Maximale Stückzahl	ja		
12		Arbeitszeit eingehalten	ja		
13					

Bild 4.45 Die Tabelle mit Ausgangs- und berechneten Werten

Der Gewinn in C5 wurde mit folgender Formel berechnet:

```
C5:    =B2*C2+B3*C3          oder    SUMMENPRODUKT(B2:B3;C2:C3)
```

Die aufgewendeten Arbeitszeiten in D8 ❸ berechnen sich mit folgender Formel:

```
D8:    =B2*D2+B3*D3          oder    SUMMENPRODUKT(B2:B3;D2:D3)
```

Hinweis: Im Beispiel wurde unterhalb der Ausgangsdaten, ab Zeile 10 zusätzlich eine kleine Tabelle hinzugefügt, die in C11 und C12 ❹ mit je einer WENN-Funktion prüft, ob die Bedingungen eingehalten werden. Dies dient nur zu Kontrollzwecken, wird aber für Solver nicht benötigt.

```
C11:   =WENN(UND(B2<=E2;B3<=E3);"ja";"nein")
C12:   =WENN(D8<=C8;"ja";"nein")
```

Formeln manuell testen
Sie könnten nun in B2 und B3 manuell verschiedene Lösungsvorschläge eintragen und kontrollieren, ob beide Bedingungen eingehalten werden. Bei einem einfachen Beispiel wie diesem dürfte diese Methode auch früher oder später zum Ziel führen. In der Praxis sind jedoch häufig wesentlich mehr variable Werte zu ermitteln und Bedingungen zu beachten und genau dafür setzen Sie den Solver ein.

Solver aufrufen und Parameter festlegen

Klicken Sie im Register *Daten* ▶ *Analyse* auf *Solver* und legen Sie im Dialogfenster *Solver-Parameter* die folgenden Parameter fest.

- **Ziel**: Im Feld *Ziel festlegen* geben Sie die Zelle mit dem zu erzielenden Ergebnis an, hier den Gewinn in C5 ❶ und wählen *Max.* ❷.
- **Variable Zellen**: Die zu verändernden Werte, hier die Anzahl der Schreibtische befinden sich in B2 und B3, diese geben Sie im Feld *Durch Ändern von Variablenzellen:* ❸ an.

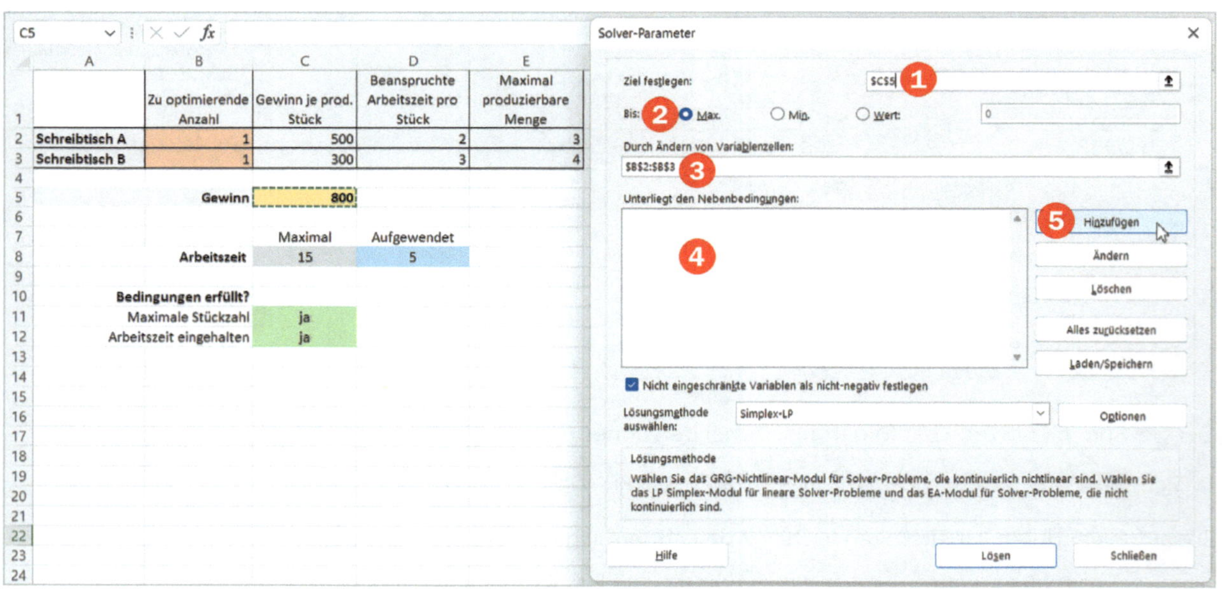

Bild 4.46 Eingabe der Solver-Parameter

- **Nebenbedingungen/Einschränkungen**: Zum Erstellen der Nebenbedingungen bzw. Einschränkungen ❹ klicken Sie auf die Schaltfläche *Hinzufügen...* ❺.
  - **Die erste Nebenbedingung lautet**: Aufgewendete Stunden kleiner oder gleich der maximalen Arbeitszeit von 15 Stunden bzw. D8<=C8. Klicken Sie danach auf *Hinzufügen*, um anschließend die nächste Nebenbedingung einzugeben.
  - **Die zweite Nebenbedingung**: Produzierte Menge des Schreibtischs A in B2 kleiner oder gleich der maximal produzierbaren Menge dieses Modells in E2: B2<=E2.

- **Dritte Nebenbedingung**: Klicken Sie erneut auf *Hinzufügen* und geben Sie die folgende dritte Nebenbedingung ein: B3<=E3. Klicken Sie zuletzt auf *OK*.

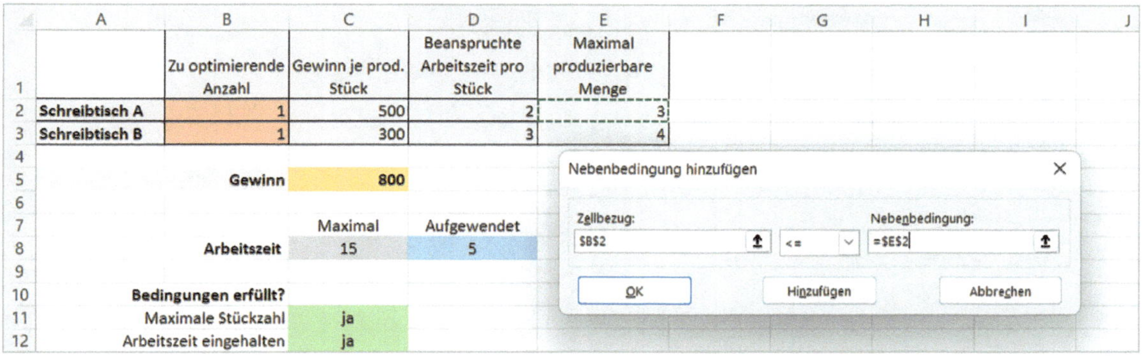

Bild 4.47 Zweite Nebenbedingung

- **Negative Ergebnisse ausschließen**
  Um negative Ergebnisse auszuschließen, aktivieren Sie unterhalb der Nebenbedingungen das Kontrollkästchen *Nicht eingeschränkte Variablen als nicht-negativ festlegen*, siehe Bild.

- **Lösungsmethode wählen**
  Zuletzt wählen Sie eine Lösungsmethode: Am einfachsten *Simplex LP*, diese liefert ein globales Optimum, d. h. es gibt kein besseres Ergebnis. Sie eignet sich ausschließlich für lineare Modelle, ist aber für dieses Beispiel völlig ausreichend. Für nichtlineare Modelle sollten Sie dagegen besser *GRG-Nichtlinear* wählen.

- **Lösungsverfahren starten**: Starten Sie dann das Lösungsverfahren mit Klick auf die Schaltfläche *Lösen*. Sollte das Lösungsverfahren zu lange dauern oder zu keinem brauchbaren Ergebnis führen, können Sie den Vorgang jederzeit mit der **Esc**-Taste unterbrechen.

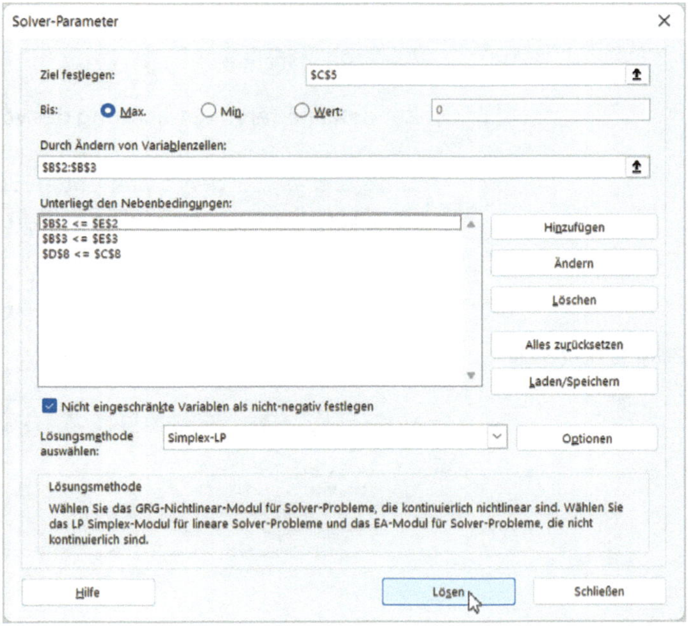

Bild 4.48 Lösungsmethode wählen und Lösungsverfahren starten

Die Ergebnisse erscheinen anschließend im Tabellenblatt (Bild 4.49 auf Seite 220), hier in B2 und B3, und die Zielzelle C5 zeigt den maximal möglichen Gewinn an. Gleichzeitig öffnet sich das Fenster *Solver-Ergebnisse* und bietet wieder die Optionen *Solver-Lösung akzeptieren* und *Ursprüngliche Werte wiederherstellen* an. Außerdem haben Sie die Möglichkeit, die Lösung als Szenario zu speichern (s. Seite 207) oder einen Bericht zu erstellen, Näheres hierzu im nächsten Punkt.

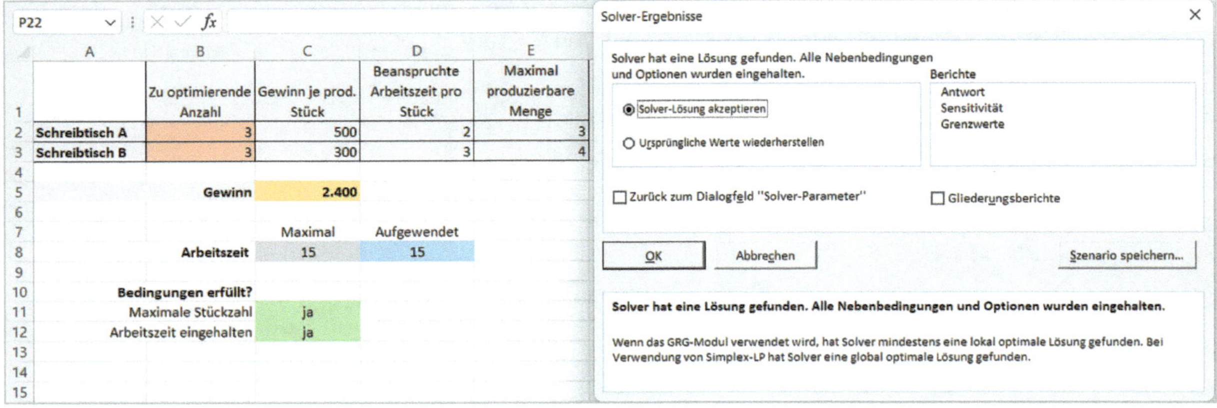

Bild 4.49 Solver Ergebnisse

Berichte erstellen

Zur detaillierteren Betrachtung des vorgeschlagenen Ergebnisses können die Berichte *Antwort*, *Sensitivität* und *Grenzwerte* erstellt werden. Dazu markieren Sie im Fenster *Solver-Ergebnisse* den betreffenden Bericht (s. Bild 4.49), z. B. *Antwort* und klicken auf *OK*. Anschließend wird der Bericht in einem neuen Arbeitsblatt der Mappe ausgegeben, als Beispiel im Bild unten der Bericht *Antwort*. In der Spalte *Name* wird automatisch der Text aus dem Tabellenblatt übernommen, die Inhalte sind weitgehend selbsterklärend.

Bild 4.50 Der Bericht Antwort

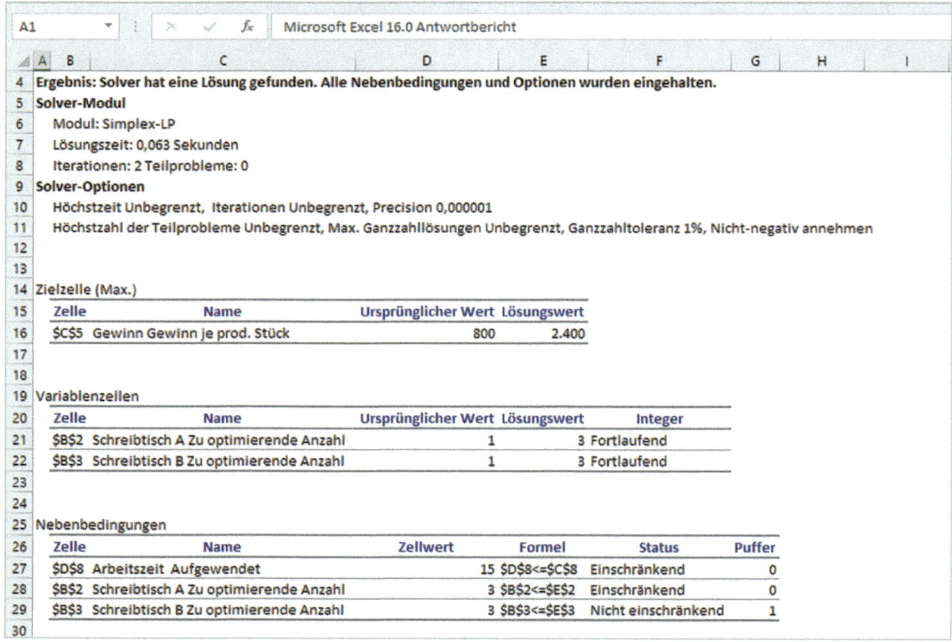

Tipp: Unter *Nebenbedingungen* können Sie den Spalten *Status* und *Puffer* entnehmen, ob die genannte Nebenbedingung einschränkende Wirkung auf das Ergebnis hat. Eine nicht einschränkende Bedingung, hier *Schreibtisch B, zu optimierende Anzahl* wurde hier nicht voll ausgeschöpft und weist deshalb einen Puffer von 1 aus.

Mögliche Probleme während des Lösungsvorgangs

Während des Lösungsvorgangs können folgende Fehlermeldungen erscheinen:

- **Der Inhalt der Zielzelle muss eine Formel sein**
  Das bedeutet, die Zielzelle enthält entweder keine Formel oder diese enthält keinen Bezug zu den variablen Zellen.
- **Zu viele Variablenzellen**
  Diese Fehlermeldung erscheint, wenn zu viele Variablenzellen aufgenommen wurden. Solver kann mit der Simplex LP-Methode maximal 200 Variablen berücksichtigen, bei der GRG-Methode reduziert sich diese Zahl auf 100.

Wenn keine Lösung gefunden wird

In manchen Fällen erscheint im Fenster *Solver-Ergebnisse* die Meldung *Solver konnte keine machbare Lösung finden* und unten finden Sie den Zusatz *Solver konnte keinen Punkt finden, für den alle Nebenbedingungen erfüllt sind*. Dies bedeutet grob vereinfacht, dass Solver nicht mit den Nebenbedingungen zurechtkommt, dass es für diese Bedingungen keine Lösung gibt. Überprüfen Sie in diesem Fall die Aufgabenstellung und die Nebenbedingungen. Wie eingangs erwähnt, liefert Solver nur bei exakter Aufgabenstellung und korrekten Ausgangsdaten brauchbare Ergebnisse.

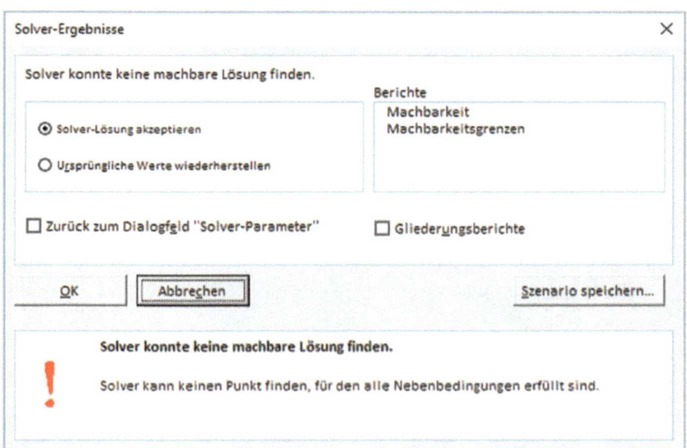

Bild 4.51 Keine Lösung gefunden

Solver erneut aufrufen, Parameter bearbeiten

Die Solver-Parameter werden zusammen mit der Arbeitsmappe gespeichert und Sie können jederzeit über das Register *Daten* ▶ *Analyse* und mit Klick auf *Solver* das dazugehörige Fenster wieder öffnen und hier Ihre Angaben überprüfen oder ändern.

- Um die Nebenbedingungen zu bearbeiten, markieren Sie eine Bedingung und benutzen die Schaltfläche *Ändern* bzw. *Löschen*, wenn Sie diese entfernen möchten.
- Die Schaltfläche *Alles zurücksetzen* entfernt sämtliche Parameter und versetzt das Fenster wieder in den Ausgangszustand, also leer mit den Voreinstellungen.

4.5 Prognosen für künftige Entwicklungen

Hinweis: Im Register *Start* des Menübands finden Sie in der Gruppe *Analyse* das Symbol *Datenanalyse*. Allerdings bietet Ihnen Excel hier, im Gegensatz zu den, in diesem Kapitel beschriebenen Tools ausschließlich verschiedene Diagramme an.

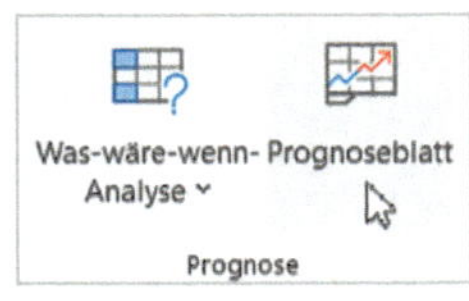

Bild 4.52 Prognosearbeitsblatt erstellen

Mit einem weiteren Tool zur Datenanalyse, dem Prognoseblatt lässt sich schnell und mit wenig Aufwand aus einer Datenreihe eine Prognose für künftige Entwicklungen erstellen und als Diagramm darstellen. Sie benötigen dazu zwei Datenreihen:

- Zeit- oder Datumswerte für die Zeitachse. Dies können Datumswerte oder auch Zahlen sein, Text ist dagegen nicht erlaubt. Die Zeitachse erfordert außerdem einheitliche Intervalle, z. B. Kalenderwochen oder Monate. Eine Sortierung ist dagegen nicht zwingend nötig.
- Die zweite Datenreihe muss die dazugehörigen Zahlen, z. B. Umsatzzahlen enthalten. Für diese wird eine Prognose berechnet.

Als Beispiel soll für die Tabelle im Bild unten eine Prognose auf der Basis der wöchentlich verkauften Stückzahlen berechnet werden.

1 Markieren Sie die beiden Datenreihen, einschließlich der zu berechnenden Zellen. Häufig genügt es auch, wenn eine Zelle innerhalb der beiden Datenreihen markiert ist und klicken Sie im Register *Daten* ▶ *Prognose* auf *Prognoseblatt* ❶.

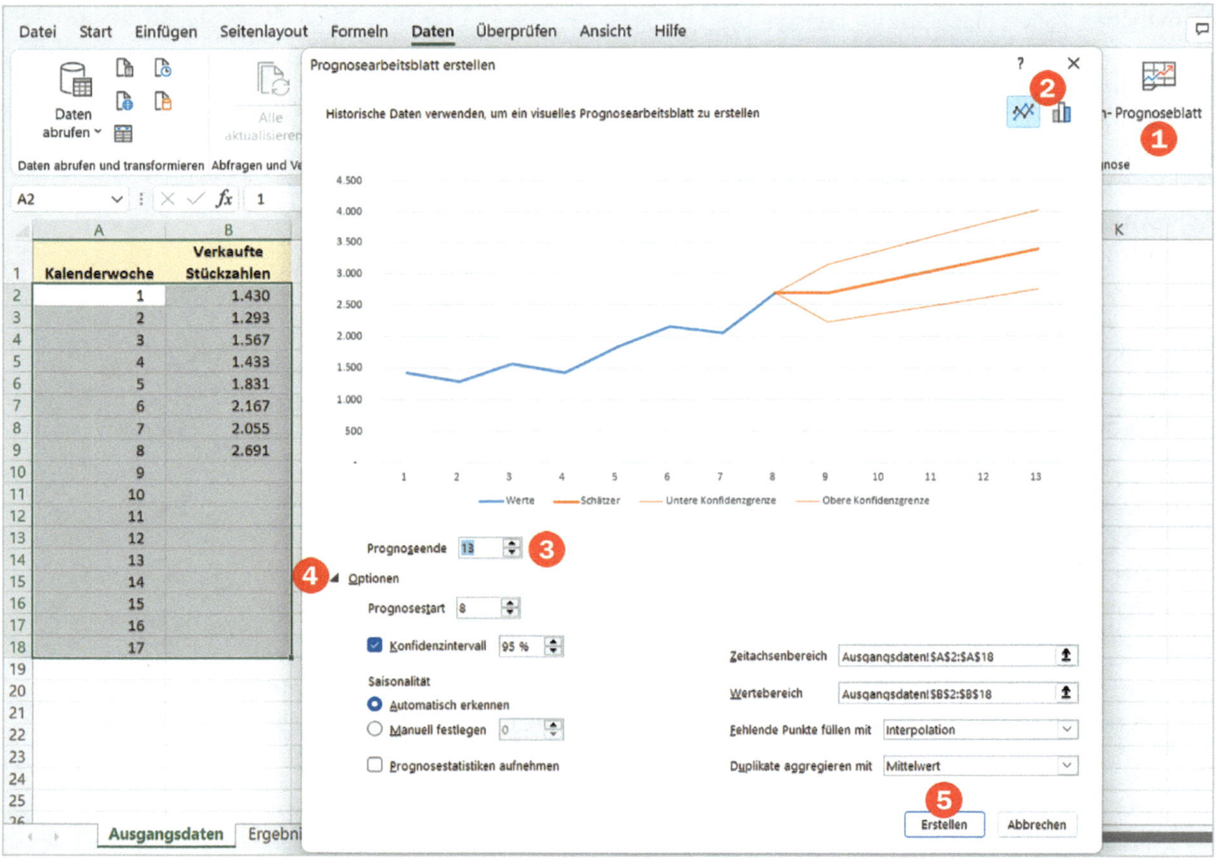

Kalenderwoche	Verkaufte Stückzahlen
1	1.430
2	1.293
3	1.567
4	1.433
5	1.831
6	2.167
7	2.055
8	2.691
9	
10	
11	
12	
13	
14	
15	
16	
17	

Prognoseblatt.xlsx

2 Im Fenster *Prognosearbeitsblatt erstellen* sehen Sie anschließend eine erste Vorschau auf das Ergebnis (Bild 4.52).

- **Diagrammtyp:** In der rechten oberen Ecke wählen Sie zwischen Linien- und Säulendiagramm ❷.
- **Bis wann soll die Prognose berechnet werden?** Wählen Sie im Feld *Prognoseende* ❸ aus, wann die Prognose enden soll, hier mit Kalenderwoche 13.
- **Weitere Optionen:** Zusätzliche Einstellungen erhalten Sie mit Klick auf *Optionen* ❹. Hierzu gehören z. B. Prognosestart sowie die Behandlung fehlender Punkte und Duplikate. Zudem können Sie das Konfidenzintervall ein- oder ausblenden.

3 Klicken Sie zuletzt auf *Erstellen* ❹.

Die Prognose wird in einem neuen Tabellenblatt in die Mappe eingefügt. Die Spaltenüberschriften können problemlos geändert werden und auch das Diagramm können Sie zur besseren Übersicht mit Diagrammtitel und Achsentitel versehen. Außerdem wurden die Ausgangsdaten als Kopie übernommen und die Ergebnistabelle als Tabellenbereich formatiert, siehe Bild unten.

Bild 4.53 Das Ergebnis

	A	B	C	D	E
1	Zeitachse	Werte	Schätzer	Untere Konfidenzgrenze	Obere Konfidenzgrenze
2	1	1.430			
3	2	1.293			
4	3	1.567			
5	4	1.433			
6	5	1.831			
7	6	2.167			
8	7	2.055			
9	8	2.691	2.691	2.691	2.691
10	9		2.686	2.235	3.137
11	10		2.862	2.358	3.367
12	11		3.039	2.485	3.592
13	12		3.215	2.617	3.813
14	13		3.391	2.751	4.031
15					
16					

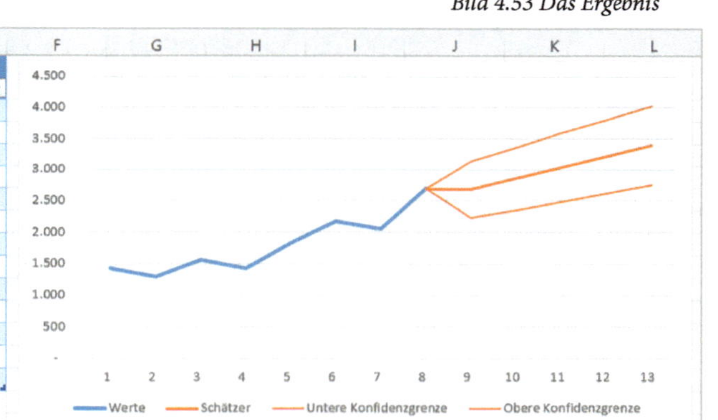

Tipps und Hinweise

- Da im Prognoseblatt die Prognosewerte mit Funktionen berechnet werden, können Sie bei Bedarf jederzeit die Ausgangswerte ändern und die Veränderungen der Prognosewerte beobachten.
- Falls als Zeitachse Monatsnamen benötigt werden, so geben Sie als Zeitachse jeweils den 1. des Monats ein und formatieren dieses Datum mit dem benutzerdefinierten Datumsformat MMMM.

5 Externe Daten abrufen und aufbereiten

In diesem Kapitel lernen Sie ...

- Daten aus Textdateien importieren
- Daten aus externen Datenquellen abrufen und mit Power Query aufbereiten
- Zusätzliche Spalten berechnen
- Mehrere Tabellen zusammenführen
- Webfragen

Das sollten Sie bereits wissen

- Mit Excel-Tabellen arbeiten

Übersicht

Aufgrund seiner vielfältigen Möglichkeiten bietet sich Excel auch für Auswertungen von Daten aus anderen Anwendungen, z. B. Warenwirtschaft an. Zur Datenübergabe stehen die beiden folgenden Wege zur Verfügung:

- **Datenübergabe per Textdatei, Textdatei öffnen**
  Fast alle gängigen Anwendungen unterstützen den Datenexport in eine Textdatei mit der Dateinamenerweiterung .txt oder .csv. Im einfachsten Fall werden solche Textdateien einfach mit Excel geöffnet und anschließend weiter bearbeitet. Diese Methode eignet sich vor allem für den einmaligen Import.

Wenn Sie sich näher mit den Werkzeugen rund um BI (Business Intelligence) mit Excel, nämlich Power Query und Power Pivot befassen möchten, dann empfehlen wir Ihnen das folgende Buch:

BILDNER Verlag: Excel Spezial - Daten abrufen, aufbereiten & mit Pivot-Tabellen auswerten

ISBN: 978-3-8328-0409-1

- **Daten aus externen Quellen abrufen und aufbereiten**
  Werden dagegen stets aktuelle Daten benötigt und/oder ist ein vorheriges Aufbereiten der Daten erforderlich, z. B. Umwandeln von angelsächsischen Zahlen- und Datumsformaten, dann bietet sich das Tool *Abrufen und transformieren* an, auch bekannt unter dem Namen Power Query. Unterstützt werden neben Textdateien und Excel-Arbeitsmappen fast alle gängigen Datenbankformate und wenn ein direkter Import nicht erforderlich ist, dann entfällt auch die Beschränkung auf maximal 1.048.576 Zeilen eines Excel-Arbeitsblatts.

Daneben kann natürlich auch die Zwischenablage zum Datenaustausch genutzt werden. Diese Möglichkeit dürfte aber allgemein bekannt sein, sie eignet sich nur für kleine Datenmengen und wird daher hier nicht weiter beschrieben.

5.1 Textdateien öffnen und konvertieren

Im Gegensatz zu formatierten Textdokumenten, die z. B. mit Microsoft Word erzeugt werden.

Textdateien sind ein gängiges Dateiformat zum Datenaustausch, nicht nur mit Excel. Hierbei handelt es sich um Dateien, die ausschließlich Zeichen, aber keinerlei Formatierungen enthalten. Die Werte der einzelnen Spalten werden mit einem bestimmten Trennzeichen getrennt. Meist Semikolon (;) oder Tab-Zeichen, allerdings sind auch andere Zeichen möglich. Text wird häufig zur eindeutigen Kennzeichnung zusätzlich in Anführungszeichen " " gesetzt. Die häufigsten Textdateiformate sind:

CSV = comma separated values

- Textdateien, bei denen die Werte bzw. Spalten durch Tabulatorzeichen getrennt sind, diese Dateien haben die Dateinamenerweiterung .txt.
- Das CSV-Dateiformat, bei dem statt der Tabulatorzeichen ein Komma (im englischen Sprachraum) oder Semikolon (deutsch) als Trennzeichen verwendet wird.

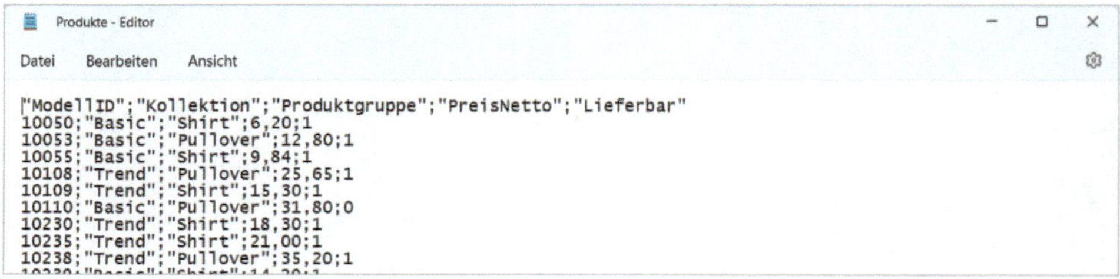

Bild 5.1 Beispiel Textdatei (csv) mit Semikolon getrennt

Produkte - Editor

Datei Bearbeiten Ansicht

```
"ModellID";"Kollektion";"Produktgruppe";"PreisNetto";"Lieferbar"
10050;"Basic";"Shirt";6,20;1
10053;"Basic";"Pullover";12,80;1
10055;"Basic";"Shirt";9,84;1
10108;"Trend";"Pullover";25,65;1
10109;"Trend";"Shirt";15,30;1
10110;"Basic";"Pullover";31,80;0
10230;"Trend";"Shirt";18,30;1
10235;"Trend";"Shirt";21,00;1
10238;"Trend";"Pullover";35,20;1
```

CSV-Dateien öffnen

Dateien mit der Dateinamenerweiterung .csv sind meist im Datei-Explorer von Windows mit einem Excel-Dateisymbol versehen (siehe Bild unten) und können einfach per Doppelklick auf das Dateisymbol mit Excel geöffnet werden. Bis auf wenige Ausnahmen werden dabei die Daten automatisch in Spalten angeordnet.

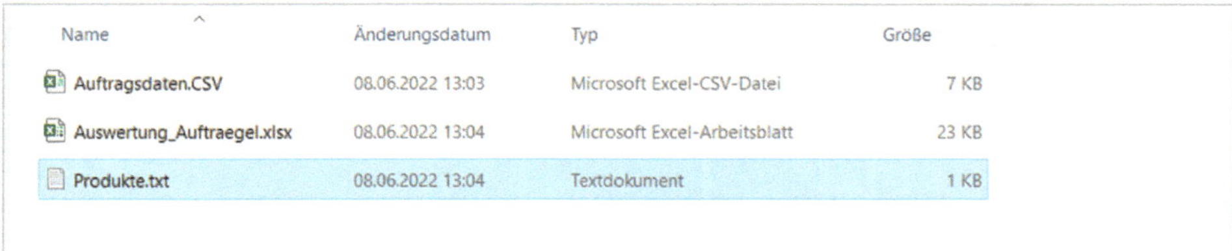

Bild 5.2 CSV-Dateien unterscheiden sich durch ihr Symbol von Textdateien (.txt)

Mögliche Probleme beim Öffnen

In Ausnahmefällen kann es vorkommen, dass beim Öffnen einer Datei im CSV-Format die Daten nicht korrekt in Spalten importiert werden, sondern sich in einer einzigen Spalte befinden. Weitere mögliche Fehlerquellen beim Öffnen: Ein Datum wird nicht als solches erkannt, Umlaute werden nicht korrekt dargestellt oder die führende 0 von Postleitzahlen entfernt, wenn Excel diese als Zahlen interpretiert.

In solchen Fällen importieren Sie die Daten am besten mit Power Query (s. Seite 230 ff.). Eine andere mögliche Alternative ist der Textkonvertierungs-Assistent von Excel. Dazu müssen Sie allerdings zuvor den Dateityp bzw. die Dateinamenerweiterung ändern, da dieser nur beim Öffnen einer txt-Datei startet, nicht aber, wenn Sie eine csv-Datei öffnen. So gehen Sie vor:

1. Falls die Dateinamenerweiterung nicht sichtbar ist, so klicken Sie im Datei-Explorer (Windows 10) auf das Register *Ansicht* und aktivieren in der Gruppe *Ein-/Ausblenden* das Kontrollkästchen *Dateinamenerweiterungen* (Windows 11: Symbol *Anzeigen* ▶ *Einblenden* ▶ *Dateinamenerweiterungen*).
2. Anschließend klicken Sie mit der rechten Maustaste auf den Dateinamen und auf *Umbenennen*. Geben Sie nach dem Punkt *txt* statt *csv* ein und betätigen Sie die Eingabetaste. Die nachfolgende Warnung mit der Frage, ob Sie die Dateinamenerweiterung trotzdem ändern möchten, können Sie ausnahmsweise mit *Ja* bestätigen.

   Anschließend können Sie die Dateinamenerweiterung wieder ausblenden.

Bild 5.3 Ändern Sie die Dateinamenerweiterung in txt.

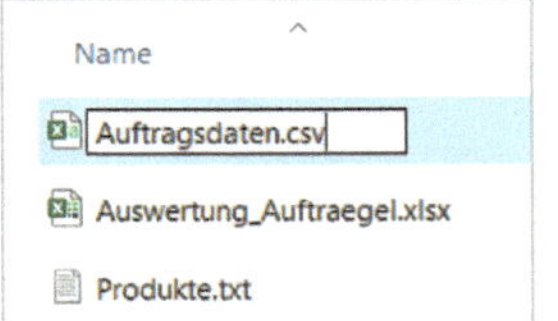

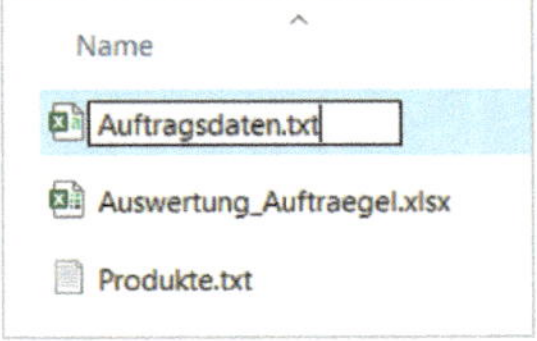

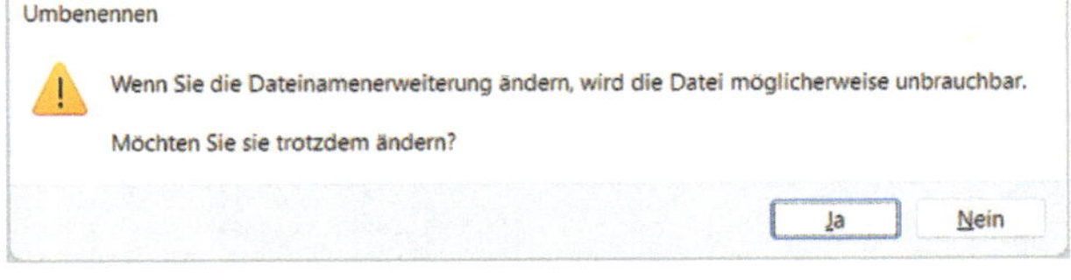

Starten Sie anschließend Excel, klicken Sie im Register *Datei* auf *Öffnen* und führen Sie dann die Schritte, wie im nächsten Punkt beschrieben, aus.

Textdatei (.txt) mit dem Textkonvertierungs-Assistent öffnen

Um mit Excel eine Textdatei mit der Dateinamenerweiterung .txt zu öffnen, starten Sie Excel und klicken im Register *Datei* auf *Öffnen*.

1 Klicken Sie auf *Durchsuchen* und wählen Sie den Speicherort aus. **Achtung**: Normalerweise zeigt das *Öffnen*-Dialogfenster ausschließlich Excel-Dateitypen (.xls, .xlsx), usw.) an. Damit auch Textdateien sichtbar werden, müssen Sie über den Dropdown-Pfeil *Dateityp* entweder *Textdateien* oder *Alle Dateien* (s. Bild 5.4) auswählen. Markieren Sie dann die gewünschte Datei und klicken Sie auf *Öffnen*.

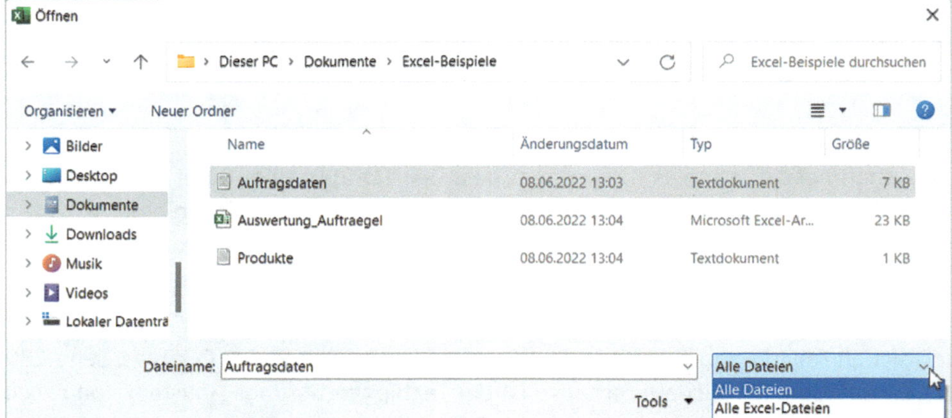

Bild 5.4 Dateityp auswählen!

2 Excel startet anschließend den *Textkonvertierungs-Assistent*, der Sie in Schritten durch den Import führt. Im ersten Schritt legen Sie den Datentyp fest und kontrollieren den verwendeten Zeichensatz.

- Wählen Sie unter *Ursprünglicher Datentyp* die Option *Getrennt*, wenn die Werte durch ein Trennzeichen (Komma, Semikolon, Tab-Zeichen, usw.) getrennt sind. Dies ist auch der häufigste Typ.

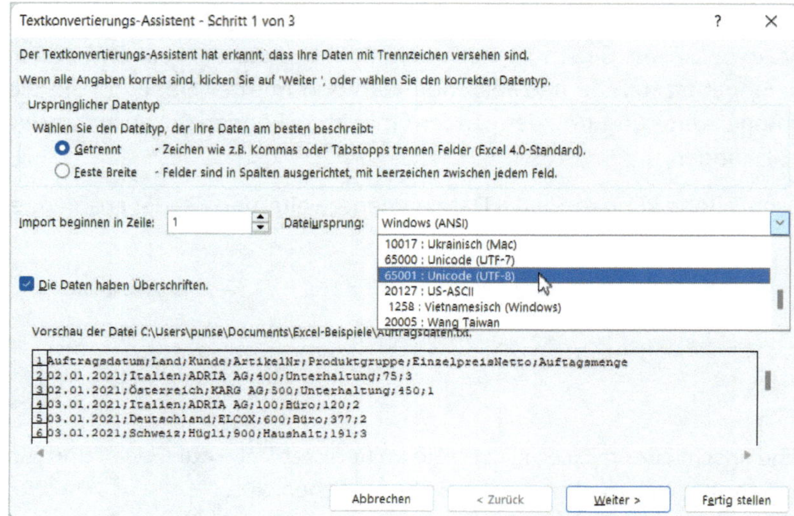

Bild 5.5 Textkonvertierung: Schritt 1

Auftragsdaten.Textdatei.txt

- Der *Dateiursprung* legt den verwendeten Zeichensatz fest. Kontrollieren Sie die Vorschau auf die Datei: Wenn Umlaute wie Ä, Ö usw. korrekt dargestellt werden, dann können Sie die Standardeinstellung beibehalten. Verwendet dagegen das System, aus dem die Datei exportiert wurde, einen anderen Zeichensatz, z. B. UTF-8, so wählen Sie diesen hier aus.
- Geben Sie außerdem an, ab welcher Zeile der Import beginnen soll (standardmäßig ab Zeile 1) und ob die Daten Überschriften enthalten.

3 Im zweiten Schritt des Assistenten wird das verwendete Trennzeichen festgelegt, meist Tabstopp oder Semikolon. Wenn ein anderes Zeichen verwendet wird, so aktivieren Sie das Kontrollkästchen *Andere* und tragen das Zeichen im Feld daneben ein. Falls Texte zur besseren Unterscheidung in Anführungszeichen gesetzt sind, geben Sie dieses im Feld *Textqualifizierer* ein. Klicken Sie dann auf *Weiter*

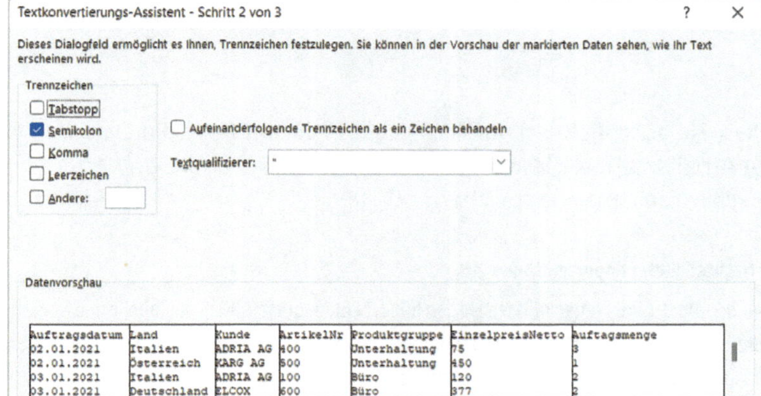

Bild 5.6 Trennzeichen festlegen

4 Im letzten Schritt können Sie für jede Spalte einzeln entscheiden, ob Sie diese importieren möchten und das Datenformat festlegen.

- Klicken Sie in der Vorschau in die betreffende Spalte und wählen Sie das Datenformat. Die Option *Standard* behält Zahlen und Datumswerte bei und wandelt alle übrigen Werte in Text um. Falls die Spalte nicht benötigt wird, so klicken Sie auf *Spalte nicht importieren (überspringen)*.
- Handelt es sich um Postleitzahlen, so sollten Sie *Text* wählen, damit die führende 0 beibehalten wird.
- Wenn Sie alle Spalten im Standardformat übernehmen möchten, dann können Sie diesen Schritt auch übergehen und auf *Fertig stellen* klicken.

Länderspezifische Zahlen- und Datumsschreibweise konvertieren

Einige Anwendungen verwenden für Zahlen die angelsächsische Schreibweise. Das bedeutet, als Dezimalzeichen wird der Punkt und als Tausenderzeichen das Komma verwendet also z. B. 5,300.00 statt 5.300,00. Dies führt bei anschließenden Auswertungen zu Problemen, da solche Zahlen von Excel als Text behandelt werden. Klicken Sie in solchen Fällen auf die Schaltfläche *Erweitert...* und ändern Sie die verwendeten Zeichen entsprechend (Bild 5.7).

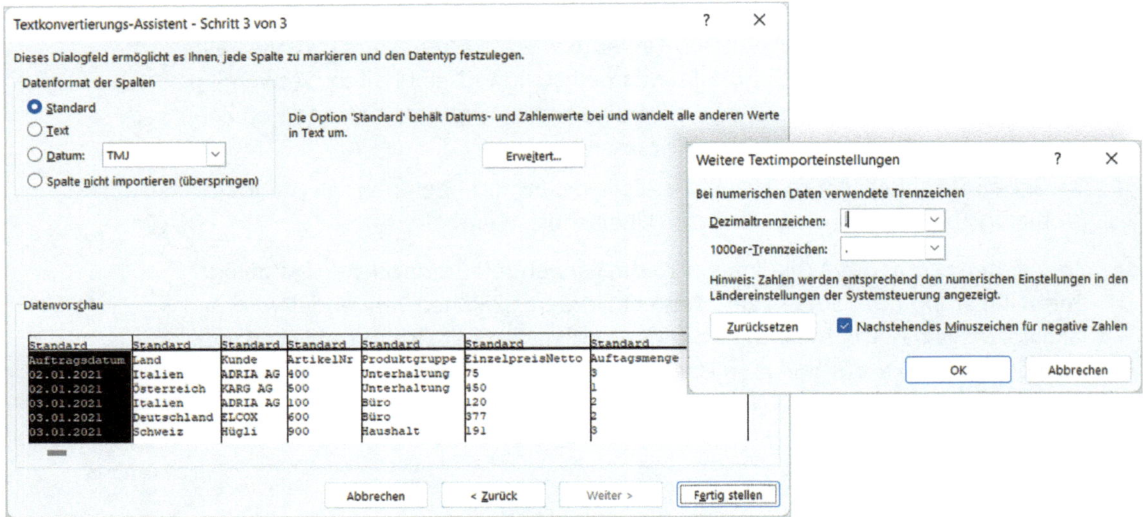

Bild 5.7 Datentyp und Trennzeichen für Zahlen festlegen

5 Klicken Sie abschließend auf *Fertig stellen*. Excel öffnet die Daten als Tabelle in einer Arbeitsmappe, diese sollten Sie anschließend über *Datei* ▶ *Speichern* unter als Excel-Arbeitsmappe speichern.

Der Nachteil dieser Importmethode

Bei jeder Änderung der Quelldaten müssen Sie den Import erneut durchführen, die Tabelle neu formatieren und alle erforderlichen Formeln, z. B. zur Berechnung zusätzlicher Spalten, neu eingeben. Diesen Weg sollten Sie daher nur wählen, wenn die Daten einmalig importiert werden.

Benötigen Sie dagegen stets aktuelle Daten, dann sollten Sie stattdessen die benötigten Daten direkt aus der Datenquelle abrufen. In diesem Fall müssen Sie die Daten nur einziges Mal aufbereiten und können diese dann jederzeit und beliebig oft mit einem einzigen Mausklick aktualisieren. Wie Sie dabei vorgehen, erfahren Sie im nächsten Punkt.

5.2 Externe Daten mit Power Query abrufen und aufbereiten

Welche Vorteile bringt Power Query?

Im Gegensatz zur oben beschriebenen Methode bietet der Import mit Power Query bzw. *Abrufen und transformieren* einige Vorteile und stellt daher in vielen Fällen die bessere Lösung dar.

- Sie arbeiten nicht mit den Originaldaten, sondern Excel ruft die Daten über eine Verbindung zur Datenquelle ab. Diese können mit einem Mausklick jederzeit neu abgerufen und somit aktualisiert werden.

- Neben dem Einfügen der Daten ist es auch möglich, nur eine Verbindung herzustellen und diese als Datenquelle für weitere Auswertungen in Form von Pivot-Tabellen zu nutzen. Bei umfangreichen Datenquellen lässt sich so die Beschränkung auf maximal 1.048.576 Zeilen eines Excel-Arbeitsblatts umgehen.
- Häufig ist vor der eigentlichen Auswertung eine Aufbereitung oder Bereinigung der Ausgangsdaten erforderlich. Wenn diese Arbeitsgänge nach jeder Aktualisierung erneut durchgeführt werden müssen, bedeutet dies einen erheblichen Arbeitsaufwand. Mit Power Query rufen Sie dagegen nicht nur Daten aus einer Datenquelle ab, sondern erzeugen im dazugehörigen Power Query-Editor eine Abfrage, in der Sie auch gleich die benötigten Spalten und Datensätze auswählen, weitere Spalten berechnen und nicht benötigte Datensätze herausfiltern. Diese Abfrage wird gespeichert und bei jedem Aktualisieren erneut ausgeführt, eine manuelle Neuberechnung erübrigt sich damit.
- Neben Excel-Arbeitsmappen und den oben beschriebenen Textdateien unterstützt Power Query alle gängigen Datenquellen, darunter...
  - XML, JSON und PDF,
  - ODBC Datenquellen,
  - zahlreiche Datenbanktypen, darunter Access-Datenbanken, Microsoft SQL Server, Oracle, MySQL, PostgreSQL, SAP HANA Datenbank,
  - Webdatenbanken, sowie Microsoft Azure und SharePoint Online-Listen.
- Mit Power Query können auch Daten aus mehreren Quellen, auch aus Excel-Arbeitsmappen aneinandergefügt oder zusammengeführt werden. Funktionen wie z. B. SVERWEIS werden dadurch unter Umständen überflüssig.

Eine einfache Abfrage mit Power Query erstellen

Beispiel: Daten aus einer Textdatei (csv) abrufen

Als Beispiel erstellen wir eine Abfrage, die Daten, in diesem Fall Einzelaufträge, aus einer CSV-Datei abruft, aufbereitet und das Ergebnis in die aktuelle Excel-Arbeitsmappe einfügt. Im Bild unten ein Auszug der Datei im Editor.

*Auftragsdaten_CSV - Editor

Datei Bearbeiten Ansicht

```
Auftragsdatum;Land;Kunde;ArtikelNr;Produktgruppe;EinzelpreisNetto;Auftagsmenge
02.01.2021;Italien;ADRIA AG;400;Unterhaltung;75;3
02.01.2021;Österreich;KARG AG;500;Unterhaltung;450;1
03.01.2021;Italien;ADRIA AG;100;Büro;120;2
03.01.2021;Deutschland;ELCOX;600;Büro;377;2
03.01.2021;Schweiz;Hügli;900;Haushalt;191;3
06.01.2021;Österreich;Tief & Brunnen;100;Büro;120;5
06.01.2021;Österreich;KARG AG;200;Computer;85;12
12.01.2021;Schweiz;Brettschneider;100;Büro;120;3
14.01.2021;Schweiz;Hügli;100;Büro;120;3
```

Bild 5.8 Die Datei Auftragsdaten.csv im Editor

Auftragsdaten_Datenquelle.csv

Hinweis: Die Daten werden später im aktuellen Arbeitsblatt ab der markierten Zelle eingefügt. Wenn diese dagegen in einem neuen Tabellenblatt eingefügt werden sollen, dann spielt die aktuell markierte Zelle keine Rolle.

1 Klicken Sie auf das Register *Daten* und in der Gruppe *Daten abrufen und transformieren* auf *Aus Text/CSV* (Bild 5.9). Oder klicken Sie in derselben Gruppe auf *Daten abrufen* ▶ *Aus Datei* und hier auf *Aus Text/CSV*. Wählen Sie im nachfolgenden Fenster *Daten importieren* die Datei aus und klicken Sie auf die Schaltfläche *Importieren*.

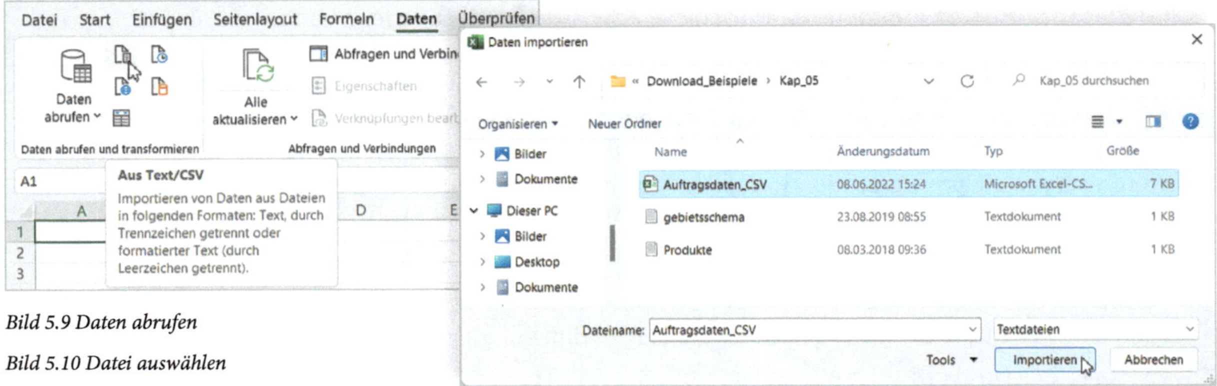

Bild 5.9 Daten abrufen

Bild 5.10 Datei auswählen

2 Excel stellt eine Verbindung zur Datei her, dies kann je nach Dateiumfang einige Sekunden dauern. Anschließend öffnet sich ein gesondertes Fenster mit einer Vorschau auf die Daten (Bild unten).

Bild 5.11 Vorschau auf die Daten

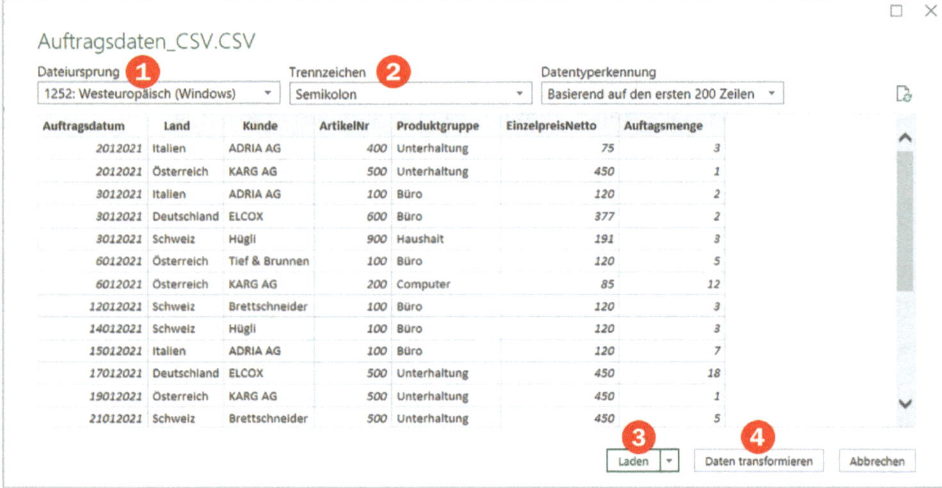

Auftragsdatum	Land	Kunde	ArtikelNr	Produktgruppe	EinzelpreisNetto	Auftagsmenge
2012021	Italien	ADRIA AG	400	Unterhaltung	75	3
2012021	Österreich	KARG AG	500	Unterhaltung	450	1
3012021	Italien	ADRIA AG	100	Büro	120	2
3012021	Deutschland	ELCOX	600	Büro	377	2
3012021	Schweiz	Hügli	900	Haushalt	191	3
6012021	Österreich	Tief & Brunnen	100	Büro	120	5
6012021	Österreich	KARG AG	200	Computer	85	12
12012021	Schweiz	Brettschneider	100	Büro	120	3
14012021	Schweiz	Hügli	100	Büro	120	3
15012021	Italien	ADRIA AG	100	Büro	120	7
17012021	Deutschland	ELCOX	500	Unterhaltung	450	18
19012021	Österreich	KARG AG	500	Unterhaltung	450	1
21012021	Schweiz	Brettschneider	500	Unterhaltung	450	5

Achtung: Die nachfolgenden Bearbeitungen finden Sie in der Datei

Auftragsdaten_Abfrage.xlsx.

Allerdings müssen Sie die Datenquelle neu festlegen. Wie Sie dabei vorgehen, lesen Sie auf Seite 252.

- Die Codierung bzw. der Zeichensatz der Datenquelle wird meist automatisch erkannt, hier *Westeuropäisch (Windows)*. Sollten allerdings in der Vorschau Umlaute (ä, ö, usw.) nicht korrekt dargestellt werden, dann müssen Sie die Codierung im Feld *Dateiursprung* ❶ manuell auswählen, z. B. den häufig verwendeten Zeichensatz *UTF-8*. Im Feld daneben legen Sie das Trennzeichen fest, in diesem Beispiel *Semikolon* ❷.
- Die Erkennung des Datentyps jeder Spalte, also Text, Zahl oder Datum, erfolgt automatisch, in der Standardeinstellung zieht Power Query dazu die ersten

200 Datensätze heran (*Basierend auf den ersten 200 Zeilen*). Dies lässt sich mit der Auswahl *Datentypen nicht ermitteln* bei Bedarf deaktivieren.

3 Unterhalb der Vorschau entscheiden Sie anhand der Schaltflächen über die weitere Vorgehensweise:

- **Daten in Tabellenblatt einfügen**: Wenn Sie alle Daten sofort in ein neues Tabellenblatt einfügen möchten, dann klicken Sie auf die Schaltfläche *Laden* ❸. Auch dieser Vorgang kann etwas dauern. Die Daten werden beim Einfügen automatisch als Tabellenbereich formatiert und können anschließend beliebig bearbeitet werden.
- **Daten vor dem Einfügen bearbeiten**: Wenn dagegen die Daten vor dem Einfügen noch bearbeitet werden sollen, z. B. Datentypen für Zahlen und/oder Datumswerte konvertieren oder weitere Spalten berechnen, dann klicken Sie auf *Daten transformieren* ❹. Damit öffnet sich der Power Query-Editor für die weitere Bearbeitung, siehe nächster Punkt.

Tipp: Ein Klick auf den Dropdown-Pfeil der Schaltfläche bietet auch die Option *Laden in...* an, über die Sie Position und Blatt wählen können oder nur eine Verbindung erstellen.

Die Originaldaten bleiben in jedem Fall unverändert!

In beiden Fällen werden die Daten über eine Verbindung aus der Datenquelle nur abgerufen und alle weiteren Bearbeitungsschritte haben keinen Einfluss auf die Originaldaten, d. h. diese bleiben unverändert.

Der Power Query-Editor

Zur weiteren Bearbeitung der Daten klicken Sie auf die Schaltfläche *Bearbeiten*. Damit werden die Daten in den Power Query-Editor geladen. Dieser öffnet sich in einem gesonderten Fenster und verfügt über ein eigenes Menüband mit den Registern *Datei*, *Start*, *Transformieren*, *Spalte hinzufügen* und *Ansicht*.

Bild 5.12 Die Daten im Abfrage-Editor

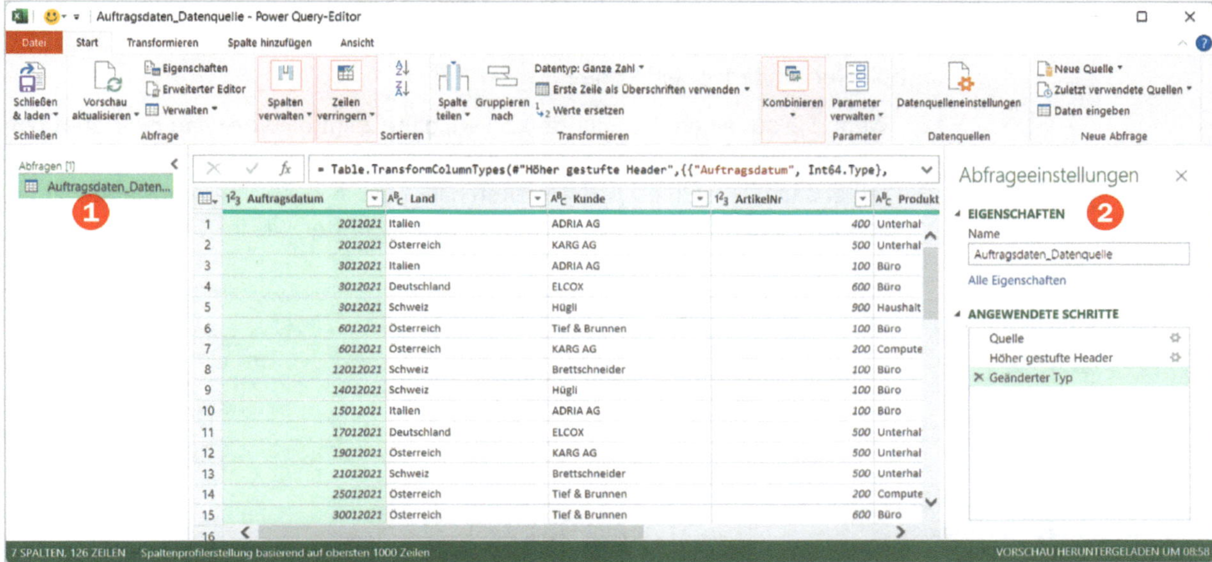

- Der Abfragebereich ❶ am linken Rand des Abfrage-Editors zeigt alle geladenen Abfragen an; die aktuelle Abfrage hat automatisch den Namen der Datenquelle erhalten. Mit dem Pfeil ❷ öffnen und schließen Sie den Bereich.
- Am rechten Rand des Fensters befindet sich der Aufgabenbereich *Abfrageeinstellungen* ❸. Hier sind unter *ANGEWENDETE SCHRITTE* alle bisher erfolgten Bearbeitungsschritte aufgelistet.

Falls der Aufgabenbereich nicht sichtbar sein sollte, so klicken Sie im Menüband des Power Query-Editors auf das Register *Ansicht* und hier auf *Abfrageeinstellungen* ❹.

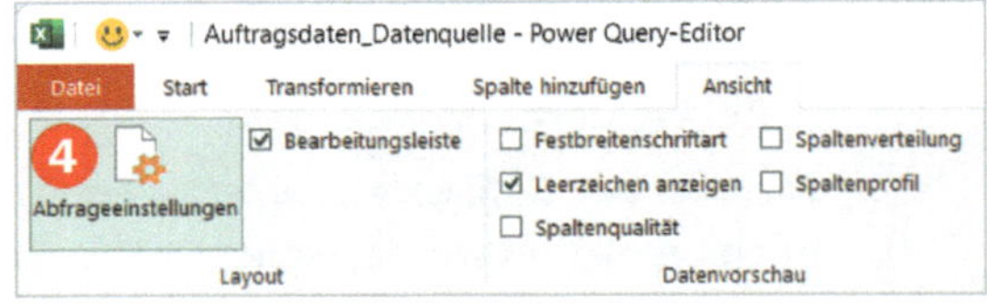

Bild 5.13 Aufgabenbereich Abfrageeinstellungen anzeigen

> **Achtung:** Solange der Abfrage-Editor geöffnet ist, sind die aktuelle Arbeitsmappe und alle übrigen Instanzen von Excel gesperrt. Ein Weiterarbeiten in der Arbeitsmappe ist erst möglich, nachdem der Abfrage-Editor geschlossen wurde.

Importschritte kontrollieren

Bereits beim Laden in den Power Query-Editor haben die Ausgangsdaten erste Veränderungen erfahren. Die Datenquelle wurde ausgewählt (*Quelle*), die erste Zeile als Überschriftzeile festgelegt (*Höher gestufte Header*) und jeder Spalte ein Datentyp zugewiesen (*Geänderter Typ*). Diese Schritte finden Sie im Aufgabenbereich *Abfrageeinstellungen* in der Liste *ANGEWENDETE SCHRITTE*.

Die angewendeten Schritte sind im Power Query-Editor ein wichtiges Werkzeug zur Datenaufbereitung und Kontrolle. Hier werden nicht nur alle bisher ausgeführten Bearbeitungsschritte aufgelistet, Sie können auch jeden einzelnen Schritt nachträglich kontrollieren, ändern oder löschen.

1 Wenn Sie auf einen der Schritte klicken, dann zeigt die Vorschau die Daten **nach** diesem Schritt an. Klicken Sie z. B. auf *Quelle*, dann sehen Sie die Daten unmittelbar nach dem Einlesen, die Spalten haben noch keine Überschriften erhalten, sondern sind mit *Column1*, *Column2*, usw. beschriftet, wie im Bild unten.

Bild 5.14 Die importierten Daten ohne Spaltenüberschriften

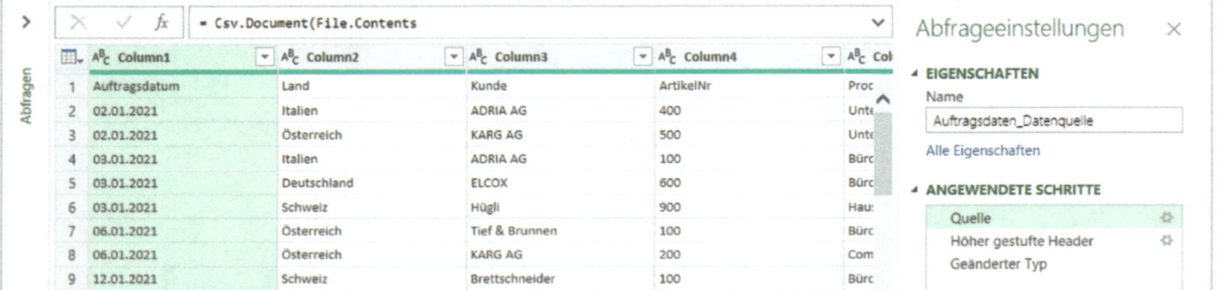

	Column1	Column2	Column3	Column4	Col
1	Auftragsdatum	Land	Kunde	ArtikelNr	Proc
2	02.01.2021	Italien	ADRIA AG	400	Unte
3	02.01.2021	Österreich	KARG AG	500	Unte
4	03.01.2021	Italien	ADRIA AG	100	Bürc
5	03.01.2021	Deutschland	ELCOX	600	Bürc
6	03.01.2021	Schweiz	Högli	900	Hau:
7	06.01.2021	Österreich	Tief & Brunnen	100	Bürc
8	06.01.2021	Österreich	KARG AG	200	Com
9	12.01.2021	Schweiz	Brettschneider	100	Bürc

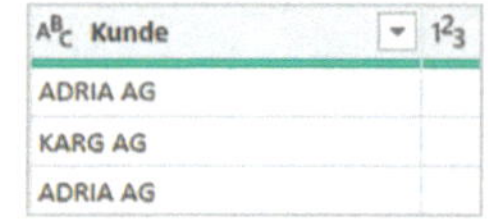

2 Klicken Sie auf den nächsten Schritt *Höher gestufte Header*, so sehen Sie, dass die Spalten nun korrekte Überschriften erhalten haben, allerdings sind alle Spalten vom Datentyp *Text*, am Symbol A^B_C links von der jeweiligen Spaltenüberschrift leicht zu erkennen.

3 Im nächsten Schritt, *Geänderter Typ*, wurde jeder Spalte ein Datentyp zugewiesen, das Resultat sehen Sie, wenn Sie auf diesen Schritt klicken.

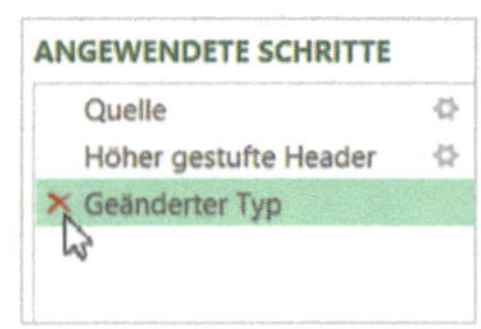

Schritte löschen

Statt Rückgängig können Sie im Abfrage-Editor einen Bearbeitungsschritt wieder löschen. Dies muss nicht unbedingt der letzte sein, es kann auch ein beliebiger Schritt gelöscht werden. Die nachfolgenden Schritte werden dadurch nicht entfernt, allerdings können durch das Löschen Folgefehler entstehen.

Zum Löschen zeigen Sie auf den betreffenden Schritt: Links davon erscheint das Symbol *Löschen* und ein Klick auf dieses Symbol entfernt alle, in diesem Schritt vorgenommenen Änderungen.

Spaltenüberschriften nicht erkannt?

In seltenen Fällen wird die erste Zeile nicht als Überschriftzeile erkannt. Dann klicken Sie einfach im Editor, Register *Start* ▶ *Transformieren* auf *Erste Zeile als Überschriften verwenden*. Falls dagegen bei nicht vorhandenen Überschriften fälschlicherweise die erste Datenzeile als Überschriftzeile interpretiert wurde, so löschen Sie den Schritt *Höher gestufte Header* und klicken dann auf *Überschriften als erste Zeile verwenden*.

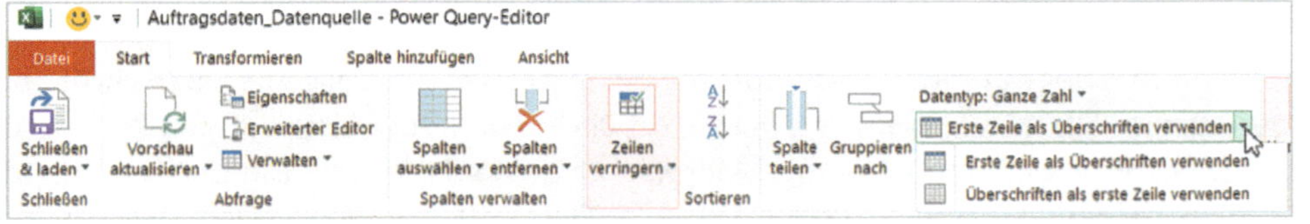

Bild 5.15 Erste Zeile als Überschriften

Nicht benötigte Spalten entfernen

Falls nicht alle Spalten der Ausgangsdaten benötigt werden, so klicken Sie zum Entfernen in die Überschrift der betreffenden Spalte, die Spalte ist nun markiert, und dann im Menüband *Start* ▶ *Spalten verwalten* auf *Spalten entfernen*.

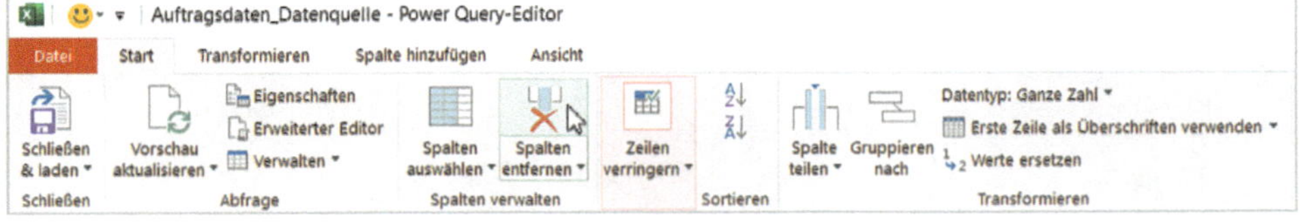

Bild 5.16 Eine nicht benötigte Spalte entfernen

Tipp: Falls Sie gleich mehrere Spalten entfernen möchten, klicken Sie stattdessen auf *Spalten auswählen*. Es öffnet sich ein gesondertes Fenster und Sie brauchen hier nur die Kontrollkästchen der zu entfernenden Spalten deaktivieren.

Datentypen ändern

Den Datentyp einer Spalte erkennen Sie am Symbol ❶ links von der Überschrift. Oder markieren Sie mit Klick auf die Überschrift die gesamte Spalte und werfen Sie im Register *Start* ▶ *Transformieren* einen Blick auf das Feld *Datentyp* ❷.

Bild 5.17 Datentypen kontrollieren

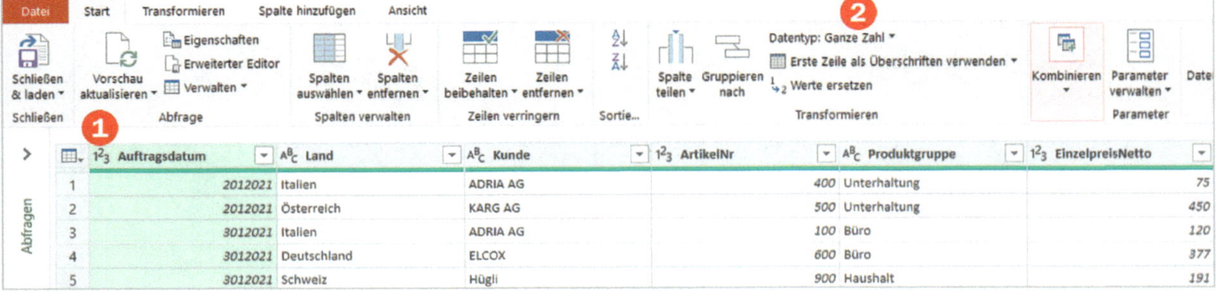

ANGEWENDETE SCHRITTE

- Quelle
- Höher gestufte Header
- Geänderter Typ

> **Kontrollieren Sie sofort nach dem Einlesen unbedingt alle Datentypen**
>
> Nicht jede Spalte erhält beim Einlesen automatisch den richtigen Datentyp. Im Bild oben haben beispielsweise die Spalten *Auftragsdatum* und *EinzelpreisNetto* fälschlicherweise den Typ *Ganze Zahl* erhalten. Kontrollieren Sie daher unbedingt die Datentypen aller Spalten und ändern Sie fehlerhafte Datentypen. Manchmal ist es einfacher, wenn Sie unmittelbar nach dem Laden in den Power Query-Editor die automatische Typkonvertierung entfernen. Dazu klicken Sie beim Schritt *Geänderter Typ* auf das Symbol *Löschen*. Danach müssen Sie allerdings mit Ausnahme von Text jeder Spalte manuell einen Datentyp zuweisen.

Zum Ändern des Datentyps klicken Sie auf das Datentyp-Symbol in der Überschrift der betreffende Spalte ❶, hier *EinzelpreisNetto* und dann in der Liste auf den korrekten Datentyp, im Bild unten *Währung*. Oder klicken Sie in die Überschrift der Spalte und wählen im Menüband, Register *Start* über das Feld *Datentyp* ❷ den Datentyp aus.

Bild 5.18 Datentyp ändern

Hinweis: Power Query verwendet als Symbol für den Datentyp *Währung* zwar das $-Zeichen, dies hat aber keinen Einfluss auf die Anzeige der Zahlen.

Bild 5.19 Automatische Typenkonvertierung ersetzen oder neuen Schritt hinzufügen?

Neuer Schritt oder Typkonvertierung ersetzen?

Falls der Datentyp einer Spalte schon einmal geändert wurde, z. B. automatisch beim Laden in den Editor, erscheint eine Rückfrage und macht Sie darauf aufmerksam (*Typenkonvertierung*). Klicken Sie auf *Neuen Schritt hinzufügen*, wenn Ihre Ände-

rung als weiterer Schritt der Liste der angewendeten Schritte hinzugefügt werden soll. Auf diese Weise lässt sie sich auch leichter wieder rückgängig machen. Mit Klick auf *Aktuelle ersetzen* wird dagegen eine bereits erfolgte Typenänderung durch die erneute Änderung ersetzt.

Vorsicht bei Dezimalzahlen und Datumswerten

Datumswerte richtig übernehmen

Datumswerte werden beim Import aus Textdateien nicht immer richtig erkannt und manchmal auch als Dezimalzahl oder ganze Zahl, wie in Bild 5.20 interpretiert. Dann bringt ein nachträgliches Umwandeln in den Typ *Datum* nichts, sondern erzeugt ein falsches Datum oder Fehler (*Error*).

In solchen Fällen müssen Sie zunächst die automatische Typerkennung beim Laden (*Geänderter Typ*) entfernen, damit erhält diese Spalte den Typ *Text* (leider auch alle übrigen Spalten) und damit das ursprüngliche Aussehen. Anschließend wählen Sie für diese Spalte den Typ *Datum* aus (erkennbar am Symbol Kalenderblatt) und nun sollten die Datumswerte korrekt angezeigt werden, wie in Bild 5.21.

Bild 5.20 Falscher Datentyp Ganze Zahl und Umwandeln in Datum erzeugt Fehler

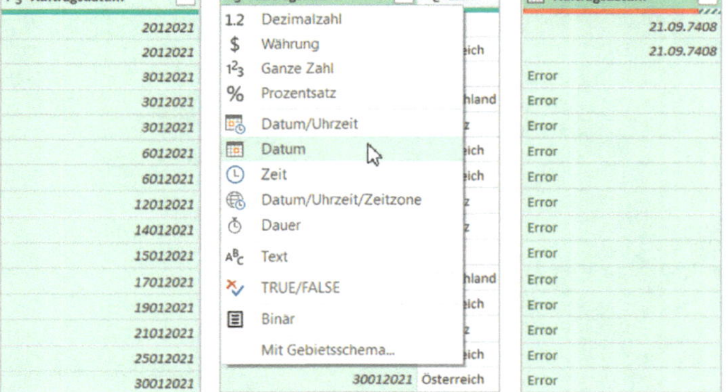

Bild 5.21 Nach Entfernen der automatischen Typkonvertierung ist das Datum vom Typ Text und kann in Datum geändert werden

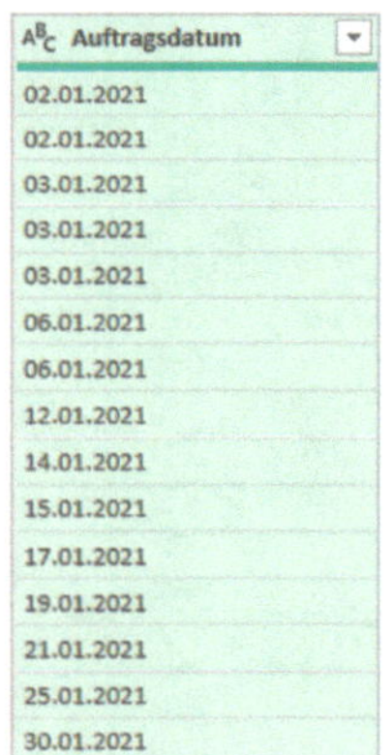

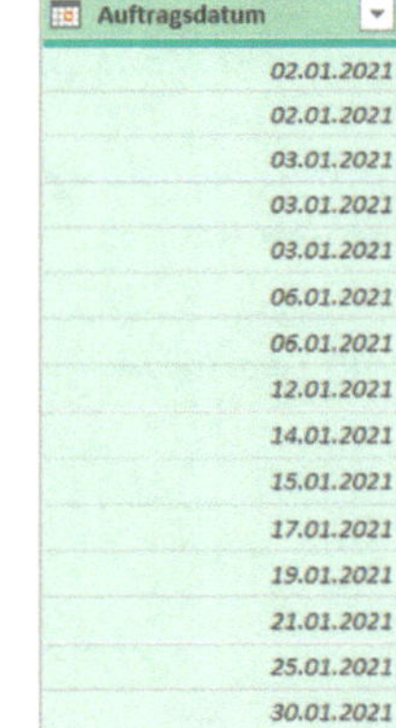

> Wenn Sie nach dem Laden in den Power Query-Editor feststellen, dass Datumswerten und/oder Dezimalzahlen der falsche Datentyp zugewiesen wurde, dann müssen Sie die automatische Typenkonvertierung entfernen. Dadurch erhalten alle Spalten wieder das ursprüngliche Aussehen und sind zunächst vom Typ *Text*. Anschließend weisen Sie jeder Spalte, mit Ausnahme von Textspalten manuell einen Datentyp zu. Haben dagegen Zahlen und Datumswerte erst einmal den falschen Datentyp erhalten, lässt sich der ursprüngliche Wert nicht mehr wiederherstellen.

Datumswerte und Zahlen anhand des Gebietsschemas konvertieren

Falls Zahlen und Datumswerte in länderspezifischer Schreibweise vorliegen, z. B. in der Form MM-TT-JJJJ oder Dezimalzahlen den Punkt statt des Kommas verwenden, dann müssen Sie den Datentyp anhand eines Gebietsschemas korrigieren. **Achtung**: Auch in diesem Fall müssen Sie unter Umständen zuerst die automatische Typenkonvertierung entfernen, um die Daten wieder in die ursprüngliche Form zurückzusetzen.

Beispiel: Amerikanische Datumsschreibweise und Punkt statt Komma als Dezimalzeichen

Rechts ein Beispiel mit Datumsangaben in amerikanischer Schreibweise in der Reihenfolge MM-TT-JJJJ, und die Beträge enthalten als Dezimalzeichen Punkt statt Komma.

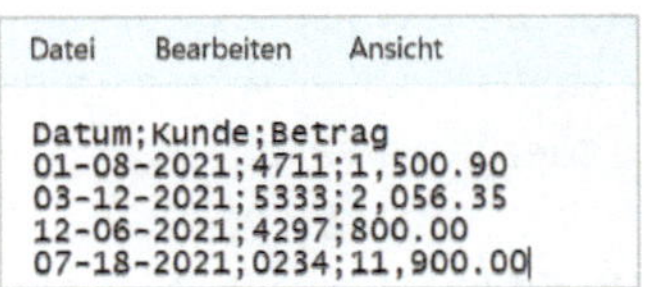

Nach dem Laden in den Editor haben die Spalten mit Ausnahme der Kundennummer den Typ *Text* erhalten, ein Löschen der automatischen Typkonvertierung ist somit nicht erforderlich. Allerdings würde ein Umwandeln in den Typ *Datum* teilweise ein ungültiges Datum und damit einen Fehler erzeugen, Genauso verhält es sich mit der Spalte *Betrag*.

1 Um ein korrektes Datum zu erhalten, klicken Sie auf das Datentyp-Symbol der Spalte *Datum* ❶ und auf *Mit Gebietsschema...* ❷.

2 Im Fenster *Typ mit Gebietsschema ändern* wählen Sie dann den passenden Datentyp, hier *Datum* ❸ und im Feld *Gebietsschema* die länderspezifische Schreibweise, im Bild *Englisch (USA)* ❹. Klicken Sie dann auf *OK.*

3 Genauso verfahren Sie auch mit den Dezimalzahlen in der Spalte *Betrag*.

Bild 5.22 Die Spalte Datum als Text

Bild 5.23 Klicken Sie auf Mit Gebietsschema...

Bild 5.24 Wählen Sie Datentyp und Gebietsschema

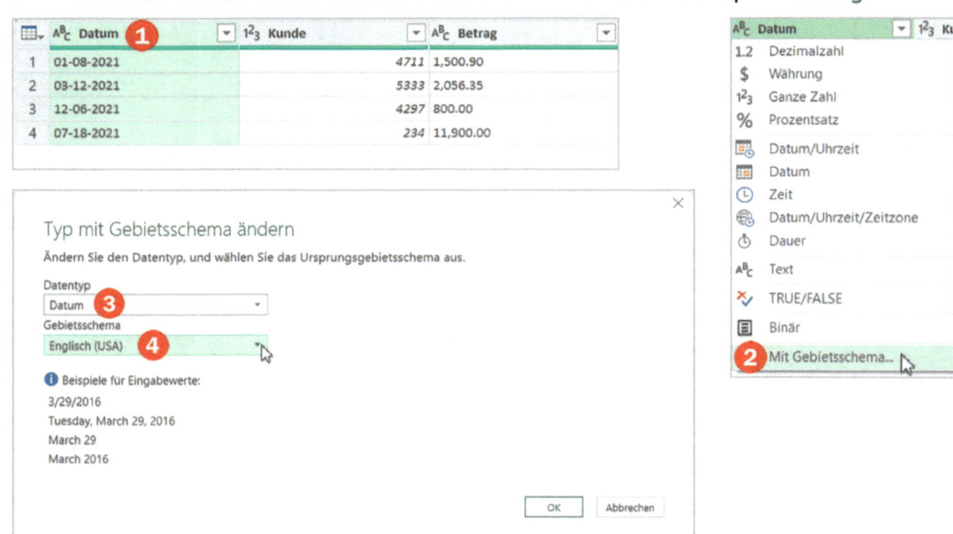

Tipp: Daten in Excel-Tabellen konvertieren

Diese Methode funktioniert auch, wenn Datumswerte und Zahlen in länderabhängiger Schreibweise in einer Excel-Tabelle vorliegen. Dann laden Sie die Tabelle in den Power Query-Editor, ändern die Datentypen mit Gebietsschema und fügen die Tabelle wieder in die Excel-Mappe ein. Wie Sie mit Power Query auf eine Excel-Mappe oder einen Bereich der aktuellen Arbeitsmappe zugreifen, lesen Sie weiter unten auf Seite 248 ff.

Spaltenwerte berechnen

Der Power Query-Editor unterscheidet bei der Berechnung von Spalten zwischen dem Hinzufügen neuer und dem Ersetzen vorhandener Spalten. Achten Sie also unbedingt darauf, im Menüband des Abfrage-Editors das richtige Register zu wählen!

- **Neue Spalte hinzufügen**
  Zum Berechnen neuer Spalten klicken Sie im Menüband auf das Register *Spalte hinzufügen* und verwenden die Befehle bzw. Symbole der Gruppen *Aus Text*, *Aus Zahl* und *Aus Datum & Uhrzeit* (Bild 5.25)
- **Spaltenwerte ersetzen**
  Möchten Sie dagegen die Werte einer vorhandenen Spalte durch berechnete Werte ersetzen, dann klicken Sie auf das Register *Transformieren*. Hier finden Sie dieselben Befehle in den Gruppen *Textspalte*, *Zahlenspalte*, *Datums- & Uhrzeitspalte* (Bild 5.26).

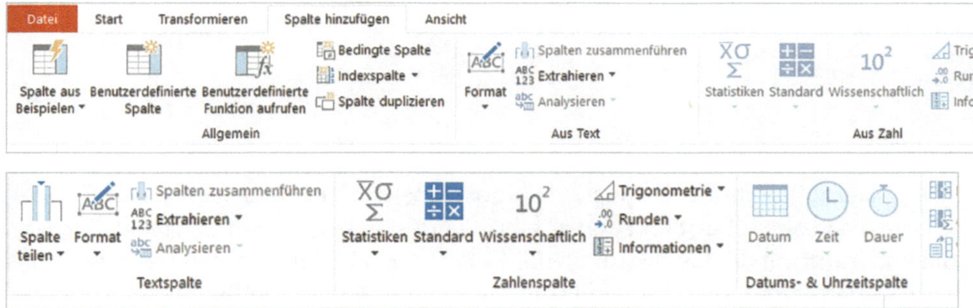

Bild 5.25 Register Spalte hinzufügen

Bild 5.26 Ähnliche Befehle finden Sie auch im Register Transformieren

Datumsinformationen extrahieren

Häufig enthält die Datenquelle Datumswerte in Form von Tagen, in späteren Zusammenfassungen werden aber Monate, Quartale und Jahre benötigt. Power Query bietet zu diesem Zweck im Menüband über das Symbol *Datum* verschiedene Varianten an, vorausgesetzt die betreffende Spalte ist von Typ *Datum*. **Achtung**: Das Symbol *Datum* findet sich sowohl im Register *Spalte hinzufügen* als auch im Register *Transformieren*. Welches Sie verwenden, hängt davon ab, ob Sie eine neue Spalte hinzufügen oder die bestehende Spalte umwandeln, d. h. transformieren möchten.

Beispiel: Spalten mit Monaten, Quartalen und Jahren hinzufügen

1. Um aus dem Auftragsdatum eine zusätzliche Spalte mit den Monaten zu erstellen, klicken Sie in diese Spalte und auf das Register *Spalte hinzufügen*.
2. Klicken Sie in der Gruppe *Aus Datum & Uhrzeit* auf *Datum*, zeigen Sie auf *Monat* und wählen Sie zwischen *Monat*, d. h. Monat als Zahl und *Name des Monats*, z. B. Januar (Bild 5.27).
3. Genauso gehen Sie vor, um die Quartale und Jahre als neue Spalte hinzuzufügen. Klicken Sie in die Spalte *Auftragsdatum* und wählen Sie im Register *Spalte hinzufügen* ▶ *Datum* ▶ *Quartal* ▶ *Quartal des Jahres* bzw. *Jahr*. Die neuen Spalten sind

von Datentyp *Ganze Zahl* (Monat, Quartal und Jahr) bzw. Text (Monatsname) und haben automatisch Überschriften erhalten.

Wird das Tagesdatum nicht mehr benötigt, dann können Sie dieses zuletzt über das Register *Transformieren* umwandeln, z. B. in Jahre.

Bild 5.27 Monat aus Auftragsdatum als neue Spalte hinzufügen

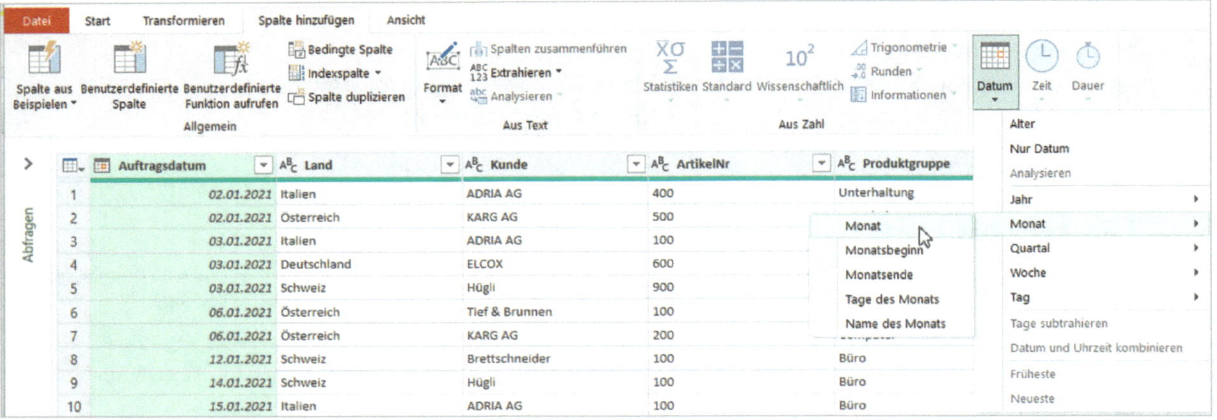

Spalten umbenennen

Alle Spaltenüberschriften lassen sich problemlos ändern: Dazu genügt ein Doppelklick in die Spaltenüberschrift und anschließendes Überschreiben. Schließen Sie dann die Änderung mit der **Eingabetaste** ab (Bild 5.28). Oder klicken Sie mit der rechten Maustaste in die Spaltenüberschrift und auf *Umbenennen*. **Achtung**: Die Spaltenüberschriften müssen eindeutig sein, d. h. jede Spaltenüberschrift darf nur einmal vorhanden sein!

Spalten verschieben

Wenn Sie die Reihenfolge der Spalten ändern möchten, dann ziehen Sie einfach die Spaltenüberschrift mit gedrückter Maustaste an die gewünschte Stelle.

Bild 5.28 Spalte umbenennen

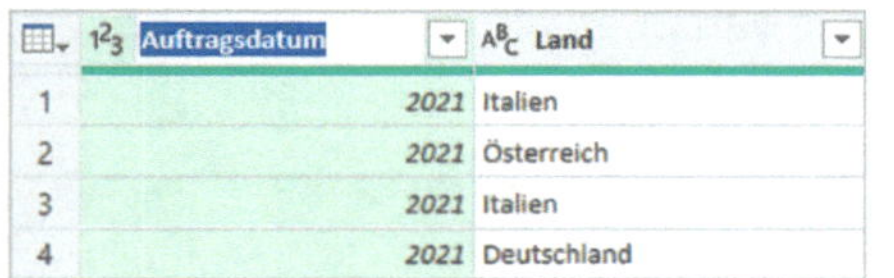

Bild 5.29 Spalte mit der Maus verschieben

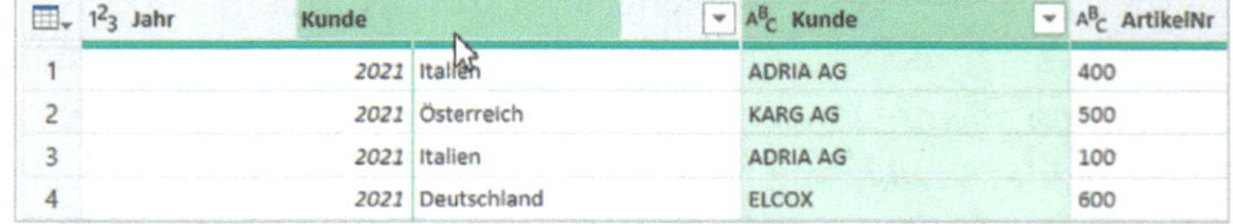

Spalte mit einer Formel berechnen

Auch das Berechnen einer Spalte mit einer Formel ist mit Power Query möglich. Wenn Sie beispielsweise in späteren Auswertungen den Umsatz aus Auftragsmenge und Einzelpreis benötigen, dann sparen Sie Arbeit, wenn Sie diesen gleich im Editor berechnen. Die Formel wird zusammen mit der Verbindung gespeichert und beim Aktualisieren automatisch neu berechnet. So gehen Sie vor:

1 Klicken Sie auf das Register *Spalte hinzufügen* und in der Gruppe *Allgemein* auf *Benutzerdefinierte Spalte*.

Bild 5.30 Benutzerdefinierte Spalte hinzufügen

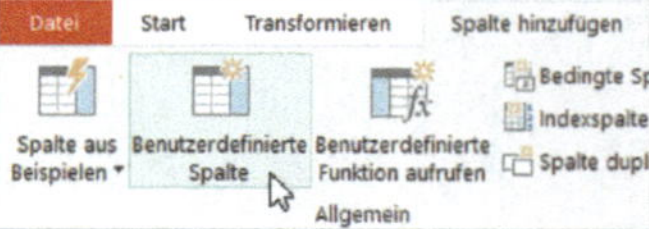

2 Geben Sie im Fenster *Benutzerdefinierte Spalte* (Bild 5.31) im Feld *Neuer Spaltenname* ❶ statt *Benutzerdefiniert* den Namen der neuen Spalte ein, hier Umsatz.

3 Klicken Sie dann in das Feld *Benutzerdefinierte Spaltenformel* und geben Sie nach dem Gleichheitszeichen die Formel ein ❷. Dabei können Sie die Spalten aus der Liste *Verfügbare Spalten* ❸ mit Doppelklick oder Markieren und der Schaltfläche *<<Einfügen* in die Formel übernehmen.

4 Die Formelsyntax wird während der Eingabe automatisch überprüft ❹, klicken Sie abschließend auf *OK*.

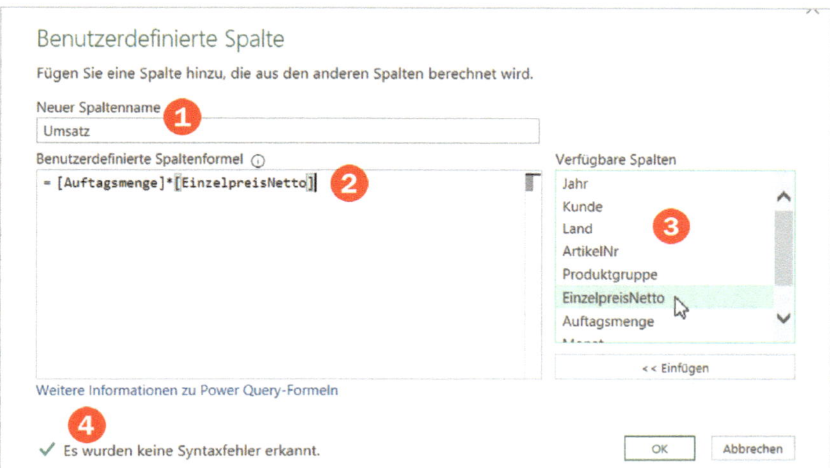

Bild 5.31 Geben Sie die Formel für die benutzerdefinierte Spalte ein

Beachten Sie bei der manuellen Eingabe von Formeln

Feldnamen in Formeln müssen in eckigen Klammern angegeben werden. Fügen Sie daher die benötigten Felder aus der Liste *Verfügbare Spalten* ein, entweder per Doppelklick oder mit der Schaltfläche *<<Einfügen*. Bei der Eingabe über die Tastatur müssen dagegen auch die Klammern eingegeben werden. Dezimalzahlen in Formeln müssen bei dieser Methode mit Punkt als Dezimalzeichen eingegeben werden.

Berechnungen mit Standardformeln

Alternativ können Sie für einfache Rechenoperationen auch Standardformeln nutzen. Klicken Sie dazu in die betreffende Spalte und im Register *Spalten hinzufügen* ► *Aus Zahl* auf *Standard*. Wählen Sie eine Operation, z. B. *Multiplizieren* und geben Sie im nachfolgenden Fenster eine Zahl ein oder klicken Sie auf das Symbol links vom Eingabefeld, wählen *Werte einer Spalte verwenden* und wählen eine Spalte aus.

Derselbe Befehl ist auch im Register *Transformieren* verfügbar.

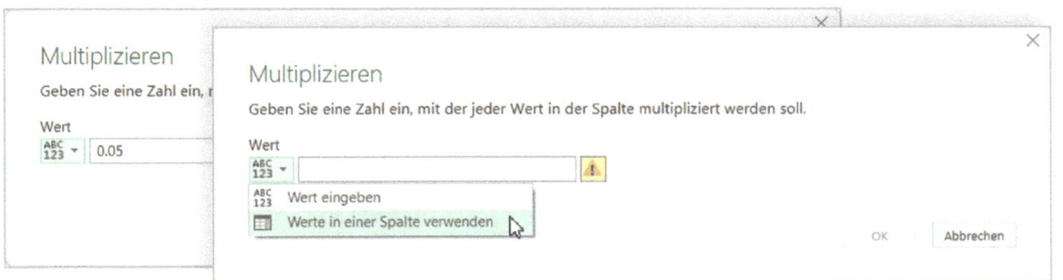

Bild 5.32 Ändern Sie den Datentyp der berechneten Spalte

Datentyp der berechneten Spalte festlegen

Da berechnete Spalten häufig den Datentyp *Beliebig* erhalten, sollten Sie diesen anschließend kontrollieren und entsprechend ändern, z. B. in *Dezimalzahl* oder *Währung*.

Formel nachträglich anzeigen und ändern

Das Hinzufügen von Spalten und die Berechnung von Formeln werden, wie alle Bearbeitungen, im Aufgabenbereich *Abfrageeinstellungen* in der Liste *Angewendete Schritte* dokumentiert. Schritte, die mit zusätzlichen Einstellungen, z. B. Formeln verbunden sind, erkennen Sie am Rädchen-Symbol .

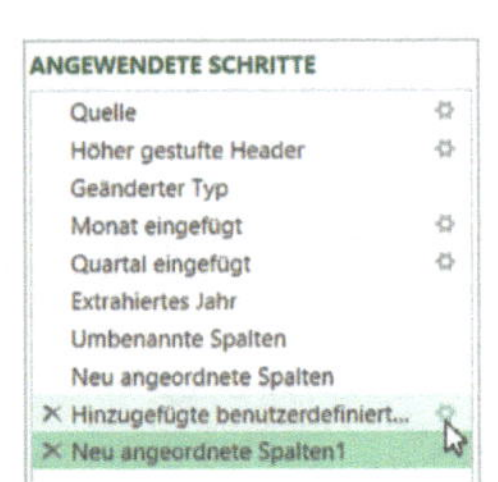

Oder klicken Sie mit der rechten Maustaste auf den Bearbeitungsschritt und auf *Einstellungen bearbeiten.*

- Wenn Sie eine Formel nochmals anzeigen oder ändern möchten, dann klicken Sie einfach auf das Rädchen des betreffenden Schritts, hier *Hinzugefügte benutzerdefinierte Spalte*. Das Fenster *Benutzerdefinierte Spalte* mit der Formel wird erneut geöffnet und Sie können die Formel kontrollieren und bei Bedarf ändern.

Spalten aufteilen/Werte aus Spalten zusammenführen

Spalten aufteilen

Die Aufteilung einer Spalte kann anhand eines Trennzeichens erfolgen oder nach einer festen Anzahl Zeichen. Markieren Sie die betreffende Spalte und klicken Sie im Register *Spalte hinzufügen* ▶ *Aus Text* auf *Extrahieren.* Wählen Sie die gewünschte Variante, z. B. *Text vor Trennzeichen* und geben Sie im nachfolgenden Fenster das verwendete Zeichen ein. Benötigen Sie dagegen eine bestimmte Anzahl Zeichen, dann wählen Sie zwischen *Erste Zeichen*, *Letzte Zeichen* und *Text zwischen Trennzeichen* und geben die gewünschte Anzahl Zeichen ein.

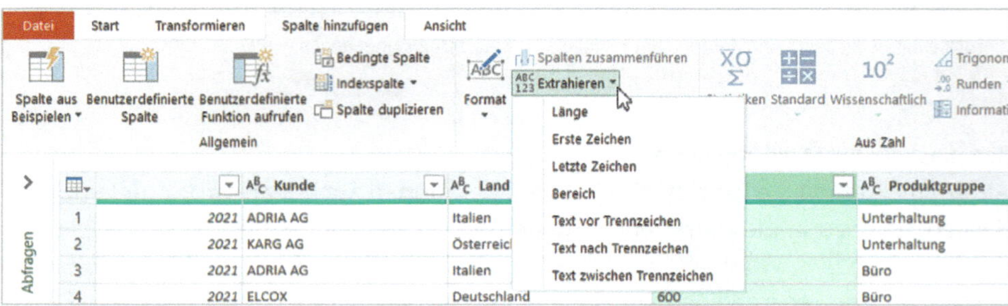

Bild 5.33 Klicken Sie auf Extrahieren und wählen Sie zwischen Trennzeichen und fester Länge

Spalten zusammenführen

Um Inhalte aus zwei und mehr Spalten zusammenzuführen, markieren Sie zunächst die Spalten, indem Sie die Spaltenüberschriften mit gedrückter **Strg**-Taste anklicken. Klicken Sie dann im Register *Spalte hinzufügen* auf *Spalten zusammenführen*. Wählen Sie anschließend ein Trennzeichen, bzw. *Benutzerdefiniert* wenn Sie ein anderes Trennzeichen verwenden möchten, und geben Sie den Namen der neuen Spalte ein.

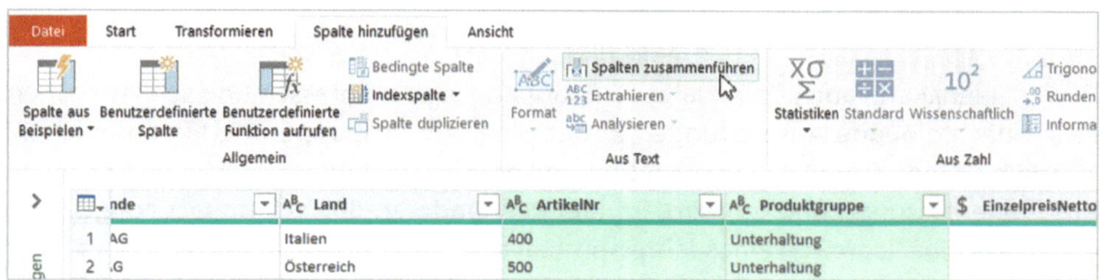

Bild 5.34 Die markierten Spalten zusammenführen

Inhalte ersetzen

Eine andere hilfreiche Funktion ist das automatische Suchen und Ersetzen, das Sie aus vielen Anwendungen kennen dürften. Es wird z. B. benötigt, wenn Tabellen aus dem Web als Tausendertrennzeichen ein Leerzeichen statt des Punkts enthalten oder um fehlende Zahlen, sog. Nullwerte (*null*) durch die Zahl 0 zu ersetzen, wenn diese in Formeln Fehler liefern. Klicken Sie dazu in die Überschrift der betreffenden Spalte und im Register *Start* ▶ *Transformieren* auf *Werte ersetzen*. Die weitere Vorgehensweise unterscheidet sich nicht von Excel-Tabellen.

Daten filtern

In vielen Fällen umfasst die Datenquelle auch nicht benötigte Datensätze. Wenn z. B. in einer Auswertung nur ein bestimmter Zeitraum oder eine bestimmte Filiale benötigt wird, dann können Sie durch Filtern den Datenumfang erheblich verringern. Die Kombination mehrerer Filter ist natürlich ebenfalls möglich.

- Klicken Sie auf den Dropdown-Pfeil ❶ der entsprechenden Spalte, im Bild unten *Land*, und aktivieren bzw. deaktivieren Sie die Kontrollkästchen ❷.

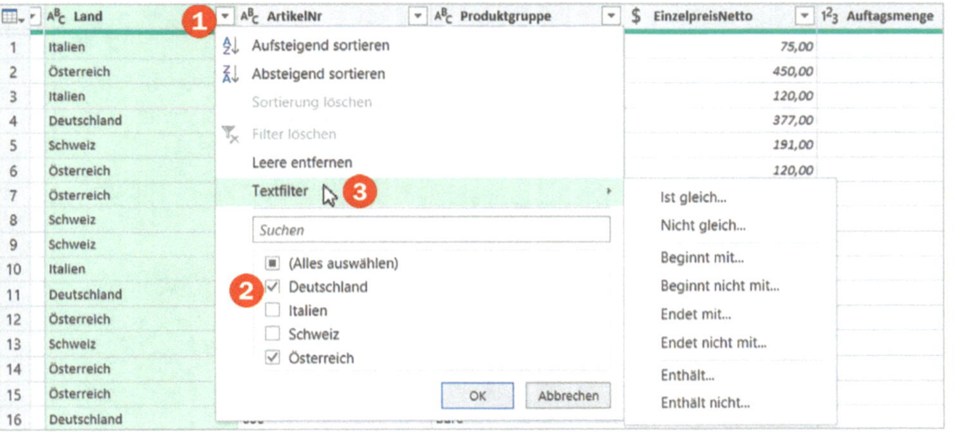

Bild 5.35 Daten filtern

Um den Filter wieder aufzuheben, klicken Sie entweder auf *Filter löschen* oder aktivieren das Kontrollkästchen *(Alles auswählen)*.

- Neben zu den Kontrollkästchen stehen, abhängig vom Datentyp, mit Text- ❸, Datums- und Zahlenfilter noch weitere Filter zur Verfügung, diese unterscheiden sich nicht von den Filtermöglichkeiten in Excel-Tabellen. Wie in gefilterten Excel-Tabellen sind auch im Abfrage-Editor aktive Filter am Symbol der Dropdown-Schaltfläche zu erkennen.

Daten gruppieren

Power Query kann auch Datensätze zu Gruppen zusammenfassen und so in manchen Fällen nachfolgende Auswertungen in der Excel Arbeitsmappe überflüssig machen. Nützlich ist eine Gruppierung auch bei umfangreichen Datenquellen, wenn nur eine Zusammenfassung benötigt wird. Im hier verwendeten Beispiel umfasst die Datenquelle alle Einzelaufträge eines Jahres, enthält also jeden Artikel mehrmals. Wenn aber nur die Umsatzsumme pro Artikel und Monat benötigt wird, dann gruppieren Sie die Tabelle nach diesen beiden Spalten.

1 Klicken Sie im Register *Start* ▶ *Transformieren* auf *Gruppieren nach*.

Bild 5.36 Gruppieren nach

2 Da in der Standardeinstellung nur nach einer einzigen Spalte gruppiert wird, wählen Sie zunächst die Option *Weitere* ❶.

3 Wählen Sie im Feld *Gruppieren nach* die erste Spalte, hier *Monat* aus ❷. Klicken Sie auf *Gruppierung hinzufügen* ❸ und wählen Sie dann die Spalte *Artikelnr*.

4 Im Feld *Neuer Spaltenname* geben Sie einen Namen für die Spalte, hier *Umsatzsumme* ein ❹, im Feld *Vorgang* wählen Sie *Summe* und daneben die Spalte *Umsatz* aus. Falls Sie noch einen weiteren Wert berechnen möchten, z. B. Summen der Auftragsmenge, dann klicken Sie auf *Aggregation hinzufügen* ❺. Klicken Sie zuletzt auf *OK*.

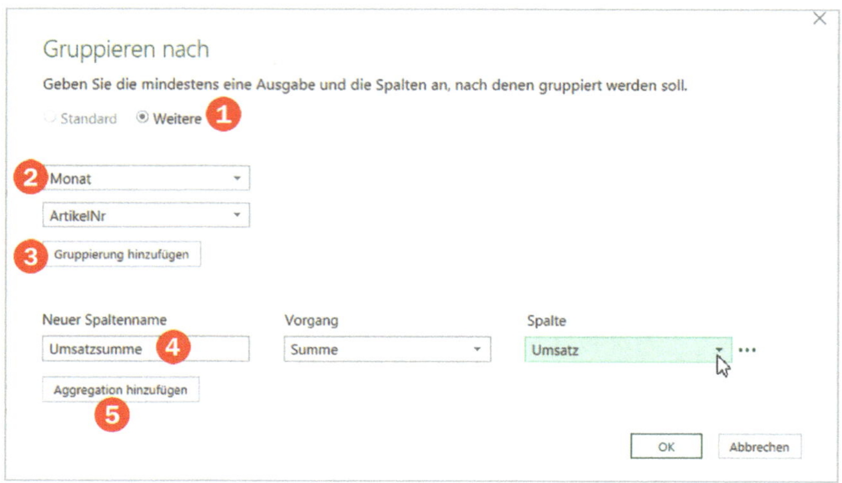

Bild 5.37 Beispiel Umsatzsumme nach Monat und Artikel berechnen

Achtung: Für nachfolgende Auswertungen mit Pivot-Tabellen sollten keine Gruppierungen vorgenommen werden, da dies unter Umständen zu falschen Ergebnissen führen kann. In solchen Fällen lässt sich der Dateiumfang auch verringern, indem Sie nur eine Verbindung erstellen (s. nächster Punkt).

Power Query-Editor schließen und Daten an Excel übergeben

Um den Power Query-Editor zu schließen und die Daten an Excel zu übergeben, klicken Sie im Register *Start* auf den Dropdown-Pfeil der Schaltfläche *Schließen & laden* oder auf das Register *Datei*. In beiden Fällen können Sie beim Schließen des Editors zwischen folgenden Möglichkeiten wählen:

- **Daten als Tabelle in ein neues Tabellenblatt einfügen**: Um die Daten sofort als Tabelle in die Excel-Mappe einzufügen, klicken Sie auf *Schließen & laden*.
- **Weitere Optionen, nur Verbindung erstellen:** Wenn Sie dagegen vor dem Einfügen noch weitere Einstellungen vornehmen möchten, z. B. die Daten ab einer bestimmten Zelle einfügen oder nur eine Verbindung erstellen, dann klicken Sie auf *Schließen & laden in...*. Im nachfolgenden Fenster *Importoptionen* können Sie nun weitere Optionen festlegen (siehe weiter unten).

  Achtung: *Schließen & laden in...* wird nur beim ersten Beenden des Power Query-Editors angeboten, nicht aber nach dem späteren erneuten Öffnen. Wie Sie trotzdem nachträglich noch z. B. nur eine Verbindung erstellen können, erfahren Sie weiter unten auf Seite 246.

Vorsicht beim Schließen des Editor-Fensters

Wenn Sie den Power Query-Editor einfach mit Klick auf das *Schließen* Symbol Fensters beenden, so erscheint nur eine Meldung, ob Sie die Änderungen beibehalten oder verwerfen möchten. Klicken Sie auf *Beibehalten*, so werden die Daten automatisch in ein neues Tabellenblatt geladen, die Möglichkeit nur eine Verbindung zu erstellen, wird hier nicht angeboten.

Importoptionen

Mit *Schließen und laden in...* öffnet sich das Fenster *Daten importieren* mit folgenden Möglichkeiten.

Bild 5.38 Daten importieren

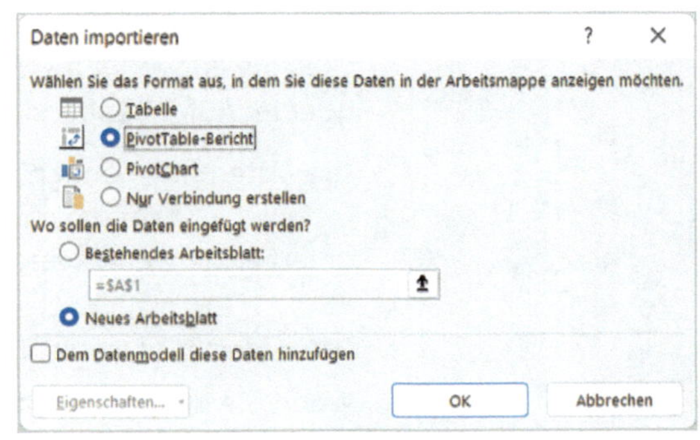

- **Zusammenfassen mit PivotTable-Bericht, PivotChart**
  Mit den Optionen *PivotTable-Bericht* und *PivotChart* erstellt Excel anschließend eine Tabelle bzw. ein Diagramm, in denen Sie die Daten zusammenfassen und beliebig anordnen können, Näheres hierzu lesen Sie in Kapitel 6. Die Einzeldatensätze werden dazu in der Arbeitsmappe nicht benötigt und daher auch nicht als Tabelle eingefügt, dies verringert den Speicherumfang der Mappe erheblich.
- **Nur Verbindung erstellen**
  Alternativ können Sie stattdessen auch *Nur Verbindung erstellen* wählen, diese steht später zur Verfügung, wenn Sie beim Erstellen einer Pivot-Tabelle die Option *Aus externer Datenquelle* wählen und danach auf die Schaltfläche *Verbindung auswählen* klicken.

- **Dem Datenmodell der Arbeitsmappe hinzufügen**
  Wenn Sie später in einer Pivot-Tabelle Abfragedaten aus mehreren Datenquellen miteinander kombinieren möchten, dann müssen Sie das Kontrollkästchen *Dem Datenmodell diese Daten hinzufügen* aktivieren. In diesem Fall wählen Sie bei der Erstellung der Pivot-Tabelle die Option *Das Datenmodell dieser Arbeitsmappe verwenden*.

Abfragedaten im Tabellenblatt verwenden

Mit *Schließen & laden* bzw. der Auswahl *Tabelle* werden die Daten in ein neues Tabellenblatt der Arbeitsmappe eingefügt und automatisch als Tabellenbereich formatiert. Gleichzeitig erscheint rechts der Aufgabenbereich *Abfragen und Verbindungen* und im Menüband steht das zusätzliche Register *Abfrage* zur Verfügung.

	Jahr	Kunde	Land	ArtikelNr	Produktgruppe	EinzelpreisNetto	Auftagsmenge	Umsatz	Monat
2	2021	ADRIA AG	Italien	400	Unterhaltung	75	3	225	1
3	2021	KARG AG	Österreich	500	Unterhaltung	450	1	450	1
4	2021	ADRIA AG	Italien	100	Büro	120	2	240	1
5	2021	ELCOX	Deutschland	600	Büro	377	2	754	1
6	2021	Hügli	Schweiz	900	Haushalt	191	3	573	1
7	2021	Tief & Brunnen	Österreich	100	Büro	120	5	600	1
8	2021	KARG AG	Österreich	200	Computer	85	12	1020	1
9	2021	Brettschneider	Schweiz	100	Büro	120	3	360	1
10	2021	Hügli	Schweiz	100	Büro	120	3	360	1
11	2021	ADRIA AG	Italien	100	Büro	120	7	840	1
12	2021	ELCOX	Deutschland	500	Unterhaltung	450	18	8100	1
13	2021	KARG AG	Österreich	500	Unterhaltung	450	1	450	1

Bild 5.39 Die Daten wurden in ein neues Blatt geladen

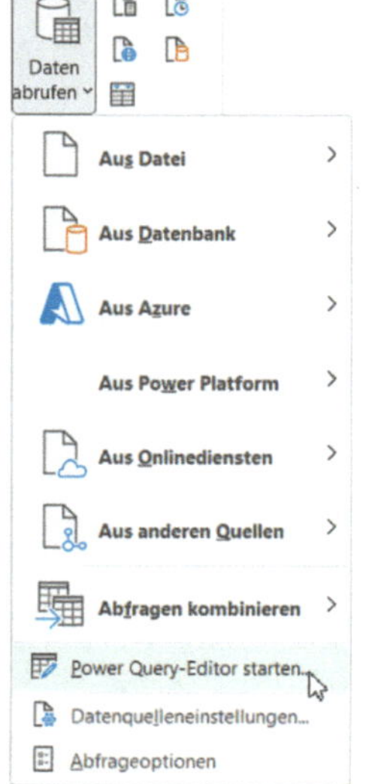

Power Query-Editor erneut öffnen und Daten bearbeiten

Wenn Sie die Abfrage erneut im Power Query-Editor bearbeiten möchten, dann klicken Sie entweder im Menüband, Register *Abfrage* auf *Bearbeiten* ❶ (Bild 5.39 oben) oder im Aufgabenbereich *Abfragen und Verbindungen* doppelt auf die Abfrage ❷.

Tipp: Alternativ können Sie auch im Register *Daten* ▶ *Abrufen und transformieren* auf *Daten abrufen* und dann auf *Power Query-Editor starten* klicken. Diese Methode funktioniert auch, wenn keine Abfrage in der aktuellen Arbeitsmappe vorhanden ist.

Daten löschen und erneut laden

Wenn Sie das Tabellenblatt mit den Daten der Abfrage löschen, so bleibt die Verbindung trotzdem bestehen und Sie können die Daten jederzeit erneut laden. Im Aufgabenbereich *Abfragen und Verbindungen* ist die Verbindung nach wie vor sichtbar, aber mit dem Zusatz *Nur Verbindung*.

- Falls nur eine Verbindung besteht und Sie die Daten in die Arbeitsmappe laden möchten, so klicken Sie im Arbeitsbereich *Abfragen und Verbindungen* mit der rechten Maustaste auf die Verbindung und auf *Laden in....* Anschließend wählen Sie im Fenster *Daten importieren* (siehe Bild 5.38 auf Seite 245) *Tabelle* aus.

- Mit Rechtsklick und *Löschen* können Sie dagegen auch die Verbindung löschen.

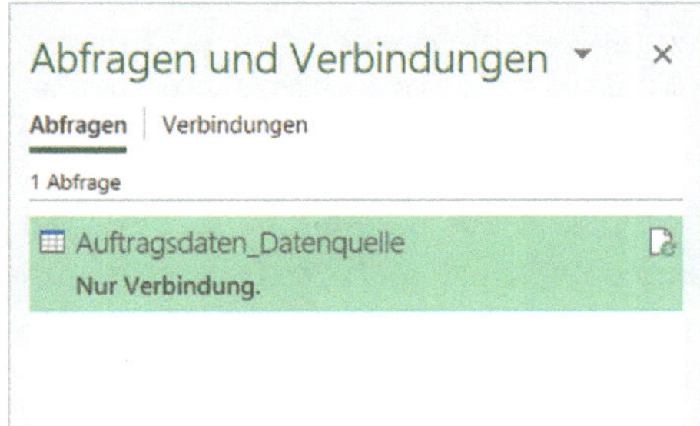

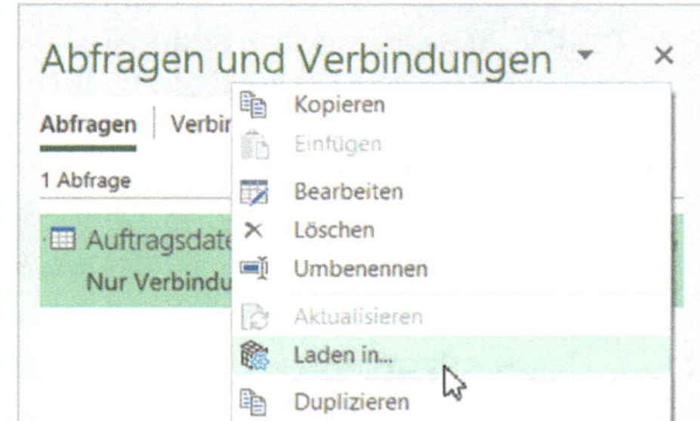

Bild 5.40 Beim Löschen des Arbeitsblatts bleibt die Verbindung bestehen

Bild 5.41 Daten in Arbeitsmappe laden

Abfragen und Verbindungen anzeigen

Sollte der Aufgabenbereich *Abfragen und Verbindungen* nicht sichtbar sein, so klicken Sie im Register *Daten* auf *Abfragen und Verbindungen* ❶ (Bild 5.42).

Daten aktualisieren

Tabelle aktualisieren: **Alt+F5**

Eine über Power Query eingefügte Tabelle muss in der Standardeinstellung manuell aktualisiert werden. Klicken Sie dazu auf eine beliebige Stelle der Tabelle und im Register *Daten* auf *Aktualisieren* ❷ oder drücken Sie die Tasten **Alt+F5**. Den Befehl *Aktualisieren* finden Sie außerdem im Kontextmenü, wenn Sie mit der rechten Maustaste an eine beliebige Stelle der Tabelle klicken.

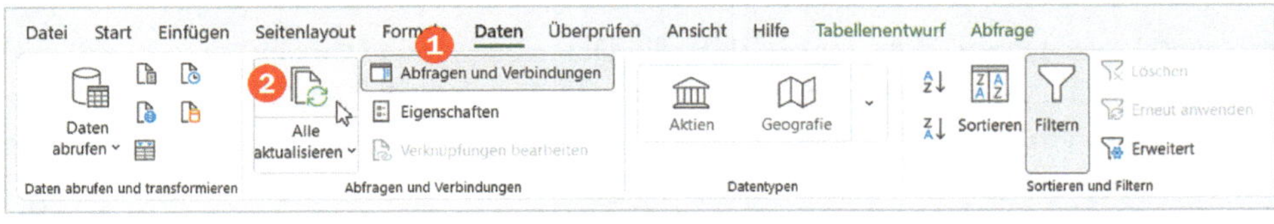

Bild 5.42 Abfragen und Verbindungen anzeigen, Daten aus Verbindung aktualisieren

Sicherheitseinstellungen beim Öffnen

Beim ersten Öffnen einer Arbeitsmappe, die eine Verbindung oder Abfrage zu externen Daten enthält, werden von Excel aus Sicherheitsgründen alle Verbindungen zu deaktiviert und es erscheint eine Sicherheitswarnung. Klicken Sie auf *Inhalt aktivieren*, damit die Verbindung wieder hergestellt wird und die Daten aktualisiert werden können. Anschließend wird diese Arbeitsmappe als vertrauenswürdig eingestuft und beim nächsten Öffnen erscheint keine Warnung mehr.

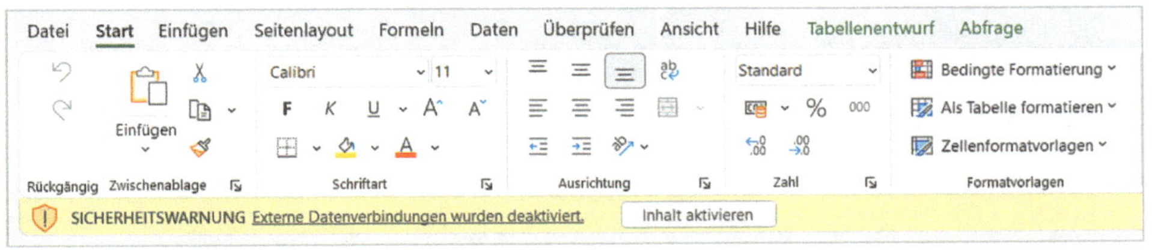

Bild 5.43 Beim ersten Öffnen erscheint eine Sicherheitswarnung. Klicken Sie auf Inhalt aktivieren

Excel-Arbeitsmappen als Datenquelle

Power Query lässt sich auch für den Zugriff auf Daten in Excel-Arbeitsmappen einsetzen. Nützlich kann dies beispielsweise in folgenden Fällen sein:

- Die Ausgangsdaten sollen vor Änderungen geschützt werden.
- Die Daten ändern sich häufig und für die Auswertung müssen zusätzliche Spalten berechnet werden.
- Die für die Auswertung benötigen Daten sind auf mehrere Arbeitsmappen oder Arbeitsblätter verteilt. Power Query unterstützt auch das Zusammenführen und Aneinanderfügen von Daten aus mehreren Tabellen und kann z. B. statt SVERWEIS und Konsolidieren eingesetzt werden.
- Sie benötigen aus einer umfangreichen Tabelle nur einzelne Spalten.

Power Query unterstützt den Zugriff auf Tabellenblätter, benannte Zellbereiche und Tabellenbereiche (intelligente Tabellen). Letztere sollten allerdings zwecks besserer Übersicht zuvor einen aussagefähigen Namen erhalten.

Beim Befehlsaufruf unterscheidet Excel, ob sich die Tabelle in der aktuellen oder in einer anderen Arbeitsmappe befindet.

Eine Abfrage in derselben Mappe wie die Datenquelle erstellen

Wenn sich die Datenquelle in derselben Arbeitsmappe befindet, dann klicken Sie an eine beliebige Stelle innerhalb der Tabelle und benutzen im Register *Daten* ▶ *Daten abrufen und Transformieren* das Symbol *Aus Tabelle/Bereich* (siehe Bild 5.44).

Achtung: Power Query setzt voraus, dass die Datenquelle als Tabellenbereich vorliegt. Falls es sich bei der Tabelle um einen normalen Zellbereich handelt, wird dieser automatisch in einen Tabellenbereich umgewandelt und Sie müssen angeben, ob die Tabelle Überschriften enthält (siehe Kapitel 3.2).

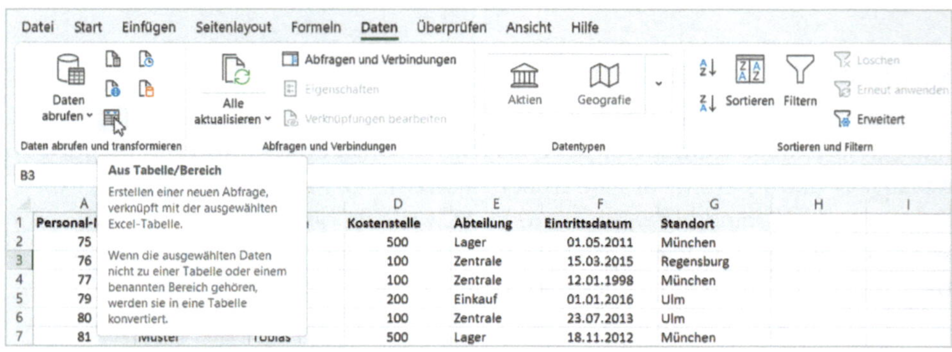

Bild 5.44 Daten aus aktueller Tabelle abrufen und transformieren

Die Daten befinden sich in einer externe Arbeitsmappe

Klicken Sie im Register *Daten* ▶ *Daten abrufen und transformieren* auf *Daten abrufen*, zeigen Sie auf *Aus Datei* und klicken Sie auf *Aus Arbeitsmappe*. Anschließend wählen Sie die Arbeitsmappe aus und klicken auf *Importieren*.

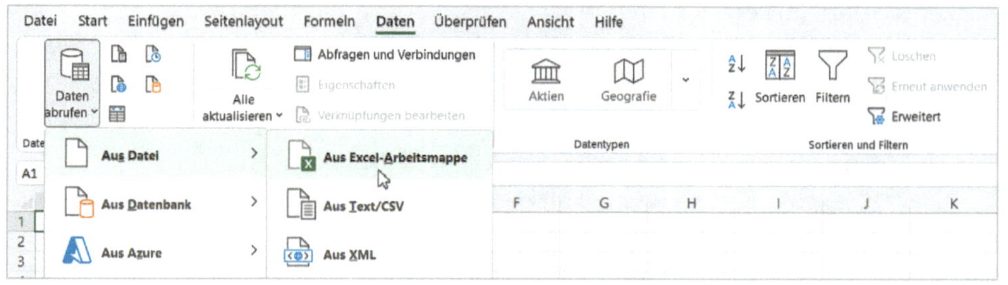

Bild 5.45 Aus Excel Arbeitsmappe abrufen

Element im Navigator auswählen

Eine Excel Arbeitsmappe kann mehrere Tabellenblätter und/oder benannte Tabellenbereiche enthalten. Daher erscheint beim Abrufen aus einer anderen Excel-Arbeitsmappe zuerst der Navigator zur Auswahl der Datenquelle. Diese kann, im Gegensatz zu oben, auch ein normaler (benannter) Zellbereich oder ein Tabellenblatt sein.

1 Links im Navigator werden alle Datenquellen der Arbeitsmappe aufgelistet. Dazu zählen Arbeitsblätter ❶, Tabellenbereiche ❷ und andere benannte Zellbereiche ❸, diese unterscheiden sich im Navigator nur durch ihr Symbol (Bild 5.46). Klicken Sie auf eine Datenquelle, um rechts eine Vorschau zu erhalten.

2 Klicken Sie danach wieder auf die Schaltfläche *Daten transformieren*, um die Abfrage im Abfrage-Editor weiter zu bearbeiten oder auf *Laden*, wenn die Daten sofort abgerufen und in die Arbeitsmappe eingefügt werden sollen.

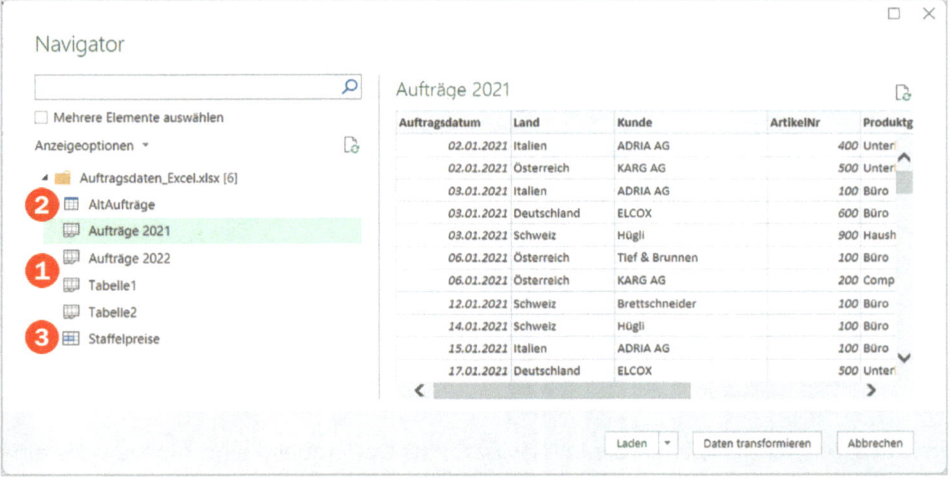

Bild 5.46 Der Navigator listet alle verfügbaren Datenquellen der Arbeitsmappe auf

Tipp: Um mehrere Elemente gleichzeitig auszuwählen, aktivieren Sie das Kontrollkästchen *Mehrere Elemente auswählen.*

Daten aus einer Datenbank abrufen

Über Power Query erhalten Sie in Excel auch Zugriff auf gängige Datenbankformate. Sie können also auch ohne Umweg über eine Textdatei die benötigten Daten direkt aus einer Datenbank abrufen, vorausgesetzt, Sie verfügen über die notwendigen Berechtigungen für den Zugriff.

Klicken Sie dazu im Register *Daten* ▶ *Daten abrufen und transformieren* auf *Daten abrufen* und zeigen Sie auf *Aus Datenbank*. Es erscheint eine Liste unterstützter Datenbanktypen, klicken Sie auf Typ Ihrer Datenquelle, z. B. *Aus Microsoft Access-Datenbank* oder *Aus MySQL-Datenbank*.

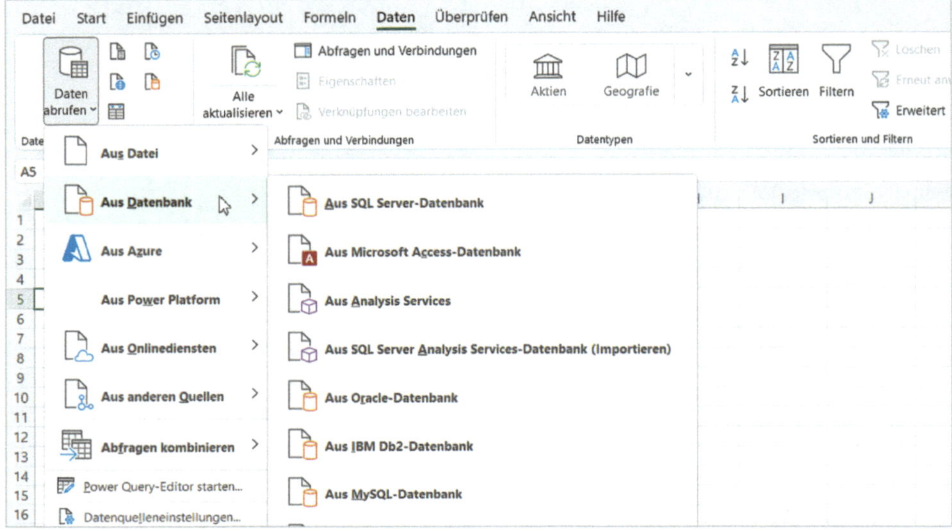

Bild 5.47 Daten aus Datenbank abrufen, unterstützte Datenbanktypen (Auszug)

Info: Beim Zugriff auf Access-Datenbanken brauchen Sie in den meisten Fällen anschließend nur die Datenbankdatei auswählen.

Beim Zugriff auf die meisten Datenbanktypen, z. B. Microsoft SQL Server Datenbank, geben Sie anschließend den Servernamen ein, s. Bild unten. Da in solchen Fällen auch die entsprechenden Zugriffsrechte erforderlich sind, müssen Sie sich im nächsten Schritt anmelden. Details zur Anmeldung erhalten Sie vom Serveradministrator.

Bild 5.48 Daten aus SQL Server-Datenbank abrufen

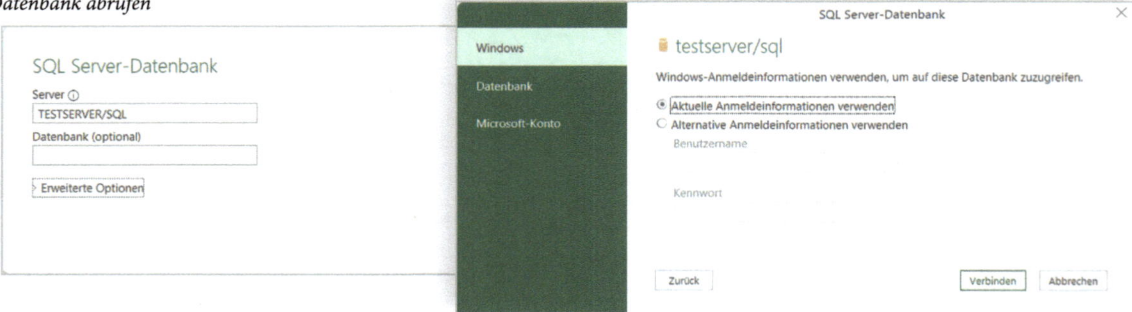

Im nächsten Schritt wählen Sie im Navigator als Datenquelle eine Tabelle oder eine Abfrage aus. Beachten Sie, dass beim Anklicken eines Elements die Anzeige der Vorschau bei großen Datenmengen etwas länger dauern kann.

Achtung: Beim Zugriff auf kennwortgesicherte Datenbanken speichert Excel Benutzername und Kennwort zusammen mit der Excel-Arbeitsmappe! Aus Sicherheitsgründen sollten Sie daher auch die Arbeitsmappe mit einem Kennwort absichern.

Daten aus dem Web abrufen

Power Query unterstützt auch Webabfragen, über die Sie auf Daten einer Webseite im Intranet oder Internet zugreifen können, z. B. auf aktuelle Börsenkurse oder Daten des Statistischen Bundesamtes. Die Daten im Web können in Form einer oder mehrerer Tabellen oder als Text gespeichert sein. Erforderlich ist nur die URL (Adresse) der Webseite.

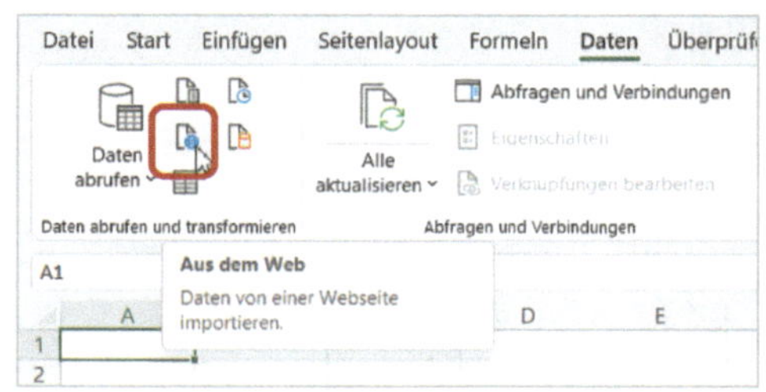

1 Klicken Sie im Register *Daten* ▶ *Daten abrufen und Transformieren* auf *Aus dem Web*. Oder klicken Sie auf *Daten abrufen* ▶ *Aus anderen Quellen* ▶ *Aus dem Web*.

2 Im nachfolgenden Fenster geben Sie URL der Seite ein ❶.

Tipp: Wenn Sie die genaue URL nicht kennen, dann öffnen Sie zunächst Ihren Browser und rufen die betreffende Webseite auf. Klicken Sie dann in das Adressfeld des Browsers, kopieren Sie die Adresse mit **Strg+C** in die Zwischenablage und fügen diese im unten abgebildeten Fenster ein.

3 Eventuell müssen Sie im nächsten Schritt angeben, wie der Zugriff auf die Webinhalte erfolgen soll. Handelt es sich um ein allgemein zugängliches, kostenloses Angebot im Web, dann wählen Sie *Anonym*. Im Intranet erfolgt die Anmeldung entweder per Windows Anmeldung oder mit einem gesonderten Kennwort, für den Zugriff auf SharePoint benötigen Sie ein Organisationskonto.

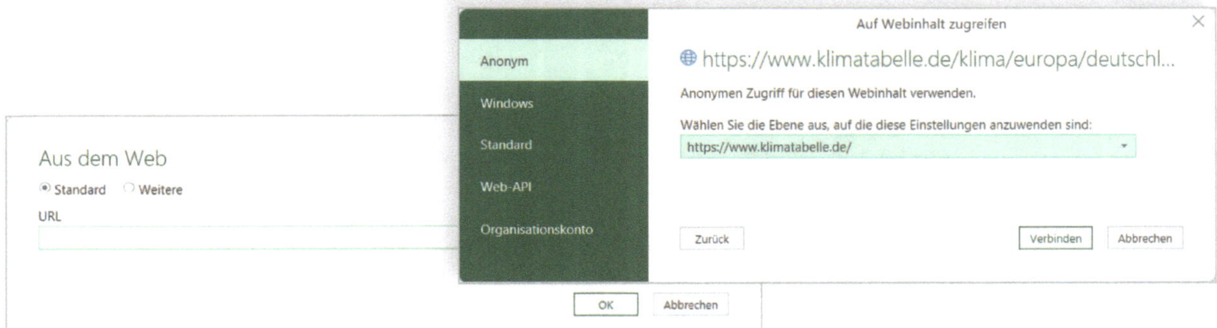

Bild 5.49 Webabfrage: URL eingeben

Bild 5.50 Zugriff auf Webinhalte und Anmeldung

4 Nach dem Klick auf *Verbinden* wird die Verbindung hergestellt, dies kann einige Sekunden dauern. Anschließend öffnet sich der Navigator und listet sämtliche Inhalte der Webseite auf (Bild 5.51). *Document* ❶ steht für die gesamte Webseite, enthaltene Tabellen sind mit *Table 0* ❷, *Table 1* usw. benannt. Um die richtige Tabelle zu finden, klicken Sie nacheinander die Tabellen an und kontrollieren die Inhalte in der Vorschau. Oder wählen Sie *Document* und klicken auf das Register *Webansicht* ❸. **Tipp**: Am einfachsten ist die Auswahl, wenn die betreffende Webseite die Tabellenhervorhebung unterstützt. Dann sind in der Webansicht alle Tabellen hervorgehoben und mit ihrem Namen versehen, wie im Bild.

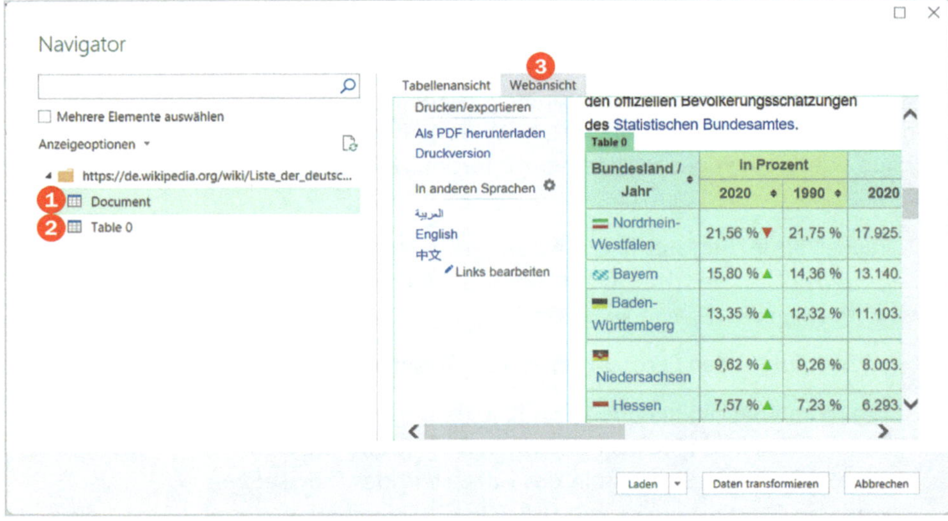

Bild 5.51 Tabelle im Navigator auswählen

Hier als Beispiel die Liste der deutschen Bundesländer nach Bevölkerung.

Quelle: wikipedia.de

5 Wählen Sie wieder die gewünschte Tabelle aus und klicken Sie auf die Schaltfläche *Daten transformieren*. **Achtung**: Zahlen aus Webseiten werden häufig als Text interpretiert und müssen erst im Power Query-Editor in Zahlen umgewandelt werden, daher ist ein sofortiges Laden in das Tabellenblatt nur selten sinnvoll.

Datenquelle verwalten und nachträglich ändern

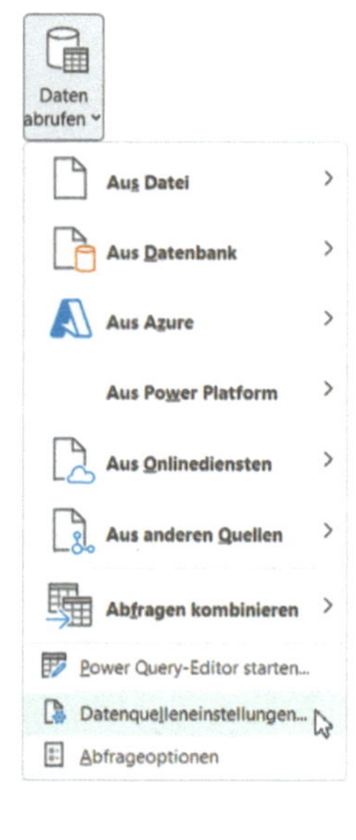

Excel speichert zusammen mit einer Datenabfrage Name und Dateipfad der Datenquelle. Wenn Sie eine andere Datenquelle auswählen möchten, z. B. weil die ursprünglich verwendete Datenquelle an einen anderen Speicherort verschoben oder umbenannt wurde, dann klicken Sie im Excel-Arbeitsblatt im Register *Daten* auf *Daten abrufen* ▶ *Datenquelleneinstellungen...*.

Markieren Sie die betreffende Datei bzw. Datenquelle und klicken Sie auf *Quelle ändern*. Im nachfolgenden Fenster können Sie nun über die Schaltfläche *Durchsuchen* eine andere Datei bzw. einen anderen Speicherort auswählen.

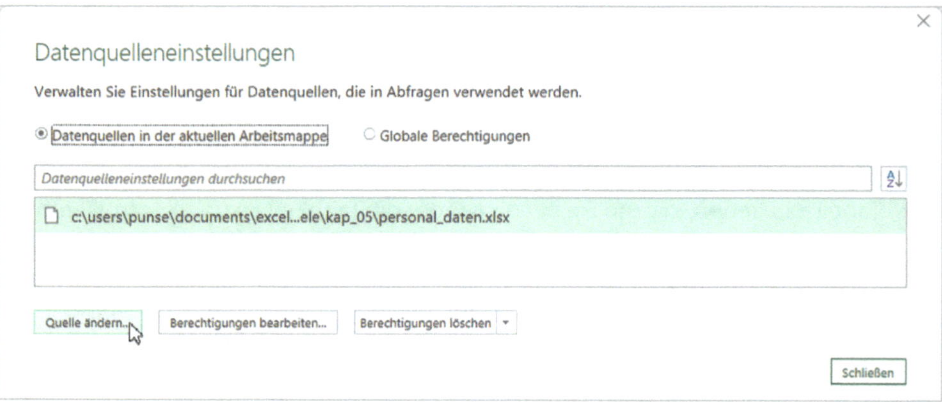

Bild 5.52 Andere Datenquelle wählen

5.3 Daten aus verschiedenen Tabellen zusammenführen

Mit Hilfe von Power Query lassen sich auch Daten aus zwei und mehr Tabellen kombinieren, dabei unterscheidet Excel zwischen den beiden folgenden Möglichkeiten:

- Daten aus zwei oder mehr Tabellen mit identischem Aufbau aneinanderfügen.
- Daten aus zwei Tabellen über ein gemeinsames Feld zusammenführen und ergänzen (z. B. satt SVERWEIS oder XVERWEIS).

Daten über ein gemeinsames Schlüsselfeld zusammenführen

Personal_Daten.xlsx und Personal_Auswertung.xlsx

Achtung: Bei der Abfrage in der Mappe Auswertung muss die Datenquelle angepasst werden!

Hier ein Beispiel dafür, wie Sie mit Power Query eine Excel-Tabelle um Informationen aus einer zweiten Tabelle ergänzen. Voraussetzung ist, dass in beiden Tabellen ein Feld mit einem gemeinsamen Merkmal, z. B. Kundennummer o. ä. vorhanden ist.

Für die monatliche Personalauswertung werden neben den Arbeitszeiten auch Kostenstellen, Abteilung und Standort benötigt. Allerdings befinden sich die Daten in verschiedenen Arbeitsmappen oder Arbeitsblättern wie hier.

- Die Arbeitsmappe *Personal_Daten.xlsx* enthält im Arbeitsblatt *Personalliste* die gesamten Personaldaten mit Personalnummer und allen relevanten Angaben (Bild 5.53).
- Die Arbeitszeiten wurden zusammen mit der Personalnummer in derselben Arbeitsmappe im Arbeitsblatt *Zeiten Januar* erfasst (Bild 5.54).
- Die Auswertung erfolgt in einer gesonderten Arbeitsmappe mit dem Namen *Personal_Auswertung.xlsx*. Diese Mappe ist vorerst noch leer.

Bild 5.53 Arbeitsblatt Personalliste

Personal-Nr.	Nachname	Vorname	Kostenstelle	Abteilung	Eintrittsdatum	Standort
75	Moser	Karl	500	Lager	01.05.2011	München
76	Kabelschacht	Alfred	100	Zentrale	15.03.2015	Regensburg
77	Hinterleitner	Sandra	100	Zentrale	12.01.1998	München
79	Thomas	Sabine	200	Einkauf	01.01.2016	Ulm
80	Baumholtz	Philipp	100	Zentrale	23.07.2013	Ulm
81	Muster	Tobias	500	Lager	18.11.2012	München
83	Nordhoff	Silke	400	Vertrieb	01.03.2010	Regensburg
84	Leutz	Sven	400	Vetrieb	19.02.2003	Regensburg
86	Mumpitz	Nicole	300	EDV	21.06.2015	Ulm
87	Rumpenhorst	Walter	300	EDV	01.09.2009	Pfarrkirchen
89	Weber	Wolfgang	200	Einkauf	07.04.2003	Pfarrkirchen
90	Pförtner	Max	200	Einkauf	15.05.2014	Ulm
91	Weberknecht	Walter	400	Vetrieb	04.07.2017	Pfarrkirchen
92	Schulz	Emma	100	Zentrale	01.03.2017	München
93	Dörfler	Jasmin	100	Zentrale	15.06.2017	Regensburg

Personalliste | Zeiten Januar | Tabelle1

Bild 5.54 Arbeitsblatt Zeiten Januar

Personal-Nr.	Istzeit
75	160
76	148
77	171
79	120
80	68
81	158
83	160
84	163
86	159
87	122
89	130
90	140
91	60
92	120
93	160

Personalliste | Zeiten Januar | Tab

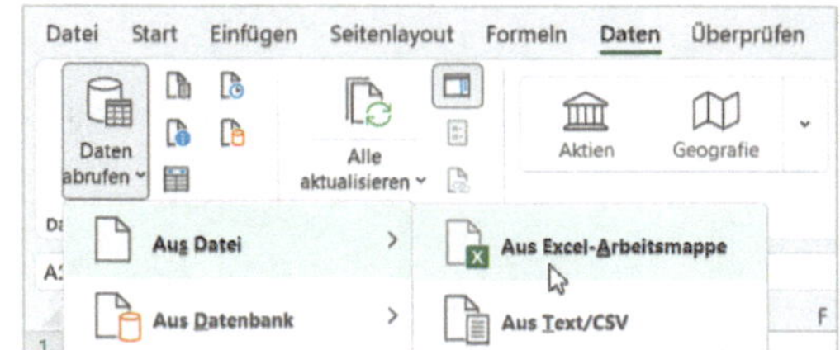

1. Öffnen Sie die Arbeitsmappe *Auswertung*, klicken Sie auf das Register *Daten* und auf *Daten abrufen*. Klicken Sie auf *Aus Datei* ▶ *Aus Arbeitsmappe*, wählen Sie die Mappe *Personal_Daten.xlsx* aus und klicken Sie auf *Importieren*.
2. Aktivieren Sie im Navigator das Kontrollkästchen *Mehrere Elemente auswählen* ❶ und wählen Sie dann über die

Kontrollkästchen die benötigten Tabellen aus, hier die Arbeitsblätter *Personalliste* und *Zeiten Januar* ❷. Kontrollieren Sie außerdem anhand der Vorschau, ob alle Spalten korrekt erkannt wurden.

3 Da beide Tabellen in ihrer ursprünglichen Form nicht in der Auswertung benötigt werden und keine Bearbeitung im Power Query-Editor erforderlich ist, erstellen Sie nur eine Verbindung. Dazu klicken Sie auf den Pfeil der Schaltfläche *Laden* ❸ und auf *Laden in...* ❹.

Bild 5.55 Arbeitsblätter auswählen

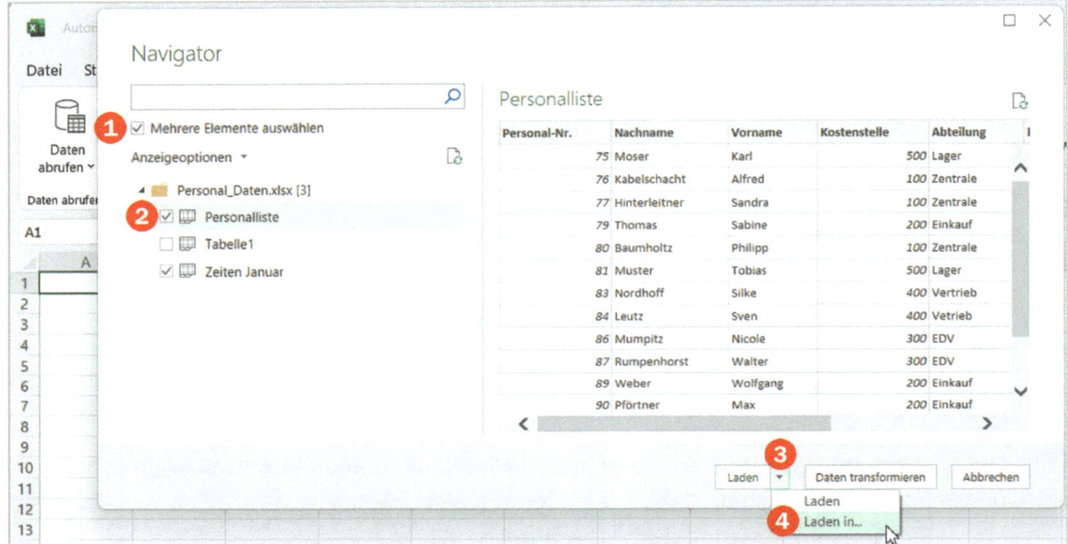

4 Klicken Sie dann im Fenster *Daten importieren* auf *Nur Verbindung erstellen* und anschließend auf *OK*. Die beiden Tabellen erscheinen nun im Bereich *Abfragen und Verbindungen*, jeweils mit dem Zusatz *Nur Verbindung*.

Bild 5.56 Klicken Sie auf Nur Verbindung erstellen

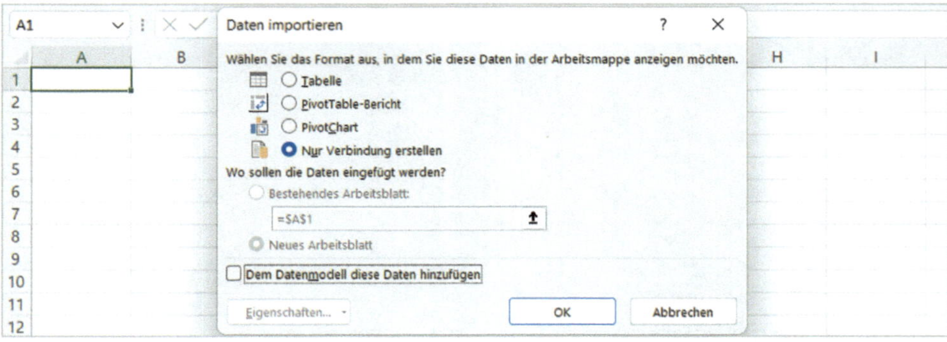

5 Klicken Sie anschließend erneut im Register *Daten* auf *Daten abrufen* und auf *Abfragen kombinieren*. Wählen Sie *Zusammenführen*.

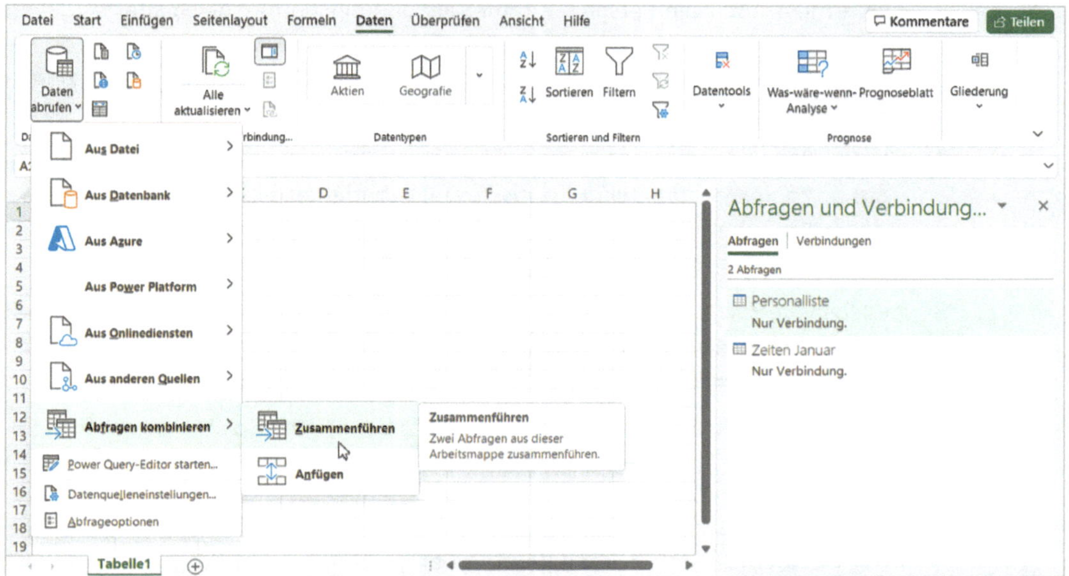

Bild 5.57 Abfragen kombinieren - Zusammenführen

6 Es öffnet sich ein Fenster, in welchem Sie nun die Tabellen auswählen und die übereinstimmende Spalte festlegen, in diesem Beispiel die Personalnummer: Klicken Sie in das erste Auswahlfeld und wählen Sie die Tabelle *Zeiten Januar* ❶ aus. Im zweiten Auswahlfeld wählen Sie die Tabelle *Personalliste* ❷. Beide Tabellen erscheinen nun in der Vorschau.

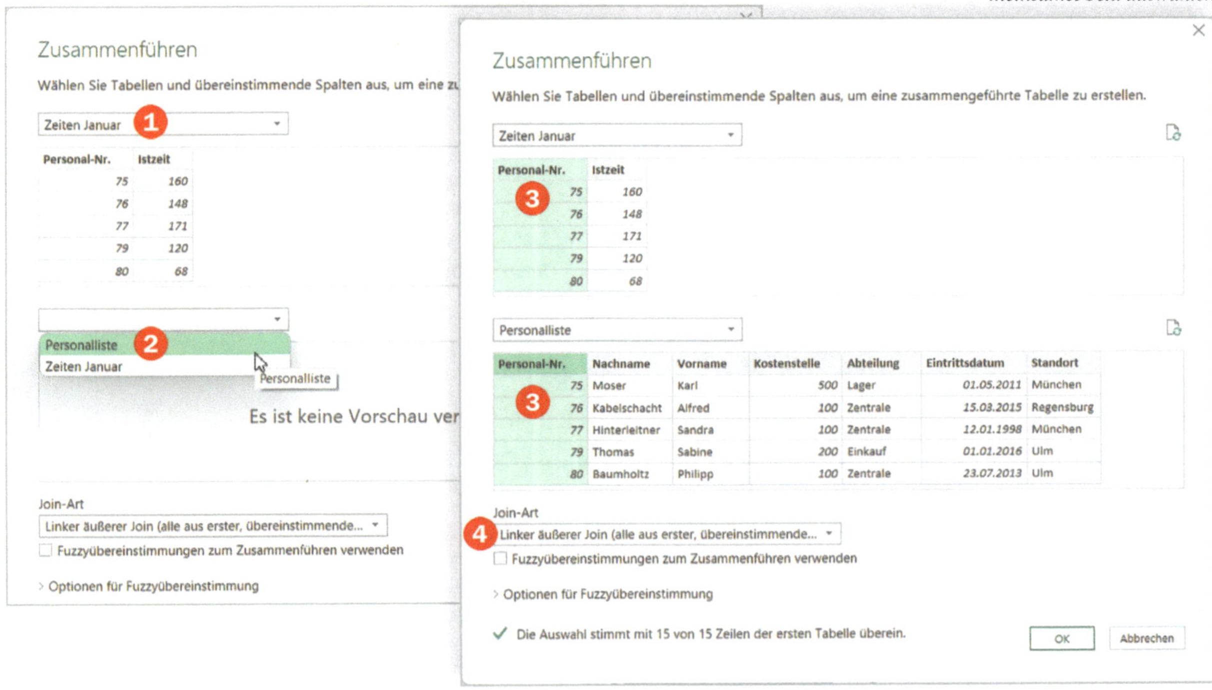

Bild 5.58 Tabellen und gemeinsames Feld auswählen

7 Nun muss noch die Personalnummer als übereinstimmende Spalte festgelegt werden: Klicken Sie dazu in beiden Tabellen nacheinander jeweils auf die Spalte *Personal-Nr.* ❸. Diese Spalten sind nun farbig hervorgehoben. Klicken Sie zuletzt auf *OK*.

8 Kontrollieren Sie das Feld *Join-Art* ❹: Hier benötigen Sie *Linker äußerer Join (alle aus erster, übereinstimmende aus zweiter)*. Das bedeutet, es werden alle Zeilen aus der ersten Tabelle (*Zeiten Januar*) und nur die übereinstimmenden aus der zweiten Tabelle *Personalliste* berücksichtigt.

9 Klicken Sie zuletzt auf *OK*. Anschließend öffnet sich der Power Query-Editor mit der ersten ausgewählten Tabelle. Die zweite Tabelle *Personalliste* erscheint nach der letzten Tabellenspalte in Form einer zusätzlichen Spalte (*Table*) ❺.

10 Nun können Sie aus der zweiten Tabelle die benötigten Spalten auswählen: Klicken Sie in der Spaltenüberschrift auf das Symbol *Erweitern* ❻ und wählen Sie anschließend anhand der Kontrollkästchen die benötigten Spalten aus ❼. Das Kontrollkästchen *Ursprünglichen Spaltennamen als Präfix verwenden* ❽ wird nur bei identischen Spaltennamen in beiden Tabellen benötigt und kann hier deaktiviert werden. Klicken Sie dann zum Übernehmen auf *OK*.

Bild 5.59 Wählen Sie aus der zweiten Tabelle die benötigten Spalten aus

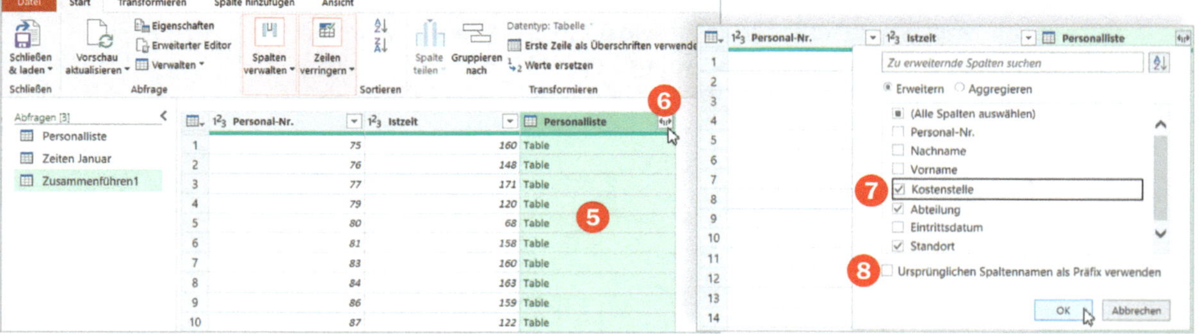

11 Als Ergebnis sehen Sie nun die zusammengeführte Tabelle. Klicken Sie auf *Schließen & laden*, um die Tabelle in das aktuelle Arbeitsblatt zu laden.

Bild 5.60 Die zusammengeführte Tabelle

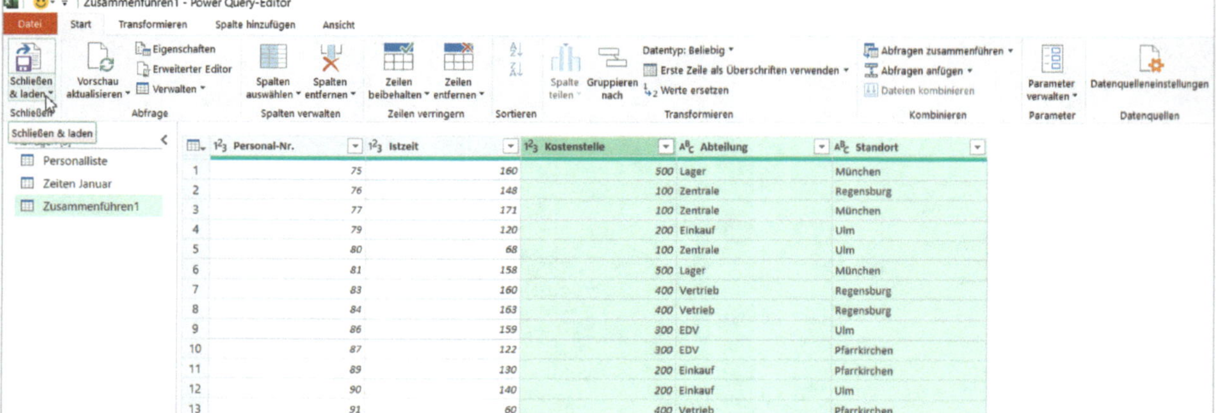

Daten aus zwei und mehr Tabellen aneinanderfügen

Mit Power Query und einer ähnlichen Vorgehensweise können Sie auch mehrere Tabellen aneinanderzufügen, vorausgesetzt die Reihenfolge der Spalten ist in allen Tabellen identisch.

Ausgangssituation: Sie haben die Verkaufszahlen der beiden Filialen Landau und Vilshofen für den Monat Februar vor sich. Beide Tabellen sind gleich aufgebaut, befinden sich aber in verschiedenen Arbeitsmappen (als Beispiel im Bild unten die Mappe *Verkauf_Vilshofen.xlsx*) und sollen für weitere Auswertungen in einer gesonderten Arbeitsmappe in einer gemeinsamen Tabelle aneinandergefügt werden.

Verkauf_Vilshofen.xlsx

Verkauf_Landau.xlsx

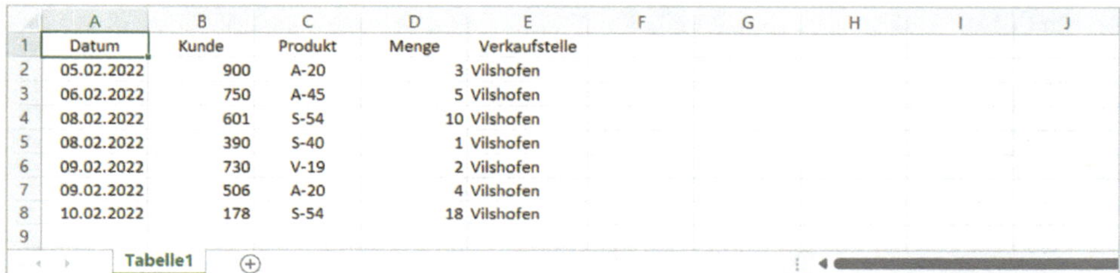

	A	B	C	D	E	F	G	H	I	J
1	Datum	Kunde	Produkt	Menge	Verkaufstelle					
2	05.02.2022	900	A-20	3	Vilshofen					
3	06.02.2022	750	A-45	5	Vilshofen					
4	08.02.2022	601	S-54	10	Vilshofen					
5	08.02.2022	390	S-40	1	Vilshofen					
6	09.02.2022	730	V-19	2	Vilshofen					
7	09.02.2022	506	A-20	4	Vilshofen					
8	10.02.2022	178	S-54	18	Vilshofen					
9										

Tabelle1

Bild 5.61 Beispiel Mappe Vilshofen.xlsx

Öffnen Sie eine neue leere Arbeitsmappe und erstellen Sie wie beim Zusammenführen zunächst nur eine Verbindung zu den beiden Tabellen:

Tabellen zusammenführen, s. Seite 253.

1. Klicken Sie im Register *Daten* auf *Daten abrufen* ▶ *Aus Datei* und auf *Aus Arbeitsmappe*. Wählen Sie die erste Arbeitsmappe aus und klicken Sie auf *Importieren*. Wählen Sie im Navigator die Tabelle oder das Tabellenblatt aus, klicken Sie auf den Pfeil der Schaltfläche *Laden* und auf *Laden in...*. Wählen Sie im Fenster *Daten importieren* die Option *Nur Verbindung erstellen* und klicken Sie auf *OK*.
2. Falls sich die Tabellen in unterschiedlichen Arbeitsmappen befinden, wiederholen Sie diese Schritte für alle Arbeitsmappen.
3. Klicken Sie im Register *Daten* auf *Daten abrufen* ▶ *Abfragen kombinieren* und wählen Sie *Anfügen*. Wählen Sie dann nacheinander die Tabellen aus.

Bild 5.62 Abfragen kombinieren - Anfügen

Bild 5.63 Tabellen auswählen

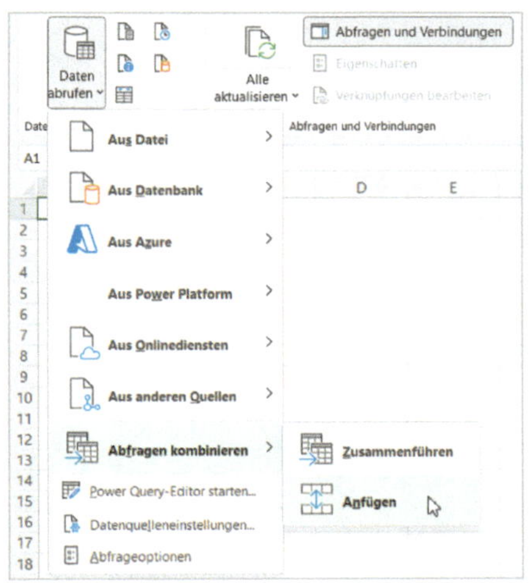

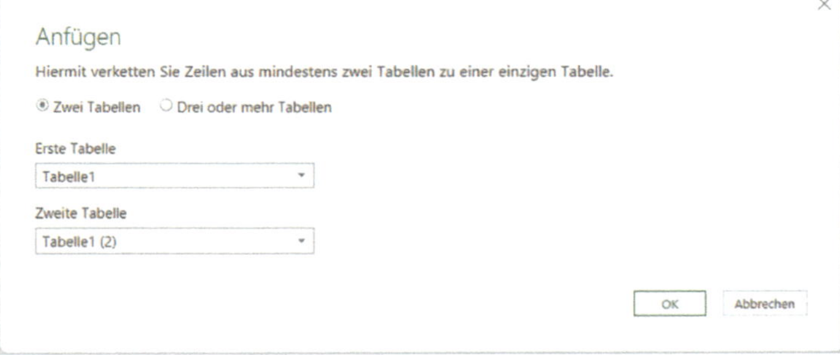

Tipp Abfrage umbenennen: Beide Tabellen befinden sich jeweils im Blatt *Tabelle1* der jeweiligen Arbeitsmappe und diesen Namen haben auch die Abfragen bzw. Verbindungen automatisch erhalten. Um Namensgleichheit wie im Bild oben zu vermeiden, können Sie die Abfragen umbenennen. Klicken Sie dazu im Excel-Tabellenblatt im Aufgabenbereich *Abfragen und Verbindungen* mit der rechten Maustaste auf die betreffende Verbindung und auf *Umbenennen*.

4 Die Tabellen werden im Power Query Editor aneinandergefügt. Kontrollieren Sie das Ergebnis und klicken Sie auf *Schließen & laden*, um die Tabelle in das aktuelle Arbeitsblatt zu laden.

Bild 5.64 Das Ergebnis im Power Query Editor

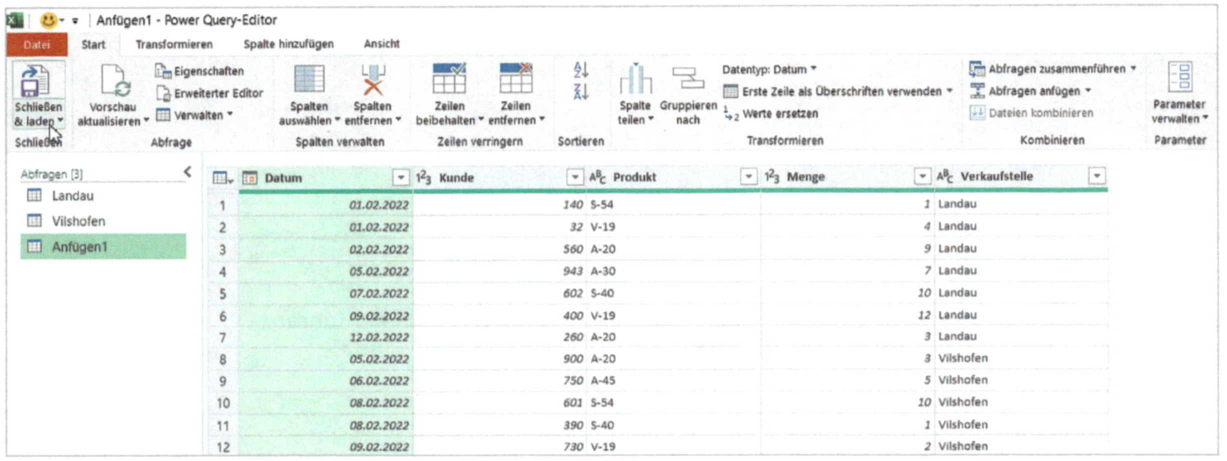

	Datum	Kunde	Produkt	Menge	Verkaufstelle
1	01.02.2022	140	S-54	1	Landau
2	01.02.2022	32	V-19	4	Landau
3	02.02.2022	560	A-20	9	Landau
4	05.02.2022	943	A-30	7	Landau
5	07.02.2022	602	S-40	10	Landau
6	09.02.2022	400	V-19	12	Landau
7	12.02.2022	260	A-20	3	Landau
8	05.02.2022	900	A-20	3	Vilshofen
9	06.02.2022	750	A-45	5	Vilshofen
10	08.02.2022	601	S-54	10	Vilshofen
11	08.02.2022	390	S-40	1	Vilshofen
12	09.02.2022	730	V-19	2	Vilshofen

6 Auswertungen mit Pivot-Tabellen

In diesem Kapitel lernen Sie ...

- Einsatzmöglichkeiten von Pivot-Tabellen
- Pivot-Tabellen (PivotTable) erstellen
- Felder umstellen, gruppieren und filtern
- Layout und Formatierung
- Werte berechnen
- Felder aus zwei Tabellen zusammenführen
- Pivot-Diagramme (PivotChart)

Das sollten Sie bereits wissen

- Formeln und Funktionen
- Einfache Diagramme bearbeiten
- Umgang mit Tabellen

6.1 Einführung

Was sind Pivot-Tabellen?

Hinweis: Zwar verfügt Excel zur Auswertung von Datenbanken über sogenannte Datenbankfunktionen, z. B. DBSUMME. In der Praxis werden diese jedoch kaum verwendet, da Pivot-Tabellen wesentlich komfortabler und flexibler sind.

Lassen Sie sich nicht von der Bezeichnung PivotTable bzw. Pivot abschrecken. Denn dahinter verbirgt sich ein äußerst nützliches und komfortables Excel-Werkzeug zur Auswertung und Zusammenfassung großer Datenmengen. Pivot-Tabellen eignen sich hervorragend für ergänzende Datenanalysen, die Datenbanken und Anwendungen, z. B. aus den Bereichen Personal, Rechnungswesen oder Warenwirtschaft nicht liefern können. Einmal kennengelernt, werden Sie auf Pivot-Tabellen nicht mehr verzichten wollen, denn diese ersetzen nebenbei auch so manche Excel-Funktion.

Der Name Pivot-Tabelle (PivotTable) beruht auf dem englischen Begriff „pivot" =Dreh- oder Angelpunkt und bedeutet, dass Sie mit Pivot-Tabellen Daten nach verschiedenen Gesichtspunkten zusammenfassen, anordnen und auswerten können, ohne dabei die Ausgangsdaten zu verändern. Ein weiterer Vorteil: Eine Pivot-Tabelle ist interaktiv, d. h. sie kann vom Benutzer jederzeit verändert werden, beispielsweise um nach bestimmten Kriterien zu filtern oder um Daten auszublenden.

Hier ein einfaches Beispiel zum Verdeutlichen der Funktionsweise: Die unten abgebildete Tabelle enthält alle Einzelverkäufe über einen bestimmten Zeitraum. Anhand dieser Daten soll nun die Frage beantwortet werden:

- Wie oft wurde jedes Modell verkauft?

Bild 6.1 Auszug aus der Ausgangstabelle

	A	B	C	D	E	F	G	H	I	J	K
1	Auftragsdatum	Land	Kunde	Modell	Produktgruppe	Einzelpreis	Auftagsmenge	Rabattgruppe	Umsatz		
2	02.01.2020	Italien	ADRIA AG	D	Unterhaltung	75,00	3	1	225,00		
3	02.01.2020	Österreich	KARG AG	F	Unterhaltung	450,00	1	2	450,00		
4	03.01.2020	Italien	ADRIA AG	A	Büro	120,00	2	1	240,00		
5	03.01.2020	Deutschland	ELCOX	G	Büro	377,00	2	1	754,00		
6	03.01.2020	Schweiz	Hügli	H	Haushalt	191,00	3	1	573,00		
7	06.01.2020	Österreich	Tief & Brunnen	A	Büro	120,00	5	3	600,00		
8	06.01.2020	Österreich	KARG AG	B	Computer	85,00	12	3	1.020,00		
9	12.01.2020	Schweiz	Brettschneider	A	Büro	120,00	3	2	360,00		
10	14.01.2020	Schweiz	Hügli	A	Büro	120,00	3	2	360,00		
11	15.01.2020	Italien	ADRIA AG	A	Büro	120,00	7	3	840,00		
12	17.01.2020	Deutschland	ELCOX	F	Unterhaltung	450,00	18	1	8.100,00		
13	19.01.2020	Österreich	KARG AG	F	Unterhaltung	450,00	1	1	450,00		
14	21.01.2020	Schweiz	Brettschneider	F	Unterhaltung	450,00	5	3	2.250,00		
15	25.01.2020	Österreich	Tief & Brunnen	B	Computer	85,00	5	3	425,00		
16	30.01.2020	Österreich	Tief & Brunnen	G	Büro	377,00	1	3	377,00		
17	30.01.2020	Deutschland	WGT GmbH	G	Büro	377,00	6	1	2.262,00		
18	01.02.2020	Italien	ADRIA AG	G	Büro	377,00	24	1	9.048,00		
19	01.02.2020	Deutschland	BRAIN	R	Haushalt	72,00	1	3	72,00		
20	02.02.2020	Deutschland	WGT GmbH	A	Büro	120,00	4	3	480,00		

Ausgangsdatendaten.xlsx

Blatt: Rohdaten

Dies lässt sich auf verschiedenen Wegen lösen:

- Sie könnten beispielsweise die Tabelle nach Modellen sortieren und in einer weiteren Spalte manuell die Summe der Auftragsmengen für jedes Modell berechnen. Diese Methode ist allerdings zeitaufwändig und fehleranfällig und daher nicht zu empfehlen.
- Sie könnten für die sortierte Tabelle auch Teilergebnisse berechnen lassen oder die Funktion SUMMEWENN einsetzen.

- Oder Sie erstellen aus der Tabelle eine Pivot-Tabelle. Die Vorteile: Eine Pivot-Tabelle ist mit wenigen Klicks erstellt und lässt sich je nach Aufgabenstellung beliebig umstellen. So geht's:

Eine Pivot-Tabelle ist schnell erstellt

1 Klicken Sie in die Tabelle und im Menüband, Register *Einfügen* auf *PivotTable* ❶. Kontrollieren Sie im nachfolgenden Fenster, ob der Tabellenbereich korrekt erkannt wurde ❷, zu erkennen auch am gestrichelten Rahmen um die Tabelle. Wählen Sie die Option *Neues Arbeitsblatt* ❸ und klicken Sie auf *OK* ❹.

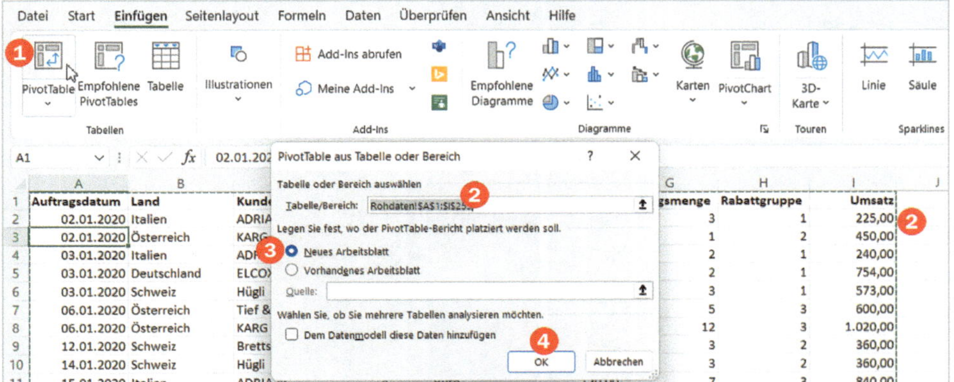

Bild 6.2 Klicken Sie auf PivotTable und anschließend auf OK.

2 Die leere Pivot-Tabelle ❺ erscheint in einem neuen Blatt und rechts sehen Sie im Aufgabenbereich *PivotTable-Felder* die Spalten bzw. Überschriften Ihrer Tabelle. Diese werden in Pivot-Tabellen als Felder bezeichnet. Die neue Tabelle soll aus jedem Modell eine Zeile bilden; ziehen Sie daher mit der Maus die Spalte bzw. das Feld *Modell* ❻ nach unten in den Bereich *Zeilen* ❼.

Bild 6.3 Ziehen Sie die Spalte Modell nach unten in den Bereich Zeilen

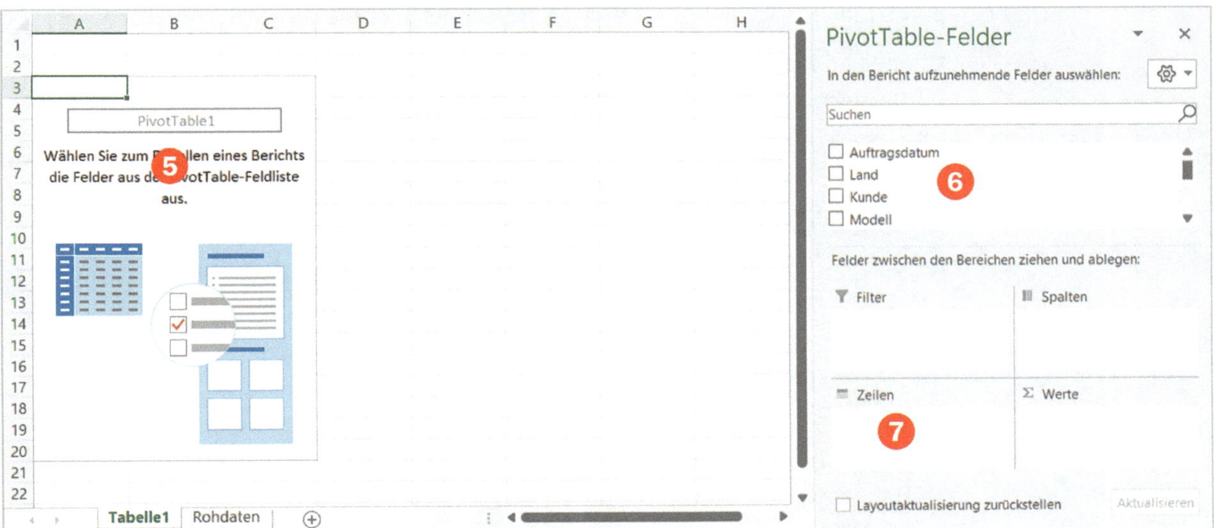

3 In der Pivot-Tabelle links erscheinen nun die Modelle in Zeilen untereinander ❽. Da wir für jedes Modell die Summe der Auftragsmenge benötigen, ziehen Sie anschließend das Feld *Auftragsmenge* mit der Maus nach unten in den Bereich *Werte* ❾.

4 Die Tabelle zeigt nun für jedes Modell die Summe der Auftragsmengen an.

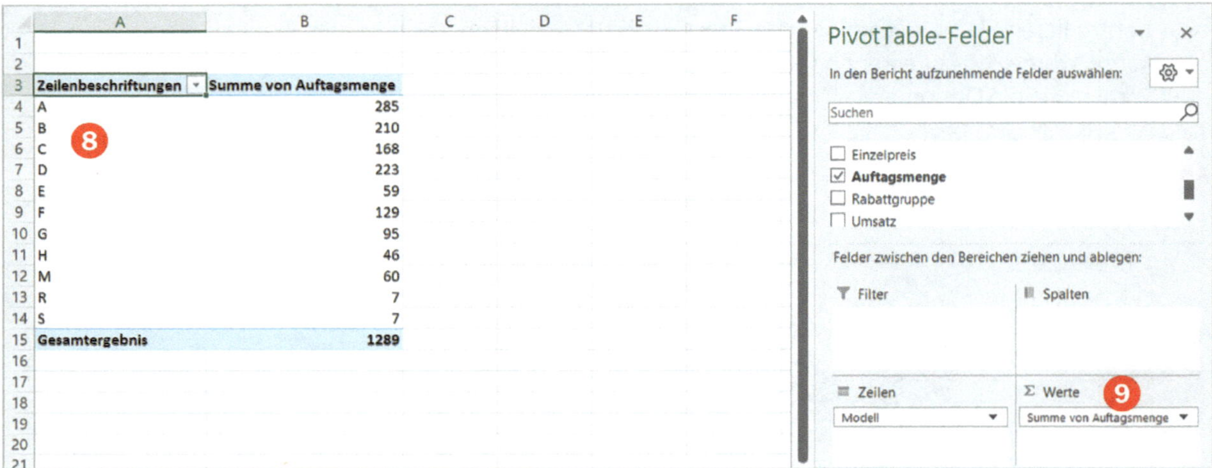

Zeilenbeschriftungen	Summe von Auftagsmenge
A	285
B	210
C	168
D	223
E	59
F	129
G	95
H	46
M	60
R	7
S	7
Gesamtergebnis	**1289**

Bild 6.4 Die fertige Pivot-Tabelle

Die oben abgebildete Tabelle dient nur als kleines Beispiel, selbstverständlich können Sie auch andere Felder der Ausgangstabelle auswerten und die fertige Tabelle nach Belieben gestalten.

Wenn Sie beispielsweise wissen möchten, wie hoch der Umsatz pro Kunde und Produktgruppe ist, dann können Sie die Daten auch als Kreuztabelle darstellen. Im Bild unten wurden aus den Kunden die Zeilenbeschriftungen gebildet und die Produktgruppen bilden die Spaltenüberschriften. Berechnet wird die Umsatzsumme.

Über einen zusätzlichen Filterbereich kann die Tabelle gefiltert werden, z. B. nach Ländern. So zeigt die Tabelle im Bild unten nur Kunden und Umsätze aus Österreich an.

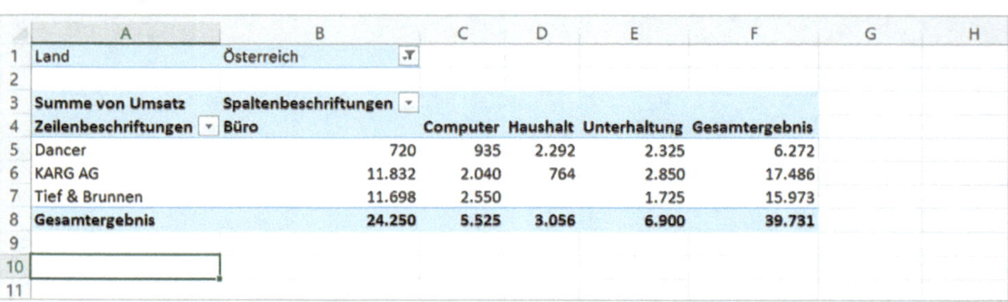

Land	Österreich				
Summe von Umsatz	**Spaltenbeschriftungen**				
Zeilenbeschriftungen	**Büro**	**Computer**	**Haushalt**	**Unterhaltung**	**Gesamtergebnis**
Dancer	720	935	2.292	2.325	6.272
KARG AG	11.832	2.040	764	2.850	17.486
Tief & Brunnen	11.698	2.550		1.725	15.973
Gesamtergebnis	**24.250**	**5.525**	**3.056**	**6.900**	**39.731**

Bild 6.5 Pivot-Tabelle mit Umsatzsummen je Kunde und Produktgruppe

Die Spalten der Ausgangstabelle dienen als Bausteine, auch als Felder bezeichnet, aus denen Sie eine Pivot-Tabelle zusammenstellen. Die Felder können durch Ziehen mit der Maus beliebig angeordnet, umgestellt oder wieder aus der Tabelle entfernt werden.

Besonderheiten von Pivot-Tabellen

Folgende Besonderheiten sind im Umgang mit Pivot-Tabellen zu beachten:

- Eingabe und Änderung der Daten sind in Pivot-Tabellen nicht möglich, da diese entweder schreibgeschützt sind oder die Änderungen nicht in die Originaltabelle übernommen werden.
- Die Ausgangsdaten werden beim Arbeiten mit einer Pivot-Tabelle grundsätzlich nicht verändert.
- Im Gegensatz zu Funktionen erfolgt nach einer Änderung der Daten in der Ausgangstabelle keine automatische Aktualisierung. Pivot-Tabellen müssen vom Benutzer manuell aktualisiert werden!
- Handelt es sich beim auszuwertenden Datenbereich um eine Excel-Tabelle, dann müssen zuvor alle Teilergebnisse oder Filter entfernt werden.

Welche Daten eignen sich für Pivot-Tabellen?

Ausgangspunkt bzw. Datenquelle für eine Pivot-Tabelle kann eine Excel-Tabelle oder eine externe Datenquelle bzw. Verbindung zu einer externen Tabelle sein, siehe Kapitel 5. Wenn externe Daten zuvor in den Power Query-Editor geladen und/oder hier aufbereitet wurden, dann müssen die Ausgangsdaten nicht zwingend in die Arbeitsmappe eingefügt werden, es genügt, wenn eine Verbindung erstellt wird.

Externe Datenquellen, siehe Kapitel 5.

Damit die Daten problemlos für eine Pivot-Tabelle verwendet werden können, muss die Tabelle folgenden Vorgaben entsprechen:

- Die Tabelle muss in mindestens einer Spalte mehrfach vorkommende Werte enthalten. Nur diese lassen sich mit Pivot-Tabellen zusammenfassen und auswerten.
- Die Daten müssen als zusammenhängender Bereich vorliegen, d. h. die Ausgangstabelle darf keine leeren Spalten und möglichst auch keine Leerzeilen enthalten. Einzelne Zellen dagegen können leer sein.
- Die erste Tabellenzeile muss eindeutige Spaltenüberschriften enthalten.
- Innerhalb der auszuwertenden Spalten müssen alle Daten vom gleichen Typ sein, beispielsweise Zahlen, Text oder Datumswerte.
- Falls die Datentabelle Formeln enthält, werden diese wie Werte behandelt.

Tipp: Wenn Sie eine Excel-Tabelle als Datenquelle verwenden, dann sollten Sie diese als Tabellenbereich formatieren. **Der Vorteil**: Wenn sich bei späteren Aktualisierungen der Umfang der Datentabelle ändern sollte, dann braucht der Datenbereich für die Pivot-Tabelle nicht jedes Mal neu festgelegt werden, es genügt, wenn Sie die Pivot-Tabelle aktualisieren. Erfolgt der Zugriff auf externe Daten über eine Verbindung, dann erledigt dies Power Query automatisch.

Tabellenbereich erstellen: Register *Start* ▶ *Formatvorlagen* ▶ *Als Tabelle formatieren.*

So funktioniert's nicht

Für die unten abgebildete Tabelle kommt eine Auswertung mit Pivot-Tabellen gleich aus mehreren Gründen nicht in Frage: Keine mehrfach vorkommenden Werte, fehlende Spaltenüberschrift in Spalte B und unterschiedliche Datentypen in Spalte D (Text und Datum).

Bild 6.6 Diese Tabelle eignet sich nicht zur Auswertung mit Pivot-Tabellen

	A	B	C	D	E	F	G	H
1	Artikel		Stück	Lieferdatum				
2	4711	Badewannenente	300	17.05.2022				
3	4712	Massageschwamm	250	21.05.2022				
4	4713	Schwimmflossen	85	Anfang Juli				
5	4761	Schnorchel	360	18.06.2022				
6	4792	Planschbecken groß	10	Fehlt				

Beispiel für eine mögliche Datenquelle

Die Tabelle unten erfüllt alle Voraussetzungen zur Auswertung, sie wird auch für die meisten Beispiele dieses Kapitels als Datentabelle verwendet. Die Spalte *Umsatz* wurde hier zur besseren Nachvollziehbarkeit mit einer Formel im Tabellenblatt berechnet, könnte aber auch im Power Query-Editor berechnet werden.

Bild 6.7 Auszug aus der Ausgangstabelle für die Beispiele

I2 =F2*G2

	A	B	C	D	E	F	G	H	I	J	K
1	Auftragsdatum	Land	Kunde	Modell	Produktgruppe	Einzelpreis	Auftagsmenge	Rabattgruppe	Umsatz		
2	02.01.2020	Italien	ADRIA AG	D	Unterhaltung	75,00	3	1	225,00		
3	02.01.2020	Österreich	KARG AG	F	Unterhaltung	450,00	1	2	450,00		
4	03.01.2020	Italien	ADRIA AG	A	Büro	120,00	2	1	240,00		
5	03.01.2020	Deutschland	ELCOX	G	Büro	377,00	2	1	754,00		
6	03.01.2020	Schweiz	Hügli	H	Haushalt	191,00	3	1	573,00		
7	06.01.2020	Österreich	Tief & Brunnen	A	Büro	120,00	5	3	600,00		
8	06.01.2020	Österreich	KARG AG	B	Computer	85,00	12	3	1.020,00		
9	12.01.2020	Schweiz	Brettschneider	A	Büro	120,00	3	2	360,00		
10	14.01.2020	Schweiz	Hügli	A	Büro	120,00	3	2	360,00		
11	15.01.2020	Italien	ADRIA AG	A	Büro	120,00	7	3	840,00		
12	17.01.2020	Deutschland	ELCOX	F	Unterhaltung	450,00	18	1	8.100,00		
13	19.01.2020	Österreich	KARG AG	F	Unterhaltung	450,00	1	1	450,00		
14	21.01.2020	Schweiz	Brettschneider	F	Unterhaltung	450,00	5	3	2.250,00		
15	25.01.2020	Österreich	Tief & Brunnen	B	Computer	85,00	5	3	425,00		
16	30.01.2020	Österreich	Tief & Brunnen	G	Büro	377,00	1	3	377,00		
17	30.01.2020	Deutschland	WGT GmbH	G	Büro	377,00	6	1	2.262,00		
18	01.02.2020	Italien	ADRIA AG	G	Büro	377,00	24	1	9.048,00		
19	01.02.2020	Deutschland	BRAIN	R	Haushalt	72,00	1	3	72,00		
20	02.02.2020	Deutschland	WGT GmbH	A	Büro	120,00	4	3	480,00		
21	02.02.2020	Italien	ADRIA AG	D	Unterhaltung	75,00	1	1	75,00		
22	03.02.2020	Schweiz	Hügli	G	Büro	377,00	2	1	754,00		
23	14.02.2020	Schweiz	Brettschneider	C	Büro	146,00	2	1	292,00		

Tabelle1 | Rohdaten

Ausgangsdaten.xlsx
Blatt: Rohdaten

Ergebnisse:
Pivot_Beispiele.xlsx

Download Beispieldaten

Die oben abgebildete Tabelle umfasst die Auftragsdaten aus zwei Jahren und dient auch als Ausgangstabelle für die nachfolgenden Beispiele dieses Kapitels. Sie finden die Arbeitsmappe mit der Tabelle unter dem Dateinamen Ausgangsdaten.xlsx im Downloadbereich zu diesem Buch. Die Arbeitsmappe Pivot-Beispiele.xlsx enthält dagegen die in diesem Kapitel vorgestellten fertigen Beispieltabellen.

6.2 So erstellen Sie eine Pivot-Tabelle

Aus Vorschlag erstellen

Beim Erstellen einer Pivot-Tabelle können Sie auf verschiedene Vorschläge von Excel zurückgreifen. Die Vorgehensweise ist einfach:

1. Klicken Sie in die auszuwertende Datentabelle. Wenn diese als Tabellenbereich formatiert wurde oder es sich um einen zusammenhängenden Bereich handelt, dann wird dieser von Excel automatisch erkannt. Nur in Ausnahmefällen müssen Sie den Tabellenbereich einschließlich Überschriftzeile zuvor manuell markieren.
2. Klicken Sie dann im Register *Einfügen* ▶ *Tabellen* auf *Empfohlene PivotTables* ❶.

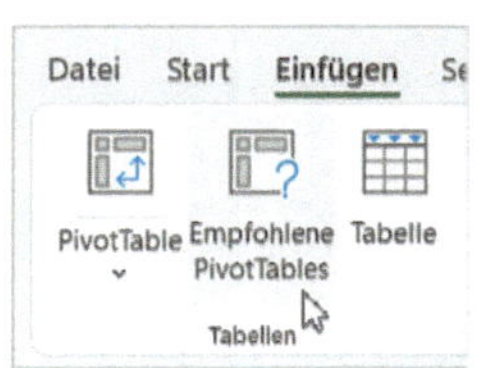

3. Das gleichnamige Dialogfenster wird geöffnet (Bild 6.8), kontrollieren Sie im Tabellenblatt anhand des Laufrahmens ❷, ob der Zellbereich korrekt erkannt wurde.
4. Excel schlägt auf der Basis der aktuellen Tabelle mehrere geeignete Auswertungstabellen vor. Klicken Sie in der Liste links auf einen Vorschlag ❸, so erhalten Sie rechts eine Vorschau mit Ihren Daten ❹. Mit einem Klick auf *OK* wird die ausgewählte Tabelle in einem neuen Arbeitsblatt eingefügt.

   Falls die Datentabelle nicht erkannt wurde, so klicken Sie auf *Quelldaten ändern* ❺ und wählen den Tabellenbereich durch Markieren aus.

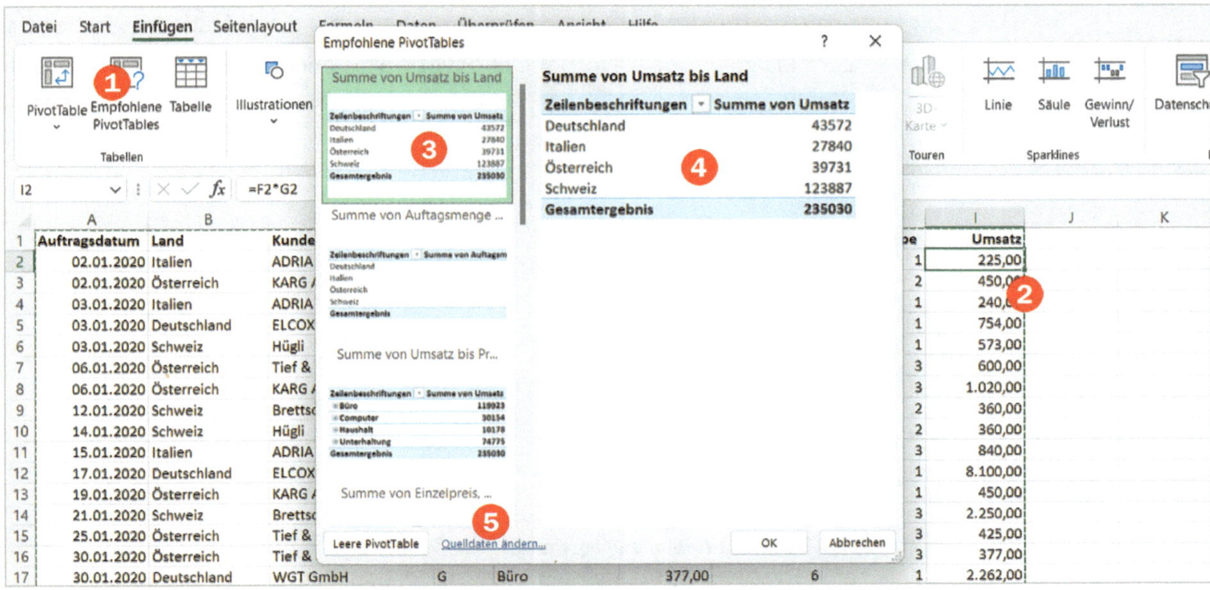

Bild 6.8 Empfohlene Pivot-Tables auswählen

> Nicht immer findet sich in der Liste die gewünschte Auswertung. Zudem erfordern auch die Vorschläge meist noch eine Anpassung, Sie können also auch gleich mit einer leeren Pivot-Tabelle beginnen - das Zusammenstellen der gewünschten Auswertung erfordert nur wenige Klicks. Details lesen Sie auf den folgenden Seiten.

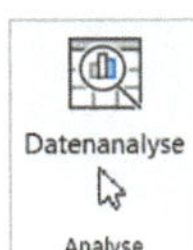

Hinweis: Vorschläge für Pivot-Tabellen, wenn auch in eingeschränktem Umfang, erhalten Sie auch im Register *Start* mit Klick auf *Datenanalyse*, oder wenn Sie einen Zellbereich markieren und im Tabellenblatt auf das Symbol *Schnellanalyse* und das Register *Tabellen* klicken.

Leere Pivot-Tabelle einfügen und Felder anordnen

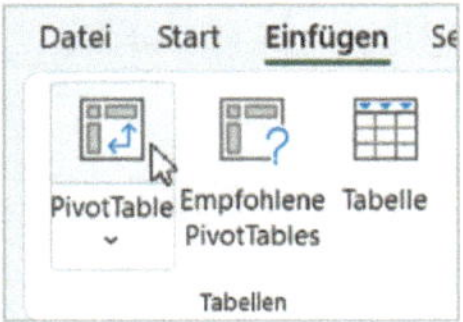

Wesentlich flexibler und nur unwesentlich langsamer sind Sie, wenn Sie zunächst eine leere Pivot-Tabelle einfügen und in dieser die Felder nach Ihren Vorstellungen anordnen. Zudem müssen sich bei dieser Vorgehensweise die Daten nicht zwingend in derselben Arbeitsmappe befinden, Sie können stattdessen auch eine externe Datenquelle bzw. Verbindung wählen.

Schritt 1: Tabelle einfügen

Datentabelle befindet sich in derselben Arbeitsmappe

- Wenn sich die Datentabelle in derselben Arbeitsmappe befindet, dann markieren Sie eine beliebige Zelle des auszuwertenden Tabellenbereichs und klicken im Menüband, Register *Einfügen* ▶ *Tabellen* auf *PivotTable*. Oder klicken Sie auf den Dropdown-Pfeil dieses Symbols und wählen *Aus Tabelle/Bereich*. Kontrollieren Sie im nachfolgenden Fenster im Feld *Tabelle/Bereich* den Zellbereich. Wurde dieser als Tabellenbereich formatiert, wie im Bild, dann erscheint hier der Name der Tabelle ❶. Im Tabellenblatt selbst können Sie den Zellbereich anhand des Laufrahmens kontrollieren oder durch Markieren festlegen.
- Zum Platzieren der Pivot-Tabelle (PivotTable-Bericht) sollte die Standardeinstellung *Neues Arbeitsblatt* ❷ beibehalten werden.

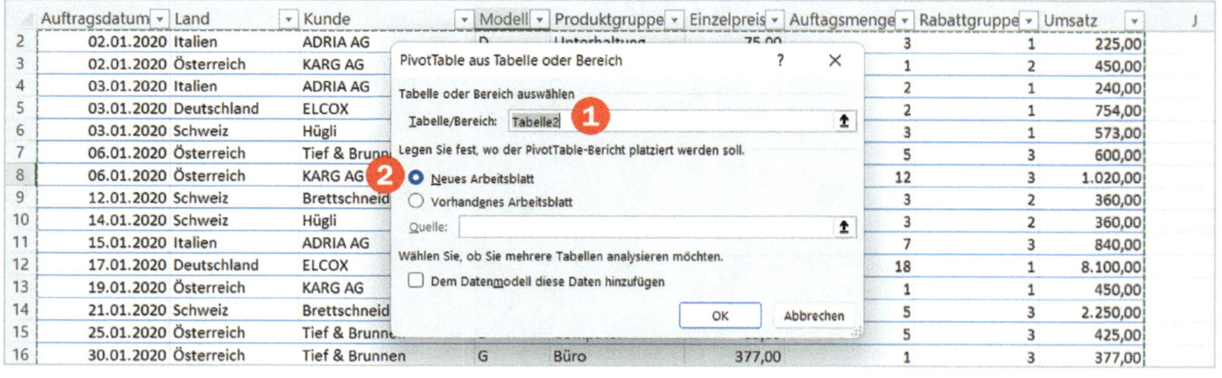

Bild 6.9 Eine leere PivotTable erstellen und Zellbereich festlegen

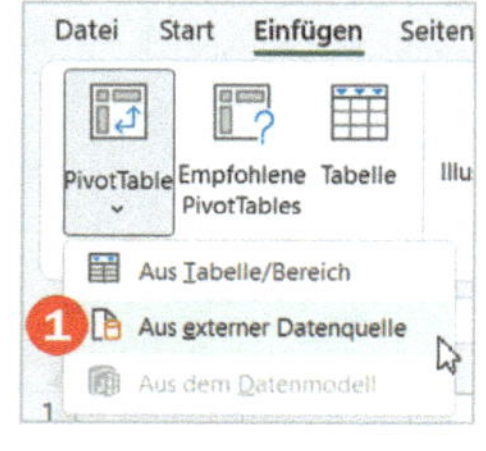

Externe Daten aus Verbindung auswerten

- Wenn Sie Daten aus einer externen Datenquelle auswerten möchten und diese nicht als Tabelle eingefügt, sondern mit Power Query eine Verbindung zur Datenquelle erstellt haben (siehe Kapitel 5.2.), dann klicken Sie im Register *Einfügen* ▶ *Tabellen* auf den Dropdown-Pfeil der Schaltfläche *PivotTable* und wählen *Aus externer Datenquelle* ❶.

- Klicken Sie im nachfolgenden Fenster *PivotTable aus externer Quelle* auf die Schaltfläche *Verbindung auswählen...* ❷, danach auf die gewünschte Verbindung ❸ und zuletzt auf *Öffnen* ❹.
- Falls Sie die Pivot-Tabelle in ein bereits vorhandenes leeres Arbeitsblatt einfügen möchten, so wählen Sie die Option *Vorhandenes Arbeitsblatt* und geben unterhalb die Zelle an, ab der die Pivot-Tabelle eingefügt werden soll.

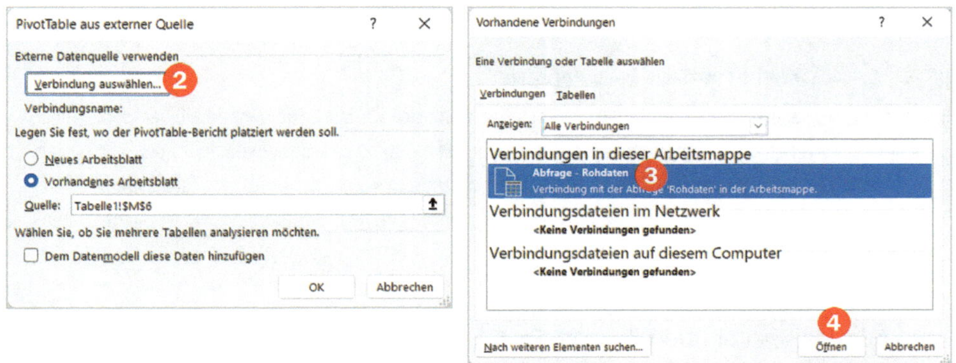

Bild 6.10 Externe Datenquelle verwenden

Bild 6.11 Verbindung auswählen

> Pivot-Tabellen sollten grundsätzlich nicht im selben Blatt wie die Ausgangsdaten, sondern in einem neuen Tabellenblatt erstellt werden, da es bei späteren Aktualisierungen zu Überschneidungen kommen kann.

Schritt 2: Felder anordnen

Excel fügt ab der angegebenen Position eine leere Pivot-Tabelle ❶ ein, der Sie nun die Felder durch Ziehen mit der Maus hinzufügen. Die Anordnung erfolgt ausschließlich im Aufgabenbereich *PivotTable-Felder* ❷, dieser erscheint normalerweise automatisch, sobald Sie in den Bereich der Pivot-Tabelle klicken.

Bild 6.12 Die leere Pivot-Tabelle

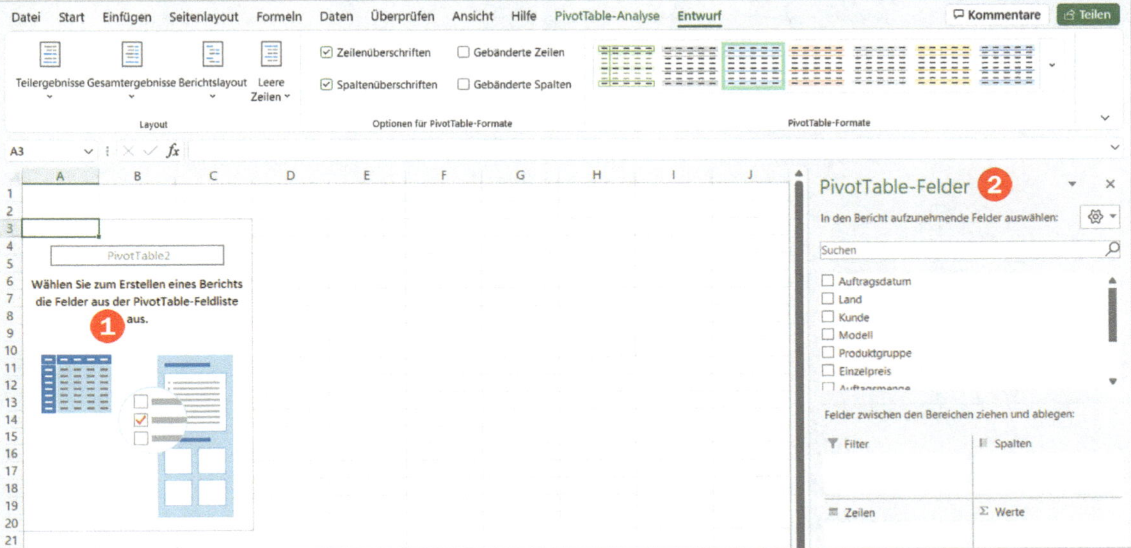

Zusammen mit der Pivot-Tabelle sind außerdem im Menüband die beiden Register *PivotTable-Analyse* und *Entwurf* zur weiteren Bearbeitung verfügbar.

Der Aufgabenbereich PivotTable-Felder

Befassen wir uns zunächst mit dem Aufgabenbereich Pivot-Table-Felder genauer. Hier ordnen Sie die Felder den Bereichen der Pivot-Tabelle zu.

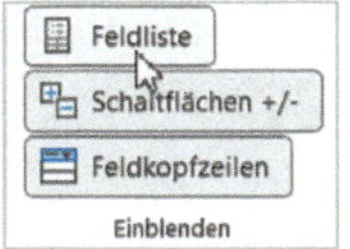

Aufgabenbereich PivotTable-Felder anzeigen

Der Aufgabenbereich mit der Feldliste ist nur sichtbar, wenn sich die Markierung innerhalb der Pivot-Tabelle befindet und verschwindet automatisch, sobald Sie auf eine beliebige Zelle außerhalb dieses Bereichs klicken. Sollte er trotzdem nicht sichtbar sein, so klicken Sie mit der rechten Maustaste in die Pivot-Tabelle und auf *Feldliste anzeigen*. Im Menüband finden Sie die Schaltfläche *Feldliste* im Register *PivotTable-Analyse* in der Gruppe *Einblenden*.

- Aus den Spaltenüberschriften der Ausgangstabelle werden Felder gebildet und in der Feldliste ❶ aufgeführt (Bild 6.13). In der Pivot-Tabelle enthaltene Felder sind fett hervorgehoben und am Häkchen des Kontrollkästchens zu erkennen.
- Unterhalb befinden sich die vier Bereiche der Pivot-Tabelle. Um der Pivot-Tabelle ein Feld hinzuzufügen, ziehen Sie es einfach mit gedrückter Maustaste aus der Feldliste nach unten in den entsprechenden Bereich.
- Eine Pivot-Tabelle setzt sich zusammen aus den Bereichen *Filter*, *Spalten*, *Zeilen* und *Werte*, wobei mit Ausnahme des Wertebereichs nicht alle Bereiche zwingend verwendet werden müssen.

Bild 6.13 Die Bereiche einer Pivot-Tabelle

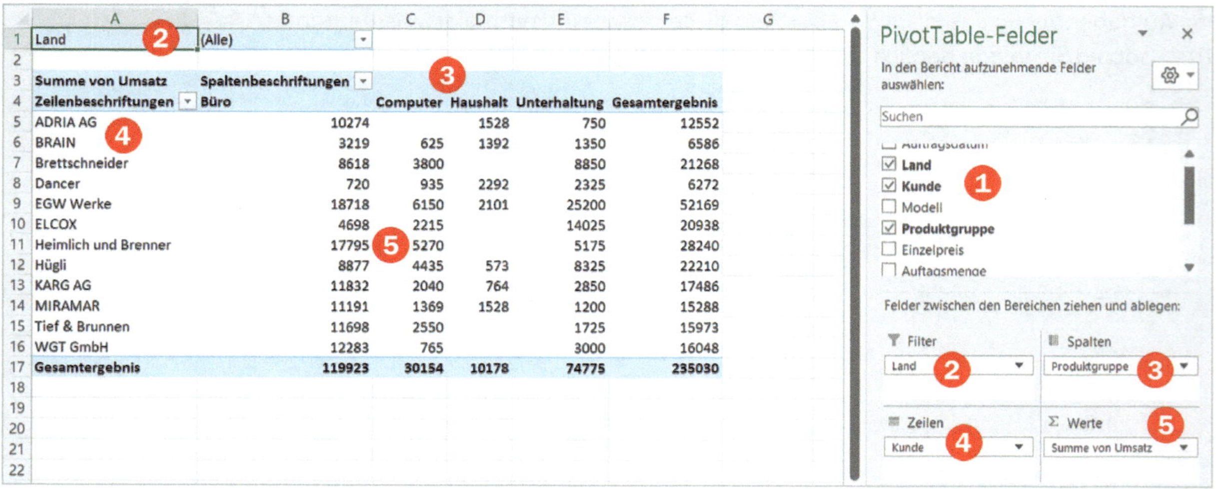

Land ❷	(Alle)				
Summe von Umsatz	Spaltenbeschriftungen ❸				
Zeilenbeschriftungen	Büro	Computer	Haushalt	Unterhaltung	Gesamtergebnis
ADRIA AG ❹	10274		1528	750	12552
BRAIN	3219	625	1392	1350	6586
Brettschneider	8618	3800		8850	21268
Dancer	720	935	2292	2325	6272
EGW Werke	18718	6150	2101	25200	52169
ELCOX	4698	2215		14025	20938
Heimlich und Brenner	17795 ❺	5270		5175	28240
Hügli	8877	4435	573	8325	22210
KARG AG	11832	2040	764	2850	17486
MIRAMAR	11191	1369	1528	1200	15288
Tief & Brunnen	11698	2550		1725	15973
WGT GmbH	12283	765		3000	16048
Gesamtergebnis	**119923**	**30154**	**10178**	**74775**	**235030**

- **Filter** ❷: Dieser Bereich dient zum Filtern der gesamten Tabelle.
- **Spalten** ❸: Dieser Bereich bildet aus den Feldinhalten die Spaltenüberschriften der Tabelle.

- **Zeilen** ❹: Hier werden aus den Feldinhalten die Zeilenbeschriftungen gebildet.
- **Werte** ❺: Für Felder im Wertebereich wird eine Zusammenfassung berechnet, in der Standardeinstellung die Summe, bei Feldinhalten vom Typ Text hingegen in der Regel die Anzahl. Sie können jedoch jederzeit eine andere Funktion wählen, siehe weiter unten.

Feld der Pivot-Tabelle hinzufügen
Um die Felder in einer Pivot-Tabelle anzuordnen, ziehen Sie einfach das betreffende Feld aus der Feldliste in den gewünschten Bereich, z. B. das Feld *Kunde* in den Bereich *Zeilen*, wie in Bild 6.14. Das Aussehen der Tabelle im Arbeitsblatt passt sich sofort an. Wenn Sie ein Feld mit Zahlen, z. B. *Umsatz* in den Bereich *Werte* ziehen, so wird in den meisten Fällen automatisch die Summe berechnet.

Feld aus der Pivot-Tabelle entfernen
Zum Entfernen eines Feldes genügt es, wenn Sie in der Feldliste das Kontrollkästchen deaktivieren. Oder ziehen Sie mit der Maus das Feld aus dem Bereich heraus in Richtung Tabellenblatt, das Symbol am Mauszeiger ist eindeutig.

In einen anderen Bereich verschieben
Sie können die Felder jederzeit neu anordnen. Entweder, indem Sie das Feld mit der Maus in einen anderen Bereich verschieben. Oder klicken Sie im Bereich auf das betreffende Feld, im Bild 6.16 das Feld *Produktgruppe*, und auf *Zu Zeilenbeschriftungen verschieben* bzw. *Zu Spaltenbeschriftungen verschieben....*

Bild 6.14 Ziehen Sie das Feld in den gewünschten Bereich

Bild 6.15 Feld aus einem Bereich entfernen

Bild 6.16 Feld in anderen Bereich verschieben

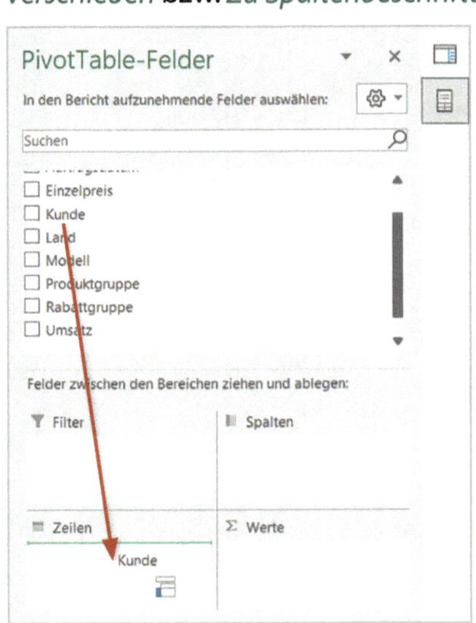

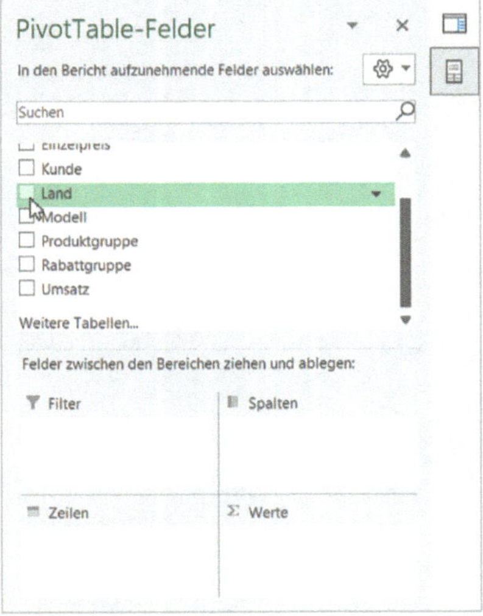

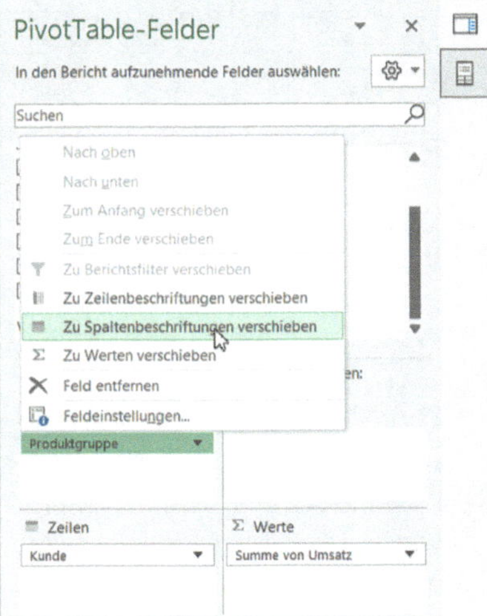

Mehrere Zeilen- und Spaltenfelder verwenden, Tabelle gruppieren

Tipp: Falls die Gruppensummen nicht automatisch berechnet werden sollten, oder Sie diese ausblenden möchten, dann klicken Sie im Register *Entwurf* auf *Teilergebnisse*. Näheres hierzu lesen Sie weiter unten.

Jeder Bereich kann auch mehrere Felder enthalten, z. B. wenn Sie neben der Produktgruppe auch noch das jeweilige Modell als Filter benötigen. In den Bereichen *Spalten* und *Zeilen* können Sie mehrere Felder verwenden, um Daten in Gruppen zusammenzufassen. Als Beispiel wurden in Bild 6.17 die Felder *Land* und *Kunde* als Zeilenbeschriftung verwendet. Das Ergebnis ist eine gruppierte Tabelle, die Reihenfolge in der Tabelle (von links nach rechts) richtet sich nach der Anordnung im Bereich (von oben nach unten) und Excel berechnet automatisch auch Gruppensummen.

Auch im Bereich *Werte* können Sie in einer Tabelle gleich für mehrere Felder Ergebnisse berechnen lassen, z. B. *Umsatz* und *Auftragsmenge*. Die Ergebnisse werden automatisch in Spalten nebeneinander angeordnet und mit Spaltenüberschriften versehen. Auch am Bereich *Spalten* erkennen Sie, dass die Spalten aus Werten gebildet werden.

Achten Sie auch auf die Lesbarkeit der Tabelle

Eine Pivot-Tabelle, die mehrere Werte in Spalten berechnet und außerdem auch noch mehrere Spaltenüberschriften enthält, kann schnell sehr komplex und damit unübersichtlich werden. Je nach Aufgabenstellung erhalten Sie möglicherweise einen besseren Überblick, wenn Sie mehrere Tabellen erstellen oder eines der Felder als Filter statt als Spalte verwenden.

Bild 6.17 Tabelle gruppieren und mehrere Ergebnisse berechnen

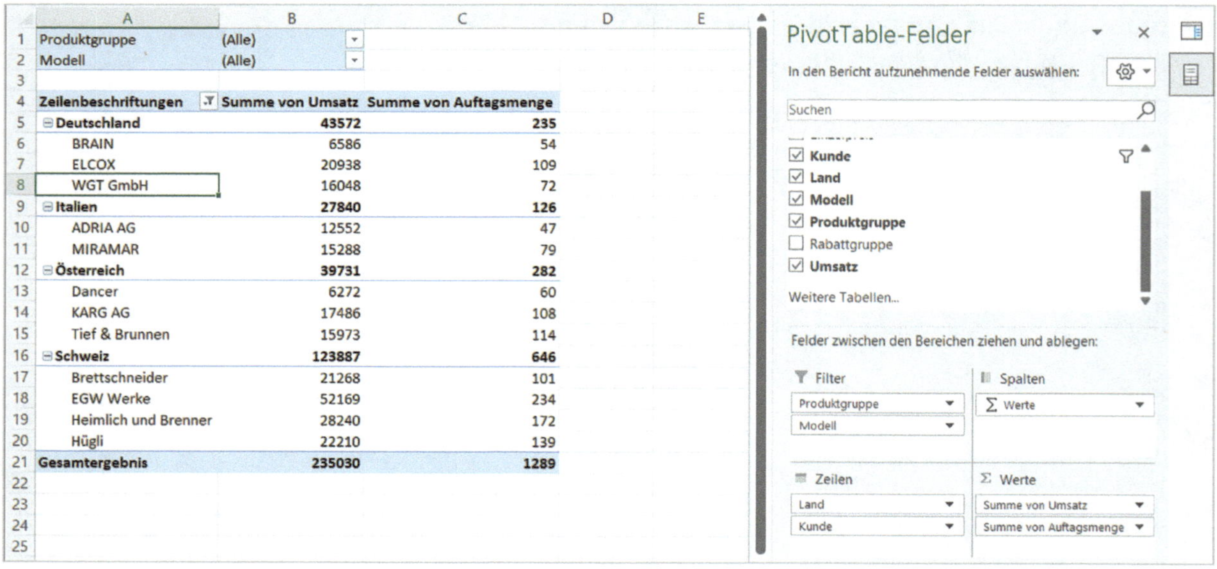

	A	B	C
1	Produktgruppe	(Alle)	
2	Modell	(Alle)	
3			
4	Zeilenbeschriftungen	Summe von Umsatz	Summe von Auftagsmenge
5	⊟ Deutschland	43572	235
6	BRAIN	6586	54
7	ELCOX	20938	109
8	WGT GmbH	16048	72
9	⊟ Italien	27840	126
10	ADRIA AG	12552	47
11	MIRAMAR	15288	79
12	⊟ Österreich	39731	282
13	Dancer	6272	60
14	KARG AG	17486	108
15	Tief & Brunnen	15973	114
16	⊟ Schweiz	123887	646
17	Brettschneider	21268	101
18	EGW Werke	52169	234
19	Heimlich und Brenner	28240	172
20	Hügli	22210	139
21	Gesamtergebnis	235030	1289

Details anzeigen und ausblenden

In gruppierten Pivot-Tabellen können Sie die Details einer Gruppe ein- und ausblenden: Dazu klicken Sie in der Tabelle auf die Schaltflächen ⊟ bzw. ⊞ der betreffenden Gruppe. Zum Ein- und Ausblenden der Details in der gesamten Spalte klicken Sie in der Tabelle auf eine beliebige Zelle dieser Spalte und im Register *PivotTable-Analyse* ▶ *Gruppieren* auf *Feld erweitern* bzw. *Feld reduzieren*.

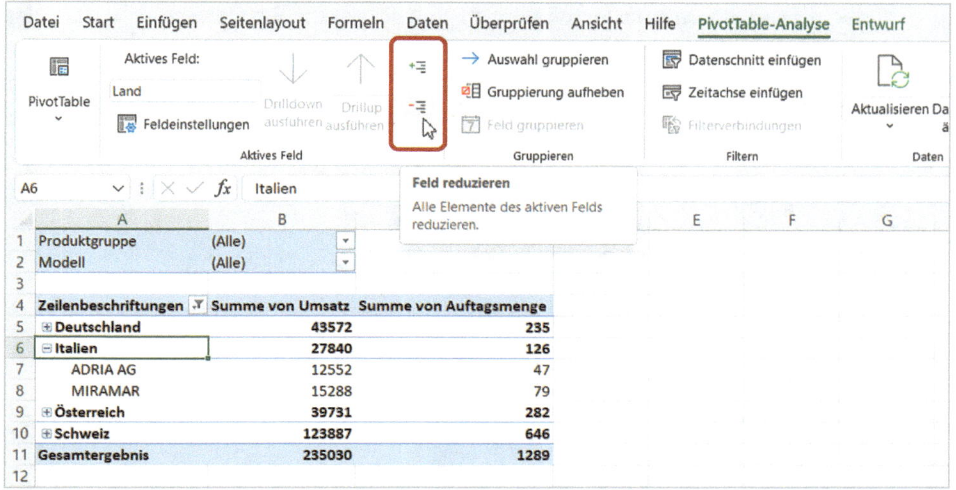

Bild 6.18 Feld erweitern/reduzieren

Berechnung für die Zusammenfassung der Werte ändern

Standardmäßig berechnet Excel im Bereich *Werte* für Felder von Typ Zahl die Summe. Bei Feldern, die Text enthalten, wird dagegen als Ergebnis die Anzahl je Inhalt ausgegeben. Allerdings ist die Standardeinstellung nicht in jedem Fall erwünscht oder sinnvoll. Beispielsweise, wenn Sie statt der Summe die Anzahl benötigen oder umgekehrt, auch Mittelwert oder höchster und niedrigster Wert werden manchmal gebraucht.

- Zum Ändern klicken Sie am einfachsten in der Pivot-Tabelle mit der rechten Maustaste auf eine beliebige Zelle der zu ändernden Wertespalte und zeigen im Kontextmenü auf *Werte zusammenfassen nach*. Klicken Sie anschließend auf die gewünschte Funktion, siehe Bild 6.19.

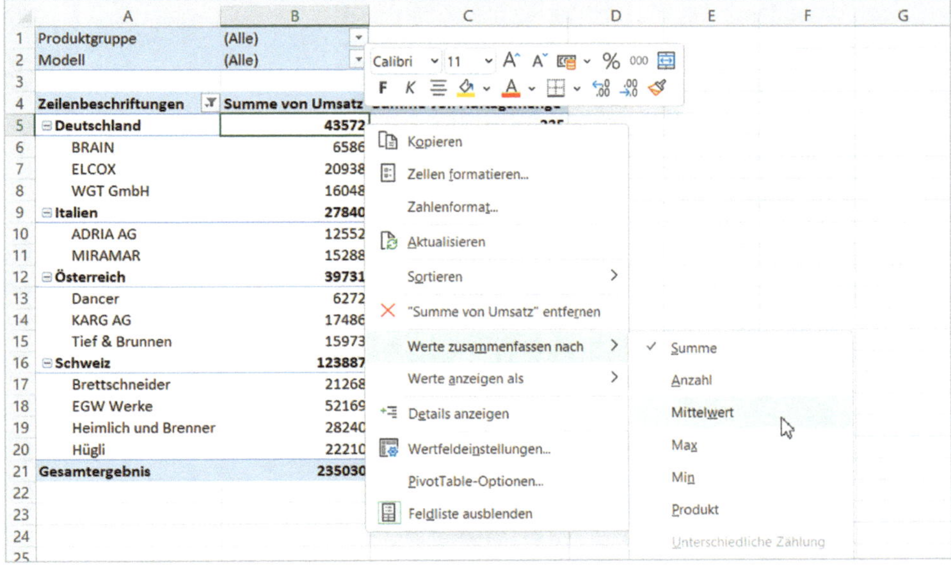

Bild 6.19 Wertezusammenfassung wählen

- Oder klicken Sie im Aufgabenbereich *PivotTable-Felder* im Bereich *Werte* auf das betreffende Feld und auf *Wertfeldeinstellungen....* Im gleichnamigen Fenster können Sie im Register *Werte zusammenfassen nach* eine Funktion wählen und außerdem der Spalte einen benutzerdefinierten Namen geben.

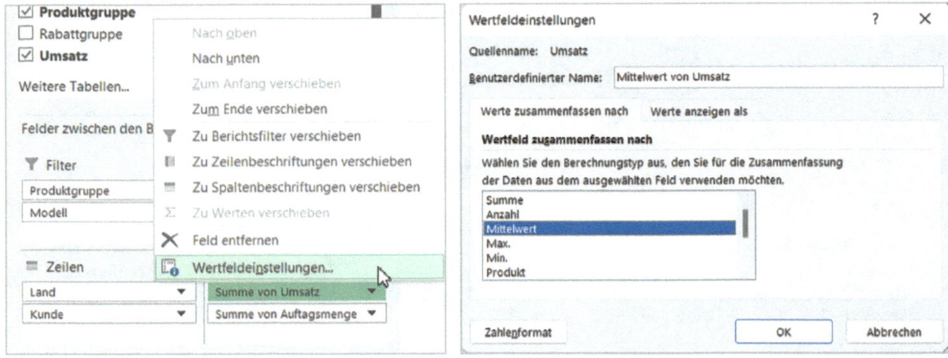

Bild 6.20 Funktion über die Wertfeldeinstellungen wählen

Auch im Kontextmenü der rechten Maustaste finden Sie den Befehl *Wertfeldeinstellungen.*

Pivot-Tabelle nachträglich verschieben oder löschen

Beachten Sie beim Löschen oder Verschieben einer Pivot-Tabelle, dass diese einen fest zusammenhängenden Bereich bildet, aus dem einzelne Zellen weder gelöscht noch verschoben werden können.

Tabelle verschieben

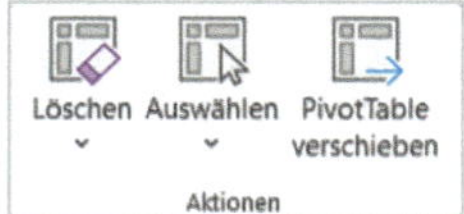

Um die Pivot-Tabelle nachträglich an eine andere Stelle oder in ein anderes Tabellenblatt zu verschieben, klicken Sie in die Tabelle und im Register *PivotTable-Analyse* ▶ *Aktionen* auf *PivotTable verschieben*. Geben Sie anschließend an, wo Sie die Tabelle einfügen möchten.

Tabelle löschen

- Zum Entfernen einer Pivot-Tabelle klicken Sie am besten im Menüband, Register *PivotTable-Analyse* ▶ *Aktionen* auf *Löschen.*
- Enthält das Arbeitsblatt keine weiteren Daten, so können Sie auch einfach das gesamte Blatt löschen.

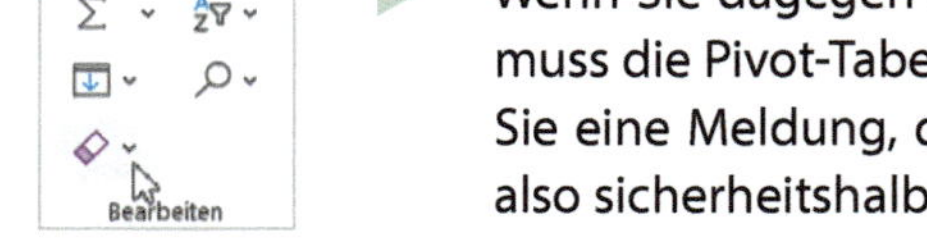

- Wenn Sie dagegen im Register *Start* auf *Löschen* und *Alle löschen* klicken, dann muss die Pivot-Tabelle unbedingt vollständig markiert sein, andernfalls erhalten Sie eine Meldung, dass die Tabelle nicht geändert werden kann. Markieren Sie also sicherheitshalber einen etwas größeren Zellbereich.

6.3 Pivot-Tabellen aktualisieren

Tabelle aktualisieren

Pivot-Tabellen werden nicht automatisch neu berechnet!

Bei Änderung der Daten in der Quelltabelle müssen Sie eine Pivot-Tabelle manuell aktualisieren, dies passiert nicht automatisch! Klicken Sie dazu in die Pivot-Tabelle und im Register *Analysieren* ▶ *Daten* auf *Aktualisieren*. Oder klicken Sie mit der rechten Maustaste an eine beliebige Stelle der Pivot-Tabelle und auf *Aktualisieren* oder verwenden Sie die Tastenkombination **Alt+F5**.

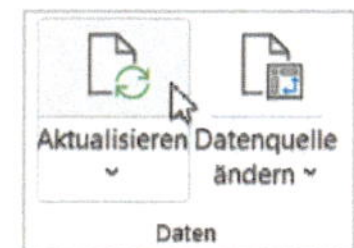

Aktualisieren: **Alt+F5**

Tipp: Enthält die Arbeitsmappe mehrere Pivot-Tabellen, die auf derselben Datenquelle basieren, dann klicken Sie im Menüband auf den Dropdown-Pfeil dieser Schaltfläche und auf *Alle aktualisieren*.

Daten beim Öffnen der Arbeitsmappe automatisch aktualisieren

Wenn eine Pivot-Tabelle beim Öffnen der Arbeitsmappe automatisch aktualisiert werden soll, dann können Sie dies in den Optionen zur Pivot-Tabelle einstellen.

1 Klicken Sie mit der rechten Maustaste in die Tabelle und im Kontextmenü auf *PivotTable-Optionen*. Oder klicken Sie im Menüband, Register *PivotTable-Analyse* ▶ *PivotTable* auf *Optionen*.

2 Wählen Sie im gleichnamigen Fenster das Register *Daten* und aktivieren Sie das Kontrollkästchen *Aktualisieren beim Öffnen der Datei*.

Bild 6.21 PivotTable-Optionen: Automatisch beim Öffnen aktualisieren

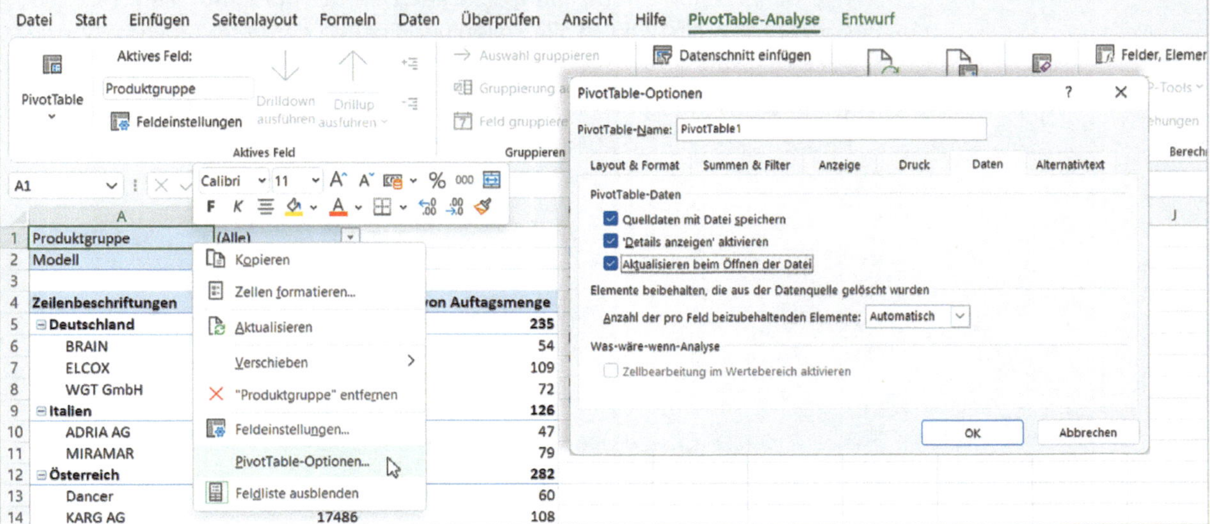

Nachträglich hinzugefügte Zeilen und Spalten einbeziehen

Basiert die Pivot-Tabelle auf einer Excel-Tabelle, dann müssen Sie sicherstellen, dass bei einer Änderung der Ausgangsdaten auch eventuell neu hinzugekommene Zeilen und/oder Spalten einbezogen werden. Dazu gibt es folgende Möglichkeiten:

Tabellenbereich, siehe Kapitel 3.2.

- **Formatieren Sie die Excel-Datentabelle als Tabellenbereich**
  Wenn Sie vor der Erstellung der Pivot-Tabelle die Ausgangsdaten als Tabellenbereich bzw. dynamische Tabelle formatiert haben, dann passt sich der Tabellenbereich automatisch an und bei der nächsten Aktualisierung werden auch nachträglich hinzugefügte Zeilen und/oder Spalten berücksichtigt.

  Ausnahme: Wenn weitere Zeilen und/oder Spalten innerhalb des ursprünglichen Datenbereichs hinzugefügt wurden, dann werden diese beim Aktualisieren einbezogen, auch wenn die Tabelle nicht als Tabellenbereich formatiert wurde.

- Stammen die Ausgangsdaten aus Power Query bzw. einer Verbindung zu externen Daten (siehe Kapitel 5.2) , dann werden beim Aktualisieren alle Änderungen des Tabellenumfangs automatisch berücksichtigt.

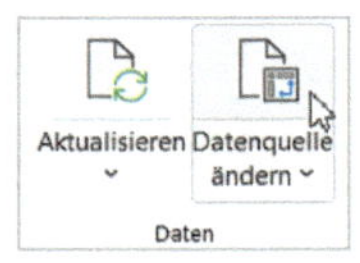

- **Datenquelle manuell neu festlegen**
  Handelt es sich bei den Ausgangsdaten um einen normalen Excel-Zellbereich, dann ignoriert Excel beim Aktualisieren nachträglich hinzugefügte Zeilen am Ende der Tabelle oder rechts angefügte Spalten. In solchen Fällen müssen Sie die Datenquelle neu festlegen. Klicken Sie dazu in die Pivot-Tabelle und im Register *PivotTable-Analyse* ▶ *Daten* auf *Datenquelle ändern*. Anschließend können Sie den Zellbereich für die Datenquelle neu auswählen (Bild 6.22).

  - **Tipp**: Mit dieser Methode können Sie auch einfach nur kontrollieren, ob die Pivot-Tabelle auch wirklich alle Zeilen und Spalten der Excel-Tabelle einbezieht. Klicken Sie auf *Abbrechen*, falls der Datenbereich korrekt ist.
  - Wenn Sie nachträglich die Datentabelle als Tabellenbereich formatiert haben, müssen Sie ebenfalls anschließend die Datenquelle neu festlegen.

Bild 6.22 Datenquelle ändern

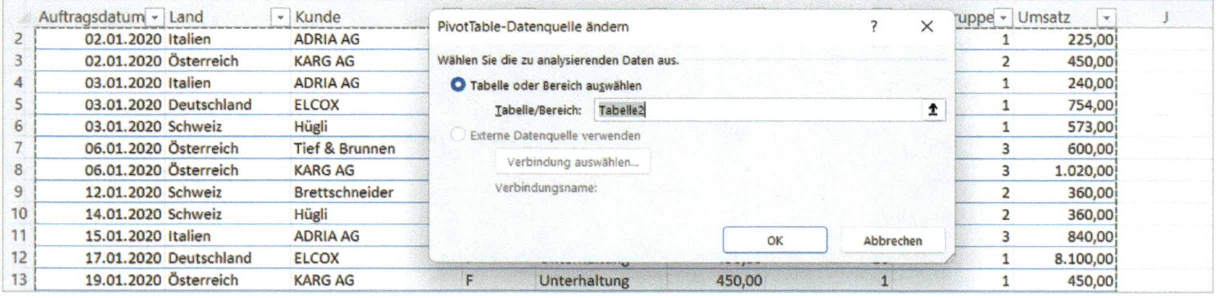

6.4 Tabellenlayout und Formatierung

Tabellenformatvorlagen

Am einfachsten formatieren Sie eine Pivot-Tabelle mit einer der Vorlagen im Register *Entwurf* des Menübands. Klicken Sie auf den Pfeil *Weitere*, um den gesamten Katalog anzuzeigen. Über die Kontrollkästchen der Gruppe *Optionen für PivotTable-Formate* steuern Sie, ob auch Sonderformate, z. B. für Zeilen- und Spaltenüberschriften oder gebänderte Zeilen (= abwechselnde Zeilenfarben) übernommen werden.

Bild 6.23 Vorlagen verwenden

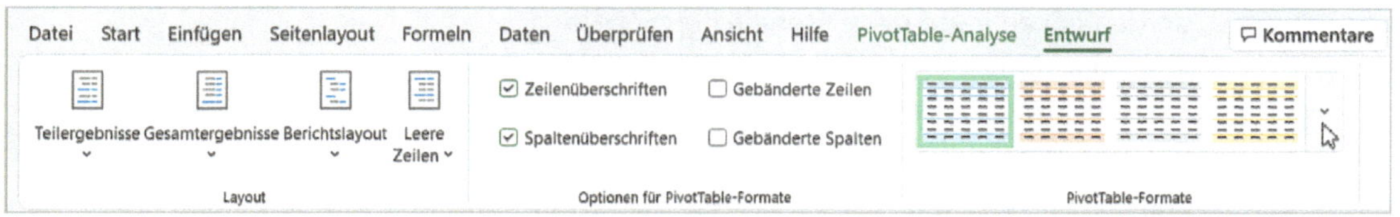

Zellen formatieren

Daneben können Sie auch einzelne Zellen oder Zellbereiche einer Pivot-Tabelle markieren und mit den Symbolen des Registers *Start* oder der Minisymbolleiste des Kontextmenüs formatieren. Die Formatierung ist ausnahmsweise mit dem Element der Pivot-Tabelle statt mit der Zelladresse verbunden und wandert daher auch mit, wenn Sie die Tabelle aktualisieren, sortieren oder filtern.

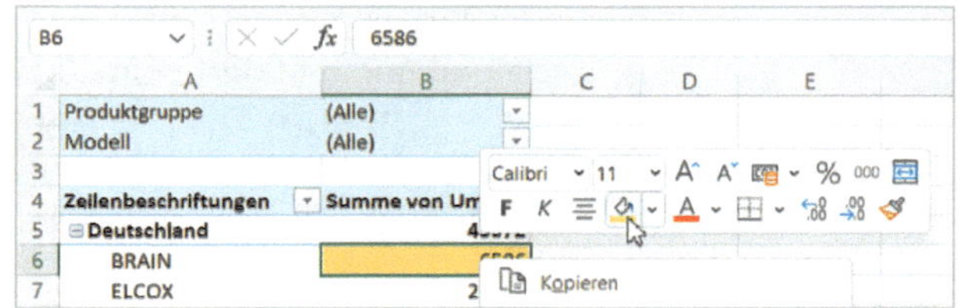

Zusammengehörige Tabellenelemente markieren und hervorheben

Excel erkennt und markiert zusammengehörige Tabellenelemente automatisch, wenn Sie zum Markieren die kleinen Pfeile benutzen, die beim Zeigen auf ein Element sichtbar werden. Zeigen Sie z. B. auf den oberen Zellenrand eines beliebigen Landes und klicken Sie, sobald der Pfeil erscheint, so werden alle Länder markiert, wie in Bild 6.24. und können anschließend formatiert werden.

Bild 6.24 Zeigen Sie an den oberen Zellenrand einer beliebigen Gruppe

Bild 6.25 Oder blenden Sie alle untergeordneten Elemente aus und formatieren dann die Tabelle.

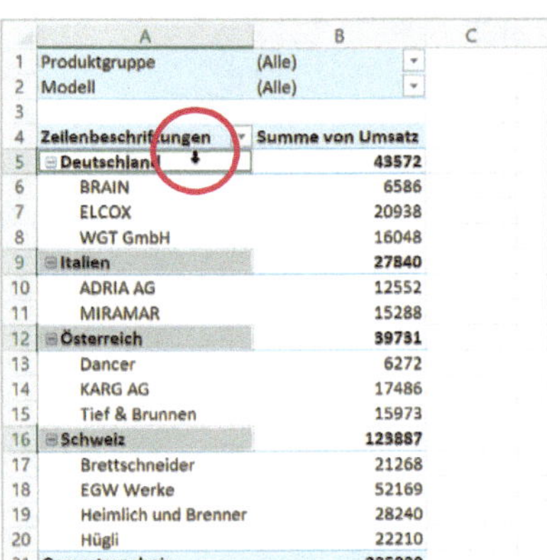

	A	B
1	Produktgruppe	(Alle)
2	Modell	(Alle)
3		
4	Zeilenbeschriftungen	Summe von Umsatz
5	Deutschland	43572
6	BRAIN	6586
7	ELCOX	20938
8	WGT GmbH	16048
9	Italien	27840
10	ADRIA AG	12552
11	MIRAMAR	15288
12	Österreich	39731
13	Dancer	6272
14	KARG AG	17486
15	Tief & Brunnen	15973
16	Schweiz	123887
17	Brettschneider	21268
18	EGW Werke	52169
19	Heimlich und Brenner	28240
20	Hügli	22210
21	Gesamtergebnis	235030
22		

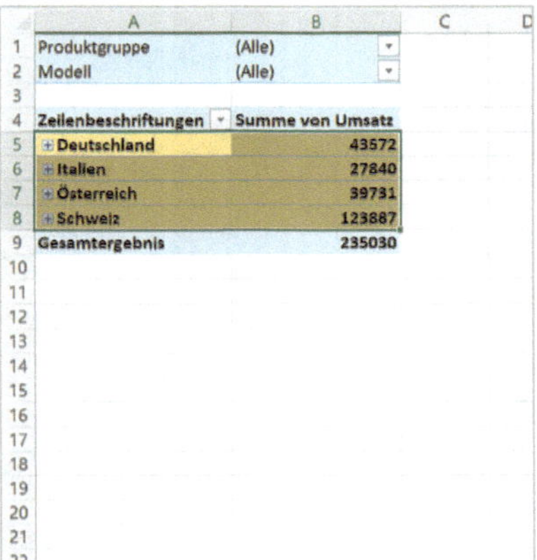

	A	B
1	Produktgruppe	(Alle)
2	Modell	(Alle)
3		
4	Zeilenbeschriftungen	Summe von Umsatz
5	Deutschland	43572
6	Italien	27840
7	Österreich	39731
8	Schweiz	123887
9	Gesamtergebnis	235030

	A	B
1	Produktgruppe	(Alle)
2	Modell	(Alle)
3		
4	Zeilenbeschriftungen	Summe von Umsatz
5	Deutschland	43572
6	BRAIN	6586
7	ELCOX	20938
8	WGT GmbH	16048
9	Italien	27840
10	ADRIA AG	12552
11	MIRAMAR	15288
12	Österreich	39731
13	Dancer	6272
14	KARG AG	17486
15	Tief & Brunnen	15973
16	Schweiz	123887
17	Brettschneider	21268
18	EGW Werke	52169
19	Heimlich und Brenner	28240
20	Hügli	22210
21	Gesamtergebnis	235030
22		

Hinweis: Sollte dieser Pfeil nicht erscheinen, dann klicken Sie im Register *PivotTable-Analyse* ▶ *Aktionen* auf *Auswählen* und auf *Auswahl aktivieren*.

Wenn Sie mit den Ländern auch die dazugehörigen Ergebnisse hervorheben möchten, dann klicken Sie auf ein beliebiges Land, blenden mit Klick auf das Symbol *Feld reduzieren* alle untergeordneten Elemente aus und formatieren dann die Tabelle (s. Bild 6.25). Wenn Sie anschließend die Gruppenelemente mit *Feld erweitern* wieder einblenden, werden trotzdem nur die zuvor formatierten Elemente hervorgehoben.

Bild 6.26 Zeilenelemente markieren

16	⊟ Schweiz	123887
17	Brettschneider	21268
18	EGW Werke	52169
19	Heimlich und Brenner	28240
20	Hügli	22210
21	Gesamtergebnis	235030
22		

Mit dieser Methode markieren Sie nicht nur Spaltenelemente, auch zusammengehörige Zeilenelemente, z. B. die Gesamtergebnisse der Tabelle. Dazu zeigen Sie in dieser Zeile an den linken Rand der ersten Spalte: Sobald statt des Mauszeigers an dieser Stelle ein waagrechter schwarzer Pfeil sichtbar wird, können Sie mit einem Klick alle Ergebniszellen markieren und anschließend formatieren.

Achtung: Verwechseln Sie diesen Pfeil nicht mit dem Pfeil zum Markieren einer Zeile des Tabellenblatts! Dieser erscheint, wenn Sie in den Bereich der Zeilennummerierung zeigen und markiert beim Klicken durchgehend die gesamte Blattzeile.

> **Auf diese Weise markierte und formatierte Tabellenbereiche behalten ihre Formatierung auch nach Aktualisierungen und geänderter Sortierung bei.**

Zahlen formatieren

Auf ähnlich einfache Weise formatieren Sie auch die Zahlen einer Pivot-Tabelle mit einem Zahlenformat. Klicken Sie mit der rechten Maustaste auf eine beliebige Zahl der zu formatierenden Spalte und auf *Zahlenformat...*. Es öffnet sich das bekannte Fenster *Zellen formatieren*, allerdings nur mit der Registerkarte *Zahlen*. Hier legen Sie anschließend das gewünschte Zahlenformat fest, z. B. mit 1000er-Trennzeichen (Punkt) und ohne Dezimalstellen, wie im Bild unten und klicken auf *OK*.

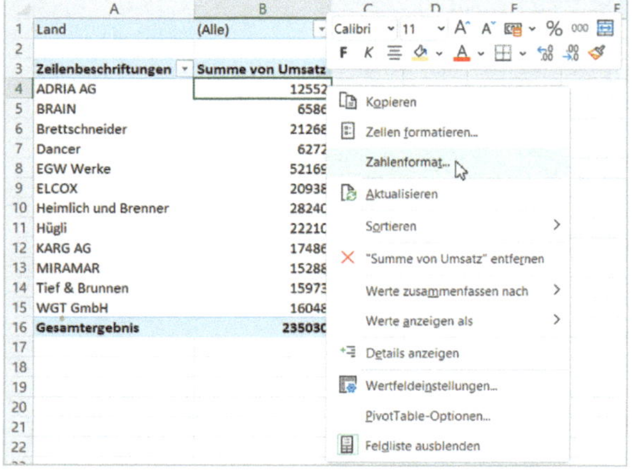

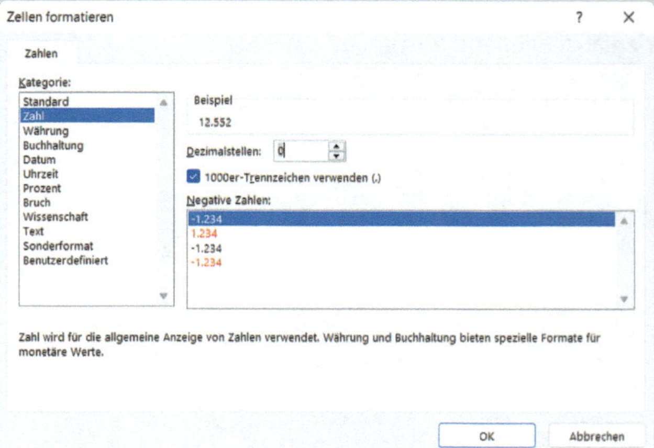

Bild 6.27 Formatieren Sie die Zahlen eines Feldes mit dem Befehl Zahlenformat...

> **Verwechseln Sie den Befehl nicht mit der normalen Zellenformatierung**
>
> Verwechseln Sie diesen Befehl nicht mit *Zellen formatieren...* oder mit den Zahlenformaten in der Minisymbolleiste oder im Register *Start* ▶ *Zahl*! Diese wirken sich nur auf die markierten Zellen aus.
>
> Im Gegensatz dazu bezieht der Befehl *Zahlenformat* das gesamte Feld mit ein und damit alle Zahlen der Spalte. Sollte sich nach einer Aktualisierung der Umfang der Pivot-Tabelle ändern, so erhalten auch neu hinzugekommene Werte dieses Zahlenformat.

Bedingte Formatierung in Pivot-Tabellen

Auch die bedingte Formatierung lässt sich in Pivot-Tabellen einsetzen. Wichtig ist hierbei, dass die bedingte Formatierung ausschließlich auf die zu vergleichenden Zellen angewendet werden darf. Wenn Sie beispielsweise, wie im Bild unten, die Umsätze einzelner Kunden mit Datenbalken visualisieren möchten, dann darf nicht die gesamte Spalte markiert werden, da sonst die Ländergebnisse und das Gesamtergebnis mit einbezogen würden. Auch eine Mehrfachmarkierung mit gedrückter **Strg**-Taste ist keine Lösung, da nach einer Aktualisierung auch eventuell neu hinzugekommene Werte berücksichtigt werden müssen.

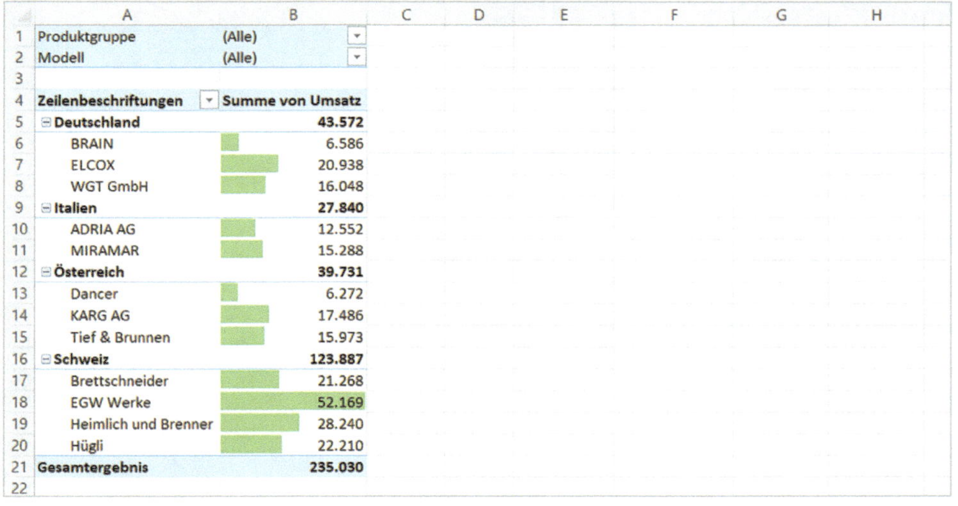

	A	B
1	Produktgruppe	(Alle)
2	Modell	(Alle)
3		
4	**Zeilenbeschriftungen**	**Summe von Umsatz**
5	**Deutschland**	**43.572**
6	BRAIN	6.586
7	ELCOX	20.938
8	WGT GmbH	16.048
9	**Italien**	**27.840**
10	ADRIA AG	12.552
11	MIRAMAR	15.288
12	**Österreich**	**39.731**
13	Dancer	6.272
14	KARG AG	17.486
15	Tief & Brunnen	15.973
16	**Schweiz**	**123.887**
17	Brettschneider	21.268
18	EGW Werke	52.169
19	Heimlich und Brenner	28.240
20	Hügli	22.210
21	**Gesamtergebnis**	**235.030**
22		

Bild 6.28 Beispiel bedingte Formatierung mit Datenbalken

Gehen Sie daher so vor:

Bedingte Formatierung, siehe Kapitel 4.2.

1 Markieren Sie eine einzelne Zelle der zu formatierenden Werte, hier den Umsatz eines beliebigen Kunden (Bild 6.29) ❶, klicken Sie im Register *Start* ▶ *Formatvorlagen* auf *Bedingte Formatierung* ❷ und wählen Sie *Neue Regel....*

2 **Achtung**: Im oberen Teil des Fensters *Neue Formatierungsregel* legen Sie fest, auf welche Zellen sich die Regel beziehen soll. Wählen Sie hier unbedingt statt der Voreinstellung *Markierte Zellen* die Option *Alle Zellen mit „Summe von Umsatz“ Werten für „Kunde“* ❸.

3 Unterhalb wählen Sie wie gewohnt einen Regeltyp und bearbeiten die Regelbeschreibung. Wenn Sie z. B. Datenbalken wünschen, dann klicken Sie auf den Regeltyp *Alle Zellen basierend auf Ihren Werten formatieren* ❹ und wählen im Bereich *Regelbeschreibung* im Feld *Formatstil* ❺ *Datenbalken* statt einer Farbskala aus. Anschließend können Sie Minimum und Maximum sowie die Farbe der Datenbalken festlegen. Klicken Sie zuletzt auf *OK*.

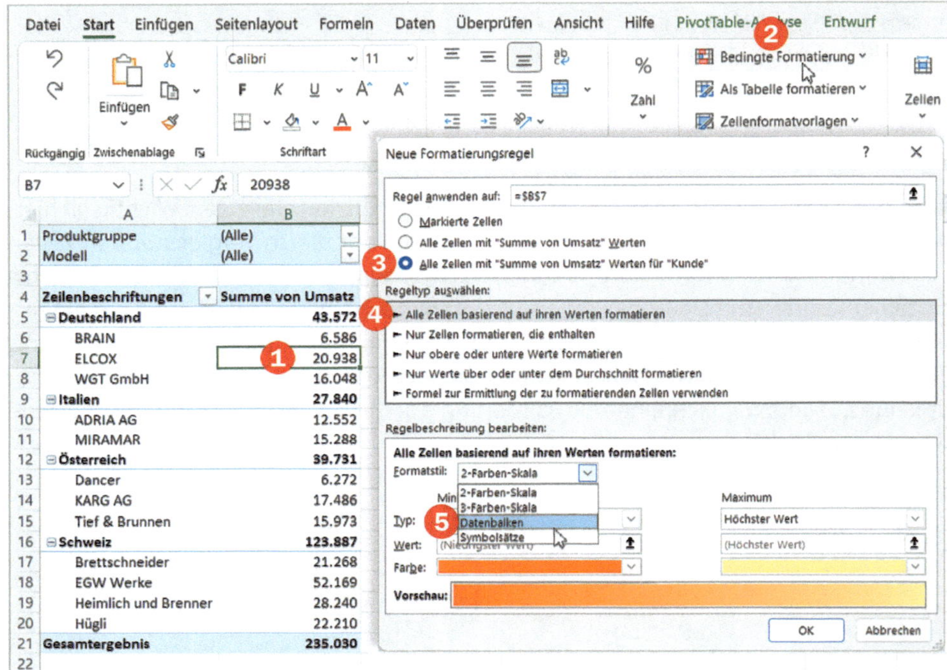

Bild 6.29 Bedingte Formatierung auf bestimmte Werte anwenden

Eine Alternative sind die Formatierungsoptionen. Mit dieser Methode sollen als zweites Beispiel die Ergebnisse der Länder mit Pfeilsymbolen versehen werden.

1 Klicken Sie dazu auf die Teilsumme eines beliebigen Landes und weisen Sie dieser Zelle über das Symbol *Bedingte Formatierung* ein Format zu, hier den Symbolsatz *Pfeile*.

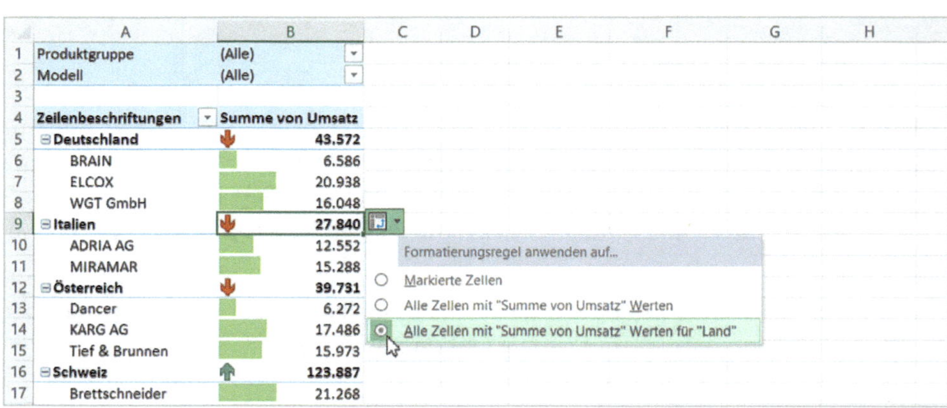

Bild 6.30 Wählen Sie die zu formatierenden Zeilen über das Symbol Formatierungsoptionen

2 Im Tabellenblatt erscheint anschließend an dieser Stelle das Symbol *Formatierungsoptionen* bzw. *Formatierung anwenden auf....* Klicken Sie auf das Symbol und wählen Sie den Bereich *Alle Zellen mit „Summe von Umsatz" Werten für „Land"*.

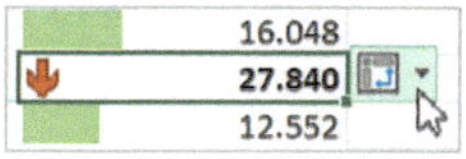

Beschriftungen ändern

Vermutlich haben Sie längst bemerkt, dass Excel in der Standardeinstellung zwar die Feldinhalte als Zeilen- und Spaltenbeschriftungen in die Pivot-Tabelle übernimmt, nicht aber die dazugehörigen Feldnamen als Überschriften. Stattdessen finden Sie hier nur den wenig aussagekräftigen Text *Zeilenbeschriftungen* und *Spaltenbeschriftungen* und auch Spaltenüberschriften wie *Summe von Umsatz* sind meist zu lang und nicht immer aussagekräftig. Als Abhilfe wählen Sie ein anderes Berichtslayout, siehe weiter unten, und/oder geben einfach eine andere Beschriftung über die Tastatur ein.

Beschriftung eingeben

Alle Beschriftungen lassen sich schnell ändern, indem Sie einfach die betreffende Zelle markieren und die neue Beschriftung über die Tastatur eingeben bzw. in der Bearbeitungsleiste ändern oder den Zellinhalt mit **F2** editieren (Bild 6.31). Auf die Inhalte der Ausgangstabelle hat dies keinerlei Auswirkungen! Sie können also z. B. auch einzelne Zeilenbeschriftungen mit Zusatztext versehen, wie hier im Bild die Artikelnummer. Dieser bleibt auch nach dem Aktualisieren erhalten und wandert beim Sortieren mit.

Achtung: Mit dieser Methode eingegebene Zeilen- oder Spaltenüberschriften bleiben leider auch dann erhalten, wenn Sie die Pivot-Tabelle nachträglich umstellen und z. B. statt der Artikelnummer die Produktgruppe als Zeilen verwenden.

Auch die Überschrift einer Wertespalte, z. B. *Summe von Auftragsmenge* lässt sich auf diese Weise beliebig ändern. Beachten Sie aber, dass solche Überschriften als Feldname behandelt werden und daher eindeutig sein müssen. Der Name darf also nicht bereits in der Feldliste oder als benutzerdefinierter Name vorhanden sein.

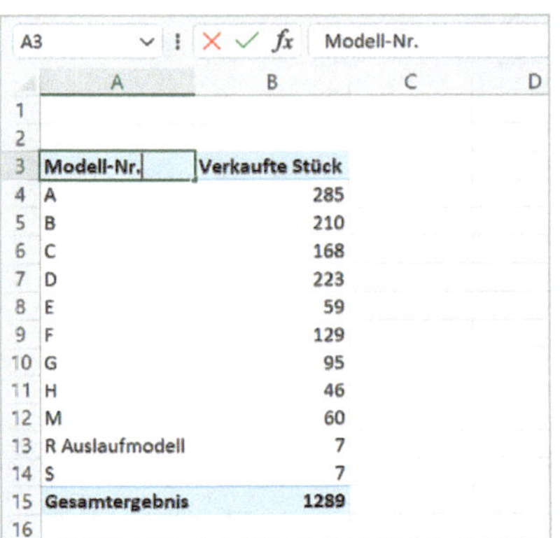

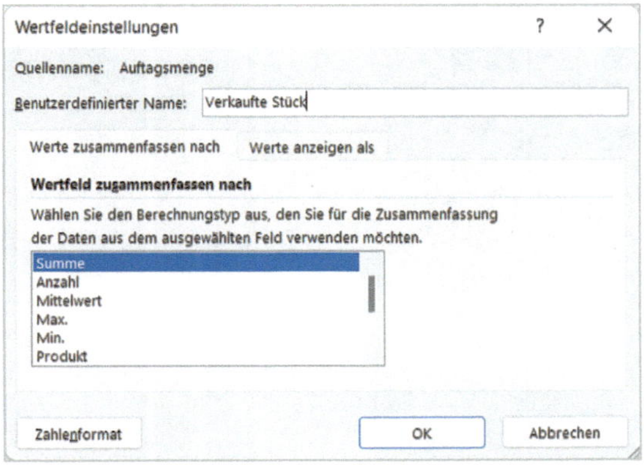

Bild 6.31 Beschriftung ändern

Bild 6.32 Beschriftung im Fenster Wertfeldeinstellungen ändern

Tipp: Doppelklick auf eine Wertebeschriftung öffnet das Fenster *Wertfeldeinstellungen*. Hier können Sie im Feld *Benutzerdefinierter Name* ebenfalls den Namen und damit die Überschrift ändern (Bild 6.32).

Alternativ öffnen Sie das Fenster *Wertfeldeinstellungen* über das Kontextmenü der rechten Maustaste oder indem Sie im Aufgabenbereich *PivotTable-Felder* im Bereich *Werte* auf das betreffende Feld klicken.

Berichtslayout ändern

Das Berichtslayout steuert die Anordnung von Zeilen- und Spaltenfeldern in gruppierten Pivot-Tabellen und die Anzeige von Feldnamen als Überschriften. Im Register *Entwurf* ▶ *Layout* finden Sie über die Schaltfläche *Berichtslayout* drei Optionen.

Bild 6.33 Berichtslayout wählen

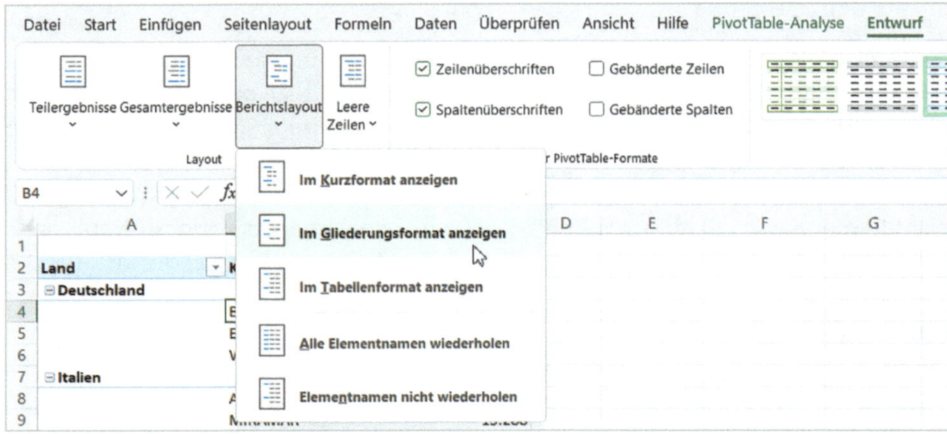

- Standardmäßig verwendet Excel das **Kurzformat**, das in gruppierten Tabellen alle Details in einer einzigen Spalte zusammenfasst, die Details sind lediglich etwas eingerückt (Bild 6.34).
- Beim **Gliederungs- und Tabellenformat** erscheint jedes Feld in einer gesonderten Spalte, außerdem erhält diese den jeweiligen Feldnamen als Überschrift.
- Beim **Tabellenformat** sind zusätzlich die Gitternetzlinien sichtbar, außerdem befindet sich das erste untergeordnete Element in derselben Zeile statt eine Zeile tiefer, wie im Gliederungs- und Kurzformat. Zudem erscheinen die Teilergebnisse unterhalb der Gruppe (Bild 6.36).

Bild 6.34 Die Tabelle im Kurzformat

Zeilenbeschriftungen	Summe von Umsatz
Deutschland	**43.572**
BRAIN	6.586
ELCOX	20.938
WGT GmbH	16.048
Italien	**27.840**
ADRIA AG	12.552
MIRAMAR	15.288
Österreich	**39.731**
Dancer	6.272
KARG AG	17.486
Tief & Brunnen	15.973
Schweiz	**123.887**
Brettschneider	21.268
EGW Werke	52.169
Heimlich und Brenner	28.240
Hügli	22.210
Gesamtergebnis	**235.030**

Bild 6.35 ... im Gliederungsformat

Land	Kunde	Summe von Umsatz
Deutschland		**43.572**
	BRAIN	6.586
	ELCOX	20.938
	WGT GmbH	16.048
Italien		**27.840**
	ADRIA AG	12.552
	MIRAMAR	15.288
Österreich		**39.731**
	Dancer	6.272
	KARG AG	17.486
	Tief & Brunnen	15.973
Schweiz		**123.887**
	Brettschneider	21.268
	EGW Werke	52.169
	Heimlich und Brenner	28.240
	Hügli	22.210
Gesamtergebnis		**235.030**

Bild 6.36 ... und im Tabellenformat

Land	Kunde	Summe von Umsatz
Deutschland	BRAIN	6.586
	ELCOX	20.938
	WGT GmbH	16.048
Deutschland Ergebnis		**43.572**
Italien	ADRIA AG	12.552
	MIRAMAR	15.288
Italien Ergebnis		**27.840**
Österreich	Dancer	6.272
	KARG AG	17.486
	Tief & Brunnen	15.973
Österreich Ergebnis		**39.731**
Schweiz	Brettschneider	21.268
	EGW Werke	52.169
	Heimlich und Brenner	28.240
	Hügli	22.210
Schweiz Ergebnis		**123.887**
Gesamtergebnis		**235.030**

Tipp: Über die Schaltfläche *Berichtslayout* erhalten Sie auch die Möglichkeit, in gruppierten Tabellen jeder Zeile die Bezeichnung des übergeordneten Elements voranzustellen (Einstellung *Alle Elementnamen wiederholen*), die Auswahl *Elementnamen nicht wiederholen* blendet diese wieder aus.

Die Anzeige von Gesamt- und Teilergebnissen steuern

Gesamtergebnisse anzeigen/entfernen

Meist zeigt eine Pivot-Tabelle automatisch in der letzten Zeile und Spalte jeweils die Gesamtergebnisse an. Wenn dies nicht der Fall sein sollte oder Sie die Gesamtergebnisse entfernen möchten, dann klicken Sie im Menüband, Register *Entwurf* ▶ *Layout* auf *Gesamtergebnisse* und wählen die gewünschte Anzeige (Bild 6.37).

Anzeige und Position von Teilergebnissen

Im selben Register finden Sie daneben auch die Schaltfläche *Teilergebnisse* (Bild 6.38), mit der Sie in gruppierten Tabellen mit mehreren Zeilen- oder Spaltenfeldern die Anzeige und Position von Teilergebnissen für jede Gruppe steuern.

Ob die Teilergebnisse ober- oder unterhalb der Gruppe angezeigt werden, ist auch abhängig vom Berichtslayout. So positioniert z. B. das *Tabellenformat* Teilergebnisse immer unterhalb der Gruppe. Beim *Kurzformat* und beim *Gliederungsformat* können Sie dagegen die Position der Teilergebnisse ändern. Beachten Sie außerdem, dass für Teilergebnisse unterhalb der Gruppe eine zusätzliche Zeile eingefügt wird, was umfangreiche Tabellen nicht unbedingt übersichtlicher macht.

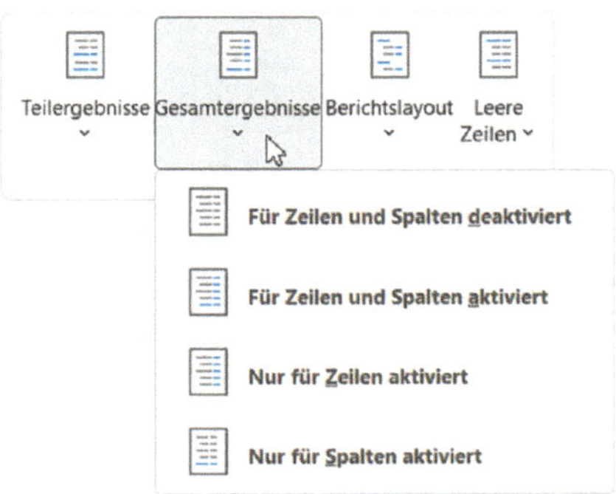

Bild 6.37 Die Anzeige von Gesamtergebnissen

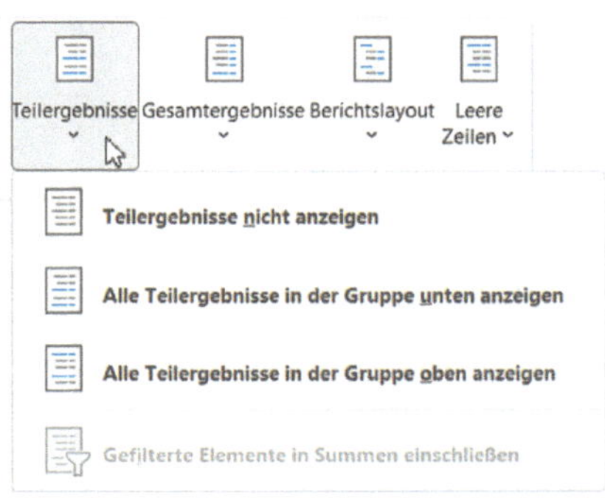

Bild 6.38 Teilergebnisse anzeigen

Bild 6.39 Teilergebnis für ein Feld deaktivieren

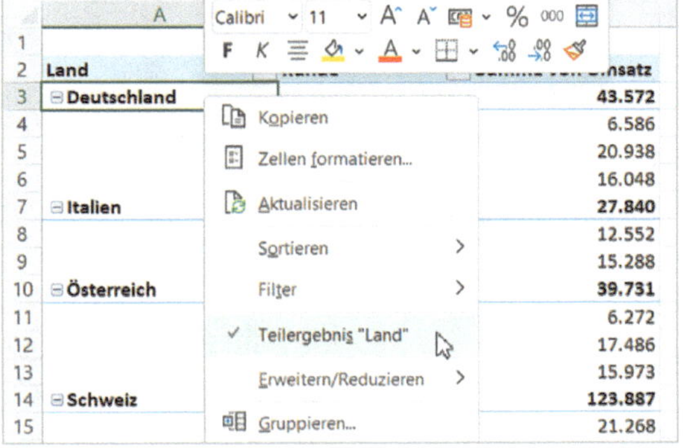

Alternativ können Sie die Teilergebnisse eines bestimmten Feldes auch entfernen, indem Sie mit der rechten Maustaste auf ein beliebiges Element dieses Feldes, in diesem Fall z. B. ein Land klicken und *Teilergebnis "xxx"* per Mausklick deaktivieren, wobei *xxx* für das Feld steht. Auf demselben Weg aktivieren Sie das Teilergebnis auch wieder.

Zum Ausblenden des Gesamtergebnisses klicken Sie mit der rechten Maustaste auf *Gesamtergebnis* und auf *Gesamtsumme entfernen*.

Leerzeilen nach jeder Gruppe

Falls Sie für ansprechendere Ausdrucke nach jeder Gruppe eine Leerzeile einfügen möchten, klicken Sie dazu in der Gruppe *Layout* auf *Leere Zeilen*. Über dieselbe Schaltfläche können Sie auch die Leerzeilen wieder entfernen.

Weitere Layouteinstellungen in den PivotTable-Optionen

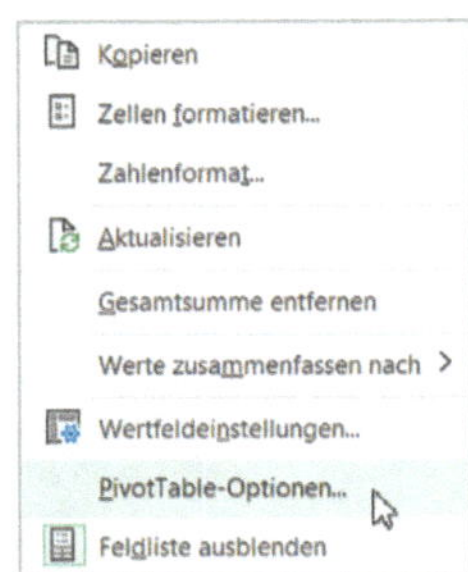

In den PivotTable-Optionen finden Sie einige nützliche Layouteinstellungen. Die Optionen öffnen Sie entweder mit Rechtsklick in die Pivot-Tabelle und den Befehl *PivotTable-Optionen* oder klicken Sie im Register *PivotTable-Analyse* ▶ *PivotTable* auf *Optionen*. Klicken Sie im Fenster *PivotTable-Optionen* auf das Register *Layout & Format*.

Formate und Spaltenbreite beim Aktualisieren beibehalten

Excel passt beim Erstellen und nach jeder Aktualisierung einer Pivot-Tabelle die Spaltenbreite automatisch an den Inhalt an. Die Spaltenbreite lässt sich zwar jederzeit mit der Maus ändern, wird jedoch beim Aktualisieren der Tabelle nicht beibehalten. Damit Sie nicht nach jeder Aktualisierung die Spalten mühsam erneut wieder anpassen müssen, können Sie in den Optionen das automatische Anpassen der Spalten deaktivieren.

Achtung: Wenn die Arbeitsmappe mehrere Pivot-Tabellen enthält, dann gelten die Optionen immer nur für die aktuelle Pivot-Tabelle!

- Dazu deaktivieren Sie das Kontrollkästchen *Spaltenbreite bei Aktualisierung automatisch anpassen* ❶.
- Das Kontrollkästchen *Zellformatierung bei Aktualisierung beibehalten* ❷ sorgt dafür, dass sämtliche Formatierungen, z. B. Zahlenformate beim Aktualisieren der Tabelle erhalten bleiben und sollte aktiviert sein.

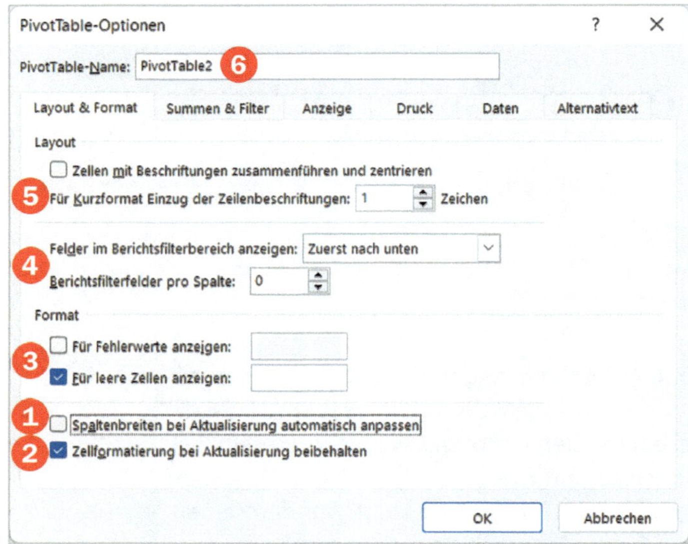

Bild 6.40 Anpassung der Spaltenbreite verhindern

Die weiteren Einstellungen

Behandlung fehlender Werte

Bei fehlenden Werten bleibt in der Standardeinstellung die Zelle der Wertespalte leer. Wenn hier ein anderes Zeichen, z. B. Bindestrich oder Stern, erscheinen soll, dann aktivieren Sie unter *Format* das Kontrollkästchen *Für leere Zellen anzeigen* ❸ (Bild oben) und tragen das gewünschte Zeichen im Feld daneben ein. Bei Bedarf können Sie so auch mit Fehlerwerten verfahren.

Berichtsfilter nebeneinander anordnen

Wenn Sie mehrere Felder als Filter verwenden, dann werden diese oberhalb der Pivot-Tabelle automatisch untereinander angeordnet. Um Platz zu sparen, können diese auch nebeneinander angeordnet werden, dazu wählen Sie im Feld *Felder im Berichtsfilterbereich anzeigen* ❹ die Einstellung *Rechts, dann nach unten*. Unterhalb legen Sie die Anzahl der Felder pro Zeile fest; z. B. 2, wenn sich maximal zwei Berichtsfilter nebeneinander befinden sollen, wie im Bild unten.

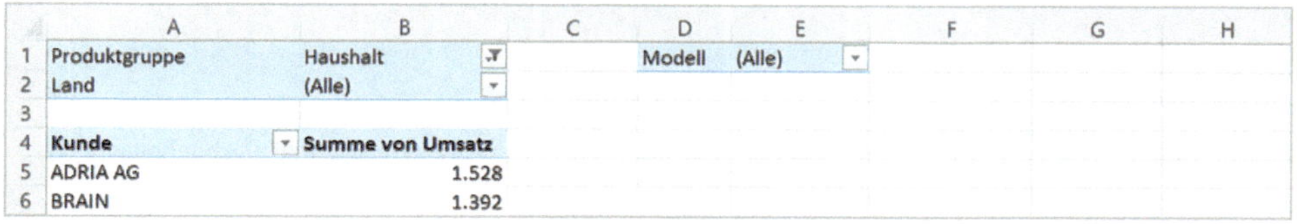

	A	B	C	D	E	F	G	H
1	Produktgruppe	Haushalt		Modell	(Alle)			
2	Land	(Alle)						
3								
4	Kunde	Summe von Umsatz						
5	ADRIA AG	1.528						
6	BRAIN	1.392						

Bild 6.41 Berichtsfilter nebeneinander anordnen

Einzüge des Kurzformats ändern

Wenn Sie aus Platzgründen das Kurzformat verwenden, aber zwecks übersichtlicherer Darstellung die untergeordneten Elemente weiter einrücken möchten, dann geben Sie in den Optionen im Register *Layout & Format* im Feld *Für Kurzformat Einzug der Zeilenbeschriftungen* die gewünschte Anzahl Zeichen an ❺.

Tabellennamen

Standardmäßig werden Pivot-Tabellen der Reihe nach durchnummeriert und erhalten die Namen *PivotTable1*, *PivotTable2*, usw.. Damit Sie in Arbeitsmappen mit mehreren Pivot-Tabellen den Überblick nicht verlieren, können Sie hier ❻ jeder Tabelle einen aussagekräftigeren Namen geben.

Einzeldatensätze kontrollieren (Drilldown)

Sinn und Zweck von Pivot-Tabellen ist das Zusammenfassen von Daten. Trotzdem kann es manchmal auch sinnvoll sein, zur Kontrolle schnell Einblick in die Einzelwerte zu einem Ergebnis zu erhalten. Beispielsweise, wenn Sie wissen möchten, wie sich die Verkaufszahl einer bestimmten Produktgruppe und/oder eines Kunden zusammensetzt oder ob der Umsatz vom Dezember wirklich korrekt ist.

Dazu führen Sie einen sogenannten Drilldown aus: Doppelklicken Sie auf das betreffende Ergebnis ❶, z. B. den Umsatz der Firma BRAIN in der Sparte Büro im Bild unten.

	A	B	C	D	E	F	G
1							
2	Summe von Umsatz		Produktgrupp				
3	Land	Kunde	Büro	Computer	Haushalt	Unterhaltung	Gesamtergebnis
4	⊟ Deutschland		20.200	3.605	1.392	18.375	43.572
5		BRAIN	❶ 3.219	625	1.392	1.350	6.586
6		ELCOX	4.698	2.215		14.025	20.938
7		WGT GmbH	12.283	765		3.000	16.048

Bild 6.42 Doppelklicken Sie auf das Ergebnis, das Sie näher untersuchen möchten

- Die dazugehörigen Einzeldatensätze werden automatisch in ein neues Tabellenblatt ❷ der aktuellen Arbeitsmappe kopiert und sofort auf dem Bildschirm angezeigt.

	A	B	C	D	E	F	G	H	I
1	Auftragsdatum	Land	Kunde	Modell	Produktgruppe	Einzelpreis	Auftagsmenge	Rabattgruppe	Umsatz
2	07.08.2021	Deutschland	BRAIN	C	Büro	146	6	2	876
3	13.07.2021	Deutschland	BRAIN	A	Büro	120	5	2	600
4	05.07.2021	Deutschland	BRAIN	A	Büro	120	1	1	120
5	02.01.2021	Deutschland	BRAIN	A	Büro	120	1	3	120
6	17.12.2020	Deutschland	BRAIN	A	Büro	120	6	3	720
7	13.08.2020	Deutschland	BRAIN	A	Büro	120	3	2	360
8	05.07.2020	Deutschland	BRAIN	M	Büro	423	1	1	423
9									
10									

Tabelle1 | Rohdaten | Bed. Formatierung | Tabelle5 (2) | Auswertung 1

Bild 6.43 Die Einzeldatensätze werden in ein neues Tabellenblatt kopiert

Gut zu wissen

Ein Drilldown erzeugt lediglich eine Kopie der Quelldaten. Sie können also hier Kontrollberechnungen durchführen und dieses Blatt problemlos wieder löschen, wenn es nicht mehr benötigt wird. Weder die Ausgangsdaten noch die Pivot-Tabelle werden dadurch verändert.

Tipp Drilldown verhindern: Falls Sie verhindern möchten, dass bei einem Doppelklick Details aus den Quelldaten erscheinen, dann deaktivieren Sie in den *PivotTable-Optionen* (Rechtsklick ▶ *PivotTable-Optionen*), Register *Daten* das Kontrollkästchen *'Details anzeigen' aktivieren*.

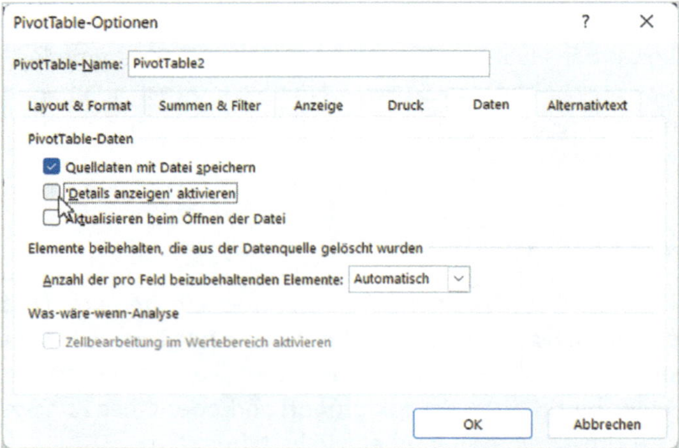

Bild 6.44 Drilldown deaktivieren

Tabelle sortieren

Die üblichen Methoden der Sortierung funktionieren auch in Pivot-Tabellen. Standardmäßig sind Pivot-Tabellen nach den Elementen der Zeilenbeschriftung sortiert.

Werte sortieren

Um die Tabelle nach Werten zu sortieren, z. B. absteigend oder aufsteigend nach Umsatzsumme, klicken Sie mit der rechten Maustaste auf eine beliebige Zahl dieser Spalte, zeigen auf *Sortieren* und wählen die gewünschte Sortierfolge. Als Alternative benutzen Sie im Register *Daten* die Symbole *Aufsteigend* und *Absteigend sortieren*. Die Sortierung wird auch nach dem Aktualisieren beibehalten.

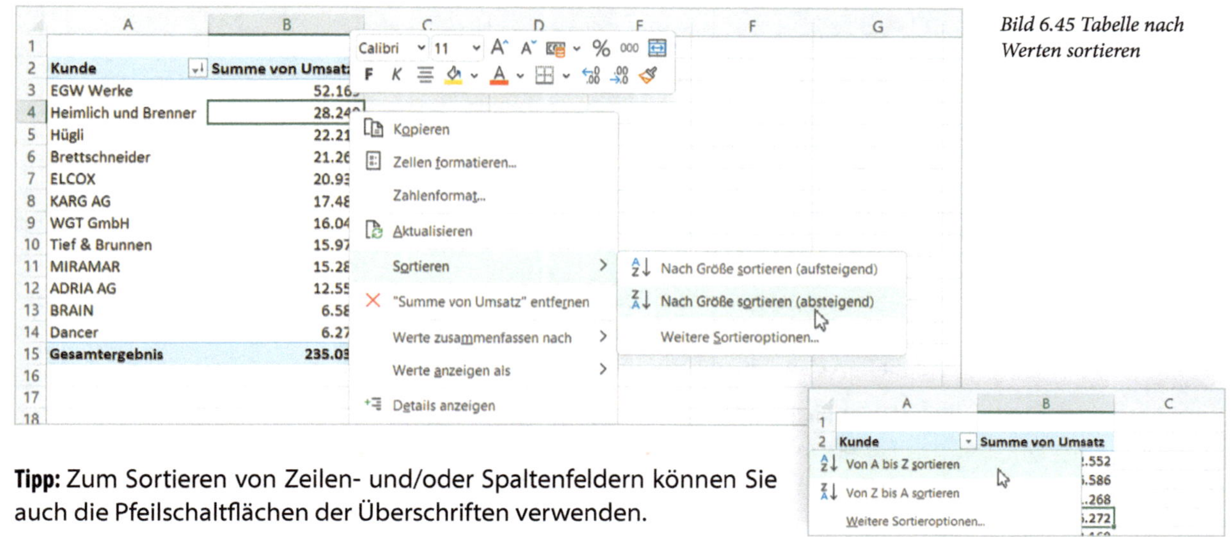

Bild 6.45 Tabelle nach Werten sortieren

Tipp: Zum Sortieren von Zeilen- und/oder Spaltenfeldern können Sie auch die Pfeilschaltflächen der Überschriften verwenden.

6.5 Pivot-Tabelle filtern

Tabelle mit dem Berichtsfilter filtern

Felder, die Sie in den Bereich *Filter* ziehen, befinden sich oberhalb der eigentlichen Pivot-Tabelle und dienen zum Filtern der gesamten Tabelle. Dieser Bereich kann auch mehrere Felder umfassen. Als Beispiel im Bild unten das Feld Produktgruppe.

- Klicken Sie auf den Dropdown-Pfeil (Feldschaltfläche) des Feldes, anschließend auf die gewünschte Produktgruppe, hier Büro, und auf *OK*.
- Um zwei oder Kriterien auszuwählen, z. B. die Produktgruppen *Büro* und *Computer*, aktivieren Sie das Kontrollkästchen *Mehrere Elemente auswählen*. Anschließend können Sie über Kontrollkästchen jedes einzelne Element ein- oder ausblenden. Damit wieder alle angezeigt werden, brauchen Sie nur das Kontrollkästchen *(Alle)* aktivieren.

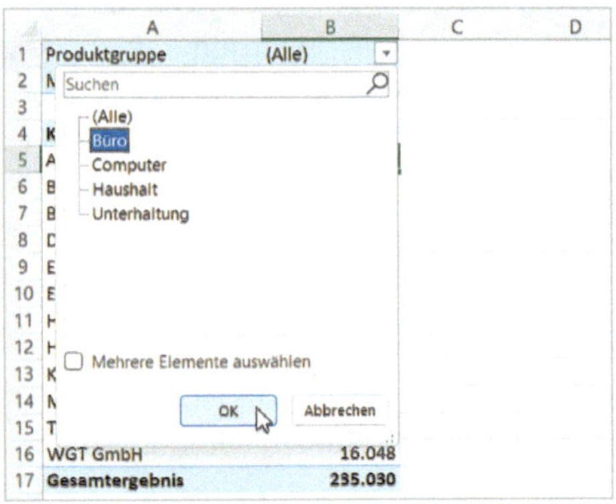

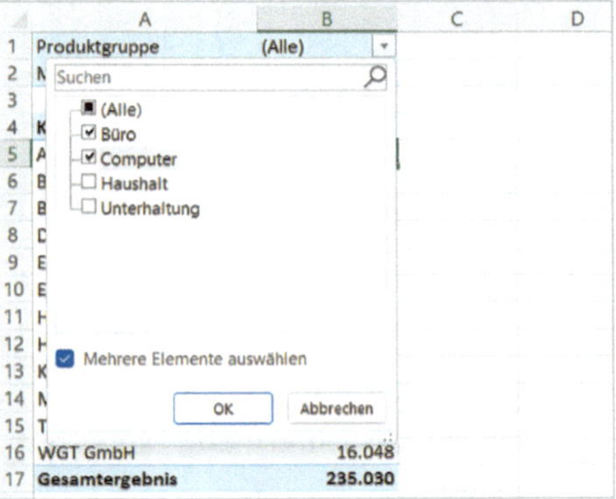

Bild 6.46 Wählen Sie einen Filter

Bild 6.47 Mehrfachauswahl

Aktive Filter erkennen Sie am Filtersymbol der Schaltfläche. Diese bleiben auch nach dem Aktualisieren wirksam!

> **Alle Ergebnisse beziehen nur auf die sichtbaren Elemente**
> Ausgeblendete Elemente werden nicht in die Berechnung von Gesamt- und Teilergebnissen einbezogen, alle Ergebnisse beziehen sich also ausschließlich auf die sichtbaren Werte.

Zeilen- und Spaltenelemente ausblenden

Einzelne Elemente eines Feldes, egal ob dieses als Zeilen- oder Spaltenfeld verwendet wird, können in einer Pivot-Tabelle nicht gelöscht, sondern nur ausgeblendet werden und fließen dann auch nicht in die Berechnung der Gesamt- und Teilergebnisse ein.

- Dazu klicken Sie in der Pivot-Tabelle auf den Dropdown-Pfeil des betreffenden Feldes, im Bild beim Feld *Land* ❶ und deaktivieren die Kontrollkästchen ❷ der auszublendenden Elemente. Dieselbe Vorgehensweise gilt auch für Spalten.

Filter entfernen: Zum Entfernen eines Filters klicken Sie erneut auf die Feldschaltfläche und auf *Filter löschen aus...* ❸. Oder aktivieren Sie das Kontrollkästchen *(Alle anzeigen)*.

Bild 6.48 Element ausblenden

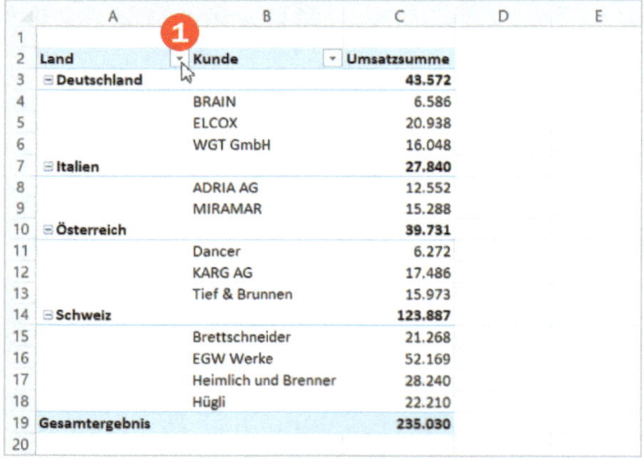

	A	B	C
1			
2	Land	Kunde	Umsatzsumme
3	⊟ Deutschland		43.572
4		BRAIN	6.586
5		ELCOX	20.938
6		WGT GmbH	16.048
7	⊟ Italien		27.840
8		ADRIA AG	12.552
9		MIRAMAR	15.288
10	⊟ Österreich		39.731
11		Dancer	6.272
12		KARG AG	17.486
13		Tief & Brunnen	15.973
14	⊟ Schweiz		123.887
15		Brettschneider	21.268
16		EGW Werke	52.169
17		Heimlich und Brenner	28.240
18		Hügli	22.210
19	Gesamtergebnis		235.030
20			

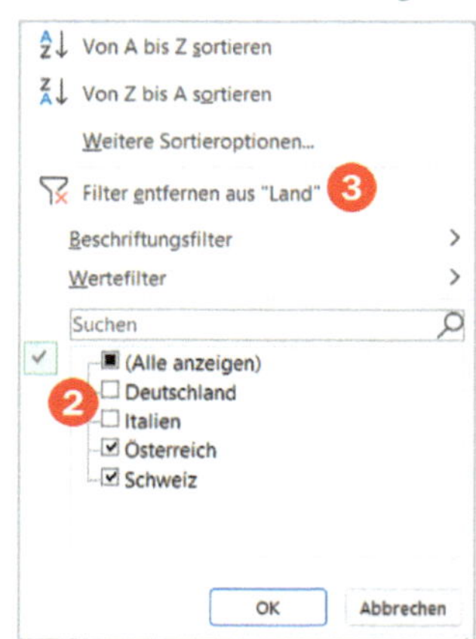

Fehlende Werte ausblenden

Enthält die Pivot-Tabelle ein Zeilen- oder Spaltenfeld, das in der Datenquelle nicht für jeden Datensatz einen Wert aufweist, so zeigt Excel bei fehlenden Werten *(Leer)* an. Wenn diese nicht in das Gesamtergebnis einfließen sollen, dann benutzen Sie die oben beschriebene Methode zum Ausblenden.

Wertefilter: Nur die umsatzstärksten Kunden (Top 10)

Pivot-Tabellen unterstützen auch das Filtern anhand bestimmter Werte. Als Beispiel soll die Tabelle in Bild 6.49 nur die fünf umsatzstärksten Kunden anzeigen.

1. Klicken Sie auf den Dropdown-Pfeil des Feldes *Kunde* ❶ und zeigen Sie auf *Wertefilter*. Das Untermenü bietet nun verschiedene Filtermöglichkeiten an, klicken Sie auf *Top 10...* ❷.

2 Im nachfolgenden Fenster geben Sie die Anzahl der anzuzeigenden Elemente ein ❸, in diesem Beispiel 5. Statt der *obersten* Elemente könnten auch die *untersten* Elemente, d. h. die Kunden mit den niedrigsten Umsätzen ausgewählt werden. Oder wählen Sie statt *Elemente* die obersten *Prozent* der Umsatzsumme aus.

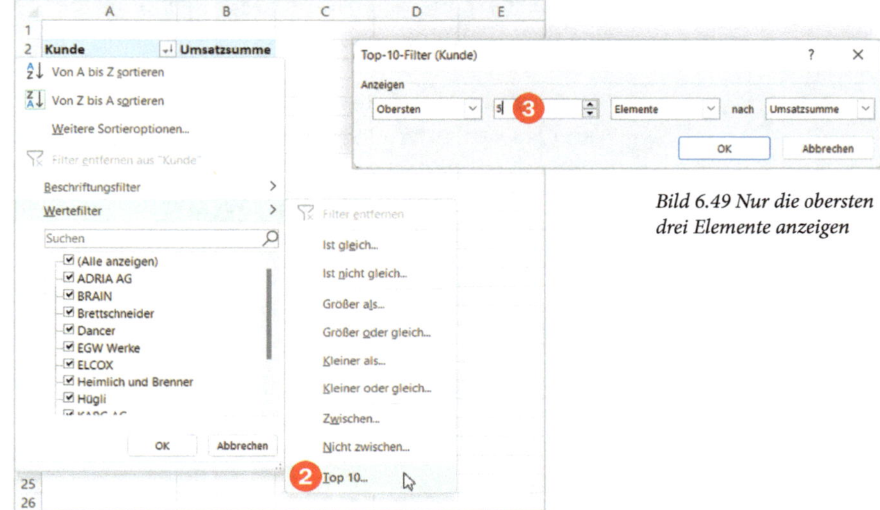

Bild 6.49 Nur die obersten drei Elemente anzeigen

Als Wertefilter können auch Vergleichswerte verwendet werden (*Größer als...*, *Kleiner als...*, usw.). Beachten Sie, dass sich in einer Tabelle mit mehreren Spalten der Wertefilter stets nach der Gesamtsumme richtet.

Ein bestimmtes Beschriftungselement suchen

In der Praxis ist meist die Anzahl der Zeilen, z. B. Produkte oder Kunden erheblich umfangreicher sein als im hier verwendeten Beispiel. In solchen Fällen ist es nicht immer leicht, auf Anhieb einen bestimmten Kunden oder ein bestimmtes Produkt zu finden und auch der Weg über die Kontrollkästchen führt nicht unbedingt schnell zum Ziel. In solchen Fällen benutzen Sie das Suchfeld.

Als Beispiel soll im Bild rechts der Kunde „Brenner" gesucht werden.

- Klicken Sie auf den Dropdown-Pfeil des Feldes *Kunde* und geben Sie den gesuchten Namen im Suchfeld ❶ ein. Schon während der Eingabe erscheinen passende Suchergebnisse ❷. Deaktivieren Sie eventuell nicht benötigte und klicken Sie auf *OK*.

  Auch Teile des Feldinhalts werden bei der Suche berücksichtigt.

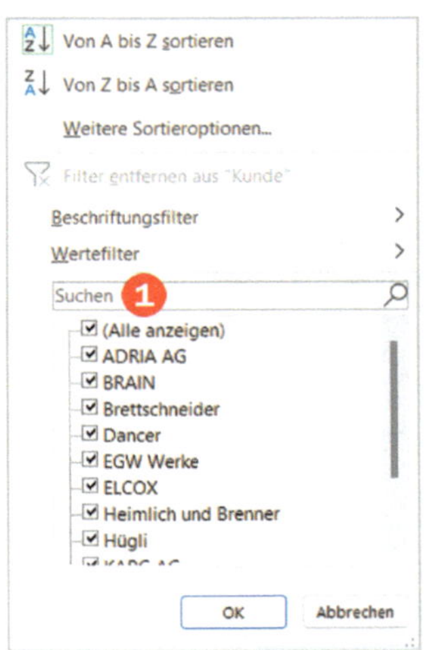

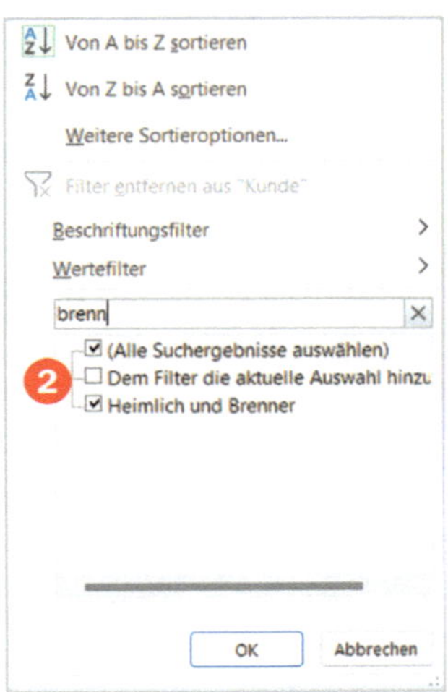

Bild 6.50 Einen bestimmten Kunden suchen

Den Suchbefehl einsetzen

Sie können natürlich stattdessen auch alle Elemente dieses Feldes markieren, mit **Strg+F** oder über *Start* ▶ *Bearbeiten* ▶ *Suchen und auswählen* ▶ *Suchen*, das Fenster *Suchen und Ersetzen* öffnen und hier den gesuchten Namen eingeben. Im Gegensatz zur oben beschriebenen Methode wird dadurch der gesuchte Kunde nur markiert und die übrigen nicht ausgeblendet.

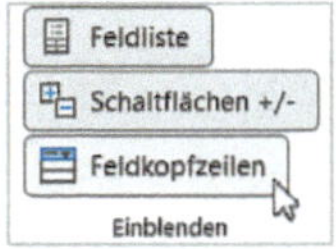

Tipp: Dropdown-Schaltflächen ausblenden

Wenn Sie verhindern möchten, dass von anderen Benutzern Filter angewendet oder aufgehoben werden, dann können Sie im Menüband, Register *PivotTable-Analyse* über das Symbol *Feldkopfzeilen* die Filterschaltflächen aus- und auch wieder einblenden. Leider verschwindet damit auch die dazugehörige Überschrift aus der Tabelle.

Datenschnitte zum Filtern einsetzen

Auch die, in Kapitel 3.5 beschriebenen, Datenschnitte lassen sich zum Filtern von Pivot-Tabellen einsetzen. Im Gegensatz zu den oben vorgestellten Filtermöglichkeiten über die Filterschaltfläche des jeweiligen Feldes haben Datenschnitte gleich mehrere Vorteile:

- Sie sind einfach zu bedienen, auch auf Geräten mit Fingerbedienung.
- Die verwendeten Filter und Filterkriterien werden optisch hervorgehoben und sind auch für Excel-Unkundige leicht nachvollziehbar.

Datenschnitte einfügen

Beispiel: Sie haben eine Pivot-Tabelle mit Kundenumsätzen vor sich (s. Bild 6.51) und möchten diese mit Datenschnitten nach Modellen und Produktgruppen filtern. Klicken Sie im Register *PivotTable-Analyse* ▶ *Filtern* auf *Datenschnitt einfügen* ❶.

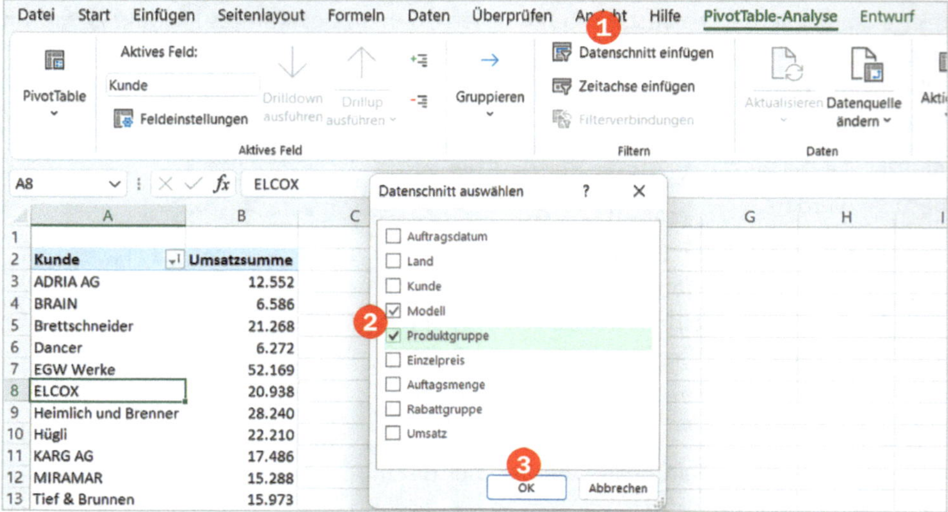

Bild 6.51 Datenschnitt einfügen, wählen Sie die benötigten Felder

Wählen Sie anhand der Kontrollkästchen die Felder aus, die Sie als Filter verwenden möchten ❷ und klicken Sie auf *OK* ❸.

Die Datenschnitte werden überlagert am Rand der Pivot-Tabelle in das Arbeitsblatt eingefügt und Sie können nun die Datenschnitte verwenden, wie bereits auf Seite 176 ff. dieses Buches beschrieben.

Filtern mit Datenschnitten, siehe Kap. 3.5.

Datumswerte anhand einer Zeitachse filtern

Enthält die Ausgangstabelle Datumswerte statt Jahren und Monaten, dann können Sie für diese Felder Zeitachsen zum Filtern einsetzen und dabei unter verschiedenen Zeiteinheiten wählen.

Zeitachsen setzen Datumswerte voraus

Beachten Sie, dass Zeitachsen ausschließlich für Datumswerte verfügbar sind. Sie können daher nicht für Jahre oder Monate erstellt werden, wenn es sich hierbei um Zahlen handelt.

Zum Einfügen einer Zeitachse klicken Sie im Register *PivotTable-Analyse* ▶ *Filtern* auf *Zeitachse einfügen* ❶. Im nachfolgenden Fenster erscheinen ausschließlich geeignete Felder mit Datumswerten; für die Ausgangsdaten des Beispiels also nur das Feld *Auftragsdatum* ❷. Aktivieren Sie das gewünschte Feld bzw. das Kontrollkästchen und klicken Sie auf *OK*.

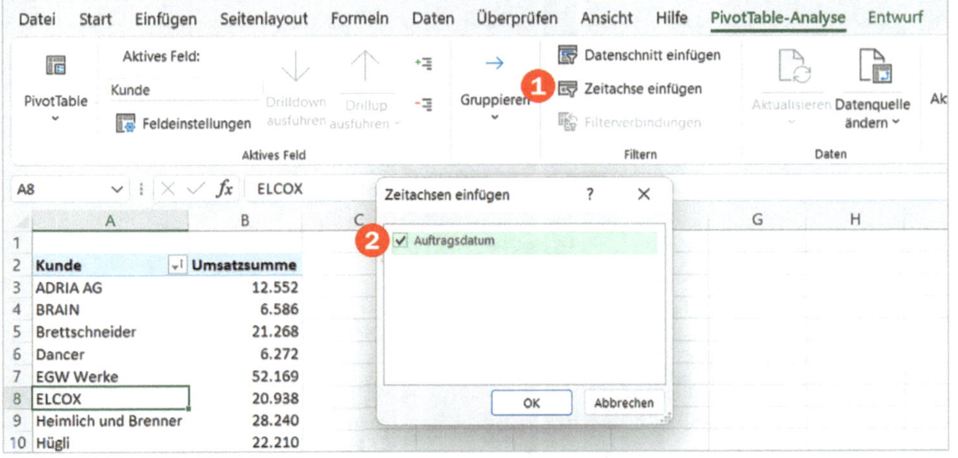

Bild 6.52 Zeitachse einfügen

Wie jeder Datenschnitt kann die Zeitachse anschließend im Tabellenblatt beliebig positioniert, vergrößert oder verkleinert werden. Falls gewünscht, können Sie die Zeitachse mit einer der *Zeitachsen-Formatvorlagen* im Register *Zeitachse* versehen.

Zunächst zeigt die Zeitachse den gesamten Zeitraum der Datenquelle nach Monaten an ❶ (s. Bild 6.53 auf der nächsten Seite). Enthalten die Ausgangsdaten mehrere Jahre, in diesem Beispiel die Jahre 2020 ❷ und 2021, dann werden diese mit berücksichtigt.

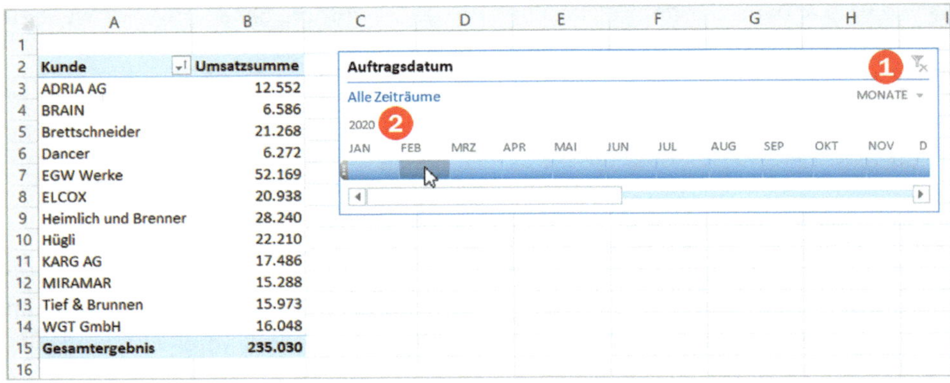

Kunde	Umsatzsumme
ADRIA AG	12.552
BRAIN	6.586
Brettschneider	21.268
Dancer	6.272
EGW Werke	52.169
ELCOX	20.938
Heimlich und Brenner	28.240
Hügli	22.210
KARG AG	17.486
MIRAMAR	15.288
Tief & Brunnen	15.973
WGT GmbH	16.048
Gesamtergebnis	**235.030**

Bild 6.53 Die Pivot-Tabelle mit Zeitachse

- **Mit der Zeitachse filtern:** Klicken Sie einfach in der Zeitachse auf den gewünschten Zeitraum, z. B. Februar 2020. Falls Sie den Zeitraum auf angrenzende Monate ausweiten möchten, so verlängern Sie einfach den Auswahlbalken ❸ durch Ziehen mit gedrückter Maustaste.
- **Filter aufheben:** Klicken Sie auf das Symbol *Filter löschen* ❹.
- **Zeiteinheit auswählen:** Wenn Sie eine andere Zeiteinheit benötigen, z. B. Quartale oder Jahre, dann klicken Sie in der Zeitachse rechts oben auf die aktuell verwendete Einheit ❺ und wählen die gewünschte Zeiteinheit.

Bild 6.54 Zeitraum vergrößern

Bild 6.55 Zeitraum vergrößern Wählen Sie eine Zeiteinheit

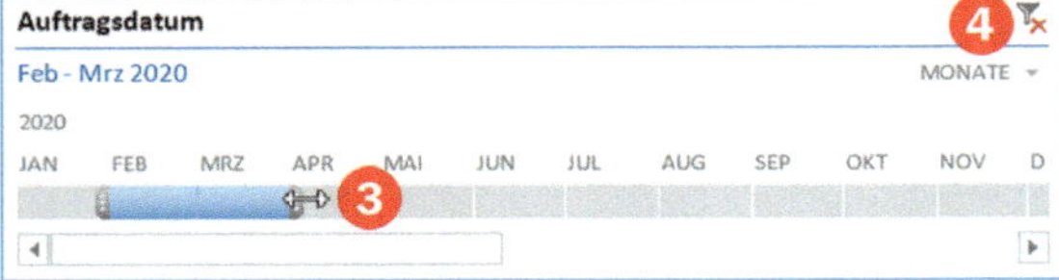

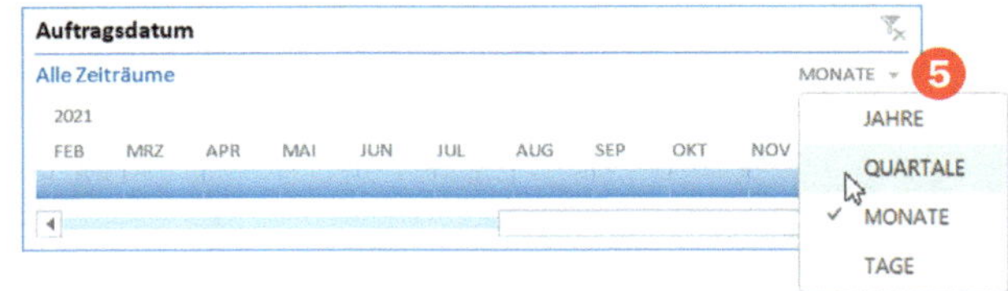

6.6 Elemente eines Feldes gruppieren

Beschriftungselemente zu Gruppen zusammenfassen

Umfasst ein Feld im Zeilen- oder Spaltenbereich sehr viele Elemente, so können Sie jederzeit Elemente dieses Feldes zu Gruppen zusammenfassen und Ergebnisse für die Gruppen berechnen. Textelemente müssen manuell zusammengefasst werden, Datumswerte und Zahlen können dagegen auch automatisch gruppiert werden.

Beispiel Ländergruppen bilden

Als Beispiel sollen die unten abgebildeten Länder in die beiden Gruppen EU und Nicht EU eingeteilt werden, so gehen Sie vor:

1. Zuerst sollen die Nicht EU-Länder ausgewählt werden. Dazu markieren Sie die betreffenden Ländernamen durch Anklicken mit gedrückter **Strg**-Taste, siehe Bild

6.56 (Mehrfachmarkierung) und klicken dann im Register *PivotTable-Analyse* ▶ *Gruppieren* auf *Auswahl gruppieren*.

Den Befehl *Gruppieren* erhalten Sie auch über die rechte Maustaste.

2 Excel fügt der Tabelle und der Feldliste ein neues Feld mit dem Namen *Land2* hinzu. In der Tabelle erhält das erste Element dieses Feldes den Namen *Gruppe1* und als Elemente dieser Gruppe erscheinen unterhalb die zuvor markierten Länder. Feldname und Gruppenname können jederzeit geändert werden.

3 Markieren Sie nun mit gedrückter **Strg**-Taste im neuen Feld *Land2* die nächsten Länder (Bild 6.57) und klicken Sie erneut auf *Auswahl gruppieren*. Diese erscheinen anschließend in der Tabelle als *Gruppe2*.

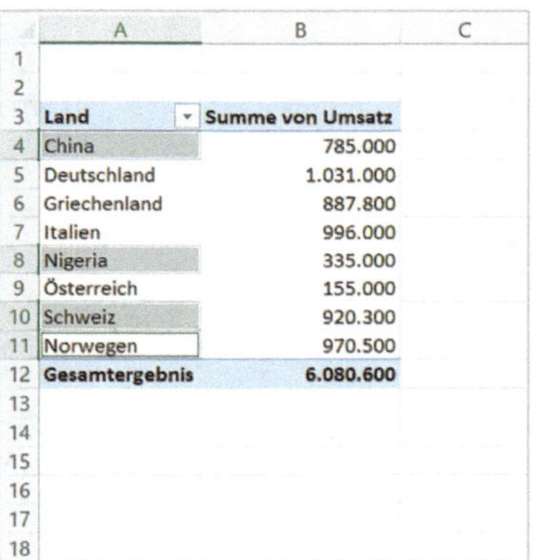

	A	B
3	Land	Summe von Umsatz
4	China	785.000
5	Deutschland	1.031.000
6	Griechenland	887.800
7	Italien	996.000
8	Nigeria	335.000
9	Österreich	155.000
10	Schweiz	920.300
11	Norwegen	970.500
12	Gesamtergebnis	6.080.600

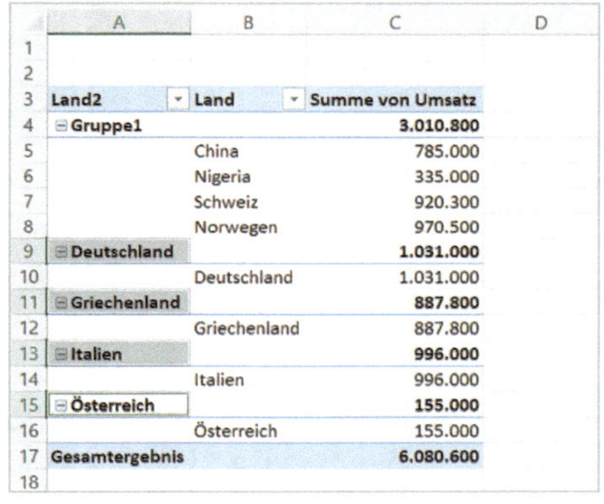

	A	B	C
3	Land2	Land	Summe von Umsatz
4	⊟ Gruppe1		3.010.800
5		China	785.000
6		Nigeria	335.000
7		Schweiz	920.300
8		Norwegen	970.500
9	⊟ Deutschland		1.031.000
10		Deutschland	1.031.000
11	⊟ Griechenland		887.800
12		Griechenland	887.800
13	⊟ Italien		996.000
14		Italien	996.000
15	⊟ Österreich		155.000
16		Österreich	155.000
17	Gesamtergebnis		6.080.600

Bild 6.56 Markieren Sie die Elemente der ersten Gruppe

Bild 6.57 Markieren Sie die Elemente der zweiten Gruppe

Die abgebildete Tabelle basiert auf dem Berichtslayout *Gliederungsformat*. Im Kurzformat befinden sich die Elemente des untergeordneten Feldes in derselben Spalte.

4 Zum Umbenennen markieren Sie in der Tabelle den Namen der ersten Gruppe und geben über die Bearbeitungsleiste den neuen Namen ein. Das Feld selbst, im Bild *Land2*, benennen Sie ebenfalls in der Tabelle um oder öffnen Sie per Rechtsklick auf ein beliebiges Element des Feldes und den Befehl *Feldeinstellungen* das gleichnamige Fenster und ändern den Namen im Feld *Benutzerdefinierter Name*.

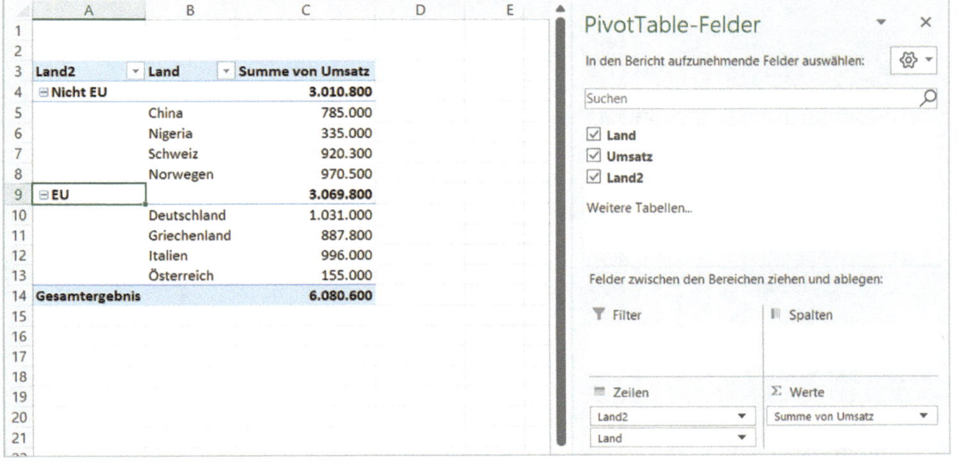

	A	B	C
3	Land2	Land	Summe von Umsatz
4	⊟ Nicht EU		3.010.800
5		China	785.000
6		Nigeria	335.000
7		Schweiz	920.300
8		Norwegen	970.500
9	⊟ EU		3.069.800
10		Deutschland	1.031.000
11		Griechenland	887.800
12		Italien	996.000
13		Österreich	155.000
14	Gesamtergebnis		6.080.600

Bild 6.58 Die fertig gruppierte Tabelle mit dem neuen Gruppenfeld

Enthält die Arbeitsmappe mehrere Pivot-Tabellen aus derselben Datenquelle, dann erscheinen auf diesem Weg erstellte benutzerdefinierte Gruppen auch in den übrigen Feldlisten.

- **Gruppierung aufheben**: Falls Sie die Gruppierung wieder aufheben möchten, dann klicken Sie in der Pivot-Tabelle mit der rechten Maustaste auf die betreffende Gruppe und auf *Gruppierung aufheben*. Denselben Befehl finden Sie auch Menüband, Register *Analysieren* ▶ *Gruppieren*.
- **Gruppiertes Feld löschen**: Wenn Sie auch das Gruppenfeld wieder entfernen möchten, dann müssen Sie alle Elemente dieses Feldes markieren, bevor Sie auf *Gruppierung aufheben* klicken.

Automatisches Gruppieren von Datumswerten

Hinweis: Stammen die Daten aus einer externen Quelle, können Sie die Datumseinheiten natürlich auch mit Power Query ermitteln, s. Kapitel 5.2.

Berechnungen in der Ausgangstabelle mit den Funktionen JAHR und MONAT sind dagegen meist überflüssig.

Häufig enthalten die Ausgangsdaten auch ein Tagesdatum, z. B. Rechnungsdatum. Für die Auswertung sind aber meist Datumseinheiten wie Jahre, Quartale oder Monate von Interesse. Excel gruppiert Datumswerte automatisch nach Jahren, Quartalen und Monaten, sobald Sie ein solches Feld in den Bereich *Zeilen* oder *Spalten* ziehen. Im Bereich *Filter* erfolgt dagegen keine automatische Gruppierung.

Die Ausgangstabelle des, in diesem Kapitel verwendeten Beispiels enthält im Feld *Auftragsdatum* das jeweilige Datum und anhand dieses Feldes sollen nun die Umsätze nach Jahren, Quartalen und Monaten zusammengefasst werden. Dazu erstellen Sie eine neue Pivot-Tabelle und ziehen einfach das Feld mit den Datumswerten, hier *Auftragsdatum* in den Bereich *Zeilen*. Excel erzeugt daraus automatisch die Felder *Jahre* und *Quartale* und das eigentliche Feld, hier *Auftragsdatum*, enthält nur noch die Monate, wie im Bild unten. Am besten benennen Sie anschließend dieses Feld entsprechend um.

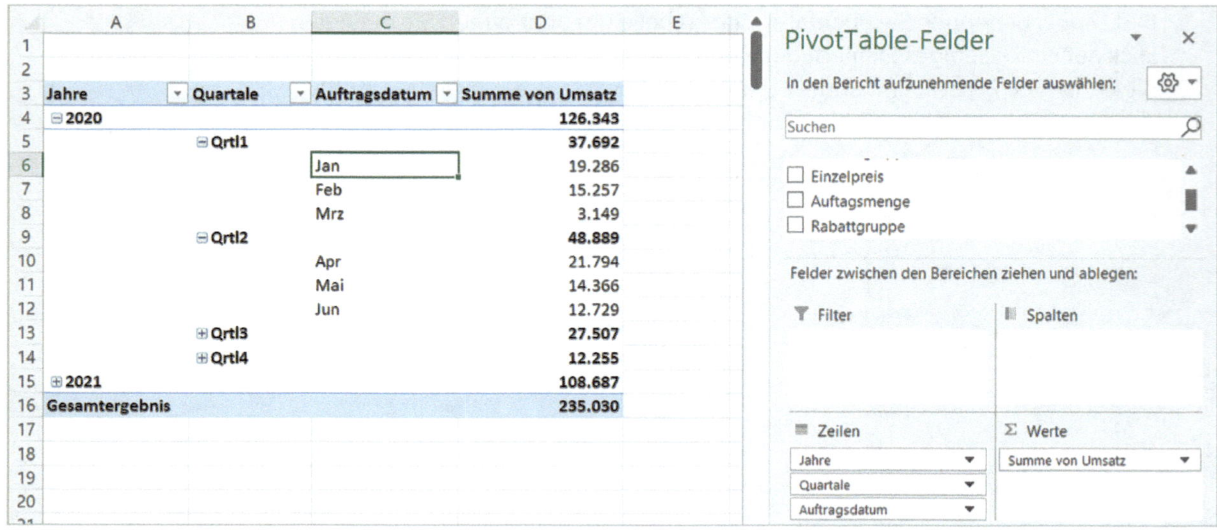

Jahre	Quartale	Auftragsdatum	Summe von Umsatz
⊟2020			126.343
	⊟Qrtl1		37.692
		Jan	19.286
		Feb	15.257
		Mrz	3.149
	⊟Qrtl2		48.889
		Apr	21.794
		Mai	14.366
		Jun	12.729
	⊞Qrtl3		27.507
	⊞Qrtl4		12.255
⊞2021			108.687
Gesamtergebnis			235.030

Bild 6.59 Die Gruppierung erfolgt automatisch nach Jahren, Quartalen und Monaten

Anschließend können Sie die neuen Felder beliebig anordnen, also auch in den Bereich *Filter* ziehen, und nicht benötigte aus der Pivot-Tabelle entfernen. So wurde z. B. in Bild 6.60 das Jahr als Spaltenfeld verwendet, um einen direkten Vergleich der Quartalsergebnisse aus zwei Jahren zu ermöglichen.

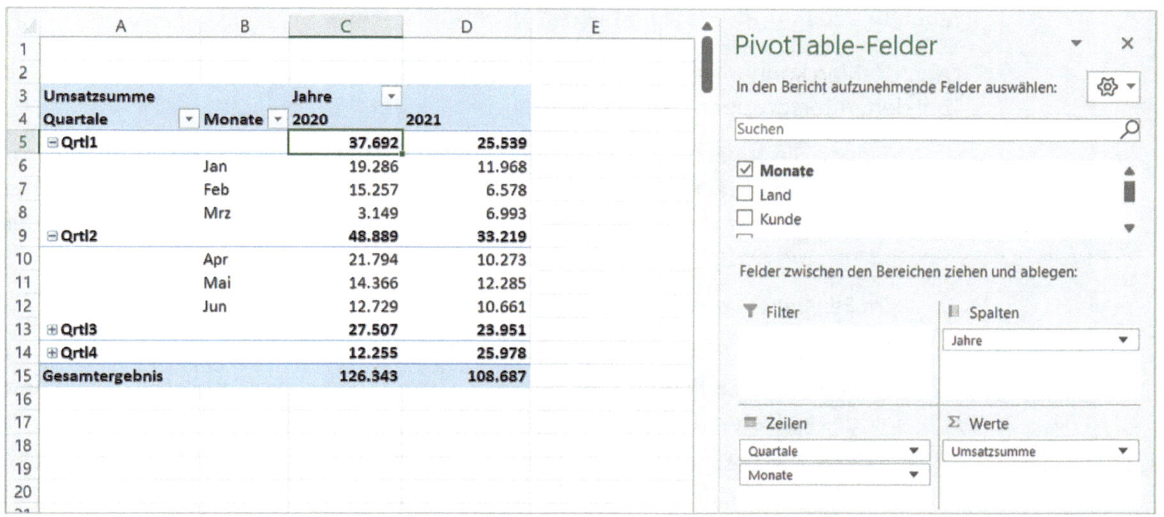

Umsatzsumme		Jahre	
Quartale	Monate	2020	2021
⊟ Qrtl1		37.692	25.539
	Jan	19.286	11.968
	Feb	15.257	6.578
	Mrz	3.149	6.993
⊟ Qrtl2		48.889	33.219
	Apr	21.794	10.273
	Mai	14.366	12.285
	Jun	12.729	10.661
⊞ Qrtl3		27.507	23.951
⊞ Qrtl4		12.255	25.978
Gesamtergebnis		126.343	108.687

Bild 6.60 Vergleich Quartalsergebnisse

> **Beachten Sie beim Gruppieren**
>
> Durch Gruppieren entstandene Felder sind auch in allen übrigen Pivot-Tabellen verfügbar, die auf derselben Datenquelle beruhen und bleiben auch erhalten, wenn Sie ein Feld wieder aus der Pivot-Tabelle entfernen.

Datumswerte werden nicht automatisch gruppiert?

Sollte keine automatische Gruppierung von Datumswerten erfolgen, so kontrollieren Sie die Einstellung in den Excel-Optionen: Klicken Sie im Register *Datei* auf *Optionen*, wählen Sie die Kategorie *Daten* und achten Sie unter *Datenoptionen* darauf, dass das Kontrollkästchen *Automatische Gruppierung von Datum/Uhrzeit-Spalten in PivotTables deaktivieren* deaktiviert ist.

Bild 6.61 Excel-Optionen: Einstellung zum automatischen Gruppieren

Als Alternative können Sie Datumswerte und Zahlen auch manuell gruppieren, Näheres hierzu lesen Sie im nächsten Punkt.

Zahlen- und Datumswerte manuell gruppieren

Auch Zahlen können unter Angabe eines Intervalls gruppiert werden. Hier ein Beispiel, bei dem Altersgruppen gebildet werden.

→ Auswahl gruppieren
Gruppierung aufheben
Feld gruppieren
Gruppieren

1 Ziehen Sie zunächst das Feld *Alter* in einen Bereich der Pivot-Tabelle, im Bild unten *Zeilen*. Klicken Sie dann in der Tabelle mit der rechten Maustaste auf eine beliebige Zelle dieses Feldes und auf *Gruppieren...*, oder im Menüband, Register *PivotTable-Analyse* ▶ *Gruppieren* auf *Feld gruppieren*.

2 Im Fenster *Gruppierung* nehmen Sie die weiteren Einstellungen vor:

Altersgruppen.xlsx

- Im Feld *Nach:* geben Sie das gewünschte Intervall, hier 10 ein,
- Start- und Endwert (*Starten*, *Beenden*) werden von Excel automatisch anhand des kleinsten und größten Werts gewählt.
- **Tipp**: Die Beschriftung der Altersgruppen bezieht Start- und Endwert mit ein. Ist z. B. der jüngste Teilnehmer der Testgruppe 13, dann erscheint als Beschriftung dieser Altersgruppe 13-19. Dies können Sie verhindern, indem Sie als Start- und Endwert zum Intervall passende Zahlen angeben. Die Kontrollkästchen *Automatisch* müssen in diesem Fall deaktiviert werden.

Bild 6.62 Die Ausgangsdaten

Bild 6.63 Nach Alter gruppieren, Intervall 10 Jahre

Bild 6.64 Das Ergebnis

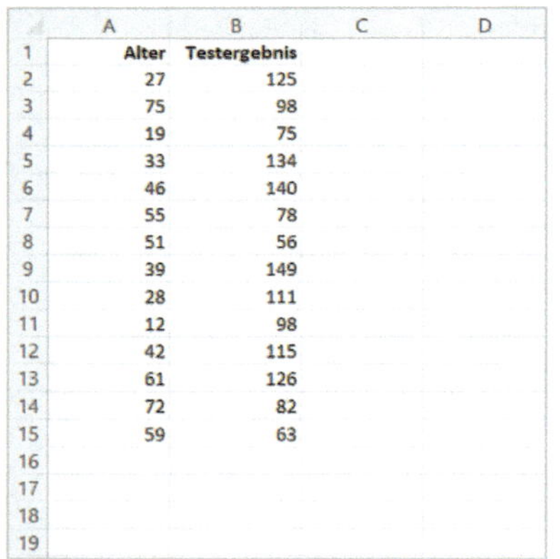

Alter	Testergebnis
27	125
75	98
19	75
33	134
46	140
55	78
51	56
39	149
28	111
12	98
42	115
61	126
72	82
59	63

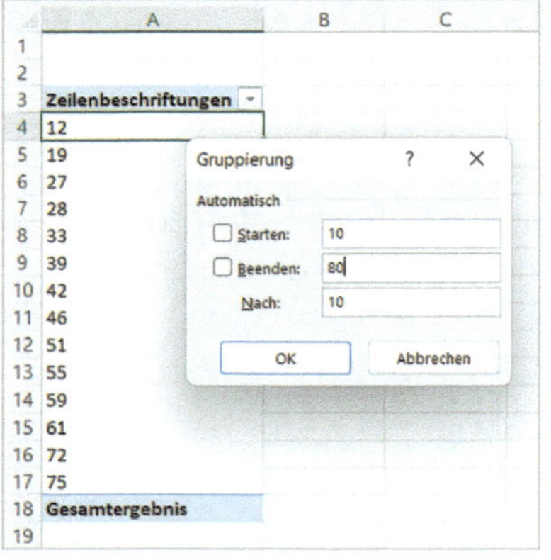

Zeilenbeschriftungen
12
19
27
28
33
39
42
46
51
55
59
61
72
75
Gesamtergebnis

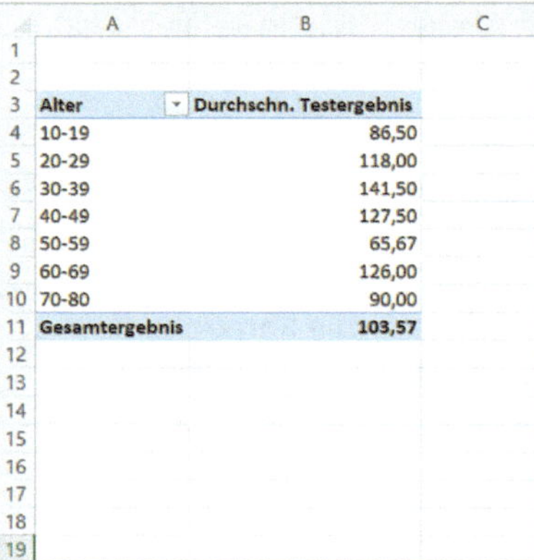

Alter	Durchschn. Testergebnis
10-19	86,50
20-29	118,00
30-39	141,50
40-49	127,50
50-59	65,67
60-69	126,00
70-80	90,00
Gesamtergebnis	103,57

Hinweis: Da in diesem Beispiel die Summe der Testergebnisse wenig sinnvoll ist, sollten Sie stattdessen die Funktion *Mittelwert* wählen (Rechtsklick auf einen beliebigen Wert dieser Spalte, Befehl *Werte zusammenfassen nach*).

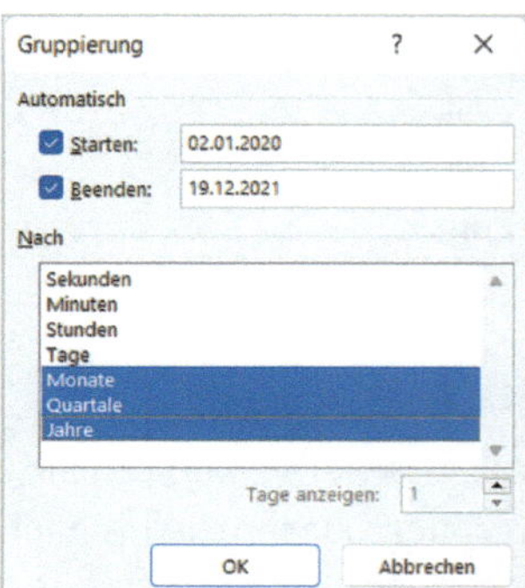

Datumswerte manuell gruppieren

Dieselbe Vorgehensweise gilt auch für Datumswerte, falls keine automatische Gruppierung erfolgen sollte: Klicken Sie in der Pivot-Tabelle mit der rechten Maustaste auf ein beliebiges Datum und *Gruppieren...*. Wenn die Datumswerte korrekt erkannt wurden, dann erscheinen im Dialogfenster *Gruppieren* die Datumsintervalle *Jahre*, *Quartale* und *Monate*. Markieren Sie durch Anklicken die benötigten Intervalle und klicken Sie auf *OK*.

6.7 Weitergehende Berechnungsmöglichkeiten

Prozentanteile anzeigen

Statt Zahlen können Sie in Pivot-Tabellen auch Prozentanteile anzeigen lassen, ohne dass dazu eine Formel eingegeben werden muss. Als einfaches Beispiel die Umsätze und prozentualen Umsatzanteile der Produktgruppen, so gehen Sie vor:

1 Ziehen Sie die Produktgruppen in den Bereich *Zeilen* und das Feld *Umsatz* zweimal in den Bereich *Werte*.

2 Klicken Sie mit der rechten Maustaste auf einen beliebigen Wert derjenigen Spalte, in der die Prozentanteile erscheinen sollen, klicken Sie auf *Werte anzeigen als* und wählen Sie die gewünschte Berechnungsbasis, hier *% des Gesamtergebnisses*.

Statt *% des Gesamtergebnisses* können auch *% des Zeilengesamtergebnisses* oder *% des Spaltengesamtergebnisses* gewählt werden, je nachdem, auf welcher Basis die Berechnung erfolgen soll.

Bild 6.65 Umsätze als Prozentanteile anzeigen

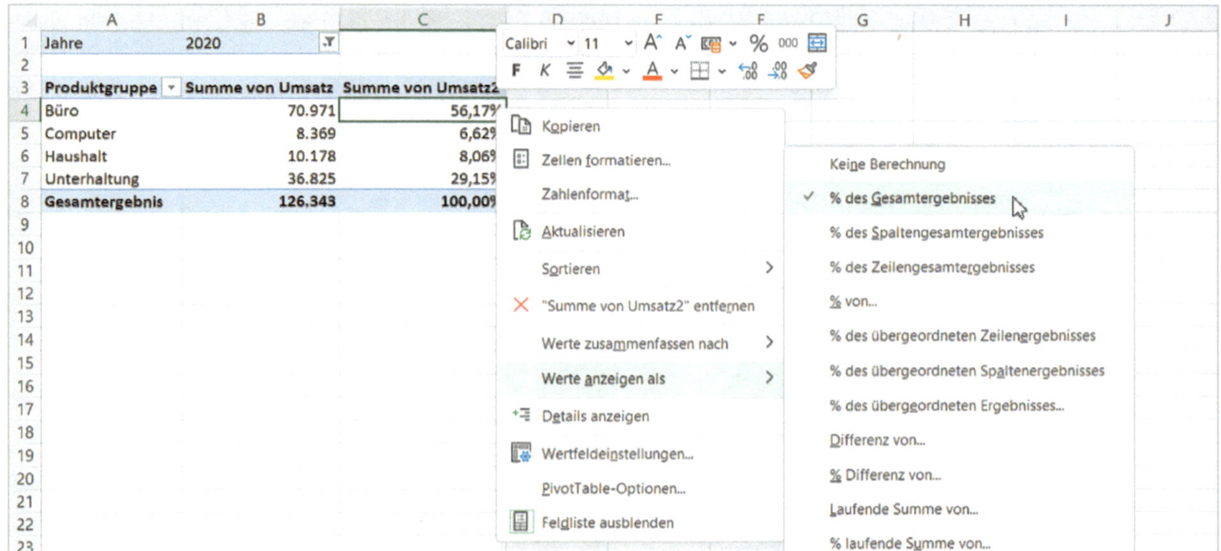

3 Nun brauchen Sie nur noch die Spaltenüberschrift ändern. Mit einem Rechtsklick und dem Befehl *Zahlenformat...* können Sie außerdem die Prozentzahl mit der gewünschten Anzahl Nachkommastellen formatieren.

Fenster Wertfeldeinstellungen

Als Alternative wählen Sie die Anzeige in Prozent im Fenster *Wertfeldeinstellungen*, Register *Werte anzeigen als*. Sie öffnen dieses Fenster entweder mit einem Klick im Aufgabenbereich auf das Feld oder per Rechtsklick in die betreffende Spalte der Tabelle. Hier können Sie gleichzeitig im Feld *Benutzerdefinierter Name* die Spaltenüberschrift eingeben und über die Schaltfläche *Zahlenformat* ein Zahlenformat wählen, s. Bild 6.66.

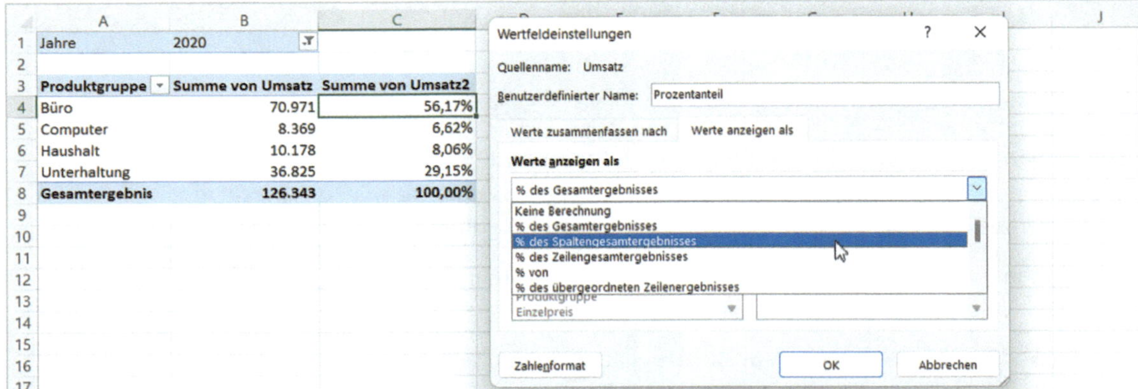

Bild 6.66 Wertfeldeinstellungen - Prozentanteile und Ergebnis

In Prozent des Teilergebnisses

Enthält die Tabelle mehrere Zeilenfelder, z. B. Produktgruppe und Modell, dann werden mit der Auswahl *% des Spaltengesamtergebnisses* die Umsatzanteile der einzelnen Artikel in Bezug auf den Gesamtumsatz berechnet, wie in Bild 6.67. Wenn Sie dagegen die Umsatzanteile der Artikel je Produktgruppe benötigen (Teilergebnis gleich 100%), dann wählen Sie *% des übergeordneten Zeilenergebnisses*.

Bild 6.67 % des Spaltengesamtergebnisses

Jahre	2020		
Produktgruppe	**Modell**	**Umsatzsumme**	**Prozentanteil**
⊟ Büro	A	15.600	12,3%
	C	11.096	8,8%
	G	35.815	28,3%
	M	8.460	6,7%
Büro Ergebnis		**70.971**	**56,2%**
⊟ Computer	B	5.865	4,6%
	E	2.000	1,6%
	S	504	0,4%
Computer Ergebnis		**8.369**	**6,6%**
⊟ Haushalt	H	8.786	7,0%
	R	1.392	1,1%
Haushalt Ergebnis		**10.178**	**8,1%**
⊟ Unterhaltung	D	6.225	4,9%
	F	30.600	24,2%
Unterhaltung Ergebnis		**36.825**	**29,1%**
Gesamtergebnis		**126.343**	**100,0%**

Bild 6.68 Die Umsatzanteile bezogen auf das Teilergebnis

Jahre	2020		
Produktgruppe	**Modell**	**Umsatzsumme**	**Prozentanteil**
⊟ Büro	A	15.600	22,0%
	C	11.096	15,6%
	G	35.815	50,5%
	M	8.460	11,9%
Büro Ergebnis		**70.971**	**56,2%**
⊟ Computer	B	5.865	70,1%
	E	2.000	23,9%
	S	504	6,0%
Computer Ergebnis		**8.369**	**6,6%**
⊟ Haushalt	H	8.786	86,3%
	R	1.392	13,7%
Haushalt Ergebnis		**10.178**	**8,1%**
⊟ Unterhaltung	D	6.225	16,9%
	F	30.600	83,1%
Unterhaltung Ergebnis		**36.825**	**29,1%**
Gesamtergebnis		**126.343**	**100,0%**

Hinweis: Da die Ausgangstabelle Werte über zwei Jahre enthält, wurde zusätzlich nach Jahren gefiltert.

Differenz zweier Spalten anzeigen

Mit *Werte anzeigen als...* können Sie auch die Differenz zweier Spalten anzeigen lassen. Als Beispiel soll der Tabelle in Bild 6.69 die Differenz der Umsätze aus den Jahren 2020 und 2021 hinzugefügt werden. **Achtung**: Die Umsatzsumme über beide Jahre ist in diesem Fall wenig sinnvoll und sollte ausgeblendet werden (Register *Entwurf* ▶ *Layout* ▶ *Gesamtergebnisse*).

1 Ziehen Sie dazu das Feld *Umsatz* ein zweites Mal in den Bereich *Werte*. Klicken Sie mit der rechten Maustaste auf einen beliebigen Umsatz, zeigen Sie auf *Werte anzeigen als* und wählen Sie *Differenz von...*.

Summe von Umsatz Jahre
Produktgruppe 2020 2021
Büro 70.971 48.952
Computer 8.369 21.785
Haushalt 10.178
Unterhaltung 36.825 37.950
Gesamtergebnis 126.343 108.687
PivotTable-Felder
In den Bericht aufzunehmende Felder auswählen:
Suchen
Modell
Produktgruppe
Felder zwischen den Bereichen ziehen und ablegen:
Filter
Spalten
Jahre
Zeilen
Produktgruppe
Werte
Summe von Umsatz

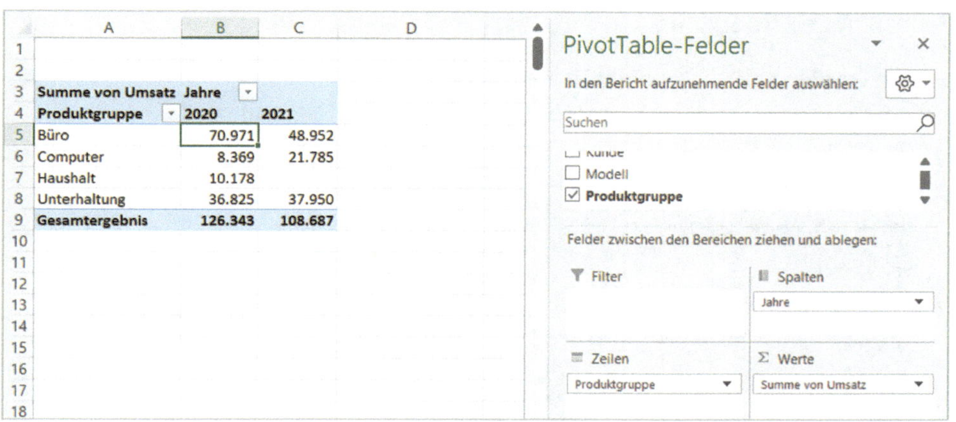

Bild 6.69 Die Ausgangstabelle

2 Da die Jahre miteinander verglichen werden sollen, wählen Sie anschließend dieses Feld als *Basisfeld* aus und *Basiselement* ist in diesem Fall das Vorjahr bzw. das Jahr 2020.

Jahre Werte
2020 2021
Produktgruppe Summe von Umsatz Summe von Umsatz2
Büro 70.971 70971
Computer 8.369 8369
Haushalt 10.178 10178
Unterhaltung 36.825 36825
Gesamtergebnis 126.343 126343
Werte anzeigen als (Summe von Ums...
Berechnung: Differenz von
Basisfeld: Jahre
Basiselement: 2020
(Vorheriger)
(Nächster)
<02.01.2020
2020
2021
>19.12.2021

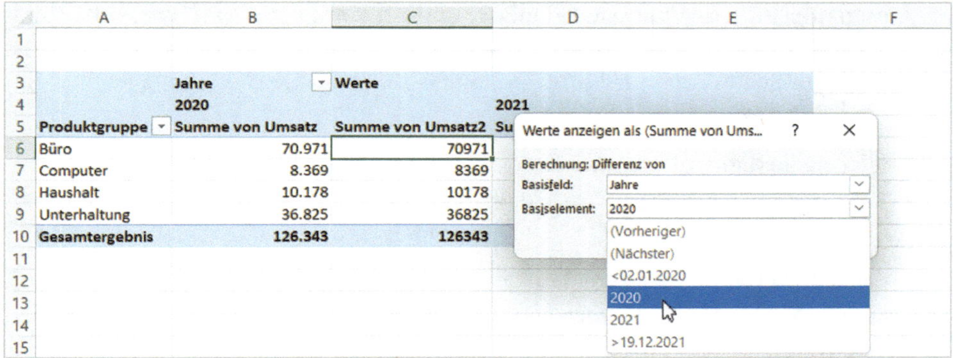

Bild 6.70 Basisfeld und Basiselement wählen

3 Als Ergebnis erhalten Sie die unten abgebildete Tabelle. Die Differenz wurde außerdem mit einem Zahlenformat versehen, das negative Zahlen in roter Schrift anzeigt und hat den Namen *Differenz Vorjahr* erhalten.

Hinweis: Für das Jahr 2020 ist die Spalte *Differenz Vorjahr* leer, da dieses Jahr ja die Basis bildet. Falls Sie dies als störend empfinden, blenden Sie die betreffende Spalte einfach aus.

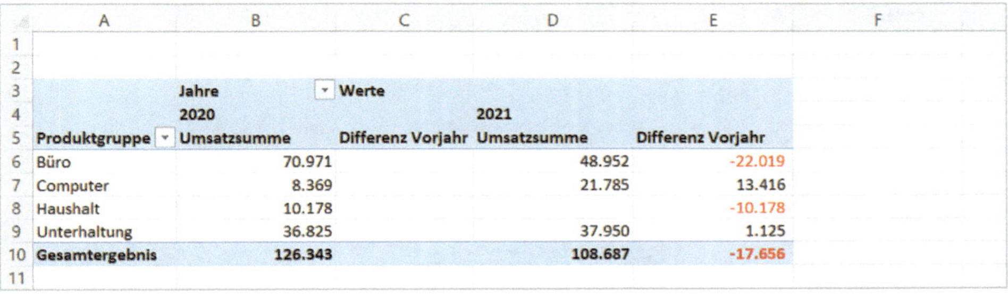

Jahre Werte
2020 2021
Produktgruppe Umsatzsumme Differenz Vorjahr Umsatzsumme Differenz Vorjahr
Büro 70.971 48.952 -22.019
Computer 8.369 21.785 13.416
Haushalt 10.178 -10.178
Unterhaltung 36.825 37.950 1.125
Gesamtergebnis 126.343 108.687 -17.656

Bild 6.71 Das Ergebnis, die Differenz des Basisjahres ist leer und kann ausgeblendet werden

Kumulierte Werte erhalten

Häufig werden auch kumulierte Werte benötigt, z. B. kumulierte monatliche Umsätze oder für eine ABC-Analyse. Hier als Beispiel kumulierte Kundenumsätze.

Bild 6.72 Die fertige Tabelle mit den kumulierten Umsätzen

	A	B	C	D	E	F	G	H
1	Jahre	2021						
2								
3	**Zeilenbeschriftungen**	**Umsatzsumme**	**%-Anteil**	**Umsatz kum.**	**Umsatz kum. %**			
4	EGW Werke	30.498	28,06%	30.498	28,06%			
5	Heimlich und Brenner	16.580	15,25%	47.078	43,32%			
6	Hügli	12.233	11,26%	59.311	54,57%			
7	WGT GmbH	11.851	10,90%	71.162	65,47%			
8	Brettschneider	10.400	9,57%	81.562	75,04%			
9	ELCOX	8.186	7,53%	89.748	82,57%			
10	KARG AG	7.372	6,78%	97.120	89,36%			
11	Tief & Brunnen	4.701	4,33%	101.821	93,68%			
12	BRAIN	3.691	3,40%	105.512	97,08%			
13	Dancer	3.175	2,92%	108.687	100,00%			
14	**Gesamtergebnis**	**108.687**	**100,00%**					
15								

1. Ziehen Sie das Feld *Kunde* in den Bereich *Zeilen*. Da die Umsatzsumme, der Umsatzanteil in %, der kumulierte Umsatz und der kumulierte Umsatz in % benötigt werden, ziehen Sie das Feld *Umsatz* viermal in den Wertebereich. Benennen Sie die erste Spalte um in *Umsatzsumme* und sortieren Sie die Tabelle nach dieser Spalte absteigend.
2. Klicken Sie dann mit der rechten Maustaste in die zweite Spalte *Summe von Umsatz2*, klicken Sie auf *Werte anzeigen als* und dann auf *% des Spaltengesamtergebnisses*. Benennen Sie die Spalte um in *%-Anteil*.
3. Klicken Sie mit der rechten Maustaste in die dritte Spalte (*Summe von Umsatz3*), klicken Sie auf *Werte anzeigen als* und wählen Sie *Laufende Summe von....* Wählen Sie im nachfolgenden Fenster als Basisfeld für die Berechnung das Feld *Kunde*. Benennen Sie zuletzt die Spalte um in *Umsatz kumuliert*.

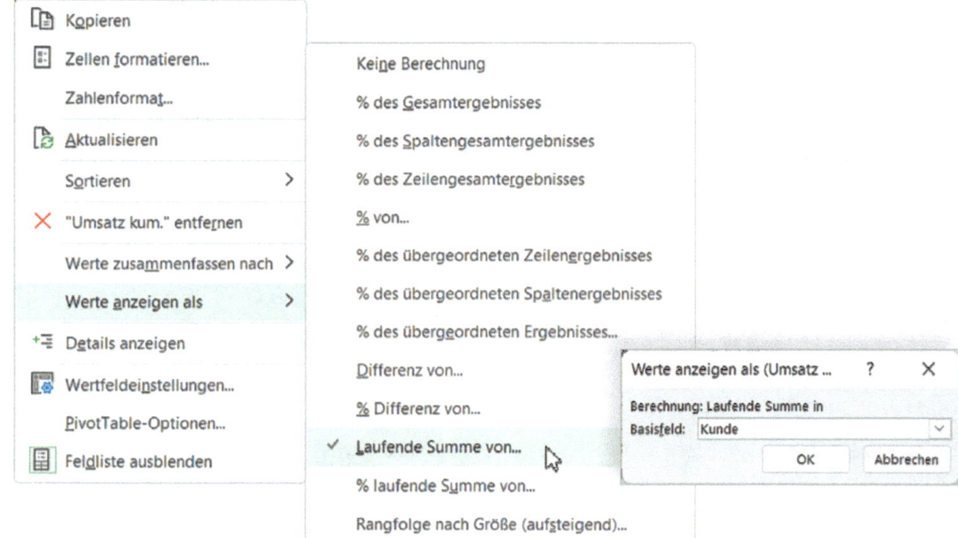

Bild 6.73 Wählen Sie Laufende Summe von...

Bild 6.74 Basisfeld Kunde

4 Klicken Sie mit der rechten Maustaste in die vierte Spalte (*Summe von Umsatz4*), klicken Sie auf *Werte anzeigen als* und wählen Sie *% laufende Summe von....* Als Basisfeld muss wieder das Feld Kunde angegeben werden. Diese Spalte erhält die Beschriftung *Umsatz kumuliert in %*.

Rangfolge anzeigen

Nicht immer genügt eine Sortierung nach Werten, in größeren Tabellen sorgt die zusätzliche Anzeige der Rangfolge für einen besseren Überblick. Als Beispiel soll für die Kunden eine Rangfolge nach Umsätzen angezeigt werden.

1 Erstellen Sie zunächst aus den Feldern *Kunde* und *Umsatz* eine Pivot-Tabelle, wie unten abgebildet und ziehen Sie das Feld *Umsatz* zweimal in den Bereich *Werte*.

2 Klicken Sie mit der rechten Maustaste in die zweite Spalte (*Summe von Umsatz2*), zeigen Sie auf *Werte anzeigen als* und wählen Sie *Rangfolge nach Größe (absteigend)*, siehe Bild 6.75. Als Basisfeld für die Rangfolge geben Sie das Feld *Kunde* an.

Bild 6.75 Rangfolge anzeigen

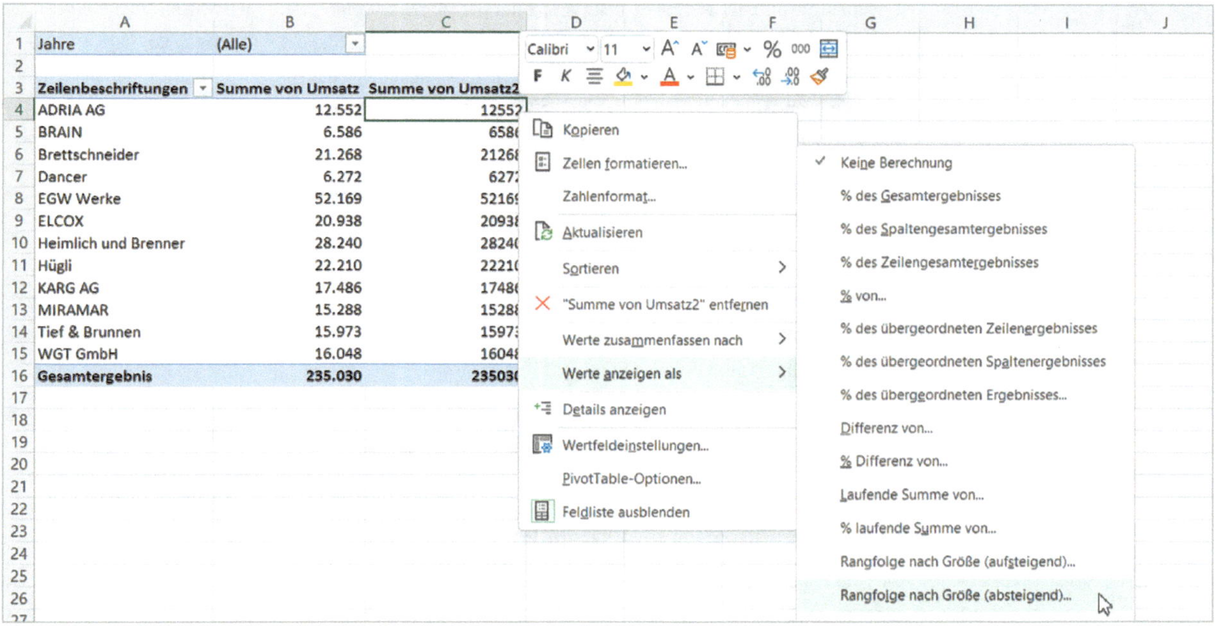

Jahre	(Alle)	
Zeilenbeschriftungen	Summe von Umsatz	Summe von Umsatz2
ADRIA AG	12.552	12552
BRAIN	6.586	6586
Brettschneider	21.268	21268
Dancer	6.272	6272
EGW Werke	52.169	52169
ELCOX	20.938	20938
Heimlich und Brenner	28.240	28240
Hügli	22.210	22210
KARG AG	17.486	17486
MIRAMAR	15.288	15288
Tief & Brunnen	15.973	15973
WGT GmbH	16.048	16048
Gesamtergebnis	235.030	235030

3 Zuletzt benennen Sie die beiden Spalten um und sortieren die Tabelle. Dazu klicken Sie mit der rechten Maustaste in die Spalte *Rang* oder die Spalte *Umsatzsumme*, zeigen auf *Sortieren* und wählen *Nach Größe sortieren (absteigend)*.

Felder und Feldelemente mit Formeln berechnen

Power Query, siehe Kapitel 5.2.

Wenn die oben genannten Möglichkeiten nicht ausreichen, können Sie in einer Pivot-Tabelle auch mit einer Formel weitere Felder berechnen oder für ein Zeilen- oder Spaltenfeld weitere Elemente. Allerdings sind hierbei einige Einschränkungen zu beachten, außerdem lassen sich alle Berechnungen mit Power Query wesentlich einfacher und nachvollziehbarer durchführen. Daher wurde diese Option auch nur der Vollständigkeit halber mit in das Buch aufgenommen.

Felder berechnen

Mittels einer Formel berechnete Felder werden der Feldliste hinzugefügt und stehen anschließend in allen Pivot-Tabellen der Arbeitsmappe zur Verfügung, sofern diese auf derselben Datenquelle basieren.

Achtung: Excel rechnet in Pivot-Tabellen mit aggregierten Werten!

In Pivot-Tabellen erfolgt die Berechnung ausschließlich mit aggregierten Werten und nicht mit den Einzeldaten. Würden Sie also beispielsweise den Umsatz mit der Formel EinzelpreisNetto*Auftragsmenge berechnen, dann erhalten Sie ein falsches Ergebnis, da Excel nicht nur mit der Summe der Auftragsmenge, sondern auch mit der Summe der Einzelpreise rechnet. Berechnete Felder eignen sich daher in erster Linie für Multiplikation und Division von Feldern mit einem festen Wert. Berechnete Felder können außerdem in Pivot-Tabellen ausschließlich im Bereich *Werte* verwendet werden.

Berechnen Sie daher weitere Felder am besten im Power Query-Editor, siehe Kapitel 5.2 auf Seite 230 ff.

Beispiel Kundenbonus

Als Beispiel soll für jeden Kunden ein Bonus in Höhe von 15% des Umsatzes berechnet werden, so gehen Sie vor:

1 Erstellen Sie eine Pivot-Tabelle, die erforderlichen Felder *Kunde* und *Umsatz* können sofort oder auch später hinzugefügt werden.

2 Klicken Sie im Menüband, Register *PivotTable-Analyse* ▶ *Berechnungen* auf *Felder, Elemente und Gruppen* und wählen Sie *Berechnetes Feld....*

Bild 6.76 Klicken Sie auf Berechnetes Feld...

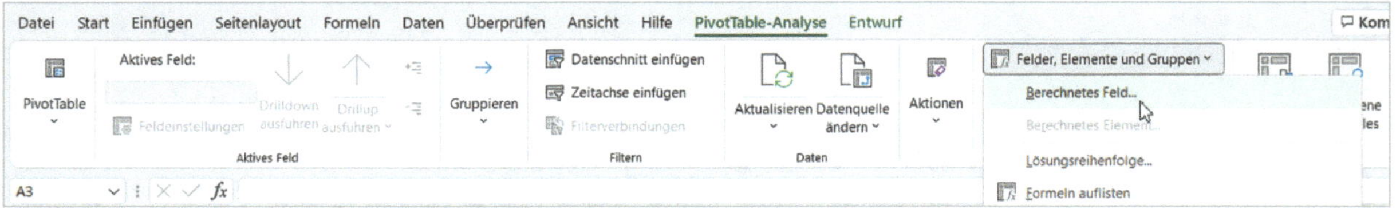

3 Das Fenster *Berechnetes Feld einfügen* öffnet sich. Geben Sie im Feld *Name* ❶ (Bild 6.77) den Namen *Bonus* für das berechnete Feld ein und darunter nach dem Gleichheitszeichen die Formel zur Berechnung des Bonus ❷ = Umsatz * 0,15. Das Feld *Umsatz* können Sie aus der Liste der Felder in die Formel übernehmen,

indem Sie es markieren und auf die Schaltfläche *Feld einfügen* ❸ klicken, oder geben Sie den Feldnamen einfach über die Tastatur ein.

4 Klicken Sie auf *Hinzufügen* ❹ und schließen Sie dann das Fenster mit *OK* ❺.

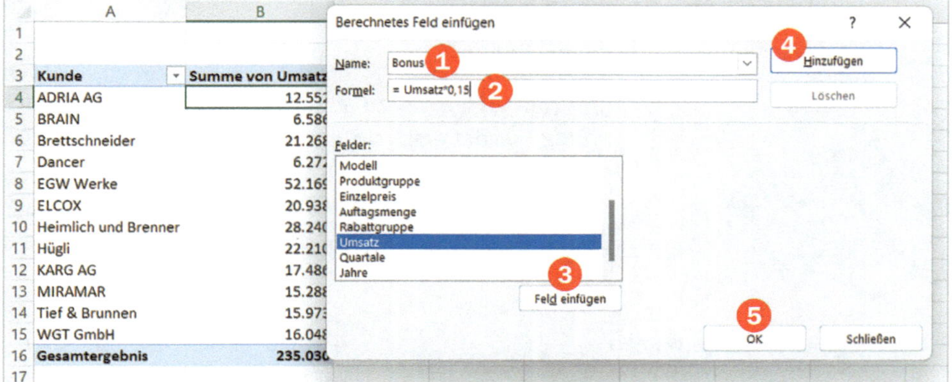

Bild 6.77 Formel für berechnetes Feld eingeben

5 Das Feld *Bonus* wird der Feldliste hinzugefügt und erscheint gleichzeitig im Wertebereich der Tabelle. Die Beschriftung *Summe von Bonus* können Sie wieder problemlos ändern.

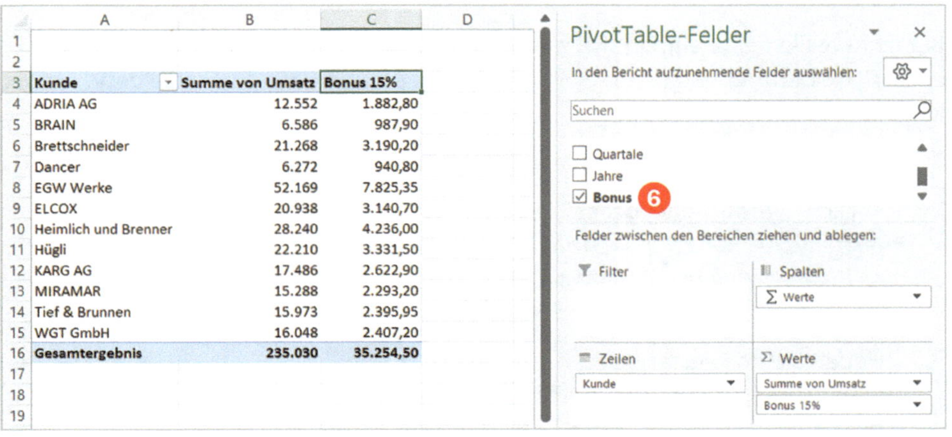

Bild 6.78 Das Ergebnis

Funktionen in Formel verwenden

Sie können zur Formelberechnung auch einfache Funktionen von Excel verwenden. Wenn z. B. Kunden ab einem Jahresumsatz von 10.000 € einen Rabatt von 20% und darunter 10% Rabatt erhalten sollen, dann berechnen Sie das Feld Rabatt mit der Formel: =WENN(Umsatz>=10000;Umsatz*0,2;Umsatz*0,1).

Weitere unterstützte Funktionen sind z. B. RUNDEN, ANZAHL, MITTELWERT usw.. Beachten Sie aber, dass alle Funktionen vollständig manuell eingegeben werden müssen.

Berechnetes Feld ändern oder löschen

Wenn Sie die Formel eines berechneten Feldes nachträglich ändern oder das Feld aus der Feldliste endgültig löschen möchten, dann öffnen Sie dazu erneut das Fenster *Berechnetes Feld einfügen* (Register *PivotTable-Analyse* ▶ *Berechnungen* ▶ *Felder, Elemente und Gruppen berechnen* ▶ *Berechnetes Feld...*).

Bild 6.79 Berechnetes Feld ändern oder löschen

Klicken Sie im Feld *Name* auf den Dropdown-Pfeil ❶ und wählen Sie das zu ändernde Feld aus. Die dazugehörige Formel erscheint im Feld *Formel* und kann nun geändert werden. Zum Übernehmen der Änderungen klicken Sie auf die Schaltfläche *Ändern* ❷. Die Schaltfläche *Löschen* ❸ entfernt dagegen das markierte Feld aus der Liste der Felder.

Elemente eines Feldes berechnen

Eine andere Möglichkeit ist die Berechnung von weiteren Elementen eines Feldes, das als Zeilen- oder Spaltenbeschriftung dient. **Achtung**: Elemente eines Feldes berechnen ist nur möglich, wenn die Feldliste kein gruppiertes Feld enthält, z. B. Monate oder Quartale (s. Seite 292), andernfalls erscheint eine Fehlermeldung. Berechnen Sie also auch Elemente eines Feldes, falls erforderlich, nach Möglichkeit mit Power Query.

Berechnete Elemente eignen sich z. B. für Sollvorgaben. Als Beispiel berechnen wir für alle Artikel der Produktgruppe *Büro* ein Umsatzplus von 5% als Sollvorgabe für das kommende Jahr.

1. Erstellen Sie eine Pivot-Tabelle und fügen Sie die Felder hinzu, wie in Bild 6.80 ❶.
2. Klicken Sie auf eine beliebige Produktgruppe, danach im Register *PivotTable-Analyse* ▶ *Berechnungen* auf *Felder, Elemente und Gruppen* und wählen Sie *Berechnetes Element...* ❷. **Achtung**: Dieser Befehl ist nur verfügbar, wenn Sie zuvor ein Element der Zeilen- oder Spaltenbeschriftung markiert haben.
3. Geben Sie im Fenster *Berechnetes Element in "Produktgruppe" einfügen* einen Namen für das Element ein, z. B. Büro_Soll 5% ❸. Zur Formeleingabe klicken Sie in der Liste *Elemente* auf *Büro* ❺ und dann auf die Schaltfläche *Element einfügen*.

Bild 6.80 Die Ausgangstabelle

Bild 6.81 Klicken Sie auf Berechnetes Element einfügen

Bild 6.82 Geben Sie Name und Formel für das berechnete Element ein

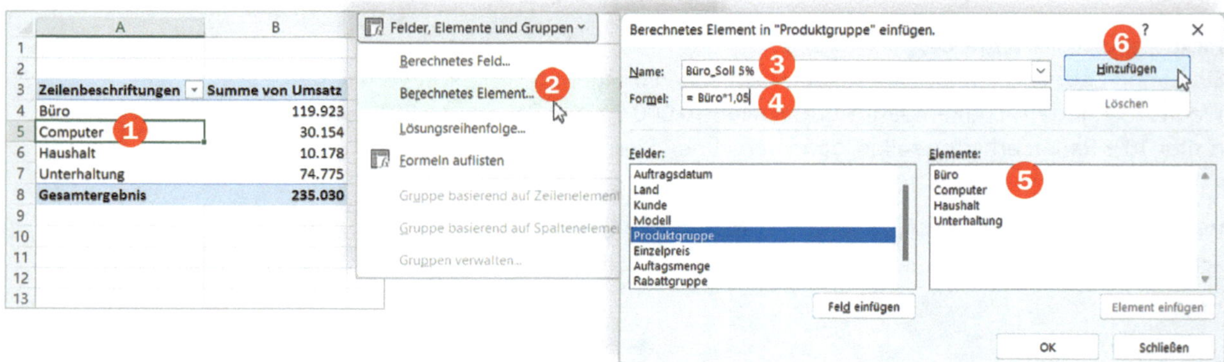

4 Das Element wird im Feld *Formel* nach dem Gleichheitszeichen eingefügt, geben Sie dahinter noch den Rest der Formel ein: *1,05 ④ und klicken Sie auf *Hinzufügen* ⑥. Schließen Sie zuletzt das Fenster mit *OK*.

5 Das Feld in der Tabelle wird um das berechnete Element erweitert, bzw. eine Zeile hinzugefügt und der dazugehörige Wert berechnet, wie in Bild 6.83.

Tipp: Die Formel erscheint in der Bearbeitungsleiste, wenn Sie einen beliebigen Wert des berechneten Elements markieren.

6 Nun können Sie die Tabelle beliebig umstellen und so z. B. das Umsatzsoll je Land anzeigen. Ziehen Sie dazu die Produktgruppen in den Bereich *Spalten* und verwenden Sie die Länder als Zeilenbeschriftung. Die Gesamtergebnisse für Zeilen sind in diesem Fall nicht sinnvoll und sollten ausgeblendet werden.

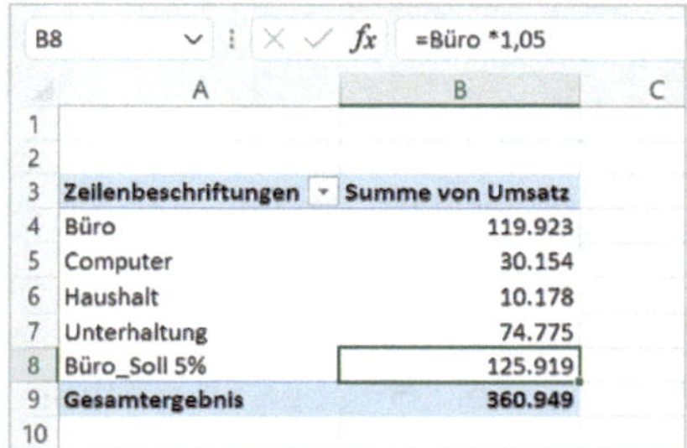

B8 =Büro *1,05

	A	B
3	Zeilenbeschriftungen	Summe von Umsatz
4	Büro	119.923
5	Computer	30.154
6	Haushalt	10.178
7	Unterhaltung	74.775
8	Büro_Soll 5%	125.919
9	Gesamtergebnis	360.949

Bild 6.83 Das berechnete Element wird der Zeilenbeschriftung hinzugefügt

L26

	A	B	C	D	E	F
3	Summe von Umsatz	Produktgruppe				
4	Land	Büro	Computer	Haushalt	Unterhaltung	Büro_Soll 5%
5	Deutschland	20.200	3.605	1.392	18.375	21.210
6	Italien	21.465	1.369	3.056	1.950	22.538
7	Österreich	24.250	5.525	3.056	6.900	25.463
8	Schweiz	54.008	19.655	2.674	47.550	56.708
9	Gesamtergebnis	119.923	30.154	10.178	74.775	125.919

Bild 6.84 Länder mit Sollumsatz Büro

Die Funktion PIVOTDATENZUORDNEN

Benötigen Sie für weitere Auswertungen nur bestimmte Inhalte einer Pivot-Tabelle, die sich entweder in einem anderen Arbeitsblatt oder in einer anderen Arbeitsmappe befindet? Oder möchten Sie ein Diagramm erstellen, das nur ausgewählte Werte einer Pivot-Tabelle einbezieht? Dazu sind Verweise auf die entsprechenden Elemente der Pivot-Tabelle erforderlich und Excel fügt in diesem Fall anstelle eines Zellbezugs automatisch die Funktion PIVOTDATENZUORDNEN EIN, sobald Sie nach Eingabe des Gleichheitszeichens auf die benötigte Zelle klicken (Bild 6.85).

Vorteil: Diese Funktion bezieht sich nicht auf die Zelle, z. B. B8, sondern auf einen bestimmten Wert eines Feldes. So ist sichergestellt, dass dieser auch nach dem Aktualisieren der Tabelle oder Ändern des Berichtslayouts noch korrekt ist.

C5 =PIVOTDATENZUORDNEN("Umsatz";$A$3;"Land";"Deutschland";"Jahre";2021)

	A	B	C	D	E	F
3	Summe von Umsatz	Jahre				
4	Land/Kunde	2020	2021			
5	⊟ Deutschland	19.844	23.728		Österreich 2021	15248
6	BRAIN	2.895	3.691		Deutschland 2021	=PIVOTDATENZUORDNEN("Umsatz";$A$3;"Land";"Deutschland";"Jahre";2021)
7	ELCOX	12.752	8.186			
8	WGT GmbH	4.197	11.851			
9	⊟ Italien	27.840				
10	ADRIA AG	12.552				
11	MIRAMAR	15.288				

Bild 6.85 Excel verwendet automatisch die Funktion PIVOTDATENZUORDNEN

Die Funktion besitzt folgenden Aufbau:

```
PIVOTDATENZUORDNEN(Datenfeld;PivotTable;Feld1;Element1;Feld2;Element2;...)
```

Nachteile der Funktion

- Die Funktion kann zwar in angrenzende Zellen kopiert werden, allerdings wird der Zellbezug nicht angepasst. Daran ändert auch das Umwandeln in einen relativen Zellbezug in der Formel nichts. Werden mehrere Werte aus der Pivot-Tabelle benötigt, dann muss also die Funktion jedes Mal neu eingegeben werden.
- Wenn sich die Pivot-Tabelle in einer anderen Arbeitsmappe befindet, dann muss diese Mappe beim späteren Öffnen ebenfalls geöffnet sein, andernfalls erhalten Sie den Fehlerwert #BEZUG.

6.8 Felder aus zwei Tabellen verwenden (statt Verweisfunktion)

Siehe Kapitel 2.5, Werte mit Nachschlage- und Verweisfunktionen finden.

Manchmal befinden sich die benötigten Informationen nicht in einer einzigen Tabelle sondern sind auf zwei oder mehr Tabellen verteilt. In Kapitel 2.5 haben Sie erfahren, wie Sie in einem solchen Fall mit Hilfe einer Nachschlagefunktion, z. B. SVERWEIS oder XVERWEIS die erforderlichen Spalten ergänzen.

Wenn Sie die Daten anschließend mit einer Pivot-Tabelle auswerten möchten, dann können Sie stattdessen auch eine Beziehung zwischen zwei Tabellen erstellen. Anschließend stehen Ihnen in der Feldliste Felder aus beiden Tabellen zur Verfügung.

Was ist ein Datenmodell?

Immer wenn Sie mit mehreren Tabellen arbeiten und diese zueinander in Beziehung setzen, erstellt Excel ein sogenanntes Datenmodell. Datenmodelle sind eigentlich ein Begriff aus relationalen Datenbanken, z. B. Microsoft Access, werden jedoch seit der Version 2013 auch von Excel unterstützt.

Voraussetzungen

Das nachfolgende Beispiel, eine Personalauswertung, basiert auf zwei Excel-Tabellen: Eine Personaltabelle mit Kostenstellen und Standort und eine Tabelle mit den Arbeitszeiten des Monats Januar, beide befinden sich in derselben Arbeitsmappe. Damit eine Beziehung zwischen den beiden Tabellen erstellt werden kann, müssen folgende Voraussetzungen erfüllt sein:

- Jede der Tabellen muss über eine Spalte mit übereinstimmendem Inhalt verfügen, diese wird auch als Schlüsselspalte oder Schlüsselfeld bezeichnet. Das bedeutet, über diese Spalte ist ein eindeutiger Bezug auf die andere Tabelle möglich, im Beispiel ist dies die Spalte *Personal-Nr*.

- In der Tabelle *Personaldaten* muss die Personalnummer eindeutig sein, d. h. die Spalte *Personal-Nr.* darf keine doppelten Werte enthalten (Duplikate).
- Handelt es sich um Excel-Tabellen, dann muss jede Tabelle als Tabellenbereich formatiert sein und sollte zwecks besserer Übersicht einen aussagekräftigen Namen erhalten. **Achtung**: Namen von Tabellen sind nicht identisch mit den Namen von Arbeitsblättern und dürfen nicht mit diesen verwechselt werden. In diesem Beispiel hat die Tabelle mit den Personaldaten den Namen *Personaldaten* erhalten und die Tabelle mit den Arbeitszeiten den Namen *Zeiten_Januar*.

Verbindung zu externen Daten, siehe Kapitel 5.2 auf Seite 230.

Statt Excel-Tabellen können Sie auch Daten aus einer Verbindung zu einer externen Datenquelle verwenden.

Bild 6.86 Die Tabelle Personaldaten

Personal-Nr.	Nachname	Vorname	Kostenstelle	Eintrittsdatum	Standort
75	Moser	Karl	300	01.05.2011	München
76	Kabelschacht	Alfred	100	15.03.2015	Regensburg
77	Hinterleitner	Sandra	100	12.01.1998	München
79	Thomas	Sabine	200	01.01.2016	Ulm
80	Baumholtz	Philipp	100	23.07.2013	Ulm
81	Muster	Tobias	300	18.11.2012	München
83	Nordhoff	Silke	400	01.03.2010	Regensburg
84	Leutz	Sven	400	19.02.2003	Regensburg
86	Mumpitz-Mummenschanz	Nicole	300	21.06.2015	Ulm
87	Rumpenhorst	Walter	300	01.09.2009	Pfarrkirchen
89	Weber	Wolfgang	200	07.04.2003	Pfarrkirchen
90	Pförtner	Max	200	15.05.2014	Ulm
91	Wiesenbrecht	Kurt	200	04.07.2017	Pfarrkirchen
92	Schulz	Emma	100	01.03.2017	München
93	Dörfler	Jasmin	100	15.06.2017	Regensburg

Personalliste | Zeiten

Bild 6.87 Die Tabelle Zeiten_Januar

Arbeitszeitauswertung

Monat: Januar

Personal-Nr.	Istzeit
75	160
76	148
77	171
79	120
80	68
81	158
83	160
84	163
86	159
87	122
89	130
90	140
91	60
92	120
93	160

Personalliste | Zeiten

Personal.xlsx

Pivot-Tabelle mit Feldern aus beiden Tabellen erstellen

Im nächsten Schritt erstellen Sie aus den Feldern der beiden Tabellen eine Pivot-Tabellen und stellen eine Beziehung zwischen den Tabellen her.

1 Klicken Sie in die erste Tabelle, hier *Zeiten_Januar*, und klicken Sie im Register *Einfügen* ▶ *Tabellen* auf *PivotTable*. Kontrollieren Sie den Zellbereich und aktivieren Sie unbedingt das Kontrollkästchen *Dem Datenmodell diese Daten hinzufügen*. Klicken Sie dann auf *OK*.

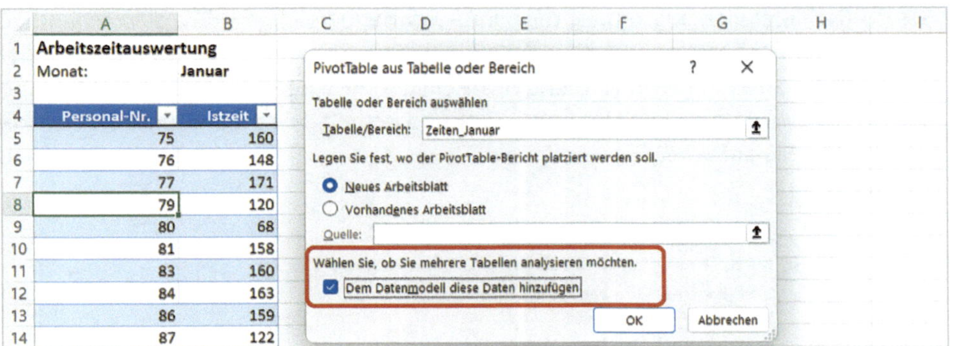

Bild 6.88 Daten dem Datenmodell hinzufügen

Hinweis: Wenn Sie Daten aus einer anderen externen Quelle verwenden, dann müssen Sie beim Laden oder Erstellen der Verbindung die Daten ebenfalls dem Datenmodell hinzufügen, s. Seite 245.

2 Die Felder dieser Tabelle erscheinen nun im Aufgabenbereich *PivotTable-Felder*. Klicken Sie im Aufgabenbereich auf das Register *Alle* ❶, wie in Bild 6.89 (statt *Aktiv*). Hier erhalten Sie Zugriff auf die übrigen Tabellen der Arbeitsmappe oder des Datenmodells, in diesem Beispiel also auch auf die Tabelle *Personaldaten* ❷.

3 Klicken Sie auf den kleinen Pfeil links von dieser Tabelle, um auch deren Felder anzuzeigen. Nun können Sie Felder aus beiden Tabellen in die Pivot-Tabelle aufnehmen. Da hier eine Auswertung der Arbeitszeiten nach Kostenstellen erstellt werden soll, ziehen Sie also aus der Tabelle *Personaldaten* das Feld *Kostenstelle* in den Bereich *Zeilen* und aus der Tabelle *Zeiten_Januar* das Feld *Istzeit* in den Bereich *Werte* ❸.

4 Allerdings ist das Ergebnis noch nicht zufriedenstellend, wie ein Blick in die Tabelle ❹ zeigt, da für jede Kostenstelle dieselbe Istzeit berechnet wird. Der Grund: Es muss zwischen den beiden Tabellen noch eine Beziehung über das gemeinsame Feld, die Personalnummer, hergestellt werden.

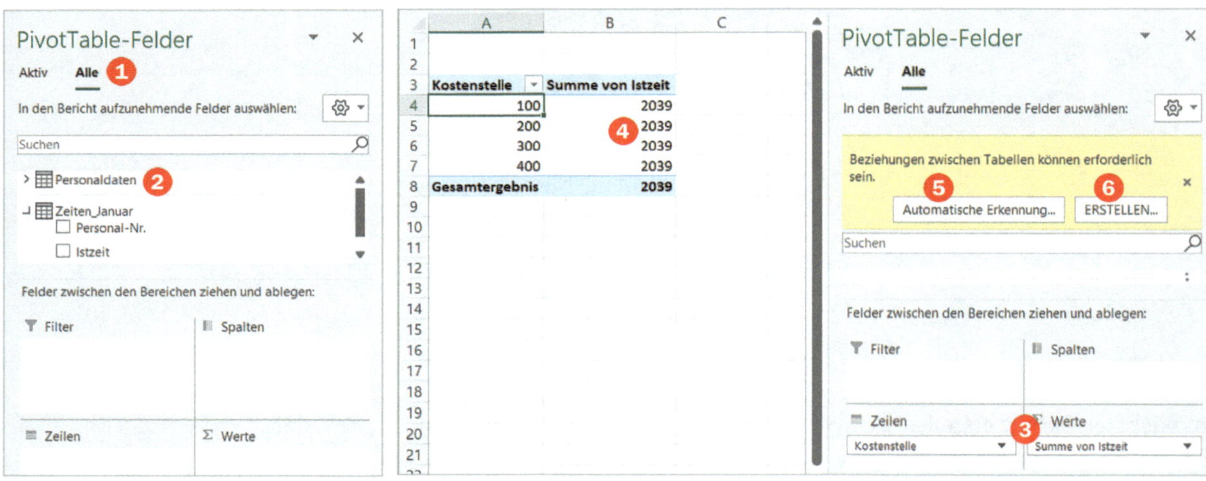

Bild 6.89 Klicken Sie auf das Register Alle

Bild 6.90 Ziehen Sie Felder aus beiden Tabellen in die Bereiche

5 Sie haben nun zwei Möglichkeiten, eine Beziehung herzustellen:

- **Beziehung automatisch erstellen**: Stimmen in den Tabellen die Spaltenüberschriften überein, wie in diesem Beispiel, dann kann Excel die Beziehung automatisch erstellen. Klicken Sie dazu im Aufgabenbereich *PivotTable-Felder* auf die Schaltfläche *Automatische Erkennung...* ❺. Excel versucht nun, eine Beziehung zu erstellen und blendet anschließend eine entsprechende Meldung ein. Wurde eine Beziehung erkannt und erstellt, wie im Bild unten, dann klicken Sie auf *Schließen*.

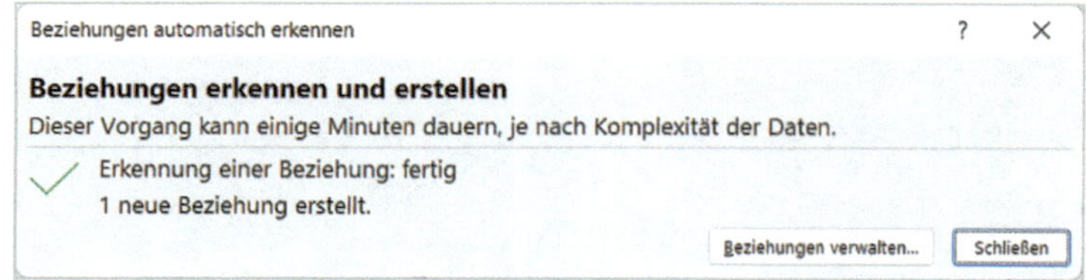

Bild 6.91 Die Beziehung wurde automatisch erstellt

- **Beziehung manuell herstellen:** Falls die automatische Erkennung nicht erfolgreich war, müssen Sie die Beziehung manuell erstellen, klicken Sie dazu auf die Schaltfläche *ERSTELLEN...* ❻.

  Im Fenster *Beziehungen erstellen* (Bild 6.92) legen Sie anschließend die Tabellen und Spalten fest. Klicken Sie in das Feld *Tabelle* ❼ und wählen Sie *Datenmodelltabelle Zeiten_Januar* aus, im Feld *Spalte (fremd)* wählen Sie das Feld *Personal-Nr.* aus ❽.

  Im Feld *Verwandte Tabelle* ❾ legen Sie mit der Auswahl *Datenmodelltabelle Personaldaten* die zweite Tabelle fest und im Feld *Verwandte Spalte (Primär)* ebenfalls die Personalnummer. Klicken Sie dann auf *OK*.

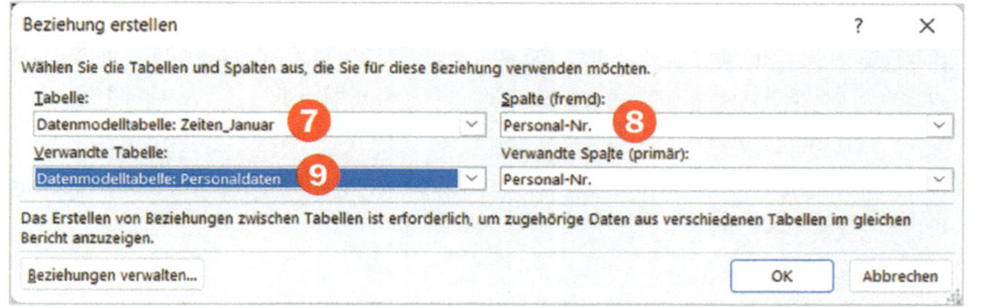

Bild 6.92 Fenster Beziehung erstellen

Erklärung: Mit *Verwandte Tabelle* und *Verwandte Spalte (Primär)* ist diejenige Tabelle gemeint, in der die Personalnummer das eindeutige Merkmal darstellt, auch als Primärschlüssel bezeichnet. Dies ist hier die Personaltabelle.

Jetzt sieht das Ergebnis in der Tabelle schon anders aus. Wenn gewünscht, können Sie die Tabelle nun auch noch um die Standorte erweitern, wie im Bild unten.

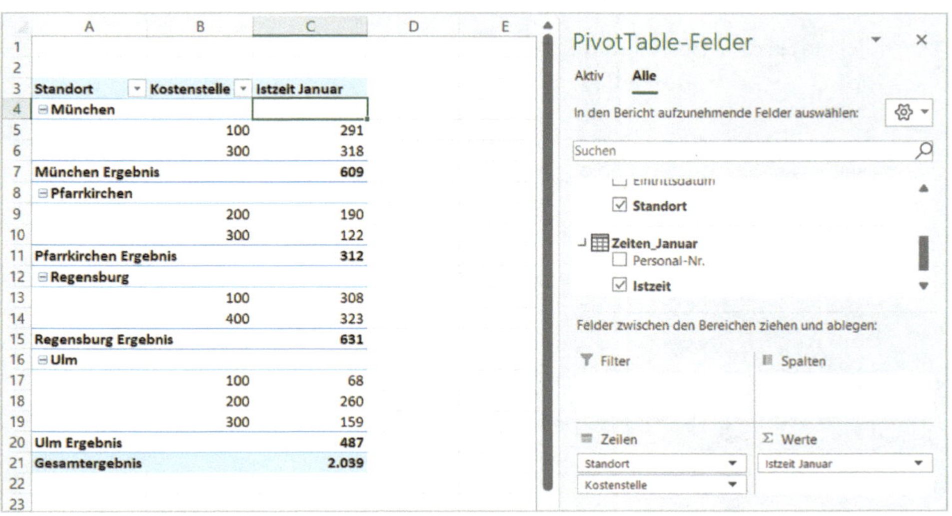

Standort	Kostenstelle	Istzeit Januar
München		
	100	291
	300	318
München Ergebnis		609
Pfarrkirchen		
	200	190
	300	122
Pfarrkirchen Ergebnis		312
Regensburg		
	100	308
	400	323
Regensburg Ergebnis		631
Ulm		
	100	68
	200	260
	300	159
Ulm Ergebnis		487
Gesamtergebnis		2.039

Bild 6.93 Das Ergebnis

6.9 Pivot-Diagramme (PivotChart)

Pivot-Diagramme (PivotCharts) dienen zur grafischen Darstellung von Pivot-Tabellen und besitzen auch dieselben Eigenschaften. In Bezug auf Layout und Formatierungen dagegen unterscheiden sich PivotCharts nicht von normalen Excel-Diagrammen. Sie können ein Pivot-Diagramm aus einer vorhandenen Pivot-Tabelle erstellen oder mit einem neuen Diagramm beginnen. Auch im letzteren Fall erhalten Sie zusammen mit dem Diagramm eine Pivot-Tabelle und zum Erstellen des Diagramms ziehen Sie die Felder entweder in die Diagrammbereiche oder bearbeiten die Pivot-Tabelle.

Was Sie über den Umgang mit PivotCharts wissen müssen

- Jedes Pivot-Diagramm basiert auf einer Pivot-Tabelle und beide bilden eine untrennbare Einheit. Ein Umstellen der Felder in der Tabelle wirkt sich daher auch auf die Darstellung im Diagramm aus und umgekehrt. Auch Filter beziehen sich immer auf Tabelle und Diagramm gleichzeitig.
- Ein Pivot-Diagramm bezieht immer alle Felder der dazugehörigen Pivot-Tabelle mit ein. Es ist also nicht möglich, nur aus bestimmten Feldern der Tabelle ein Diagramm zu erstellen.

Aus Pivot-Tabelle erstellen

PivotChart_Beispiele.xlsx

Hier ein einfaches Beispiel, wie Sie aus einer vorhandenen Pivot-Tabelle, hier die Umsätze der Produktgruppen in den Jahren 2020 und 2021, schnell ein Diagramm erstellen. Von Excel automatisch berechnete Gesamtergebnisse werden im Diagramm nicht berücksichtigt, müssen also in der Tabelle nicht ausgeblendet werden.

1 Klicken Sie an eine beliebige Stelle der Pivot-Tabelle und dann im Register *PivotTable-Analyse* ▶ *Tools* auf *PivotChart* ❶.

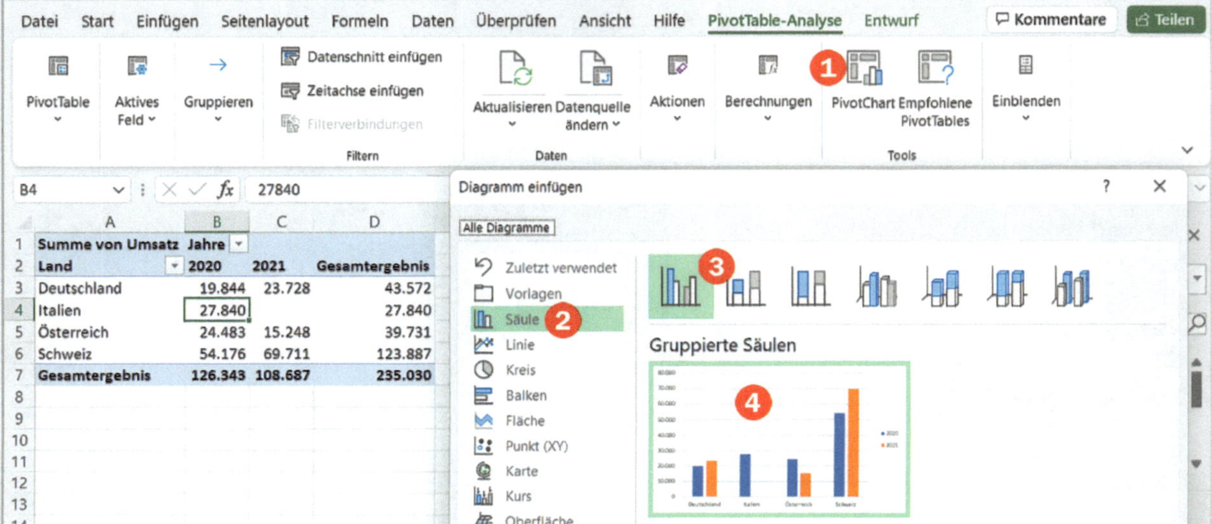

Bild 6.94 Pivot-Diagramm aus Tabelle erstellen

2 Das Fenster *Diagramm einfügen* öffnet sich: Wählen Sie aus der Liste links den gewünschten Diagrammtyp, z .B. *Säule* ❷.

- Rechts erhalten Sie verschiedene Untertypen zur Auswahl ❸, z. B. Säulengruppen, gestapelte Säulen oder 3D-Darstellung usw..
- Unterhalb sehen Sie eine Vorschau auf den markierten Untertyp zusammen mit Ihren Daten ❹, diese wird beim Zeigen in die Vorschau vergrößert.

3 Mit Klick auf *OK* wird das ausgewählte Diagramm im selben Tabellenblatt wie die Pivot-Tabelle eingefügt und kann anschließend mit der Maus beliebig platziert, sowie vergrößert oder verkleinert werden.

Pivot-Diagramm neu erstellen

Wenn noch keine passende Pivot-Tabelle vorhanden ist, dann können Sie auch gleich mit dem Diagramm beginnen. Die dazugehörige Tabelle wird in diesem Fall automatisch zusammen mit dem Diagramm in das Arbeitsblatt eingefügt. So gehen Sie vor:

▶ Wenn sich die Ausgangsdaten in aktuellen Arbeitsmappe befinden, dann klicken Sie die Tabelle mit den Quelldaten und dann im Menüband, Register *Einfügen* ▶ *Diagramme* auf *PivotChart* ❶. Wählen Sie die Option *Tabelle oder Bereich auswählen* und kontrollieren Sie, ob der Datenbereich richtig erkannt wurde ❷.

▶ Soll dagegen das Diagramm mit Daten aus einer Verbindung (s. Power Query) erstellt werden, so klicken Sie in das leere Arbeitsblatt und dann auf *PivotChart*. Wie beim Erstellen einer Pivot-Tabelle wählen Sie anschließend die Option *Externe Datenquelle verwenden* ❸ und klicken auf *Verbindung auswählen...*.

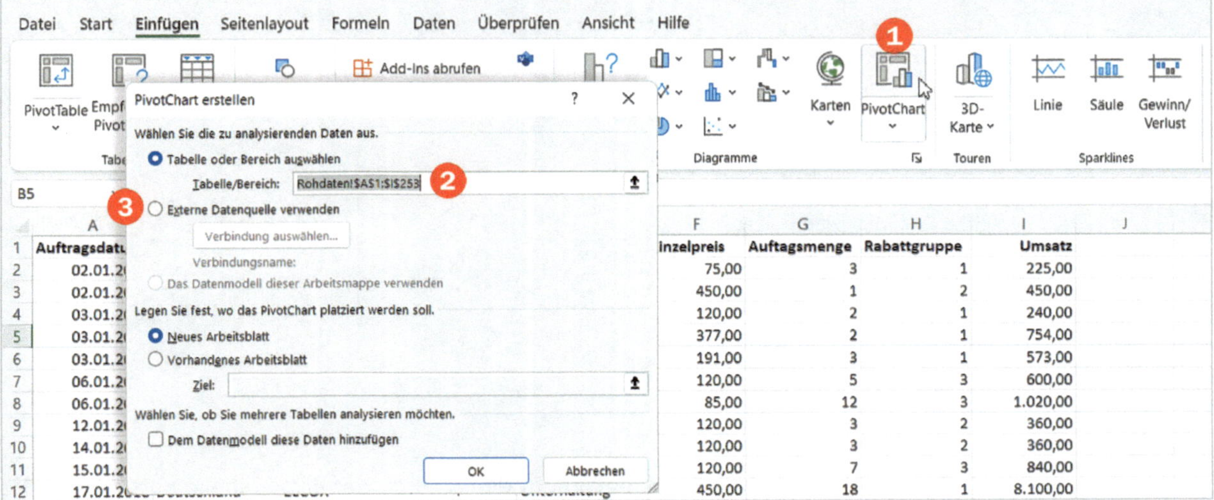

Bild 6.95 PivotChart einfügen

Excel erstellt in einem neuen oder dem angegebenen Arbeitsblatt den Diagrammbereich zusammen mit einem leeren verknüpften Tabellenbereich. Die weitere Vorgehensweise unterscheidet sich nicht von Pivot-Tabellen. Abhängig davon, ob die leere

Pivot-Tabelle oder das leere Diagramm markiert ist, erscheint rechts entweder der Aufgabenbereich *PivotTable-Felder* oder *PivotChart-Felder*.

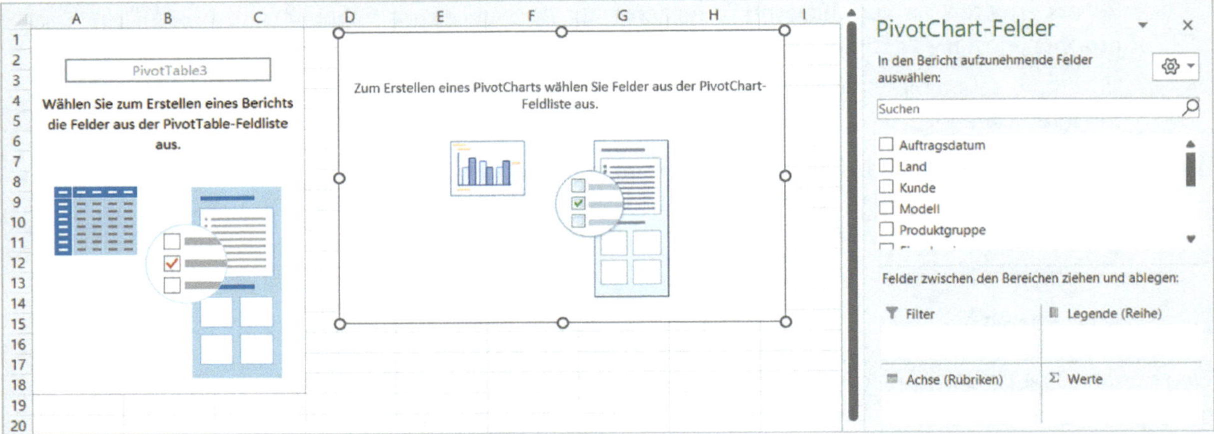

Bild 6.96 Diagrammbereich und Tabelle

Da Diagramm und Tabelle miteinander verknüpft sind, ist es eigentlich egal, in welchem Aufgabenbereich Sie arbeiten. Ziehen Sie beispielsweise im Aufgabenbereich *PivotChart-Felder* den *Umsatz* in den Wertebereich und das Feld *Land* in den Bereich *Achse*, so bilden die Länder beim standardmäßig erstellten Säulendiagramm die X-Achse und erscheinen gleichzeitig als Zeilenbeschriftung in der Pivot-Tabelle (siehe Bild unten). Dasselbe Ergebnis erhalten Sie auch, wenn Sie in die Tabelle klicken und im Bereich *PivotTable-Felder* das Feld *Land* in den Bereich *Zeilen* ziehen.

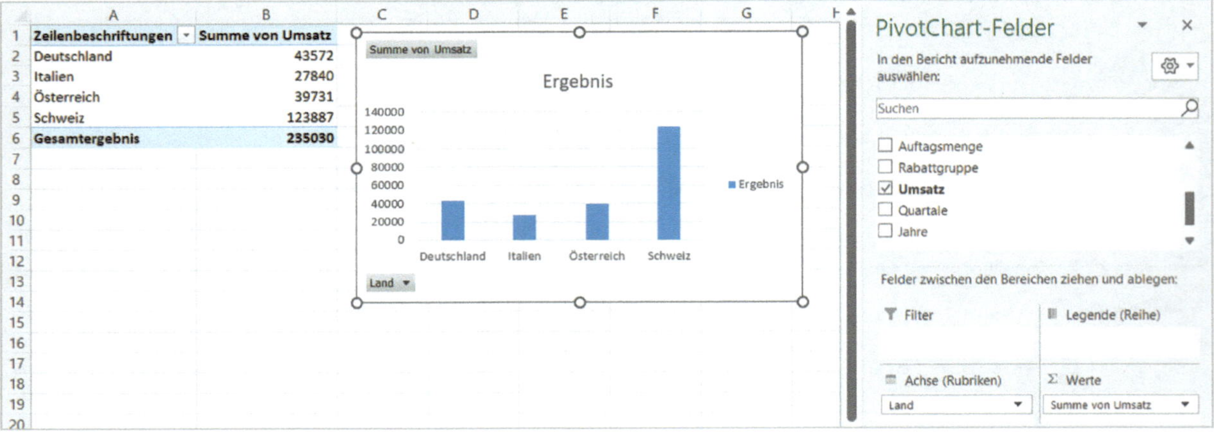

Zeilenbeschriftungen	Summe von Umsatz
Deutschland	43572
Italien	27840
Österreich	39731
Schweiz	123887
Gesamtergebnis	**235030**

Bild 6.97 Die Bereiche Zeilen und Achse sind identisch

Der Bereich Legende (Reihe)

Der Bereich *Legende (Reihe)* entspricht den Spalten der Pivot-Tabelle und erlaubt das Nebeneinanderstellen oder Übereinanderstapeln von zwei oder mehr Datenreihen. Wenn beispielsweise die Umsätze der Produktgruppen für die Jahre 2020 und 2021 miteinander verglichen werden sollen, dann ordnen Sie die Produktgruppen im Bereich *Achse* (*Zeilen*) und die Jahre im Bereich *Legende* (*Spalten*) an (Bild 6.98).

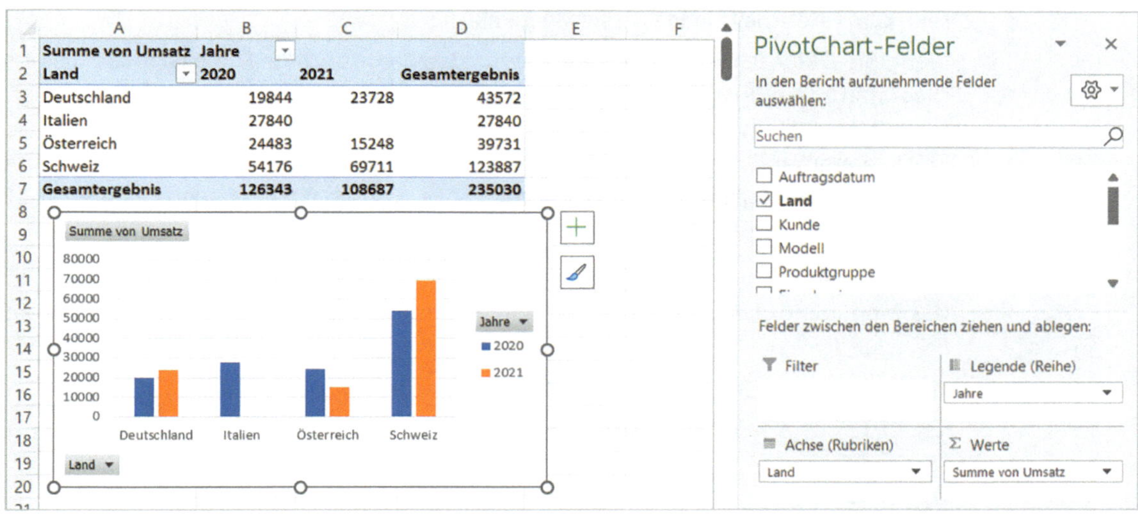

Bild 6.98 Datenreihen aus Jahren bilden

Diagramm bearbeiten

Diagrammfilter

Das Diagramm enthält dieselben Filter- und Feldschaltflächen wie die Pivot-Tabelle und jeder Filter wirkt sich auf beide aus. So können Sie z. B. im Bild 6.98 oben mit Klick auf der Filterschaltfläche der Legende (*Jahre*) nur das Jahr 2021 anzeigen.

Übersichtlicher ist das Filtern mit Datenschnitten (siehe auch Seite 288) wie in Bild 6.99, die Sie über das Register *PivotChart-Analyse* ▶ *Filtern* ▶ *Datenschnitt einfügen* hinzufügen. Auch hier gilt: Alle Filter wirken sich auf Diagramm und verbundene Pivot-Tabelle gleichzeitig aus.

Bild 6.99 PivotTable und PivotChart mit Datenschnitten filtern

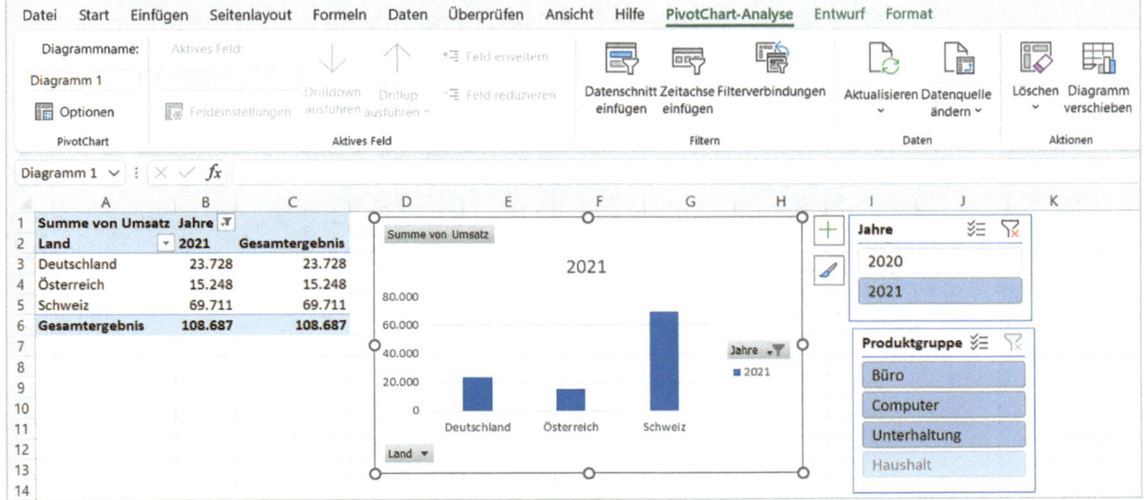

Feld- bzw. Filterschaltflächen ausblenden/einblenden

Wenn Sie Datenschnitte zum Filtern benutzen, dann sind die Filterschaltflächen des Diagramms überflüssig und können ausgeblendet werden. Ein Ausblenden der Filterschaltflächen kann auch beim Drucken des Diagramms sinnvoll sein. Dazu klicken Sie im Diagramm mit der rechten Maustaste auf eine Feldschaltfläche. Wählen Sie dann zwischen der Möglichkeit, nur die ausgewählte Feldschaltfläche auszublenden oder *Alle Feldschaltflächen im Diagramm ausblenden*.

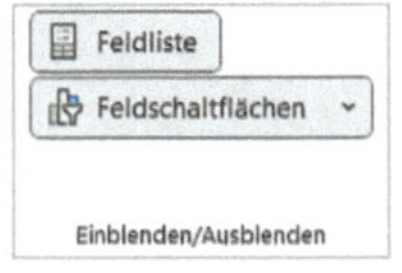

Oder klicken Sie in das Diagramm und aktivieren und deaktivieren die Anzeige über das Menüband, Register *PivotChart-Analyse* ▶ *Einblenden/Ausblenden* mit Klick auf *Feldschaltflächen*.

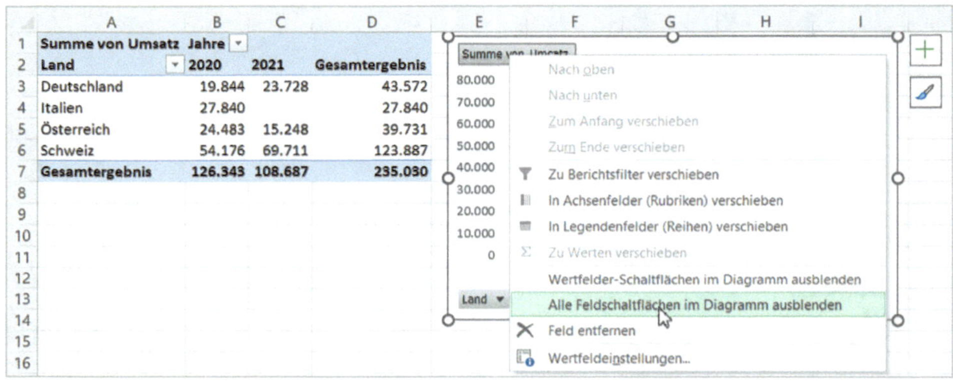

Bild 6.100 Feldschaltflächen des Diagramms ausblenden

Diagrammgröße und -position

Ein Pivot-Diagramm kann, wie jedes Diagramm durch Ziehen bzw. Verschieben mit der Maus beliebig vergrößert, verkleinert oder verschoben werden. Zur Größenänderung benutzen Sie die Markierungspunkte in den Ecken und der Mitte jeder Seite. Zum Verschieben zeigen Sie auf eine beliebige Stelle des Diagrammrahmens oder eine freie Stelle im Diagramm. In beiden Fällen erscheinen am Mauszeiger vier Richtungspfeile.

Diagramm in ein gesondertes Blatt verschieben

Wenn das Diagramm in ein gesondertes Arbeitsblatt verschoben werden soll, dann klicken Sie im Menüband, Register *PivotChart-Analyse* ▶ *Aktionen* auf *Diagramm verschieben*. Dieselbe Schaltfläche finden Sie auch im Register *Entwurf* ▶ *Ort*. Wählen Sie anschließend die Option *Neues Blatt*, im Feld daneben können Sie diesem Blatt auch gleich einen Namen geben.

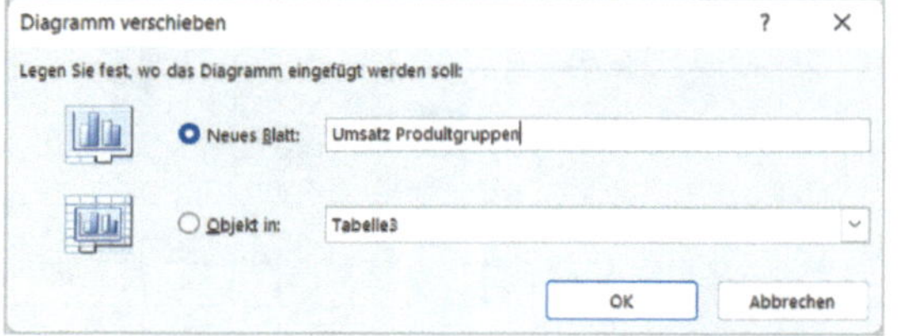

Bild 6.101 Diagramm in ein neues Blatt verschieben

Diagrammtyp ändern

Standardmäßig erhalten Sie beim Einfügen eines Pivot-Diagramms zunächst ein Säulendiagramm. Zum Ändern des Diagrammtyps klicken Sie in das Diagramm und im Menüband, Register *Entwurf* auf *Diagrammtyp ändern*.

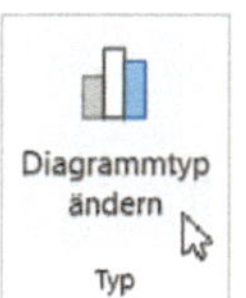

Datenreihen sortieren

Mit Ausnahme von zeitlichen Abläufen macht eine Sortierung nach Werten ein Diagramm übersichtlicher. Standardmäßig werden Pivot-Tabellen und damit auch die dazugehörigen Diagramme nach Zeilenfeldern sortiert. Um nach Werten, z. B. nach Umsätzen zu sortieren, klicken Sie mit der rechten Maustaste entweder in der Pivot-Tabelle auf die Wertespalte oder im Diagramm auf eine beliebige Säule oder Balken und auf *Sortieren*. Im Untermenü können Sie zwischen aufsteigender und absteigender Sortierung wählen.

Achtung Balkendiagramme: Excel sortiert in Balkendiagrammen von unten nach oben. Wenn sich der höchste Umsatz ganz oben befinden soll, dann müssen Sie aufsteigende Sortierung wählen.

Bild 6.102 Beispiel Balkendiagramm aufsteigend sortieren

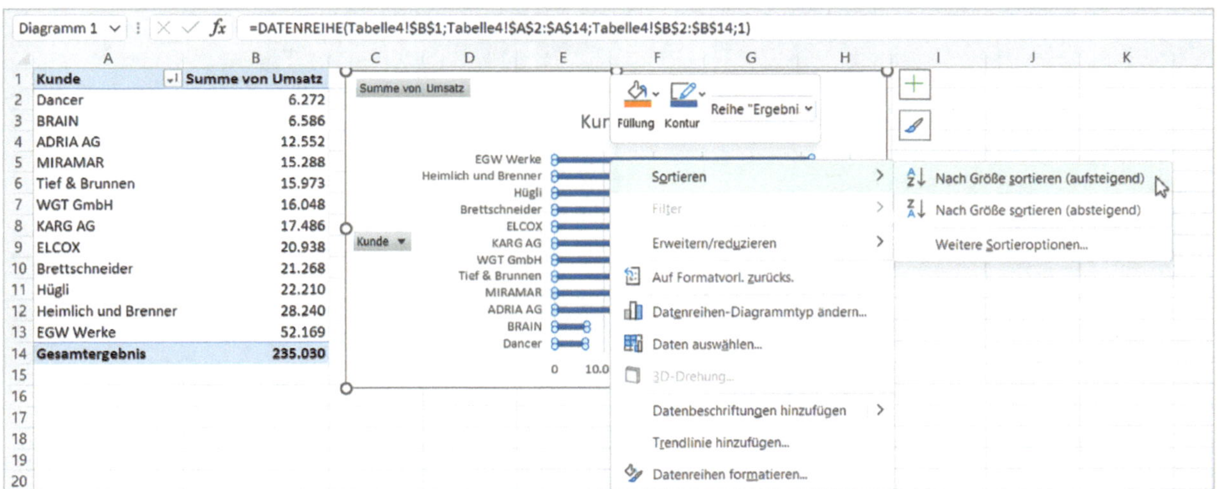

Die übrigen Bearbeitungs- und Gestaltungsmöglichkeiten eines Pivot-Diagramms unterscheiden sich nicht von den normalen Diagrammen. Weitergehende Möglichkeiten, auch zu normalen Diagrammen finden Sie im nächsten Kapitel dieses Buches.

Tipp: Pivot-Tabelle ausblenden

Pivot-Diagramm und die dazugehörige Tabelle bilden eine untrennbare Einheit. Änderungen an der Tabelle wirken sich auf das Diagramm aus und umgekehrt. Wenn Sie unbeabsichtigte Änderungen am Diagramm verhindern möchten, dann verschieben Sie beispielsweise das Diagramm so, dass es die Tabelle vollständig überlagert. Oder verschieben Sie das Diagramm in ein gesondertes Arbeitsblatt und blenden anschließend das Blatt mit der Pivot-Tabelle aus (Register *Start* ▶ *Zellen*, Schaltfläche *Format* ▶ *Ausblenden und Einblenden*.

7 Diagramme für Fortgeschrittene

In diesem Kapitel lernen Sie ...

- Besondere Diagrammtypen
- Diagrammelemente hinzufügen und bearbeiten
- Darstellung der Diagrammachsen
- Zwei Diagrammtypen kombinieren
- Geografische Informationen in Karten darstellen

Das sollten Sie bereits wissen

- Einfache Diagramme erstellen und formatieren
- Standarddiagrammtypen einsetzen

Diagramme sind mit Excel im Prinzip schnell erstellt: Zellbereich samt Beschriftungen markieren und im Register *Einfügen* den gewünschten Diagrammtyp auswählen. Zuletzt noch über die beiden Diagrammtools-Register *Entwurf* und *Format* einige Formatierungen und Effekte hinzufügen und fertig ist das Diagramm. Doch nicht immer funktioniert alles reibungslos, manchmal weigert sich Excel, eine Zeile oder Spalte als Beschriftung der X-Achse zu verwenden oder die Achseneinteilung entspricht nicht Ihren Vorstellungen. Zudem muss es auch nicht immer ein Linien, Säulen-, Balken- oder Tortendiagramm sein.

7.1 Besondere Diagrammtypen

Punktdiagramm (XY)

Im Gegensatz zu Liniendiagrammen verfügt ein Punktdiagramm über zwei numerische Achsen und stellt die Daten als Einzelpunkte innerhalb eines X/Y-Koordinatensystems dar. Jeder Punkt wird durch ein Wertepaar aus den beiden Reihen gebildet. Dieser Diagrammtyp wird daher auch als X/Y-Diagramm bezeichnet. Auf diese Weise können beispielsweise die Werte aus zwei Messreihen miteinander verglichen werden, um einen möglichen Zusammenhang zwischen beiden festzustellen.

Als Beispiel im Bild unten die Werte in *Reihe 1* und *Reihe 2*.

Bild 7.1 Beispiel Punktdiagramm

Punkt_Blasendiagramm.xlsx

Auch die Schnellanalyse bietet ein Punktdiagramm an, allerdings ohne Untertypen.

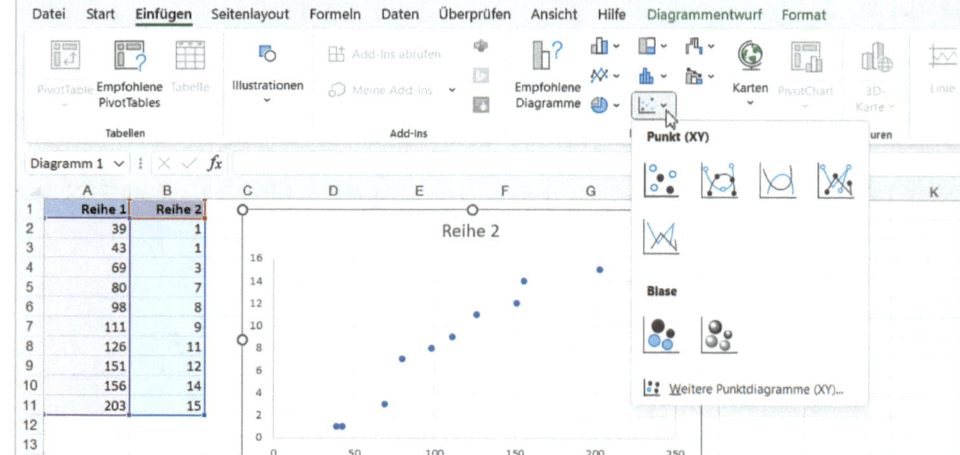

Zum Erstellen eines Punktdiagramms markieren Sie beide Wertereihen (**Achtung**: Beide müssen Zahlen enthalten), klicken im Menüband, Register *Einfügen* ▶ *Diagramme* auf das Symbol *Punkt- oder Blasendiagramm einfügen* und auf den gewünschten Untertyp. Einige Untertypen verbinden zusätzlich die Datenpunkte mit Linien, beachten Sie bei deren Verwendung:

- Interpolierte Linien eignen für Wertepaare, die auf einer Formel basieren.

- Gerade Linien können für unterschiedliche Maßeinheiten verwendet werden, die Werte sollten allerdings sortiert sein.

Achsenzuordnung ändern

Die Achsenzuordnung erfolgt automatisch, wobei die erste markierte Reihe (hier *Reihe1*) auf der X-Achse und die zweite Reihe auf der (senkrechten) Größenachse eingetragen wird. Falls Sie die Achsenzuordnung ändern möchten, klicken Sie in das Diagramm und im Register *Diagrammentwurf* auf *Daten auswählen*.

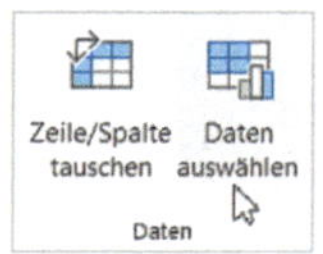

1 Das Fenster *Datenquelle auswählen* wird geöffnet, hier können Sie nun die Datenreihen bearbeiten. Markieren Sie in der Liste *Legendeneinträge (Reihen)* die zu bearbeitende Reihe, im Bild unten *Reihe 2* und klicken Sie auf *Bearbeiten*.

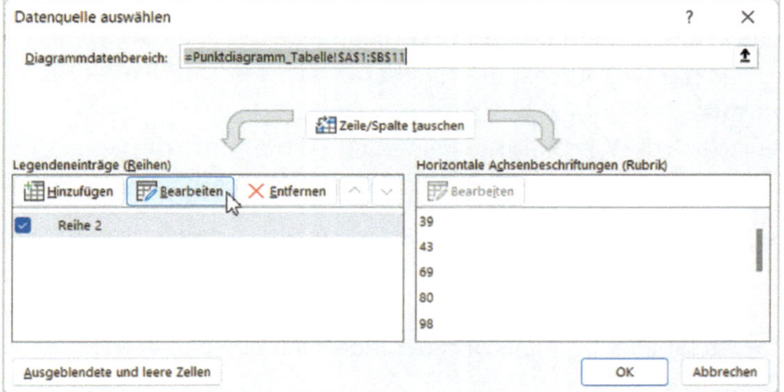

Bild 7.2 Datenquelle auswählen und bearbeiten

2 Im Fenster *Datenreihe bearbeiten* können Sie nun der Reihe nach festlegen, aus welcher Spalte der Tabelle die jeweilige Reihe gebildet werden soll. Klicken Sie in das Feld *Werte der Reihe X*, löschen Sie den Inhalt und markieren Sie dann in der Tabelle mit der Maus den gewünschten Zellbereich, in unserem Beispiel B2:B11. Genauso verfahren Sie mit den *Werten der Reihe Y*.

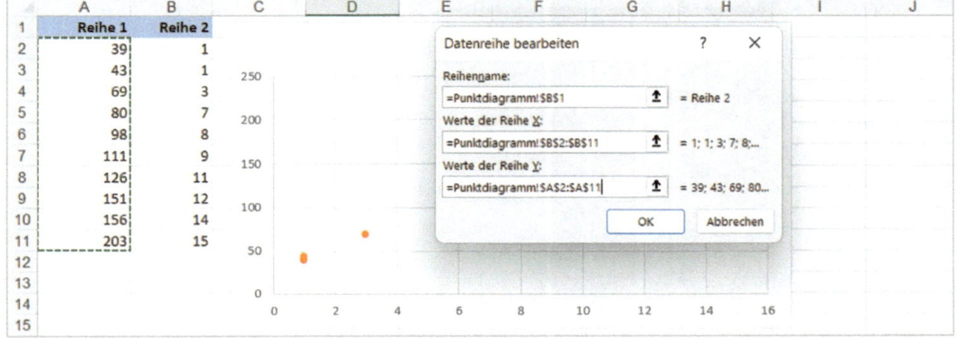

Bild 7.3 Datenreihe bearbeiten

3 Im Feld *Datenreihenname* können Sie zuletzt noch die Beschriftung angeben, entweder durch Tastatureingabe oder Anklicken der betreffenden Spaltenüberschrift. Klicken Sie dann auf *OK*.

Alternativ können Sie auch mit einem leeren Punktdiagramm beginnen, indem Sie beim Einfügen des Diagramms eine beliebige leere Zelle außerhalb der Tabelle markieren. Anschließend klicken Sie auf *Daten auswählen* und verfahren wie oben beschrieben.

Blasendiagramm

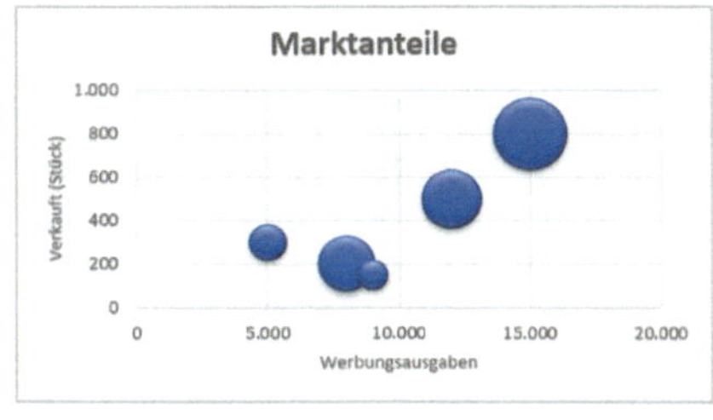

Blasendiagramme sind eine Sonderform des Punktdiagramms, mit dem Unterschied, dass hier nicht nur zwei, sondern gleich drei Wertereihen dargestellt werden. Die dritte Reihe bestimmt die Größe der Blase.

Beispiel: Sie möchten in einem Diagramm die verkauften Stückzahlen, Ausgaben für Werbung und zusätzlich den Marktanteil darstellen. Die X-Achse soll die Werbungsausgaben und die Y-Achse die verkauften Stückzahlen anzeigen, die Marktanteile sollen durch die Größe der Blasen dargestellt werden.

Achtung: Der Typ Blase ist in der Schnellanalyse nicht verfügbar!

Auch hier erfolgt die Zuordnung der Reihen zu den Achsen automatisch von links nach rechts, beginnend mit der X-Achse. Falls Sie die Zuweisung der Wertereihen zu den Achsen lieber selbst vornehmen möchten, dann markieren Sie eine beliebige Zelle außerhalb des Tabellenbereichs und beginnen mit einem leeren Diagramm:

1 Klicken Sie im Register *Einfügen* ▶ *Diagramme* auf *Punkt- oder Blasendiagramm einfügen* und wählen Sie beim Typ *Blase* zwischen 2D- und 3D-Darstellung.

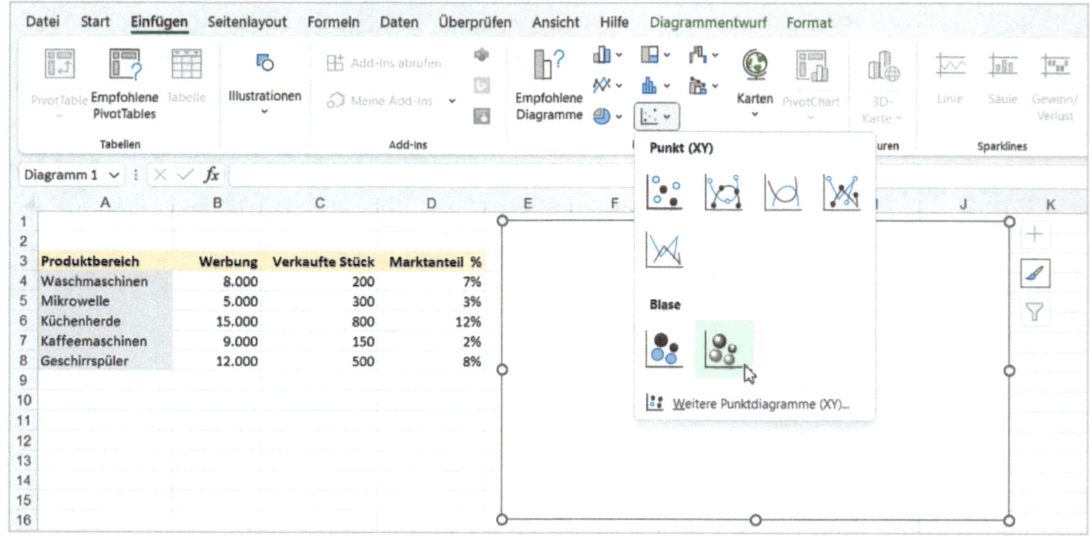

Produktbereich	Werbung	Verkaufte Stück	Marktanteil %
Waschmaschinen	8.000	200	7%
Mikrowelle	5.000	300	3%
Küchenherde	15.000	800	12%
Kaffeemaschinen	9.000	150	2%
Geschirrspüler	12.000	500	8%

Bild 7.4 Blasendiagramm einfügen

Zeile/Spalte tauschen
Daten auswählen
Daten

2 Im nächsten Schritt fügen Sie die Datenreihen hinzu. Klicken Sie in die leere Diagrammfläche und anschließend im Register *Diagrammentwurf* auf *Daten auswählen.*

3 Das Fenster *Datenquelle auswählen* wird geöffnet. Ignorieren Sie das Feld *Diagrammdatenbereich* und klicken Sie unter *Legendeneinträge (Reihen)* auf die Schaltfläche *Hinzufügen*.

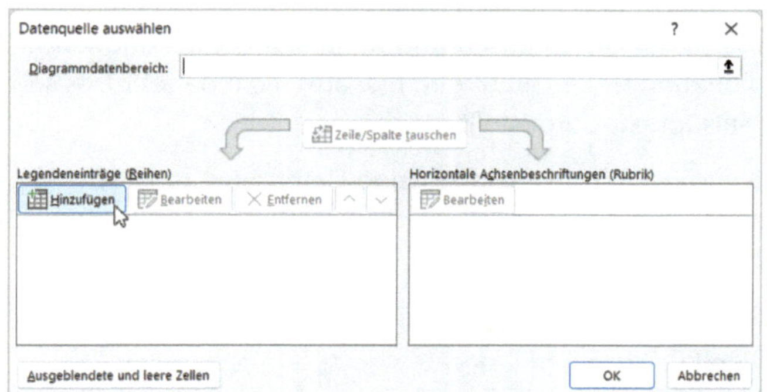

Bild 7.5 Datenquelle auswählen

4 Anschließend ordnen Sie im Fenster *Datenreihe bearbeiten* (Bild 7.6) die Werte den Achsen und der Blasengröße zu.

- Beginnen Sie mit der waagrechten X-Achse, dieser soll die Spalte *Werbung* zugeordnet werden: Klicken Sie in das Feld *Werte der Reihe X*, löschen Sie eventuell vorhandenen Inhalt und markieren Sie in der Tabelle den Zellbereich B4:B8.
- Klicken Sie dann in das Feld *Werte der Reihe Y* (Y-Achse) und markieren Sie in der Tabelle die verkauften Stückzahlen in C4:C8.
- Genauso verfahren Sie mit der *Reihenblasengröße*, hierfür geben Sie die Marktanteile in Spalte D an.

5 Der Inhalt des Feldes *Reihenname* wird auch als Diagrammtitel verwendet. Hier können Sie entweder einen Zellbezug oder eine Beschriftung, wie im Bild unten, eingeben.

Bild 7.6 Datenreihe bearbeiten

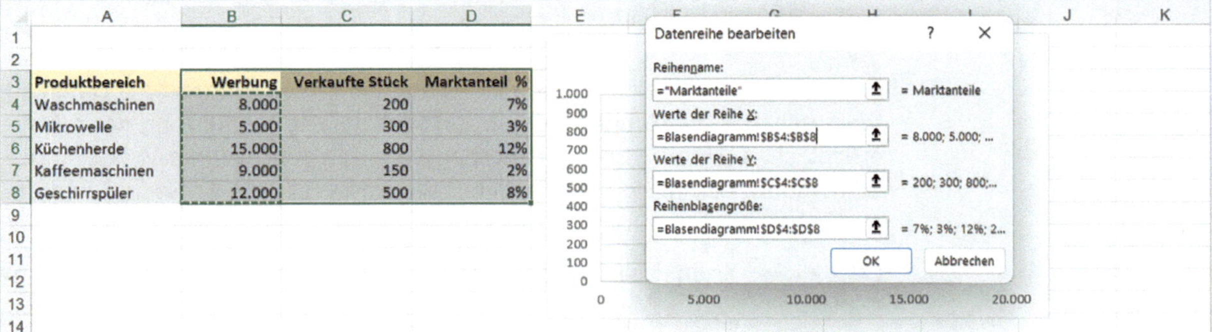

Ein Histogramm erstellen

Zur Visualisierung von Häufigkeitsverteilungen, z. B. von Altersgruppen, kommt in der Statistik häufig ein Histogramm zum Einsatz. Excel berechnet für diesen Diagrammtyp die Häufigkeit je Klasse automatisch und die Klasseneinteilung können Sie beliebig festlegen. Die Funktion HÄUFIGKEIT wird hier also nicht benötigt, es sei denn, die Zahlen sollen auch als Tabelle dargestellt werden.

1 Ein Histogramm stellt nur eine einzige Datenreihe bzw. Spalte der Tabelle dar. Markieren Sie daher ausschließlich die betreffende Spalte der Ausgangstabelle, im Bild unten das Alter in Spalte C.

2 Klicken Sie im Menüband, Register *Einfügen* auf *Statistikdiagramm einfügen* und wählen Sie den Typ *Histogramm*.

Histogramm.xlsx

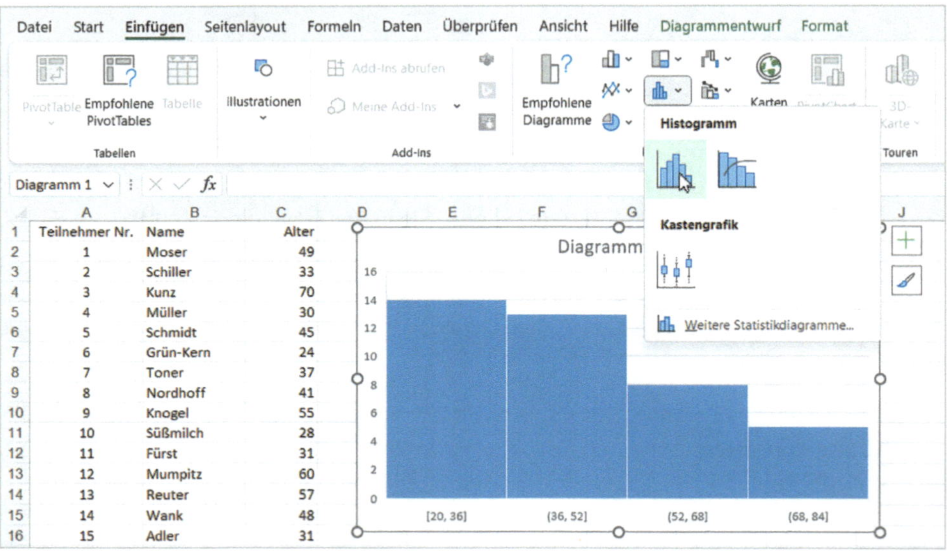

Bild 7.7 Histogramm einfügen

3 Excel wählt zunächst Anzahl und Einteilung der Klassen anhand der Daten automatisch. Die Unter- und Obergrenzen sind aus der Beschriftung der X-Achse ersichtlich, s. Bild 7.7 und entsprechen vermutlich nicht Ihren Vorstellungen. Zum Ändern klicken Sie mit der rechten Maustaste auf die X-Achse und auf *Achse formatieren....*

Oder klicken Sie in das Diagramm und dann im Register *Entwurf* auf *Diagrammelement hinzufügen*. Zeigen Sie auf *Achsen* und wählen Sie hier *Weitere Achsenoptionen....*

4 Am rechten Bildschirmrand öffnet sich der Aufgabenbereich *Achse formatieren,* die Kategorie *Achsenoptionen* ❶ sollte bereits ausgewählt sein. Klicken Sie auf das Symbol *Achsenoptionen* ❷.

5 Öffnen Sie dann unterhalb mit Klick auf das Dreieck den Abschnitt *Achsenoptionen* und legen Sie die Einstellungen für die Intervalle fest:

6 Wenn die Intervalle nicht automatisch gebildet werden sollen, dann können Sie entweder die Anzahl oder die Intervallbreite vorgeben. Für unser Beispiel verwenden wir eine Einteilung in 10er-Schritten: Wählen Sie die Option *Intervallbreite* ❸ und geben Sie im Feld daneben die Breite 10 ein ❹.

7 Falls gewünscht, können Sie sogenannte Über- und Unterlaufintervalle festlegen. In unserem Beispiel soll aus einem Alter über 70 ein Überlaufintervall gebildet werden, aktivieren Sie daher das entsprechende Kontrollkästchen ❺ und geben Sie im Feld daneben den Wert 70 ein.

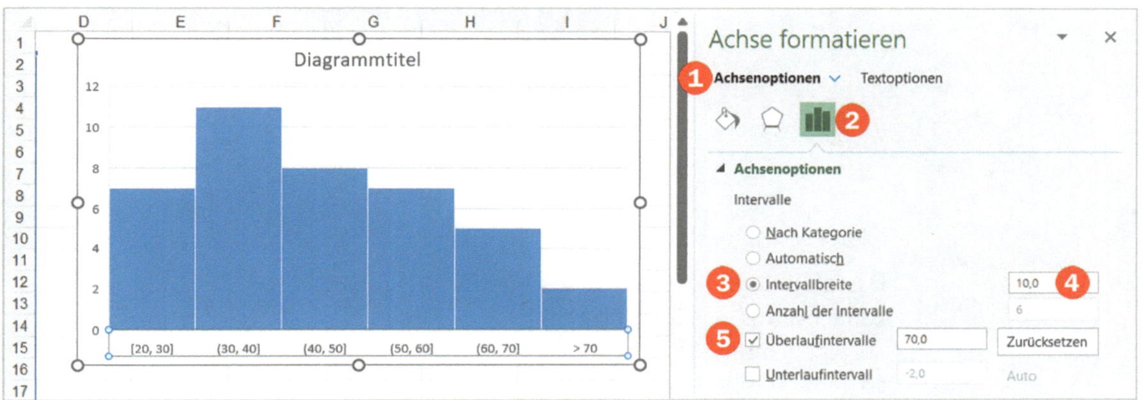

Bild 7.8 Container bearbeiten

Spezialdiagramm Alterspyramide

Für die Gegenüberstellung zweier Wertereihen, z. B. Altersgruppen von Männern und Frauen in Form einer klassischen Alterspyramide hat Excel keinen passenden Diagrammtyp parat. In diesem Fall müssen Sie selbst Hand anlegen und ein Balkendiagramm entsprechend umfunktionieren.

D2 =C2*-1

	A	B	C	D	E	F
1	Altersgruppe	Männer	Frauen	Frauen2	Gesamt	
2	16-20	3	8	-8	11	
3	21-25	7	7	-7	14	
4	26-30	5	6	-6	11	
5	31-35	12	9	-9	21	
6	36-40	15	10	-10	25	
7	41-45	10	12	-12	22	
8	46-50	9	8	-8	17	
9	51-55	11	7	-7	18	
10	56-60	6	3	-3	9	
11	>60	5	7	-7	12	
12						

Bild 7.9 In der Ausgangstabelle muss ein Geschlecht mit negativem Vorzeichen dargestellt werden

Als Beispiel erstellen wir aus der rechts abgebildeten Tabelle eine Alterspyramide. Damit die Balken für Männer und Frauen jeweils nach rechts und links weisen, benötigen Sie für eines der Geschlechter, hier Frauen, negative Werte. Zu diesem Zweck wurde einfach in der Spalte *Frauen2* der Wert aus der Spalte Frauen mit -1 multipliziert.

Hier die weitere Vorgehensweise:

Alterspyramide.xlsx

1 Markieren Sie die Spalten *Altersgruppe*, *Männer* und *Frauen2*, klicken Sie im Menüband, Register *Einfügen*, auf *Säulen- oder Balkendiagramm einfügen* und wählen Sie zunächst *Gestapelte Balken (2D-Balken)*.

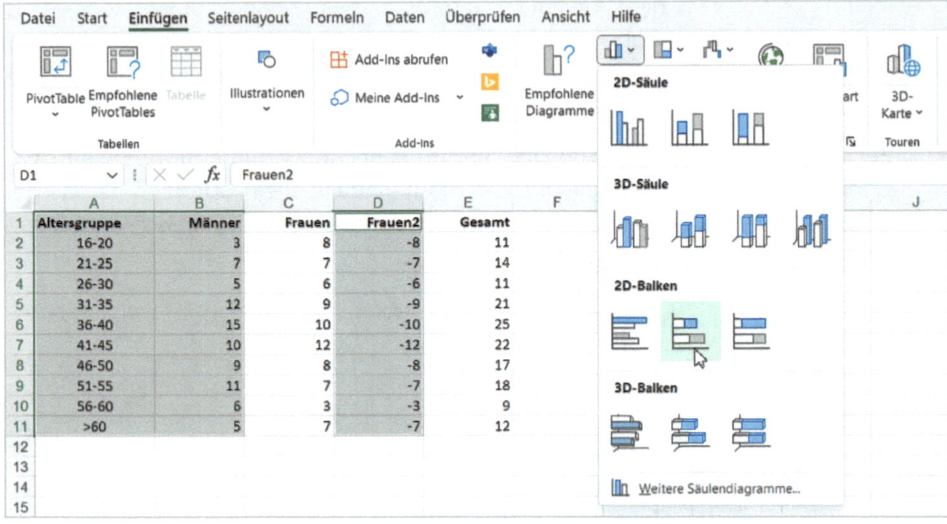

	A	B	C	D	E
1	Altersgruppe	Männer	Frauen	Frauen2	Gesamt
2	16-20	3	8	-8	11
3	21-25	7	7	-7	14
4	26-30	5	6	-6	11
5	31-35	12	9	-9	21
6	36-40	15	10	-10	25
7	41-45	10	12	-12	22
8	46-50	9	8	-8	17
9	51-55	11	7	-7	18
10	56-60	6	3	-3	9
11	>60	5	7	-7	12

Bild 7.10 Fügen Sie ein gestapeltes Balkendiagramm ein

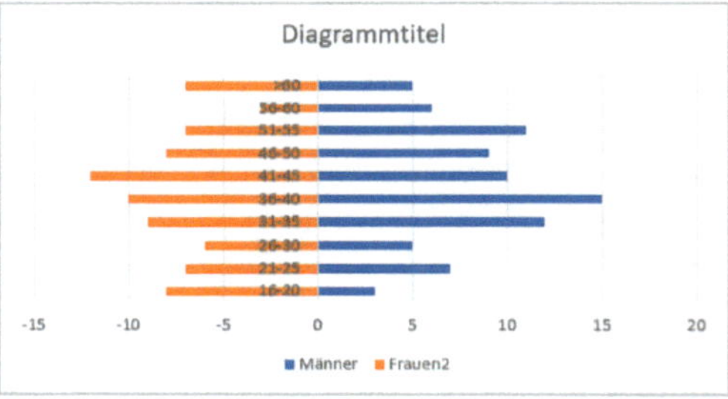

Bild 7.11 Das Balkendiagramm nach dem Einfügen

Das eingefügte Diagramm sieht zunächst aus, wie im Bild rechts; zur Umwandlung in eine Alterspyramide, sind noch einige Bearbeitungsschritte notwendig.

2 Zunächst wird die Beschriftung der vertikalen Achse aus der Mitte heraus an den linken Rand gerückt. Klicken Sie dazu mit der rechten Maustaste auf die waagrechte X-Achse ❶ und auf *Achse formatieren*.

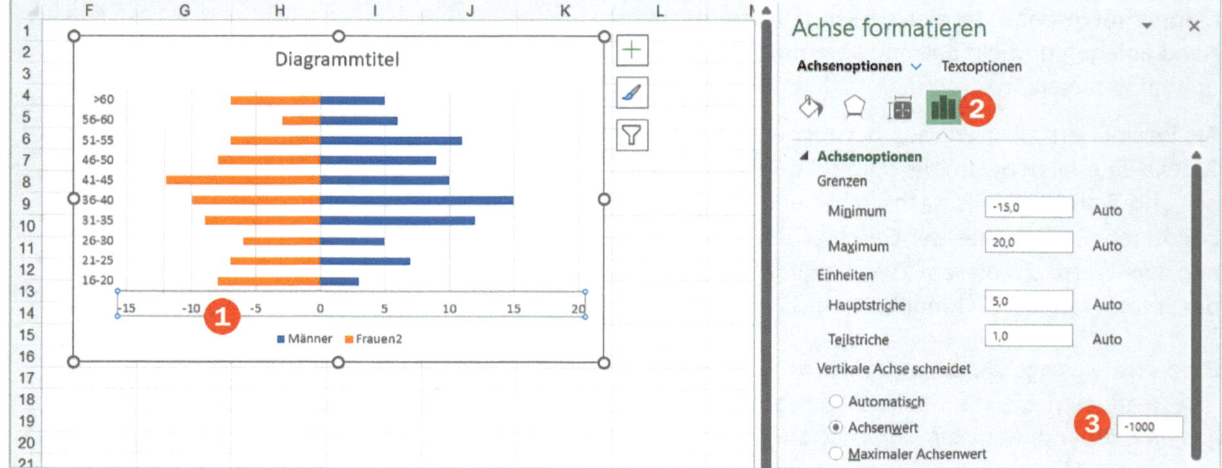

Bild 7.12 Vertikale Achse nach links rücken

3 Im Aufgabenbereich *Achse formatieren* können Sie nun unter *Achsenoptionen* ❷ und *Vertikale Achse schneidet* den Schnittpunkt und damit die Position dieser

Achse festlegen. Wählen Sie die Option *Achsenwert* ❸ und geben Sie im Feld daneben einen Wert ein, hier -1.000. Dieser Wert hat keinen Einfluss auf die Achseneinteilung und sollte daher ausreichend groß gewählt werden, also z. B. auch -10.000.

4 Nun stören noch die negativen Werte auf der X-Achse. Die Anzeige des Vorzeichens lässt sich in Aufgabenbereich unter *Achsenoptionen* mit einem entsprechenden Zahlenformat unterdrücken. Klicken Sie auf *Zahl* ❹, geben Sie im Feld *Formatcode* ❺ das folgende Zahlenformat ein: 0;0 und klicken Sie auf *Hinzufügen* ❻. **Erklärung**: Das erste Zahlenformat legt das Aussehen positiver Zahlen fest und das zweite nach dem Semikolon das Aussehen negativer Zahlen.

Bild 7.13 Zahlenformat X-Achse

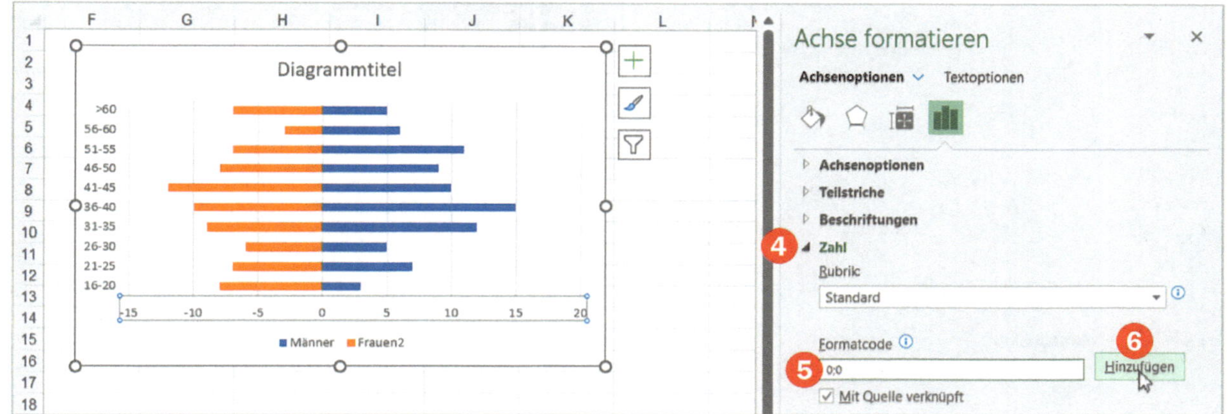

5 Wenn jetzt noch die Abstände zwischen den Balken verringert oder ganz beseitigt werden sollen, dann klicken Sie mit der linken Maustaste auf einen beliebigen Balken. Die gesamte Datenreihe wird markiert ❼ und im Aufgabenbereich sehen Sie nun die Überschrift *Datenreihen formatieren* ❽. Unter *Reihenoptionen* können Sie nun die *Abstandsbreite* ❾ auf 0% herabsetzen. Farben, Titel und sonstige Formate des Diagramms ändern Sie nach Belieben.

Bild 7.14 Balkenabstände verringern

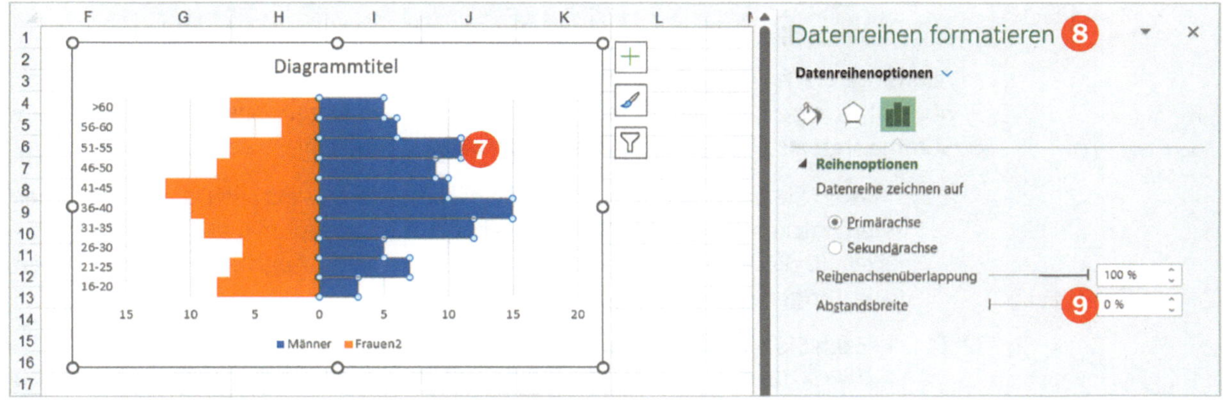

Wasserfalldiagramm

Ein Wasserfalldiagramm zeigt im Gegensatz zum Säulendiagramm nicht den Wert an, sondern verdeutlicht die jeweilige Zu- oder Abnahme. Damit lassen sich beispielsweise die Zu- und Abgänge eines Bankkontos oder die Berechnung des Deckungsbeitrags darstellen. Als einfaches Beispiel die monatlichen Gehaltsabzüge, wie im Bild unten.

Zum Einfügen des Diagramms markieren Sie die darzustellenden Zahlen samt Beschriftung, klicken im Register *Einfügen* auf *Wasserfall-, Trichter-, Kurs, Oberflächen- oder Netzdiagramm einfügen* und wählen den Typ *Wasserfall*.

Bild 7.15 Beispiel Gehaltsabzüge

Wasserfalldiagramm.xlsx

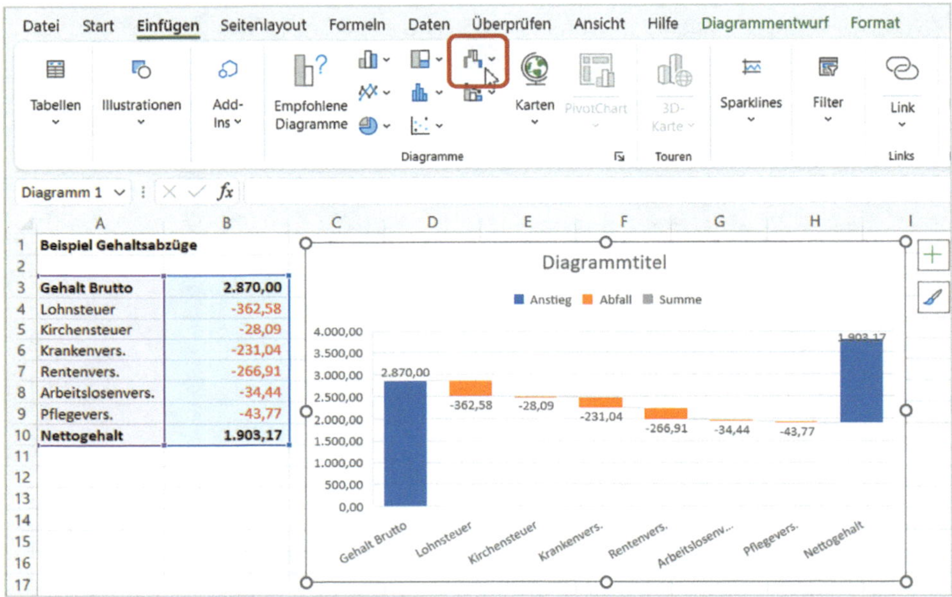

Positive und negative Veränderungen werden automatisch in unterschiedlichen Farben dargestellt und eine passende Legende unterhalb des Diagrammtitels eingefügt.

Summen darstellen

Allerdings erscheint zunächst das Nettogehalt als Zunahme bzw. Anstieg, s. Bild oben, obwohl es eigentlich das Ergebnis bildet. Um einen Datenpunkt als Ergebnis bzw. Summe statt als Anstieg oder Abfall auszuweisen, gehen Sie so vor:

1. Klicken Sie im Diagramm auf die Datenreihe, damit sind alle Datenpunkte markiert. Klicken Sie anschließend gezielt auf den Datenpunkt, der die Summe darstellt, in diesem Fall Nettogehalt, in der Folge bleibt nur dieser hervorgehoben, alle übrigen sind inaktiv.

2. Klicken Sie mit der rechten Maustaste auf diesen Datenpunkt und auf *Als Summe festlegen* (Bild 7.16). Auf demselben Weg lässt sich die Darstellung als Summe auch wieder deaktivieren (*Summe löschen*). Oder klicken Sie im Kontextmenü auf

Datenpunkt formatieren und aktivieren anschließend im Aufgabenbereich das Kontrollkästchen *Als Summe festlegen*.

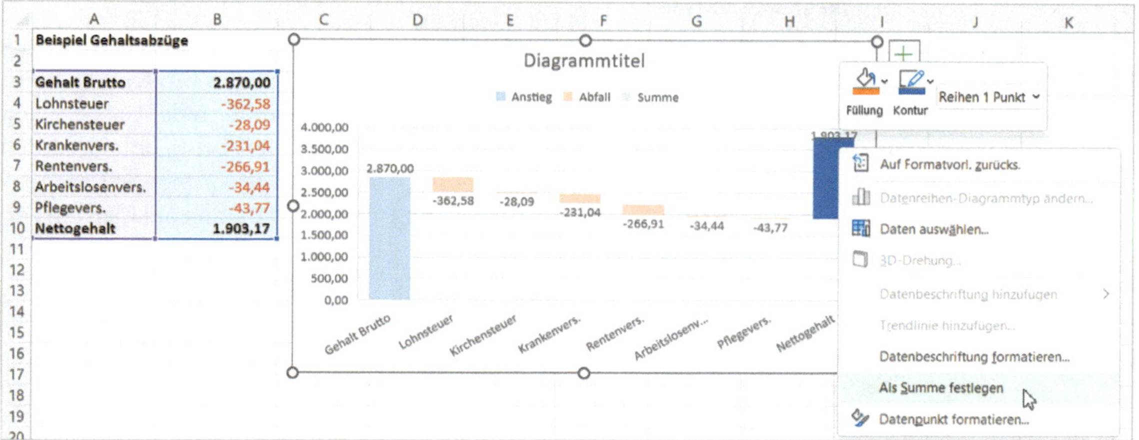

Bild 7.16 Datenpunkt als Summe festlegen

Farben ändern

Falls Sie die Farben des Diagramms ändern möchten, z. B. positive Werte grün und negative rot, ist dies nur auf zwei Wegen möglich: Klicken Sie entweder im Register *Diagrammentwurf* auf *Farben ändern* und wählen Sie hier eine Farbzusammenstellung. Oder ändern Sie die Designfarben im Register *Seitenlayout*. Klicken Sie hier in der Gruppe *Designs* auf *Farben* und auf *Farben anpassen* und wählen Sie dann, wie im Bild unten die gewünschten Akzentfarben. Allerdings wirkt sich diese Änderung auf die Farben der gesamten Arbeitsmappe aus.

Bild 7.17 Designfarben ändern

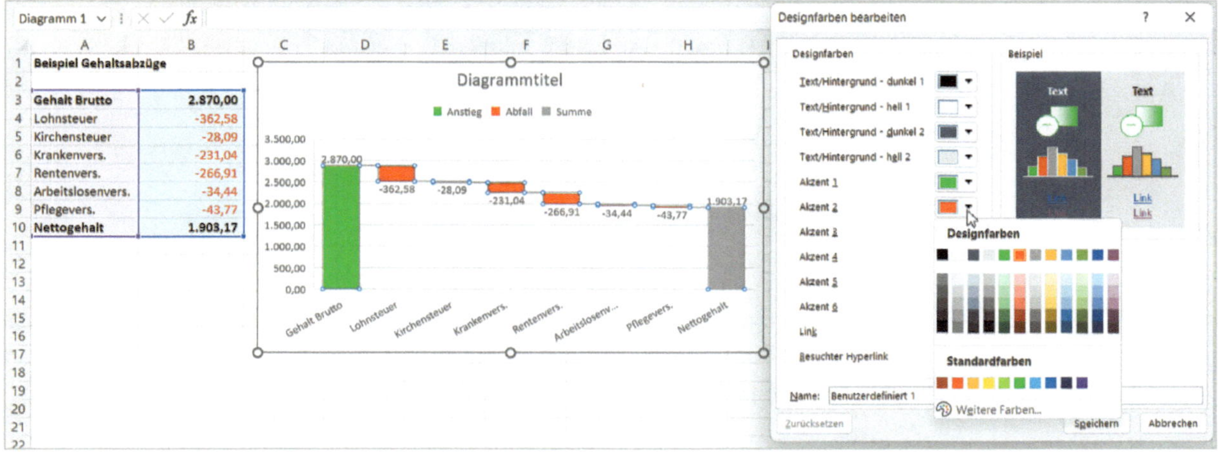

Achtung: Eine Änderung der Farbe über *Datenreihe bearbeiten* (Rechtsklick oder Markieren der gesamten Datenreihe und Symbol *Fülleffekt*, Register *Format*) wirkt sich auf die gesamte Datenreihe aus und einzelnes Bearbeiten der Datenpunkte bezieht die Legende nicht mit ein. Beides führt also beim Wasserfalldiagramm nicht zum gewünschten Ergebnis.

Hierarchische Darstellung und Größenvergleich mit Treemap und Sunburst

Treemap-Diagramm erstellen

Ein weiterer Diagrammtyp, als Treemap-oder Hierarchie-Diagramm bezeichnet, gliedert die Daten hierarchisch und eignet sich für den Vergleich von Größenverhältnissen innerhalb der Hierarchie. Im Bild unten als Beispiel ein Vergleich der Umsätze von Damen- und Herrenbekleidung. Die beiden Kategorien werden farbig unterschieden und die einzelnen Werte in Form von Rechtecken nach Nähe angeordnet. So ist schnell erkennbar, welche Art von Bekleidung jeweils für Herren und Damen am meisten verkauft wurde.

Bild 7.18 Beispiel Treemap-Diagramm

Hierarchiediagramme.xlsx

Tipp: Bei den sich wiederholenden Beschriftungen, hier *Damen* und *Herren*, genügt es auch, wenn diese nur in der ersten Zeile der jeweiligen Kategorie angegeben werden, siehe Beispiel Sunburst-Diagramm.

Zum Einfügen markieren Sie die Tabelle, im Bild unten den Bereich A4:C21, klicken im Register *Einfügen* auf *Hierarchiediagramm einfügen* und wählen den Typ *Treemap*.

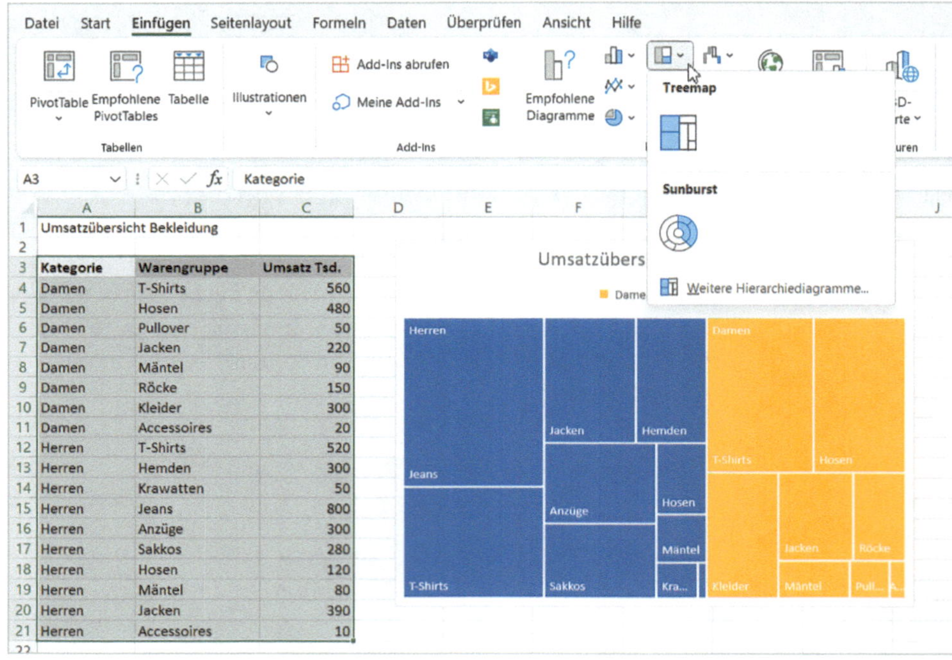

Kategorie	Warengruppe	Umsatz Tsd.
Damen	T-Shirts	560
Damen	Hosen	480
Damen	Pullover	50
Damen	Jacken	220
Damen	Mäntel	90
Damen	Röcke	150
Damen	Kleider	300
Damen	Accessoires	20
Herren	T-Shirts	520
Herren	Hemden	300
Herren	Krawatten	50
Herren	Jeans	800
Herren	Anzüge	300
Herren	Sakkos	280
Herren	Hosen	120
Herren	Mäntel	80
Herren	Jacken	390
Herren	Accessoires	10

Zum Ändern der Farben klicken Sie zunächst auf die Diagrammdarstellung und anschließend auf die zu formatierende Reihe, z. B. *Damen*. Nun ist ausschließlich diese Reihe hervorgehoben und kann per Rechtsklick und dem Symbol *Füllung* mit einer anderen Farbe versehen werden.

Sunburst-Diagramm

Auch der Typ Sunburst eignet sich für hierarchische Vergleiche. Hierbei handelt es sich um ein Kreisdiagramm, das im Gegensatz zu einfachen Kreisdiagrammen auch Unterkategorien darstellen kann. Die Kategorien werden von innen nach außen in Ringen angeordnet, wobei die oberste Kategorie in inneren Ring bildet. Somit lassen sich die Anteile besser vergleichen.

Zum Erstellen gehen Sie wie beim Treemap-Diagramm vor: Markieren Sie den Datenbereich, im abgebildeten Beispiel A3:C12, klicken im Menüband, Register *Einfügen* ▶ *Diagramme* auf *Hierarchiediagramm einfügen* und auf den Typ *Sunburst*

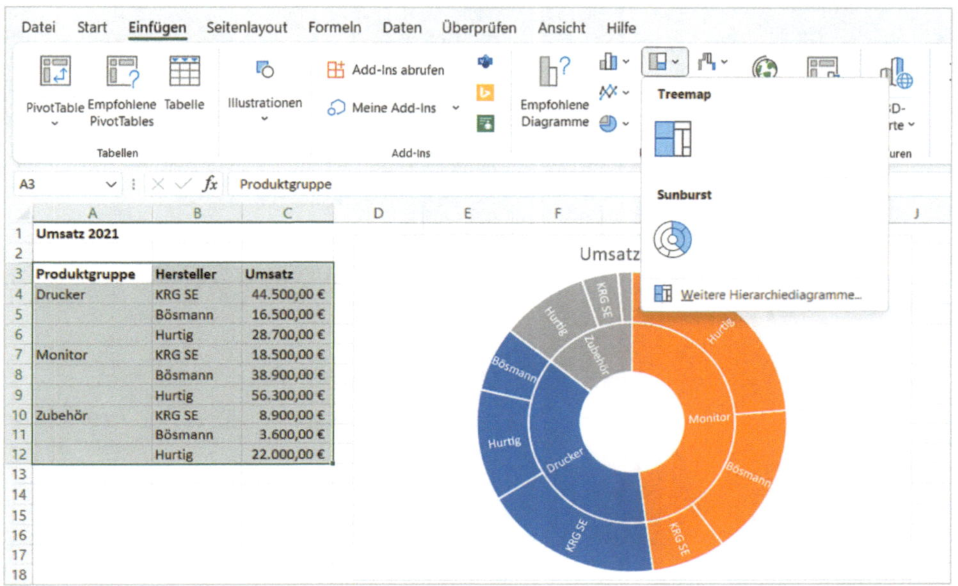

Bild 7.19 Beispiel Sunburst-Diagramm

> **Achtung: Automatische Anordnung!**
>
> Die Diagrammtypen Treemap und Sunburst ordnen die Werte automatisch nach Ihrer Größe absteigend an, diese Sortierung kann nicht geändert werden. Wenn Sie also z. B. die Umsätze von Jahren, Quartalen und Monaten mit einem Sunburst-Diagramm vergleichen möchten, dann müssen Sie in Kauf nehmen, dass die Monate nach ihren Umsätzen angeordnet werden und nicht in zeitlicher Abfolge, wie im Bild unten.
>
> Auch die Anordnung von innen nach außen kann nicht geändert werden!

Jahr	Quartal	Monat	Umsatz
2020	Qrtl. 1	Jan	18.900,00 €
		Feb	22.450,00 €
		Mrz	17.500,00 €
	Qrtl. 2	Apr	24.300,00 €
		Mai	62.300,00 €
		Jun	39.400,00 €
	Qrtl. 3	Jul	30.000,00 €
		Aug	26.780,00 €
		Sep	17.500,00 €
	Qrtl. 4	Okt	14.600,00 €
		Nov	37.000,00 €
		Dez	42.300,00 €
2021	Qrtl. 1	Jan	36.900,00 €
		Feb	42.800,00 €
		Mrz	27.500,00 €
	Qrtl. 2	Apr	63.400,00 €
		Mai	68.900,00 €
		Jun	28.000,00 €
	Qrtl. 3	Jul	21.900,00 €
		Aug	36.700,00 €
		Sep	12.300,00 €
	Qrtl. 4	Okt	18.900,00 €
		Nov	38.900,00 €
		Dez	68.900,00 €

Jahresumsätze

Bild 7.20 Beispiel Jahre, Quartale und Monate vergleichen

7.2 Beschriftungen und andere Diagrammelemente hinzufügen

Elemente hinzufügen/entfernen

Zum Hinzufügen oder Entfernen von Diagrammelementen, z. B. Diagrammtitel, Legende oder Achsentitel benutzen Sie im Menüband, Register *Diagrammentwurf* das Symbol *Diagrammelement hinzufügen*. Beim Zeigen auf eine Auswahl erhalten Sie für die meisten Elemente gleichzeitig verschiedene Optionen zur Platzierung.

Bild 7.21 Beispiel Datenbeschriftungen hinzufügen

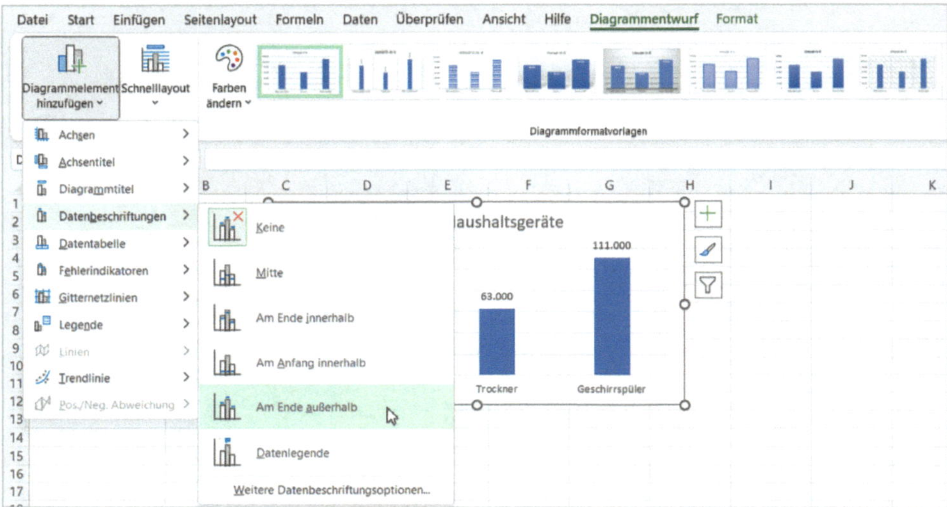

Als Alternative klicken Sie im Arbeitsblatt in der rechten oberen Ecke des markierten Diagramms auf das Symbol *Diagrammelemente* ➊. Hier erscheinen die Optionen zur Platzierung, wenn Sie auf den, nach rechts weisenden Pfeil ➋ klicken und das Element per Kontrollkästchen ➌ aktivieren. Die meisten Diagrammelemente dürften bekannt sein und werden daher nicht mehr näher erläutert.

Bild 7.22 Symbol Diagrammelemente

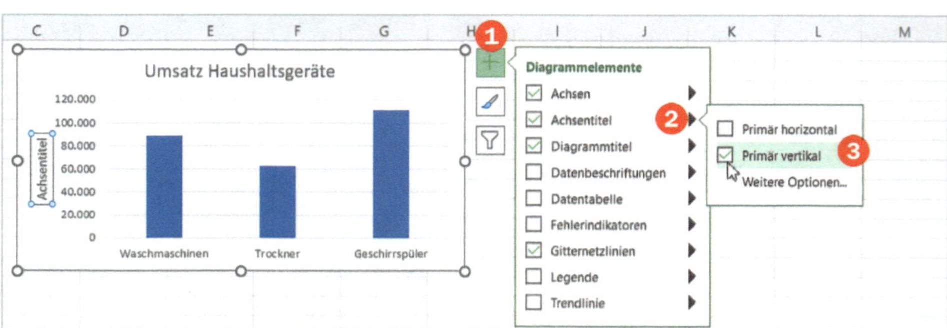

Element entfernen: Auf demselben Weg, nämlich Deaktivieren des Kontrollkästchens oder der Auswahl *Keine* bzw. *Ohne* lässt sich ein Diagrammelement auch wieder entfernen. Noch schneller geht's, wenn Sie im Diagramm das betreffende Element markieren und mit der **Entf**-Taste löschen.

Elemente im Aufgabenbereich bearbeiten

Die genauere Bearbeitung von Diagrammelementen erfolgt in einem gesonderten Aufgabenbereich. Dieser erscheint am rechten Rand des Excel-Fensters und stellt umfangreiche Bearbeitungsoptionen zum markierten Element bereit. Praktischerweise bleibt der Aufgabenbereich dauerhaft geöffnet, so dass Sie im Diagramm nur ein anderes Element anklicken bzw. markieren brauchen, um dessen Eigenschaften anschließend hier zu bearbeiten.

Aufgabenbereich öffnen

Zum Anzeigen des Aufgabenbereichs klicken Sie im Diagramm mit der rechten Maustaste auf ein Element, z. B. Diagrammtitel oder eine Datenreihe und auf den Befehl *xxx formatieren...* wobei *xxx* für das angeklickte Element steht, oder doppelklicken Sie auf das Diagrammelement. Als Beispiel im Bild unten *Achse formatieren*.

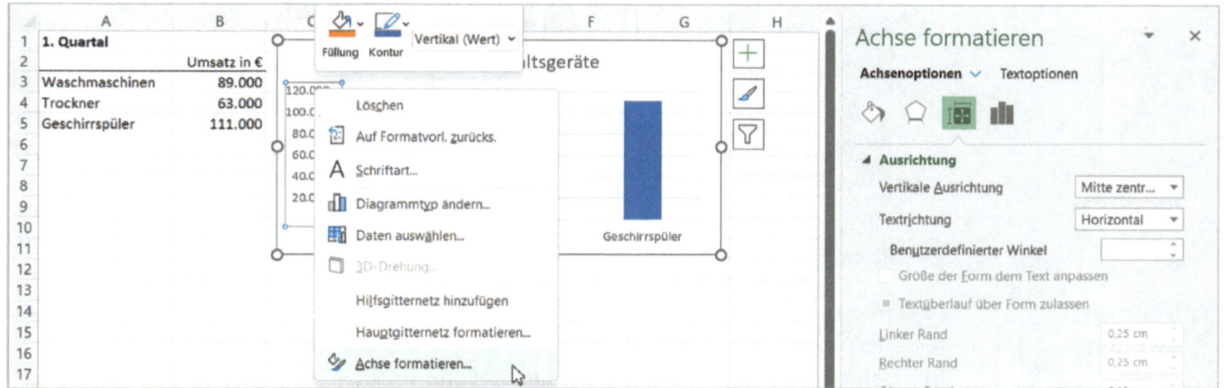

Bild 7.23 Aufgabenbereich anzeigen, Beispiel Achse formatieren

So finden Sie sich im Aufgabenbereich zurecht

An der Überschrift des Aufgabenbereichs erkennen Sie sofort, welches Diagrammelement gerade bearbeitet wird, im Bild unten der Diagrammtitel.

- Unterhalb der Überschrift finden Sie einen Dropdown-Pfeil ❶, über den Sie schnell ein anderes Diagrammelement zur Bearbeitung auswählen können. Je nach markiertem Element können daneben auch noch *Textoptionen* ❷ verfügbar sein. Klicken Sie auf *Textoptionen*, so erhalten Sie unterhalb textspezifische Bearbeitungsmöglichkeiten, die aktive Option ist fett hervorgehoben.

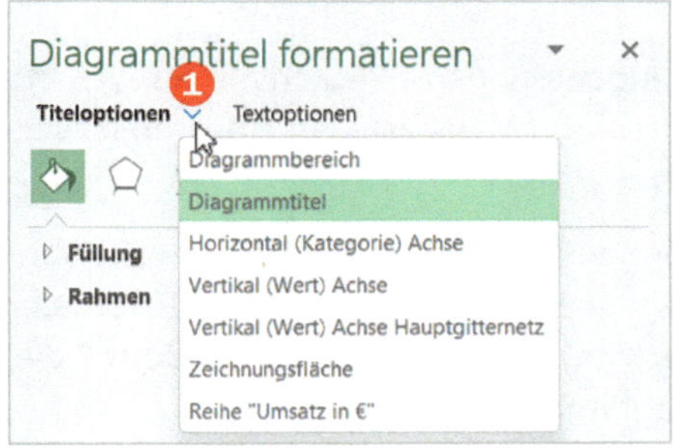

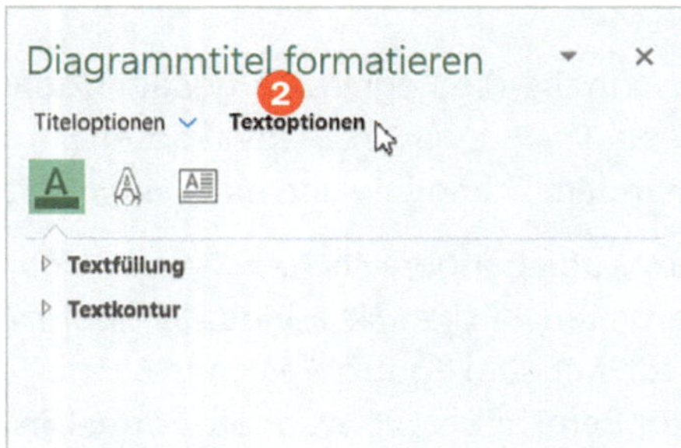

Bild 7.24 Diagrammelement auswählen

Bild 7.25 Textoptionen

- Genau wie das Menüband enthält auch der Aufgabenbereich verschiedene Register, die Auswahl eines Registers erfolgt über Symbole. Abhängig vom ausgewählten Element finden Sie hier die Symbole *Füllung und Linie*, *Effekte*, *Größe und Eigenschaften* sowie *Datenreihenoptionen*.

  Bild 7.26 links zeigt als Beispiel das Register *Füllung und Linie* ❸, die eigentlichen Optionen befinden unterhalb in den Abschnitten *Füllung* und *Rahmen* ❹, die Sie mit Klick auf die kleinen Pfeile aus- und einklappen. Im Bild rechts das Register *Datenreihenoptionen* ❺ mit den Inhalten des Abschnitts *Reihenoptionen* ❻.

Bild 7.26 Das Register Füllung und Linie

Bild 7.27 Register Datenreihenoptionen - Details einblenden

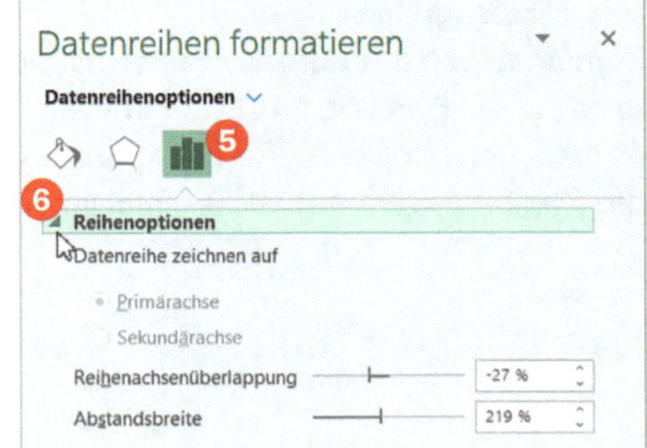

Trendlinien hinzufügen

Trendlinien.xlsx

2D-Säulen-, Balken-, Punkt und Liniendiagramme können mit zusätzlichen Trendlinien versehen werden. Dazu markieren Sie im Diagramm die Datenreihe, für die eine Trendlinie berechnet werden soll. Klicken Sie dann auf *Diagrammelement hinzufügen*, zeigen auf *Trendlinie* und wählen Sie den gewünschten Regressionstyp, im Bild unten *Linear*.

Bild 7.28 Trendlinie hinzufügen

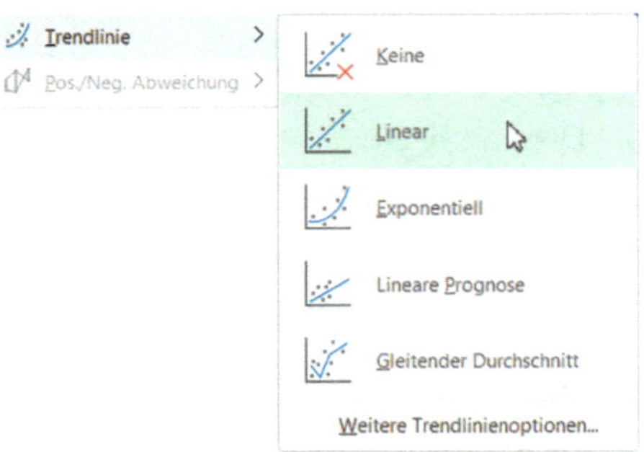

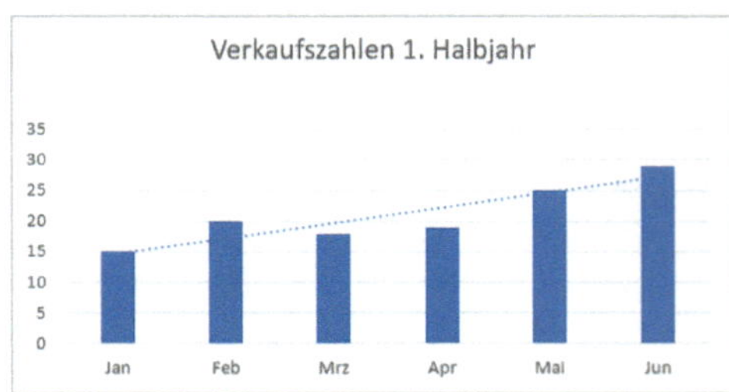

Achtung: Trendlinien können nur in 2D-, nicht aber in 3D-Diagramme eingefügt werden!

Wenn Sie die Regression genauer definieren möchten, dann klicken Sie auf *Weitere Trendlinienoptionen...*. Oder klicken Sie mit der rechten Maustaste auf eine bereits vorhandene Trendlinie und auf *Trendlinie formatieren...*.

Im Aufgabenbereich *Trendlinie formatieren* können Sie nun die Trendlinie weiter bearbeiten: Klicken Sie auf das Symbol *Trendlinienoptionen* und legen Sie die Parameter fest. Mit dem Kontrollkästchen *Formel im Diagramm anzeigen* fügen Sie bei Bedarf die, zur Berechnung verwendete Formel, in das Diagramm ein.

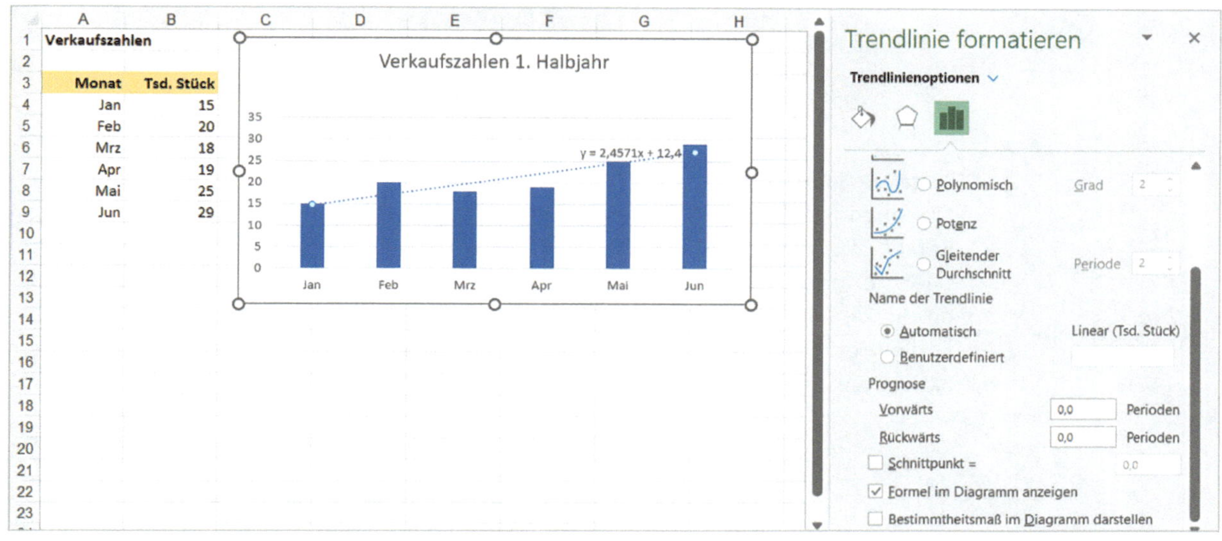

Bild 7.29 Trendlinienoptionen

Fehlerindikatoren anzeigen

Mit Fehlerindikatoren lassen sich in Diagrammen lt. Wikipedia die, „auf systematischen oder statistischen Fehlern beruhenden möglichen Abweichungen der Messwerte vom tatsächlichen Wert der betrachteten Messgröße visualisieren". Dabei kann in Excel zwischen den Darstellungen Standardfehler, Standardabweichung und Prozentsatz gewählt werden.

Um die Datenpunkte eines Diagramms mit Fehlerindikatoren zu versehen, klicken Sie in das Diagramm oder markieren die Datenreihe, klicken im Menüband, Register *Diagrammentwurf* auf *Diagrammelement hinzufügen* und auf *Fehlerindikatoren*. Wählen Sie die gewünschte Darstellung aus, z. B. *Standardfehler*, wie im Bild unten.

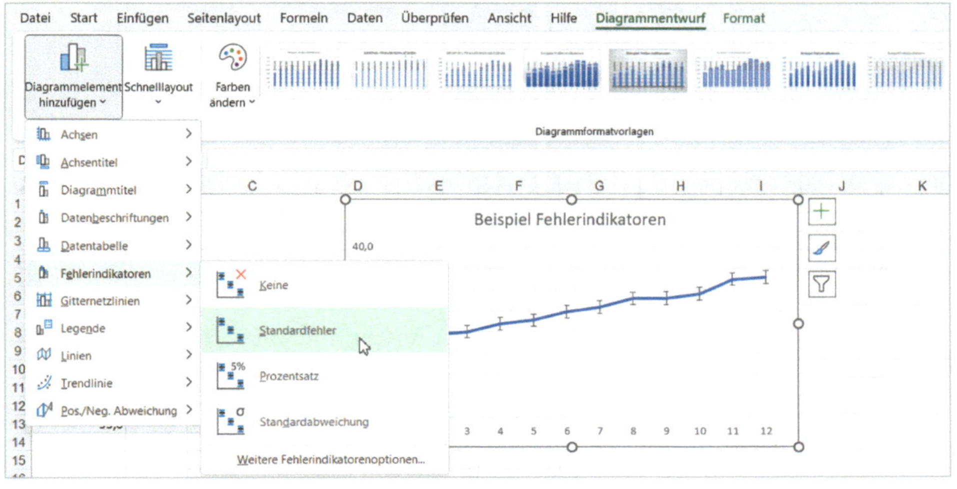

Bild 7.30 Fehlerindikatoren

Fehlerindikatoren.xlsx

Achtung: Genau wie Trendlinien lassen sich auch Fehlerindikatoren nur in 2D-Diagramme einfügen.

> **Achtung**: Für die weitere Bearbeitung der Fehlerindikatoren oder nachträgliche Änderungen müssen statt der Datenreihe die Fehlerindikatoren ausgewählt bzw. markiert werden!

Weitere Optionen

Optionen für Fehlerindikatoren erhalten Sie im Aufgabenbereich, den Sie über den Befehl *Diagrammelement einfügen* ▶ *Fehlerindikatoren* ▶ *Weitere Fehlerindikatoroptionen...* öffnen. Oder wählen Sie im bereits geöffneten Aufgabenbereich zur Datenreihe die Fehlerindikatoren aus (Bild 7.31). Anschließend können Sie Richtung, Art der Endlinie und den Fehlerbetrag bearbeiten. Um den Fehlerbetrag manuell vorzugeben, aktivieren Sie die Option *Benutzerdefiniert* und geben im Feld daneben den Wert ein.

Bild 7.31 Fehlerindikatoren auswählen und formatieren

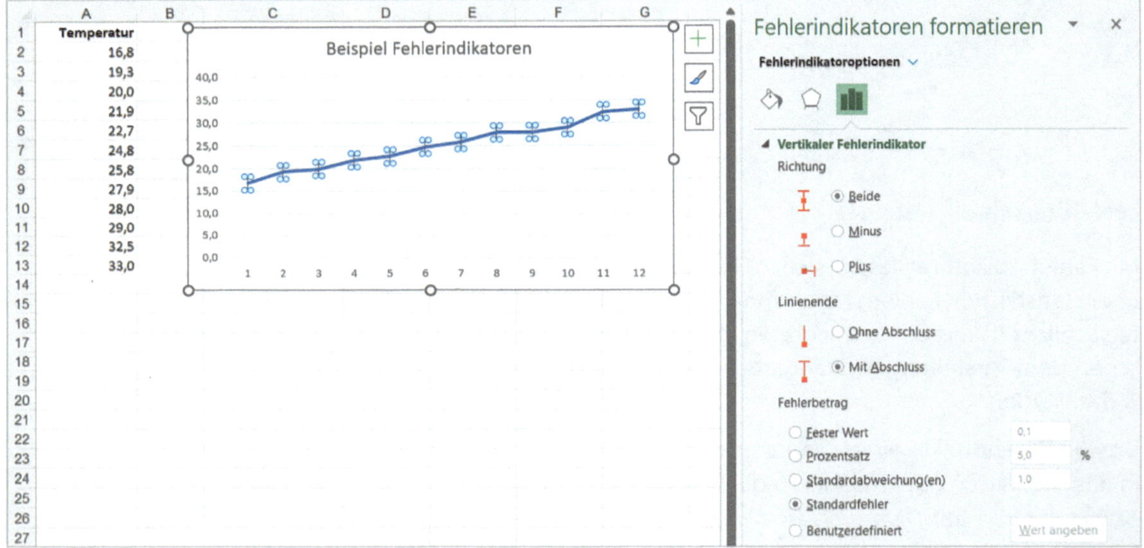

Prozentanteile in Kreisdiagrammen anzeigen

Um in einem Kreisdiagramm die Prozentanteile als Datenbeschriftung anzuzeigen, ist es nicht erforderlich, diese zuvor in der Tabelle zu berechnen. Folgende Möglichkeiten stehen zur Auswahl:

- **Beschriftung als Datenlegende einfügen**
  Erstellen Sie das Kreisdiagramm und klicken Sie im nächsten Schritt auf *Diagrammelement hinzufügen*. Zeigen Sie auf *Datenbeschriftungen* und wählen Sie *Datenlegende* aus. Diese beinhaltet neben der Beschriftung auch die Prozentanteile. Falls die Gestaltung als Sprechblase den professionellen Gesamteindruck stört, so markieren Sie mit einem Mausklick auf eine beliebige Datenbeschriftung alle dazugehörigen Elemente und formatieren diese ohne Rahmen, indem Sie im Register *Format* auf *Formkontur* klicken und *Keine Kontur* auswählen.

- **Beschriftung im Aufgabenbereich auswählen**
  Die flexiblere Möglichkeit bietet der Aufgabenbereich: Markieren Sie dazu, falls bereits vorhanden, die Datenbeschriftungen oder klicken Sie beim Einfügen auf *Weitere Datenbeschriftungsoptionen*. Klicken Sie dann im Aufgabenbereich *Datenbeschriftungen formatieren* auf das Symbol *Beschriftungsoptionen* ❶ und aktivieren Sie unter *Beschriftung enthält* die gewünschten Kontrollkästchen. *Prozentsatz* ❷ statt *Wert* sorgt dafür, dass der Prozentanteil erscheint und *Rubrikenname* ❸ fügt zusätzlich die Beschriftung hinzu.

Kreisdiagramm_Datenbeschriftung.xlsx

- Unterhalb, im Abschnitt *Beschriftungsposition*, legen Sie auch gleich die Platzierung im Diagramm fest, hier *Am Ende außerhalb* ❹.

Bild 7.32 Prozentanteile als Beschriftung im Kreisdiagramm

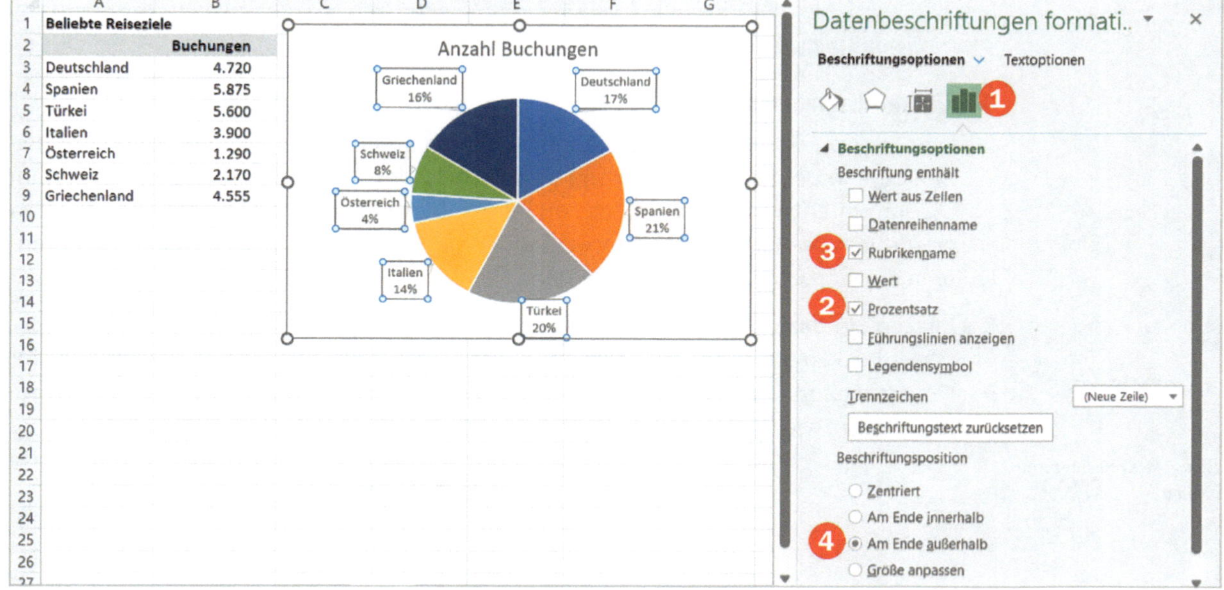

7.3 Tipps zur Darstellung der Datenreihen

Abstände von Säulen und Balken

Um in Säulen- und Balkendiagrammen die Abstände zwischen den Säulen bzw. Balken zu ändern, markieren Sie die Datenreihe und klicken im Aufgabenbereich *Datenreihen formatieren* auf das Symbol bzw. Register *Datenreihenoptionen*. Benutzen Sie dann beim Feld *Abstandsbreite* den Schieberegler oder im Feld daneben die kleinen Pfeile zum Vergrößern oder Verkleinern. Die Abstandsbreite gibt das Verhältnis des Abstands zur Säulenbreite an, bei 100 % entspricht der Abstand exakt der Säulenbreite, 0 % fügt dagegen die Säulen oder Balken ohne Abstand aneinander.

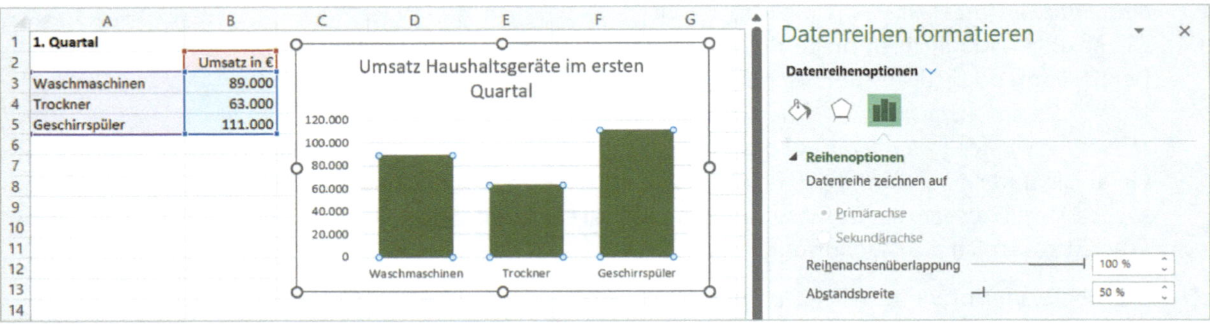

Bild 7.33 Säulenabstände ändern

Diagramme drehen

2D-Kreisdiagramm drehen

Die Datenpunkte eines Kreisdiagramms werden automatisch entsprechend ihrer Reihenfolge in der Tabelle im Uhrzeigersinn angeordnet. Sie können die Anordnung im Diagramm entweder ändern, indem Sie die Werte in der Ausgangstabelle sortieren oder durch Drehen des Diagramms. Dadurch können beispielsweise kleinere Segmente in den Vordergrund gerückt werden.

Klicken Sie dazu mit der rechten Maustaste in den Kreis und auf *Datenreihen formatieren*. Klicken Sie dann im Aufgabenbereich *Datenreihen formatieren* auf das Register *Datenreihenoptionen* . Hier können Sie nun den Winkel des ersten Segments beliebig ändern, wie im Bild unten.

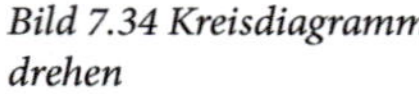

Bild 7.34 Kreisdiagramm drehen

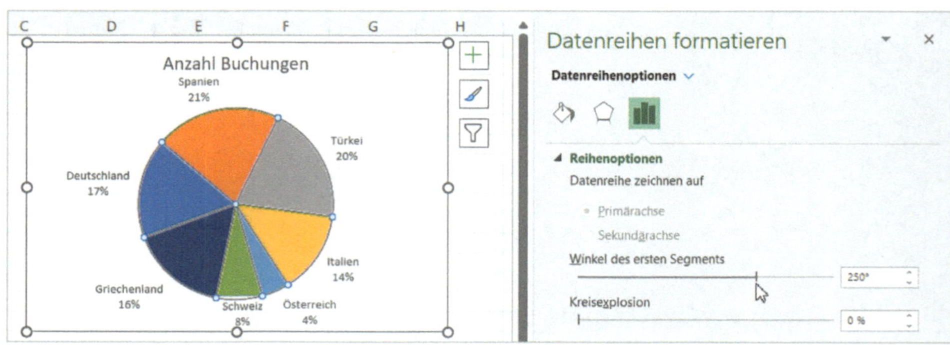

3D-Diagramme drehen

3D-Diagramme können dagegen nicht nur in X-Richtung (siehe oben), sondern auch in Y-Richtung gedreht werden. Klicken Sie dazu mit der rechten Maustaste an eine leere Stelle des Diagramms (*Diagrammbereich*) und auf *3D-Drehung...*. Im Aufgabenbereich *Diagrammbereich formatieren*, Register *Effekte* lassen sich nun im Abschnitt *3D-Drehung* X-Drehung, Y-Drehung sowie bei Bedarf die Perspektive beliebig ändern.

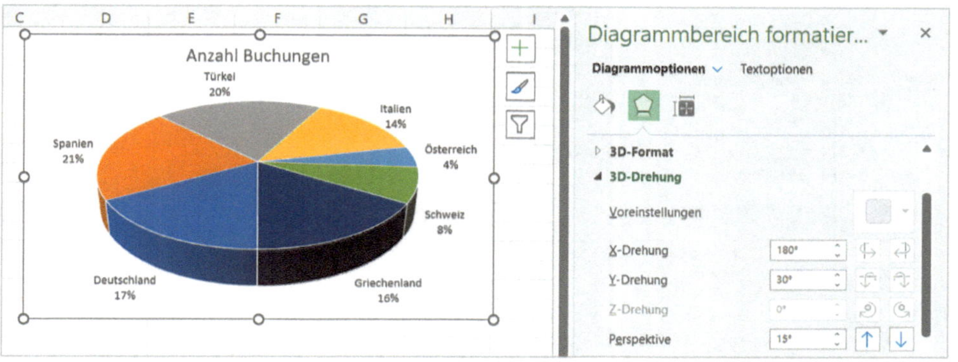

Bild 7.35 3D-Drehung

Fehlende Werte in Liniendiagrammen überbrücken

Ein häufiges Problem bei der Darstellung von Messreihen mit Liniendiagrammen sind fehlende Werte. Ein Beispiel: Sie möchten zwei Reihen, z. B. die durchschnittlichen Tagestemperaturen von zwei Städten, in einem Liniendiagramm miteinander vergleichen, allerdings liegen für einige Tage keine Werte vor. Im Diagramm unterbricht Excel an diesen Punkten einfach die Linie, wie im Bild unten ❶. Zur Vermeidung der Lücken in die leeren Zellen der Tabelle 0 eintragen, würde das Ergebnis verfälschen, da an diesen Tagen ja nicht 0 °C gemessen wurden.

1 Wenn Sie in einem solchen Fall die vorhandenen Datenpunkte einfach mit einer Linie verbinden möchten, dann klicken Sie in das Diagramm und öffnen im Menüband, Register *Diagrammentwurf*, über die Schaltfläche *Daten auswählen* das Fenster *Datenquelle auswählen*. Klicken Sie hier auf die Schaltfläche *Ausgeblendete und leere Zellen* ❷ (Bild 7.36).

2 Wählen Sie unter *Leere Zellen anzeigen als* die gewünschte Option, in unserem Beispiel *Datenpunkte mit einer Linie verbinden* ❸ (Bild 7.37).

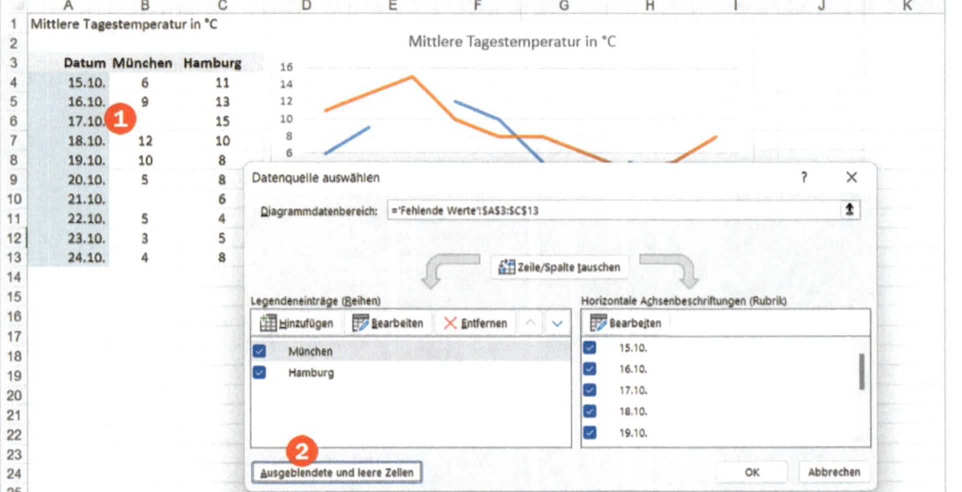

Bild 7.36 Datenquelle auswählen bzw. bearbeiten

Fehlende_Werte.xlsx

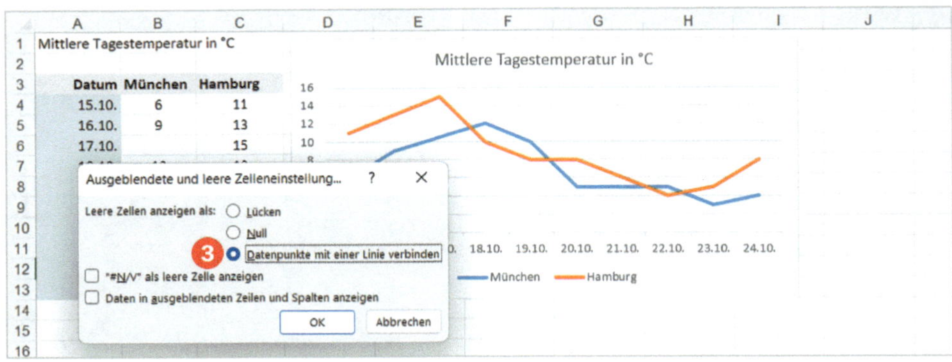

Bild 7.37 Ausgeblendete und leere Zelleneinstellungen

Tipp: Wenn die Werte ausgeblendeter Zeilen und/oder Spalten im Diagramm trotzdem angezeigt werden sollen, dann können Sie dies hier ebenfalls festlegen.

7.4 Achsenbezogene Einstellungen

Zahlen als Achsenbeschriftung

Wenn beim Einfügen eines Diagramms ein Zellbereich oder auch nur eine beliebige Zelle des Tabellenbereichs markiert ist, dann bildet Excel automatisch aus allen Zahlen Datenreihen, allerdings ist dies nicht immer auch erwünscht oder sinnvoll.

Als Beispiel eine Tabelle mit den Verkaufszahlen der Kalenderwochen (Bild 7.38). Angenommen, Sie möchten für die Modelle Turbo XT 300 und Race 1000 XT ein Diagramm erstellen, dann dürfen Sie die Kalenderwochen nicht mit markieren, sonst bildet Excel aus allen drei Spalten, also auch aus der Kalenderwoche je eine Datenreihe. Am einfachsten erstellen Sie einem solchen Fall das Diagramm zunächst nur für die beiden Datenreihen und fügen die Achsenbeschriftung gesondert hinzu.

1 Markieren Sie also den Bereich B3:C15 und wählen Sie im Register *Einfügen*, *Diagramme* den gewünschten Diagrammtyp, z. B. Balken aus. Als Beschriftung erhält das Diagramm nun fortlaufende Zahlen.

2 Zum Hinzufügen der korrekten Achsenbeschriftung klicken Sie in das Diagramm und im Register *Diagrammentwurf* auf *Daten auswählen*.

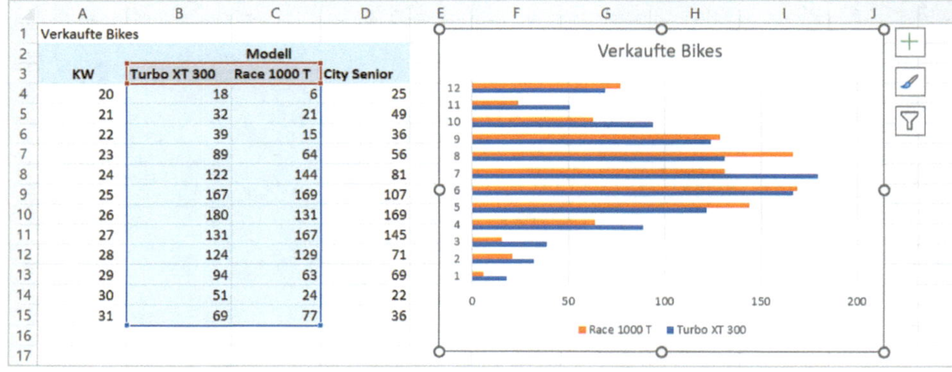

Bild 7.38 Erstellen Sie zunächst das Diagramm nur aus den Datenreihen

3 Klicken Sie im Fenster *Datenquelle auswählen* unter *Horizontale Achsenbeschriftungen (Rubrik)* auf *Bearbeiten* ❶. Klicken Sie dann in das Feld *Achsenbeschriftungsbereich* ❷ und markieren Sie im Tabellenblatt den Zellbereich, der als Achsenbeschriftung verwendet werden soll, hier die Kalenderwochen ❸. Klicken Sie auf *OK* und schließen Sie auch das Fenster *Datenquelle auswählen* mit *OK*.

Bild 7.39 Achsenbeschriftung bearbeiten

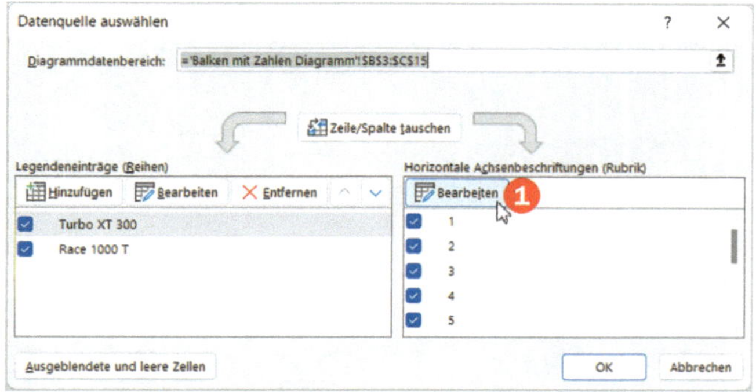

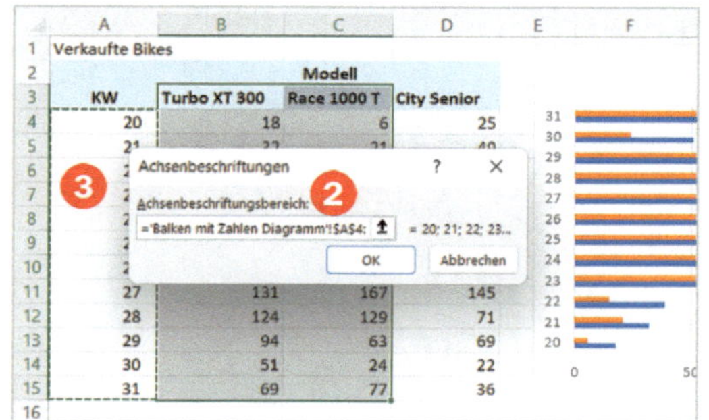

Achsenbeschriftung_Zahlen.xlsx

Hinweis: Alternativ können Sie auch mit einem leeren Diagramm beginnen und im Fenster *Datenquelle auswählen* unter *Legendeneinträge* auch die Datenreihen hinzufügen.

Wertebereich und Achseneinteilung

Standardmäßig wählt Excel für Diagramme mit einer Größenachse, z. B. Säulen-, Balken- oder Liniendiagramme, Wertebereich und Achseneinteilung automatisch. Auch bei nachträglichen Änderungen der Ausgangsdaten passt sich dann die Größenachse ebenfalls automatisch an. Wenn Sie aber z. B. zwei Diagramme miteinander vergleichen möchten, kann es sinnvoll sein, die Achseneinteilung manuell festzulegen.

Dazu doppelklicken Sie auf die Größenachse und wählen im Aufgabenbereich *Achse formatieren* das Register *Achsenoptionen*. Im Abschnitt *Achsenoptionen* können Sie unter *Grenzen* die Werte für Minimum, Maximum ❶ sowie im Feld *Hauptstriche* ❷ die Intervalle, im Bild 100, eingeben.

Bild 7.40 Minimum, Maximum und Hauptintervalle vorgeben

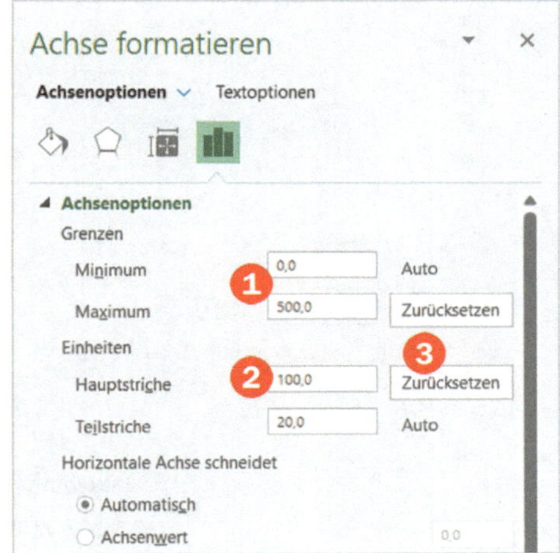

Auto rechts von einem Wert bedeutet, dieser wird automatisch gewählt. Bei manuell eingegebenen Werten erscheint stattdessen die Schaltfläche *Zurücksetzen* ❸, mit der Sie den geänderten Wert wieder auf automatische Einteilung zurücksetzen können.

Achtung: Bei Vorgabe eines festen Minimums und/oder Maximums erfolgt bei späteren Änderungen der Daten keine automatische Anpassung der Achsen. Es können also Säulen oder Linien abgeschnitten werden.

Hinweis: Auch für Teilstriche sind Intervallangaben möglich, diese erscheinen aber im Diagramm nur, wenn deren Anzeige unter *Achsenoptionen* ▶ *Teilstriche* und *Hilfstyp* explizit festgelegt wurde. Die Standardvorgabe ist bei Haupt- und Hilfstyp *Ohne*.

Tipp: Logarithmische Skalierung
Um für sehr kleine Werte eine genauere Darstellung zu erzielen, können Sie in Punkt (XY)-Diagrammen für eine oder beide Achsen eine logarithmische Skalierung wählen. Markieren Sie dazu die betreffende Achse, im Bild unten die Y-Achse, und klicken Sie im Aufgabenbereich *Achse formatieren* auf das Register *Achsenoptionen*. Öffnen Sie hier den Abschnitt *Achsenoptionen* und aktivieren Sie das Kontrollkästchen *Logarithmische Skalierung*.

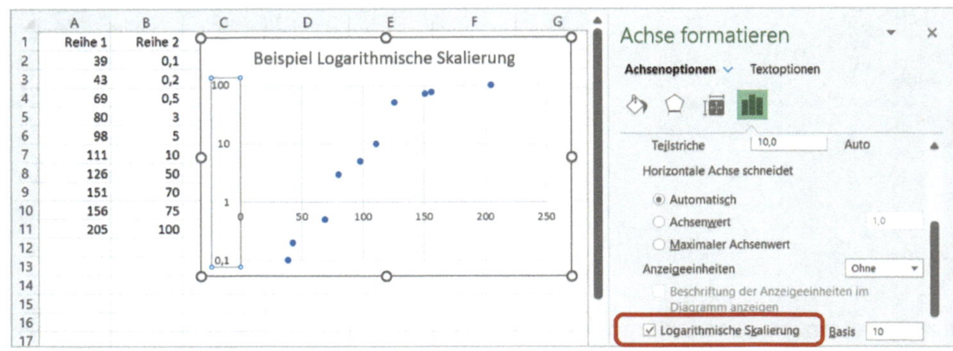

	A	B
1	Reihe 1	Reihe 2
2	39	0,1
3	43	0,2
4	69	0,5
5	80	3
6	98	5
7	111	10
8	126	50
9	151	70
10	156	75
11	205	100

Bild 7.41 Logarithmische Skalierung

Zahlen formatieren

Das Zahlenformat der Größenachse wird in der Standardeinstellung aus der Tabelle übernommen. Falls Sie im Diagramm ein abweichendes Format benötigen, dann markieren Sie die Achse und klicken im Aufgabenbereich *Achse formatieren* auf das Register bzw. Symbol *Achsenoptionen* .

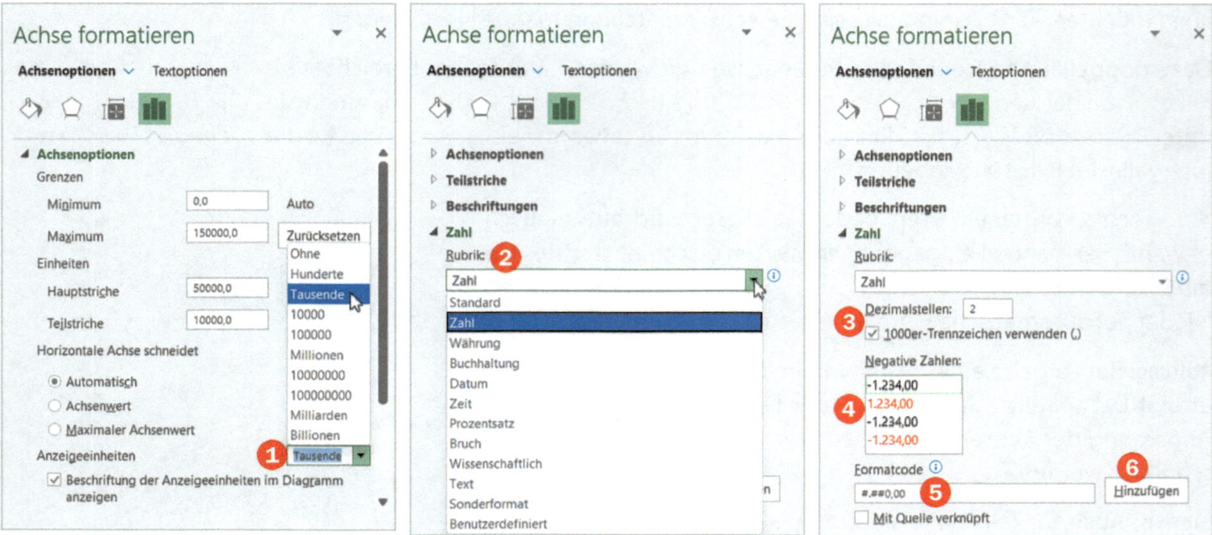

Bild 7.42 Anzeigeeinheiten großer Zahlen

Bild 7.43 Zahlenformat wählen

Bild 7.44 Weitere Optionen

- **Anzeigeeinheiten wählen**: Basiert das Diagramm auf sehr großen Zahlen, dann können Sie zur besseren Lesbarkeit die Zahlen der Achsenbeschriftung in Tausendern oder Millionen usw. anzeigen lassen. Klicken Sie dazu im Abschnitt *Achsenoptionen* in das Feld *Anzeigeeinheiten* ❶ und auf die gewünschte Einheit. Damit diese auch im Diagramm ersichtlich wird, sollte außerdem das Kontrollkästchen *Beschriftung der Anzeigeeinheiten im Diagramm anzeigen* aktiviert sein.

- **Zahlenformat wählen**: Möchten Sie dagegen das Zahlenformat selbst gestalten und z. B. mit einem Zusatz versehen, dann klicken Sie auf den Abschnitt *Zahl* und wählen im Feld *Rubrik* ❷ statt *Standard* ein Zahlenformat aus, z. B. *Zahl* ❸. Unterhalb können Sie nun die Anzahl der Dezimalstellen, Anzeige des Tausendertrennzeichens und die Darstellung negativer Zahlen festlegen ❹. Wenn Sie ein benutzerdefiniertes Zahlenformat verwenden möchten, dann wählen Sie *Benutzerdefiniert*, geben im Feld *Formatcode* ❺ Ihr Zahlenformat ein und klicken zum Übernehmen auf *Hinzufügen* ❻.

Schnittpunkt der Achsen bzw. Position der Achsenbeschriftung ändern

Achsenschnittpunkt_Teilstriche.xlsx

Enthält ein Diagramm, z. B. Säulen- oder Liniendiagramm negative Werte, so schneidet in der Standardeinstellung die X-Achse trotzdem bei 0 und damit befinden sich auch die dazugehörigen Achsenbeschriftungen mitten im Diagramm und überschneiden sich häufig mit den Säulen oder Linien. Um dies zu verhindern, haben Sie die Wahl zwischen folgenden Möglichkeiten.

Horizontale Achse verlegen

Sie können die X-Achse verlegen, indem Sie als Schnittpunkt mit der Größenachse entweder einen Wert vorgeben oder den Maximalwert, d. h. ganz oben im Diagramm wählen. Dazu markieren Sie die Größenachse ❶ und klicken im Aufgabenbereich *Achse formatieren* auf das Register *Achsenoptionen* ❷. Wenn die X-Achse oben im Diagramm erscheinen soll, dann wählen Sie im Abschnitt *Achsenoptionen* unter *horizontale Achse schneidet* ❸ die Option *Maximaler Achsenwert*. Mit der Option *Achsenwert* können Sie dagegen im Feld daneben einen festen Achsenwert eingeben, z. B. -5.

Bild 7.45 Schnittpunkt der X-Achse ändern

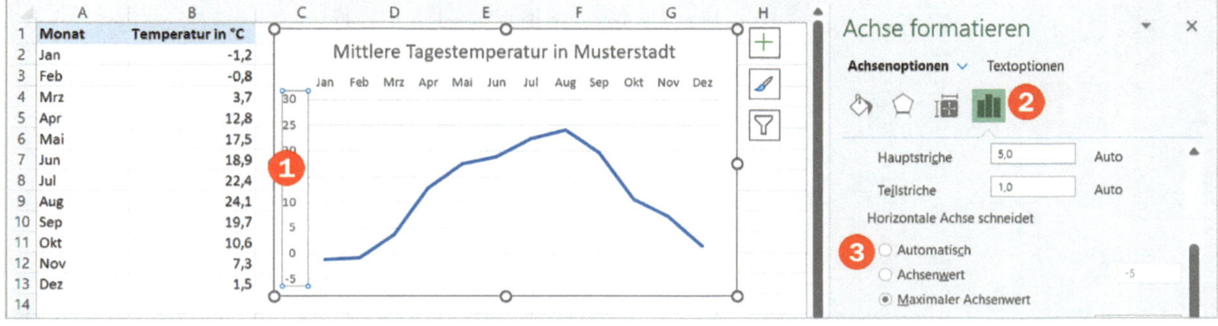

Nur die Beschriftungen unter- oder oberhalb des Diagramms anzeigen

Wenn Sie dagegen die X-Achse an ihrer ursprünglichen Stelle belassen und nur die Achsenbeschriftung nach oben oder unten verlegen möchten, dann gehen Sie so vor:

Markieren Sie die X-Achse und klicken Sie im Aufgabenbereich *Achse formatieren*, Register *Achsenoptionen* auf den Abschnitt *Beschriftungen*. Wählen Sie dann im Feld *Beschriftungsposition* statt der Standardeinstellung *Achsennah* zwischen *Hoch* und *Niedrig*, wie im Bild unten.

Bild 7.46 Beschriftung der waagrechten Achse verlegen

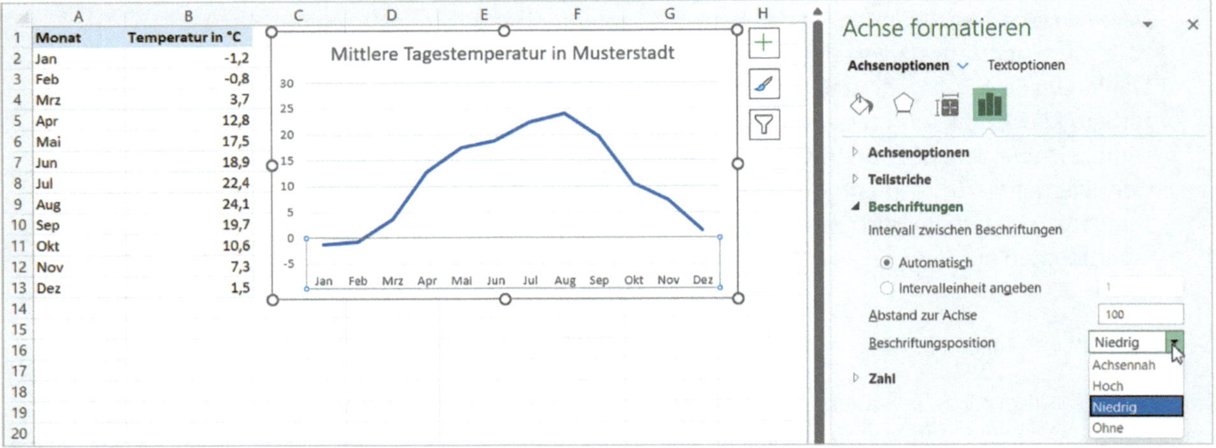

Teilstriche auf Achse anzeigen

Standardmäßig erscheinen weder auf der Größen- noch auf der Beschriftungsachse Teilstriche zur Achsenbeschriftung. Falls Sie trotzdem, z. B. in einem Liniendiagramm Teilstriche auf einer Achse benötigen, dann markieren Sie die entsprechende Achse, in diesem Beispiel die waagrechte X-Achse, und klicken im Aufgabenbereich *Achse formatieren* auf das Register *Achsenoptionen*. Wählen Sie im Abschnitt *Teilstriche* im Feld *Haupttyp* eine Position.

Bild 7.47 Teilstriche auf X-Achse anzeigen

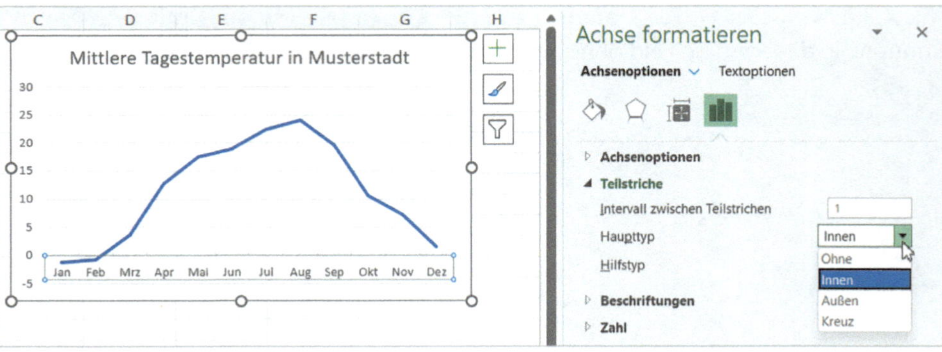

Allerdings werden Sie dann feststellen, dass sich im Diagramm die Datenpunkte zwischen den Teilstrichen befinden. Der Grund: Die Beschriftung der Achse befindet sich zwischen den Teilstrichen und die Datenpunkte erscheinen genau über dem Text. Aus diesem Grund beginnt auch ein Liniendiagramm nicht exakt an der Größenachse sondern am ersten Datenpunkt, wie im Bild links.

Linie zur Achse verlängern/Datenpunkte über Teilstrichen anzeigen

Wenn die Linie bis zur Größenachse verlängert und die Datenpunkte sich über den Teilstrichen befinden sollen, dann markieren Sie die X-Achse und klicken im Aufgabenbereich *Achse formatieren* auf das Register *Achsenoptionen*. Wählen Sie dann im Abschnitt *Achsenoptionen* unter *Achsenposition* anstatt *Zwischen Teilstrichen* die Option *Auf Teilstrichen*.

Für die Achsenposition spielt es keine Rolle, ob die Teilstriche sichtbar sind oder nicht. Diese wurden hier nur zu Verdeutlichung zusätzlich eingeblendet.

Bild 7.48 Achsenposition auf Teilstrichen

7.5 Unterschiedliche Werte miteinander kombinieren

Säulendiagramm mit Mittelwert als Linie

Häufig wird in Diagrammen der Mittelwert in Form einer zusätzlichen Linie benötigt. Diese wird zwar im Gegensatz zu Trendlinien von Excel nicht angeboten, lässt sich aber mit Hilfe einer zusätzlichen Datenreihe trotzdem leicht hinzufügen. Als Beispiel die Umsätze von Außendienstmitarbeitern, der Mittelwert soll durch eine Linie verdeutlicht werden, wie im Bild unten.

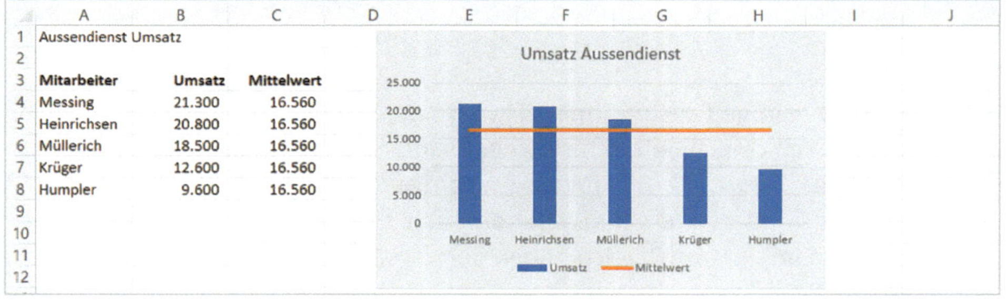

Aussendienst Umsatz

Mitarbeiter	Umsatz	Mittelwert
Messing	21.300	16.560
Heinrichsen	20.800	16.560
Müllerich	18.500	16.560
Krüger	12.600	16.560
Humpler	9.600	16.560

Bild 7.49 Säulendiagramm mit Mittelwert als Linie

Mittelwert_darstellen.xlsx

Die Vorgehensweise

1 Berechnen Sie in der Ausgangstabelle in einer weiteren Spalte den Mittelwert mit der Funktion MITTELWERT und kopieren Sie die Formel nach unten.

```
C4: = MITTELWERT($B$4:$B$8)
```

Achtung: Feste Zellbezüge erforderlich!

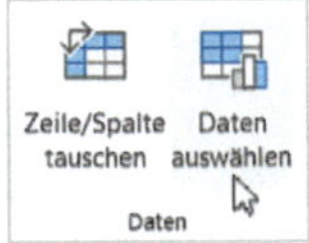

2 Klicken Sie mit der rechten Maustaste in das Diagramm und auf *Daten auswählen...* oder verwenden Sie das gleichnamige Symbol im Menüband, Register *Diagrammentwurf*.

3 Klicken Sie im Fenster *Datenquelle auswählen* unter *Legendeneinträge (Reihen)* auf *Hinzufügen* und wählen Sie die Mittelwerte aus, wie im Bild unten. Die Datenreihe erscheint im Diagramm zunächst als weitere Säulenreihe.

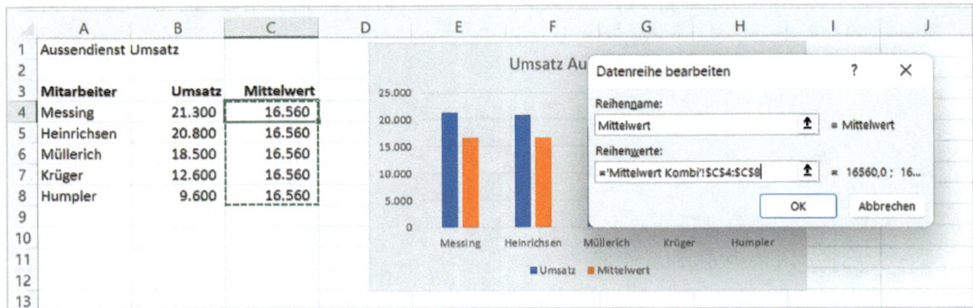

Bild 7.50 Mittelwerte in einer weiteren Spalte berechnen und als Datenreihe hinzufügen

4 Um die Mittelwerte in eine Linie umzuwandeln, klicken Sie mit der rechten Maustaste auf eine beliebige Säule der Datenreihe *Mittelwert* und auf *Datenreihen-Diagrammtyp ändern*. Oder markieren Sie die Datenreihe und klicken im Menüband, Register *Diagrammentwurf* auf *Diagrammtyp ändern*.

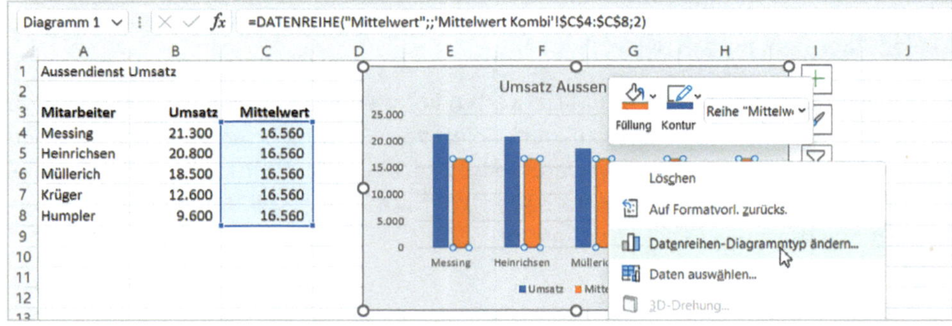

Bild 7.51 Datenreihe Mittelwert markieren und Datenreihen-Diagrammtyp ändern

Mittelwerte ausblenden: Wenn Sie in der Tabelle die Spalte mit dem Mittelwert ausblenden, dann wird die dazugehörige Datenreihe standardmäßig auch im Diagramm ausgeblendet. Dies können Sie jedoch im Fenster *Datenquelle ändern* über die Schaltfläche *Ausgeblendete und leere Zellen* ändern.

5 Das gleichnamige Fenster öffnet sich und der Diagrammtyp *Kombi*, d. h. eine Kombination zweier unterschiedlicher Diagrammtypen, ist meist bereits ausgewählt ❶ (Bild 7.52). Sie können nun entweder auf einen der Vorschläge ❷ klicken oder jeder Datenreihe gesondert einen Diagrammtyp zuweisen. Diesen wählen Sie im unteren Bereich neben der jeweiligen Datenreihe ❸ mit Klick in das Feld *Diagrammtyp* aus, hier *Gruppierte Säulen* und *Linie*.

Achtung: Wenn die Datenreihen unmittelbar miteinander vergleichbar sein sollen, wie in diesem Beispiel, müssen sich beide auf dieselbe Achse beziehen. Das Kontrollkästchen *Sekundärachse* ❹ darf nicht aktiviert sein.

Achten Sie auf den Diagrammtyp!

Eine Kombination verschiedener Diagrammtypen sowie Sekundärachsen sind nur in 2D-Diagrammen möglich!

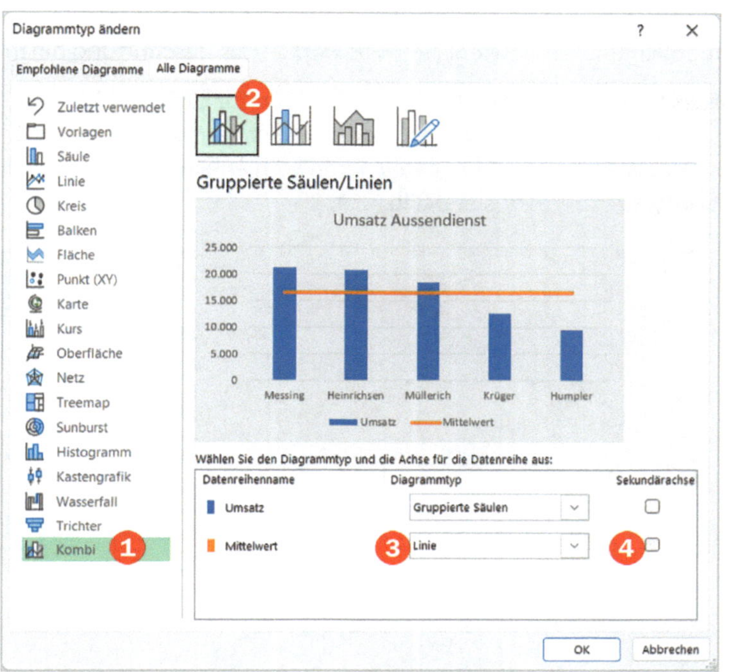

Bild 7.52 Datenreihen-Diagrammtyp ändern

Ein Beispiel für den Einsatz einer Sekundärachse finden Sie im nächsten Punkt.

Datenreihe auf einer Sekundärachse darstellen

Manchmal sollen in einem Diagramm Werte dargestellt und verglichen werden, die auf unterschiedlichen Messskalen beruhen, z. B. Körpergröße in cm und Gewicht in kg. In solchen Fällen sollte eine der Datenreihen an einer sogenannten Sekundärachse dargestellt werden. Hier als Beispiel die Niederschläge und Temperaturen der letzten Jahre, wobei die Niederschläge in mm vorliegen und die Temperaturen in °C.

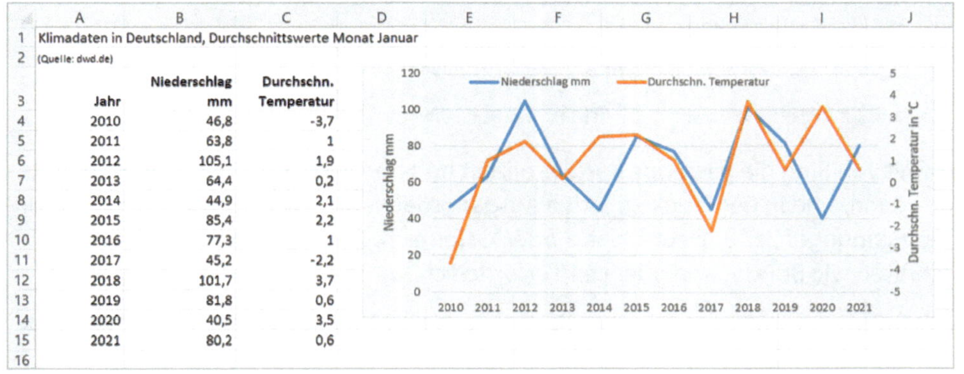
Klimadaten in Deutschland, Durchschnittswerte Monat Januar
(Quelle: dwd.de)

Jahr	Niederschlag mm	Durchschn. Temperatur
2010	46,8	-3,7
2011	63,8	1
2012	105,1	1,9
2013	64,4	0,2
2014	44,9	2,1
2015	85,4	2,2
2016	77,3	1
2017	45,2	-2,2
2018	101,7	3,7
2019	81,8	0,6
2020	40,5	3,5
2021	80,2	0,6

Bild 7.53 Niederschläge und Temperaturen auf Sekundärachse

Quelle: dwd.de

Temperatur_Niederschlag.xlsx

Die Vorgehensweise

Im ersten Schritt erstellen Sie aus den beiden Datenreihen ein Liniendiagramm. Damit die Jahre von Excel nicht als weitere Datenreihe interpretiert werden, beginnen Sie am

Zahlen als Beschriftungen, siehe Seite 336.

besten nur mit den beiden Datenreihen Niederschlag und Temperatur und fügen die Jahre nachträglich über den Befehl *Daten auswählen* als Beschriftung hinzu.

Doppelklicken Sie dann auf die Datenreihe Temperatur (oder Rechtsklick und Befehl *Datenreihen formatieren...*). Aktivieren Sie im gleichnamigen Aufgabenbereich das Symbol bzw. Register *Datenreihenoptionen* und wählen Sie unter *Datenreihe zeichnen auf* die Option *Sekundärachse*, siehe Bild 7.54.

Bild 7.54 Datenreihe auf Sekundärachse zeichnen

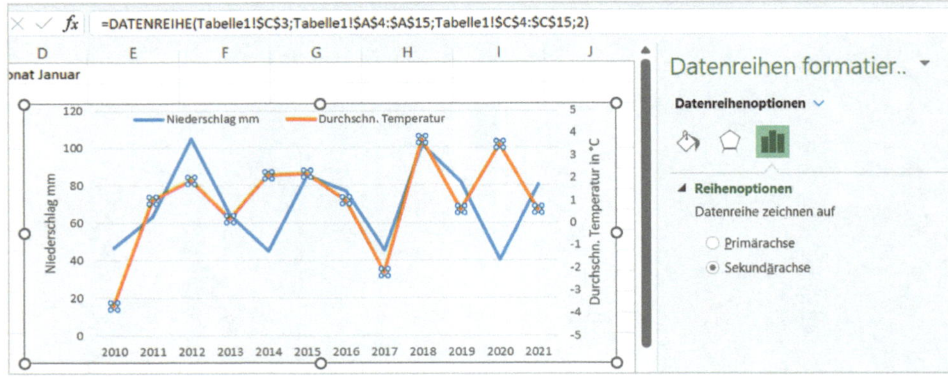

7.6 Geodaten visualisieren

Geografische Daten, die als Tabelle vorliegen, lassen sich in Excel auch mit Landkarten verknüpfen und so mit Ortsbezug darstellen. Hierzu stellt Excel sowohl 2D-, als 3D-Kartendarstellungen zur Verfügung, die in beiden Fällen über Bing bezogen werden. Zur Erstellung ist also eine Internetverbindung erforderlich und Sie müssen Ihre Zustimmung zum Senden der Daten an Bing erteilen. Danach kann es einige Sekunden dauern, bis die Karten geladen sind.

Flächenbezogene Werte als 2D-Karte darstellen

Damit von Bing die passende Karte ermittelt und der Flächeneinheit zugeordnet werden kann, sind in der Tabelle mit den Ausgangsdaten nicht nur die korrekten Flächenbezeichnungen, z. B. Deutschland oder Österreich, sondern auch eindeutige Überschriften wie Bundesland oder Land erforderlich.

Beispiel: Sie möchten das Pro-Kopf-Bruttoinlandsprodukt der deutschen Bundesländer auf einer Karte darstellen, siehe Bild 7.55.

1 Markieren Sie die Tabelle, hier A4:B20, und klicken Sie im Menüband, Register *Einfügen* ▶ *Diagramme* auf *Karten* ▶ *Flächenkartogramm*.

Beim ersten Erstellen einer solchen Karte müssen anschließend noch zustimmen, dass Ihre Daten an Bing gesendet werden.

2 Geben Sie anschließend dem Diagramm einen Titel, bei Bedarf können Sie auch im Register *Diagrammentwurf* eine andere Diagrammformatvorlage auswählen.

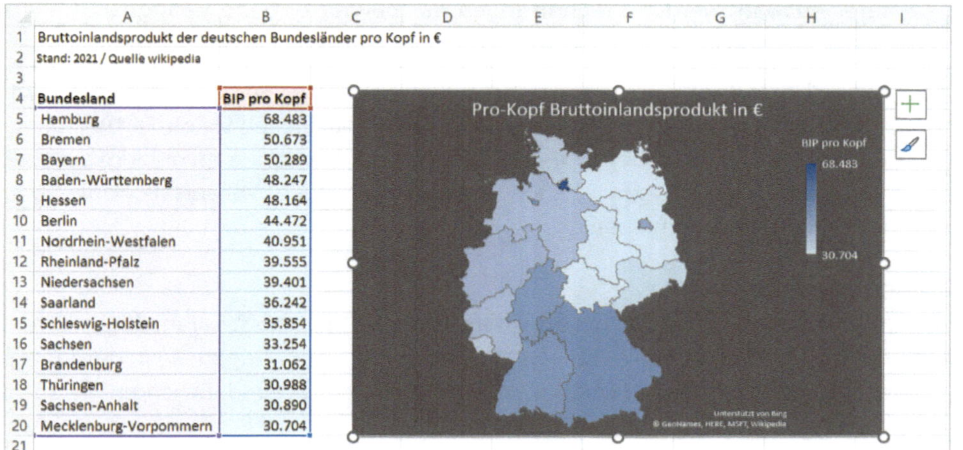

Bruttoinlandsprodukt der deutschen Bundesländer pro Kopf in €

Stand: 2021 / Quelle wikipedia

Bundesland	BIP pro Kopf
Hamburg	68.483
Bremen	50.673
Bayern	50.289
Baden-Württemberg	48.247
Hessen	48.164
Berlin	44.472
Nordrhein-Westfalen	40.951
Rheinland-Pfalz	39.555
Niedersachsen	39.401
Saarland	36.242
Schleswig-Holstein	35.854
Sachsen	33.254
Brandenburg	31.062
Thüringen	30.988
Sachsen-Anhalt	30.890
Mecklenburg-Vorpommern	30.704

Bild 7.55 Das Ergebnis

Karten_BIP.xlsx

Quelle: Wikipedia.de

Hinweis: Sollte die Karte weiße Flecken aufweisen, so bedeutet dies, die betreffende Fläche wurde nicht erkannt. Überprüfen und korrigieren Sie in diesem Fall die Tabelle.

Weitere Formatierungsmöglichkeiten

Weitere Formatierungsmöglichkeiten erhalten Sie im Aufgabenbereich: Klicken Sie mit der rechten Maustaste in die Karte und auf *Datenreihen formatieren...*.

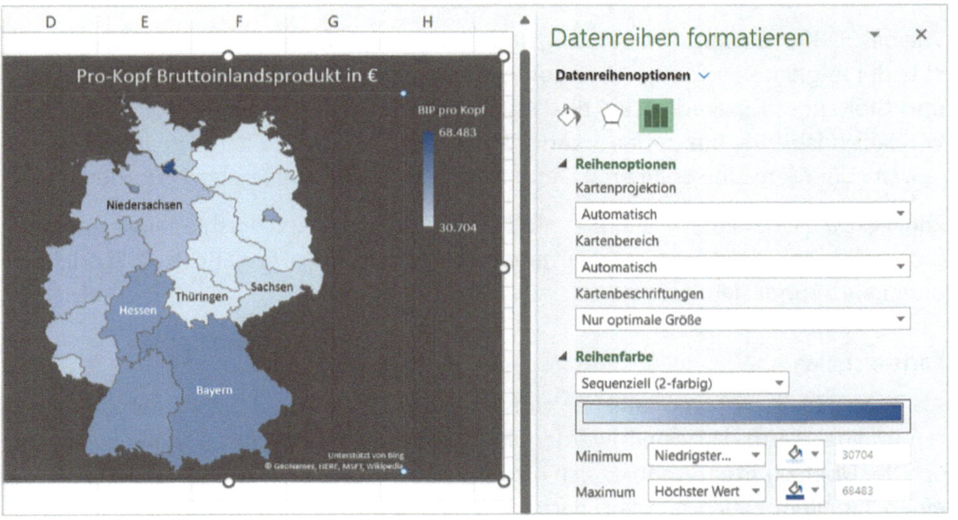

Bild 7.56 Karten: Datenreihen formatieren

- **Kartenprojektion und Kartenbereich:** Die *Kartenprojektion* wird in der Standardeinstellung automatisch gewählt, Sie können jedoch auch einen anderen Projektionsstil wählen. Auch der automatisch gewählte *Kartenbereich* kann in den meisten Fällen beibehalten werden. **Tipp:** Wenn Sie Regionen, für die keine Daten vorhanden sind, ausblenden möchten, dann wählen Sie stattdessen *Nur Regionen mit Daten*.

- **Kartenbeschriftungen**: Wenn Sie zusätzlich Kartenbeschriftungen einfügen möchten, dann wählen Sie zwischen *Alle anzeigen* und *Nur optimale Größe*. Mit letzterer Auswahl werden Beschriftungen nur bei ausreichend verfügbarem Platz angezeigt, wie im Bild.
- **Farben**: Unter *Reihenfarbe* können Sie zwischen 2-farbigem und 3-farbigem Farbverlauf wählen und über die Schaltflächen unterhalb legen Sie die Farben für *Minimum* und *Maximum* fest. Statt des automatisch verwendeten niedrigsten bzw. höchsten Wertes können Sie auch eine Zahl oder einen Prozentsatz wählen und im Feld daneben eingeben.

Mögliche Darstellungsprobleme

Manchmal werden Flächen nicht korrekt erkannt, dies liegt meist daran, dass mehrere Orte mit demselben Namen existieren. In solchen Fällen benötigen Sie in der Tabelle eine weitere Spalte mit einer übergeordneten Einheit, z. B. Land. Beachten Sie auch, dass nur exakte Bezeichnungen erkannt werden.

3D-Karten erstellen und nutzen

Achtung: 3D-Karten ist ein Add-In, das Sie erst aktivieren müssen.

Beim ersten Aufruf erscheint eine entsprechende Aufforderung; klicken Sie auf *Aktivieren*.

Wenn Sie statt einfacher Flächenkarten eine 3D-Darstellung bevorzugen, dann verwenden Sie das Add-In *3D-Karte*, in früheren Versionen auch bekannt unter dem Namen Power Map. Hier lassen sich außerdem mit wenig Aufwand auch zeitliche Abläufe darstellen sowie Videos für Präsentationen erstellen. Jedes Detail zu beschreiben, würde allerdings den Rahmen dieses Buches sprengen.

Wie bei 2D-Karten muss die Ausgangstabelle als geografische Ortsangabe mindestens eine der folgenden Informationen sowie eindeutige Überschriften enthalten: Längen- und Breitengrad (Koordinaten, als Dezimalzahl formatiert), Ort, Postleitzahl, Straße, Verwaltungsbezirk, Bundesland, Land. Wenn zeitliche Abläufe dargestellt werden sollen, ist außerdem eine Spalte mit Datums- und/oder Uhrzeitangaben erforderlich.

Achtung: Da es manche Ortsnamen gleich mehrmals, aber in verschiedenen Regionen gibt, sollte bei Orten immer auch mindestens eine zweite Angabe, z. B. Postleitzahl oder Land/Bundesland vorhanden sein.

Karte erstellen

3D_Karten_Daten.xlsx

Als Beispiel sollen die monatlichen Umsätze von Filialen (Bild 7.57) in mehreren Städten in einer Karte dargestellt werden. Markieren Sie die gesamte Tabelle einschließlich der Überschriften. Wenn es sich um einen zusammenhängenden Zellbereich oder einen Tabellenbereich handelt, dann reicht es, wenn eine beliebige Zelle innerhalb der Tabelle markiert ist. Klicken Sie dann im Register *Einfügen* auf *3D-Karte* und auf *3D-Karten öffnen*.

Da beim Öffnen erst die entsprechenden Karten ermittelt und geladen werden, kann es einige Sekunden dauern, bis die Karte erscheint.

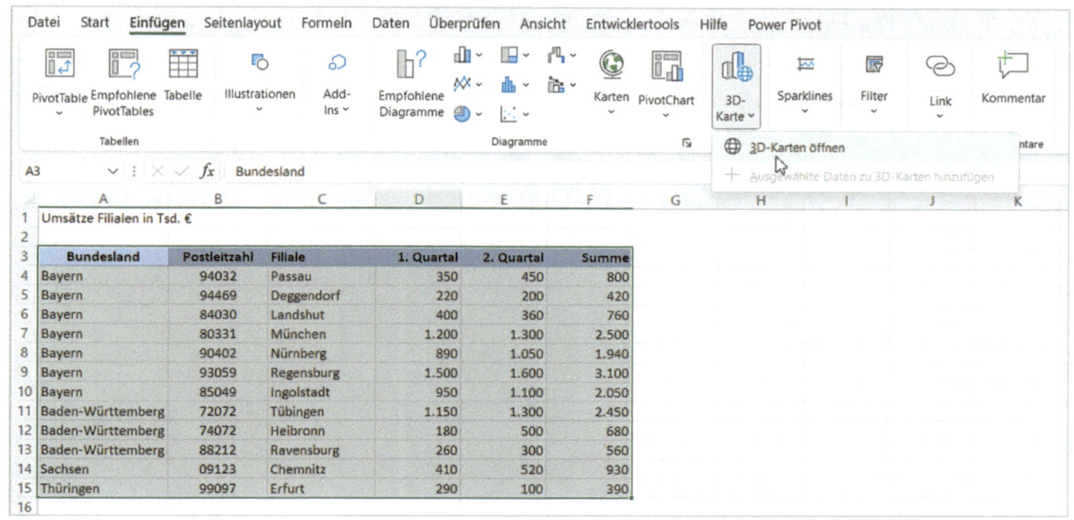

Bundesland	Postleitzahl	Filiale	1. Quartal	2. Quartal	Summe
Bayern	94032	Passau	350	450	800
Bayern	94469	Deggendorf	220	200	420
Bayern	84030	Landshut	400	360	760
Bayern	80331	München	1.200	1.300	2.500
Bayern	90402	Nürnberg	890	1.050	1.940
Bayern	93059	Regensburg	1.500	1.600	3.100
Bayern	85049	Ingolstadt	950	1.100	2.050
Baden-Württemberg	72072	Tübingen	1.150	1.300	2.450
Baden-Württemberg	74072	Heibronn	180	500	680
Baden-Württemberg	88212	Ravensburg	260	300	560
Sachsen	09123	Chemnitz	410	520	930
Thüringen	99097	Erfurt	290	100	390

Bild 7.57 3D-Karten öffnen

Tour erstellen/öffnen

Eine Arbeitsmappe kann mehrere Karten und Kartendarstellungen enthalten, z. B. zur Betrachtung unterschiedlicher Aspekte oder geografischer Einheiten. Diese werden als Touren bezeichnet und zusammen mit der Arbeitsmappe gespeichert.

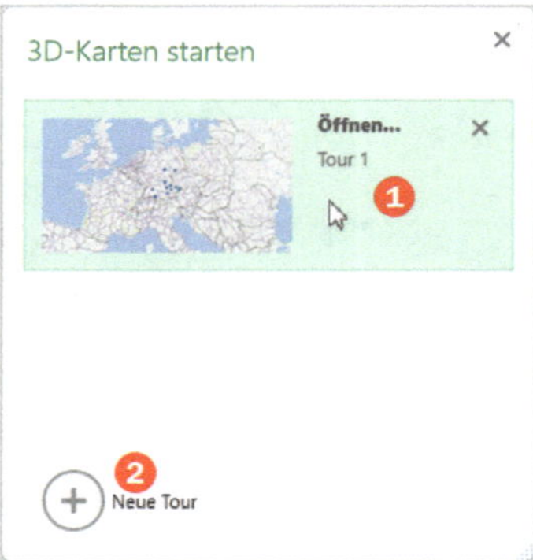

- Enthält eine Arbeitsmappe bereits eine oder mehrere Touren, dann werden beim Klick auf *3D-Karten öffnen* alle vorhandenen Touren aufgelistet. Klicken Sie entweder auf eine Tour ❶, um diese anzuzeigen oder klicken Sie auf *Neue Tour* ❷.
- Wenn in der Arbeitsmappe noch keine Tour vorhanden ist, dann wird beim Klick auf *3D-Karten öffnen* automatisch eine Tour erstellt.

So finden Sie sich im Fenster Microsoft 3D-Karten und in der Karte zurecht

Microsoft 3D-Karten wird in einem gesonderten Fenster geöffnet (Bild 7.58 auf Seite 348). Wenn beim Erstellen einer neuen Tour die geografischen Angaben in der Tabelle erkannt wurden, wird die Karte entsprechend der Daten geladen und die Flächeneinheiten, hier die Städte eingetragen ❶.

Tour-Editor Schichtbereich Feldliste
Ansicht

Zur weiteren Bearbeitung finden Sie im Menüband die Register *Start* und *Datei* vor. Außerdem sollten zusätzlich zur Karte noch folgende Bereiche sichtbar sein. Jeder dieser Bereiche kann im Menüband über die Symbole der Gruppe *Ansicht* im Register *Start* aus- und eingeblendet werden.

- Der Tourbereich ❷ zeigt die aktuell ausgewählte Tour an, im Bild *Tour 1*. Eine Tour umfasst mindestens eine Szene, die zusammen mit einer neuen Tour automatisch erstellt wurde. Zur Darstellung und Wiedergabe zeitlicher Abläufe können weitere Szenen hinzugefügt werden.
- Im Schichtbereich ❸ rechts wählen Sie Darstellung und Datenreihen.

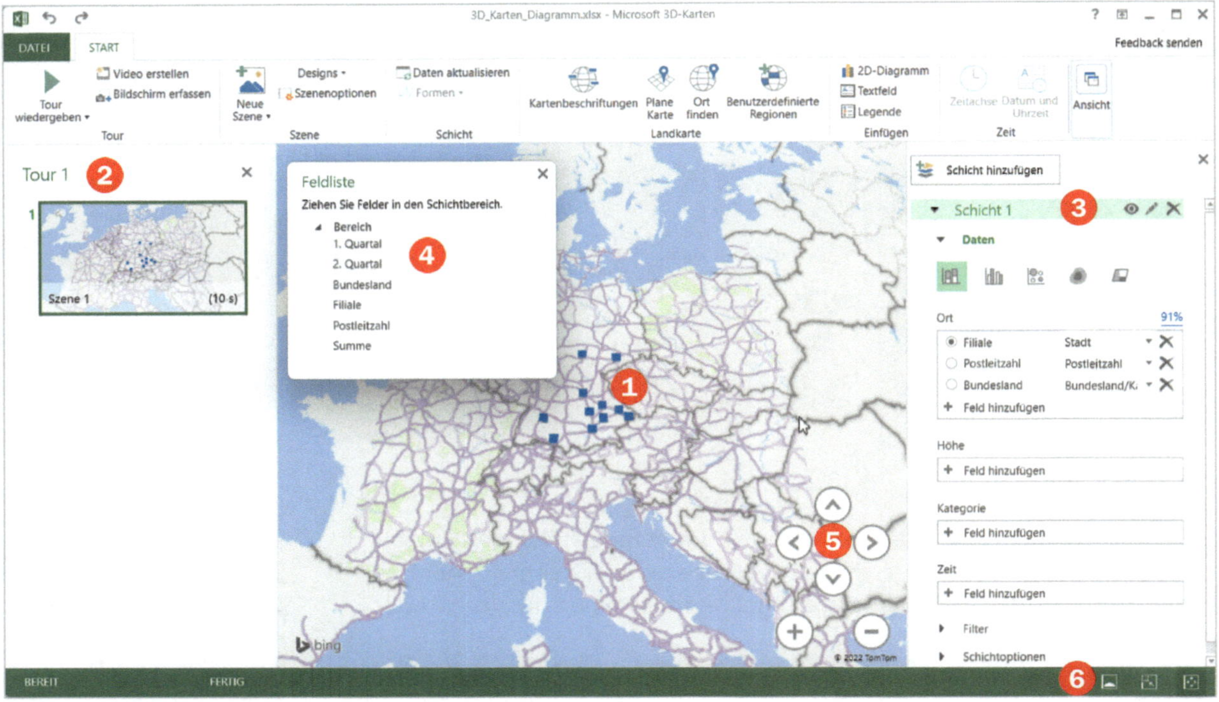

Bild 7.58 Das Fenster Microsoft 3D-Karten

- Die Feldliste ❹ enthält die Spaltenüberschriften des ausgewählten Datenbereichs, auch als Felder bezeichnet.

Kartendarstellung verändern

Den Kartenausschnitt selbst können Sie mit gedrückter Maustaste verschieben, zum Vergrößern oder Verkleinern benutzen Sie das Mausrad oder die Schaltflächen + und -. Mit den Pfeilen ❺ können Sie die Karte drehen bzw. den Neigungswinkel verändern.

Tipp: Im rechten Bereich der Statusleiste am unteren Rand des Fensters finden Sie drei nützliche Symbole ❻:

- **Kartenansicht bzw. Zoom zurücksetzen**: Mit Klick auf dieses Symbol setzen Sie die Karte auf die standardmäßige Zoomeinstellung zurück.
- **Flächeneinheit zoomen**: Wenn Sie die verwendete Flächeneinheit, z. B. Stadt (am Punkt erkennbar) schnell vergrößern möchten, dann klicken Sie diese an und danach auf dieses Symbol.
- **Navigationsschaltflächen ein- und ausblenden**: Klicken Sie auf dieses Symbol.

Optionen zur Kartendarstellung

Weitere Möglichkeiten zur Steuerung der Kartenansicht erhalten Sie im Menüband, Register *Start*, Gruppe *Landkarte*: Wenn hier das Symbol *Plane Karte* aktiviert ist, dann wird die Karte flach (plan) dargestellt, ansonsten als Globusdarstellung. Mit *Kartenbeschriftungen* werden Städte- und Ländernamen ein- und wieder ausgeblendet.

Datenreihen im Schichtbereich anordnen

In der rechten Spalte, dem Schichtbereich, ordnen Sie die Daten der Tabelle den Rubriken *Ort*, *Höhe*, *Kategorie* und eventuell auch noch *Zeit* zu.

Ortstyp kontrollieren und ändern

In jedem Fall ist zur Darstellung auf einer Karte im Feld *Ort* die Angabe erforderlich, welche Spalte der Ausgangstabelle die geografischen Angaben enthält. Wenn die Tabelle entsprechende Spaltenüberschriften aufweist, werden diese meist automatisch erkannt und im Feld *Ort* des Schichtbereichs aufgelistet. Trotzdem sollten Sie hier zunächst die Ortsangaben darauf kontrollieren, ob diesen der richtige Ortstyp zugeordnet wurde. Mit Klick auf den Dropdown-Pfeil können Sie diesen ggf. ändern. Im Bild unten wurden die Spalten *Bundesland*, *Filiale* und *Postleitzahl* korrekt als geografische Ortsangaben erkannt ❶ und rechts daneben der Typ ❷ jeweils richtig zugeordnet.

Falls erforderlich, können Sie mit Klick auf *Feld hinzufügen* ein weiteres Feld der Ausgangstabelle als geografische Ortsangabe festlegen.

Das Symbol *Löschen* entfernt dagegen eine fälschlicherweise als Ortsangabe interpretierte Spalte aus diesem Bereich.

Wählen Sie entweder die Postleitzahl oder die Spalte *Filiale* als geografische Ebene ❸ aus, falls dies nicht bereits automatisch geschehen ist.

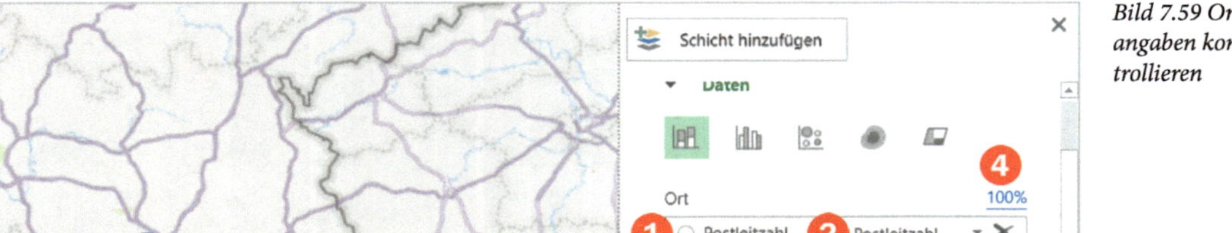

Bild 7.59 Ortsangaben kontrollieren

Achtung: Ob alle Orte eindeutig zugeordnet werden konnten, sehen Sie an der Prozentzahl ❹. 100% wie im Bild bedeutet, dass alle erkannt wurden. Falls die Zuordnung beispielsweise nur zu 90% erfolgreich war, so klicken Sie auf diese Zahl, um einen Bericht mit allen problematischen Ortsangaben zu öffnen. Überprüfen und ergänzen bzw. korrigieren Sie in solchen Fällen die Angaben in der Tabelle und klicken Sie dann in *Microsoft 3D-Karten* im Menüband auf *Daten aktualisieren*.

Darzustellende Datenreihe hinzufügen

Standardmäßig werden die Werte als gestapelte Säulen dargestellt. Welche Spalte/n der Tabelle hierzu verwendet werden sollen, legen Sie im Bereich *Höhe* fest. Klicken Sie auf *Feld hinzufügen* und auf das Feld *1. Quartal* oder ziehen Sie mit der Maus dieses Feld aus der Feldliste hierhin.

Meist berechnet Excel für Zahlen automatisch die Summe ❶ (Bild 7.60) und für Texte die Anzahl. Wenn Sie eine andere Zusammenfassung benötigen, dann klicken Sie in das betreffende Feld und wählen z. B. *Maximum* oder *Minimum*.

Falls Sie eine zweite Datenreihe hinzufügen möchten, klicken Sie im Feld *Höhe* auf *Feld hinzufügen* ❷ und wählen z. B. *2. Quartal* aus. Ein nicht mehr benötigtes Feld löschen Sie mit Klick auf das Symbol *Entfernen* ❸.

Die Umsatzsummen erscheinen nun in der Karte als 3D-Säulen, wie im Bild unten. Außerdem wird der Karte automatisch eine Legende ❹ hinzugefügt. Falls eine zweite Datenreihe hinzugefügt wurde, erscheint diese je nach Diagrammtyp neben oder über der ersten Säule.

Bild 7.60 Datenreihen hinzufügen

Die Legende kann mit der Maus beliebig verschoben, sowie anhand der Eckpunkte rechts unten und links oben vergrößert bzw. verkleinert werden. Eine nicht benötigte Legende markieren Sie durch Anklicken und entfernen diese anschließend mit der Taste **Entf**.

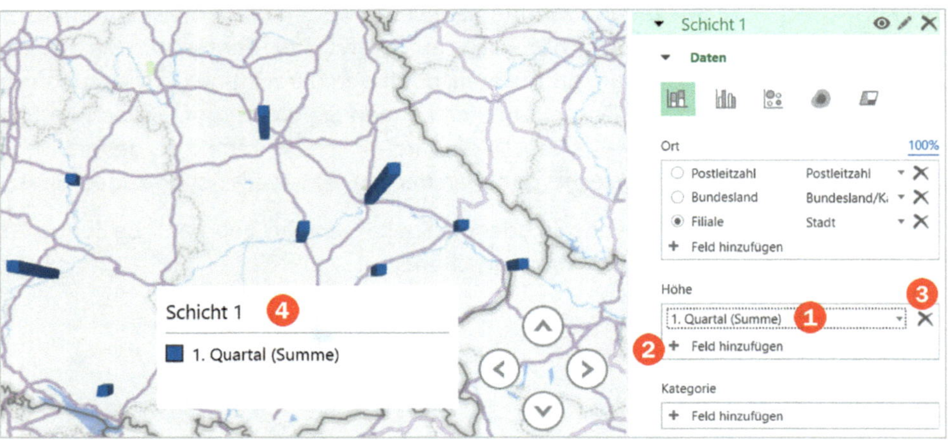

Kategorie verwenden

Bei zwei oder mehr Datenreihen wird die *Kategorie* automatisch durch diese definiert. Falls jedoch nur eine Datenreihe verwendet wird, z. B. die Umsätze des ersten Quartals wie im Bild, dann können Sie die Kategorie auch verwenden, um die Filialen in unterschiedlichen Farben darstellen. Ziehen Sie dazu das Feld *Filiale* auf *Kategorie* oder wählen Sie dieses Feld über *Feld hinzufügen* aus. Die Legende passt sich automatisch an.

Bild 7.61 Über die Kategorie unterschiedliche Farben zuweisen

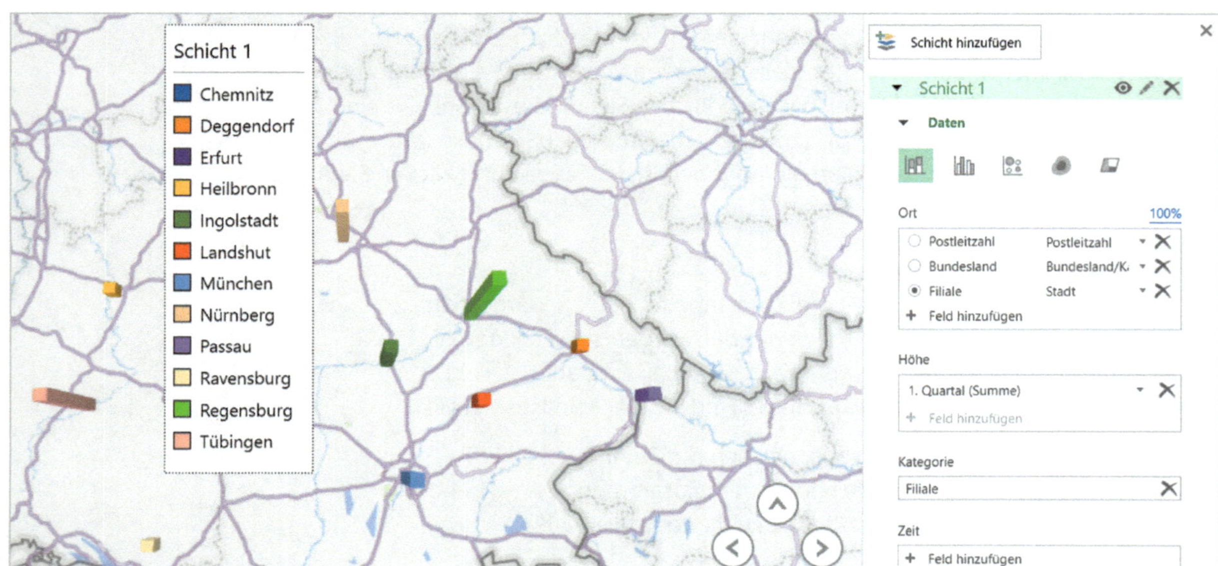

Zeitliche Abläufe darstellen

Falls die Ausgangstabelle eine Spalte mit Datums- oder Uhrzeitwerten enthält, können Sie diese dem Bereich *Zeit* hinzufügen. In diesem Fall erscheint zusätzlich unterhalb der Karte eine Zeitleiste und Sie erhalten mit Klick auf den Pfeil (Start) eine Animation mit dem zeitlichen Ablauf.

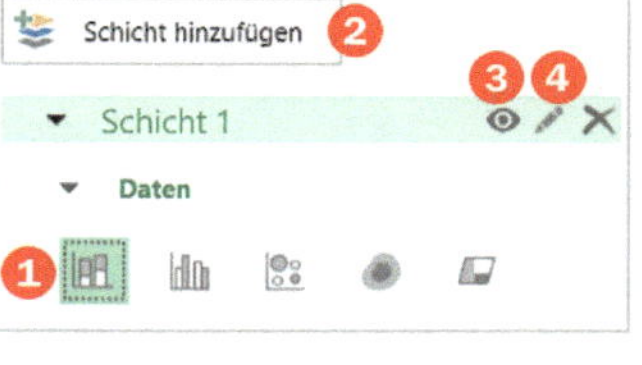

Diagrammtyp ändern

Den Diagrammtyp wählen Sie über die Symbole ❶ oben im Schichtbereich. Statt gestapelter Säulen können Sie noch zwischen *Gruppierten Säulen*, *Blasendiagramm*, *Wärmebild* und *Region* wählen.

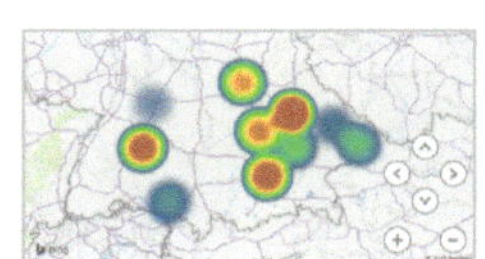

- Beim *Blasendiagramm* bestimmt der Gesamtwert die Kreisgröße und die Datenreihen die Segmente.
- Der Typ *Region* färbt Flächen ein und eignet sich für Flächeneinheiten wie z. B. Land oder Bundesland.
- *Wärmebild* verwendet Farbverläufe einer 3-Farben-Skala (vergleichbar der bedingten Formatierung) und hebt besonders Gegensätze hervor. Damit lassen sich z. B. Temperaturunterschiede oder Niederschlagsmengen vergleichen. Zusätzlich können Sie im Abschnitt *Schichtoptionen* der Verlauf der Farbskala und den Einflussbereich verändern.

Mehrere Diagrammtypen in Schichten verwalten

Falls Sie in einem einzigen Diagramm Datenreihen mit unterschiedlichen Diagrammtypen darstellen möchten, dann fügen Sie eine weitere Schicht hinzu ❷ und erstellen hier das nächste Diagramm. Jede Schicht kann anschließend mit diesem Symbol ❸ aus- und wieder eingeblendet und mit diesem Symbol ❹ umbenannt werden.

Farben ändern

Im Menüband, Gruppe *Szene* können Sie über die Schaltfläche *Designs* zwischen verschiedenen Designvorlagen wählen. Weitere Möglichkeiten der Farbgestaltung finden Sie ganz unten im Schichtbereich in den *Schichtoptionen*.

Karte verwenden

Für die eigentliche Verwendung der Karte stehen im Menüband von *Microsoft 3D-Karten* ▶ *Tour* die folgenden drei Möglichkeiten zur Verfügung:

- *Tour wiedergeben* zeigt die Karte im Vollbildmodus an und mit der **Esc**-Taste kehren Sie wieder zurück zur ursprünglichen Ansicht. Über den Dropdown-Pfeil können Sie wählen zwischen *Tour von Anfang an* und *Tour ab aktueller Szene abspielen*.
- Mit *Video erstellen* wird die Karte in ein separates Video exportiert, das sich anschließend z. B. in eine Webseite oder PowerPoint-Präsentation einfügen lässt.
- *Bildschirm erfassen* kopiert die Karte als Bild in die Zwischenablage. Anschließend lässt sich die Karte in ein Tabellenblatt der Arbeitsmappe oder ein beliebiges anderes Dokument einfügen.

Zum Arbeitsblatt zurückkehren

Sie können jederzeit zwischen *Microsoft 3D-Karten* und dem Excel-Arbeitsblatt wechseln. Zum Beenden von *3D-Karten* schließen Sie einfach das Fenster *3D-Karten* oder verwenden im Menü *Datei* den Befehl *Schließen*. Beim Schließen erscheint keine Aufforderung zum Speichern, da die Karte bzw. Tour zusammen mit der Arbeitsmappe gespeichert wird.

In der Arbeitsmappe macht Sie ein Textfeld auf das Vorhandensein von 3D-Karten-Touren aufmerksam. Dieses Textfeld kann, wie jedes Objekt in einem Arbeitsblatt, an eine andere Stelle verschoben, beliebig vergrößert und verkleinert oder mit der **Entf**-Taste entfernt werden.

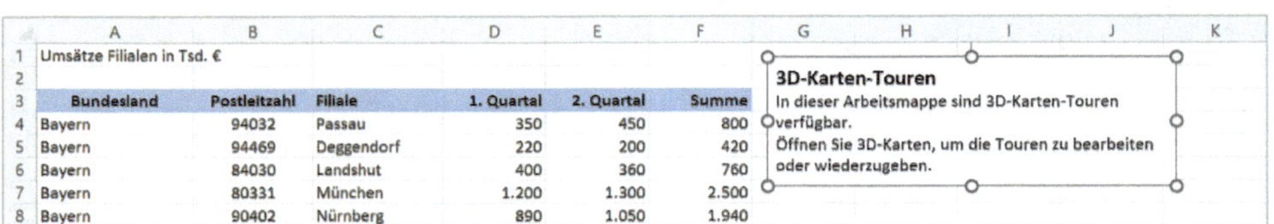

	A	B	C	D	E	F
1	Umsätze Filialen in Tsd. €					
2						
3	Bundesland	Postleitzahl	Filiale	1. Quartal	2. Quartal	Summe
4	Bayern	94032	Passau	350	450	800
5	Bayern	94469	Deggendorf	220	200	420
6	Bayern	84030	Landshut	400	360	760
7	Bayern	80331	München	1.200	1.300	2.500
8	Bayern	90402	Nürnberg	890	1.050	1.940

Bild 7.62 Textfeld verschieben oder löschen

Der Tour weitere Szenen hinzufügen und animieren

Statt mehrere Datenreihen gleichzeitig im Diagramm darzustellen, können Sie die Diagramme auch auf mehrere Szenen verteilen und animiert nacheinander anzeigen. Sie könnten beispielsweise in Szene 1 die Umsätze des ersten Quartals, in Szene 2 die des zweiten Quartals, usw. und in einer weiteren Szene die Gesamtumsätze nacheinander darstellen. Oder die Zu- und Abnahme als Wärmebild? Probieren Sie einfach die verschiedenen Möglichkeiten aus. Denkbar wäre auch, eine erste Szene ohne Diagrammdarstellung, aber mit Kartenbeschriftungen voranzustellen.

Szene hinzufügen

Um einer Tour weitere Szenen hinzuzufügen, klicken Sie im Fenster *Microsoft 3D-Karten* im Menüband auf *Neue Szene* ❶ (Bild 7.63). Die aktuelle Szene wird dadurch automatisch kopiert und Sie brauchen für diese nur noch die benötigten Werte auswählen. Falls Sie stattdessen mit einer völlig neuen Karte beginnen möchten, so klicken Sie auf den Dropdown-Pfeil des Symbols *Neue Szene*.

Szene umbenennen und animieren

Zum Auswählen und anschließendem Bearbeiten klicken Sie im Tourbereich auf die betreffende Szene. Wenn Sie eine nicht benötigte Szene löschen möchten, dann klicken Sie auf das Symbol *Löschen* ❷ dieser Szene. Ein Klick auf das Symbol *Szeneoptionen* ❸ öffnet das Fenster *Szeneoptionen*. Hier können Sie der Szene einen Namen geben ❹ und die Anzeigedauer (*Szenendauer*) ändern.

Wenn Sie z. B. die Szene animieren möchten, etwa mit Überflugeffekt oder Karte drehen, dann wählen Sie dies im Feld *Effekt* aus.

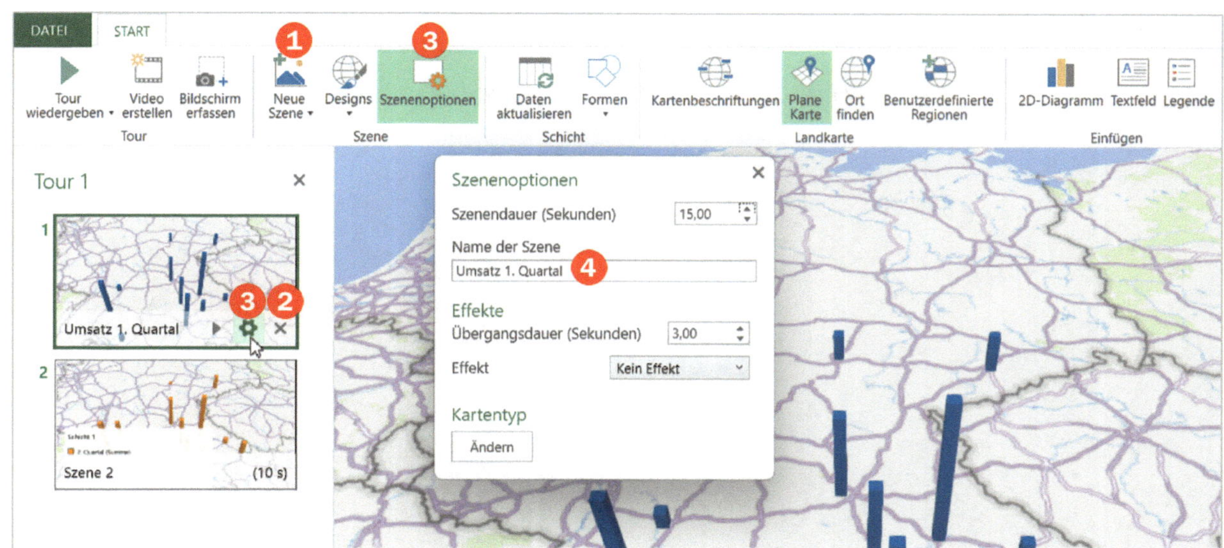

Bild 7.63 Szenen verwalten

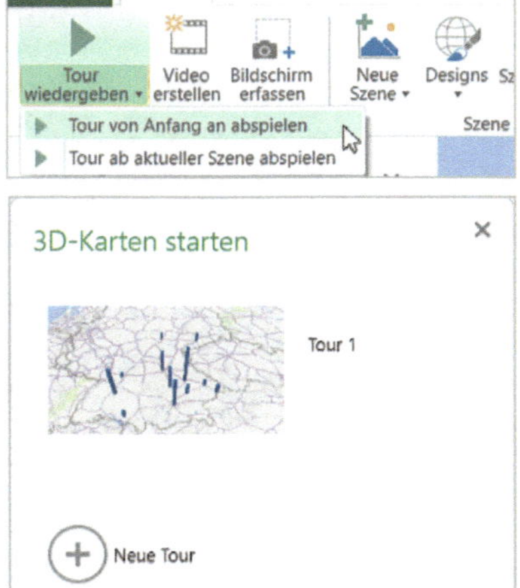

Tour wiedergeben

Zur Wiedergabe klicken Sie im Menüband auf *Tour wiedergeben*, der Wechsel zur nächsten Szene erfolgt automatisch, dabei wird die vorgegebene Anzeige- und Übergangsdauer berücksichtigt.

Mehrere Touren erstellen

Eine Arbeitsmappe kann auch mehrere, voneinander unabhängige, Touren enthalten. Wenn Sie neben einer bestehenden Tour eine weitere erstellen möchten, dann markieren Sie im Arbeitsblatt den betreffenden Tabellenbereich und klicken im Register *Einfügen* auf *3D-Karte*. Klicken Sie dann auf *Neue Tour*.

8 Makros und Steuerelemente einsetzen

In diesem Kapitel lernen Sie ...

- Einfache Makros aufzeichnen und ausführen
- Arbeitsmappen mit Makros speichern und öffnen
- Sicherheitseinstellungen
- Zellbezüge in Makros
- Makros komfortabel starten
- Formularsteuerelemente verwenden

Das sollten Sie bereits wissen

- Umgang mit Excel-Arbeitsmappen und Tabellenblättern
- Zellbezüge und Formeln

8.1 Makros: Grundbegriffe und Vorbereitungen

Wozu Makros?

Obwohl Microsoft Excel ein sehr leistungsfähiges Programm mit umfangreichen Funktionen ist, werden manchmal für spezielle Probleme Lösungen benötigt, die sich mit den Standardfunktionen von Excel nur mit einigem Aufwand oder überhaupt nicht realisieren lassen. Für solche Einsatzzwecke entstand bereits in frühen Versionen von Excel mit den Makros eine Möglichkeit, Befehlsabläufe festzuhalten bzw. aufzuzeichnen und später mit einem einzigen Befehl bzw. Mausklick auszuführen. Zu den wichtigsten Einsatzmöglichkeiten von Makros gehört das Ausführen von Routinetätigkeiten, beispielsweise Aufbereitung und Auswertung von Tabellen mit gleichbleibendem Aufbau, aber wechselnden Daten.

Die Bezeichnung Makro steht also für eine Folge von Befehlen, formuliert in einer Programmiersprache. Diese Befehlsfolge wird unter einem Namen gespeichert und jedes Mal ausgeführt, wenn Sie das Programm aufrufen. In Excel lassen sich Makros mit Hilfe eines Makrorecorders auch ganz ohne Programmierkenntnisse aufzeichnen. Während der Aufzeichnung werden alle Ihre Aktionen und Eingaben in Anweisungen der Programmiersprache VBA umgesetzt und gespeichert. Ein Makro kann jederzeit nachträglich bearbeitet und beispielsweise um weitere Anweisungen ergänzt werden. Dazu sind allerdings VBA-Grundkenntnisse erforderlich.

Mit dem Makrorecorder aufgezeichnete Makros besitzen Vor- und Nachteile

Die Aufzeichnung mit dem Makrorecorder erfordert keinerlei Programmierkenntnisse. Allerdings sind auf diese Weise erstellte Makros wenig flexibel, reagieren nicht auf Bedingungen und können bestimmte Abläufe auch nicht automatisch wiederholen.

Was ist VBA?

VBA = Visual Basic for Applications

Microsoft Office verfügt unter der Bezeichnung VBA (Visual Basic for Applications) über eine integrierte Programmiersprache mit beträchtlichem Sprachumfang. Diese ist in allen Office-Anwendungen, also z. B. auch in Word, Access oder PowerPoint verfügbar, wird aber hauptsächlich mit Access und Excel genutzt. Zudem basieren die einzelnen Anwendungen auf unterschiedlichen Objekten, so dass sich mit Ausnahme grundlegender Sprachelemente Word-VBA durchaus von Excel-VBA unterscheidet.

VBA mit Excel, der leichte Einstieg: Vom ersten Makros zur eigenen Eingabemaske

BILDNER Verlag
ISBN 978-3-8328-0303-2

Anstelle der Aufzeichnung mit dem Makrorecorder kann ein Makro auch komplett als Folge von Anweisungen in der Programmiersprache VBA geschrieben werden. Allerdings ist VBA eine sehr komplexe Sprache und wie bei allen Programmiersprachen, gelten auch für die Programmierung mit VBA feste Regeln für die Anweisungen, die sogenannte Sprachsyntax. Eine vollständige Einführung in VBA würde den Rahmen dieses Buches sprengen, daher haben wir diesem Thema ein eigenes Buch gewidmet.

Das Register Entwicklertools anzeigen

Die grundlegenden Befehle zum Aufzeichnen und Ausführen von Makros finden Sie im Menüband, Register *Ansicht*, etwas versteckt hinter dem Symbol *Makros*.

Bild 8.1 Register Ansicht - Makros

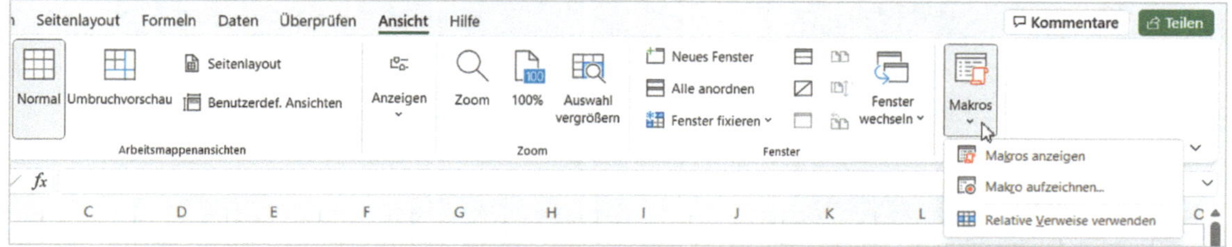

Wesentlich übersichtlicher sind dieselben Befehle und weitere nützliche Symbole auch im Register *Entwicklertools* verfügbar, das allerdings standardmäßig nicht sichtbar ist. Dieses Register erlaubt ein wesentlich einfacheres Arbeiten mit Makros und sollte daher eingeblendet sein. Dazu klicken Sie mit der rechten Maustaste an eine beliebige Stelle im Menüband und auf *Menüband anpassen*.

Bild 8.2 Menüband anpassen

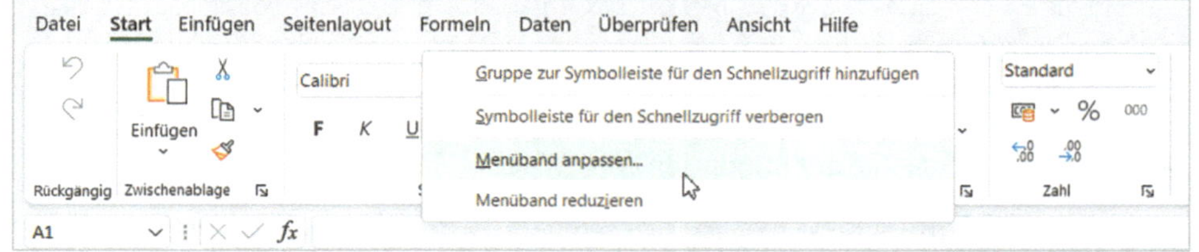

Ein anderer, etwas umständlicherer Weg führt über das Register *Datei*, den Befehl *Optionen* und die Auswahl *Menüband anpassen*.

Das Dialogfenster *Excel-Optionen* mit der Auswahl *Menüband anpassen* öffnet sich. Aktivieren Sie hier in der rechten Spalte, *Hauptregisterkarten*, das Kontrollkästchen der Registerkarte *Entwicklertools* und übernehmen Sie die Einstellung mit *OK*.

Bild 8.3 Entwicklertools einblenden

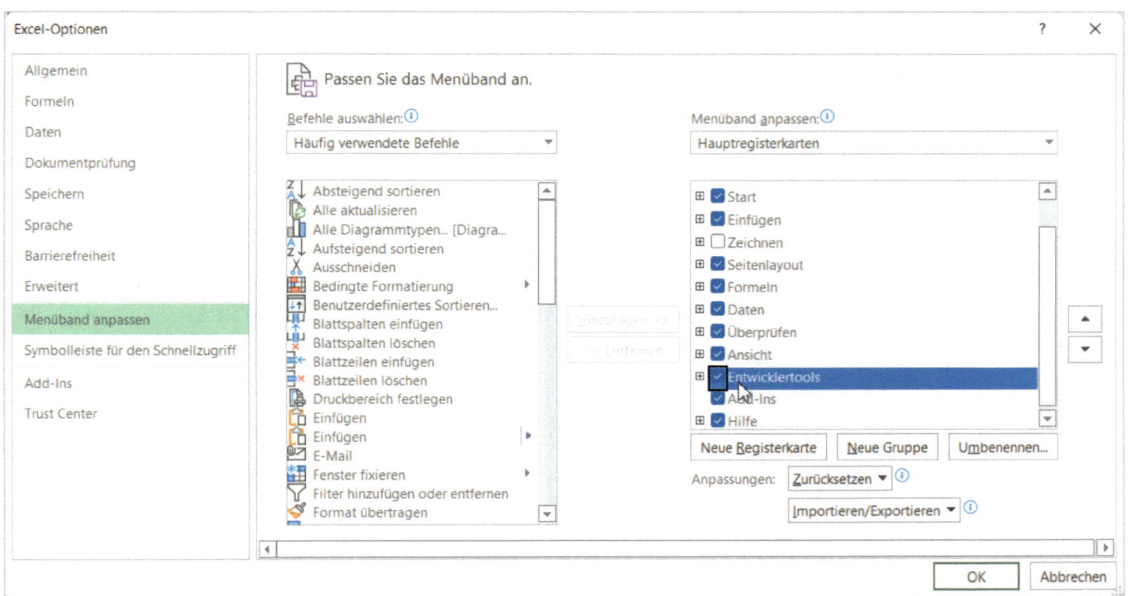

Das Register *Entwicklertools* erscheint im Menüband rechts vom letzten Standardregister. Es enthält allerdings auch Befehle, die nur in Verbindung mit VBA sinnvoll sind und für Makros keinerlei Bedeutung haben. Auf solche Symbole wird hier nicht näher eingegangen.

Bild 8.4 Register Entwicklertools

Arbeitsmappen mit Makros speichern

> **Achtung beim Speichern!**
>
> Excel verwendet seit der Version 2007 einen eigenen Dateityp zum Speichern von Arbeitsmappen, die Makros enthalten. Achten Sie daher unbedingt beim Speichern darauf, den Dateityp *Excel Arbeitsmappe mit Makros (.xlsm)* auszuwählen, andernfalls werden Ihre Makros nicht gespeichert bzw. erhalten Sie beim Speichern eine entsprechende Warnung.

Den Dateityp wählen Sie auf folgenden Wegen aus:

Dies gilt nicht, wenn die Arbeitsmappe im älteren Dateiformat Excel-97-2003-Arbeitsmappe (.xls) gespeichert wird.

- Klicken Sie entweder im *Speichern*-Fenster in das Feld *Dateityp* und wählen *Excel-Arbeitsmappe mit Makros*.
- Oder klicken Sie im Register *Datei* auf *Exportieren* und hier auf *Dateityp ändern*. Klicken Sie dann auf *Arbeitsmappe mit Makros*.

Bild 8.5 Speichern - Dateityp auswählen

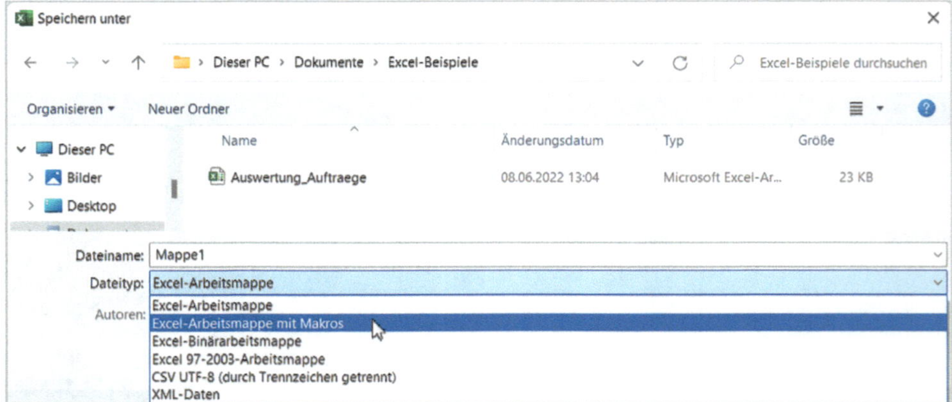

Hinweis: Sollten Sie für eine Arbeitsmappe mit Makros versehentlich den Dateityp *Excel-Arbeitsmappe (.xlsx)* gewählt haben, so erhalten Sie beim Speichern eine Warnung, dass Ihre Makros nicht gespeichert werden können. Klicken Sie auf *Nein* und wählen Sie den passenden Dateityp aus. **Vorsicht:** Wenn Sie dagegen auf *Ja* klicken, werden alle vorhandenen Makros aus der Mappe entfernt.

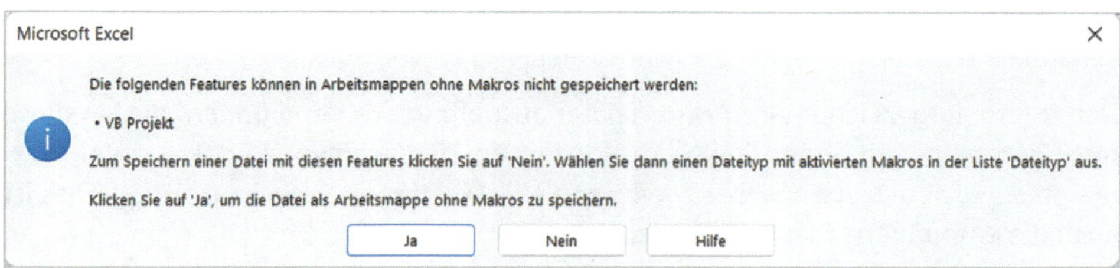

Bild 8.6 Klicken Sie auf Nein und wählen Sie den passenden Dateityp

Aktuelle Arbeitsmappe oder persönliche Makroarbeitsmappe?

In der Regel werden Makros zusammen mit derjenigen Arbeitsmappe gespeichert, in der sie erstellt wurden und stehen somit nur in dieser zur Verfügung.

Falls in Ausnahmefällen ein Makro in allen Excel-Arbeitsmappen verfügbar sein soll, kann es in einer gesonderten Datei, der Persönlichen Makroarbeitsmappe gespeichert werden. Diese befindet sich unter dem Namen *PERSONAL.xlsb* zusammen mit den übrigen Benutzereinstellungen im Ordner C:\Users\Benutzername\AppData\Roaming\Microsoft\Excel\XLStart, der genaue Speicherort ist abhängig vom Betriebssystem. Allerdings ist der Ordner *AppData* standardmäßig ausgeblendet.

Bild 8.7 Änderungen der persönlichen Makroarbeitsmappe speichern

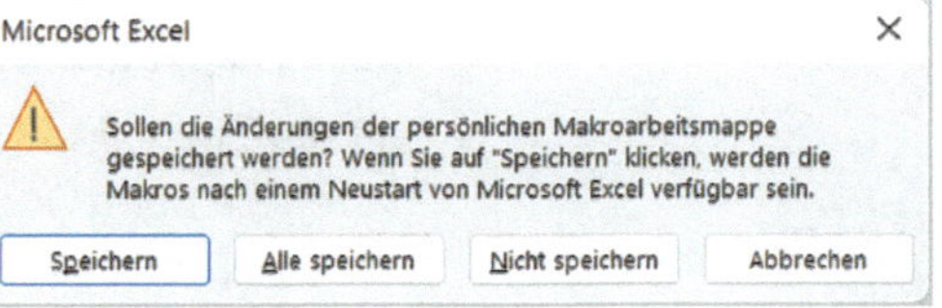

Beachten Sie außerdem: Wenn Sie als Speicherort die persönliche Makroarbeitsmappe gewählt haben, dann müssen Sie auch alle Änderungen an dieser Mappe speichern. Beim Beenden von Excel erscheint ein entsprechender Hinweis, siehe Bild. Enthält in einem solchen Fall die Arbeitsmappe selbst keine weiteren Makros, dann muss sie auch nicht im Dateityp *Excel-Arbeitsmappe mit Makros* gespeichert werden.

Sicherheitseinstellungen

Die Programmiersprache VBA ist in allen Microsoft Office-Anwendungen, also auch Word, PowerPoint oder Access integriert und stellt eine äußerst leistungsfähige Sprache dar, die auch auf wichtige Funktionen Ihres Systems, beispielsweise die Dateiverwaltung zugreifen kann. Makros können daher durchaus auch eine Bedrohung für die Sicherheit Ihres Computers darstellen und manches, vermeintlich harmloses, Office-Dokument als Dateianhang einer E-Mail kann Schadsoftware auf Ihren PC einschleusen. Beim Öffnen eines infizierten Dokuments wird in solchen Fällen automatisch das Makro und damit die Schadsoftware aktiviert. Makroviren werden von gängigen Antivirenprogrammen nur selten erkannt, daher verfügt Excel über zusätzliche Sicherheitseinstellungen für Makros, die Sie unbedingt beachten sollten.

Sicherheitseinstellungen kontrollieren

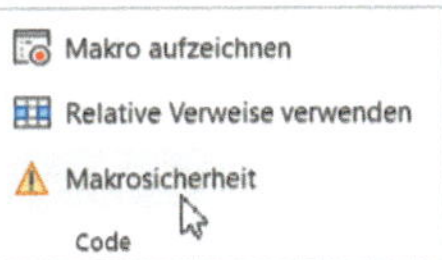

Zur Kontrolle und ggf. zum Ändern der Sicherheitseinstellungen klicken Sie im Menüband, Register *Entwicklertools* ▶ *Code* auf *Makrosicherheit* und öffnen so das *Trust Center* mit den Makroeinstellungen (Bild 8.8). Oder öffnen Sie das *Trust Center* über das Register *Datei* und die Excel *Optionen*. Klicken Sie hier auf *Trust Center* und auf die Schaltfläche *Einstellungen für das Trust Center....*

Damit Ihre aufgezeichneten Makros später ausgeführt werden können, dürfen diese nicht komplett und ohne Hinweis deaktiviert werden, wählen Sie daher unter *Makroeinstellungen* die Option *Deaktivieren von VBA-Makros mit Benachrichtigung*. Dies ist auch die empfohlene Standardeinstellung.

Bild 8.8 Trust Center - Makroeinstellungen

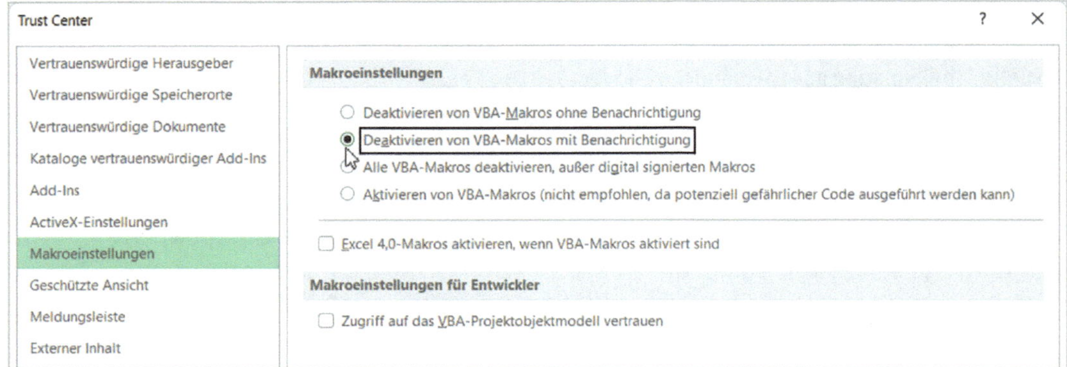

Arbeitsmappe mit Makros öffnen

Mit der Einstellung *Deaktivieren von VBA-Makros mit Benachrichtigung*, siehe oben, erhalten Sie beim Öffnen einer Arbeitsmappe, die Makros enthält, die unten abgebildete Sicherheitswarnung und können entscheiden, ob Sie die Makros aktivieren möchten. Wenn Sie der Mappe vertrauen, dann klicken Sie auf die Schaltfläche *Inhalt aktivieren*. Haben Sie beim ersten Öffnen die Inhalte bzw. Makros einer Arbeitsmappe aktiviert, wird diese Mappe von Excel als vertrauenswürdiges Dokument eingestuft und die Inhalte werden künftig beim Öffnen automatisch aktiviert.

Bild 8.9 Makros beim Öffnen aktivieren

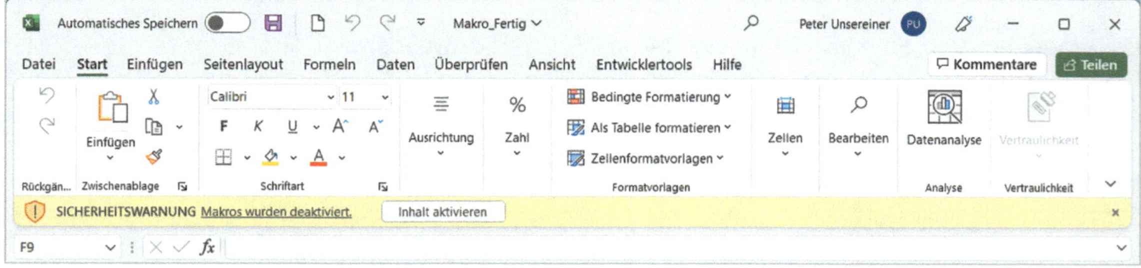

> **Jedes Office-Dokument kann Schadsoftware in Form eines Makros enthalten**
>
> Kontrollieren Sie die Sicherheitseinstellungen von Excel und sorgen Sie dafür, dass beim Öffnen einer Arbeitsmappe mit Makros diese vorsichtshalber deaktiviert sind und eine entsprechende Benachrichtigung erscheint.
>
> Vorsicht außerdem beim Öffnen von Arbeitsmappen aus anderen Quellen, z. B. Internet oder E-Mail. Aktivieren Sie den Inhalt nur, wenn Sie der Quelle vertrauen, ggf. auch erst nach Rückfrage.

8.2 Einfache Makros aufzeichnen

Makro aufzeichnen

Um ohne Programmierkenntnisse ein Makro zu erzeugen, verwenden Sie den Makrorecorder. Er zeichnet alle Anweisungen und Eingaben in Form von VBA-Befehlen auf, die Sie später bei Bedarf im VBA-Editor ansehen und auch bearbeiten können. Da dazu allerdings VBA-Kenntnisse erforderlich sind, wird auf diese Möglichkeit hier nur am Rand eingegangen.

Leider zeichnet der Makrorecorder alle Arbeitsschritte und Eingaben, also auch misslungene Versuche auf. Überlegen Sie daher vor der Aufzeichnung, welche Arbeitsschritte in welcher Reihenfolge erforderlich sind und testen Sie die Schritte eventuell vorher. Auch ein kurzes Notieren der richtigen Reihenfolge kann hilfreich sein.

Beispiel: Ein einfaches Makro aufzeichnen, das Text in eine Zelle schreibt
Als einfaches Beispiel für die Funktionsweise von Makros und des Makrorecorders zeichnen wir ein Makro auf, das später den Text „Hallo" in die markierte Zelle schreibt.

1 Markieren Sie im Tabellenblatt eine beliebige Zelle, beispielsweise A1 und klicken Sie im Register *Entwicklertools*, Gruppe *Code*, auf *Makro aufzeichnen*.

Bild 8.10 Makroaufzeichnung starten

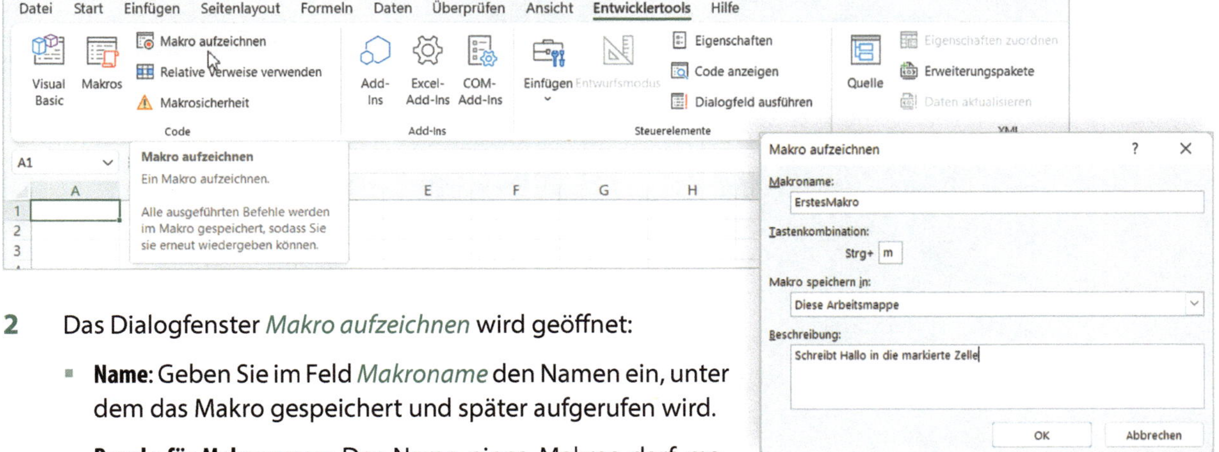

2 Das Dialogfenster *Makro aufzeichnen* wird geöffnet:

- **Name:** Geben Sie im Feld *Makroname* den Namen ein, unter dem das Makro gespeichert und später aufgerufen wird.

  Regeln für Makronamen: Der Name eines Makros darf maximal 255 Zeichen lang sein, keine Leerzeichen und mit Ausnahme des Unterstrichs (_) keine Sonderzeichen enthalten, also weder Bindestrich noch Leerzeichen. Außerdem muss der Name eindeutig sein, darf also nicht bereits in der Mappe vorhanden sein.

- **Tastenkombination zuweisen:** Falls Sie später das Makro über eine Tastenkombination starten möchten, so geben Sie die gewünschte Taste in Verbindung mit der **Strg**-Taste an. Sie können ein Makro aber auch auf andere Weise starten oder nachträglich eine Tastenkombination zuweisen.

Achtung: Tastenkombinationen unterscheiden zwischen Groß- und Kleinbuchstaben. Zudem sollten Sie eine Tastenkombination wählen, die nicht bereits anderweitig belegt ist, z. B. m, M, j, J. Für dieses Beispiel wird **Strg+m** gewählt.

- **Speicherort:** Im Feld *Makro speichern in* wählen Sie den Speicherort des Makros. Hier haben Sie die Wahl zwischen der Persönlichen Makroarbeitsmappe und der aktuellen Arbeitsmappe. *Diese Arbeitsmappe* ist die Standardeinstellung und sollte im Normalfall beibehalten werden.
- Im Feld *Beschreibung* können Sie optional eine kurze Beschreibung der Funktionsweise des Makros eingeben. Dies ist im Hinblick auf die spätere Nachvollziehbarkeit unbedingt zu empfehlen.

3 **Makroaufzeichnung starten:** Mit Klick auf die Schaltfläche *OK* starten Sie die Makroaufzeichnung.

4 **Ab jetzt werden alle Ihre Befehle und Eingaben aufgezeichnet.** Da in unserem Beispiel die Zelle A1 bereits vor der Makroaufzeichnung markiert wurde, tippen Sie das Wort „Hallo" in diese Zelle ein und betätigen anschließend die Eingabetaste. Dadurch wird die Zelle A2 unterhalb markiert.

5 **Aufzeichnung beenden:** Danach beenden Sie die Makroaufzeichnung: Klicken Sie dazu im Register *Entwicklertools*, Gruppe *Code*, auf *Aufzeichnung beenden* ❶. Als Alternative können Sie auch auf das Symbol ❷ in der Statuszeile klicken (siehe Bild unten).

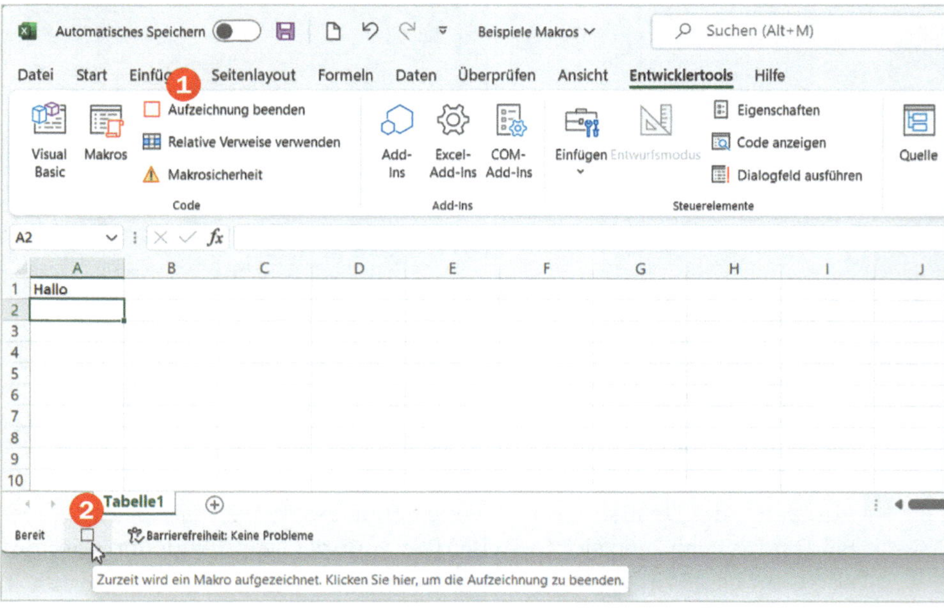

Bild 8.11 Aufzeichnung beenden

Makro ausführen

Um das soeben aufgezeichnete Makro auszuführen, löschen Sie das Wort „Hallo" aus A1 und markieren dann in der aktuellen Arbeitsmappe eine beliebige andere Zelle des Tabellenblatts ❶.

1 Haben Sie dem Makro eine Tastenkombination zugewiesen, so verwenden Sie diese zum Starten des Makros.

Oder klicken Sie im Register *Entwicklertools,* Gruppe *Code*, auf *Makros* ❷. Markieren Sie im nachfolgenden Dialogfenster das Makro, das Sie ausführen möchten ❸ und klicken Sie auf die Schaltfläche *Ausführen* ❹.

Tastenkombination: Als Alternative können Sie das Fenster *Makro* mit den Tasten **Alt+F8** öffnen.

2 Das zuvor aufgezeichnete Makro schreibt nun das Wort „Hallo" in die markierte Zelle und markiert anschließend die Zelle A2.

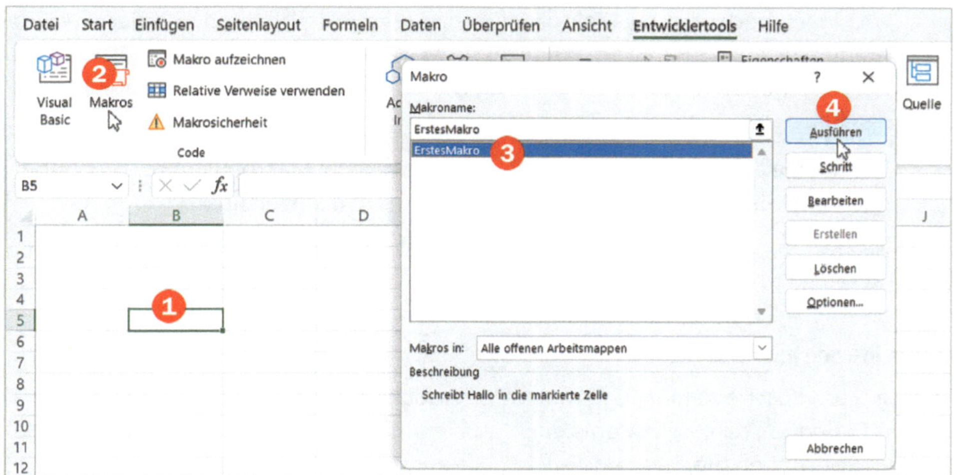

Bild 8.12 Ausführung starten

Markieren Sie nun eine andere, beliebige Zelle und führen Sie das Makro nochmals aus. Haben Sie bemerkt, dass beim Ausführen des oben beschriebenen Makros zwar der Text in die aktuell markierte Zelle geschrieben, anschließend aber immer dieselbe Zelle, nämlich A2 markiert wird? Die Ursache liegt darin, dass bei der Makroaufzeichnung standardmäßig feste (absolute) Zellbezüge verwendet werden. Weiter unten erfahren Sie, wie Sie beim Aufzeichnen eines Makros zwischen festen und relativen Zellbezügen wechseln.

Mögliche Probleme bei der Makro-Ausführung

Makros wurden deaktiviert

Möglicherweise erscheint beim Starten des Makros eine Meldung, die Sie darauf aufmerksam macht, dass Makros aufgrund der Sicherheitseinstellungen deaktiviert wurden, gleichzeitig ist der Entwurfsmodus aktiviert. In diesem Fall müssen Sie die Mappe schließen und erneut öffnen und dann die Inhalte aktivieren (siehe Seite 359).

Laufzeitfehler - Aufzeichnung wurde nicht beendet

Als weitere mögliche Fehlerquelle haben Sie vielleicht vergessen, die Aufzeichnung zu beenden, bevor Sie das Makro zum ersten Mal ausführen. Dann wird meist beim Ausführen dieses Makros Excel automatisch beendet und anschließend neu gestartet. In manchen Fällen erscheint aber auch die Fehlermeldung *Laufzeitfehler*.

Bild 8.13 Laufzeitfehler

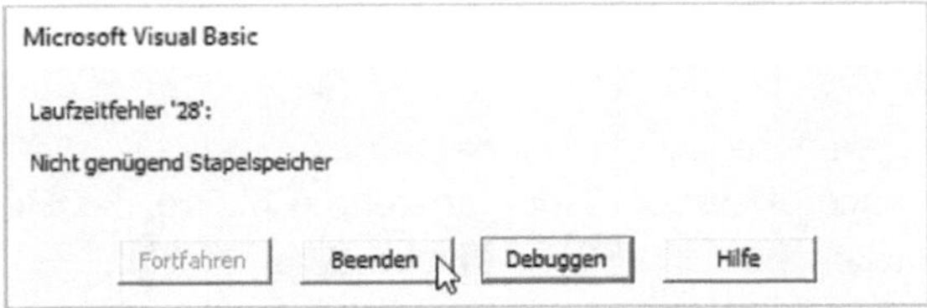

Bei Laufzeitfehlern haben Sie folgende Möglichkeiten:

- *Debuggen* bedeutet, die Makroausführung wird unterbrochen und der VBA-Programmcode im VBA-Editor angezeigt, wobei die fehlerhafte Anweisung gelb hervorgehoben ist. Diese Möglichkeit ist nur mit entsprechenden VBA-Kenntnissen hilfreich.
- Klicken Sie auf die Schaltfläche *Beenden*, so wird die Makroausführung abgebrochen und Sie können anschließend das Makro neu aufzeichnen.

Kontrollieren Sie anschließend in jedem Fall, ob die Makroaufzeichnung noch läuft und beenden Sie diese, falls ja.

Makro löschen oder ersetzen

Löschen: Zum Löschen eines fehlerhaften oder nicht mehr benötigten Makros, öffnen Sie das Dialogfenster *Makro* (Register *Entwicklertools* ▶ *Makros*). Markieren Sie das Makro, das Sie löschen möchten und klicken Sie auf die Schaltfläche *Löschen*.

Makro ersetzen: Sie können aber auch ein fehlerhaftes Makro neu aufzeichnen. Dazu geben Sie bei der Neuaufzeichnung als Namen einfach den Namen des vorhandenen und zu ersetzenden Makros ein. Bestätigen Sie die nachfolgende Meldung, ob Sie das Makro ersetzen möchten, mit *OK*.

8.3 Zellbezüge in Makros

Wie Sie bei Ihrem ersten Makro gesehen haben, unterscheidet Excel nicht nur in Formeln, sondern auch bei der Makroaufzeichnung zwischen relativen und festen (absoluten) Zellbezügen. Im ersten Beispiel haben Sie ein Makro mit festen Zellbezügen aufgezeichnet. Feste bzw. absolute Zellbezüge sind dann erforderlich, wenn eine Eingabe immer an derselben Position erfolgen soll. Soll dagegen die Eingabe beispielsweise am Ende einer Liste erfolgen, unabhängig davon, wie viele Zeilen die Liste umfasst, dann benötigen Sie während der Aufzeichnung relative Zellbezüge.

Über das Symbol *Relative Verweise verwenden* im Register *Entwicklertools* können Sie vor und während der Aufzeichnung zwischen festen und relativen Zellbezügen wechseln: Bei deaktivierter Schaltfläche wie in Bild 8.14 werden alle Aktionen wie Markieren und Eingeben mit festen Zellbezügen aufgezeichnet. Ist dagegen die Schaltfläche hervorgehoben wie in Bild 8.15, dann erfolgt die Aufzeichnung mit relativen Zellbezügen.

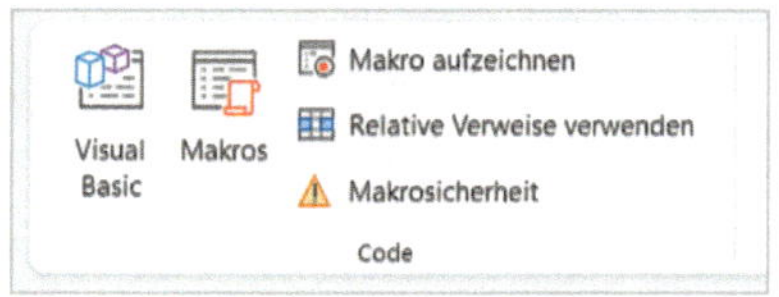

Bild 8.14 Absolute Zellbezüge

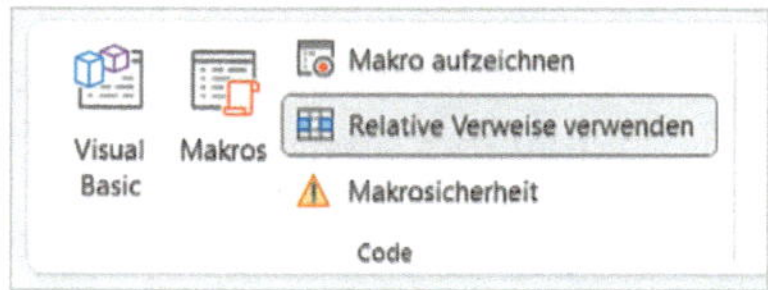

Bild 8.15 Relative Zellbezüge aktiviert

Beispiel: Makro mit unterschiedlichen Verweisen aufzeichnen

Als zweites Beispiel soll ein Makro erstellt werden, das für einen neuen Rechnungsposten in der Tabelle *Neuer Rechnungsposten* (Bild 8.16) den Gesamtpreis in E3 berechnet und anschließend die Werte der Zellen A3 bis E3 am Ende der zweiten Tabelle *Vorhandene Rechnungsposten* anfügt.

Im ersten Schritt legen Sie die beiden Tabellen an, wie unten abgebildet und formatieren die Zellen.

	A	B	C	D	E	F	G	H
1	**Neuer Rechnungsposten**							
2	**Artikel-Nr.**	**Bezeichnung**	**Kilopreis**	**Menge**	**Gesamtpreis**			
3	1009	Zwiebeln	1,90 €	5,00				
4								
5	**Vorhandene Rechnungsposten**							
6	**Artikel-Nr.**	**Bezeichnung**	**Kilopreis**	**Menge**	**Gesamtpreis**			
7	1008	Kartoffeln	3,50 €	10,0	35,00 €			
8	1006	Orangen	2,80 €	6,0	16,80 €			
9	1123	Äpfel	3,20 €	20,0	64,00 €			
10								
11								

Bild 8.16 Beispiel Zellbezüge

Makro_Beispiel.xlsm

So zeichnen Sie das Makro auf:

1 Markieren Sie im Tabellenblatt eine beliebige Zelle, nicht aber E3, da sonst das Markieren dieser Zelle nicht mit aufgezeichnet wird. Starten Sie dann die Makroaufzeichnung und speichern Sie das Makro unter dem Namen *ListeAnfügen* in der aktuellen Arbeitsmappe.

2 Im ersten Schritt berechnen Sie den Gesamtpreis in E3. Da dieser immer in derselben Zelle berechnet wird, ist ein fester Zellbezug erforderlich. Achten Sie also darauf, dass die Schaltfläche *Relative Verweise verwenden* **nicht** aktiviert ist.

Markieren Sie die Zelle E3, geben Sie die Formel =D3*C3 ein und schließen Sie die Formeleingabe mit der Eingabetaste oder Klick auf das Symbol *Eingeben* in der Bearbeitungsleiste ab.

Hinweis: Das Symbol *Relative Verweise* bezieht sich in Makros nur auf das Auswählen von Zellen bzw. Zellbereichen, nicht aber auf Zellbezüge in Formeln. Relative Verweise müssen hier also nicht aktiviert werden.

3 Markieren Sie anschließend die Zellen A3:E3 und kopieren Sie diese mit den Tasten **Strg+C** in die Zwischenablage. **Hinweis:** Die Inhalte werden kopiert, damit die Zellformate in A3:E3 erhalten bleiben. Mit Ausschneiden bzw. Strg+X würden dagegen auch die Formate mit ausgeschnitten.

4 **Achtung beim Einfügen**: Wenn die Zeile am Ende der Liste eingefügt werden soll, dann müssen Sie zunächst die letzte verwendete Zeile ermitteln.

Dazu benötigen Sie einen festen Bezugspunkt, in der Regel die erste Zeile der Tabelle. In unserem Beispiel ist dies Zeile 6, markieren Sie daher die Zelle A6 und achten Sie darauf, dass ein fester Zellbezug verwendet wird.

5 **Relative Bezüge aktivieren**: Für die nächsten Schritte benötigen Sie relative Bezüge, aktivieren Sie also die Schaltfläche *Relative Verweise verwenden*.

6 Um in Spalte A in die letzte Zeile der Tabelle zu gelangen, verwenden Sie die Tastenkombination **Strg+Pfeiltaste nach unten**. Dann markieren Sie mit der Pfeiltaste die Zelle in der darunterliegenden Zeile und betätigen zum Einfügen aus der Zwischenablage die Tasten **Strg+V**.

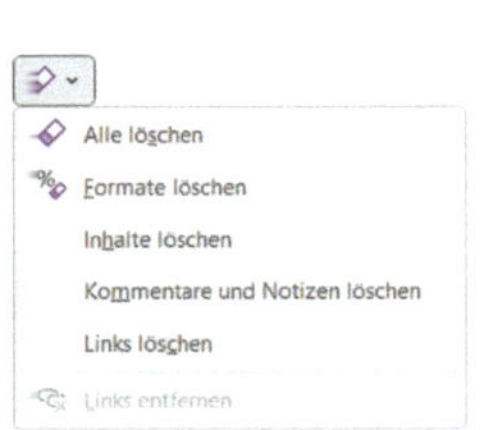

7 **Inhalte löschen**: Anschließend müssen die Inhalte aus A3:E3 entfernt werden. Dazu deaktivieren Sie die relativen Verweise wieder, markieren den Bereich A3:E3 und klicken im Menüband, Register *Start* ▶ *Bearbeiten* auf *Löschen* und auf *Inhalte löschen* oder betätigen einfach die Taste **Entf**.

8 Zuletzt markieren Sie noch diejenige Zelle, in der Sie mit der nächsten Eingabe fortfahren möchten, in diesem Fall A3 und beenden die Makroaufzeichnung.

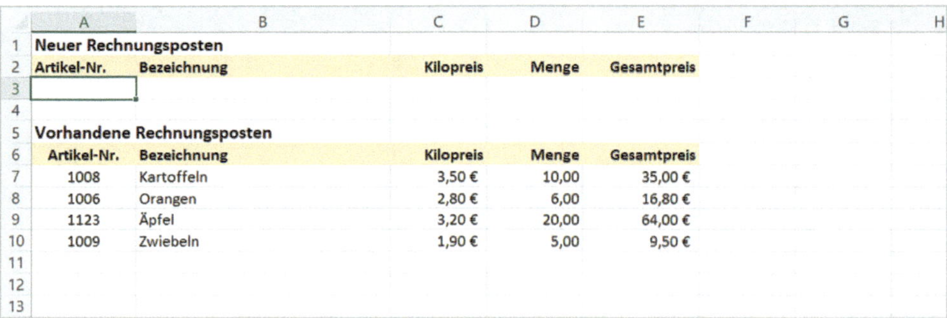

	A	B	C	D	E	F	G	H
1	Neuer Rechnungsposten							
2	Artikel-Nr.	Bezeichnung	Kilopreis	Menge	Gesamtpreis			
3								
4								
5	Vorhandene Rechnungsposten							
6	Artikel-Nr.	Bezeichnung	Kilopreis	Menge	Gesamtpreis			
7	1008	Kartoffeln	3,50 €	10,00	35,00 €			
8	1006	Orangen	2,80 €	6,00	16,80 €			
9	1123	Äpfel	3,20 €	20,00	64,00 €			
10	1009	Zwiebeln	1,90 €	5,00	9,50 €			
11								
12								
13								

Bild 8.17 Nach Beenden der Aufzeichnung

Testen Sie dann das Makro, indem Sie die Ausführung starten. Falls nicht alles auf Anhieb klappen sollte, zeichnen Sie das Makro unter demselben Namen erneut auf.

Hinweis: Dieses Makro funktioniert auch, wenn sich Eingabezeile und Tabelle in verschiedenen Arbeitsblättern der Mappe befinden, dann wählen Sie als kleinen Zwischenschritt einfach während der Aufzeichnung das benötigte Tabellenblatt aus. In diesem Fall könnten Sie z. B. das Tabellenblatt, in dem die Eingabe erfolgt, als Eingabemaske gestalten.

Alternative: Neue Zeile am Beginn der Liste einfügen

Die oben beschriebene Vorgehensweise wurde gewählt, um die Wirkungsweise unterschiedlicher Zellbezüge bei der Makroaufzeichnung zu zeigen. Es gibt aber noch eine andere Möglichkeit, die keine relativen Verweise erfordert:

Sie können vor dem Einfügen der kopierten Werte in der Tabelle *Vorhandene Rechnungsposten* eine neue Zeile am Beginn der Liste bzw. unterhalb der Überschriftzeile einfügen und hier die Werte einfügen. In diesem Fall verwenden Sie bei der Aufzeichnung ausschließlich feste Verweise.

Dazu klicken Sie auf eine Zelle der ersten Tabellenzeile ❶, hier in Zeile 7, klicken im Menüband, Register *Start* ▶ *Zellen* auf den Dropdown-Pfeil der Schaltfläche *Einfügen* ❷ und auf *Blattzeilen einfügen*. Markieren Sie dann die erste Zelle der neu eingefügten Zeile (A7) und fügen Sie hier die Werte mit **Strg**+**V** ein.

Tipp: Kürzer geht's, wenn Sie die Zellen A3:E3 kopieren, danach die Zelle A7 markieren und im Register *Start* ▶ *Bearbeiten* einfach auf *Einfügen* klicken. Die kopierten Zellen werden automatisch oberhalb der Markierung eingefügt.

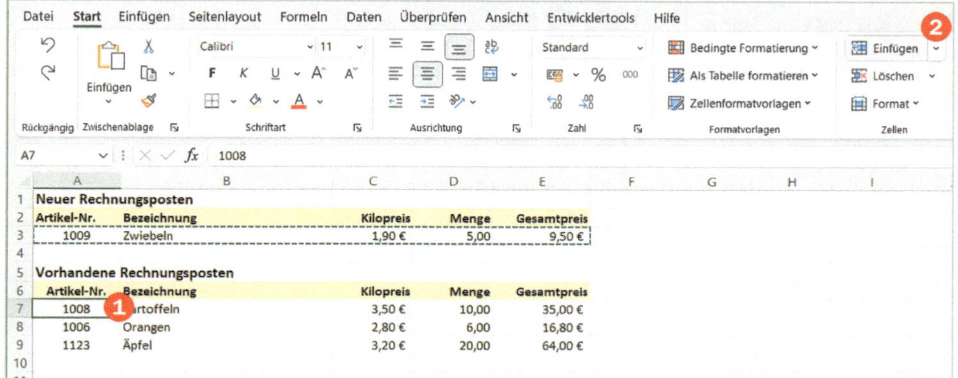

Bild 8.18 Alternative: in neue Zeile am Beginn der Liste einfügen

Planen und testen Sie vorab die erforderlichen Arbeitsschritte

Bei umfangreichen Makros mit mehreren Arbeitsschritten kann es für Ungeübte nützlich sein, vor der Aufzeichnung die einzelnen Schritte testweise durchzugehen und eventuell auf einem Blatt Papier zu notieren.

8.4 Makroausführung starten

Wie Sie ein Makro aus dem Dialogfenster *Makro* heraus ausführen, haben Sie bereits kennengelernt. Es gibt aber noch eine Reihe weiterer Möglichkeiten, mit denen Sie ein Makro schneller starten und für ungeübte Excel-Nutzern vereinfachen.

Tastenkombination zuweisen

Wenn Sie ein Makro mit einer Tastenkombination starten möchten, können Sie diese dem Makro bereits vor der Aufzeichnung zuweisen, siehe Seite 361. Über eine Tastenkombination kann ein Makro zwar sehr schnell aufgerufen werden, allerdings bringt diese Methode auch Nachteile mit sich.

- Benutzer, die das Makro verwenden möchten, müssen sich die entsprechenden Tasten merken, dies dürfte für ungeübte Benutzer problematisch sein.
- Bei der Wahl der Tasten müssen Sie darauf achten, dass die Tastenkombination nicht bereits anderweitig belegt ist. Wichtige Tastenkombinationen wie beispielsweise **Strg+C** (Kopieren) werden sonst überschrieben.

Falls Sie einem Makro nachträglich eine Tastenkombination zuweisen möchten, dann gehen Sie so vor:

1 Klicken Sie im Menüband, Register *Entwicklertools* auf *Makros*, markieren Sie im Dialogfenster *Makro* das Makro, dem Sie eine Tastenkombination zuweisen wollen und klicken Sie auf die Schaltfläche *Optionen*.

2 Geben Sie die gewünschte Tastenkombination ein, ggf. können Sie hier auch die Beschreibung ändern, und bestätigen Sie mit der Schaltfläche *OK*.

Achtung: Excel unterscheidet hier zwischen Groß- und Kleinbuchstaben!

Bild 8.19 Tastenkombination zuweisen

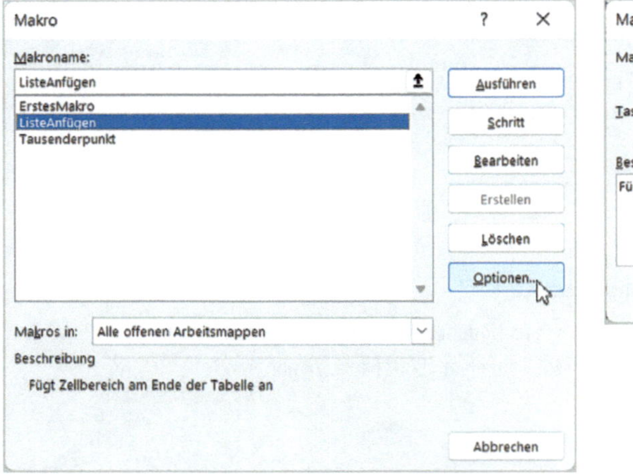

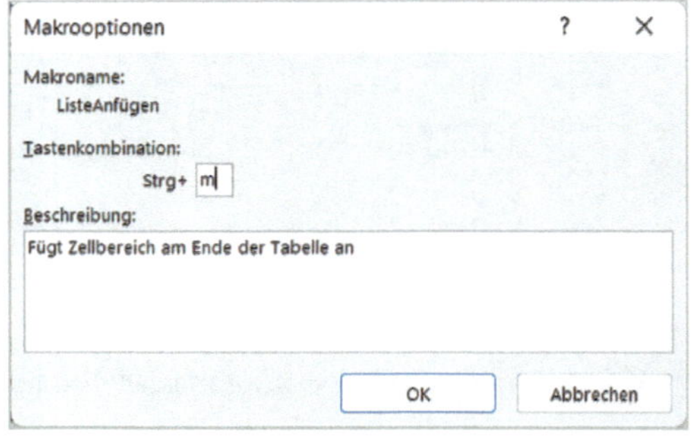

Makro über die Symbolleiste für den Schnellzugriff starten

Achtung: Bei Microsoft 365 ist die Symbolleiste für den Schnellzugriff bis auf das Symbol *Speichern* möglicherweise ausgeblendet und muss zuvor per Rechtsklick in das Menüband und den Befehl *Symbolleiste für den Schnellzugriff anzeigen* eingeblendet werden.

Eine andere Möglichkeit ist, das Makro der *Symbolleiste für den Schnellzugriff* hinzuzufügen und über diese per Mausklick zu starten. Klicken Sie dazu am Ende der Schnellzugriffsleiste auf das Symbol *Symbolleiste für den Schnellzugriff anpassen* und hier auf *Weitere Befehle...*.

1 Das Fenster *Excel-Optionen* mit Anpassungsmöglichkeiten für die Symbolleiste öffnet sich. Klicken Sie in das Feld *Befehle auswählen* und wählen Sie *Makros* ❶. Unterhalb erscheint nun eine Liste Ihrer aufgezeichneten Makros.

2 In der rechten Liste sehen Sie die vorhandenen Symbole der Schnellzugriffsleiste. Im Feld oberhalb sollten Sie zunächst auswählen, in welchen Dokumenten die geänderte Schnellzugriffsleiste erscheinen soll ❷. Wenn das Makro zusammen mit der aktuellen Arbeitsmappe gespeichert wurde und somit nur in dieser verfügbar ist, dann müssen Sie statt *Für alle Dokumente (Standard)* die aktuelle Arbeitsmappe auswählen.

3 Markieren Sie dann das Makro ❸ und klicken Sie auf die Schaltfläche *Hinzufügen* ❹, schneller geht's mit Doppelklick auf das Makro. Nicht mehr benötigte Makros können markiert und mit der Schaltfläche *Entfernen* aus der Schnellzugriffsleiste entfernt werden.

Bild 8.20 Schnellstartleiste anpassen

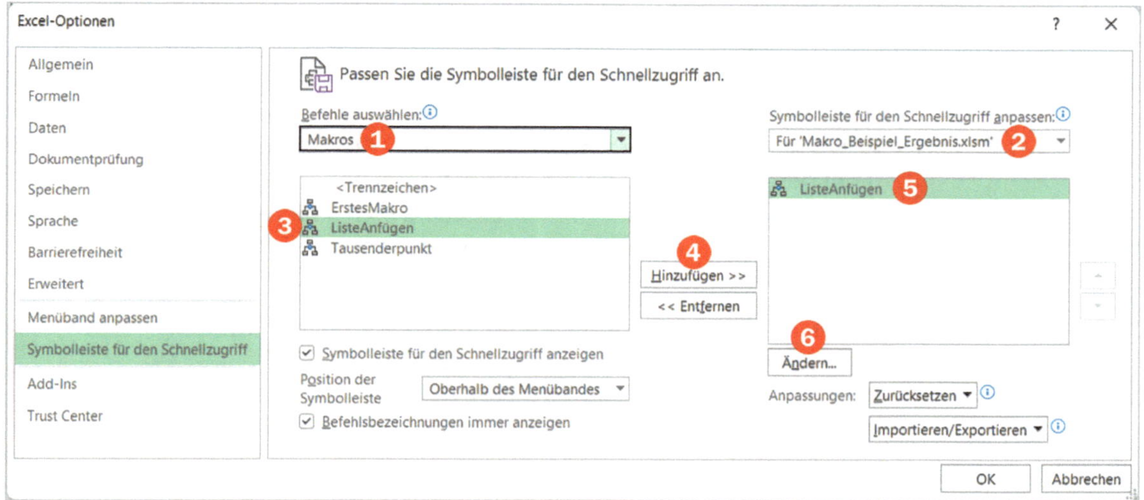

Anderes Symbol zuweisen

Makros erscheinen in der Symbolleiste für den Schnellzugriff mit ihrem Standardsymbol und erst beim Zeigen wird der Makroname als Infotext sichtbar. Wenn Sie bei mehreren Makros zur besseren Unterscheidung ein anderes Symbol verwenden möchten, dann markieren Sie in den Excel-Optionen (s. Bild 8.20 oben) das Makro in der Symbolleiste für den Schnellzugriff ❺ und klicken auf die Schaltfläche *Ändern...* ❻. Wählen Sie dann eines der Symbole, im Feld *Anzeigename* können Sie außerdem einen kurzen Infotext eingeben, der statt des Namens beim Zeigen auf das Symbol erscheint.

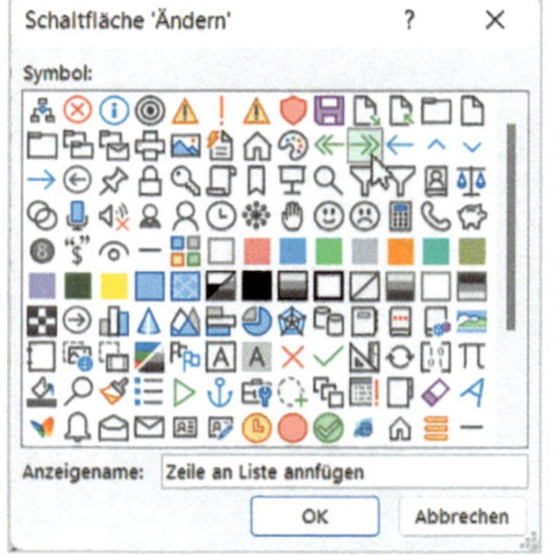

Bild 8.21 Anderes Symbol wählen

Schließen Sie zuletzt das Fenster *Excel-Optionen* mit Klick auf die Schaltfläche *OK*.

Makros im Menüband einfügen

Wird ein Makro beim Aufruf nicht gefunden, erhalten Sie eine Fehlermeldung.

Ein Symbol zum Starten eines Makros lässt sich auch im Menüband unterbringen. Leider ist hier im Gegensatz zur Schnellzugriffsleiste keine Beschränkung auf die aktuelle Arbeitsmappe vorgesehen, somit eignet sich dies nur für Makros, die in allen Excel-Arbeitsmappen verfügbar sind. Klicken Sie dazu mit der rechten Maustaste an eine beliebige Stelle des Menübandes und auf *Menüband anpassen...*, um die *Excel-Optionen* mit Einstellungen für das Menüband zu öffnen.

Registerkarte erstellen

Beachten Sie, dass Sie zuvor entweder ein neues Register erstellen oder einem der Standardregister eine neue Gruppe hinzufügen müssen, da die Standardgruppen nicht verändert werden können.

1 Um eine zusätzliche Registerkarte zu erstellen, klicken Sie auf *Neue Registerkarte* ❶. Die neue Registerkarte erscheint in der Liste der Hauptregisterkarten ❷ und ist mit dem Zusatz *(Benutzerdefiniert)* versehen. Markieren Sie die neue Registerkarte, klicken Sie auf *Umbenennen* ❸ und geben einen Namen ein ❹, mit dem das Register im Menüband angezeigt werden soll (der Zusatz *Benutzerdefiniert* ist nur in den Optionen sichtbar).

2 Um die Position der neuen Registerkarte im Menüband zu ändern, benutzen Sie die Pfeilschaltflächen nach oben bzw. nach unten ❺.

Bild 8.22 Neue Registerkarte

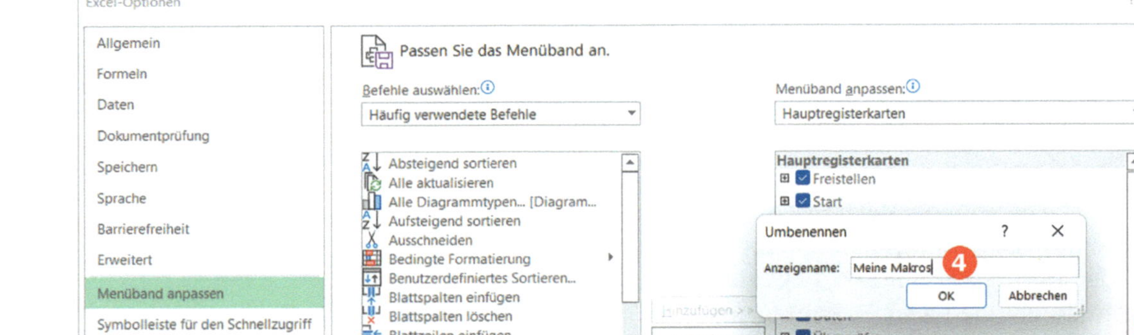

3 Da Registerkarten alle Symbole in Gruppen zusammenfassen, wurde zusammen mit der neuen Registerkarte automatisch auch eine Gruppe erstellt. Markieren Sie diese Gruppe, klicken Sie auf *Umbenennen* und geben Sie einen Namen für

die Gruppe ein. Hier können Sie bei Bedarf auch ein Gruppensymbol wählen, das anstelle der einzelnen Symbole angezeigt wird, falls die Breite des Excel-Fensters zur Anzeige nicht ausreicht.

4 Benötigen Sie noch weitere Gruppen, so markieren Sie die betreffende Registerkarte und klicken auf die Schaltfläche *Neue Gruppe* ❻. Auf diese Weise können Sie auch einer der Standardregisterkarten eine neue Gruppe hinzufügen.

5 Nun können Sie Ihre Makros der Gruppe hinzufügen. Dazu klicken Sie links oben in das Feld *Befehle auswählen* und wählen *Makros*. Ziehen Sie dann mit der Maus Ihre Makros nacheinander in die gewünschte Gruppe oder markieren Sie die Gruppe und das Makro und klicken auf die Schaltfläche *Hinzufügen*.

Bild 8.23 Makro der neuen Gruppe hinzufügen

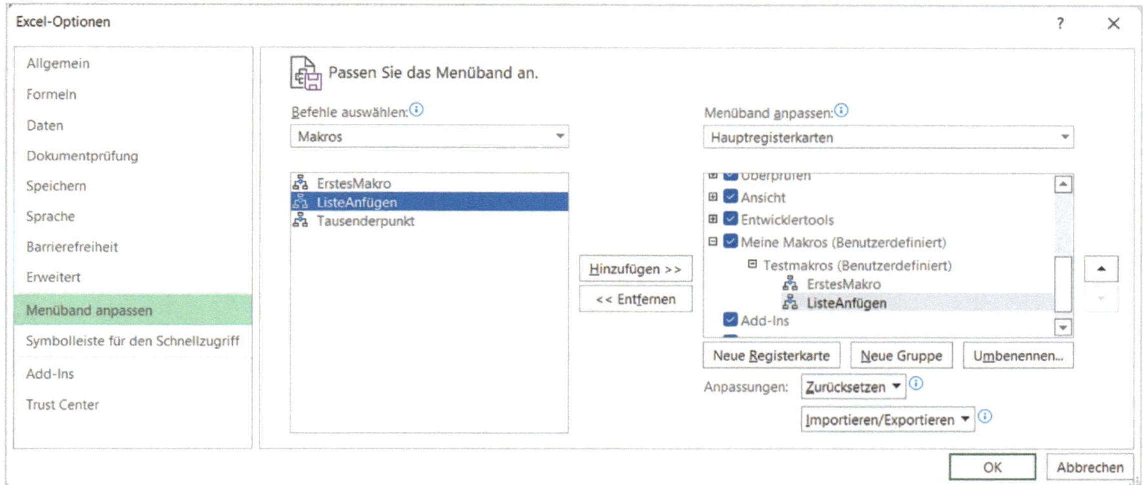

Makro über eine Schaltfläche im Tabellenblatt starten

Eine beliebige Form oder Grafik als Schaltfläche verwenden

Sie können die Makroausführung auch per Mausklick auf ein beliebiges Objekt im Tabellenblatt, beispielsweise ein Rechteck oder eine Grafik, starten. Dies ist vor allem dann eine gute Idee, wenn das Makro zusammen mit der Arbeitsmappe gespeichert wurde und sich ausschließlich auf ein bestimmtes Tabellenblatt bezieht.

1 Klicken Sie dazu im Register *Einfügen* ▶ *Illustrationen* auf *Formen* und fügen Sie mit einem Mausklick die gewünschte Form in das Tabellenblatt ein, z. B. *Rechteck mit abgerundeten Ecken*. Zum Formatieren können Sie alle Befehle des Registers *Formformat* verwenden und beispielsweise eine Formatvorlage wählen, zudem sollten Sie die Form mit einer passenden Beschriftung versehen, s. Bild 8.24.

2 Im nächsten Schritt weisen Sie der Form das Makro zu: Klicken Sie mit der rechten Maustaste auf die Form und wählen Sie *Makro zuweisen...*. Markieren Sie im gleichnamigen Fenster das Makro und klicken Sie auf *OK* (Bild 8.24).

Dies funktioniert mit einem Bild genauso.

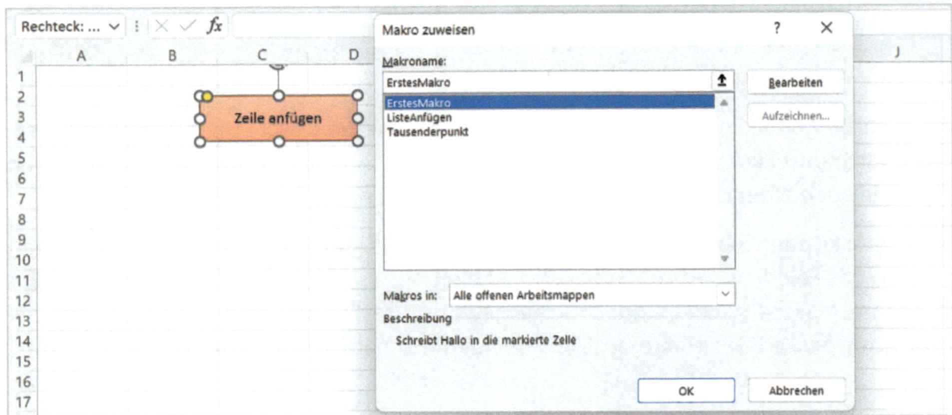

Bild 8.24 Makro zuweisen

Achtung beim Klicken auf die Form

Beachten Sie, dass ab jetzt das Makro ausgeführt wird, wenn Sie auf die Form klicken. Dies erkennen Sie auch am Mauszeiger: Er erscheint als Hand, wenn Sie auf die Form zeigen. Wenn Sie die Schaltfläche nachträglich formatieren oder beschriften möchten, dann müssen Sie diese ab sofort durch Anklicken mit gleichzeitig gedrückter **Strg**-Taste oder per Rechtsklick markieren. Dies gilt auch, wenn Sie die Schaltfläche verschieben, vergrößern/verkleinern oder nachträglich formatieren möchten.

Das Formularsteuerelement Schaltfläche einfügen

Als Alternative fügen Sie im Tabellenblatt das Formularsteuerelement *Schaltfläche* ein. Klicken Sie dazu im Register *Entwicklertools*, Gruppe *Steuerelemente*, auf die Schaltfläche *Einfügen* und unter *Formularsteuerelemente* auf das Symbol *Schaltfläche*.

Klicken Sie dann an der gewünschten Stelle in das Tabellenblatt oder zeichnen Sie ein Rechteck. Anschließend öffnet sich automatisch das Dialogfenster *Makro zuweisen* und Sie können nun ein Makro auswählen. Nachträgliche Änderungen nehmen Sie wieder über die rechte Maustaste vor, mit dem Befehl *Makro zuweisen* können Sie nachträglich auch ein anderes Makro auswählen. Füllfarben und Effekte sind leider für Schaltflächen im Gegensatz zu Formen nicht verfügbar!

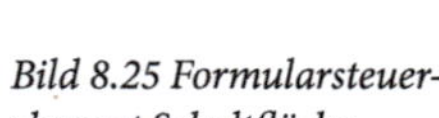

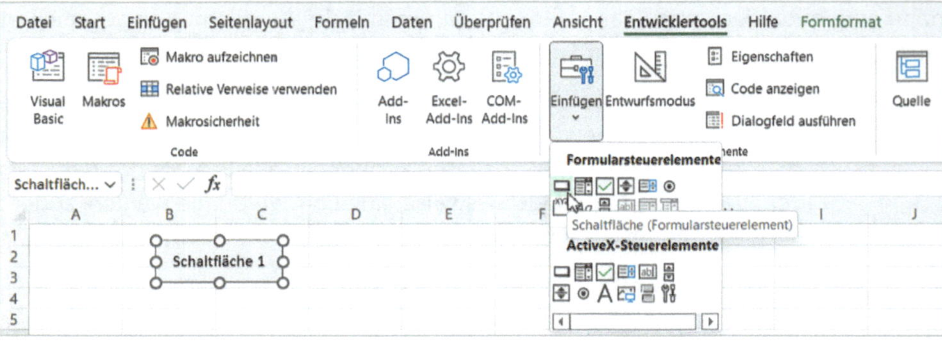

Bild 8.25 Formularsteuerelement Schaltfläche

Mehr zum Thema Steuerelemente lesen Sie in Punkt „8.7 Steuerelemente in Tabellenblättern“ auf Seite 379.

8.5 Einfache Änderungen an Makros vornehmen

Wie eingangs erwähnt, werden bei der Aufzeichnung eines Makros alle Befehle und Eingaben in VBA-Anweisungen umgesetzt, im Normalfall entspricht jeder Befehl einer Anweisungszeile. Sie können sich Ihre Anweisungen als VBA-Programm in einem gesonderten Fenster, dem VBA-Editor ansehen und hier auch ändern.

Einige Anweisungen sind auch ohne VBA-Kenntnisse leicht zu verstehen und können schnell geändert werden.

Beispiel Zahlen mittels Makro formatieren

Ein weiteres Beispiel, wie Makros die tägliche Arbeit erleichtern können, ist die Formatierung von Zellen oder Zellbereichen. Zwar könnten Sie zu diesem Zweck auch benutzerdefinierte Formatvorlagen erstellen und speichern, solche Aufgaben lassen sich aber auch mit Makros problemlos erledigen.

Als Beispiel das Zahlenformat mit Tausendertrennzeichen (Punkt) und ohne Dezimalstellen, z. B. 125.000. Es wird zwar häufig benötigt, ist aber leider in dieser Form im Menüband nicht verfügbar. Hier finden Sie nur die Formate *Buchhaltung* und *Währung*. Beide bringen das Tausendertrennzeichen mit, aber gleichzeitig auch zwei Dezimalstellen. Zudem erhalten Sie mit dem Format *Währung* auch noch das Währungssymbol €, während *Buchhaltung* die Zahlen von rechts einrückt, siehe Bild unten. Außerdem müssen Sie noch jedes Mal die Dezimalstellen entfernen. Um den umständlichen Weg über das Dialogfenster *Zellen formatieren...* zu vermeiden, zeichnen Sie einfach ein Makro auf, das die Formatierung später per Mausklick erledigt.

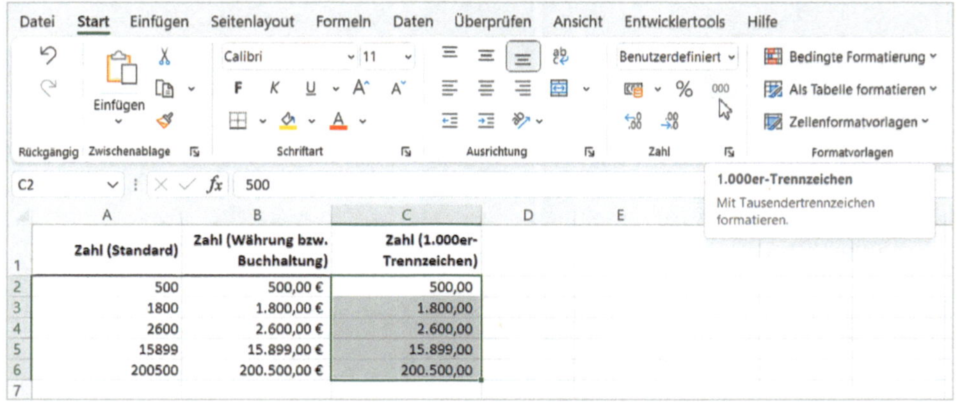

	A	B	C
1	Zahl (Standard)	Zahl (Währung bzw. Buchhaltung)	Zahl (1.000er-Trennzeichen)
2	500	500,00 €	500,00
3	1800	1.800,00 €	1.800,00
4	2600	2.600,00 €	2.600,00
5	15899	15.899,00 €	15.899,00
6	200500	200.500,00 €	200.500,00
7			

Bild 8.26 Die Zahlenformate Standard, Buchhaltung und 1.000er-Trennzeichen

Makro_Zahlenformat.xlsm

Makro aufzeichnen

1 Damit das Makro später auf die markierten Zellen angewendet werden kann, ist es notwendig, dass Sie **vor** dem Aufzeichnen des Makros die zu formatierende Zelle markieren, in diesem Beispiel etwa C2.

2 Starten Sie dann die Aufzeichnung. Wenn dieses Makro auch in anderen Arbeitsmappen verfügbar sein, soll, dann müssen Sie als Speicherort diesmal die *Persönliche Makroarbeitsmappe* wählen. Falls Sie die Formatierung noch schneller vornehmen möchten, weisen Sie dem Makro außerdem eine Tastenkombination zu, z. B. **Strg+j**.

3 Öffnen Sie während der Aufzeichnung das Fenster *Zellen formatieren*, z. B. per Rechtsklick, und wählen Sie im Register *Zahlen* die Kategorie *Zahl*. Aktivieren Sie das Kontrollkästchen *1000er-Trennzeichen verwenden* und ändern Sie die Anzahl *Dezimalstellen* auf 0. Anschließend schließen Sie das Fenster wieder mit *OK*.

4 Formatieren Sie außerdem noch die Zahl fett und mit etwas größerer Schrift. Dann beenden Sie die Aufzeichnung.

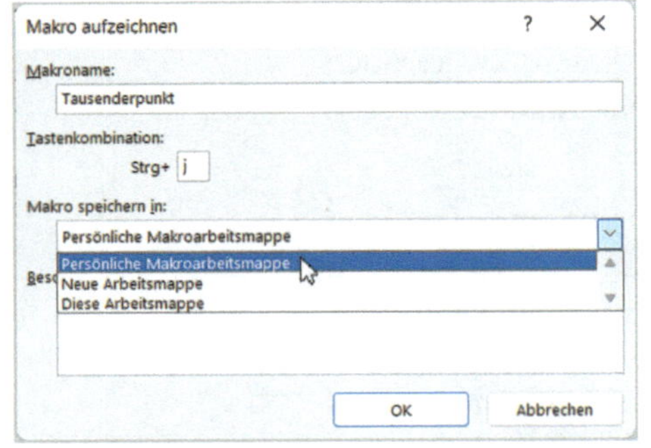

Bild 8.27 Makro in der persönlichen Makroarbeitsmappe speichern

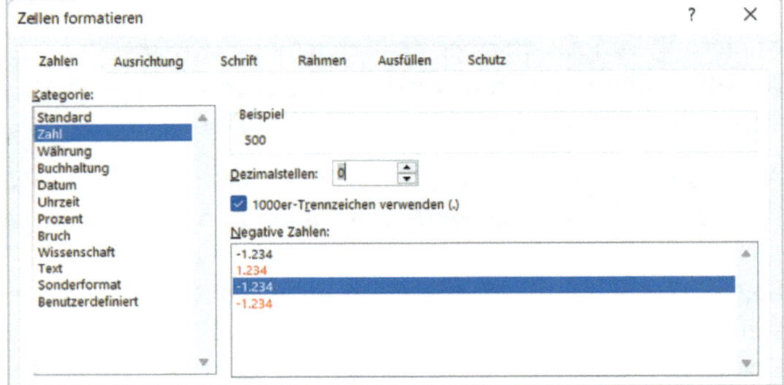

Bild 8.28 Legen Sie das gewünschte Zahlenformat fest.

Testen Sie anschließend das Makro indem Sie es auf die übrigen Zellen der Tabelle anwenden.

Makro anzeigen und bearbeiten

Vielleicht fällt Ihnen nachträglich auf, dass die Schrift zu groß ist oder Sie möchten die Zahl nun doch nicht fett haben. Solche Änderungen lassen sich auch ohne VBA-Vorkenntnisse durchführen.

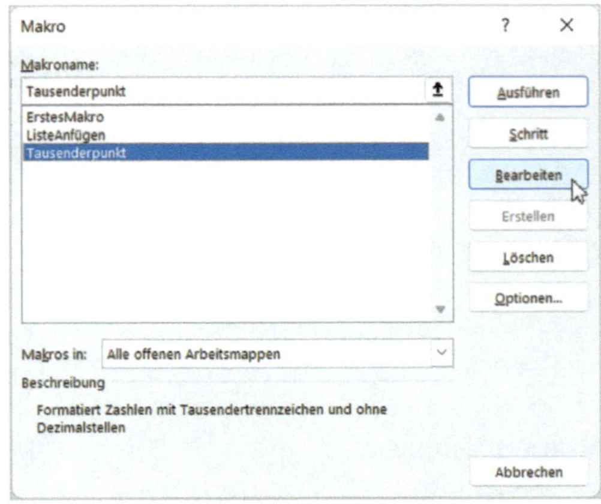

Bild 8.29 Makro bearbeiten

Öffnen Sie das Dialogfenster *Makros* (*Entwicklertools* ▶ *Makros*), markieren Sie das zuvor aufgezeichnete Makro und klicken Sie auf *Bearbeiten*.

▶ Der erzeugte Programmcode wird in einem gesonderten Fenster, dem VBA-Editor, angezeigt (Bild 8.30). Den größten Bereich des Fensters nehmen die Zeilen mit den einzelnen Anweisungen ❶ ein.

- Links davon ist normalerweise ein zweiter Bereich sichtbar, der Projektbereich ❷. Neben den Tabellenblättern der Arbeitsmappe sehen Sie hier auch ein oder mehrere Module, in diesen werden die aufgezeichneten Makros gespeichert. Allerdings ist dieser, sowie ein weiterer, eventuell sichtbarer Bereich *Eigenschaften* ❸ vorerst nicht von Bedeutung.
- Mit Klick auf das Symbol *Schließen* ❹ in der rechten oberen Ecke schließen Sie das Fenster wieder und kehren zur Arbeitsmappe zurück.

Bild 8.30 Die Befehle des Makros werden in einem gesonderten Fenster angezeigt

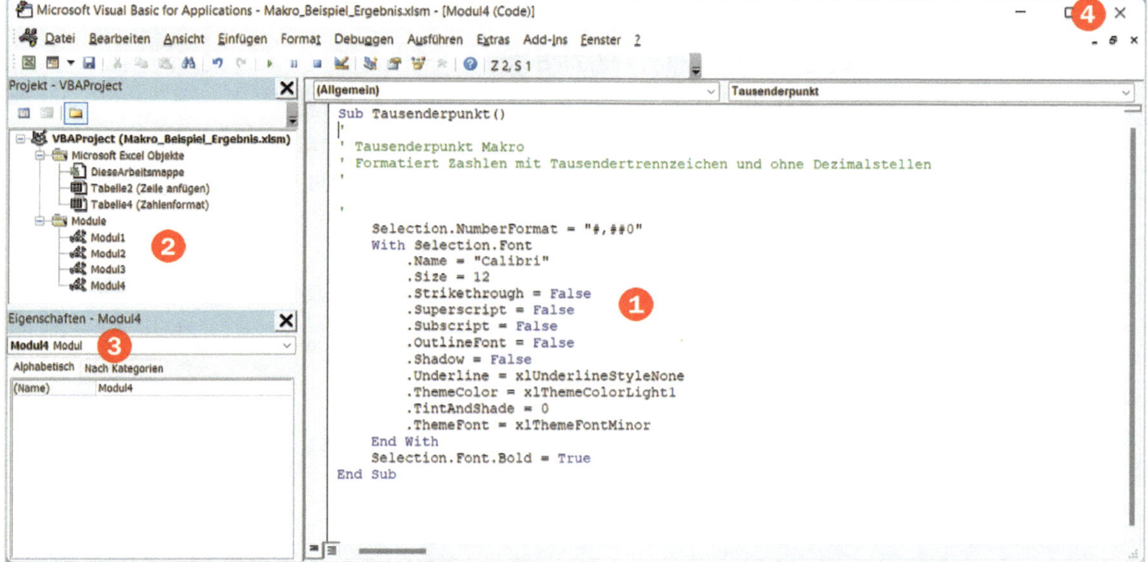

Betrachten wir uns nun die Anweisungen des Makros genauer.

Hinweis: Eigentlich sollte jeder Befehl während der Aufzeichnung einer Anweisungszeile entsprechen, aber der Makrorecorder zeichnet gelegentlich auch völlig überflüssige Anweisungen auf.

- Jedes Makro beginnt mit der Anweisung `sub`, gefolgt vom Namen des Makros und den beiden Klammern () und endet mit `End sub`.
- Unterhalb davon sehen Sie Ihren Beschreibungstext. Das Hochkomma ' am Beginn jeder Zeile und die grüne Schriftfarbe bedeuten, dass es sich hier um keine Programmanweisungen, sondern um Kommentarzeilen handelt, deren Text Sie beliebig ändern können.
- Die erste Anweisungszeile lautet `Selection.NumberFormat = "#,##0"`. `Selection` (dt. Auswahl) bezeichnet die markierte Zelle und mit `NumberFormat` ist eindeutig Zahlenformat gemeint; nach dem Gleichheitszeichen folgt in Anführungszeichen das eigentliche Zahlenformat #.##0, das Ihnen bekannt vorkommen dürfte.

  Falls Sie nun beispielsweise doch eine Dezimalstelle benötigen, ergänzen Sie einfach das Format durch Tastatureingabe wie folgt: #.##0,0. Die Anführungszeichen müssen unbedingt beibehalten werden.

- Die nächsten Anweisungen beziehen sich auf die Schrift (`With Selection.Font`) wobei `With` bedeutet, es folgen gleich mehrere Schriftattribute, die untereinander bis zur Zeile `End With` aufgelistet werden.

  `Name = "Calibri"` ist der Namen der Schriftart und `Size = 12` legt die Schriftgröße fest. Zum Ändern der Schriftgröße tippen Sie nach dem Gleichheitszeichen statt `12` einfach eine andere Zahl, z. B. 11 ein.

- Manche Schriftattribute wie z. B. Fett (`Bold`) unterscheiden nur zwei Zustände, nämlich Ein oder Aus bzw. Wahr (`True`) oder Falsch (`False`).

  Falls Sie nun die Zelle doch nicht fett formatieren möchten, dann ersetzen Sie in der Anweisung `Font.Bold = True` einfach `True` durch `False`.

- Häufig enthalten aufgezeichnete Makros auch Attribute, die Sie während der Aufzeichnung gar nicht geändert haben, hier beispielsweise `StrikeThrough` (Durchgestrichen). Solche Anweisungszeilen können Sie problemlos markieren und mit der Taste **Entf** aus dem Makro entfernen.

Schließen Sie dann das Fenster bzw. den VBA-Editor und testen Sie das geänderte Makro, indem Sie es ausführen.

8.6 Beispiel: Diagramm mit Makros steuern

Zuletzt noch ein kleines Beispiel, wie Sie auch Diagramme, genauer gesagt die Anzeige unterschiedlicher Datenreihen in einem Diagramm, mit Makros steuern können. Als Ausgangsbasis dient die unten abgebildete Tabelle. Die Einnahmen und Ausgaben sollen als Diagramm dargestellt werden und zwar so, dass mit einem Mausklick zwischen der Anzeige von Einnahmen und Ausgaben umgeschaltet werden kann.

Register *Einfügen - Diagramme*

1 Dazu erstellen Sie im ersten Schritt aus der ersten Datenreihe (Einnahmen) bzw. dem Zellbereich A3:B15 ein einfaches Säulendiagramm mit gruppierten Säulen. Positionieren Sie dann das Diagramm an der gewünschten Stelle und ziehen Sie es auf die passende Größe, wie hier im Bild.

Diagramm_Tabelle.xlsm

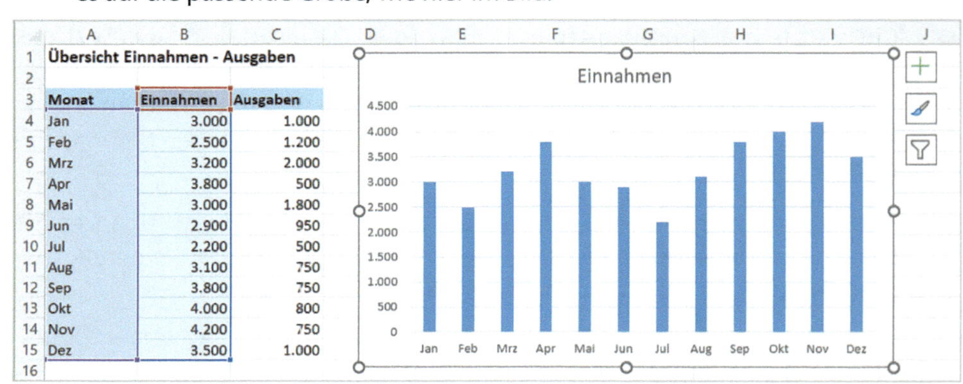

Übersicht Einnahmen - Ausgaben

Monat	Einnahmen	Ausgaben
Jan	3.000	1.000
Feb	2.500	1.200
Mrz	3.200	2.000
Apr	3.800	500
Mai	3.000	1.800
Jun	2.900	950
Jul	2.200	500
Aug	3.100	750
Sep	3.800	750
Okt	4.000	800
Nov	4.200	750
Dez	3.500	1.000

Bild 8.31 Tabelle und Diagramm

Die Legende wird nicht benötigt und als Diagrammtitel sollte die Spaltenüberschrift der Datenreihe verwendet werden.

Die Einnahmen sollen außerdem mit grüner Farbe und die Ausgaben rot dargestellt werden, die Formatierung der Datenreihen nehmen Sie aber erst während der Makroaufzeichnung vor.

2 Im nächsten Schritt zeichnen Sie das erste Makro auf: markieren Sie eine beliebige Zelle im Tabellenblatt (das Diagramm darf nicht markiert sein) und klicken Sie im Register *Entwicklertools* auf *Makro aufzeichnen*.

3 Das Makro erhält den Namen *Ausgaben*, eine Tastenkombination ist nicht erforderlich, da wir später das Makro über eine Schaltfläche starten möchten.

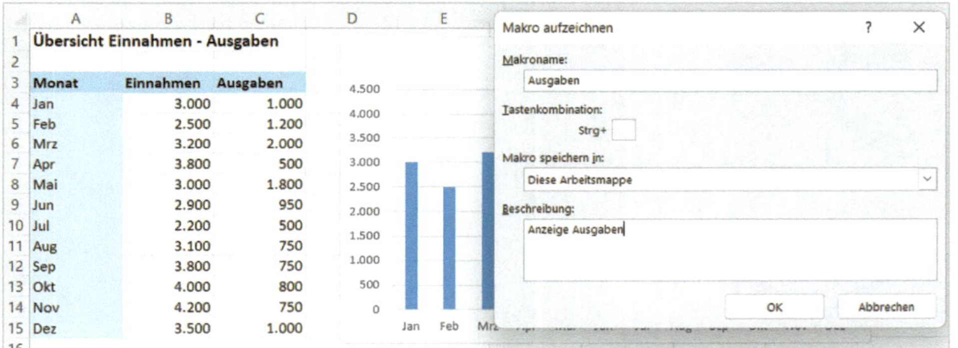

Bild 8.32 Makro Ausgaben aufzeichnen

4 Klicken Sie als ersten Schritt der Makroaufzeichnung in das Diagramm: In der Tabelle sind jetzt die verwendeten Datenreihen bzw. Spalten markiert. Zeigen Sie mit der Maus auf die Umrandung des Datenbereichs (Einnahmen) und verschieben Sie den Rahmen auf die Spalte Ausgaben (Bild 8.33). Der Diagrammtitel wird automatisch angepasst.

5 Außerdem sollen die Säulen dieser Datenreihe rote Füllfarbe erhalten: Klicken Sie also auf die Datenreihe und wählen danach im Register *Diagrammformat* über das Symbol *Fülleffekt* eine passende Farbe aus.

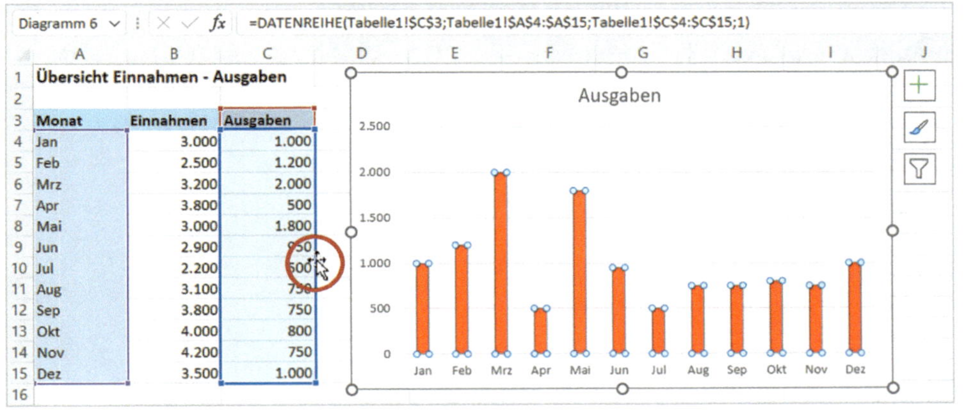

Bild 8.33 Verschieben Sie den Datenbereich auf die Spalte Ausgaben

6 Abschließend klicken Sie an eine beliebige Stelle im Tabellenblatt, z. B. A1 und beenden Sie die Makroaufzeichnung.

7 Starten Sie nun die Aufzeichnung des nächsten Makros. Dieses erhält den Namen *Einnahmen*.

8 Klicken Sie in das Diagramm und verschieben Sie nun den Datenbereich von der Spalte Ausgaben auf die Spalte Einnahmen (Bild unten). Außerdem erhält die Datenreihe noch grüne Füllfarbe. Danach klicken Sie wieder auf die Zelle A1 und beenden die Makroaufzeichnung.

Bild 8.34 Die Aufzeichnung des zweiten Makros: verschieben Sie mit der Maus den Datenbereich

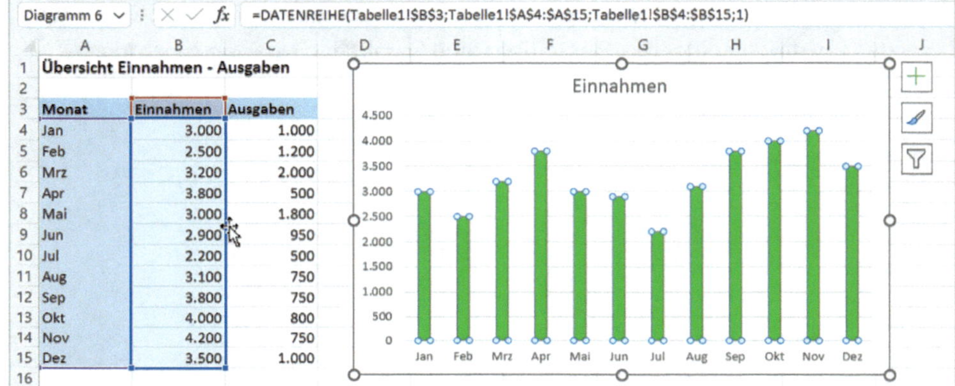

9 Zuletzt fehlen noch Schaltflächen zum Starten der Makros. Fügen Sie dazu zwei abgerundete Rechteckformen (*Einfügen* ▶ *Formen*) ein und formatieren und beschriften Sie diese entsprechend.

10 Zuletzt weisen Sie jeder Form das entsprechende Makro zu: Klicken Sie mit der rechten Maustaste auf das erste Rechteck, klicken Sie auf *Makro zuweisen...* und wählen Sie das erste Makro, *Einnahmen* aus. Anschließend weisen Sie der zweiten Form auf dieselbe Weise das Makro *Ausgaben* zu.

Testen Sie dann die Makros nacheinander.

Bild 8.35 Makro zuweisen

8.7 Steuerelemente in Tabellenblättern

Was sind Steuerelemente?

Steuerelemente sind Objekte, die Daten anzeigen, die Dateneingabe und -bearbeitung vereinfachen oder eine Auswahl zur Verfügung stellen. Steuerelemente können auch Makros ausführen oder auf bestimmte Ereignisse reagieren. So lassen sich z. B. mit Hilfe von Steuerelementen Formulare, d. h. vorgefertigte Arbeitsblätter zur automatisierten Eingabe und Bearbeitung optisch und funktional aufwerten. Excel stellt zu diesem Zweck zwei Kategorien von Steuerelementen bereit (siehe Bild 8.36 unten):

- **Formularsteuerelemente** sind die älteren Steuerelemente und bereits seit langem in Excel verfügbar. Mit ihnen können Sie z. B. auf Zellinhalte verweisen oder Makros ausführen. VBA-Kenntnisse sind zu ihrer Verwendung nicht zwingend erforderlich.
- **ActiveX-Steuerelemente** sind im Vergleich zu Formularsteuerelementen wesentlich flexibler, erfordern aber aufgrund ihrer umfangreichen Eigenschaften VBA-Kenntnisse, sowie einen höheren Aufwand bei ihrer Gestaltung. Aus diesem Grund werden wir uns hier ausschließlich mit Formularsteuerelementen befassen.

Wo finden Sie die Formularsteuerelemente?

Die Formularsteuerelemente finden Sie im Register *Entwicklertools* zusammen mit den ActiveX-Steuerelementen über die Schaltfläche *Einfügen*. Wie Sie das Register *Entwicklertools* anzeigen, wurde bereits auf Seite 357 bereits ausführlich erklärt.

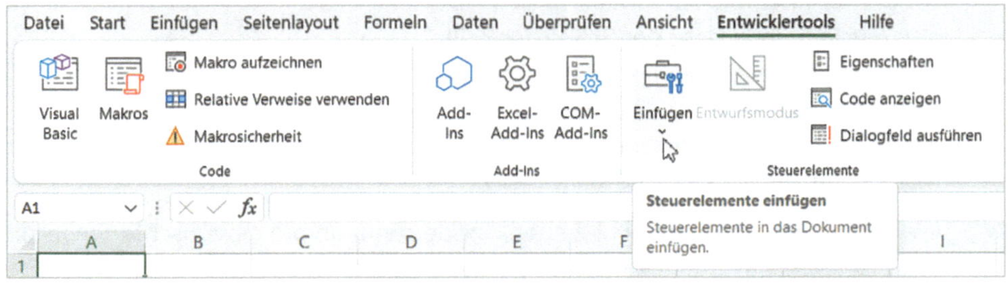

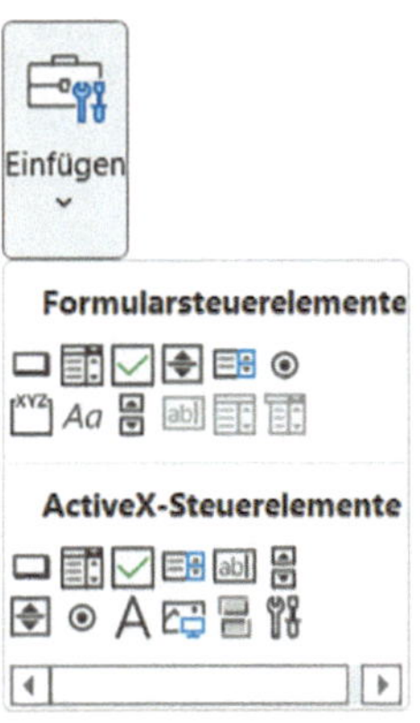

Bild 8.36 Formularsteuerelemente und ActiveX-Steuerelemente

Die nachfolgende Tabelle liefert einen Überblick über die wichtigsten Formularsteuerelemente, Aussehen und Verwendung dürften Ihnen aus den Windows-Dialogfenstern bereits weitgehend bekannt sein.

Steuerelement	Beschreibung	Beispiel
Schaltfläche	Führt eine Aktion, bzw. ein Makro aus, wenn darauf geklickt wird.	Starten
Kombinationsfeld	Öffnet beim Klick auf den Dropdown-Pfeil eine Liste mit mehreren Auswahlmöglichkeiten.	April

Steuerelement	Beschreibung	Beispiel
Listenfeld	Funktioniert wie ein Kombinationsfeld, mit dem Unterschied, dass ein Listenfeld immer geöffnet ist und daher mehr Platz benötigt. Der ausgewählte Wert ist markiert.	Jaunar Februar März April Mai Juni Juli August September
Drehfeld	Erhöht oder verringert eine Zahl per Mausklick auf die kleinen Pfeile nach oben bzw. unten. Der Wert kann auch direkt eingegeben werden.	Monat: 5
Scrollleiste	Führt einen Bildlauf durch einen festgelegten Wertebereich durch (Bildlaufleiste).	25
Kontrollkästchen	Liefert nur zwei Werte: WAHR (aktiviert) oder FALSCH (deaktiviert).	Verheiratet
Gruppenfeld	Erlaubt unter mehreren Möglichkeiten nur die Auswahl einer einzigen Option.	Altersgruppe: Jugendliche unter 18 / Erwachsene / Senioren

Formularsteuerelement einfügen

Achtung: Aus dem Menüband in das Tabellenblatt ziehen, funktioniert nicht!

Klicken Sie im Register *Entwicklertools* auf *Einfügen* und auf das gewünschte Formularsteuerelement. Zum Platzieren im Tabellenblatt gibt es verschiedene Möglichkeiten:

- Ziehen Sie mit gedrückter Maustaste das Element auf die gewünschte Größe.
- Wenn Sie während des Ziehens gleichzeitig die **Alt**-Taste gedrückt halten, so passt sich das Steuerelement der Größe der Zelle bzw. des Zellbereichs an, s. Bild rechts. Um dies beizubehalten, müssen Sie bei nachträglichen Größenänderungen mit der Maus ebenfalls die Alt-Taste verwenden.

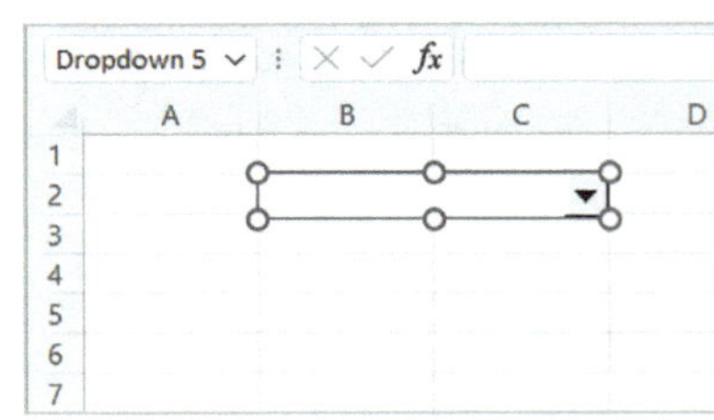

Bild 8.37 Beispiel: Das Kombinationsfeld wurde mit gedrückter Alt-Taste exakt in den Zellbereich B2:C2 eingefügt

- Wenn Sie zum Einfügen nicht ziehen, sondern nur an die gewünschte Stelle klicken, so wird das Steuerelement in seiner Standardgröße eingefügt. Wenn Sie das Seitenverhältnis beibehalten möchten, müssen Sie bei nachträglichen Größenänderungen mit der Maus die **Umschalt**-Taste gedrückt halten.

Formularsteuerelement markieren

Die Bearbeitung ist für alle Steuerelemente gleich: Um es zu bearbeiten, müssen Sie es markieren und dies ist gar nicht so einfach: Wenn Sie nämlich einfach mit der Maus darauf klicken, wird eine Aktion ausgeführt. Benutzen Sie daher zum Markieren eine der folgenden Möglichkeiten:

- Klicken Sie das Steuerelement mit gleichzeitig gedrückter **Strg**-Taste an.

- Oder Rechtsklick; das gleichzeitig erscheinende Kontextmenü kann anschließend mit der Esc-Taste ausgeblendet werden.

Steuerelement entfernen: Ein zuvor markiertes Steuerelement können Sie mit der **Entf**-Taste jederzeit wieder aus dem Arbeitsblatt entfernen.

Eigenschaften von Steuerelementen bearbeiten

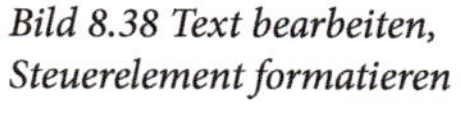

Bild 8.38 Text bearbeiten, Steuerelement formatieren

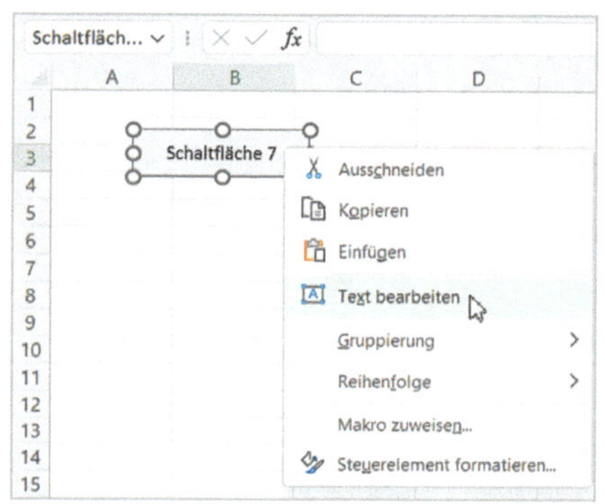

Beschriftung ändern

Bei Schaltflächen, Kontrollkästchen und Optionsfeldern (Gruppen) können Sie die Beschriftung ändern: Klicken Sie mit der rechten Maustaste auf das Steuerelement und auf *Text bearbeiten*.

Schrift und Textausrichtung

Weitere Eigenschaften eines Steuerelements, z. B. Sperrung in geschützten Arbeitsblättern aufheben, ändern Sie im Fenster *Steuerelement formatieren*, das Sie per Rechtsklick auf das Steuerelement und den Befehl *Steuerelement formatieren...* öffnen.

Im Register *Schrift* finden Sie alle bekannten Schriftattribute, darunter fett, kursiv, Schriftfarbe und Unterstreichung. Die Ausrichtung der Beschriftung, z. B. von Schaltflächen steuern Sie im Register *Ausrichtung*. Alternativ können Sie auch die bekannten Symbole des Registers *Start* im Menüband verwenden.

Bild 8.39 Schriftattribute

Bild 8.40 Objektsperrung aufheben

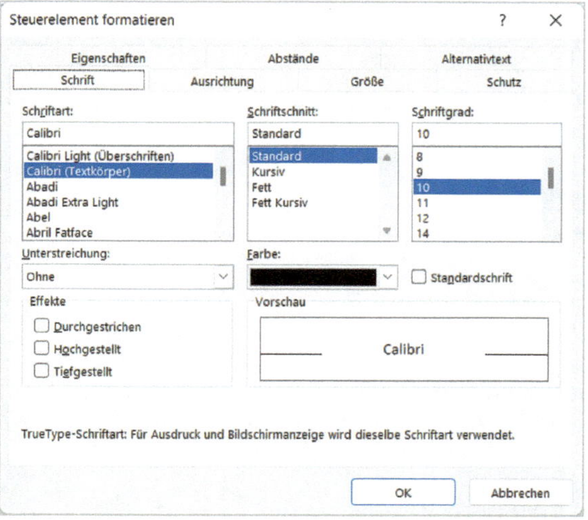

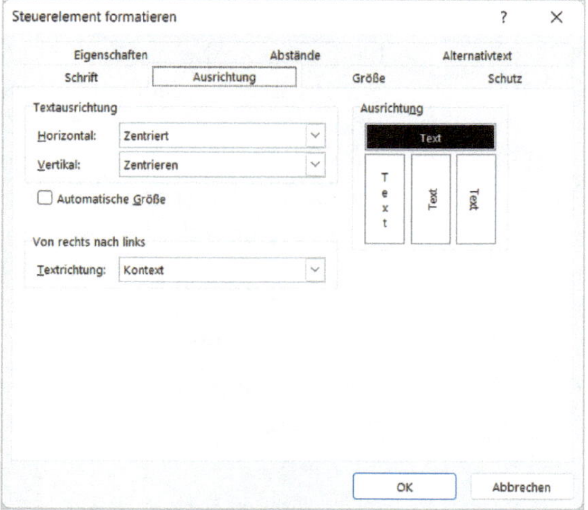

Sperrung des Steuerelements in geschützten Arbeitsblättern aufheben

Falls Sie später das Arbeitsblatt schützen und nur noch die Eingabe über Formularfelder zulassen möchten, dann dürfen Sie nicht vergessen, für die Steuerelemente und eventuell verknüpfte Felder die Sperrung aufzuheben. Klicken Sie dazu mit der rechten Maustaste auf das betreffende Steuerelement und auf *Steuerelement formatieren*. Deaktivieren Sie im Register *Schutz* das Kontrollkästchen *Gesperrt* (Bild 8.41).

Position des Steuerelements

Je nachdem, wie das Steuerelement eingefügt wurde, ist es von Zellposition und -größe (beim Einfügen mit gedrückter **Alt**-Taste) oder nur von der Zellposition abhängig. Das bedeutet, bei Änderungen von Spaltenbreite und/oder Zeilenhöhe ändern sich auch Position und Größe des Steuerelements. Wenn Sie dies verhindern möchten, dann klicken Sie im Fenster *Steuerelement formatieren* auf das Register *Eigenschaften* und wählen die Option *Von Zellposition und -größe unabhängig*.

Bild 8.41 Sperrung aufheben

Bild 8.42 Position in Relation zur Zelle

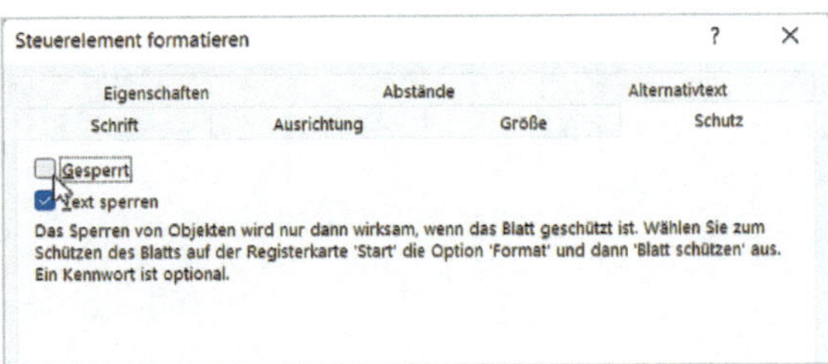

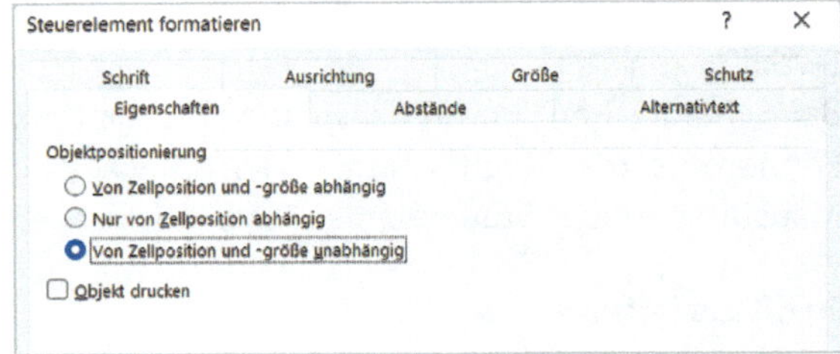

Steuerelement nicht drucken

Standardmäßig werden beim Drucken auch die Steuerelemente gedruckt. Wenn die Tabelle ohne Steuerelemente gedruckt werden soll, dann klicken Sie im Fenster *Steuerelement formatieren* auf das Register *Eigenschaften* und deaktivieren das Kontrollkästchen *Objekt drucken* (s. Bild 8.42).

Namen zuweisen

Bild 8.43 Steuerelement umbenennen

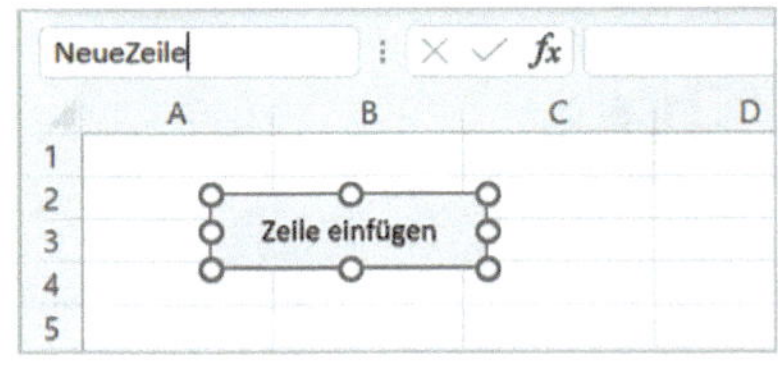

Jedes Steuerelement erhält beim Einfügen einen eindeutigen Namen, z. B. *Schaltfläche1*. Wenn Sie bei einer Vielzahl von Steuerelementen den Überblick behalten möchten, können Sie auch aussagekräftigere Namen vergeben: Markieren Sie dazu das Steuerelement und klicken Sie in das Namenfeld der Bearbeitungsleiste. Geben Sie hier den Namen ein und schließen Sie mit der Eingabetaste ab.

Makros zuweisen

Nicht nur Schaltflächen, sondern auch allen anderen Formularsteuerelementen kann per Rechtsklick und den Befehl *Makro zuweisen...* ein Makro zugewiesen werden.

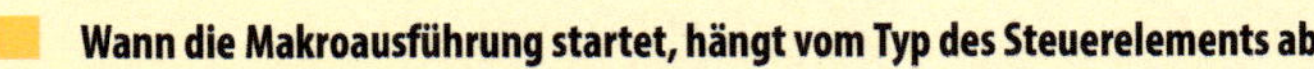

Wann die Makroausführung startet, hängt vom Typ des Steuerelements ab

Bei Schaltflächen startet das Makro beim Klicken, bei allen übrigen Formularsteuerelementen, wenn eine Änderung über das Steuerelement vorgenommen, z. B. ein Wert ausgewählt wurde.

Beispiele und Besonderheiten einzelner Formularsteuerelemente

Schaltfläche

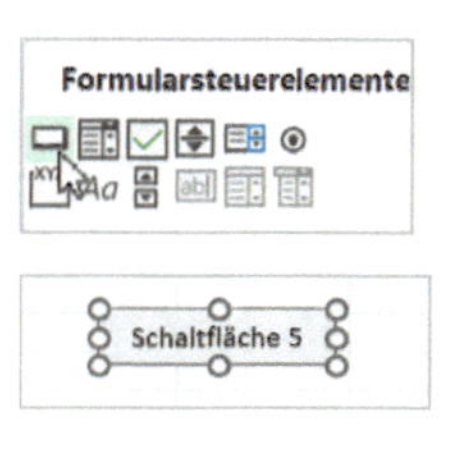

- Unmittelbar nach dem Einfügen des Formularsteuerelements *Schaltfläche* öffnet sich automatisch das Fenster *Makro zuweisen*. Markieren Sie das gewünschte Makro und klicken Sie zum Übernehmen auf *OK*.
- Falls das Makro noch nicht vorhanden ist, können Sie mit Klick auf die Schaltfläche *Aufzeichnen...* die Aufzeichnung starten (siehe Bild unten). In diesem Fall sollten Sie dem Makro einen Namen geben, da das Makro sonst den wenig aussagekräftigen Namen *SchaltflächeX_Klicken* erhält. Ein Klick auf die Schaltfläche *Neu* öffnet dagegen ein neues leeres Makro im VBA-Editor.

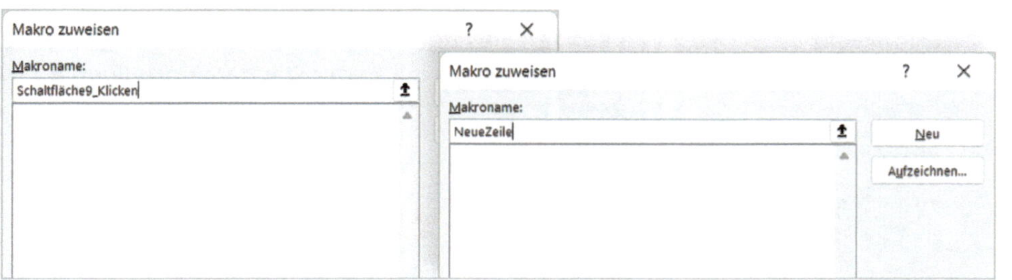

Bild 8.44 Makro beim Einfügen der Schaltfläche aufzeichnen

Kombinationsfeld und Listenfeld

Listen- und Kombinationsfelder ermöglichen die Auswahl aus einer Liste und geben den ausgewählten Wert, genauer gesagt den Zeilenindex dieses Wertes, in eine zuvor festgelegte Zelle aus. Da beide Steuerelemente nur eine Zahl als Zeilenindex liefern, d. h. der wievielte Wert der Liste wurde ausgewählt, benötigen Sie in den meisten Fällen zusätzlich die Funktion INDEX (siehe Kapitel 2.5).

Beispiel: Sie möchten über ein Kombinationsfeld einen Artikel auswählen und der Preis dieses Artikels soll anschließend im Arbeitsblatt angezeigt werden.

1. Im ersten Schritt fügen Sie in das Tabellenblatt ein Kombinationsfeld zusammen mit den erforderlichen Beschriftungen ein (Bild unten).
2. Dann benötigen Sie noch eine Liste der Werte, die im Kombinationsfeld erscheinen werden sollen, in unserem Beispiel die Preisliste. Diese kann sich entweder im selben oder einem anderen Arbeitsblatt befinden, in diesem Beispiel im Blatt *Preisliste*.

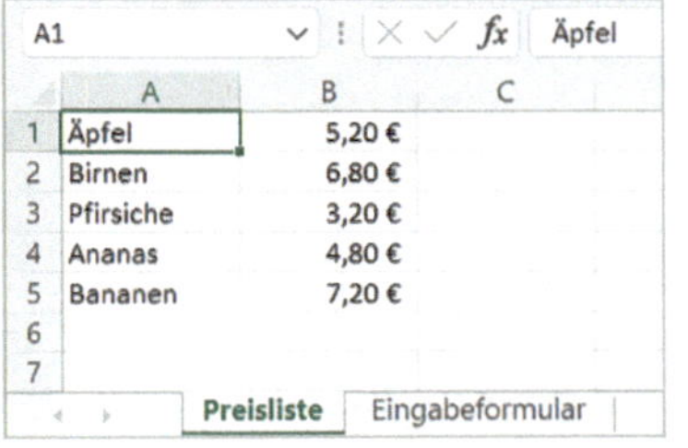

	A	B	C
1	Äpfel	5,20 €	
2	Birnen	6,80 €	
3	Pfirsiche	3,20 €	
4	Ananas	4,80 €	
5	Bananen	7,20 €	
6			
7			

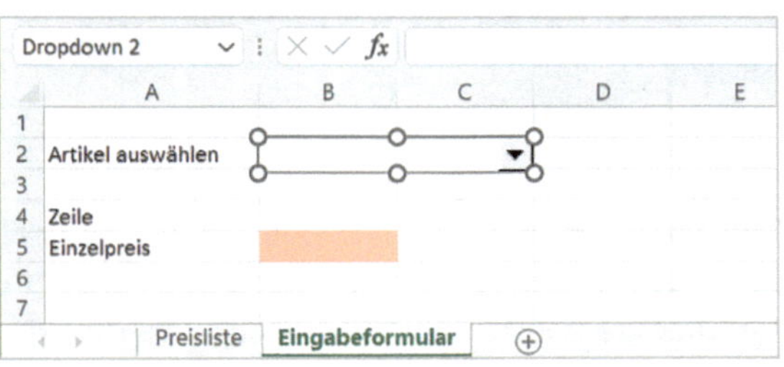

Bild 8.45 Datenherkunft und Kombinationsfeld

Steuerelemente.xlsx

3 Im nächsten Schritt klicken Sie mit der rechten Maustaste auf das Kombinationsfeld und auf *Steuerelement formatieren...*. Im Register *Steuerung* legen Sie nun Eingabebereich und Zellverknüpfung fest.

Tipp: Formatieren Sie den Eingabebereich als Tabellenbereich, dann werden auch nachträglich hinzugefügte Zeilen automatisch im Kombinationsfeld berücksichtigt.

- **Eingabebereich**
  Woher stammen die Werte des Kombinationsfeldes? Dies legen Sie im Feld *Eingabebereich* ❶ fest. Klicken Sie in das Feld und markieren Sie anschließend im Blatt *Preisliste* die Produktbezeichnungen in A1:A5. **Achtung**: Das Formularsteuerelement Kombinationsfeld kann nur eine einzige Spalte enthalten.
- **Zellverknüpfung**
  Im Feld *Zellverknüpfung* ❷ geben Sie an, in welche Zelle der ausgewählte Wert ausgegeben wird, hier B4.
- Im Feld *Dropdownzeilen* können Sie angeben, wie viele Zeilen das geöffnete Kombinationsfeld gleichzeitig anzeigen soll, in der Standardeinstellung 8.

Bild 8.46 Eingabebereich und Zellverknüpfung festlegen

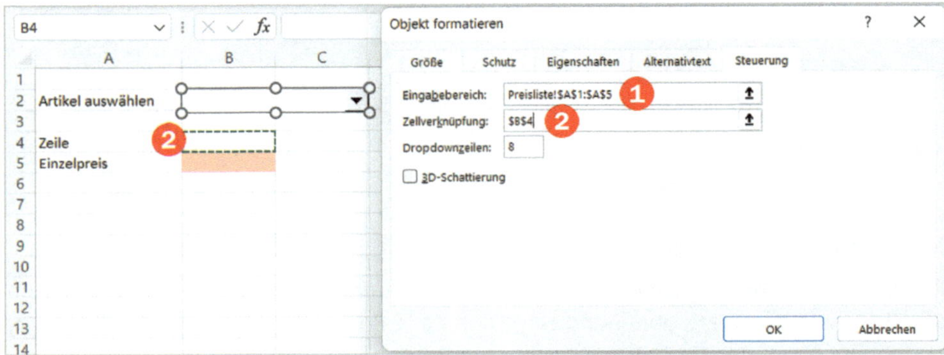

Info: Das gleichnamige ActiveX-Steuerelement kann auch zwei und mehr Spalten aufnehmen, erfordert aber VBA-Kenntnisse.

4 Heben Sie die Markierung des Steuerelements mit einem Klick an eine beliebige Stelle des Arbeitsblattes auf, klicken Sie danach auf den Dropdown-Pfeil des Kombinationsfeldes und auf einen beliebigen Artikel. Der Zeilenindex dieses Produkts erscheint in der verknüpften Zelle.

Zur Erinnerung: Die Funktion INDEX ermittelt einen Wert aus einer Tabelle anhand seiner Position, siehe Seite 104.

5 Mit der Funktion INDEX wird nun in einer weiteren Zelle, hier in B5 der dazugehörige Preis ermittelt, die Formel lautet:

```
B5:    =INDEX(Preisliste!A1:B5;B4;2)
```

Bild 8.47 Das fertige Kombinationsfeld

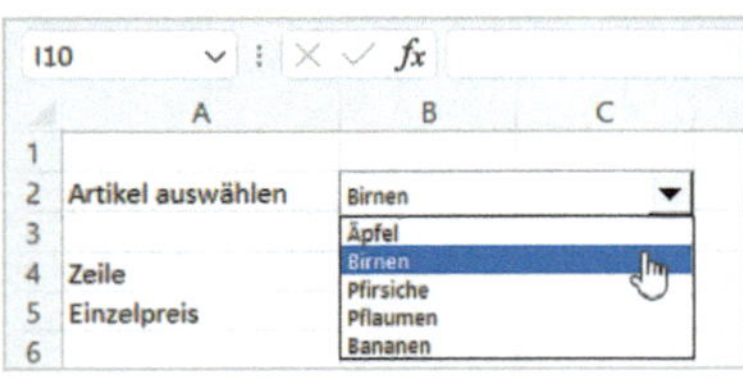

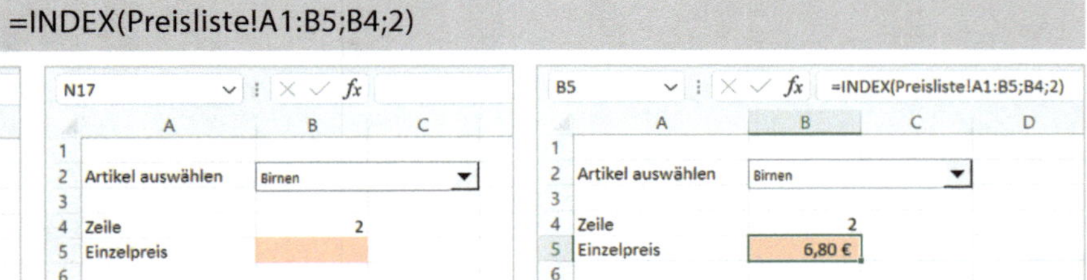

Tipp: Der Zeilenindex in B4 dient eigentlich nur als Zwischenergebnis und kann durch Formatieren mit entsprechender Schriftfarbe unsichtbar gemacht werden. Auch das benutzerdefinierte Zahlenformat ;;; unterdrückt die Anzeige von Zahlen.

> Bei einem Listenfeld unterscheidet sich die Vorgehensweise nicht, so dass Sie dieses Beispiel auch mit einem Listenfeld testen können.

Kontrollkästchen

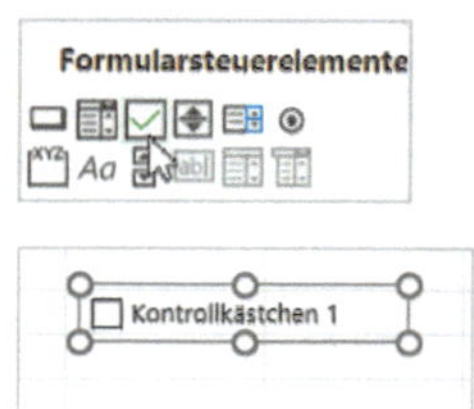

Kontrollkästchen (Checkbox) lassen nur zwei Möglichkeiten zu, nämlich aktiviert und nicht aktiviert und liefern entsprechend die Wahrheitswerte WAHR und FALSCH. Im Gegensatz zum Kombinationsfeld wird das Formularsteuerelement Kontrollkästchen zusammen mit einer Beschriftung eingefügt. Diese kann anschließend geändert und der dazugehörige Rahmen vergrößert oder verkleinert werden. Nicht änderbar ist hingegen die Größe des Kontrollkästchens selbst.

Beispiel: Ermäßigter Eintritt oder nicht?

Steuerelemente.xlsx, Blatt Kontrollkästchen

Dazu fügen Sie das Formularsteuerelement Kontrollkästchen in das Tabellenblatt ein und ändern die Beschriftung entsprechend. Klicken Sie dann mit der rechten Maustaste auf das Steuerelement und auf *Steuerelement formatieren*. Legen Sie dann im Register *Steuerung* die folgenden Parameter fest:

- **Zellverknüpfung:** In welcher Zelle soll der Wert WAHR oder FALSCH ausgegeben werden? Im abgebildeten Beispiel in D3.
- **Wert:** Hier wählen Sie die Standardeinstellung, hier *Nicht aktiviert*.

In E4 kann dann mit der Funktion WENN der Preis ermittelt werden, dazu geben Sie die folgende Formel ein:

```
E4:    =WENN(D3;B4;A4)          oder: =WENN(D3=WAHR;B4;A4)
```

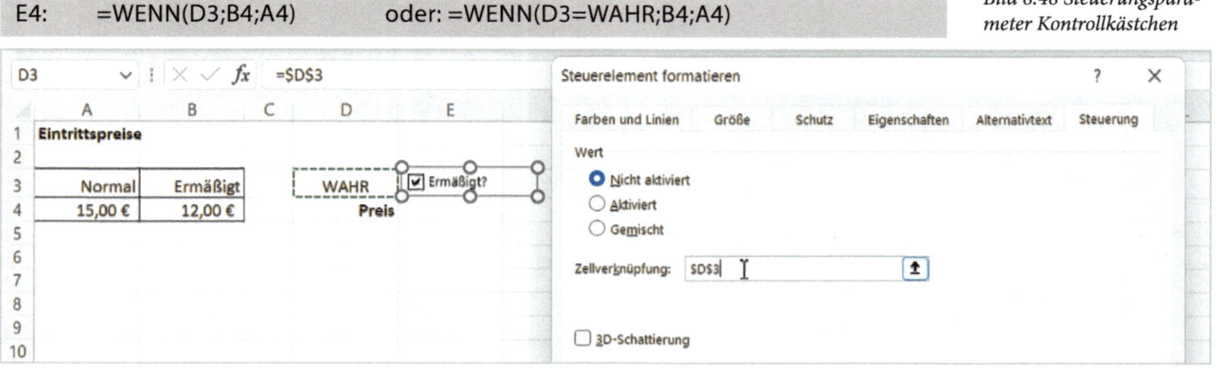

Bild 8.48 Steuerungsparameter Kontrollkästchen

Drehfeld und Scrollleiste (Bildlaufleiste)

Die Steuerelemente Drehfeld und Scrollleiste eignen sich zur Eingabe bzw. Auswahl von Zahlen. Der einzige Unterschied: Beim Drehfeld ändert sich der Wert durch Anklicken der Pfeile nach oben bzw. unten während Sie in der Scrollleiste den Wert durch Verschieben mit gedrückter Maustaste verändern. Mit einem Drehfeld lässt sich somit ein Wert exakt festlegen, während Sie beim Scrollbalken Veränderungen visuell besser nachverfolgen können.

Bild 8.49 Steuerelement formatieren - Drehfeld

Drehfeld einfügen und verwenden

Fügen Sie ein Drehfeld in das Arbeitsblatt ein und öffnen Sie das Fenster *Steuerelement formatieren*. Als Steuerungsparameter werden benötigt: Minimal- und Maximalwert, sowie die Schrittweite, um die mit jedem Mausklick hochgezählt wird, im abgebildeten Beispiel 1. Im Feld *Aktueller Wert* geben Sie den Ausgangswert des Steuerelements ein und im Feld *Zellverknüpfung* geben Sie wieder an, welche Zelle den ausgewählten Wert erhalten soll, hier B3.

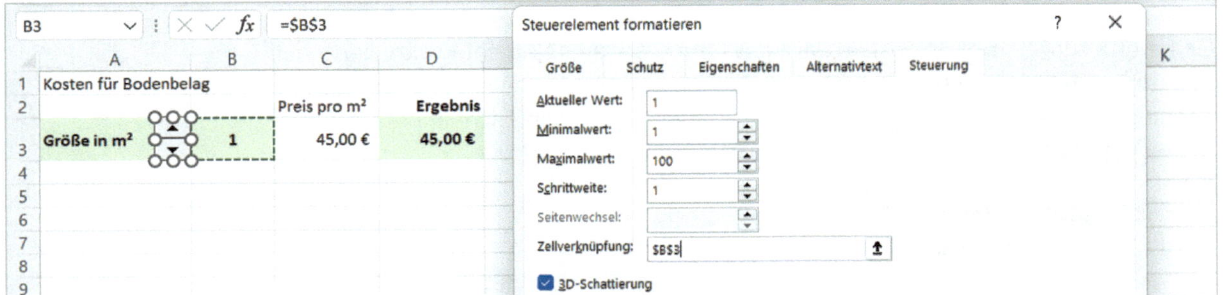

Scrollleiste einfügen

Ähnlich verhält sich auch eine Scrollleiste bzw. Bildlaufleiste. Zum Einfügen klicken Sie im Register *Entwicklertools* ▶ *Steuerelemente* auf *Einfügen* und auf das Formularsteuerelement *Scrollleiste*. Ziehen Sie dann mit gedrückter Maustaste die Leiste entweder in waagrechter oder in senkrechter Richtung auf. Per Rechtsklick und den Befehl *Steuerelement formatieren...* legen Sie anschließend genau dieselben Steuerungsparameter fest wie beim Drehfeld, siehe Bild 8.49 oben.

Bild 8.50 Beispiel Scrollleiste

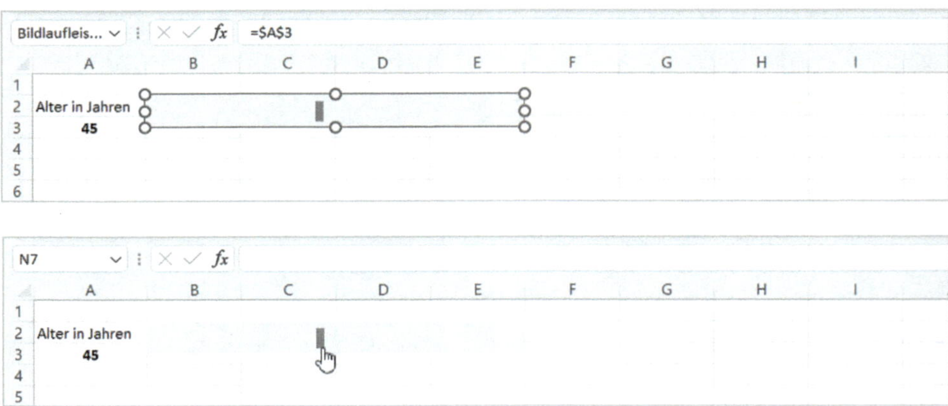

Tipp: Falls Sie eine vertikale Leiste nachträglich in eine horizontale oder umgekehrt umwandeln möchten, dann ziehen Sie mit der Maus einen der Eckpunkte in diagonale Richtung.

Tastenkombinationen

Dokumente verwalten

Neues Dokument	Strg+N
Dokument öffnen	Strg+O
Dokument speichern	Strg+S
Dokument schließen	Strg+W oder Strg+F4
Dokument drucken (Dialogfenster Drucken)	Strg+P
Seitenansicht, bzw. Druckvorschau	Strg+F2
Anwendung beenden / Fenster schließen	Alt+F4
Fenster maximieren, bzw. Wiederherstellen der vorherigen Größe	Strg+F10
Wechseln zwischen deutschem und US-Tastaturlayout (falls das Sprachpaket englisch installiert ist)	Alt+Umschalt

Allgemein

Kopieren des markierten Textes oder Objekts	Strg+C
Ausschneiden des markierten Textes oder Objekts	Strg+X
Einfügen aus Zwischenablage (Text oder Objekt)	Strg+V
Markiertes Objekt duplizieren (wird anschließend sofort eingefügt, ohne Zwischenablage)	Strg+D
Rückgängigmachen der letzten Aktion	Strg+Z
Wiederholen der letzten Aktion	Strg+Y oder F4
Markierte Auswahl fett formatieren	Strg+Umschalt+F
Markierte Auswahl kursiv formatieren	Strg+Umschalt+K
Markierte Auswahl unterstreichen	Strg+Umschalt+U
Menü des aktuellen Kombinationsfeldes öffnen (statt Dropdown-Pfeil)	Alt+Nach-unten
Auswahl aus Menü	Nach-unten / Nach-oben
Auswahl übernehmen	Eingabe

Arbeiten im Tabellenblatt

Eingabe in Zelle abschließen (Zelle darunter wird markiert)	Eingabe
Eingabe in Zelle abschließen (Nächste Zelle rechts wird markiert)	Tab (Tabulator-Taste)
Eingabe in Zelle abbrechen	Esc
Neue Zeile in Zelle beginnen	Alt+Eingabe
Eingabe in den gesamten markierten Zellbereich übernehmen	Strg+Umschalt+Eingabe
Nächste Zelle rechts / links markieren	Nach rechts / Nach links
Nächste Zelle oben / unten markieren	Nach-oben / Nach -unten
Markierung nach rechts / links erweitern	Umschalt+Nach rechts / Umschalt+Nach links
Markierung nach oben / unten erweitern	Umschalt+Nach-oben / Umschalt+Nach -unten
Erste Zelle in Zeile markieren	Pos1
Erste Zelle im Arbeitsblatt (A1) markieren	Strg+Pos1
Gesamtes Arbeitsblatt markieren Wenn eine Zelle innerhalb einer Tabelle markiert ist, dann zweimal Strg+A drücken	Strg+A
Aktuelle Spalte markieren	Strg+Leertaste
Aktuelle Zeile markieren	Umschalt+Leertaste
Auswahl nächstes / vorheriges Arbeitsblatt	Strg+Bild-oben Strg+Bild-unten
Zellen einfügen (Dialogfenster) anzeigen	Strg+Pluszeichen(+)
Zellen löschen (Dialogfenster) anzeigen	Strg+Minuszeichen(-)
Neues Arbeitsblatt einfügen	Umschalt+F11

Eingabe

Aktuelles Datum einfügen	Strg+. (Punkt)
Aktuelle Uhrzeit einfügen	Strg+Umschalt+: (Doppelp.)
Markierte Zelle bearbeiten (Bearbeiten-Modus) Einfügemarke erscheint in der Zelle	F2
Bearbeiten-Modus: Cursor an den Anfang	Pos1
Bearbeiten-Modus: Cursor an das Ende	Ende

Kopiert den Inhalt aus der darüberliegenden Zelle in die aktuelle Zelle	Strg+Umschalt+, (Komma)
Unten ausfüllen (Format und Inhalt der ersten Zelle des markierten Bereichs in die darunterliegenden Zellen kopieren)	Strg+U
Rechts ausfüllen (Format und Inhalt der ersten Zelle des markierten Bereichs in die angrenzenden Zellen rechts kopieren)	Strg+R
Suchen Dialogfenster öffnen	Strg+F
Ersetzen Dialogfenster öffnen	Strg+H

Formeln und Formeleingabe

Dialogfenster Funktion einfügen öffnen	Umschalt+F3
Zwischen relativen, festen (absoluten) und gemischten Zellbezügen wechseln (Cursor befindet sich in der Formel unmittelbar in oder nach einem Zellbezug)	F4
Öffnet das Fenster Funktionsargumente (Cursor befindet sich in der Formel unmittelbar hinter dem Funktionsnamen)	Strg+A
Nach Eingabe des Funktionsnamens Klammern und Funktionsargumente einfügen (Cursor befindet sich in der Formel unmittelbar hinter dem Funktionsnamen)	Strg+Umschalt+A
Eingabe einer Matrixfunktion oder -Formel abschließen	Strg+Umschalt+Eingabe
Neuberechnung von Formeln/Funktionen (Arbeitsmappe)	F9
Dialogfenster Namen einfügen öffnen	F3
Link einfügen (HYPERLINK)	Strg+K

Zusammenhängende Tabellenbereiche

(Markierung befindet sich innerhalb des Tabellenbereichs!)

Tabelle (Liste) erstellen	Strg+L oder Strg+T
Erste / letzte Zelle in Zeile	Strg+Nach-links / rechts
Erste / letzte Zelle in Spalte	Strg+Nach-oben / unten
Erste / letzte Zelle in Tabelle	Strg+Pos1 / Strg+Ende
Zeile markieren (ab Markierung bis zur ersten / letzten nicht leeren Zelle)	Strg+Umschalt+Links / Strg+Umschalt+Rechts
Spalte markieren (ab Markierung bis zur ersten / letzten nicht leeren Zelle)	Strg+Umschalt+Oben / Strg+Umschalt+Unten
Gesamte Tabelle markieren	Strg+Umschalt+* (nicht im Ziffernblock)
Ende-Modus aktivieren / deaktivieren	Ende

Ende-Modus: Erste / letzte nicht leere Zelle in Spalte auswählen	Nach-oben /Nach-unten
Ende-Modus: Erste / letzte nicht leere Zelle in Zeile auswählen	Nach-links / Nach-rechts
Ende-Modus: Spalte ab Markierung bis zur ersten / letzten nicht leeren Zelle markieren	Umschalt+Nach-oben / unten
Ende-Modus: Zeile ab Markierung bis zur ersten / letzten nicht leeren Zelle markieren	Umschalt+Nach links / Umschalt+Nach rechts

Formatieren

Dialogfenster Zellen formatieren öffnen	Strg+1 (nicht im Ziffernblock)
Mit zwei Dezimalstellen formatieren (einschl. Tausenderzeichen)	Strg+Umschalt+!
Währungsformat zuweisen	Strg+Umschalt+$
Prozentformat (ohne Dezimalstellen)	Strg+Umschalt+%
Exponentialschreibweise	Strg+Umschalt+“
Standardzahlenformat	Strg+Umschalt+&
Zahl als Datum formatieren (TT. MMM JJ)	Strg+#
Zahl mit Datum und Uhrzeit formatieren	Strg+°

Sonstiges

Pivot-Tabelle/Verknüpfung aktualisieren	Alt + F5
VBA-Editor öffnen	Alt + F11
Schrittweise Ausführung (VBA)	F8
Makros anzeigen (Fenster)	Alt + F8

Stichwortverzeichnis

E

F

G

H